Guttentagsche Sammlung
Nr. 17. Deutscher Reichsgesetze. Nr. 17.
Textausgaben mit Anmerkungen und Sachregister.

Die

Deutsche Gebührenordnung für Rechtsanwälte,

das Gesetz, betr. die
Erstattung von Rechtsanwaltsgebühren in Armensachen
und die
Preußische Landesgebührenordnung
mit Erläuterungen.

Auf der Grundlage der Sydow-Busch'schen Textausgabe mit Anmerkungen in dreizehnter Auflage
unter Mitaufnahme des Gesetzes über die Erstattung in Armensachen

neu bearbeitet von

Dr. L. Busch und O. Krieg
Reichsgerichtsrat i. R. Landgerichtsdirektor.

Berlin und Leipzig 1929.
Walter de Gruyter & Co.
vormals G. J. Göschen'sche Verlagshandlung — J. Guttentag, Verlagsbuchhandlung — Georg Reimer — Karl J. Trübner — Veit & Comp.

Von den Auflagen dieses Schriftwerkes
sind herausgegeben worden:

Die 1. (1879) bis 5. (1896) von R. Sydow,
6. (1900), in die zuerst die Preußische Gebührenordnung mitaufgenommen worden ist, und die
7. (1903) von Dr. L. Busch, unter Mitwirkung von R. Sydow,
8. (1909) bis 10. (1911) von Dr. L. Busch,
11. (1914) von Dr. L. Busch, zugleich mit A. Busch,
12. (1922) und 13. (1929) von Dr. L. Busch und O. Krieg.

In die 13. Auflage ist auch das Gesetz über die Erstattung von Rechtsanwaltsgebühren in Armensachen mit eingehenden Erläuterungen aufgenommen. Die Rechtsprechung ist bis in die neueste Zeit umfassend berücksichtigt, Ihre Ergebnisse sind auf ihre Richtigkeit geprüft, davon abweichende Meinungen der Verfasser sind dargelegt. Auch die Erläuterungsstoffe, die noch nicht Gegenstand der Rechtsprechung geworden sind, haben ihre Erörterung entsprechend den praktischen Zwecken des Werkes gefunden. Erschöpfende Tabellen zur Deutschen Gebührenordnung für Rechtsanwälte, zur Preußischen Landesgebührenordnung und zum Deutschen Gerichtskostengesetze sind dem Werke beigefügt.

Inhalt.

Abkürzungen

(im wesentlichen nach Maas-Magnus, Abkürzungsverzeichnis der Rechtssprache, 1929).

AAG. = Reichsgesetz, betr. die Erstattung von Rechtsanwaltsgebühren in Armensachen und Änderung des Gerichtskostengesetzes.

AltrG. = Altrentnergesetz vom 22. 12. 27 (RGBl. I 531).

AnfG. = Reichsgesetz, betr. die Anfechtung von Rechtshandlungen eines Schuldners außerhalb des Konkursverfahrens, vom 20. 5. 98 (RGBl. 709).

AngVersG. = Angestelltenversicherungsgesetz vom 28. 5. 24 (RGBl. I 563).

ArbGG. = Arbeitsgerichtsgesetz vom 23. 12. 26 (RGBl. I 507).

AufwG. = Aufwertungsgesetz vom 16. 7. 25 (RGBl. I 117).

Begr. = Begr. zu dem Entw., enth. die landesgesetzlichen Vorschriften über die Geb. der Rechtsanwälte und der Gerichtsvollzieher (Drucks. des AbgHauses, 19. LegislatPer., I. Sess. 1899 Nr. 144).

BGB. = Bürgerliches Gesetzbuch vom 18. 8. 96 (RGBl. 195).

Blum = Urteile und Annalen des Reichsgerichts in Zivilsachen, herausgegeben von Blum. Bd. 1—13.

Braun u. Blum = Annalen des Reichsgerichts, herausgegeben von Braun u. Blum. Bd. 1—10.

BurBl. = Bureaublatt für gerichtliche Beamte.

DGO. = Deutsche Gebührenordnung für Rechtsanwälte.

DRZ. = Deutsche Richterzeitung.

EGH. = Die Entscheidungen des Ehrengerichtshofs für deutsche Rechtsanwälte. Herausgegeben vom Schriftführeramte des deutschen Anwaltvereins. Bis Bd. 20.

EntlG. = Reichsgesetz zur Entlastung der Gerichte vom 11. 3. 21 (RGBl. 229).

EntlVO. = Bekanntmachung zur Entlastung der Gerichte vom 13. 5. 24 (RGBl. I 552).

ErbbVO. = Verordnung über das Erbbaurecht vom 15. 1. 19 (RGBl. 72).

Fenner u. Mecke = Archiv für zivilrechtliche Entscheidungen des Reichsgerichts, herausgegeben von Fenner u. Mecke. Bd. 1—3.

FGG. = s. RFGG.

GBO. = Grundbuchordnung vom 20. 5. 98 (RGBl. 754).

GewO. = Gewerbeordnung für das Deutsche Reich vom 26. 7. 00 (RGBl. 871).

GKG. = Deutsches Gerichtskostengesetz vom 5. 7. 27 (RGBl. I 152).

Gr. = Beiträge zur Erläuterung des Deutschen Rechts, begründet von Gruchot, herausgegeben jetzt von Predari, Schlegelberger. Bis Bd. 69.

GS. = Preuß. Gesetzsammlung.

GVBl. = Gesetz- und Verordnungsblatt.

GVG. = Gerichtsverfassungsgesetz vom 22. 3. 24 (RGBl. I 299).

HaftpflG. = Reichsgesetz, betr. die Verbindlichkeit zum Schadensersatz bei dem Betriebe von Eisenbahnen usw., vom 7. 6. 71 (RGBl. 207).

HRR. = Höchstrichterliche Rechtsprechung; Beilageheft zur Juristischen Rundschau. Bis 15. 5. 29.

HypBG. = Hypothekenbankgesetz vom 13. 7. 99 (RGBl. 375).

JFG. = Jahrbuch für Entscheidungen in Angelegenheiten der freiwilligen Gerichtsbarkeit und des Grundbuchrechts. Bis Bd. 5.

JFG.Erg. = Entscheidungen des Kammergerichts in Miet- und Pachtschutz-, Kosten- und Strafsachen; Ergänzung zum Jahrbuch für Entscheidungen. Bis Bd. 8.

JMBl. = Preuß. Justizministerialblatt.

JR. = Juristische Rundschau.

JW. = Juristische Wochenschrift. Bis 31. 3. 29.

KBA. = Bericht der XV. Komm. des AbgHauses über den Entw. eines Ges., enth. die landesgesetzlichen Vorschriften über die Geb. der Rechtsanwälte und der Gerichtsvollzieher (Drucks. des AbgHauses, 19. LegislatPer., I. Sess. 1899 Nr. 296).

KBH. = Bericht der IV. Komm. des Herrenhauses über den Entw. eines Gesetzes, enth. die landesgesetzlichen Vorschriften über die Geb. der Rechtsanwälte und der Gerichtsvollzieher (Drucks. des Herrenhauses, Sess. 1899 Nr. 140).

KGBl. = Blätter für Rechtspflege im Bezirke des Kammergerichts.

KGJ. = Jahrbuch der Entscheidungen des Kammergerichts. Bis Bd. 53.

KO. = Konkursordnung vom 20. 5. 98 (RGBl. 612).

KomBer. = Ber. der VI. Komm. über den Entw. einer GebO. für Rechtsanwälte (Drucks. des Deutschen Reichstags, 4. LegislatPer., II. Sess. 1879 Nr. 137).

KommAbgG. = Preuß. Kommunalabgabengesetz vom 14. 7. 93 (PrGS. 152).

KonsGerG. = Reichsgesetz über die Konsulargerichtsbarkeit vom 7. 4. 00 (RGBl. 213).

KraftfG. = Reichsgesetz über den Verkehr mit Kraftfahrzeugen vom 3. 5. 09 (RGBl. 437).

KunstUrhG. = Reichsgesetz, betr. das Urheberrecht an Werken der bildenden Künste und der Photographie, vom 9. 1. 07 (RGBl. 7).

LGO. = Preuß. Landesgebührenordnung.

LVG. = Preuß. Gesetz über die allgemeine Landes-Verwaltung vom 30. 7. 83 (PrGS. 195).

LZ. = Leipziger Zeitschrift für Deutsches Recht.

M. = Motive zu dem Entw. einer GebO. für Rechtsanwälte (Drucks. des Deutschen Reichstags, 4. LegislatPer., II. Sess. 1879 Nr. 6).

MBliV. = Ministerialblatt für die gesamte Preußische innere Verwaltung.

MietSchG. = Reichsgesetz über Mieterschutz und Mieteinigungsämter vom 17. 2. 28 (RGBl. I 25).

NotGO. = Preuß. Gebührenordnung für Notare vom 28. 10. 22 (PrGS. 404)/18. 12. 23 (PrGS. 556).

OLG. = Rechtsprechung der Oberlandesgerichte (Mugdan-Falkmann). Bis Bd. 46.

PrGKG. = Preuß. Gerichtskostengesetz vom 28. 10. 22 (PrGS. 363)/18. 12. 23 (PrGS. 556).

PrisGO. = Prisengerichtsordnung vom 20. 7. 17 (RGBl. 638).

RAbgO. = Reichsabgabenordnung vom 13. 12. 19 (RGBl. 1993).

RAO. = Rechtsanwaltsordnung vom 1. 7. 78 (RGBl. 177) in der Fass. vom 22. 5. 10 (RGBl. 772).

RAusglG. = Reichsausgleichsgesetz vom 20. 11. 23 (RGBl. I 1135).

RFGG. = Reichsgesetz über die Angelegenheiten der freiwilligen Gerichtsbarkeit vom 20. 5. 98 (RGBl. 771).

RG. = Entscheidungen des Reichsgerichts in Zivilsachen, herausgegeben von den Mitgliedern des Gerichtshofes. Bis Bd. 123.

RG. = Entscheidungen des Reichsgerichts in Strafsachen, herausgegeben von den Mitgliedern des Gerichtshofes. Bis Bd. 61.

RMinBl. = Reichsministerialblatt.

RVersorgG. = Reichsversorgungsgesetz vom 22. 12. 27 (RGBl. I 515).

RVO. = Reichsversicherungsordnung vom 15. 12. 24 (RGBl. I 779).

RZBl. = s. ZBl.

ScheckG. = Scheckgesetz vom 11. 3. 08/13. 4. 14 (RGBl. 71, 85).

SeemO. = Seemannsordnung vom 2. 6. 02 (RGBl. 175).

SeuffArch. = Seufferts Archiv für Entscheidungen der Oberlandesgerichte in deutschen Staaten.

StenBer. = Stenograph. Berichte über die Verhandlungen des Deutschen Reichstages, 4. LegislatPer., II. Sess., 1879.

StGB. = Strafgesetzbuch für das Deutsche Reich vom 26. 2. 76 (RGBl. 40).

StPO. = Strafprozeßordnung vom 22. 3. 24 (RGBl. I 322).

UnlWG. = Reichsgesetz über den unlauteren Wettbewerb vom 7. 6. 09 (RGBl. 499).

VerglO. = Reichsgesetz über den Vergleich zur Abwendung des Konkurses vom 5. 7. 27 (RGBl. I 139).

VersAufsG. = Reichsgesetz über die privaten Versicherungsunternehmungen vom 12. 5. 01 (RGBl. 139).

W. = Warneyers Jahrbuch der Entscheidungen; Ergänzungsband, enthaltend die Rechtsprechung des Reichsgerichts. Bis 1928.

ZBl. = Zentralblatt für das Deutsche Reich.

ZJustAmtm. = Zeitschrift für Deutsche Justizamtmänner.

ZPO. = Zivilprozeßordnung vom 13. 5. 24 (RGBl. I 437).

ZustG. = Preuß. Gesetz über die Zuständigkeit der Verwaltungs- und Verwaltungsgerichtsbehörden vom 1. 8. 83 (PrGS. 237).

ZVG. = Reichsgesetz über die Zwangsversteigerung und die Zwangsverwaltung vom 20. 5. 98 (RGBl. 713).

I.

Gebührenordnung für Rechtsanwälte.

Vom 7. Juli 1879 (RGBl. 176).

Jetzige Fassung vom 5. Juli 1927 (RGBl. I 162).
In ursprünglicher Fassung in Kraft getreten am 1. Oktober 1879.
Eingeführt in Helgoland seit 1. 4. 91: Art. I Nr. VIII 8 RGes. v. 22. 3. 91 (RGBl. 22).

Abgeändert zunächst durch Art. VIII des Einführungsgesetzes zu dem Gesetze, betr. Änderungen der Zivilprozeßordnung, v. 17. 5. 98 (RGBl. 332). Der sich daraus ergebende Wortlaut ist in der Bek. des Reichskanzlers v. 20. 5. 98 (RGBl. 692) festgestellt worden.

Sodann änderte Art. IV des Ges., betr. Änderungen des Gerichtsverfassungsgesetzes usw., v. 1. 6. 09 (RGBl. 475) die §§ 18, 19, 20, 23, 24, 26—30, 37, 38, 41, 52, 76 und Art. IX des Ges., betr. die Zuständigkeit des Reichsgerichts, v. 22. 5. 10 (RGBl. 767) den § 52 DGO.

Demnächst regelte § 17 der Bek. zur Entlastung der Gerichte v. 9. 9. 15 (RGBl. 562), später als § 5 der Neufassung v. 13. 5. 24 (RGBl. I 552) die Anwaltsgebühren im Mahnverfahren neu, ersetzte also inhaltlich den § 38 DGO., ohne ihn ausdrücklich aufzuheben, weil die VO. nur auf Zeit berechnet war. Inzwischen ist die Aufnahme in die DGO. aber doch erfolgt.

Alsdann änderte Art. II des Ges., betr. Änderungen des Gerichtskostengesetzes usw., v. 8. 11. 16 (RGBl. 1263) den § 76 DGO.

Als die auf Friedensmark zugeschnittenen Gebührensätze des § 9 DGO. nicht mehr ausreichten, gewährte § 1 des Ges. über Kriegszuschläge zu den Gebühren der Rechtsanwälte usw. v. 1. 4. 18 (RGBl. 173) mäßige Gebührenzuschläge und änderte den § 78 DGO. Die Gebührensätze wurden weiter erhöht und die §§ 76, 78 DGO. geändert durch Art. I des Ges. über Teuerungszuschläge zu den Gebühren der Rechtsanwälte usw. v. 18. 12. 19 (RGBl. 2113) und sodann das Ges. v. 1. 4. 18 neu bekanntgemacht in der Fassung vom 18. 12. 19 (RGBl. 2115).

Das Ges., betr. die Gebühren der Rechtsanwälte usw., v. 8. 7. 21 (RGBl. 910) änderte in Art. I, IV die §§ 63, 65, 67, 69, 76, 78, 93 DGO., gewährte in Art. II wiederum prozentuale Zuschläge zu den im Ges. v. 18. 12. 19 bereits erhöhten Gebühren und ermächtigte in Art. III die Reichsregierung, mit Zustimmung des Reichsrats und nach Anhörung der Vereinigung der Anwaltskammervorstände im Falle einer wesentlichen Änderung der wirtschaftlichen Verhältnisse den Teuerungszuschlag und die Sätze des § 78 DGO. (Reisekosten) im Verordnungswege anderweitig festzusetzen. Auf dieser Grundlage ergingen folgende Verordnungen, die angeführt werden, um etwa aus jener Zeit noch nötige Feststellungen treffen zu können:

1. VO. v. 9. 2. 22 (RGBl. I 205),
2. VO. v. 22. 6. 22 (RGBl. I 519),
3. VO. v. 12. 10. 22 (RGBl. I 798),
4. VO. v. 25. 11. 22 (RGBl. I 886),
5. VO. v. 21. 12. 22 (RGBl. I 965),
6. VO. v. 18. 1. 23 (RGBl. I 65),
7. VO. v. 23. 2. 23 (RGBl. I 153),
8. VO. v. 20. 3. 23 (RGBl. I 191),
9. VO. v. 21. 6. 23 (RGBl. I 420),
10. VO. v. 12. 7. 23 (RGBl. I 633).

Nunmehr glaubte die Reichsregierung, auf einem anderen Wege den Belangen der Rechtsanwälte genügen zu können, indem sie die gesamte bisherige Notgesetzgebung seit 1918 aufhob und die Gebührensätze in Prozenten des Streitwertes ausdrückte. So erging das Ges. über die Gebühren der Rechtsanwälte und die Gerichtskosten v. 18. 8. 23 (RGBl. I 813), das die §§ 8, 9, 16, 19, 20, 28, 41, 44, 52, 63, 64, 65, 67, 69, 76, 78, 79, 82, 83, 86, 87, 93 DGO. änderte. Indessen genügten nun bald wieder die Prozentsätze nicht, so daß sie erhöht werden mußten durch die

11. VO. v. 13. 9. 23 (RGBl. I 881),
12. VO. v. 27. 9. 23 (RGBl. I 912), in welcher als Grundlage der Wertstufen eine „Grundzahl" multipliziert mit der in der Vorwoche jeweils veröffentlichten Reichsindexziffer genommen wurde. Schließlich erging die
13. VO. v. 13. 12. 23 (RGBl. I 1188), die die Objekts- und Gebührenberechnung auf wertbeständiger Goldmarkbasis einführte.

Durch die Weitere VO. über die Gerichtskosten und die Gebühren der Rechtsanwälte v. 27. 6. 24 (RGBl. I 662) wurde schließlich die Schreibgebühr von 10 auf 20 Goldpfennig für die Seite erhöht.

Neben diesen Änderungen der Gebührensätze erfuhr die DGO. auch noch sachliche Änderungen seit 1921, nämlich:

a) durch Art. V des Ges. zur Änderung des Gerichtskostengesetzes v. 21. 12. 22 (RGBl. 1923 I 1), in Kraft seit 15. 2. 23, hinsichtlich der §§ 20, 23, 24, 30 DGO.;

b) durch Art. I des Ges. über die Gebühren der Rechtsanwälte usw. v. 18. 8. 23 (RGBl. I 813), in Kraft seit 28. 8. 23, hinsichtlich der §§ 8, 9, 16, 19, 20, 28, 41, 44, 52, 63, 64, 65, 67, 69, 76, 78, 79, 82, 83, 86, 87, 93 DGO.;

c) durch Art. I Nr. 2, 4 der VO. zur Beschleunigung des Verfahrens in bürgerlichen Rechtsstreitigkeiten v. 22. 12. 23 (RGBl. I 1239), in Kraft seit 10. 1. 24, hinsichtlich der Entscheidungen ohne mündliche Verhandlung und der Schiedsurteile;

d) durch Art. VI der VO. über das Verfahren in bürgerlichen Rechtsstreitigkeiten v. 13. 2. 24 (RGBl. I 135), in Kraft seit 1. 6. 24, hinsichtlich der §§ 16, 24, 37, 38a, 40a DGO., die sich insbesondere mit den neuen Vorschriften der ZPO. über die Entscheidung nach Lage der Akten, über das Güteverfahren und über die neu geregelte Vollstreckbarerklärung von Schiedssprüchen und schiedsgerichtlichen Vergleichen befassen.

Sodann erging, im wesentlichen um die angeblich zu hohen Gerichts- und Anwaltsgebühren herabzumindern, das Ges. über die Gerichtskosten und die Gebühren der Rechtsanwälte v. 28. 1. 27 (RGBl. I 53), in Kraft seit 1. 4. 27, das die §§ 8, 9, 14, 23, 27, 29, 30, 35, 38a, 63, 67 DGO. abänderte.

Schließlich brachte das Ges. über den Vergleich zur Abwendung des Konkurses (Vergleichsordnung) v. 5. 7. 27 (RGBl. I 139), in Kraft seit 1. 10. 27, in seinem § 100 eine Änderung der §§ 1 und 53 und die Hinzufügung des § 61a DGO. mit sich.

Auf Grund der in Art. VI des Ges. v. 28. 1. 27 enthaltenen Ermächtigung hat endlich der Reichsminister der Justiz die DGO. in der seit dem 1. 4. 27 bzw. 1. 10. 27 geltenden Fassung durch **Bek. v. 5. 7. 1927 (RGBl. I 152, 162)** neu bekanntgemacht.

Erster Abschnitt.

Allgemeine Bestimmungen.

1. Die Vergütung[1] für die Berufstätigkeit des Rechtsanwalts[2] in einem Verfahren vor den ordentlichen Gerichten[3], auf welches die Zivilprozeßordnung[4], die Strafprozeßordnung[5], die Konkursordnung oder das Gesetz über den Vergleich zur Abwendung des Konkurses[5a] Anwendung findet[6], sowie für die beratende[7] Berufstätigkeit des Rechtsanwalts, welche den Beginn oder die Fortsetzung eines solchen Verfahrens betrifft[8], bestimmt sich nach den Vorschriften dieses Gesetzes[9, 10].

[1] Umfaßt Gebühren und Auslagen (vgl. §§ 76 ff. DGO.). RG. 21, 350.

[2] Nicht erforderlich ist, daß der **Rechtsanwalt** bei dem für die betreffende Sache zuständigen Gerichte **zugelassen** ist. RG. 21, 418. — Auf die Tätigkeit von **Vertretern der Rechtsanwälte** findet die DGO. nur Anwendung, sofern die Vertreter den Bestimmungen des § 25 RAO. entsprechen. Dies trifft bei einem Rechtskundigen, der nicht Anwalt ist, nur dann zu, wenn er dem Rechtsanwalt durch die Landesjustizverwaltung als Vertreter beigeordnet ist. RG. 14, 394; Gr. 33, 1103. Ebenso unter besonderer Begründung aus der Natur der Reisekosten. RG. (VZS.) 21, 349. Allgemeiner RG. 31, 425. Anders RG. 15, 433. Wird der Anwalt in Terminen von seinem Bürovorsteher vertreten, so können nur die wirklichen Aufwendungen liquidiert werden, OLG. 15, 82; JW. 17, 620[10], also insbesondere nicht die Vergleichsgebühr, wenn der Bürovorsteher den Vergleich schließt, JW. 28, 2794[14], oder ein Referendar, JW. 29, 69[3] (HRR. 29, 551).

[3] I. **Die DGO. findet Anwendung:**

a) für die **ordentlichen Gerichte** (Amtsgerichte [auch Mietschöffengericht und Jugendgericht], Landgerichte, Oberlandesgerichte, Bayr. Oberstes Landesgericht, Reichsgericht), § 12 GVG.

b) früher für die **Wuchergerichte** (VO. v. 27. 11. 19 [RGBl. 1909] gemäß § 9 AusfVO. v. 27. 11. 19 [RGBl. 1916]

[Wuchergericht = Strafkammer], aufgehoben durch VO. v. 20. 3. 24 [RGBl. I 371]).

c) für die **außerordentlichen Gerichte** (bestellt zur Wiederherstellung der öffentlichen Sicherheit und Ordnung durch VO. v. 29. 3. 21 i. d. Fass. v. 14. 5. 21 [RGBl. 371, 689]) gemäß § 10 das. (Die StPO. ist entsprechend anzuwenden.)

d) für die **Militärstrafgerichte** (Standgerichte, Kriegsgerichte, Oberkriegsgerichte, Reichsmilitärgericht; §§ 38 ff. MilStGO. v. 1. 12. 98 [RGBl. 1189]) gemäß § 17 EG. MilStGO. v. 1. 12. 98 (RGBl. 1289) (Kriegsgericht = erste Instanz, Reichsmilitärgericht = Reichsgericht). Die Militärgerichtsbarkeit besteht seit 1. 10. 20 nur noch in Kriegszeiten und gegen die an Bord von in Dienst gestellten Kriegsschiffen eingeschifften Angehörigen der Reichsmarine: §§ 1 ff., 28 RGes. v. 17. 8. 20 (RGBl. 1579).

e) für die **Konsulargerichte** (Konsuln, Konsulargerichte, Reichsgericht; § 5 KonsGerG. v. 7. 4. 00 [RGBl. 213]) gemäß § 19 Nr. 1, § 76 KonsGerG. (anwendbar nur, soweit die Gebühren der Rechtsanwälte nicht durch Ortsgebrauch geregelt sind; was jedoch nur hinsichtlich der Höhe der Gebührensätze gilt, nicht auch hinsichtlich der Voraussetzungen für die Verpflichtung zur Gebührenzahlung, z. B. im Falle einer Gebührenvereinbarung nach § 93 DGO., W. **14**, 138). Vgl. jetzt wegen teilweiser Suspendierung der Konsulargerichtsbarkeit Art. 289, 290 des Friedensvertrags von Versailles v. 28. 6. 19, RGes. v. 16. 7. 19 (RGBl. 687); dazu das RGes. wegen Überleitung von Rechtsangelegenheiten der Konsulargerichtsbarkeit v. 1. 7. 21 (RGBl. 805).

f) früher für die **Schutzgebietsgerichte**; erledigt durch Verlust aller Schutzgebiete, Art. 119 Friedensvertrags von Versailles, RGes. v. 16. 7. 19 (RGBl. 687).

g) für die **Arbeitsgerichtsbehörden** nach dem ArbGG. v. 23. 12. 26 (RGBl. I 507) (Landesarbeitsgerichte, Reichsarbeitsgericht). Vor den erstinstanzlichen Arbeitsgerichten sind Rechtsanwälte nicht zugelassen. Für das Verfahren vor den Landesarbeitsgerichten und dem Reichsarbeitsgericht gelten die Gebührensätze der Berufungs- bzw. Revisionsinstanz der DGO. Wegen Kostenfestsetzungsanträge von Anwälten vor den Arbeitsgerichten vgl. JW. 28, 2896, 2898; HRR. 28, 1993, wegen Streitwertfestsetzung für das Landesarbeitsgericht HRR. 28, 2289, für das Reichsarbeitsgericht HRR. **29**, 402, wegen Anwaltsgebühren vor den Landesarbeitsgerichten JW. 27, 2357; 28, 268.

h) für das Verfahren über einen Antrag auf Bewilligung der **Zwangsvollstreckung aus österreichischen Urteilen,** § 2 RGes. v. 6. 3. 24 (RGBl. II 55) und Art. V VO. v. 26. 4. 24 (RGBl. II 91).

i) für den **Staatsgerichtshof zum Schutze der Republik,** RGes. v. 21. 7. 22 (RGBl. 585); vgl. auch Art. I RGes. v. 31. 3. 26 (RGBl. I 190) und VO. v. 29. 7. 22 (RGBl. I 673) § 12.

II. Im übrigen findet die DGO. auf Angelegenheiten, die nicht vor die ordentlichen Gerichte, sondern **vor andere Behörden** (z. B. Verwaltungsbehörden, Verwaltungsgerichte, Staatsanwaltschaft) oder **besondere Gerichte** gehören, keine Anwendung, soweit nichts anderes bestimmt ist, mögen sie auch reichsgesetzlich bestellt oder zugelassen sein. Vgl. RG. 75, 100 (Tätigkeit als Berater und Rechtsbeistand einer Gemeinde bei Eingemeindung), OLG. 39, 118 (Verfahren vor der Reichsentschädigungskommission, VO. v. 26. 4. 15 i. d. Fass. v. 17. 1. 17).

III. **Reichsgesetzlich bestellte oder zugelassene besondere Gerichte,** für die die DGO. **nicht** gilt, **soweit nichts anderes bemerkt** ist:

a) die **Prisengerichte** (RGes. v. 3. 5. 84 [RGBl. 49] und PrisGO. v. 15. 4. 11 [RGBl. 1914 S. 301] i. d. Fass. v. 20. 7. 17 [RGBl. 638]).

b) die **Gerichte der Reichsversicherung** (Versicherungsämter, Oberversicherungsämter, Reichsversicherungsamt; RVO. v. 19. 7. 11 [RGBl. 590] in den Fassungen v. 15. 12. 24 [RGBl. I 779], 9. 1., 26. 3., 22. 5., 25. 6. 26 [RGBl. I 9, 179, 243, 311], 8. 4., 15. 7., 16. 1. 27 [RGBl. 95, 98, 219, 337], 29. 3., 20. 12. 28 [RGBl. I 116, 117, 405]). Die Anwaltsgebühren sind zwingend (§§ 1804, 1805 RVO.) geregelt durch VO. 24. 12. 11 (RGBl. 1094) in der Fassung v. 14. 12. 23 (RGBl. I 1198).

c) **die Gerichte der Angestelltenversicherung** (Rentenausschüsse, Schiedsgerichte, Oberschiedsgerichte; AngVersG. v. 20. 12. 11 [RGBl. 989] in der Fassung v. 28. 5. 24 [RGBl. 563] nebst Novellen).

d) die **in Militärversorgungssachen** (OffizierspensionsG. v. 31. 5. 06 [RGBl. 565], MannschaftsversorgungsG. v. 31. 5. 06

[RGBl. 593], MilitärhinterbliebenenG. v. 17. 5. 07 [RGBl. 214], PensionsergänzungsG. v. 20. 12. 20 [RGBl. 2109], ReichsversorgungsG. v. 22. 12. 27 [RGBl. I 515] mit AusfBest. v. 1. 9. u. 16. 11. 20 [RGBl. 1633, 1907], AltrentnerG. v. 22. 12. 27 [RGBl. I 531]) **tätigen Gerichte** (Militärversorgungsgerichte, Reichsmilitärversorgungsgericht, bayr. Landesmilitärversorgungsgericht; RGes. über das Verfahren in Versorgungssachen v. 20. 3. 28 [RGBl. I 71]). Die Anwaltsgebühren sind zwingend geregelt durch § 145 dieses Gesetzes. Vgl. Anm. 3c Art. 1 LGO.

e) das **Reichsverwaltungsgericht**, mehrfach bereits in Gesetzen vorgesehen, aber noch nicht errichtet.

f) das **Reichsschiedsgericht** (RGes. zur Sicherung einer einheitlichen Beamtenbesoldung v. 21. 12. 20 [RGBl. 2117] nebst VO. über das Verfahren v. 12. 2. 21 [RGBl. 491]).

g) der **Staatsgerichtshof für das Deutsche Reich** (RGes. v. 9. 7. 21 [RGBl. 905], Geschäftsordnung v. 6. 12. 21 [RGBl. 1535], VerfahrensO. f. d. vorl. StGH. v. 21. 2. 22 [RZBl. 61]).

h) die **im Reichszoll- und -steuersachen tätigen Gerichte** (Finanzämter, Landesfinanzämter, Finanzgerichte, Reichsfinanzhof; RAbgO. v. 13. 12. 19 [RGBl. 1993] u. VO. v. 5. 8. 21 [RGBl. 1241]). Werden im Rechtsmittelverfahren dem Abgabepflichtigen keine Kosten auferlegt, so können ihm die Anwaltskosten gemäß § 288 Abs. 2 Satz 4 RAbgO. in Höhe der Gebühren der DGO. erstattet werden. Gemeint sind die Gebühren und Auslagen in bürgerlichen Rechtsstreitigkeiten der DGO. Dies ist sinngemäß dahin zu erweitern, daß auch im Verhältnisse zwischen Anwalt und Auftraggeber die DGO. anzuwenden ist, da sonst eine Erstattung nicht in Frage kommen kann. JW. 21, 65. Vgl. auch JW. 29, 354.

i) das **Reichswirtschaftsgericht** (VO. v. 21. 5. 20 [RGBl. 1167]). Die Anwaltsgebühren sind geregelt durch AnO. v. 6. 10. 20 (RGBl. 1716), geändert 30. 7. 21 (RGBl. 1046) und 28. 2. 24 (RGBl. I 378). Danach findet die DGO. mit unwesentlichen Änderungen Anwendung.

k) das **Wahlprüfungsgericht** in Reichstagswahlsachen (Art. 31 RVerf. v. 11. 8. 19 [RGBl. 1383]).

l) die **Spruchstellen des Reichsausgleichsamtes** (RAusglG. v. 20. 11. 23 [RGBl. I 1135] nebst VO. über das Verfahren v. 22. 12. 24 [RGBl. I 965]). Nach § 51 RAusglG. ist Beschwerde an das RWirtschaftsgericht (oben zu i) zulässig.

m) die **Gemischten Schiedsgerichtshöfe** (Art. 304 des Friedensvertrags v. Versailles v. 28. 6. 19, RGes. v. 16. 7. 19 [RGBl. 687], dazu RGes. v. 10. 8. 20 [RGBl. 1569]). In den Prozeßordnungen dieser Gerichtshöfe sind durchweg deutsche Anwälte zugelassen, so mit Frankreich: Art. 84 (RGBl. 20, 526; 21, 160; 22, II 777), Griechenland: Art. 82 (RGBl. 1920 S. 1742), England: Nr. 3, 9, 20 (RGBl. 1920 S. 1872), Belgien: Art. 9 (RGBl. 1921 S. 108), Japan: Art. 4, 10 (RGBl. 1921 S. 96), Siam: Art. 83 (RGBl. 1921 S. 346), Serbien (Jugoslavien): Art. 7 (RGBl. 1921 S. 693), Tschechoslowakei: Art. 7 (RGBl. 1921 S. 1541), Polen: Art. 9 (RGBl. 1921 S. 1558), Italien: Art. 10 (RGBl. 1922 S. 157), Rumänien: Art. 38, 71, 72 (RGBl. 22 II 87; 24 II 419), Deutsch-Polnisches Schiedsgericht für Oberschlesien: Art. 6 (RGBl. 23 II 203).

n) die Feststellungsbehörden bei Ansprüchen auf Vergütung der **Besatzungsleistungen** und Vermögensschäden (BesatzungsleistG. v. 5. 4. 27 [RGBl. I 83]; vgl. aber § 60 Abs. 2 und oben zu i).

o) die Entschädigungsbehörden bei **Enteignungen anläßlich des Friedensvertrages** (RGes. v. 31. 8. 19 [RGBl. 1527] § 7, VerfahrensVO. v. 11. 5. 20 [RGBl. 970]).

p) die Spruchkammern des **Reichsentschädigungsamtes** für Kriegsschäden (VO. v. 30. 7. 21 [RGBl. 1046], 23. 6. 23 [RGBl. I 412] und LiquidationsschädenG. v. 20. 11. 23 [RGBl. I 1148]).

q) das **Kartellgericht** (VO. gegen den Mißbrauch wirtschaftlicher Machtstellungen v. 2. 11. 23 [RGBl. I 1067] und §§ 1, 4 VerfahrensVO. v. 2. 11. 23 [RGBl. I 1071], verweisend auf das RWirtschaftsgericht, oben zu i).

r) das **Reichsbahngericht** (§§ 44, 45 ReichsbahnG. v. 30. 8. 24 [RGBl. II 272] und GeschäftsO. v. 14. 3. 25 [RGBl. II 113]).

s) die Spruchstellen des **Reichsbewertungsgesetzes** (Grundwertausschuß, Oberbewertungsausschuß, Reichsfinanzhof, Landesfinanzamt: §§ 56, 69 RBewertungsG. v. 10. 8. 25 [RGBl. I 214]).

t) die **Mieteinigungsämter** und **Rechtsbeschwerdestellen** (§ 37 MietSchG. v. 17. 2. 28 [RGBl. I 25] und § 15 VerfahrensAnO. v. 19. 9. 23 [RGBl. I 889]). Hier gilt in Preußen die DGO., JW. **26**, 997 (OLG. **45**, 262), ebenso in Bayern,

JW. **29**, 154[14]. Für die Vertretung vor den preuß. Rechtsbeschwerdestellen gelten die Sätze der Berufungsinstanz. JW. 27, 594 (OLG. **46**, 115). Ebenso in Bayern. JW. **29**, 154[14]. Auch Anwaltsgebühren sind erstattungsfähig. JW. **25**, 1770 (OLG. **44**, 264). Keine Streitwertbeschwerde gegen den Beschluß des MEA. JFG.Erg. **3**, 179; **4**, 203. Es gibt kein eigentliches Kostenfestsetzungsverfahren, sondern MEA. und Beschwerdestellen setzen in ihrem Beschluß selbst nach billigem Ermessen die Kosten fest, JW. **25**, 1770), notfalls durch Ergänzungsbeschluß, JW. **27**, 594; OLG. **45**, 256; **46**, 115, der binnen einer Woche seit Bekanntgabe der Entscheidung bei der entscheidenden Stelle beantragt sein muß, JW. **27**, 598; JFG. Erg. **7**, 120. Gebühren des Anwalts in eigener Sache sind nicht erstattungsfähig. OLG. **45**, 256. Streitwert: § 46 MietSchG. (RGBl. I 25), PrVO. v. 22. 10. 23 (PrGS. 485) § 2, PrVO. v. 25. 9. 23 (PrGS. 449) § 8.

u) die **Pachteinigungsämter** und **Rechtsbeschwerdestellen** (RPachtschO. v. 23. 7. 25 [RGBl. I 152] i. d. Fass. v. 12. 7. 27 [RGBl. I 179] u. PrPachtschO. v. 19. 9. 27 [PrGS. 177] § 52, 53).

v) die **Innungsausschüsse** für Streitigkeiten zwischen Innungsmitgliedern und ihren Lehrlingen (§ 81a Nr. 4, § 91b GewO.).

w) früher die **Gewerbegerichte, Kaufmannsgerichte** und **Innungsschiedsgerichte**, jetzt ersetzt durch die Arbeitsgerichtsbehörden, oben zu Ig (§§ 110, 116 ArbGG. v. 23. 12. 26 [RGBl. I 507]).

IV. Dagegen findet die DGO. auf solche Rechtssachen Anwendung, die zunächst vor anderen Behörden verhandelt und erst durch **Berufung auf den Rechtsweg** oder durch einen **Antrag auf gerichtliche Entscheidung** bei den ordentlichen Gerichten anhängig gemacht worden sind. Vgl. z. B. § 124 SeemO. v. 2. 6. 02 (RGBl. 175), § 5 EG.StPO. (Antrag auf gerichtliche Entscheidung gegen Bescheid des Seemannsamts); ferner §§ 181, 182, 413, 419 ff. StPO.

[4] § 3 Abs. 1 EG.ZPO., § 13 GVG. (auf alle bürgerlichen Rechtsstreitigkeiten, die vor die ordentlichen Gerichte gehören). — Jedoch: §§ 11, 15 Nr. 2 EG.ZPO. (landesgesetzliche Regelung des Verfahrens: in einzelnen **Aufgebotssachen, für die Zwangsenteignung**; s. Anm. 2 Art. 1, Art. 4 LGO.).

[5] § 3 Abs. 1 EG.StPO., § 13 GVG. (alle Strafsachen, die vor die ordentlichen Gerichte gehören). — **Jedoch**: § 3

Abs. 3 EG.StPO. (landesgesetzliche Regelung des Verfahrens in **Forst- und Feldrügesachen**; s. Art. 2 Nr. 2, Vorbem. vor Art. 8 LGO.). — Die DGO. findet nicht Anwendung auf die zwar vor die ordentlichen Gerichte gehörenden, aber durch **andere Reichsgesetze als die Prozeßordnungen** geregelten Verfahren (z. B. ZVG. v. 24. 3. 97, GBO. v. 20. 5. 98, RFGG. v. 17. 5. 98: Zwangsversteigerung, Grundbuchsachen, Angelegenheiten der freiwilligen Gerichtsbarkeit, s. bezüglich der letzteren W. 15, 248 [keine Anwendung des § 93 betreffend Vergütungsvereinbarung]). Vgl. Anm. 2 Art. 1 LGO.

[5a] Die VerglO. ist zugefügt durch § 100 RGes. v. 5. 7. 27 (RGBl. I 139), in Kraft seit 1. 10. 27.

[6] Auch in den gemäß § 3 Abs. 1, 2 EG.GVG. durch **Landesgesetz den ordentlichen Gerichten übertragenen** bürgerlichen Rechtsstreitigkeiten und Strafsachen, für welche besondere Gerichte zugelassen sind, sofern in ihnen kein von der ZPO. oder StPO. abweichendes Verfahren vorgeschrieben ist. § 3 Abs. 2 EG.ZPO., § 3 Abs. 2 EG.StPO. — **Landesrechtliche Ausdehnung** in Preußen: Art. 2 LGO.

[7] § 47 DGO. — Unter die **beratende Berufstätigkeit** fällt nicht bloß die eigentliche Raterteilung, sondern überhaupt die ganze, das gerichtliche Verfahren, namentlich dessen Beginn, vorbereitende Tätigkeit, auch soweit sie auf Beschaffung des erforderlichen Materials gerichtet ist. JW. **03**, 28[27]. — Geht im Vorbereitungsstadium des Verfahrens die Tätigkeit des Anwalts über eine Raterteilung hinaus (wie z. B. bei Zahlungsaufforderungen, Mahnungen, Kündigungen), so ist sie, wenn es nicht zu dem Verfahren kommt, nach landesgesetzlicher Gebührenvorschrift zu vergüten. Vgl. Art. 9 LGO., JW. **02**, 285; OLG. **3**, 167, auch Anm. 8. Andernfalls: § 13 Nr. 1, § 29 DGO. (durch Prozeßgebühr mitabgegolten); vgl. OLG. **39**, 108 und Anm. 8.

[8] Mag auch **das Gericht demnächst nicht mit der Sache** befaßt sein. Mot. 24, RG. 14, 367, 370; JW. **86**, 499[5]; OLG. **15**, 180; **17**, 228. Voraussetzung für die Anwendung der DGO. in diesem Falle ist aber, daß die Absicht des Auftraggebers darauf gerichtet gewesen ist, die Tätigkeit des Anwalts zum Zwecke des Beginns oder der Fortsetzung eines gerichtlichen Verfahrens in Anspruch zu nehmen. Besteht eine solche Absicht nicht (will z. B. der Auftraggeber durch die begehrte Auskunft über die Rechtslage eine Regelung auf friedlichem

Wege herbeiführen), so ist die Tätigkeit des Anwalts nicht nach der DGO., sondern nach landesgesetzlicher Gebührenvorschrift, z. B. in Preußen eine Raterteilung nach Art. 11 LGO., zu vergüten. OLG. 15, 180, 183; 17, 227, 228; auch 39, 108. Dies gilt auch von einer Tätigkeit des Anwalts zur Herbeiführung eines Vergleichs in einer noch nicht anhängigen und demnächst auch nicht anhängig werdenden Sache. JW. 03, 28[27]; OLG. 17, 228. Kommt es aber infolge Resultatlosigkeit der Vergleichsverhandlungen zum Rechtsstreit und erhält der Anwalt Auftrag zur Führung des Rechtsstreits, so ist es für den Gebührenansatz so anzusehen, als ob von vornherein Auftrag zur Prozeßführung erteilt worden wäre. JW. 03, 28[27], vgl. auch JW. 20, 394. Ist der Anwalt beauftragt, zunächst einen Vergleich zu versuchen, falls die Bemühungen aber keinen Erfolg haben sollten, Klage zu erheben, so steht dem Anwalt, wenn es, nachdem er Bemühungen zur Herbeiführung eines Vergleichs angestellt hat, nicht zur Klageerhebung kommt, die Prozeßgebühr zu $^{5}/_{10}$ aus § 14 DGO. zu. Vgl. OLG. 17, 228; JW. 20, 394; 24, 216[17], Anm. 1 § 14 DGO. — Für die **Frage, ob die Tätigkeit des Rechtsanwalts vor die ordentlichen Gerichte gehört,** ist die Absicht des Auftraggebers von Bedeutung. Wird der Anwalt beauftragt, eine Sache vor die ordentlichen Gerichte zu bringen, so hat er Anspruch auf Vergütung nach Maßgabe der DGO., auch wenn die vollständige Ausführung des Auftrags unterbleibt, z. B. weil der Anwalt die Belehrung erteilt, daß die Sache gar nicht vor die ordentlichen Gerichte gehöre. Das gleiche gilt, wenn ein solcher Auftrag auch nur bedingungsweise erteilt oder der Anwalt nur mit der Frage befaßt wird, ob die Sache vor die ordentlichen Gerichte gebracht werden soll. Mot. 24. — Die **Anwendung der DGO.** ist nicht auf diejenige Tätigkeit des Rechtsanwalts beschränkt, die in den Prozeßordnungen geregelt wird, vielmehr ist die DGO. auf **die Berufstätigkeit des Rechtsanwalts in einem Verfahren** anwendbar, **auf das** die **Prozeßordnungen Anwendung** finden (z. B. auch auf die Hinterlegung von Sicherheiten zu zivilprozessualen Zwecken). JW. 91, 485[2]; Gr. 44, 209. Eine an sich **nicht unter die DGO. fallende Angelegenheit** kann ihr unterstellt werden; vgl. RG. 121, 200 (HRR. 28, 1971) (Tätigkeit bei Vermittelung eines Darlehns an eine Industriegesellschaft, Zulässigkeit vereinbarter Geltung der DGO., dann eine volle Prozeßgebühr).

[9] Das **Rechtsverhältnis zwischen dem Anwalt und der** seine Dienste in Anspruch nehmenden **Partei** ist der Regel nach als auf einem Dienstvertrage (§§ 611 ff. BGB.) beruhend anzusehen, RG. **57**, 107; **75**, 105; **88**, 226; JW. **14**, 642[4], der zugleich eine Geschäftsbesorgung nach § 675 BGB. zum Gegenstand hat RG. **39**, 121; JW. **14**, 642[4] (W. **14**, 286); W. **28**, 125, 165; OLG. **31**, 249, und zwar einem Dienstvertrag aus § 627 BGB., so daß unter Beachtung des § 627 Abs. 2 Kündigung auch ohne wichtigen Grund beiderseits zulässig ist, W. **26**, 165; bildet ein durch die Rechtsanwaltstätigkeit herbeizuführender Erfolg den Inhalt des Vertrags, so kann sich auch die Annahme eines Werkvertrags nach §§ 631 ff. BGB. rechtfertigen lassen, JW. **14**, 642[4] (W. **14**, 286). Jedoch ist die Berufsstellung des Anwalts zugleich öffentlicher Art. RG. **75**, 105; vgl. **39**, 137; **55**, 169; **66**, 150; **99**, 189. Mit Rücksicht hierauf haben die Bestimmungen über die Beschränkung der Vertragsfreiheit hinsichtlich der Höhe der Vergütung nicht nur (nach Art. 32 EG.BGB.), soweit sie reichsgesetzliche (vgl. § 93 RGO.), sondern (nach Art. 55 EG.BGB.) auch, soweit sie landesgesetzliche (vgl. Art. 16 LGO.) sind, gegenüber § 612 Abs. 2 BGB. Geltung. RG. **75**, 104. Daher kann der Anwalt eine durch nicht schriftliche Vereinbarung über eine landesgesetzlich bestimmte Gebühr hinaus für seine Tätigkeit festgesetzte Vergütung nicht fordern, wenn landesgesetzlich für die Vereinbarung Schriftlichkeit vorgeschrieben ist. RG. **75**, 98. — Über übermäßige unsittliche und daher nichtige Honorarvereinbarung vgl. § 93 RGO. Über „Verwirkung" des Gebührenanspruchs durch pflichtwidriges Verhalten vgl. Anm. 5 § 50 RGO. — Es darf aber der Anwalt, abgesehen von besonderen Ausnahmen, auch **nicht unter der gesetzlichen Taxe**, sondern nur dem Gesetze gemäß liquidieren, sei es auch, daß das Gericht (z. B. bei Erhebung von Teilklagen) die höheren Kosten gemäß § 91 ZPO. nicht für erstattungsfähig erachtet. EGH. **8**, 126; **13**, 72; **20**, 108. — Ein Grundsatz dahin, der Rechtsanwalt müsse jeder von der seinigen abweichenden Rechtsanschauung im Interesse seiner Partei fürsorglich Rechnung tragen, ist nicht anzuerkennen. Es kommt immer auf den einzelnen Fall und auf die einzelne Rechtsfrage an. Die allgemeine Regel kann nur die sein, daß der Rechtsanwalt **nach sorgfältiger** juristischer **Prüfung** sich selbst eine **Rechtsanschauung zu bilden** und dieser zu folgen

hat, soweit nicht die allgemein anerkannte Rechtslehre oder die oberstrichterliche Rechtsprechung eine sichere Richtschnur gibt. RG. 87, 187, auch (Frage der Fahrlässigkeit im Hinblick auf die Pflicht zur Prüfung der Rechtsfrage) RG. 89, 430; JW. 10, 298[35]. Der Anwalt muß aber bei seinem Rat immer den sichereren und gefahrloseren Weg vorschlagen, sonst handelt er schuldhaft; mindestens muß er auf die Bedenken hinweisen. W. 23, 103. — Der Anwalt ist im allgemeinen, mit Ausnahme besonderer aus dem Vertrauensverhältnis sich ergebender Fälle, nicht verpflichtet, seinen Auftraggeber, insbesondere vor einer Erweiterung des Anspruchs, auf die **Höhe der entstehenden Gebühren** hinzuweisen. RG. 118, 365 (JW. 28, 99[2]); W. 28, 134 (HRR. 28, 116). — Nach § 32a RAO. in d. Fass. d. Ges. v. 22. 5. 10 **verjährt** der Anspruch der Partei auf **Schadensersatz** aus dem zwischen ihr und dem Rechtsanwalte bestehenden Vertragsverhältnisse in fünf Jahren. Auf diese Verjährungsvorschrift finden die allgemeinen Vorschriften des BGB. über die Verjährung, z. B. § 198 über den Beginn der Verjährung, Anwendung. RG. 88, 226; 90, 84; W. 15, 187. — Sind **mehrere** bei demselben Gerichte zugelassene Anwälte zur **gemeinsamen Berufsausübung verbunden** und übernehmen sie gemeinsam die Vertretung einer Partei, so haften sie für den **Schaden**, der durch fahrlässig falsche Raterteilung oder sonstiges Verschulden des einen von ihnen der Partei erwachsen ist, **als Gesamtschuldner**. RG. 85, 306; HRR. 28, 950. Über einzelne Fälle der **Schadensersatzpflicht** des Anwalts, der die Rechte seiner Partei nicht gehörig wahrgenommen oder fahrlässig eine unrichtige Rechtsauskunft oder einen falschen Rat erteilt hat, vgl. RG. 118, 126; OLG. 34, 59, 167; JW. 15, 1259[3]; 27, 1309[2]; W. 26, 212; 27, 80; 28, 125. — Der Anwalt tritt zu der rechtsuchenden Partei, die sich an ihn mit der ausgesprochenen Absicht wendet, ihm Auftrag zur Prozeßführung zu erteilen, in ein **ihn zur gehörigen Wahrnehmung der Rechte verpflichtendes Auftragsverhältnis** in der Regel nicht schon dadurch, daß er sich von der Partei eine Sachdarstellung geben läßt; vielmehr ist dies **erst** dann der Fall, **wenn** er den **Auftragsantrag** (ausdrücklich oder stillschweigend) **angenommen** hat. Insbesondere schließt die ohne Verzug geschehene Ablehnung (z. B. der Klagerhebung) jede Verpflichtung zum Ersatze des etwaigen Schadens aus. Dies gilt auch von einer motivierten

Ablehnung, selbst wenn die Begründung irrig war (es sei denn, daß der Auftrag nur auf die Prüfung, ob eine etwaige Klage Erfolg haben könnte, gerichtet war und die ablehnende Antwort die gewünschte Erteilung eines Rates hierüber enthielt). RG. 56, 157. Es bedarf aber keines besonderen Vertragsabschlusses; es genügt, daß Anwalt und Partei in Beziehungen getreten sind, die man als vertragliche ansehen muß. JW. 27, 1145[7]; HRR. 28, 1099. — Darüber, daß **kollegiale Geschäftsgebräuche** der Rechtsanwälte (z. B. hinsichtlich Unterlassung der Erwirkung eines Versäumnisurteils gegen den nicht erschienenen Gegner) keinen Einfluß auf den Inhalt der Berufspflichten des Anwalts haben, vgl. RG. 70, 25. — Wird Rechtsanwälten von Dritten, die nicht Rechtsanwälte sind, unlauterer Wettbewerb gemacht, so ist zu ihrem Schutze das UnlWG. v. 7. 6. 09 (RGBl. 499) anwendbar. RG. 99, 189. Wegen der **Entgegennahme von** gerichtlichen **Verfügungen** usw. **und** gegnerischen **Schriftsätzen ohne** eigenen **Parteiauftrag** vgl. Anm. 12 § 29 DGO.

[10] Wegen der Aufwertung älterer Gebührenforderungen und des Übergangsrechtes vgl. Anm. 5 § 9 DGO. — Nach **internationalem Rechte** richtet sich die Gebührenforderung des Anwalts nach dem Rechte desjenigen Staates, in dem er seinen Wohnsitz hat. JW. 28, 1240[10], 2802[2].

2. Für die Ausführung eines Auftrags, dessen gemeinschaftliche[1] Erledigung mehreren Rechtsanwälten übertragen ist, steht jedem derselben die volle Vergütung zu[2].

[1] Nicht, wenn die Absicht des Auftraggebers nur dahin gegangen ist, daß ein Auftrag **von dem einen oder dem anderen** der Rechtsanwälte ausgeführt werden sollte. Dies ist in der Regel anzunehmen bei Auftragserteilungen an mehrere Rechtsanwälte, die sich zur gemeinsamen Ausübung der Rechtsanwaltschaft verbunden haben, es sei denn, daß ausdrücklich eine gemeinschaftliche Tätigkeit von ihnen verlangt ist, z. B. die gemeinsame Verteidigung des Auftraggebers im Strafverfahren. Mot. 25.

[2] Dagegen bei Tätigkeit mehrerer Rechtsanwälte **nacheinander oder in verschiedenen Teilen des Verfahrens:** §§ 42, 43. — Über die Gebührenberechnung, wenn **mehrere Auftraggeber**, die auf einer Parteiseite **an verschiedenen Ansprüchen beteiligt**

sind, verschiedene Anwälte mit der Wahrnehmung ihrer Rechte betraut haben, vgl. Anm. 1 § 5 ZPO. bei § 10 DGO.

3. Bei Ausführung von Aufträgen mehrerer Auftraggeber durch dieselbe Tätigkeit haftet[1] jeder Auftraggeber dem Rechtsanwalte für denjenigen Betrag an Gebühren und Auslagen[2], welcher bei abgesonderter Ausführung seines Auftrags erwachsen sein würde[3]. Die Mitverhaftung der anderen Auftraggeber kann dem Rechtsanwalte gegenüber nicht geltend gemacht werden[4].

[1] Gemäß §§ 421 ff. BGB. — § 3 bestimmt nur über die **Höhe der Haftung eines jeden der mehreren Auftraggeber.** Die dem Anwalt zustehende Gesamtvergütung für die Vertretung mehrerer Auftraggeber regelt sich in bürgerlichen Rechtsstreitigkeiten nach § 51 (Erhöhung der Gebühren bei nachträglichem Hinzutreten weiterer Auftraggeber), im Konkursverfahren nach § 62 (Gebühren für jeden Auftrag besonders), in Strafsachen nach § 72 (Erhöhung der Gebühren). Die Vergütung für Reisen nach verschiedenen Orten unmittelbar nacheinander wird gemäß § 79 Abs. 2 berechnet (der zurückgelegte Weg wird ungeteilt zugrunde gelegt).

[2] Für die Reisekosten ist in § 79 Abs. 3 eine abweichende Regelung getroffen.

[3] **Übersteigt** die von dem Anwalt zu beanspruchende **Gesamtvergütung den Betrag,** der ihm **für die Tätigkeit im Interesse nur eines Auftraggebers** zustehen würde (z. B. bei Vertretung mehrerer Streitgenossen, von denen einzelne nicht an dem ganzen Streitgegenstande beteiligt sind, oder bei Verteidigung mehrerer Beschuldigten), so haftet jeder Auftraggeber (als Gesamtschuldner mit den anderen) dem Anwalt nur in Höhe des Betrags, den er bei Beauftragung von seiner Seite allein zu zahlen gehabt hätte. Mot. 26.

[4] Inwieweit ein **Regreßanspruch des zahlenden Auftraggebers gegen die Mitauftraggeber** besteht, bestimmt sich nach bürgerlichem Recht. Vgl. § 426 BGB. — Wenn **von mehreren Auftraggebern der eine obsiegt, der andere unterliegt,** sind in dem Urteil die Kosten nach Quoten zu verteilen; nicht ist dahin zu entscheiden, daß die Kosten, soweit sie durch das

Verfahren bezüglich des einen Streitgenossen entstanden seien, von diesem, im übrigen von dem Gegner zu tragen seien, noch dahin, daß die durch das Verfahren gegen den unterliegenden Streitgenossen entstandenen besonderen Kosten dieser zu tragen habe. RG. **39**, 383; **41**, 399; Gr. **52**, 1022; JW. **98**, 12²; **00**, 411³, 650⁸. Ist aber eine solche unsachgemäße Entscheidung ergangen und sind die Streitgenossen durch denselben Anwalt vertreten, so kann im Zweifel, also wenn aus dem Urteil etwas anderes mit Bestimmtheit nicht zu entnehmen ist, der obsiegende Streitgenosse nur den auf ihn entfallenden Kopfteil der Gebühren des Anwalts vom Gegner erstattet verlangen, RG. **31**, 409; **39**, 383; **41**, 399; JW. **96**, 654⁴, 686⁵; **97**, 342⁵; **00**, 650⁸, auch JW. **94**, 453³ (a. M. JW. **28**, 2789³: Ersatz der ganzen Kosten durch den Gegner); jedoch haben bei wesentlicher Verschiedenheit der gegen die einzelnen Streitgenossen vorgenommenen Prozeßhandlungen die hinsichtlich des Unterliegenden entstandenen Mehrkosten bei Festsetzung der Kosten des obsiegenden Streitgenossen außer Betracht zu bleiben, JW. **00**, 650⁸, auch **96**, 654⁴; **97**, 342⁵. Dies gilt auch von denjenigen, die erst durch Verbindung der zunächst getrennten Prozesse Streitgenossen geworden sind. Gr. **41**, 1158. Auch der dem obsiegenden Streitgenossen bestellte Armenanwalt, der Festsetzung der Kosten gemäß § 124 ZPO. verlangt, kann nur den Kopfteil zur Erstattung liquidieren. JW. **96**, 654⁴; **97**, 132⁵, auch **98**, 349⁶ (anders JW. **98**, 45³). Nur in Ausnahmefällen übersteigt das Erstattungsrecht den Kopfteil, z. B. wenn der Anwalt für den Obsiegenden eine besondere Tätigkeit (wie streitige Verhandlung, Beweisaufnahme) wahrgenommen hat, JW. **96**, 654⁴; **97**, 132⁵, 342⁵; unter Umständen kann es die ganzen Kosten des Anwalts umfassen, z. B. wenn der andere Streitgenosse unfähig ist, seinen Kopfteil an den Anwalt zu zahlen, JW. **98**, 12².

4. Für die Tätigkeit als Beistand[1] stehen dem Rechtsanwalte die gleichen Gebühren zu wie für die Vertretung.

[1] In **bürgerlichen Rechtsstreitigkeiten:** § 90 ZPO. (Erscheinen mit einem Beistand zulässig, insoweit eine Vertretung durch Anwälte nicht geboten ist), vgl. § 610 ZPO. (Beistände im Sühnetermin in Ehesachen); in **Strafsachen:** §§ 378, 387 StPO. (Erscheinen des Angeklagten im Privatklageverfahren

im Beistand eines Rechtsanwalts), vgl. auch § 149 StPO. (Ehemann, Vater, Vormund als Beistand des Angeklagten).

5. Für Unterzeichnung[1] eines Schriftsatzes[2] erhält der Rechtsanwalt die gleichen Gebühren wie für Anfertigung desselben[3].

[1] **Unterzeichnung** durch einen Anwalt **notwendig:** ZPO. § 130 Nr. 6 (im Anwaltsprozeß), StPO. §§ 172, 345, 366, 390 (Antrag auf gerichtliche Entscheidung über Ablehnung der Erhebung der öffentlichen Klage, Einlegung der Revision, Antrag auf Wiederaufnahme des Verfahrens).

[2] Darunter sind **alle schriftlichen Anträge und Gesuche,** die bei Gericht gestellt werden, zu verstehen, nicht bloß die in der ZPO. ausdrücklich als Schriftsätze bezeichneten. Mot. 28. Vgl. aber über Unwirksamkeit einer Unterzeichnung, die unter Ablehnung der Verantwortung erfolgt, EGH. 15, 75.

[3] **Gebühren für Anfertigung:** § 46 (in bürgerlichen Rechtsstreitigkeiten), §§ 68, 69, 73, 74 (in Strafsachen).

6. Für Anfertigung und Übersendung von Rechnungen[1] über Gebühren und Auslagen und für Zahlungsaufforderungen wegen derselben kann der Rechtsanwalt eine Gebühr[2] nicht beanspruchen.

[1] Zur Einforderung notwendig: § 86.

[2] Auch keine Schreibgebühren, da § 76 Abs. 2 Nr. 3 DGO. nicht zutrifft, weil die Liquidation und Zahlungsaufforderung unter die Prozeßgebühr fällt. Vgl. RG. 103, 345; OLG. 17, 230 (a. M. OLG. 17, 229). Wohl aber das Porto: § 76 Abs. 1 DGO.

7. Bei dem Betrieb eigener[1] Angelegenheiten kann der Rechtsanwalt[1a] von dem zur Erstattung der Kosten des Verfahrens verpflichteten Gegner Gebühren und Auslagen[1b] bis zu dem Betrage fordern, in welchem er Gebühren und Auslagen eines bevollmächtigten Rechtsanwalts erstattet verlangen könnte[2].

[1] **Oder** in Angelegenheiten einer Partei, deren **gesetzlicher Vertreter** er ist (z. B. als Ehemann, Vater, Vormund, Kon-

kursverwalter, Zwangsverwalter, Testamentsvollstrecker, Pfleger gemäß § 1914 BGB., Nachlaßpfleger [§§ 1960, 1961 BGB.], Nachlaßverwalter [§ 1975 BGB.]), oder der er in den Fällen der §§ 57, 58, 494, 668, 679, 686, 779, 787 ZPO. (nicht prozeßfähiger Beklagter, Dereliktion eines Grundstücks, unbekannter Gegner im Verfahren zur Sicherung des Beweises, Entmündigter, unbekannter Erbe) vom Gericht als Prozeßvertreter bestellt ist. Vgl. RG. 10, 375; JW. 28, 74[3] (Konkursverwalter); OLG. 17, 230; 33, 191. — Ferner in einem ihn selbst betreffenden **Privatklageverfahren:** § 471 Abs. 5 StPO. JW. 28, 2803[6]. Dagegen hat der im **Strafverfahren** freigesprochene Rechtsanwalt keinen Anspruch auf Zahlung von Verteidigungsgebühren aus der Staatskasse: § 467 Abs. 2 StPO. (Ersatz nur wirklich aufgewendeter Auslagen). — Im **Verwaltungsstreitverfahren** gilt § 7 DGO. nicht. JW. 27, 1334[1]. Ebensowenig vor den **Mieteinigungsämtern** und den Rechtsbeschwerdestellen. OLG. 45, 256. Auch nicht vor den Arbeitsgerichten. JW. 29, 823.

1a Nicht dagegen ein Prozeßagent. JW. 29, 886[4].

1b Auch Reisekosten. JW. 28, 2803[6].

2 Namentlich unter den Voraussetzungen des § 91 ZPO. und des § 18 Abs. 5 RAO. — Für **Eidesleistungen** im eigenen Prozeß oder als gesetzlicher Vertreter (s. Anm. 1) die Gebühr des § 13 Nr. 4: RG. 10, 375. — Die **Gebühr des § 44 (Verkehrsanwalt)** kann ein Rechtsanwalt in eigener Sache oder als gesetzlicher Vertreter einer Partei für seinen Verkehr mit seinem Prozeßbevollmächtigten in der Regel nicht beanspruchen. Gr. 34, 1183; JW. 91, 4[4]; 93, 498[2]; 94, 241[10]; 16, 1292; EGH. 5, 13; 11, 149; OLG. 15, 184; 17, 230; 37, 96. Auch kann der Anwalt als beklagte Partei nach § 91 Abs. 2 Satz 3 ZPO. nicht deswegen, weil er zunächst selbst Schriftsätze gefertigt hat, die Prozeßgebühr erstattet verlangen, wenn demnächst, insbesondere in den Verhandlungsterminen, ein anderer Anwalt als sein Prozeßbevollmächtigter aufgetreten ist. OLG. 37, 96. — Ein Anwalt, der **als Konkursverwalter** in einem Prozesse der Konkursmasse den Prozeßbevollmächtigten informiert, besorgt nicht eigene Angelegenheiten im Sinne des § 7, sondern ist in seiner Eigenschaft als Konkursverwalter tätig. Diese Tätigkeit wird durch die Vergütung, die er als Konkursverwalter bezieht, mitabgegolten. Gr. 38, 1167; JW. 94, 241[10]; 98, 54[31]; 27, 867[33]; 28, 2162[25], 2796[19]; OLG. 15,

184; 17, 230; **33**, 191. Das gleiche gilt von einer solchen Tätigkeit des Anwalts, der ein **Mitglied des Gläubigerausschusses** ist. OLG. 11, 342. Wohl aber kann der Konkursverwalter die **Gebühren aus § 45 DGO.** verdienen. JW. **28**, 2162[25].

8. [1]**Der niedrigste Betrag einer jeden**[2] **nach den Vorschriften der Abschnitte zwei bis vier zu berechnenden Gebühr**[3] **wird auf eine Reichsmark bestimmt.**

Nicht durch 5 teilbare Reichspfennigbeträge sind auf den nächsthöheren durch 5 teilbaren Betrag aufzurunden.

[1] **Geschichtliches.** Die ursprüngliche Fassung nannte 1 M. als Mindestgebühr. Nach den wechselnden Sätzen der Inflationszeit bestimmte Art. II Nr. 1 der VO. v. 13. 12. 23, in Kraft seit 1. 1. 24, die Mindestgebühr auf 0,50 Goldmark. Die jetzige Fassung beruht auf Art. II Nr. 1 RGes. v. 28. 1. 27, in Kraft seit 1. 4. 27.

[2] Beim Zusammentreffen mehrerer Gebühren nach §§ 13 ff. ist der **Mindestbetrag jeder Gebühr** 1 M. — Die **Gebühr des § 17** (für die weitere Verhandlung) kann geringer als 1 M. sein, da sie sich nur als Erhöhung einer Gebühr, nicht als eine besondere Gebühr darstellt. Vgl. RG. 9, 332.

[3] **Nicht** auch der **Auslagen** in Abschn. 5 und der **Gebühren in Abschn.** 7; insbesondere für Erhebung und Ablieferung von Geldern: § 87, für Ausarbeitung eines Gutachtens: § 88.

Zweiter Abschnitt.

Gebühren in bürgerlichen Rechtsstreitigkeiten.

Wertklassen und Gebührensatz.

9. [1]**In bürgerlichen Rechtsstreitigkeiten werden die Gebühren nach dem Werte des Streitgegenstandes**[2] **erhoben.**

Der Gebührensatz[3] **beträgt bei Gegenständen im Werte**

bis 20 Reichsmark einschließlich 2 Reichsmark,

von mehr als 20 bis 60 Reichsmark einschließlich . . . . 4 Reichsmark,
von mehr als 60 bis 100 Reichsmark einschließlich . . . . 6 Reichsmark,
von mehr als 100 bis 150 Reichsmark einschließlich . . . . 8 Reichsmark,
von mehr als 150 bis 200 Reichsmark einschließlich . . . . 10 Reichsmark.

Bei Gegenständen mit höherem Streitwert beträgt die volle Gebühr von dem Werte

bis zu 500 Reichsmark einschließlich . . . . 5 vom Hundert,
von dem Mehrbetrage bis zu 1 000 Reichsmark einschließlich 4 vom Hundert,
von dem Mehrbetrage bis zu 3 000 Reichsmark einschließlich 3 vom Hundert,
von dem Mehrbetrage bis zu 6 000 Reichsmark einschließlich 2 vom Hundert,
von dem Mehrbetrage bis zu 10 000 Reichsmark einschließlich 1 vom Hundert,
von dem Mehrbetrage bis zu 100 000 Reichsmark einschließlich ½ vom Hundert,
von dem Mehrbetrage bis zu 1 000 000 Reichsmark einschließlich . . . . ¼ vom Hundert,
von dem Mehrbetrage bis zu 5 000 000 Reichsmark einschließlich . . . . 1/5 vom Hundert,
von dem Mehrbetrage . . . . 1/10 vom Hundert.

Dabei ist der Wert auf die nächsthöheren 100 Reichsmark, bei Gegenständen mit einem Streitwert von mehr als 20 000 Reichsmark auf die nächsthöheren 1 000 Reichsmark aufzurunden[5].

[1] **Geschichtliches.** Die in der ältesten Fassung der RAGO. enthaltene Gebührenstaffel galt unverändert bis in das Jahr 1918. Infolge der Geldentwertung als Nachkriegsfolge wurden die Sätze erhöht durch die RGes. v. 1. 4. 18, 18. 12. 19, 8. 7. 21, 18. 8. 23 und zahlreiche VO., die nur noch historisches Interesse haben und vor § 1 DGO. aufgezählt sind. Die (13.) VO. v. 13. 12. 23 (RGBl. I 1188) stellte die Gebühren vom 1. 1. 24 ab auf Goldmark. Da die Gebühren angeblich zu hoch waren, wurden die Sätze des § 9 durch RGes. v. 28. 1. 27 (RGBl. I 53), in Kraft seit 1. 4. 27, auf die jetzige Höhe herabgesetzt, indem die Gebühren von 3000 RM. Streitwert ab erheblich herabgesetzt wurden. Vgl. Anm. 5.

[2] Der Anwalt wird also grundsätzlich nicht nach dem Umfange seiner zu leistenden Arbeit honoriert, sondern nach Pauschsätzen, die sich lediglich nach dem Streitwert richten, über dessen Höhe wieder § 10 DGO. die maßgebenden Vorschriften enthält. — Es ist aber nicht unzulässig, daß in einem Schiedsvertrage die Parteien den Schiedsrichtern überlassen, den Streitwert und damit die Gebührenhöhe nach billigem Ermessen zu bestimmen. W. 27, 39.

[3] §§ 13, 56, 75 DGO. — Die DGO. verwendet die Staffeln des § 9 in zwei verschiedenen Weisen. Entweder bewilligt sie pauschaliter „die Sätze des § 9" zu (z. B. §§ 37, 38, 38a), d. h. der Anwalt erhält e i n e Gebühr, die sich nach § 9 errechnet, oder sie gewährt ein Vielfaches oder Bruchteile jener Sätze, indem sie auf §§ 13—17 und damit nur mittelbar auf § 9 verweist.

[4] Rechnet man die umständliche Staffel des § 9 in Hundertsätze um, so erhält man folgende kürzere Tabelle:

	bis 20	RM.		2 RM.
darüber bis	60	„		4 „
„ „	100	„		6 „
„ „	150	„		8 „
„ „	500	„	5%	
„ „	1 000	„	4% +	5 „
„ „	3 000	„	3% +	15 „
„ „	6 000	„	2% +	45 „
„ „	10 000	„	1% +	105 „
„ „	100 000	„	1/2% +	155 „
„ „	1 000 000	„	1/4% +	405 „
„ „	5 000 000	„	1/5% +	905 „
über	5 000 000	„	1/10% +	5905 „

[5] **Übergangsrecht.** Von Interesse sind nur noch der Übergang zur Goldmark und die die Gebühren herabsetzende Nov. v. 28. 1. 27 Vgl. auch Anm. h § 18 GKG. unten bei § 11 DGO.

a) **Übergang zur Goldmark.** Die 13. VO. über die Gebühren der Rechtsanwälte v. 13. 12. 23 (RGBl. I 1188), in Kraft seit 1. 1. 24, bestimmt in Art. VII Abs. 2, 3, daß sie auf anhängige Rechtssachen Anwendung finde und daß mit dem 1. 1. 24 der Streitgegenstand in Gold umzurechnen sei; Zahlungen vor dem 1. 10. 23 sind umgerechnet zu $^3/_4$ des Goldzollaufgeldes des Zahlungstages anzurechnen. Der Anwalt kann nach früherem Rechte liquidieren, wenn ihm dies günstiger ist. Für diese Fälle und da, wo die Instanz vor dem 1. 1. 24 endete, gelten folgende feste Regeln: Ein vereinbartes Honorar ist für den Zeitpunkt der Entstehung (nicht der Fälligkeit) der Forderung aufzuwerten. JW. **27,** 846[11]. Bei gesetzlichen Gebühren ist die Goldmark-Streitwertfestsetzung ganz außer Betracht zu lassen. JW. **26,** 2086[3]. Die Gebühren vor dem 1. 1. 24 basierten lediglich auf Papiermark: es ist also, wenn nicht schon aus damaliger Zeit ein verbindlicher Papiermark-Streitwertbeschluß vorliegt, ein Papiermarkstreitwert so zu ermitteln, wie heute ihn ein Richter annehmen würde. RG. **110,** 139; **113,** 264 (JW. **26,** 2083[3]); JW. 26, 1821[1]; **29,** 43[14] (HRR. **29,** 166); W. **25,** 193. Der Anwalt durfte also damals nicht auf Dollar- oder Goldmarkbasis liquidieren, sondern nur in Papiermark nach dem Papiermarkstreitwert. W. 25, 193. Dann ist der Fälligkeitstag der Forderung (§ 85 DGO.) zu ermitteln. Dazu ist ein gewisses spatium für die Bewirkung der Leistung hinzuzurechnen. RG. **110,** 139; W. **25,** 193. Es genügen 2—3 Tage. JW. 27, 845[10]. Doch gilt das nur, wenn in dieser Frist gezahlt wird, also nur zu beurteilen ist, ob die Zahlung als volle Erfüllung gelten darf; ist nicht gezahlt, so kein spatium nötig. RG. **111,** 372. Für den so ermittelten Stichtag ist die Forderung aufzuwerten, und zwar besser nach dem Lebenshaltungsindex, als nach dem Dollar. RG. **111,** 372. Seit dem 20. 11. 23 stabile Währung, daher keine Aufwertung mehr. W. **25,** 193.

b) **Das Ges. v. 28. 1. 27,** in Kraft seit 1. 4. 27 (Art. V). Es erhöhte u. a. die Gebühren in Strafsachen (§§ 63, 67 DGO.) auf das Doppelte, setzte dagegen die Gebühren in bürgerlichen Rechtsstreitigkeiten (§ 9 DGO.) sehr erheblich herab, soweit der Streitwert 3000 RM. übersteigt. Bis dahin galten, stets mit Aufrundung auf die nächsthöheren 100 RM., folgende Sätze für Objekte über 3000 RM.:

	bis	5 000 RM.	3 v. H.,
vom Mehrbetrage	bis	10 000 RM.	2 v. H.,
„ „	bis	100 000 RM.	1 v. H.,
„ „			½ v. H.

Als klare Übergangsbestimmung ist in Art. V Abs. 2 angeordnet, daß das Ges. v. 28. 1. 27 auf die vor dem 1. 4. 27 anhängig gewordenen Rechtssachen Anwendung finde, soweit nicht die Instanz vor diesem Tage beendet war. Als Instanzende gelte insoweit in bürgerlichen Rechtsstreitigkeiten, sofern die Instanz mit einem Urteil abschließt, hinsichtlich der Anwaltsgebühren der Zeitpunkt der Zustellung und, wenn ein Rechtsmittel gegen das Urteil nicht stattfindet, der Zeitpunkt der Verkündung. Vor dem 1. 4. 27 dem Anwalt bereits nach den bisherigen Vorschriften erwachsene höhere Gebühren bleiben ihm erhalten. Einzelheiten bei den betr. Paragraphen.

Wertberechnung.

10. Auf die Wertberechnung † finden die Vorschriften der §§ 9 bis 15 des Gerichtskostengesetzes †† Anwendung.

† Besonders geregelte Wertberechnung: § 39 Abs. 2 DGO. (**Verteilungsverfahren**).

†† A. **Gesetzestext der §§ 9—15 GKG.** (§ 11 Abs. 1 i. d Fass. d. RGes. v. 20. 12. 28 [RGBl. I 411]) sowie der §§ 3—9 ZPO. und des § 148 KO.:

9 GKG. Für die Wertberechnung sind die Vorschriften* der Zivilprozeßordnung §§ 3 bis 9 und der Konkursordnung § 148 mit den nachstehenden Bestimmungen maßgebend.

Ist der Wert des Streitgegenstandes bei dem Erlasse des Urteils oder der anderweitigen Beendigung der Instanz höher als im Zeitpunkt der Erhebung der Klage oder der Einlegung des Rechtsmittels, so ist den in der Instanz entstandenen Gebühren der höhere Wert zugrunde zu legen. In der Zwangsvollstreckung ist für die Wertberechnung der Zeitpunkt der die Zwangsvollstreckung einleitenden Prozeßhandlung entscheidend.

* Diese Vorschriften lauten:

a) Zivilprozeßordnung:

3. Der Wert des Streitgegenstandes wird von dem Gerichte nach freiem Ermessen festgesetzt; dasselbe kann eine beantragte

Beweisaufnahme sowie von Amts wegen die Einnahme des Augenscheins und die Begutachtung durch Sachverständige anordnen.

4. Für die Wertsberechnung ist der Zeitpunkt der Erhebung der Klage, in der Berufungs- und Revisionsinstanz der Zeitpunkt der Einlegung des Rechtsmittels entscheidend; Früchte, Nutzungen, Zinsen und Kosten bleiben unberücksichtigt, wenn sie als Nebenforderungen geltend gemacht werden.

Bei Ansprüchen aus Wechseln im Sinne der Wechselordnung sind Zinsen, Kosten und Provision, welche außer der Wechselsumme gefordert werden, als Nebenforderungen anzusehen.

5. Mehrere in einer Klage geltend gemachte Ansprüche werden zusammengerechnet; eine Zusammenrechnung des Gegenstandes der Klage und der Widerklage findet nicht statt.

6. Der Wert des Streitgegenstandes wird bestimmt: durch den Wert einer Sache, wenn deren Besitz, und durch den Betrag einer Forderung, wenn deren Sicherstellung oder ein Pfandrecht Gegenstand des Streits ist. Hat der Gegenstand des Pfandrechts einen geringeren Wert, so ist dieser maßgebend.

7. Der Wert einer Grunddienstbarkeit wird durch den Wert, welchen dieselbe für das herrschende Grundstück hat, und wenn der Betrag, um welchen sich der Wert des dienenden Grundstücks durch die Dienstbarkeit mindert, größer ist, durch diesen Betrag bestimmt.

8. Ist das Bestehen oder die Dauer eines Pacht- oder Mietverhältnisses streitig, so ist der Betrag des auf die gesamte streitige Zeit fallenden Zinses und, wenn der fünfundzwanzigfache Betrag des einjährigen Zinses geringer ist, dieser Betrag für die Wertsberechnung entscheidend.

9. Der Wert des Rechts auf wiederkehrende Nutzungen oder Leistungen wird nach dem Werte des einjährigen Bezugs berechnet und zwar:

auf den zwölfundeinhalbfachen Betrag, wenn der künftige Wegfall des Bezugsrechts gewiß, die Zeit des Wegfalls aber ungewiß ist;

auf den fünfundzwanzigfachen Betrag, bei unbeschränkter oder bestimmter Dauer des Bezugsrechts. Bei bestimmter Dauer des Bezugsrechts ist der Gesamtbetrag der künftigen Bezüge maßgebend, wenn er der geringere ist.

b) Konkursordnung:

148. Der Wert des Streitgegenstandes eines Prozesses über die Richtigkeit oder das Vorrecht einer Forderung ist mit Rücksicht auf das Verhältnis der Teilungs- zur Schuldenmasse von dem Prozeßgerichte nach freiem Ermessen festzusetzen.

10 GKG. Ist das Bestehen oder die Dauer eines Pacht- oder Mietverhältnisses für einen längeren als einjährigen Zeitraum streitig, so wird der Wert auf den Betrag des einjährigen Zinses berechnet.

Bei Ansprüchen auf Erfüllung einer auf gesetzlicher Vorschrift beruhenden Unterhaltspflicht wird der Wert des Rechtes auf die wiederkehrenden Leistungen, falls nicht der Gesamtbetrag der geforderten Leistungen geringer ist, auf den Betrag des einjährigen Bezugs berechnet.

Bei Ansprüchen auf Entrichtung einer Geldrente, die nach den §§ 843, 844 des Bürgerlichen Gesetzbuchs (Reichsgesetzbl. 1896 S. 195), den §§ 3, 3a, 7 des Gesetzes, betreffend die Verbindlichkeit zum Schadensersatze für die bei dem Betriebe von Eisenbahnen, Bergwerken usw. herbeigeführten Tötungen und Körperverletzungen (Reichsgesetzbl. 1871 S. 207, 1896 S. 616), den §§ 10, 11, 13 des Gesetzes über den Verkehr mit Kraftfahrzeugen (Reichsgesetzbl. 1909 S. 437) oder den §§ 21, 22, 24 des Luftverkehrsgesetzes (Reichsgesetzbl. 1922 I S. 681) erhoben werden, wird der Wert des Rechtes auf die wiederkehrenden Leistungen, falls nicht der Gesamtbetrag der geforderten Leistungen geringer ist, auf den fünffachen Betrag des einjährigen Bezugs berechnet. Das gleiche gilt für die Berechnung des Wertes bei Geltendmachung der Ansprüche auf wiederkehrende Leistungen aus dem Beamten- und Arbeitsverhältnis.

Ist für die Dauer des Rechtsstreits, welcher eine Ehesache betrifft, über die Unterhaltspflicht der Ehegatten zu entscheiden, so wird der Wert des Rechtes auf Entrichtung einer Geldrente auf den halbjährigen Betrag derselben berechnet.

11 GKG. Bei nichtvermögensrechtlichen Streitigkeiten beträgt der Wert des Streitgegenstandes regelmäßig 2000 Reichsmark. Er kann nach Lage des Falles auf einen höheren Betrag, jedoch nicht über eine Million Reichsmark, oder, mit Ausnahme von Ehesachen (§ 606 der Zivilprozeßordnung), auf einen niedrigeren Betrag, jedoch nicht unter 500 Reichsmark, angenommen werden.

Ist mit einem nichtvermögensrechtlichen Anspruch ein aus ihm hergeleiteter vermögensrechtlicher verbunden, so ist nur ein Anspruch, und zwar der höhere, maßgebend.

12 GKG. Im Falle des § 254 der Zivilprozeßordnung ist für die Wertberechnung nur einer der verbundenen Ansprüche, und zwar der höhere, maßgebend.

13 GKG. Soweit Klage und Widerklage, welche nicht in getrennten Prozessen verhandelt werden, denselben Streitgegenstand betreffen, sind die Gebühren nach dem einfachen Werte dieses Gegenstandes zu berechnen. Soweit beide Klagen

nicht denselben Streitgegenstand betreffen, sind die Gegenstände zusammenzurechnen.

Das gleiche gilt für wechselseitig eingelegte Rechtsmittel, welche nicht in getrennten Prozessen verhandelt werden.

14 GKG. Für Akte, welche einen Teil des Streitgegenstandes betreffen, sind die Gebühren nach dem Werte dieses Teiles zu berechnen.

Sind von einzelnen Wertsteilen in derselben Instanz für gleiche Akte Gebühren zu berechnen, so darf nicht mehr erhoben werden, als wenn die Gebühr von dem Gesamtbetrage der Wertsteile zu berechnen wäre; treten für die Akte verschiedene Gebührensätze ein, so ist der höchste Satz maßgebend.

15 GKG. Für Akte, welche Früchte, Nutzungen, Zinsen oder Kosten als Nebenforderungen ohne den Hauptanspruch betreffen, ist der Wert der Nebenforderungen insoweit maßgebend, als er den Wert des Hauptanspruchs nicht übersteigt.

Für Akte der Zwangsvollstreckung wegen einer Geldforderung werden die einzuziehenden Zinsen mitberechnet.

Für Akte, welche die Kosten des Rechtsstreits ohne den Hauptanspruch betreffen, ist der Betrag der Kosten maßgebend.

B. Erläuterung der §§ 9—15 GKG. sowie der §§ 3—9 ZPO. und des § 148 KO.

I. § 9 GKG.

Für die Wertberechnung sind die Vorschriften der Zivilprozeßordnung §§ 3 bis 9[1] und der Konkursordnung § 148 mit den nachstehenden Bestimmungen maßgebend.

Ist der Wert des Streitgegenstandes bei dem Erlasse des Urteils oder der anderweitigen Beendigung der Instanz höher als im Zeitpunkt der Erhebung der Klage oder der Einlegung des Rechtsmittels, so ist den in der Instanz entstandenen Gebühren der höhere Wert zugrunde zu legen. In der Zwangsvollstreckung ist für die Wertberechnung der Zeitpunkt der die Zwangsvollstreckung einleitenden Prozeßhandlung entscheidend[2].

[1] Die §§ 3—9 ZPO., nach denen prozeßrechtlich sich die sachliche Zuständigkeit der Gerichte, das Vorhandensein der Berufungs- und der Revisionssumme (§§ 511a, 546) und die Zulässigkeit der vorläufigen Vollstreckbarkeit (§ 700 Nr. 4 ZPO.) entscheiden, **beziehen sich nur auf vermögensrechtliche Ansprüche**; für die nichtvermögensrechtlichen ist § 11 GKG. maßgebend. Dabei gehen die Gebührengesetze davon aus, daß der Gegenstand eines jeden vermögensrechtlichen Anspruchs sich in Geld abschätzen läßt; einen unschätzbaren Streitgegenstand gibt es auf dem Gebiete des Vermögensrechtes nicht.

Vgl. über vermögensrechtliche und nichtvermögensrechtliche Ansprüche Anm. 1 § 11 GKG. — **Eingeschränkt** ist die **Anwendung der §§ 8, 9 ZPO.** in § 10 GKG., indem jene Vorschriften in gewissen Angelegenheiten für die Wertberechnung nicht maßgebend sein sollen.

[2] Abs. 2 ist dem § 9 GKG. durch Art. IV Ges. v. 18. 8. 23 (RGBl. I 814) angefügt. Vgl. über diese Bestimmungen Anm. 1 § 4 ZPO.

a) § 3 ZPO.

Der Wert des Streitgegenstandes[1] wird von dem Gerichte nach freiem Ermessen[2] festgestellt[3]; dasselbe kann eine beantragte Beweisaufnahme sowie von Amts wegen die Einnahme des Augenscheins und die Begutachtung durch Sachverständige anordnen[4].

[1] Was Gegenstand des Streites ist, richtet sich nach dem in dem Klagantrag enthaltenen **Begehren des Klägers** (Wider-, Berufungs- oder Revisionsklägers in dem eigentlichen Prozeßverfahren, des Antragstellers in den nicht durch Klage eingeleiteten Verfahrensarten, wie z. B. in Mahn-, Sühne-, Arrest-, Zwangsvollstreckungs-, Aufgebotssachen), ohne Rücksicht auf die wirtschaftliche Bedeutung, welche der Kläger dem Antrage beimißt, auf sein bloß mittelbares wirtschaftliches Interesse im Gegensatz zu seinem unmittelbaren Parteiinteresse, RG. **93**, 130; JW. **96**, 248[12]; 98, 109[3]; **00**, 520[3]; W. **11**, 300; OLG. **46**, 105; es ist aber die Begründung der Klage als Auslegungsmittel zu berücksichtigen, JW. **98**, 2[1]. Kommt eine Klage oder ein Antrag an das Gericht nicht in Frage, so richtet sich der Streitwert nach den Mitteilungen des Auftraggebers an den Anwalt. JW. **28**, 1497[13]. — Die **Einwendungen des Beklagten** kommen nicht in Betracht. JW. **93**, 73[1]; **98**, 68[2], 348[2]; **00**, 47[2]; **25**, 2324[2]; **29**, 134[32]; W. **11**, 300. Ebensowenig, ob Beklagter durch Zugeständnisse den Umfang des Streitstoffes mehr oder minder verringert. JW. **90**, 255[1]; **91**, 411[2]; **93**, 466[2]; **00**, 47[2]; Gr. **44**, 1144. Auch wenn nur prozeßhindernde Einreden erhoben werden, ist der Streitwert des Klaganspruchs maßgebend, sei es auch, daß über die Einreden in einem besonderen Zwischenstreit verhandelt und entschieden wird. RG. **40**, 416. Ebenso wenn nur ein Zurückbehaltungsrecht eingewandt wird, so daß z. B. die Beweisgebühr nach dem vollen Klagobjekt entsteht, wenn auch nur wegen des (niedrigeren) Rückhaltungsrechts Beweis

erhoben wird. JW. 28, 134[32]. Bringt aber der Kläger selbst von vornherein eine Gegenforderung des Beklagten aufrechnungsweise in Abzug, so bildet nur der in der Klage verlangte Überschuß den Streitgegenstand. JW. 87, 37[1]. — Bei **alternativen Klagen** ist, wenn dem Kläger die Wahl zusteht, die höhere, wenn der Beklagte die Wahl hat, die geringwertigere Alternative entscheidend. RG. 55, 81; JW. 90, 24[1]; 97, 145[1]; 99, 71[1]; 02, 130[29]; 06, 431[16]; W. 08, 153. — Bei **prinzipalem** und zugleich **eventuellem** (Klage oder Widerklage-) Antrag ist der höhere Wert des einen oder des anderen Antrags maßgebend, JW. 91, 465[2]; 00, 10[1]; 01, 717[2]; 11, 222[32]; 25, 2370; Gr. 45, 647; W. 08, 153; 15, 191; auch RG. 58, 295; JW. 91, 305[2]; 95, 4[2]; 97, 190[15]; 03, 174[2]; 04, 437[15], auch wenn der Fall, für den der eventuelle Antrag geltend gemacht worden, nicht eingetreten ist, JW. 00, 10[1] (Gr. 45, 647). Wenn jedoch nur der erstere, nicht auch der letztere Antrag in die höhere Instanz gediehen ist, ist der Streitwert der höheren Instanz nur nach dem Werte des ersteren zu bemessen, selbst wenn der Wert des letzteren höher ist. JW. 97, 49[2]. — **Zweite Klaganträge, die keinen selbständigen Vermögenswert** haben, oder die nur zur Rechtfertigung der anderen Klaganträge dienen, bleiben bei der Berechnung des Streitwertes außer Betracht. RG. 3, 390; JW. 91, 411[2]; 92, 270[3]; 94, 572[1]. Dies gilt auch hinsichtlich: der mit der Pfandklage verbundenen persönlichen Klage, der mit der Leistungsklage verbundenen Feststellungsklage (z. B. im Falle der Widerspruchsklage aus § 771 ZPO.), des mit dem Leistungsanspruch verbundenen Anspruchs auf Sicherstellung, JW. 92, 372[10]; 96, 270[2]; W. 08, 661; OLG. 13, 68, sowie der mit Anträgen auf Leistung verbundenen Anträge auf Duldung der Zwangsvollstreckung in den Fällen der §§ 737, 739, 743, 745, 748 ZPO. (gegen den Nießbraucher, Ehemann usw.), JW. 26, 868[29] (a. M. OLG. 42, 33). Ferner bleibt bei Bemessung des Streitwerts außer Betracht: der Anspruch auf Abnahme der Ware neben dem auf Zahlung des Kaufpreises, JW. 95, 221[1]; der Anspruch auf Rückzahlung des Kaufpreises neben dem auf Rücknahme der Ware, JW. 97, 2[3]; OLG. 33, 15; der Anspruch des Beklagten in höherer Instanz auf Rückzahlung des beigetriebenen Betrags neben der Klageforderung, RG. 23, 351; der Anspruch des Klägers in höherer Instanz auf Einwilligung in die Rückgabe der behufs

Zwangsvollstreckung hinterlegten Sicherheit neben dem ursprünglichen Klageanspruch, RG. 31, 380. Vgl. Anm. 1 § 5 ZPO. (keine mehreren Ansprüche). Neben der Klage des unehelichen Kindes auf Zahlung von Alimenten (§ 10 GKG.) bleibt ein Antrag auf Anerkennung der Vaterschaft außer Betracht, wenn er sich lediglich als Feststellung einer Voraussetzung für den ersteren Anspruch darstellt. Hat er aber nach der Begründung der Klage eine selbständige Bedeutung, so ist für die Berechnung des Streitwerts beider Ansprüche § 11 Abs. 1, 2 GKG. maßgebend. Vgl. OLG. 4, 395; 5, 43; 33, 18; 35, 207; JW. 02, 61, 63, 485; 28, 1524[29]. — Bei **positiven Feststellungsklagen** (§ 256 ZPO.) ist der Streitwert in der Regel gleich dem des Leistungsanspruchs, RG. 66, 424; JW. 85, 193[2]; 86, 313[3]; 89, 401[1]; 92, 11[1]; 93, 466[2]; 07, 837[15]; 21, 1251[1]; Gr. 29, 1047; auch RG. 25, 366 (Feststellung einer Bürgschaftsschuld), JW. 28, 2152[3] (Feststellung, daß der Beklagte der persönliche Schuldner der Forderung ist); ist jedoch die Forderung, auf deren Feststellung geklagt wird, nicht summenmäßig angegeben, so ist der Wert des Anspruchs nach freiem Ermessen festzusetzen, RG. 66, 424; JW. 98, 197[1]; 01, 57[1]; auch W. 13, 142 (eine aus § 844 Abs. 2 BGB. oder § 10 Abs. 2 KraftfG. erhobene unbezifferte Feststellungsklage), JW. 27, 865[30]; 1898[17] (Feststellung der persönlichen Schuld in Aufwertungssachen). Handelt es sich daher um einen Anspruch mit Teilleistungen, die sich in die Zukunft auf längere Zeit erstrecken und in ihrem Umfange von wechselnden Verhältnissen abhängig sind, so ist nicht der Betrag aller künftigen Leistungen maßgebend, sondern der Streitwert nach freiem Ermessen zu bestimmen. RG. 66, 424; JW. 11, 817[32], 947[13]; OLG. 23, 78; 37, 82; 41, 240 (anders RG. 57, 411, vgl. Anm. 3 § 9 ZPO.). Letzteres gilt auch dann, wenn nur die Feststellung begehrt wird, daß eine Forderung zu einer gewissen Zeit bestanden habe. JW. 05, 206[11]. Ferner auch, wenn auf Feststellung der Verpflichtung zum Ersatz „allen“ durch einen Unfall erlittenen Schadens geklagt ist. W. 12, 42. Betrifft der Streit die Frage, ob der Beklagte aufwertungsverpflichtet ist, insbesondere über 25 % hinaus, so ist der Streitwert der volle Goldmarkbetrag, der in der Klage oder vor der Aufwertungsstelle angegeben ist, und zwar ohne Abzug eines Zwischenzinses bis 1932. JW. 25, 1146[23], 1625[21], 1799[2]; 26, 2476[9]; 27, 1500[14]; 28, 1526[38], 2152[3], 2872[2]; 29, 209[9] (a. M.

[Wert der Hypothek maßgebend, Abzug des Zwischenzinses] JW. **25**, 649[19]; **26**, 210[2]). Vgl. auch Anm. 4 § 6 ZPO. Bei **negativen Feststellungsklagen** (auf Feststellung des Nichtbestehens einer Schuldverbindlichkeit) ist der ziffermäßige Betrag desjenigen Anspruchs maßgebend, dessen sich der Beklagte nach Angabe des Klägers (die allein und ohne Rücksicht auf die Verteidigung des Beklagten in Betracht zu ziehen ist) berühmt hat. RG. **12**, 361; **71**, 69; JW. **85**, 121[2]; **86**, 38[2], 293[1]; **87**, 415[1]; **89**, 401[1]; **05**, 401[29]; **11**, 816[27]; W. **17**, 281. Der Betrag dieses Anspruchs ist in voller Höhe auch dann maßgebend, wenn gegen mehrere untereinander ausgleichungspflichtige Gesamtschuldner ein Anspruch behauptet wird und nur einer von ihnen auf Feststellung des Nichtbestehens des Anspruchs klagt. OLG. **33**, 15. Richtet sich aber das Feststellungsbegehren auf das Nichtbestehen einer der Höhe nach bestimmt angegebenen Forderung, so darf die Wertfestsetzung über diesen Betrag nicht hinausgehen, selbst wenn der Beklagte sich einer höheren Forderung berühmt hat. JW. **25**, 1144. Klagt der Kläger auf Schadensersatz wegen Nichterfüllung, weil er Vertragserfüllung nicht mehr beanspruchen kann und will, so ist für den Wert einer Widerklage des Beklagten auf Feststellung, daß eine Lieferungspflicht für ihn nicht bestehe, das Interesse des Beklagten an dem Nichtbestehen des Ersatzanspruchs des Klägers maßgebend, aber nicht nur in der Höhe der Klageforderung, sondern in Höhe des ganzen nach Behauptung des Klägers durch die Nichtlieferung entstandenen Schadens. OLG. **41**, 242. Bei einer Klage auf Feststellung der Richtigkeit eines Versicherungsvertrages ist der Wert gleich der Versicherungssumme, die der Versicherer beim Inkraftbleiben des Vertrags an den Versicherten zu zahlen haben könnte. JW. **20**, 58[3]. Ist eine bestimmte Summe nicht angegeben, so ist auch hier der Wert des Anspruchs nach freiem Ermessen zu schätzen. JW. **98**, 197[1]; **00**, 179[1]; **01**, 57[1]; **02**, 253[17]; **05**, 401[29]; **06**, 755[27]; **25**, 1144[18]; Gr. **46**, 1041; W. **13**, 116; auch OLG. **15**, 51; **01**, 4. — Die erhobenen Einwendungen kommen in keinem der vorgenannten Fälle der Feststellungsklagen in Betracht. JW. **93**, 466[2]. Hat die Klage nicht das Bestehen oder Nichtbestehen der Forderung an sich, sondern nur die Art und Weise der Erfüllung (z. B. den Erfüllungsort, die Zeit der Fälligkeit) zum Gegenstande, so ist, auch wenn die Forderung auf einen bestimmten Betrag gerichtet ist, der Wert nach freiem Ermessen zu bestimmen. JW. **93**, 466²; RG. **118**, 124. — Den Streitwert des Zwischenstreits über die Zulässigkeit der **Nebenintervention** (§ 71 ZPO.) bildet nicht der Klaganspruch, sondern das Interesse des Nebenintervenienten an seiner Zulassung, RG. **111**, 410; OLG. **25**, 63 (a. M. OLG. **27**, 31; **35**, 163 [JW. **18**, 741⁹]), während, wenn es sich um die im Rechtsstreite tatsächlich zur Durchführung gelangte Nebenintervention handelt, für sie der Streitwert nach dem Streitgegenstand des Hauptprozesses zu bemessen ist. RG. **111**, 411 (a. M. JW. **29**, 879²⁸). — In einem **Zwischenstreit** über die Verpflichtung zur Stellung einer **Sicherheit** (§ 112 ZPO.) entspricht der Streitwert dem Werte des Streitgegenstandes der Klage. RG. **40**, 416. Auf den Betrag der verlangten Sicherheit kommt es nicht an. JW. **98**, 657¹. — Bei Urteilen über den **Grund des Anspruchs** (§ 304 ZPO.) ist der Streitwert gleich dem des von dem Kläger geltend gemachten Anspruchs, ohne Rücksicht darauf, inwieweit der geforderte Betrag später zuerkannt wird, JW. **96**, 596²; dies gilt auch für die lediglich mit dem Grunde des Anspruchs befaßte zweite Instanz, JW. **98**, 385¹. — Der Streitwert der **Beweissicherung** (§§ 485 ff. ZPO.) ist in der Regel gleich dem Werte des geltend gemachten Anspruchs zu bemessen. OLG. **19**, 50. — Bei Klagen auf **Wiederaufnahme** des Verfahrens (§§ 578 ff. ZPO.) ist der Streitwert niemals höher als der der Hauptsache, auch wenn Hauptgeld nebst Zinsen und Kosten zurückgefordert wird. Gr. **54**, 168 (W. **09**, 544). — Bei Klagen, durch welche geltend gemacht wird, es sei dem Urteil im Vorprozeß genügt und daher die **Zwangsvollstreckung aus dem Urteil einzustellen** (§ 767 ZPO.), ist der Streitwert derselbe wie im Vorprozeß, JW. **95**, 197¹; OLG. 15, 4, es sei denn, daß die Vollstreckungsgegenklage sich nur gegen die Zulässigkeit der Vollstreckung wegen eines angeblichen Restes oder Teiles des Urteilsanspruchs richtet, in welchem Falle nur der Betrag des Restes oder Teiles den Streitwert bildet, OLG. **23**, 159; **31**, 3. Dagegen ist, wenn lediglich Herausgabe des vollstreckbaren Titels wegen Tilgung der vollstreckbaren Forderung verlangt wird, der Streitwert nach freiem Ermessen abzuschätzen. Gr. **41**, 1151; OLG. **15**, 4. — Der Streitwert eines Antrags auf **Rückerstattung** des vom Beklagten im

Wege der Zwangsvollstreckung **Geleisteten gemäß § 717 Abs. 3 ZPO.** ist niemals höher als der des Prozesses, insbesondere sind zu den beigetriebenen Beträgen, die zurückgefordert werden, nicht Zinsen oder Kosten hinzuzurechnen. Gr. **53**, 1116; JW. **09**, 23[22]; OLG. **15**, 157; auch **23**, 76. — Bei **einstweiligen Verfügungen** (§§ 935 ff. ZPO.) ist der Streitwert, sofern nicht die Erfüllung des streitigen Anspruchs völlig vorweggenommen wird (JW. 28, 2732[6]), wie bei Anordnung der Räumung gemieteter Räume, der Herausgabe von Sachen (JW. 27, 856[6]), nicht stets dem der Hauptsache gleich; vielmehr bildet der letztere nur die Maximalgrenze. Es ist der Streitwert für die Anordnung **des Arrestes** oder der einstweiligen Verfügung nach dem Interesse zu bemessen, welches der Antragsteller an der sofortigen Sicherung der Individualleistung oder an der Regelung des einstweiligen Zustandes hat, RG. **7**, 395; **15**, 434; **16**, 333; **22**, 128, 425; **34**, 405; JW. **89**, 39[1]; **90**, 7[1]; **96**, 1[1]; **97**, 105[1], 131[1], 206[3], 417[2]; **99**, 175[1], 739[2]; **03**, 125[10], 174[3]; **05**, 233[13], 500[29]; **22**, 508; **23**, 696[8]; **28**, 740[15], 763[14], 1159[27]; Gr. **49**, 456; OLG. **33**, 135; **39**, 29; **41**, 242 (a. M., nämlich § 6 ZPO. stets anwendbar, JW. **97**, 572; **23**, 848[21]; **27**, 406, 2150, 2641; **28**, 1526[36], 1833[5]; **29**, 121[11]), während, wenn der Beklagte Aufhebung der angeordneten einstweiligen Verfügung verfolgt, sein Interesse an der Befreiung von der Verfügungsbeschränkung maßgebend ist, JW. **00**, 150[2]; **03**, 174[3]; **05**, 113[10], 233[13], 500[29]; W. **08**, 433 (a. M. OLG. **41**, 240). Auch wenn die einstweilige Verfügung die vorläufige Räumung eines Grundstücks zum Gegenstande hat, kommt nicht § 6 zur Anwendung, sondern ist gemäß § 3 ZPO. der Streitwert nach freiem Ermessen zu bestimmen. Gr. **51**, 401; OLG. **19**, 50; **37**, 84, Anm. 1 § 6 ZPO. Wegen des Mindeststreitwerts bei einstweiligen Verfügungen in nichtvermögensrechtlichen Streitigkeiten s. unten bei § 11 GKG. Bei Widerspruch im **Arrestverfahren** s. auch JW. **21**, 1253[7]. Vgl. auch Anm. 3 § 6 ZPO. Das Kostenpauschquantum im Arrestbefehl ist Nebenforderung, die den Streitwert nicht erhöht. JW. 28, 738[10]. — Bei Anträgen, welche die **Ernennung oder Ablehnung eines Schiedsrichters** oder ähnliche zur Vorbereitung eines schiedsrichterlichen Verfahrens dienende Vorgänge betreffen (§ 1045 ZPO.), ist der Streitwert zwar unter Berücksichtigung des der Entscheidung des Schiedsgerichts zu unterbreitenden Anspruchs, aber erheblich geringer zu bemessen. RG. **41**, 362; OLG. **19**, 166. — Bei Anträgen auf Erklärung der **Vollstreckbarkeit eines Schiedsspruchs** (§ 1042 ZPO.) ist der Streitwert identisch mit dem des Schiedsspruchs selbst. JW. **96**, 685[2]. — Bezüglich des Streitwerts der **höheren Instanzen** ist das Interesse der Partei, welche das Rechtsmittel eingelegt hat, an der Verfolgung des letzteren maßgebend. JW. **00**, 47[2] (Gr. **44**, 1144); W. **11**, 300. Solange noch kein Rechtsmittelantrag gestellt ist, bestimmt sich der Streitwert eines Rechtsmittels danach, inwieweit in der unteren Instanz gegen den Antrag des Rechtsmittelklägers erkannt ist. RG. **17**, 347; **25**, 380; JW. **96**, 302[18]; **97**, 185[1]; **98**, 144[15]; **03**, 174[4]. Ist ein Antrag gestellt, so ist das Interesse des Rechtsmittelklägers maßgebend, auch wenn dieser der Beklagte ist. RG. **16**, 342; **47**, 420; **63**, 99; JW. **94**, 542[1]; **95**, 181[2], 537[1]; **96**, 1[1], 74[26]; **97**, 57[27], 287[9]. Jedoch darf, auch im letzteren Falle, der Wert des Beschwerdegegenstandes nicht über den sich nach dem Interesse des Klägers richtenden Wert des Streitgegenstandes hinaus bemessen werden, weil der Beklagte sich nur darüber beschweren kann, daß die Klage auf den Streitgegenstand nicht in demselben Umfange, wie er beantragt hatte, abgewiesen worden ist. RG. **47**, 420; **63**, 99; **93**, 128; JW. **94**, 542[1]; **95**, 181[2], 537[1]; **96**, 1[1], 74[26]; **97**, 57[27], 287[9]; **02**, 269[2], 362[16], 391[4]; **03**, 26[10], 180[26]; **06**, 476[38]; **07**, 54[19]; **14**, 543[21]; Gr. **46**, 1145; W. **08**, 540, 661; **09**, 41; **11**, 210, 300; **16**, 57; **17**, 184; **18**, 149. Wenn deshalb im Mietaufhebungsprozeß die Vierteljahrsmiete 200 RM. betrug und dies der maßgebliche Streitwert (§ 13 Abs. 5 MietSchG.) war, so bleibt dieser auch in der Beschwerdeinstanz entscheidend, selbst wenn sich der Kläger über eine ihm auferlegte Umzugsvergütung von 500 RM. beschwert. JW. **28**, 1528[41]. Über eine Ausnahme in dem Falle des § 7 ZPO. s. dort Anm. 2. Wird nach Zurücknahme des Rechtsmittels beantragt, den Zurücknehmenden in die Kosten zu verurteilen und ihn des Rechtsmittels für verlustig zu erklären, so ist der Wert der Hauptsache maßgebend. JW. **94**, 85[19] (a. M. JW. **29**, 867[1]). — Ist ein Urteil in höherer Instanz aufgehoben und die **Sache in die Vorinstanz zurückverwiesen**, so ist, wenn unterdes keine Änderung eingetreten ist, der Streitwert nach der Zurückverweisung derselbe wie vorher. JW. **97**, 77[2].

[2] Ist Zahlung einer **bestimmten Summe** oder Befreiung

von einer Schuld in bestimmter Summe verlangt, so ist diese maßgebend, nicht das materielle Interesse der Partei, auch wenn die Entscheidung in das Ermessen des Gerichts gestellt worden ist oder die Partei selbst zu erkennen gibt, daß ihr Interesse geringer ist, als was mit ihren Anträgen verlangt wird. RG. 5, 409; 12, 155; JW. 82, 90; 89, 499; **90**, 369; **96**, 596[2]; 98, 385[1]; 28, 125[12]; OLG. 19, 242. Dabei ist ferner lediglich der im Klagantrag wirklich verlangte und bezifferte Betrag maßgebend; eine Erklärung in der Begründung, es werde von der Forderung dieser Betrag mindestens verlangt, ist für den Streitwert belanglos, solange nicht der Antrag erweitert ist. W. 12, 226. Umgekehrt ist die im Antrag genannte bestimmte Summe selbst dann entscheidend, wenn die Klagebegründung ergibt, daß sich der Kläger richterlichem Ermessen oder der Beurteilung durch Sachverständige unterwerfen will. JW. 27, 385; 28, 125[12]. Auch bei Einklagung einer auf einen Geldbetrag gerichteten **Nachlaßforderung** ist die Höhe der beanspruchten Summe maßgebend, wenn der Alleinerbe oder wenn bei einer Mehrheit von Erben ein Miterbe (nicht in Geltendmachung seines Individualrechts, sondern) auf Grund Vollmacht der anderen Miterben in Vertretung der Erbengemeinschaft Klage auf Zahlung der Schuld (an ihn selbst, nicht zur Nachlaßmasse) erhebt. RG. 93, 129; Gr. 61, 950 (anders bei der Klage eines Miterben nach § 2039 BGB., s. unten). Bei einer Klage auf Gewährung der Darlehnssumme aus einem **Darlehnsversprechen** wird jedoch der Streitwert durch das Interesse begrenzt, das der Kläger an dem Zustandekommen des Darlehnsvertrages hat. OLG. 25, 43. — Bei Klage auf vertragsmäßige Beseitigung (§ 439 Abs. 2 BGB.) einer wiedereingetragenen aufzuwertenden Hypothek ist Streitwert der für die Erwirkung der Löschung aufzuwendende Geldbetrag, auch wenn der Kläger Teilhaber der beklagten offenen Handelsgesellschaft ist. OLG. 46, 105. — Bei Klagen auf Zahlung **in ausländischer Valuta** ist der Kurswert, nach § 4 ZPO. im Zeitpunkte der Klageerhebung, maßgebend, JW. 22, 514[41], 1138[7, 8], 1142[16]; 23, 57[5], 524[7, 8], 945[11]; OLG. 42, 2 (a. M. JW. 21, 1463[1]; 22, 171[5]: nach § 244 Abs. 2 BGB. sei für den Kurswert der Zeitpunkt der tatsächlich erfolgenden Zahlung und demnach für die Streitwertfestsetzung der jeweils zurzeit geltende Kursstand maßgebend), und zwar der Kurswert am Erfüllungsort, JW. **22**, 1138[7], dies auch dann, wenn der Kläger gleichzeitig mit jenem Hauptantrag den Alternativ- oder Eventualantrag stellt, den Beklagten zur Zahlung der in ausländischer Valuta ausgedrückten Summe „in Markwährung zum Tageskurse" zu verurteilen, JW. **22**, 1138[8]; **23**, 191[6], 521[5], 525[9], 951[21]; auch RG. **98**, 86 (a. M. OLG. **41**, 239; JW. **23**, 192[8, 9], 520[2]). Wird dagegen der Antrag auf Zahlung in Reichsmark erst im Laufe des Rechtsstreits gestellt, so ist für die Festsetzung seines Werts der Kurswert am Tage der Antragstellung maßgebend. JW. **23**, 191[6], 945[11] (a. M. JW. **23**, 953[25]). Streitwert in Aufwertungsprozessen vgl. oben Anm. 1. — Im übrigen ist auch sonst **im allgemeinen das Interesse des Klägers** (Wider-, Berufungs-, Revisionsklägers), nicht des Beklagten (Wider-, Berufungs-, Revisionsbeklagten) maßgebend, also was vom Kläger begehrt, nicht, was vom Beklagten eingebüßt wird. RG. **16**, 342; **24**, 428; **33**, 427; **45**, 402; **93**, 139; auch Anm. 1 unter „höhere Instanzen". Jedoch bleibt der wirtschaftliche Nutzen, den der Kläger davon erwartet, daß er in den Besitz des Klagegegenstandes gelangt, außer Betracht, JW. **00**, 520[3], und ist überhaupt von dem bloß mittelbaren wirtschaftlichen Interesse des Klägers abzusehen, RG. **93**, 130, auch Anm. 1 a. A. Es ist aber das Interesse des Klägers auch dann maßgebend, wenn die von ihm begehrte Entscheidung auch Rechtsfolgen für andere an dem Rechtsstreit nicht beteiligte Personen nach sich zieht (z. B. bei Anfechtung eines Generalversammlungsbeschlusses einer Aktiengesellschaft durch einzelne Aktionäre oder eines Gewerkschaftsbeschlusses durch einen Gewerken). RG. **24**, 428; **48**, 381; JW. **06**, 476[30]. — Bei **Klagen auf Erfüllung gegenseitiger Verträge** entscheidet der Wert der geforderten Leistung ohne Abzug der Gegenleistung, auch wenn der Kläger sich zu letzterer (z. B. Zahlung eines Kaufpreises) erbietet oder Erfüllung Zug um Zug gegen die schuldige Gegenleistung verlangt. RG. **5**, 410; **46**, 422; JW. **97**, 267[2], 400[1]; **99**, 482[1]; **00**, 447[3], 827[3]; auch OLG. **35**, 188 (bei Klage aus Milchlieferungsvertrag Wert der zu liefernden Milch; anders OLG. **35**, 23: Verdienst beim Weiterverkauf der Milch). Ebensowenig findet eine Zusammenrechnung des Wertes der geforderten Leistung mit dem der Gegenleistung statt, auch wenn der Kläger ausdrücklich Verurteilung des Gegners zur Annahme der Gegenleistung begehrt. JW. **95**,

222[1]. Klagt aber der Käufer auf Herausgabe der Kaufsache oder im Falle des Grundstückskaufs auf Erteilung der Auflassung, so kommt § 6 ZPO. zur Anwendung und ist der Wert der Kaufsache (des Grundstücks) maßgebend. JW. **93**, 467[5]; **99**, 694[1]; **00**, 10; **02**, 630[1]; **20**, 394[4]; Gr. **44**, 1146; OLG. **19**, 48; **33**, 17; auch Anm. 1 zu § 6 ZPO. Klagt dagegen der Verkäufer lediglich auf **Abnahme der Kaufsache** oder im Falle des Grundstückkaufs auf Entgegennahme der Auflassung, so bestimmt sich der Streitwert nicht nach dem Werte der abzunehmenden Kaufsache (des aufzulassenden Grundstücks), sondern ist das Interesse des Klägers an Abnahme (Entgegennahme der Auflassung) maßgebend, das gemäß § 3 ZPO. nach freiem Ermessen zu schätzen ist; § 6 ZPO. ist nicht anwendbar. RG. **57**, 400; JW. **99**, 739[1]; **01**, 718[4]; **05**, 24[28]; **06**, 688[8]; Gr. **34**, 1138; **51**, 399; OLG. **19**, 48; **21**, 59; **39**, 27. Bei der Schätzung ist der Wert der vom Käufer noch zu entrichtenden Leistungen in Betracht zu ziehen. JW. **99**, 739[1]; **01**, 718[4]; **05**, 24[28]; Gr. **34**, 1138 (anders: OLG. **21**, 59, wonach im Falle der Klage auf Abnahme fortlaufender Lieferungen, z. B. von Milch, der Gesamtpreis der Lieferungen maßgebend sein soll, weil es sich um einen Streit über Erfüllung des ganzen Vertrages handele; OLG. **29**, 8, wonach bei einem Klaganspruch auf Abruf gekaufter Waren aus Sukzessivlieferungsvertrag sich der Streitwert nach dem Werte der Zahlungspflicht des Käufers bestimmen soll). Wird bei der Klage auf Entgegennahme der Auflassung die Sicherstellung des Restkaufpreises zum Gegenstand eines besonderen Antrags gemacht, so kommt bezüglich der Auflassung kein selbständiger Streitwert in Betracht, da der erste Antrag nur die notwendige Voraussetzung des zweiten ist; eine Zusammenrechnung findet daher nicht statt. OLG. **39**, 27; Anm. 1 oben unter „zweite Klaganträge", Anm. 1 § 5 ZPO. Bei der Klage auf Entgegennahme der Auflassung unter Übernahme von Hypotheken ist das Interesse des Klägers hinsichtlich der Übernahme weder stets dem vollen Nennwert der Hypotheken gleichzusetzen, noch stets niedriger als das Kapital zu bestimmen, sondern nach freiem Ermessen nach § 3 ZPO. zu schätzen. OLG. **39**, 26. Wenn Käufer und Verkäufer unter gegenseitiger Behauptung des Verzuges der Gegenpartei Klage und Widerklage auf Erteilung bzw. Entgegennahme der Auflassung erheben, so richtet sich der gesamte Streitwert nach dem Werte des gekauften Grundstücks (§ 6 ZPO.). JW. **97**,

2[3]. — Geht ein Klagantrag dahin, einen **gegenseitigen Vertrag** (z. B. wegen arglistiger Täuschung) **für aufgehoben** oder **für nichtig** oder (z. B. zufolge berechtigten Rücktritts) **für unverbindlich zu erklären,** so ist für die Bemessung des Streitwertes dieses Antrags (abgesehen von dem Streitwert der etwa außerdem zurückverlangten Leistungen) das Interesse des Klägers am Nichtbestehen des Vertrags maßgebend, und zwar in der Weise, daß die Vorteile und Nachteile, die der Kläger einerseits bei Aufhebung, anderseits bei Fortsetzung des Vertrages zu erwarten hätte, in Betracht zu ziehen sind (z. B. daß er für den festgesetzten Kaufpreis nicht den mangelhaften Kaufgegenstand zu übernehmen braucht). RG. **40**, 407; **52**, 427; **66**, 330; Gr. **49**, 1005; JW. **94**, 572[1]; **99**, 27[2], 87[1], 482[2]; **00**, 179[1], 746[2]; **03**, 3[1]; OLG. **2**, 432; **11**, 166; **17**, 75; **23**, 66; nicht ist für einen solchen Klagantrag der Wert oder der vertragliche Preis der veräußerten Sache maßgebend, RG. **52**, 427; JW. **00**, 179[1]; **02**, 248[1], 253[17], 630[1]; OLG. **11**, 166; **15**, 49; **17**, 79; **19**, 48; **21**, 60; **29**, 222; auch sind nicht die Werte der beiderseits zu bewirkenden Rückleistungen zusammenzurechnen, RG. **46**, 422; OLG. **19**, 48; vgl. JW. **99**, 276[3]. Insbesondere ist für einen Klagantrag auf Erklärung der Nichtigkeit eines Grundstückskaufvertrages das Interesse des Klägers daran maßgebend, daß er den Vertrag nicht zu erfüllen braucht, vielmehr einen Anspruch auf Rückgabe des dem Käufer übergebenen Grundstücks hat, anderseits den Kaufpreis zurückzahlen muß. RG. **66**, 330; OLG. **37**, 80. — Bei der Klage des **Vermieters auf Räumung** wegen Ablaufs der Mietzeit ist der Wert nach freiem Ermessen zu bestimmen, wenn der Kläger den Räumungsanspruch darauf stützt, daß die vertragsmäßige Mietzeit abgelaufen sei. OLG. **35**, 24. Anders, wenn zugleich das Bestehen oder die Dauer des Mietverhältnisses den Gegenstand des Rechtsstreits bildet. Vgl. Anm. 3 § 10 GKG. — Bei Klagen auf **Teilung einer Gemeinschaft** (z. B. einer Erbschaft) ist der Betrag desjenigen maßgebend, was der Kläger schließlich (z. B. als Erbteil) erlangen will, JW. **95**, 537[1], sofern nicht bloß über die Art oder den Zeitpunkt der Teilung gestritten wird, JW. **94**, 193[3]. — Ebenso ist, wenn ein **Miterbe sein Individualrecht** (nach § 2039 BGB.; anders bei Klagen in Vertretung der Erbengemeinschaft, RG. **93**, 129; Gr. **61**, 950; JW. **25**, 2370; s. oben) auf

Zahlung einer Nachlaßforderung zur Nachlaßmasse (Hinterlegung) oder an alle Erben geltend macht, der Streitwert nicht nach dem Betrage der Forderung, sondern in der Regel nur nach dem der Erbquote entsprechenden Teile zu bemessen. RG. 38, 422; 93, 127; Gr. 48, 1083; 53, 1094; JW. 02, 391[5]; 03, 26[18]; 17, 721[20]; 21, 338; W. 08, 661; 12, 274; 17, 184; 28, 92. Dies gilt auch für eine Klage auf Herausgabe von Hypothekenbriefen zur Nachlaßmasse. OLG. 35, 23. Dabei ist es gleichgültig, ob das Verlangte hinterlegt ist und bleibt oder ausgezahlt werden soll, und ebenso, ob in dem Wortlaute des Klagantrages zum Ausdruck gebracht worden ist, daß Gegenstand des Streites nur der Anteil eines der mehreren Miterben ist, sofern dies nur aus dem die Klage stützenden Tatbestande deutlich erhellt. W. 12, 274. Desgleichen ist das Erbquoteninteresse des Miterben maßgebend, wenn er gegen den anderen Miterben auf Einwerfung einer Sache in den Nachlaß oder auf deren Herausgabe behufs Teilung oder auf Anerkennung der Zugehörigkeit der Sache zur Nachlaßmasse klagt, RG. 33, 427; JW. 96, 412[23], 583[3]; 98, 474[1]; 99, 672[2], 700[12]; 00, 47[2]; 01, 717[3]; 02, 362[17]; Gr. 43, 1215; 44, 1144; auch 53, 1093; oder auf Aufstellung und eidliche Erhärtung eines Nachlaßinventars, JW. 91, 509[2]; 98, 279[10]; OLG. 23, 68; oder auf Feststellung der Nichtigkeit eines Testaments, JW. 25, 2370[36]; oder wenn er auf Erfüllung von Verbindlichkeiten gegenüber dem Nachlasse von seinen Miterben in Anspruch genommen wird, JW. 04, 237[13]; Gr. 48, 1083. Klagt ein Miterbe gegen den anderen Miterben auf Herausgabe von Wertpapieren, so ist nicht der gesamte Wert der Papiere, sondern der dem Erbanteil des Klägers entsprechende Teil des Wertes maßgebend. OLG. 27, 12. Auch wenn der Grundstückseigentümer gegen einen der mehreren Erben auf Löschung einer für den Erblasser eingetragenen Hypothek klagt, ist der Anteil des Erben, nicht der Betrag der ganzen Forderung maßgebend. JW. 91, 551[1] (99, 334[1]); Gr. 43, 1215. Klagt der Käufer eines von mehreren Miterben verkauften Grundstücks auf Auflassung gegen nur einen Miterben, so ist nicht der Wert des Grundstücks nach § 6 ZPO., sondern der dem Erbanteil des Beklagten entsprechende Teil des Wertes maßgebend. OLG. 17, 78; 23, 67; 25, 42. Das gleiche gilt, wenn Erben eines Grundstückskäufers, die zugleich auch mit dem Beklagten zusammen Erben des Verkäufers sind, vom Beklagten Erteilung der Auflassung an einen Dritten verlangen, dem das Grundstück weiterverkauft ist. OLG. 21, 62. Auch wenn auf Abtretung einer zum Nachlaß gehörigen Hypothek gegen einen der mehreren zur Abtretung verpflichteten Erben geklagt wird, bildet nicht der volle Wert der Hypothek, sondern der dem Erbanteil entsprechende Wertsteil den Streitwert. OLG. **23**, 67. Überhaupt findet bei Klagen eines von mehreren Miterben in Geltendmachung seines Individualrechts (nach § 2039 BGB.) § 6 keine Anwendung. RG. **93**, 128. — Auch bei der Klage der **Ehefrau** gegen den als Alleineigentümer im Grundbuch eingetragenen Ehemann auf Einwilligung in ihre Miteintragung als Eigentümerin in ehelicher Gütergemeinschaft ist der Streitwert nicht gleich dem Werte des Grundstücks (§ 6), sondern niedriger zu veranschlagen. OLG. **39**, 28. — Wird auf Aufhebung einer **ehelichen Gütergemeinschaft** geklagt, so bemißt sich der Streitwert nach dem Interesse des Klägers daran, daß die Gemeinschaft nicht länger besteht. OLG. **15**, 52. — Bei Klagen eines **Gesellschafters** gegen den anderen auf Befreiung von Gesellschaftsschulden gegen sein Ausscheiden aus der Gesellschaft bildet der Gesamtwert der Schulden den Streitwert. JW. **98**, 2[1]; **01**, 395[2]. Handelt es sich um Anerkennung der Teilhaberschaft, so bemißt sich der Streitwert nach dem Interesse des Klägers daran, daß er Teilhaber an dem Gewinne der Gesellschaft wird. JW. **98**, 597[2]; auch **02**, 130[30]. Vgl. auch JW. **02**, 391[5] (Klagen gegen einen von mehreren Gesellschaftern auf Feststellung des Anteilrechts), **94**, 170[2]; **01**, 395[2]; OLG. **9**, 50; **25**, 124; **31**, 5 (Klage auf Auflösung einer Gesellschaft seitens eines Gesellschafters), **31**, 4 (Klage auf Ausschluß eines Gesellschafters aus der Gesellschaft), **25**, 43 (Klage auf Feststellung des Fortbestehens eines Vertrages im Falle der Liquidation der beklagten Gesellschaft nach Klagerhebung), **29**, 7 (Klage eines Gesellschafters auf Feststellung der Unwirksamkeit der Kündigung einer Kommanditgesellschaft). — Bei Klagen, die auf **Rechnungslegung** oder auf Errichtung eines **Vermögensverzeichnisses** oder auf **Vorlegung** von (Beweis-) **Urkunden**, insbesondere beweiserheblichen (Geschäfts-) Büchern, oder auf Leistung des **Offenbarungseides** gemäß §§ 259, 260, 2006, 2028, 2057 BGB. gerichtet sind **oder sonst** einen die Geltendmachung eines Leistungsanspruchs **vorbereitenden Charakter** haben (z. B. **Auskunfterteilung**), ist der Streitwert nach freiem Ermessen unter Berücksichtigung des Interesses des Klägers an dem zu gewährenden Anspruchsbegründungsmittel festzusetzen, JW. 89, 324[1]; 90, 409[1]; 91, 509[2]; 94, 542[2]; 95, 2[2]; 27, 532[15]; Gr. 33, 1138; 54, 1105; W. 08, 86, 421; 09, 41; OLG. 4, 266; 11, 45; 23, 158; auch 29, 10 (Antrag auf Sequestrierung einer Sache zur Sicherung eines angeblichen Eigentumsanspruchs), JW. 27, 865[30] (Klage auf Feststellung des im Aufwertungsverfahren nach dem AufwG. streitig gewordenen persönlichen Schuldverhältnisses); jedoch sind dabei die dem Kläger bereits bekannten Tatsachen nicht mit in Betracht zu ziehen, Gr. 33, 1129; JW. 97, 227[1]. Vgl. auch § 12 GKG. (Klage nach § 254 ZPO. auf Rechnungslegung und Auskehr des Guthabens). — Bei Klagen auf **Herausgabe** (im Gegensatz zu „Vorlegung") von **Beweisurkunden** (z. B. Schuldscheinen, Hypothekenurkunden, Wechseln, auch vollstreckbaren Urkunden) ist der Streitwert nicht stets gleich dem Betrage der in den Urkunden verbrieften Forderungen, sondern je nach den Umständen gemäß dem Interesse des Klägers an der Herausgabe zu bemessen. RG. 2, 403; OHG. 11, 44 (Geschäftsbücher); Gr. 29, 418; JW. 84, 298[11]; 91, 384[2]; 99, 276[2]; 05, 113[9]; OLG. 15, 46 (Wechsel); Gr. 30, 1100; JW. 94, 239[1]; 97, 446[2]; 28, 2800[30]; W. 10, 397; OLG. 25, 124 (Hypotheken- und Grundschuldbriefe; s. dazu Anm. 5 § 6 ZPO., anders OLG. 14, 115, 15, 48); JW. 94, 193[2] (Schuldscheine); RG. 22, 411; 28, 182; 37, 415; OLG. 9, 50; 15, 47; 23, 73; 29, 8 (Lebensversicherungspolicen); Gr. 41, 1151; OLG. 15, 4 (vollstreckbare Urkunden); OLG. 15, 47 (Testamentsurkunde). Dies gilt auch, wenn der Kläger Beschaffung der Urkunden zur Löschung einer Hypothek verlangt, deren Auszahlung er vornehmen will und der Beklagte entgegenzunehmen verpflichtet ist. OLG. 17, 78. Ferner ist bei Klagen, mit denen der wirkliche Erbe gemäß § 2362 Abs. 1 BGB. die Herausgabe eines angeblich unrichtigen Erbscheins an das Nachlaßgericht verlangt, der Streitwert nicht nach dem Interesse des Klägers an Feststellung dieser Unrichtigkeit, sondern nach dem Interesse zu bemessen, das der Kläger gerade an der Herausgabe des Erbscheins hat. JW. 11, 813[22]. Über den Wert eines Anspruchs auf Herausgabe eines Erbvertrags behufs Eröffnung vgl. JW. 11, 190[22]. Handelt es sich aber nicht lediglich darum, welches Interesse der Kläger an dem Besitze der Urkunden selbst hat, sondern darum, welcher Partei die in den Urkunden verbrieften Forderungen zukommen, so ist der Betrag der Forderungen maßgebend. OLG. 37, 83. — Ein Sparkassenbuch, auf dessen Herausgabe geklagt wird, ist nicht bloß als Beweisstück, anderseits auch nicht als Wertpapier zu bewerten, so daß der Wert gleich dem eingezahlten Betrage wäre, sondern als **Legitimationspapier** nach freiem Ermessen zu schätzen. JW. 02, 358[1]. — Bei Klagen auf **Vornahme einer Handlung** ist neben dem Interesse des Klägers auch zu berücksichtigen, welchen Kostenaufwand die Vornahme der Handlung für den Beklagten erfordert. JW. 96, 583[1]; 97, 57[27]. — Bei Klagen auf Löschung eines **Patents** oder eines **Gebrauchsmusters** ist das Interesse des Klägers an Beseitigung der Konkurrenz und der Beeinträchtigung seines Geschäftsbetriebes maßgebend. JW. 96, 1[2]; 02, 309[1, 2]; 06, 30[39]. Jedoch ist bei Popularklagen des Patentrechts oder Gebrauchsmusterschutzes nicht das wirtschaftliche Interesse des Klägers bestimmend, sondern der Wert, den das Patent oder Gebrauchsmuster allgemein in der Hand eines Gewerbetreibenden hat. JW. 02, 131[34]. Bezüglich des Streitwerts bei Entschädigungsansprüchen wegen Patentverletzung vgl. JW. 01, 651[5]; 03, 101[14]. — Bei Klagen auf **Befreiung** von der persönlichen **Haftung** für eine Hypothekenschuld ist der Betrag dieser Schuld maßgebend ohne Rücksicht auf die Wahrscheinlichkeit der Inanspruchnahme des persönlichen Schuldners. Gr. 34, 1137. Das gleiche gilt von einer Klage auf Befreiung von einer Bürgschaftsverpflichtung. OLG. 15, 53 (a. M. 33, 73). — **Hängt das Entstehen** eines vom Kläger im Wege der Feststellungsklage geltend gemachten **Anspruchs von einer** noch nicht feststehenden Voraussetzung oder einer **künftigen Tatsache** ab (z. B. Schadensersatz, falls Erwerbsunfähigkeit eintreten sollte), so ist der Streitwert unter Berücksichtigung der Wahrscheinlichkeit des Eintritts des Ereignisses abzuschätzen. JW. 96, 187[1]; 08, 13[15]. — Bezüglich des Streitwerts bei Klagen: auf **Ausstellung einer Quittung** dahin, daß der Beklagte wegen aller Ansprüche gegen den Kläger befriedigt sei, s. OLG. 21, 59; auf Erstattung des **negativen Vertragsinteresses,** wenn der Vertrag wegen Betruges aufgehoben wird, s. RG. 40, 407; aus Verträgen über die **Gewinnung von Bodenbestandteilen** s. JW. 03, 49[17]; OLG. 4, 263; auf Feststellung der Verpflichtung eines Hypothekengläubigers, seine **Hypothek** dem Eigentümer bis zu einem bestimmten Zeitpunkte zu kreditieren, s. JW. **06**, 169[14]; auf Grund **Vorkaufsrechts** bei einem Streit über Bestehen des Rechtes s. JW. **00**, 339[1] (handelt es sich dagegen um Ausübung des Rechtes [Herausgabe], so findet § 6 Anwendung, Anm. 1 § 6 ZPO.); auf Aufhebung oder Löschung einer (eingetragenen) **Verfügungsbeschränkung** s. JW. **02**, 124[1]; OLG. **15**, 54; auf Löschung eines **Widerspruchs** gegen die Löschung einer Sicherungshypothek s. OLG. **17**, 76; auf Löschung eines Widerspruchs aus § 16 AufwG. s. JW. **26**, 2644[2]; auf Löschung eines **Nießbrauchs** s. OLG. **29**, 79; **33**, 147; der Ehefrau auf **Entziehung der Verwaltung des Ehemannes** am Frauengut s. Gr. **49**, 655; JW. **05**, 24[27]; auf **Duldung der Zwangsvollstreckung** in Frauengut **aus § 739 ZPO.** s. OLG. **25**, 46; **27**, 165; **29**, 172; vgl. jedoch Anm. 4 § 6 ZPO.; auf Nichtigerklärung eines **Testaments** s. JW. **95**, 537[1]; auf Anerkennung des Rechtes zur Sukzession in ein **Familienfideikommiß** s. JW. **02**, 212[1]; auf Beseitigung eines **Konkurrenzverbots** s. JW. **99**, 179[15]; auf Untersagung des Konkurrenzkampfes durch **unlauteren Wettbewerb** s. JW. **02**, 130[31], 169[26]; **03**, 8[17]; **05**, 113[10]; auf Anerkennung der Berechtigung zur **Jagdausübung** s. JW. **02**, 418[2]; auf Anerkennung der Berechtigung zum Eintritt in einen Jagdpachtvertrag als Pächter s. W. **10**, 381, Anm. 1 § 10 GKG.; auf Beseitigung eines widerrechtlichen Eingriffs in ein **Bergwerksregal** s. JW. **97**, 71[71]; auf Anfechtung des Beschlusses einer Gewerkenversammlung s. JW. **06**, 476[39]; auf Fortschaffung einer **eingetragenen Last** sowie auf Unterlassung von **Immissionen** s. Anm. 1 § 7 ZPO.; auf **Anfechtung von Rechtshandlungen** des Schuldners seitens des Konkursverwalters und außerhalb des Konkurses s. Anm. 6 § 6 ZPO. — Im **schiedsrichterlichen Verfahren** können die Parteien im Schiedsvertrage den Schiedsrichtern überlassen, den Streitwert und damit die Gebührenhöhe nach billigem Ermessen zu bestimmen. W. **27**, 39.

[3] Über **Festsetzung des Wertes** des Streitgegenstandes s. Anm. 1 § 11 DGO.

[4] Eine Pflicht zur **Beweisaufnahme** besteht nicht, sei es auch, daß die Parteien sie übereinstimmend beantragt haben. JW. **93**, 252[10]. — Wegen der Kosten der Beweisaufnahme vgl. unten Anm. 1 § 19 GKG. bei § 11 DGO.

b) § 4 ZPO.

Für die Wertsberechnung ist der Zeitpunkt der Erhebung der Klage[1]*, in der Berufungs- und Revisionsinstanz der Zeit-*

punkt der Einlegung des Rechtsmittels[1a] *entscheidend; Früchte, Nutzungen, Zinsen und Kosten bleiben unberücksichtigt, wenn sie als Nebenforderungen*[2] *geltend gemacht werden*[3].

Bei Ansprüchen aus Wechseln im Sinne der Wechselordnung sind Zinsen, Kosten und Provision, welche außer der Wechselsumme gefordert werden, als Nebenforderungen anzusehen[4].

[1]. **Erhebung der Klage:** durch Zustellung: ZPO. §§ 253, 498 (Klage), 693, 696 (Zahlungsbefehl); durch mündlichen Vortrag in einem Verhandlungstermin oder durch Zustellung: § 281 in Verb. mit § 268 Abs. 2, 3, §§ 264, 269, 33, 280 (Erweiterung des Klagantrags, Forderung eines andern Gegenstandes oder des Interesses, Zulassung des Gerichts, Einwilligung des Beklagten zur Klagänderung, Widerklage, Inzidentfeststellungsklage); durch mündlichen Vortrag: §§ 499c, 500 (Klaganbringung beim Amtsgericht nach Güteverfahren). Wird das Verfahren nicht durch Klagerhebung eingeleitet, wie z. B. im Zwangsvollstreckungs-, Entmündigungs-, Aufgebotsverfahren, so ist der Zeitpunkt der **Antragstellung** maßgebend; vgl. für die Gebührenberechnung bei der Zwangsvollstreckung § 9 Abs. 2 S. 2 GKG. Kommt es überhaupt nicht zu gerichtlichen Anträgen, so sind die dem Anwalt gemachten Mitteilungen bei der Auftragserteilung maßgebend. JW. 28, 1497[13]. — Eine im Laufe des Rechtsstreits eintretende **Veränderung des Streitgegenstandes** (z. B. Erweiterung oder Ermäßigung des Anspruchs, Aufhören des Bestehens des ursprünglich verlangten Gegenstandes oder zeitlich begrenzten Rechtes, für den Rechtsstreit wesentliche Veränderung auf dem Grundstücke, gegen das eine Legalservitut geltend gemacht wird), wirkt nur für den späteren Prozeßteil (z. B. für die höhere Instanz, wenn inzwischen die Veränderung eingetreten ist), RG. 67, 82; JW. **93**, 126[8]; **96**, 657[2]; OLG. **43**, 124; auch JW. **91**, 130[5]; **98**, 657[2]; **08**, 16[20], und zwar nur unter der Voraussetzung, daß der **Klagantrag** entsprechend **geändert** wird, JW. **96**, 410[2]; **98**, 261[15]; **99**, 275[1]; **05**, 372[13]. Eine **Änderung** lediglich des **Wertes** der streitigen Sache ist für die Frage der sachlichen Zuständigkeit des Gerichts einflußlos. RG. **67**, 82; JW. **89**, 107[1]; **93**, 126[8]; **97**, 77[2]; **05**, 372[13]; OLG. **41**, 239; so auch eine Änderung des Kurswerts für Geldforderungen in ausländischer Währung, OLG. **41**, 238 (s. unten). Desgl. wenn das Interesse der Parteien an dem Ausfalle des Rechtsstreits sich geändert hat OLG. **27**, 10. Aber für die Gebührenberechnung ist gemäß

§ 9 Abs. 2 GKG., wenn sich der Wert des Streitgegenstandes zur Zeit des Urteils oder der anderweitigen Beendigung der Instanz (z. B. Klagerücknahme, Vergleich) erhöht hat (vgl. JW. **24**, 977²), der höhere Wert zugrunde zu legen, während eine Verminderung des Wertes auch für die Gebührenberechnung einflußlos ist. Jedoch führt die Vorschrift weder von selbst eine Änderung des Streitwerts (ohne richterliche Festsetzung nach § 18 GKG., s. Anm. 1 § 11 DGO.) herbei noch gestattet sie ein selbständiges Abweichen von einer überholten richterlichen Wertfestsetzung; sie stellt sich lediglich als eine für die richterliche Wertfestsetzung zu beachtende Regel dar, die in einschlägigen Fällen eine Abänderung der früheren Wertfestsetzung notwendig macht. JW. **26**, 2173². Wenn sich die Hauptsache erledigt und nur Kostenurteil ergeht, so gilt bezüglich der Hauptsache der Tag der Erledigung als Instanzende, so daß eine damals vorliegende Werterhöhung zu berücksichtigen ist. HRR. 28, 475. — Eine **Veränderung** der **tatsächlichen Umstände** kann nur bei Änderung des Klagantrags berücksichtigt werden. JW. **96**, 410²; **98**, 261¹⁵; **99**, 275¹; **08**, 16²⁰; **21**, 42⁷. — Jedoch wird dabei vorausgesetzt, daß es sich um denselben Gegenstand handelt, den die Klage betraf. Dies ist nicht der Fall, wenn die Forderung, um deren Sicherung es sich handelt, im Laufe des Verfahrens geringer geworden, auch wenn die Sicherungsmaßregel dieselbe geblieben ist. JW. **98**, 657². Hat der Verkäufer auf Zahlung des Kaufpreises geklagt, so bleibt dessen Betrag der Streitwert, auch wenn zufolge Vereinbarung der Parteien der Kaufgegenstand veräußert wird und der Erlös ein geringerer ist. JW. **05**, 344²⁰. — Bei **Forderungen**, die den **Grund des Wachsens in sich** tragen (wie Lagergelder, Futterkosten), ändert sich dagegen der Streitwert fortgesetzt. JW. **98**, 353¹⁷. — Bei Klagen auf Feststellung des **Nichtbestehens eines Rechts** (z. B. Patentrechts) ist der Inhalt des Rechts allgemeinhin, nicht der tatsächliche Zustand zur Zeit der Klagerhebung maßgebend. JW. **96**, 30². — Über den für die Umrechnung maßgebenden Zeitpunkt bei Klagen auf Zahlung in **ausländischer Valuta** vgl. Anm. 2 § 3 ZPO.

1a Die Worte „in der Berufungs- und Revisionsinstanz der Zeitpunkt der Einlegung des Rechtsmittels" sind eingefügt durch das Gesetz v. 8. 7. 22. Danach bestimmt sich der

Wert des Streitgegenstandes in der Rechtsmittelinstanz nicht mehr, wie früher (auch im Falle der zwischenzeitlichen Wertsteigerung, RG. 98, 87; W. 18, 149; 20, 24, 59), nach dem Zeitpunkt der Klagerhebung, sondern nach dem Zeitpunkt der Rechtsmitteleinlegung. Gleiches gilt auch für die Frage des Vorhandenseins der Berufungs- und der Revisionssumme (§§ 511a, 546 ZPO.). Vgl. aber wegen der Rückstände aus der Zeit zwischen Klagerhebung und Rechtsmitteleinlegung bei Ansprüchen auf wiederkehrende Leistungen Anm. 2 § 9 ZPO. — Bei der Aufhebung eines Urteils durch die höhere Instanz und Zurückverweisung der Sache in die Vorinstanz (§§ 538, 539, 565 ZPO.) wird keine neue Instanz eröffnet und tritt eine Änderung des für die Vorinstanz ursprünglich (nach dem Zeitpunkt der Klagerhebung in der ersten, nach dem Zeitpunkt der Einlegung der Berufung in der zweiten Instanz) maßgeblichen Streitwerts nicht ein, sofern sich nicht inzwischen der Streitgegenstand selbst geändert hat. JW. 23, 24[7]. — Gilt auch für die **Beschwerdeinstanz.** JW. 28, 1320[8]. Auch hier ist eine während der Instanz eintretende Veränderung des Streitgegenstandes (s. Anm. 1) zu beachten. JW. 28, 1320[8]; HRR. 28, 1644.

[2] **„Nebenforderungen"** sind nur die in Abs. 1 aufgeführten, nicht z. B. solche Ansprüche, die betreffen Zubehör (§§ 97 ff. BGB.), die Nebenleistungen der §§ 507, 1158 BGB. (Vorkaufsrecht, Umfang der Hypothek). — **„Früchte"**: § 99 BGB. — **„Nutzungen"**: § 100 BGB., auch Aktien-Dividendenscheine, JW. 93, 535[1]. — Unter **„Zinsen"** sind sowohl die vertragsmäßigen wie die gesetzlichen und die Verzugszinsen zu verstehen. — **„Kosten"** sind die vor der Klagerhebung zur Begründung des Anspruchs gemachten Aufwendungen (z. B. Gebühren für die zur Information zugezogenen Sachverständigen). JW. 93, 12[1]; 94, 364[16]; 97, 207[8], 210[22]; 98, 45[2]; OLG. 9, 57. Auch Kosten eines vorangegangenen Schiedsgerichtsverfahrens. JW. 25, 2005[1]. Auch das Kostenpauschquantum im Arrestverfahren ist nicht zu berücksichtigende Nebenforderung (anders bei der Arrestvollstreckung). JW. 28, 738[10]. — Der **Begriff der „Nebenforderungen"** setzt voraus, daß die betreffende Forderung in einem Abhängigkeitsverhältnisse zu der Hauptforderung steht, und nicht allein und losgelöst von der Hauptforderung, sondern mit dieser geltend gemacht wird. RG. 18, 373; 55, 82; JW. 89, 167[1];

98, 3[2], 353[17]; 09, 691[21]; W. 09, 163. Es steht nicht im Belieben einer klagenden Partei, einen als Nebenforderung anzusehenden Anspruch durch getrennte Berechnung zum Hauptanspruch zu machen. Eine Geltendmachung z. B. von „Zinsen" oder „Kosten" als Hauptanspruch liegt nur dann vor, wenn sie in einem besonderen Verfahren, unabhängig vom Hauptanspruch gefordert werden, oder wenn ein aus Haupt- und Nebenforderung bestehender Anspruch durch Rechtsgeschäft in einen neuen einheitlichen Anspruch umgewandelt und nur dieser neue Anspruch eingeklagt wird. JW. 25, 2005[1]. Wird z. B. der Anspruch auf Erstattung von Kosten mit der Hauptforderung geltend gemacht, so wird der Anspruch nicht schon dadurch zum Hauptanspruch, daß der Kläger ihn getrennt berechnet und einen besonderen Klagantrag für ihn stellt, sondern eine Geltendmachung von Kosten als Hauptanspruch liegt nur vor, wenn sie in einem besonderen Verfahren erfolgt oder wenn ein aus Haupt- und Kostenforderung bestehender Anspruch, nachdem er durch Rechtsgeschäft zu einem neuen einheitlichen Anspruch umgewandelt ist, als solcher eingeklagt wird. JW. 25, 2005[1]. **Nebenforderungen sind z. B.:** Zinsen einer fälligen Entschädigungsforderung (z. B. im Enteignungsverfahren), RG. 32, 210; JW. 97, 205[1]; 09, 291[21], auch wenn sie im Klagantrage mit dem Kapital zusammengerechnet sind, RG. 32, 210; JW. 97, 205[1]; W. 09, 163; bei einer Klage gegen den Bürgen der Anspruch auf Erstattung der Kosten des gegen den Hauptschuldner geführten Prozesses, RG. 56, 256; die neben dem Anspruch auf Ersatz verauslagter Provision geltend gemachte Forderung von Zinsen sowie Kosten des Vorprozesses des Provisionsberechtigten gegen den Kläger, Gr. 49, 1006 (JW. 05, 114[11]); ein zur Klarstellung von Nebenforderungen erhobener Anspruch auf Rechnungslegung, RG. 29, 395; Ansprüche auf Rechnungslegung und Ausantwortung der Nutzungen neben dem Anspruch auf Anerkennung des Eigentums einer Sache, JW. 02, 391[5]; ein Anspruch auf Herausgabe des Gewinnanteilscheins neben dem Anspruch auf Herausgabe der Aktien, OLG. 35, 22. — Bei Berechnung der **Beschwerdesumme gemäß § 567 Abs. 2 ZPO.** (Beschwerde gegen Entscheidung allein über den Kostenpunkt im Falle des § 99 Abs. 3 ZPO.) sind die Kosten der Entscheidung über die Prozeßkosten sowie die Kosten des Beschwerdeverfahrens nicht zu berücksichtigen, sondern es kommen nur diejenigen Kosten in Betracht, über welche die erste Instanz entschieden hat. JW. 00, 647[2]; 01, 329[10]. Dabei hat aber (unten § 18 GKG. bei § 11 DGO.) die Beschwerdeinstanz das Recht, zunächst den erstinstanzlichen Streitwert richtigzustellen und danach die Kosten neu zu berechnen. JW. 29, 883[39]. Im Falle der **Anfechtung eines** (nach § 105 ZPO. vom Urkundsbeamten der Geschäftsstelle erlassenen) **Kostenfestsetzungsbeschlusses** sind die gerichtlichen und außergerichtlichen Kosten des Kostenfestsetzungsverfahrens als Nebenforderungen nicht mit in Ansatz zu bringen. JW. 02, 181[1]. — Dagegen sind **keine Nebenforderungen z. B.** Ansprüche auf: Futterkosten neben dem Wandlungsanspruch, JW. 28, 1522[25]; HRR. 28, 678; im Regreßwege vom Zessionar gegen den Zedenten geltend gemachte Kosten eines vom Zessionar gegen den Schuldner geführten Prozesses, RG. 8, 365, ähnlich RG. 12, 259; Gestattung der Zwangsvollstreckung wegen der neben der Hauptforderung zuerkannten Zinsen, RG. 26, 413; JW. 87, 311[1]; 96, 172[14], 201[1]; Rückzahlung von Zinsen neben dem Anspruch auf Rückzahlung des bezahlten Betrages der Hauptforderung bei der Klage aus ungerechtfertigter Bereicherung (§ 812 BGB.), JW. 96, 300[9]; 09, 691[21]; Zinsen, die durch ausdrückliche Vereinbarung zum Kapital geschlagen sind, RG. 32, 377, s. oben, insbesondere beim Kontokurrent (nicht aber bei einem bloß gegenseitigen Rechnungsverhältnis, sog. uneigentlichen Kontokurrent), W. 09, 163; rückständige Zinsen einer bezahlten Schuld neben dem Anspruch auf den Kapitalrest, Gr. 31, 1141; rückständige Bezüge neben einem Anspruch auf Zuerkennung des Rechtes auf wiederkehrende Nutzungen oder Leistungen, RG. (VZS.) 19, 416; JW. 87, 432[4]; das Bezugsrecht auf neue Aktien neben dem Anspruch auf Herausgabe von Aktien, OLG. 35, 22. — Fälle, in denen Hauptforderungen und Nebenforderungen auf **verschiedenen Rechtsgründen** beruhen: JW. 87, 111[1]; 98, 219[6]; 09, 691[12]; jedoch 93, 469[12]. — Durch Art. III 1 Ges. v. 18. 8. 23 (RGBl. I 813) ist das Wort „**Schäden**" zwischen „Zinsen" und „und" gestrichen. Danach sind nunmehr Schadensersatzforderungen, auch wenn sie als Nebenforderungen geltend gemacht werden (wie z. B. Schadensersatzanspruch wegen verspäteter Erfüllung neben dem Anspruch auf Erfüllung [RG. 66, 310], Ansprüche auf Ersatz von Lagerkosten, Fracht, Zoll, Futterkosten u. dgl. neben einem Wandlungsanspruch [JW **99**, 28[3]; **06**, 202[21]]), bei Bemessung des Wertes des Streitgegenstandes mit zu berücksichtigen. JW. **26**, 2113[5], 2480[19]; **28**, 1522[25]; HRR. **28**, 678. Schon früher waren nicht als unberücksichtigt zu lassende Nebenforderungen z. B. anzusehen: Schadensersatz wegen Nichtbefolgung eines Urteils neben dem Anspruch auf Herausgabe der behufs Vollstreckung gestellten Sicherheit, JW. **96**, 68[2]; Schadensersatz neben dem Anspruch auf Untersagung der Störung bei Patentstreitigkeiten, JW. **98**, 3[2]. Über Schadensersatzforderungen aus § 302 Abs. 4, § 600 Abs. 2, § 717 Abs. 2 ZPO., wenn sie in dem anhängigen Hauptprozeß geltend gemacht werden, vgl. Anm. 2 § 5 ZPO. Zinsen aber behalten grundsätzlich ihren Charakter als Nebenforderungen, auch wenn sie als Schadensersatz gefordert werden und prozessual als Schäden zu behandeln sind. JW. **27**, 1308[1]. Eine Ausnahme hiervor gilt nur, wenn die Voraussetzungen für die Selbständigkeit des Anspruchs auf sie gegeben sind. JW. a. a. O., auch oben unter „Begriff der Nebenforderungen". Ein Anspruch z. B. auf höhere als die gesetzlichen Zinsen, die der Kläger zugleich mit der Hauptforderung beansprucht, weil wegen des Zahlungsverzugs des Beklagten die Zinsbeträge ihm entgangen seien oder für in Anspruch genommenen Bankkredit von ihm hätten gezahlt werden müssen, ist als Nebenforderung und nicht als selbständige Forderung anzusehen, da er in der Form des von der Hauptforderung abhängigen Zinsanspruchs geltend gemacht wird. JW. **25**, 832[61], 2374[46], 2638[4]; **26**, 883, 2113; **27**, 1308[1] (a. M. JW. **25**, 390, 813, 2638[2]; **26**, 1612[7], 2480[19]).

[3] Bei **Anfechtungsprozessen** nach dem AnfG. gelten die Hauptforderung, wegen welcher angefochten wird, und Zinsen und Kosten als einheitliche Forderung, so daß die letzteren bei Berechnung des Streitwerts zu berücksichtigen sind. RG. **26**, 413; JW. **92**, 460[1]; **96**, 172[14]; **99**, 423[2]; **00**, 437[2]; **09**, 691[21]; **10**, 114[18] (anders bei Anfechtungsprozessen des Konkursverwalters, JW. **29**, 844[1], vgl. Anm. 6 § 6 ZPO.). — Dagegen bleiben bei **Widerspruchsklagen gegen eine Zwangsvollstreckung** (§§ 767, 771 ZPO.) die Zinsen der Forderung, wegen welcher die Zwangsvollstreckung ausgebracht ist, außer Anschlag. RG. **10**, 393; JW. **99**, 423[2]; **02**, 358[2]; **10**, 114[18]. Vgl. auch Anm. 4 zu § 6 ZPO. Dies gilt auch, wenn der Konkursverwalter eine Pfändung anficht. JW. **10**,

114[18]. — Ferner finden Zinsen und Kosten keine Berücksichtigung: bei Streitigkeiten über die **vorzugsweise Befriedigung aus dem Erlöse** von Pfandstücken, RG. 4, 366; 18, 373; auch RG. 7, 327; JW. **84**, 109[1]; bei **Vorrechtsstreitigkeiten** in der Zwangsvollstreckungsinstanz, JW. **00**, 292[1]. Bei Bemessung des Streitwerts für **Zwangsvollstreckungsakte** (z. B. Pfändung auf Grund Arrestbefehls) werden **Kosten** nicht mitgerechnet. OLG. **29**, 11. Bezüglich der Zinsen der Vollstreckungsforderung vgl. dagegen § 15 Abs. 2 GKG. bei § 10 DGO. Vgl. auch § 866 Abs. 3 Satz 2 ZPO. (wonach die Zwangshypothek die für die Zuständigkeit der Amtsgerichte festgesetzte Wertgrenze [§ 23 Nr. 1 GVG.] übersteigen muß und zur Erreichung der Mindestsumme Nebenforderungen nicht hinzuzurechnen sind). — Werden Nebenforderungen neben einer Hauptforderung mit einem Rechtsmittel verfolgt, so bleiben sie bei **Berechnung der Beschwerdesumme** (§§ 511a, 546 ZPO.) außer Betracht. RG. **9**, 415; **47**, 256; **52**, 164; **60**, 114; JW. **04**, 113[10]. — Ist der **Hauptanspruch** durch rechtskräftiges Urteil oder in anderer Weise (z. B. durch Zurücknahme, Verzicht, Anerkenntnis) im Laufe des Rechtsstreits **zur Erledigung gebracht**, so erlangt der Anspruch auf Nebenforderungen, insbesondere **Zinsen**, für die Dauer des weiteren Prozesses den Charakter einer selbständigen Forderung. RG. **9**, 414; **10**, 345; **11**, 387; **39**, 386; **60**, 114; W **25**, 8; Gr. **31**, 1141; **40**, 699; **41**, 703; JW. **91**, 570[1]; **94**, 504[1]; **96**, 247[1], 371[12], 398[11], 410[4]; OLG. **23**, 69. Auch die Beschwerdesumme (§§ 511a, 546 ZPO.) berechnet sich in diesem Falle nach dem Betrage der Nebenforderungen, so daß das Rechtsmittel zulässig ist, wenn die Nebenforderungen die Beschwerdesumme erreichen. RG. **47**, 256; **60**, 112; JW. **96**, 371[12]; **03**, 97[1]; W. **09**, 163; **25**, 8; **27**, 2803[6]; **28**, 508[41]; JR. **27**, 2046; HRR. **28**, 180. Wird ein Rechtsmittel (Berufung, Revision) vor der mündlichen Verhandlung in der Rechtsmittelinstanz auf die in erster Instanz als Nebenforderungen geltend gemachten Zinsen beschränkt, so verlieren diese den Charakter als Nebenforderungen. JW. **03**, 174[4]. Auch dann, wenn der Hauptanspruch nur zum Teil sich erledigt, sind die Zinsen von diesem Teil keine Nebenforderungen. OLG. **23**, 69. Wird durch **Teilurteil** über den Hauptanspruch **und** durch **Schlußurteil** über die Kosten entschieden und werden beide Urteile angefochten, so werden in der Rechtsmittelinstanz die Kosten wieder zur Nebenforderung, so daß die **Rechtsmittelsumme**, falls sie für das Teilurteil gegeben ist, für das Schlußurteil nicht auch noch vorhanden zu sein braucht. HRR. 28, 677; 29, 547. Hat aber das Teilurteil über die Hauptforderung ohne Zinsen, das Schlußurteil über Zinsen und Kosten erkannt, so ist bei Anfechtung beider Urteile, wenn die Zinsen die Beschwerdesumme nicht erreichen, wegen ihrer das Rechtsmittel unzulässig, wegen der Kosten aber zulässig. HRR. 29, 547. Über Streitwert der **Prozeßkosten** sowie darüber, daß diese neben einem Teil- oder einem Zinsanspruch bei Bemessung des Streitwerts außer Betracht bleiben, vgl. Anm. 4 § 15 GKG. bei § 10 DGO.

[4] Abs. 2 ist von der Nov. z. ZPO. v. 17. 5. 98 hinzugefügt, um im Gegensatz zum Reichsgericht, das zwar bei Wechselklagen aus Art. 50 WO. (RG. 1, 229; 9, 411) und bei Wechselregreßklagen gegen den Akzeptanten (RG. 29, 33), nicht aber bei Wechselregreßklagen aus Art. 51 WO. gegen den Trassanten, Aussteller und Indossanten (RG. 32, 76) die Protestkosten, Provision und Porti zu den Nebenforderungen zählte, zum Ausdruck zu bringen, daß auch bei Klagen auf Erstattung der gezahlten **Regreßsumme gegen den Indossanten** usw. die genannten Kosten usw. als Nebenforderungen zu gelten haben. KB. 26. — Wenn aber der Kläger, der im Regreßwege einen Wechsel eingelöst hat, neben der Wechselsumme die entrichteten Wechselkosten vom Beklagten als Bürgen erstattet verlangt, sind diese Kosten nicht als bei Bemessung des Streitwerts unberücksichtigt zu lassende Nebenforderung anzusehen. OLG. 21, 63.

c) § 5 ZPO.

Mehrere in einer Klage geltend gemachte Ansprüche[1] *werden zusammengerechnet; eine Zusammenrechnung des Gegenstandes der Klage und der Widerklage findet nicht statt*[2].

[1] Auch wenn die mehreren in einer Klage verbundenen Ansprüche auf verschiedenen Gründen beruhen und wenn sie von mehreren Klägern oder gegen mehrere Beklagte erhoben sind. Mot. zu § 5 ZPO. — „**Mehrere Ansprüche sind z. B. nicht:** der Anspruch auf Leistung und der auf Sicherstellung, JW. 96, 270[2]; OLG. 13, 68; der Anspruch auf Zahlung des Kaufpreises und der auf Abnahme der Ware, JW. 95, 222[1]; 97, 2[3]; Gr. 34, 1138; der Anspruch auf Entgegennahme der

Auflassung und der auf Sicherstellung des Restkaufpreises, OLG. **39**, 27; der Anspruch auf Herausgabe von Sachen und der auf Wertersatz, der für den Fall gefordert wird, daß der Beklagte dem Herausgabeanspruch nicht genügen kann, OLG. **39**, 29, 30 (vgl. Anm. 1 § 6 ZPO.); der Anspruch auf Vornahme einer Handlung (§§ 887 ff. ZPO.) und der auf Zahlung einer Entschädigung, der nach § 510b ZPO. für den Fall erhoben wird, daß der Beklagte die Handlung nicht binnen bestimmter Frist vornimmt, OLG. **39**, 29; die Klageforderung und der Anspruch auf Rückzahlung des auf Grund eines Aufrechnungsteilurteils (§ 302 Abs. 4 ZPO.), eines Urkundenprozeßurteils (§ 600 Abs. 2 ZPO.) oder eines vorläufig vollstreckbaren Urteils (§ 717 Abs. 3 ZPO.) beigetriebenen Betrages, RG. **9**, 410; **23**, 350; **31**, 379 (Schadensersatzforderungen in diesen Fällen: Anm. 2 hier); der Anspruch auf Herausgabe einer Kaution und der des Gegners auf Befriedigung wegen seiner Gegenforderungen aus der Kaution, RG. **31**, 386. Vgl. auch Anm. 1 § 3 ZPO. (zweite Klaganträge). — Dagegen liegen **mehrere zusammenzurechnende Ansprüche** z. B. vor: wenn der Kläger die von ihm behufs Vollstreckung des ersten Urteils gestellte Sicherheit herausverlangt und außerdem Schadensersatz wegen Nichtbefolgung des ersten Urteils beansprucht, JW. **96**, 68[2]; wenn nach dem KunstUrhG. v. 9. 1. 07 wegen Verletzung des Urheberrechts Schadensersatz und ferner Vernichtung der noch vorhandenen Abdrücke verlangt wird, OLG. **21**, 62; wenn durch einstweilige Verfügung im Eheprozeß die Gestattung des Getrenntlebens und die Regelung der Kindesfürsorge verlangt wird; daß beide Ansprüche in § 627 ZPO. geregelt sind, macht sie allein noch nicht zu einem einheitlichen (a. M. JW. **29**, 144[52]); wenn der Anspruch im Hauptverfahren und der im gleichzeitig schwebenden Arrestverfahren geltend gemachte Anspruch zusammen verglichen werden, JW. **27**, 1497[7] (a. M. JW. **92**, 372[10]). — Im Falle der **Verbindung mehrerer anhängiger Prozesse** gemäß § 147 ZPO. bildet von dem Zeitpunkt der Verbindung ab der Gesamtbetrag der einzelnen Klagansprüche den Streitwert, auch für die Berufungs- und die Revisionsinstanz. RG. **5**, 354; **6**, 416; **30**, 335; **44**, 419; JW. **98**, 74[30]; **99**, 90[9]; **00**, 510[8]; **09**, 77[18]. Für die vor der Verbindung vorgenommenen gebührenpflichtigen Akte sind die Gebühren gesondert nach den einzelnen Streitwerten zu berechnen. RG. **44**, 419; Gr. **44**, 1228. — Bezüglich des Streitwertes bei gleichzeitiger Erhebung der im § 254 ZPO. erwähnten mehreren Ansprüche s. unten § 12 GKG. — Bei der **Berufung** oder der **Revision mehrerer Streitgenossen** sind gemäß § 5 hinsichtlich der Beschwerdesumme (§§ 511a, 546 ZPO.) die einzelnen Beschwerdewerte zusammenzurechnen, auch wenn die Beschwerden verschiedene Ansprüche betreffen. RG. 5, 355; 41, 414; 46, 397; JW. 97, 420[16]; 00, 565[5]; 09, 77[13]; 11, 817[31] (W. 11, 415). Dies gilt auch, wenn die Streitgenossen in erster Instanz zum Teil nach dem Klagantrag als Gesamtschuldner verurteilt sind, nur der eine Streitgenosse sich der Berufung des Klägers angeschlossen hat und der auf den anderen Streitgenossen entfallende Betrag die Revisionssumme nicht erreicht; dann ist zu diesem Betrag von dem auf jenen Streitgenossen entfallenden, die Revisionssumme erreichenden Beschwerdegegenstand der höhere Betrag hinzuzurechnen, so daß nun für beide Streitgenossen die Revisionssumme gegeben ist. RG. 116, 308. Jedoch ist dabei Voraussetzung, daß das Rechtsmittel von den Streitgenossen in einem gemeinschaftlichen Schriftsatz eingelegt ist. Ist dagegen zunächst von dem einen und dann nachträglich von einem anderen Streitgenossen je in einem besonderen Schriftsatz das Rechtsmittel eingelegt, so ist hinsichtlich des Vorhandenseins der Beschwerdesumme jedes Rechtsmittel für sich allein in Betracht zu ziehen. JW. 11, 817[31] (W. 11, 415). — Auf einen **Vergleich**, der **über** den **Streitgegenstand** hinausgeht (vgl. § 36 GKG.), findet § 5 keine Anwendung. OLG. 31, 217. — **Mehrere Anwälte auf einer Parteiseite** aber können ihre Gebühren nach dem aus der Zusammenrechnung mehrerer Ansprüche sich ergebenden ganzen Streitwert nur dann berechnen, wenn jeder von ihnen hinsichtlich aller Streitgegenstände tätig geworden ist. War die **Partei eines jeden nur bei einem Teil** der Streitgegenstände **beteiligt**, so können sie ihre Gebühren nur je nach dem Werte dieses Teiles berechnen. OLG. 21, 160. Daher ist z. B., wenn gegen A und B Klage wegen verschiedener Ansprüche erhoben ist und der Anspruch gegen A einen Streitwert von 300 M., der gegen B einen Streitwert von 1000 M. betrifft, der Anwalt des A nur nach einem Objekt von 300 M., der des B nur nach einem Objekt von 1000 M. die Gebühren zu berechnen berechtigt. OLG. 21, 159 und Anm. 2 § 11 DGO.

[2] Halbs. 2 ist **nur** für die Frage der **sachlichen Zuständigkeit maßgebend**. Für die Berechnung der Kosten und Anwalts-

gebühren gilt die Vorschrift des § 13 GKG. HRR. 28, 476. Vgl. Anm. 3 § 13 GKG. bei § 10 DGO. — Auch **hinsichtlich der Berechnung der Beschwerdesumme** (§§ 511a, 546 ZPO.) kommt Halbs. 2 **nicht** zur Anwendung. Vielmehr findet Zusammenrechnung in Ansehung der Beschwerdesumme statt, wenn von derselben Partei zur Klage und zur Widerklage das Rechtsmittel eingelegt ist. RG. (VZS.) 7, 385, 388; 46, 397; Gr. 32, 1170; JW. 91, 305[1]; 06, 202[22]; 09, 727[4]. Dies gilt jedoch nicht, wenn es sich nicht um mehrere selbständige Ansprüche der Parteien gegeneinander handelt, sondern der Widerklaganspruch nur das Widerspiel des Klaganspruchs ist (wie z. B. bei der Klage auf Löschung eines eingetragenen Rechtes und der Widerklage auf Zahlung auf Grund des Rechtes). Gr. 32, 1170; JW. 91, 305[1]; 06, 202[22]; 09, 727[24]; W. 08, 565; OLG. 23, 69; 25, 45. — **Schadensersatzansprüche wegen Vollstreckung** eines demnächst aufgehobenen Urteils aus § 308 Abs. 4, § 600 Abs. 2, § 717 Abs. 2 ZPO. haben auf den Wert des Streitgegenstandes (oder des Beschwerdegegenstandes in der Berufungs- und in der Revisionsinstanz) nur dann Einfluß, wenn sie mit einer Widerklage verfolgt werden, indem dann eine Zusammenrechnung mit den Ansprüchen, die Gegenstand des aufgehobenen Urteils waren, stattzufinden hat, nicht aber dann, wenn sie in dem anhängigen Rechtsstreit durch einfachen Antrag geltend gemacht werden, weil hierdurch nicht ein neuer Streitpunkt geschaffen wird. RG. 9, 410; 63, 369; Gr. 53, 1116 (JW. 09, 23[22]); W. 21, 77.

d) § 6 ZPO.

Der Wert des Streitgegenstandes wird bestimmt: durch den Wert einer Sache[1], wenn deren Besitz[1a], und durch den Betrag einer Forderung[2], wenn deren Sicherstellung[3] oder ein Pfandrecht[4] Gegenstand des Streits ist. Hat der Gegenstand des Pfandrechts[5] einen geringeren Wert, so ist dieser maßgebend[6].

[1] Der **Wert der Sache** bestimmt sich nicht nach rechtlichen, sondern nach wirtschaftlichen Erwägungen. Es kommt dabei auf die im Verkehr übliche Wertschätzung an. Z. B. ist bei einem Grundstück als wertsteigernder Faktor zu berücksichtigen, wenn mit ihm eine Realgerechtigkeit verbunden ist, und auch, wenn es ein Gastwirtschaftsgrundstück ist. OLG. 35, 24. Bei der Abschätzung des Wertes eines zum Wirtschaftsbetrieb eingerichteten Grundstücks ist ferner der Umstand, daß auf dem

Grundstück eine, wenn auch persönliche, Konzession ruht, die der Regel nach für den Erwerber bei Verzicht des Veräußerers neu begründet werden kann, nicht außer acht zu lassen. JW. 20, 394[4]. Die sog. „Einheitswertbescheide" stellen nur fiktive Steuerwerte dar, sind also für die gerichtliche Wertermittlung nicht maßgeblich. JW. 27, 406[16]. Bei Räumungsklagen ist, wenn das Bestehen oder die Dauer eines Mietverhältnisses nicht in Streit ist (dann § 10 GKG.), der Verkehrswert der Räume maßgebend. JW. 23, 773[22]; 24, 848[7] (a. M. JW. 26, 881[14]: Wert der Räume, gemessen an dem Werte, den das freie Eigentum haben würde). Bei Klagen auf Feststellung des Miteigentums an einer Sache ist der Wert des beanspruchten ideellen Anteils maßgebend, JW. 96, 130[1], 355[1]; 97, 106[3]; W. 12, 450; bei Streitigkeiten über die Höhe des Anteils der Wertunterschied zwischen dem vom Kläger und dem vom Beklagten behaupteten Anteil, JW. 96, 270[3]. Sind aber mehrere Miterben auf Erteilung der Auflassung eines Nachlaßgrundstücks verklagt, so bestimmt sich der Streitwert eines jeden Beklagten nach dem Werte des ganzen Grundstücks, nicht nach dem Wertteil, der dem Verhältnisse des Erbschaftsanteils entspricht. OLG. 15, 46 (anders, wenn gegen einen der Miterben vom Käufer des Grundstücks auf Auflassung geklagt wird, vgl. Anm. 2 § 3 ZPO. unter „Miterbe sein Individualrecht"). Bei einem Geschäftsanteil an einer G. m. b. H. bestimmt sich der Wert nicht nach dem Nennbetrage, sondern nach dem Verkaufswerte. OLG. 40, 342. Bei Ansprüchen auf Herausgabe von Lebensversicherungspolicen entscheidet dagegen die Versicherungssumme, nicht der Rückkaufswert. RG. 37, 415; vgl. Anm. 2 § 3 ZPO. — Bei Klagen auf Lieferung der verkauften Sache oder Auflassung des verkauften Grundstücks kommt es auf die Höhe des Kaufpreises nicht an. JW. 20, 1042[8], 1043[11]; 21, 249[1]; OLG. 41, 240. Der Wert der Sachen (Grundstücke) ist allein maßgebend, und zwar ohne Abzug der Lasten (z. B. Luxussteuer) und Schulden, RG. 22, 388; JW. 96, 2[3]; OLG. 40, 344; 43, 121, andererseits ohne Hinzurechnung des Wertes eines Nebenanspruchs auf Beschaffung der Lastenfreiheit, OLG. 13, 69. Eine dem Kläger angebotene Gegenleistung ändert den Streitgegenstand nicht. JW. 93, 467[5]; 95, 597[21]; 97, 267[1], 400[1]. Wird aber die Herausgabe (Auflassung) nicht als solche verweigert, sondern streiten die

Parteien über die Gegenansprüche allein, auf deren Verneinung die Klage gerichtet ist, so ist der Streitwert nicht nach dem Werte der Sache, sondern gemäß § 3 ZPO. nach dem Betrage der Gegenansprüche zu bestimmen. RG. 112, 209; JW. 26, 806[1]; OLG. 39, 27; 41, 241.

1a **„Besitz" ist im weitesten Sinne** zu verstehen. Der Ausdruck umfaßt alle Arten der tatsächlichen Gewalt über eine Sache, den unmittelbaren wie den mittelbaren Besitz, den Eigenbesitz und den Fremdbesitz. RG. 61, 92. Daher nicht bloß Besitzstreitigkeiten, vielmehr alle Klagen, durch welche die Erlangung des Besitzes einer Sache angestrebt wird, selbst wenn der Anspruch sich auf ein obligatorisches Rechtsverhältnis stützt und die Besitzübertragung die Erfüllung einer Obligation enthält. JW. 90, 235[1]; 99, 423[1]. Deshalb fallen unter § 6: die Klage des Eigentümers auf Räumung der Sache, JW. 92, 329[1]; 93, 73[1]; 28, 2575[3], auch eines Grundstücksteils, JW. 23, 773[22]; 24, 848[7], und die sonstigen Eigentumsklagen, JW. 93, 73[1]; 96, 355[1]; 99, 423[1]; OLG. 15, 46; 40, 342, auch betreffend Eigentum: eines Dritten an Sachen, an denen ein Vermieterpfandrecht geltend gemacht wird, Gr. 49, 1008; JW. 94, 260[2], an Friedhöfen, OLG. 15, 45, sowie solche, die nur das Miteigentum an einem Grundstück, als dessen Alleineigentümer der Beklagte eingetragen ist, verfolgen, JW. 00, 735[1]. Ferner Klagen auf: Feststellung einer streitigen Forderung behufs unmittelbarer Realisierung derselben, weil gleich einem Streit über Eigentum an einer Sache (z. B. Feststellung des Anspruchs auf Bezug fortlaufender Lieferungen), RG. 57, 411, auch Anm. 2 hier; vertragsmäßige Lieferung von Sachen, JW. 97, 267[1]; 20, 1042[8]; 24, 1271; Rückgewähr einer veräußerten Sache (Grundstücks) wegen Nichtigkeit des Vertrages, JW. 97, 541[1]; OLG. 35, 24 (über den Streitwert eines außerdem vorangestellten Klagantrags auf Erklärung der Nichtigkeit des Vertrages s. Anm. 2 § 3 ZPO.); Übergabe eines Grundstücksteils, das der Beklagte auf Grund eines die Einräumung eines Baurechts betreffenden Vertrages im Besitz hat, RG. 61, 92; Auflassung des verkauften Grundstücks, JW. 93, 467[5]; 99, 694[1]; 00, 10[2]; 02, 630[1]; 20, 394[4]; 23, 774[25]; Gr. 44, 1146, auch Anm. 2 § 3 ZPO.; Übergabe des verkauften und auch bereits aufgelassenen Grundstücks, JW. 98, 244[1]; 99, 423[1]; OLG. 15, 45; Räumung und Umschreibung eines in Tausch gegebenen Grundstücks im Grundbuch, JW. **00**, 746[2]; Recht zum vorübergehenden Besitz von Räumen, JW. **25**, 2387[3]. — Weiter findet § 6 Anwendung bei Klagen auf Herausgabe: aus einem **Leihvertrage** (§ 604 BGB.), JW. **81**, 4[1], aus einem **Verwahrungsvertrage** (§ 695 BGB.), JW. **86**, 21, aus **Vorkaufsrechten**, JW. **86**, 71[1]; **96**, 596[1]; **02**, 181[3]; W. **20**, 59 (handelt es sich dagegen um Feststellung des Bestehens oder Nichtbestehens des Vorkaufsrechtes, so findet § 3 Anwendung, JW. **00**, 339[1]). — Hat aber der zur Lieferung von Sachen verurteilte Beklagte ein Rechtsmittel nur deswegen eingelegt, weil Gegenleistungen, von denen die Lieferung abhängig gemacht worden ist, nicht zu dem von ihm geltend gemachten höheren Betrage anerkannt worden seien, so ist der Streitwert für die Rechtsmittelinstanz nicht gemäß § 6 nach dem Werte der zu liefernden Sachen, sondern nach dem Wert der streitigen Gegenleistungen zu bestimmen. RG. **112**, 209. — **Nicht § 6, sondern § 3** kommt zur Anwendung: bei Klagen auf Herausgabe von Beweisurkunden, Gr. **29**, 418 (s. Anm. 2 § 3 ZPO.); bei Klagen des Verkäufers auf Entgegennahme der Auflassung des veräußerten Grundstücks, Gr. **34**, 1138; OLG. **39**, 26, 27 (s. Anm. 2 § 3 ZPO.); bei negatorischen und konfessorischen Klagen, RG. **3**, 390; JW. **97**, 71[71]; OLG. **23**, 72 (betreffen sie eine Grunddienstbarkeit: § 7 ZPO.); bei Klagen gegen den Verkäufer eines Hausgrundstücks, der sich zur Freimachung einer Wohnung bis zu einer bestimmten Zeit verpflichtet hat, auf Räumung der Wohnung, W. **20**, 120; bei Klagen eines von mehreren Miterben in Geltendmachung eines Individualrechts (nach § 2039 BGB.), RG. **93**, 128, Anm. 2 § 3 ZPO.; und ferner, wenn nicht Besitzeinräumung, sondern einstweilige Überlassung zur Verwahrung zwecks Sicherung vor Schäden verlangt wird, OLG. **19**, 50, oder wenn nur eine vorläufige Regelung des Besitzstandes durch einstweilige Verfügung angestrebt wird, Gr. **51**, 401; OLG. **37**, 84, Anm. 1 § 3 ZPO. unter „einstweilige Verfügung". — Wird Herausgabe von Sachen oder, sofern der Beklagte dazu nicht in der Lage sei, Wertersatz verlangt, so ist der Streitwert nach der Höhe des Zahlungsanspruchs zu bemessen. OLG. **39**, 29.

[2] Ohne Rücksicht darauf, ob die Forderung bereits fällig oder betagt oder bedingt ist (z. B. auch Betrag der Forderung auf die künftig zu zahlende Lebensversicherungssumme). W. **19**,

43; JW. 25, 1799; RG. 118, 323. Der **Betrag der Forderung** ist nicht nur in den im § 6 bezeichneten Fällen, sondern auch bei Klagen auf **Zahlung** oder auf **Feststellung des Bestehens oder Nichtbestehens** einer Forderung maßgebend, weil der Streit gleich dem über das Eigentum an einer Sache ist, RG. 57, 411; W. 19, 43; Anm. 1 § 3 ZPO., und zwar auch hier (s. oben) ohne Rücksicht darauf, ob die Forderung fällig oder ob sie betagt ist, so daß auch dann, wenn die streitige Forderung, falls sie besteht, nicht schon gegenwärtig fällig sein, sondern erst in einem späteren Zeitpunkt fällig werden soll, für den Streitwert der (ganze) Betrag der Forderung (ohne Abzug) maßgebend ist, RG. 118, 323. Streiten aber die Parteien lediglich darüber, ob eine Forderung in dem vom Kläger behaupteten früheren oder erst in dem vom Beklagten behaupteten späteren Zeitpunkt fällig wird, so ist der Streitwert gemäß § 3 nach dem Interesse des Klägers zur Zeit der Klagerhebung (§ 4) daran zu bemessen, daß seine, nicht des Gegners Behauptung hinsichtlich der Fälligkeit richtig ist. RG. 118, 324. — Der Betrag von **Nebenforderungen** (§ 4 ZPO.) kommt dabei überall nicht mit in Anschlag. RG. 7, 327; 10, 346, 394; 26, 412; JW. 93, 381[2]; 99, 423[2]; 00, 292[1]; 28, 738[19]; auch Anm. 2 § 4 ZPO. — Verlangt aber der Kläger Feststellung, daß gewisse Forderungen **nicht dem Beklagten, sondern ihm zustehen,** so ist der Streitwert gemäß § 3 ZPO. zu bemessen, OLG. 17, 74, wobei davon als dem Regelfall auszugehen ist, daß Forderungen denjenigen Betrag, auf den sie lauten, auch wert sind. JW. 93, 466[1]; OLG. 17, 75; 31, 6.

[3] Wenn also Gegenstand der Klage eine **erst noch** (durch Pfand, Bürgschaft) **zu leistende Sicherheit** ist, gleichviel ob die Parteien über die Verpflichtung zur Bestellung allein oder auch über die Höhe des Betrages, mit welchem Sicherheit geleistet werden soll, streiten; hier ist § 3 ZPO. ausgeschlossen. RG. 25, 366; JW. 89, 283[2]; 28, 1833[4]; OLG. 23, 73 (a. M. JW. 28, 1518[7], 1873[8], wonach, wenn für eine höhere Forderung die Einräumung eines Pfandrechts an einer bestimmten Sache von geringerem Werte gefordert wird, dieser geringere Wert maßgebend ist). — Handelt es sich um Sicherstellung einer Geldrente (z. B. nach § 324 ZPO. oder Unterhaltsrente), so ist, wenn der Streitwert, falls der Anspruch auf die Rente selbst Gegenstand des Streites wäre, sich nach § 10 Abs. 2 oder 3 GKG. bestimmen würde, dies auch für den

Streitwert des Anspruchs auf Sicherstellung maßgebend. JW. 25, 2154[13]; 27, 1169[10]. — § 6 findet auch Anwendung bei Ansprüchen auf **Herausgabe einer Kaution** und bei Gegenansprüchen, für die sie bestellt ist. RG. 31, 386; JW. 94, 260[1]. — Bei Sicherung der künftigen Zwangsvollstreckung durch **Arreste und einstweilige Verfügungen** kommt § 3 zur Anwendung, § 6 nur analog. RG. 15, 435; JW. 03, 125[10]; 22, 508[29]; 23, 850[26]; 25, 2373[45]; 26, 270[6], 855[32]; 27, 1599[7]; OLG. 27, 11, Anm. 1 § 3 ZPO. unter „einstweilige Verfügung" (a. M. JW. 23, 848[21]; 27, 406[15]). Dies gilt auch, wenn durch die einstweilige Verfügung der Gefährdung der für eine Forderung (durch Eintragung ins Grundbuch) bereits bestehenden Sicherheit abgeholfen werden soll. JW. 98, 657[2]; 99, 138[1]. Handelt es sich aber um Eintragung einer Vormerkung ins Grundbuch zur Sicherung einer Geldforderung, so ist gemäß § 6 der Betrag dieser Forderung der Streitwert der einstweiligen Verfügung. RG. 35, 394; JW. 99, 138[1]; 25, 2387[2]. Ebenso wenn für eine Bauhandwerkerforderung durch einstweilige Verfügung eine Sicherungshypothek angeordnet wird. JW. 29, 211[12]. Desgl., wenn im Einzelfalle die Arrestziehung der Befriedigung gleichkommt, JW. 28, 2732[6], oder die Herausgabe von Sachen an den Antragsteller angeordnet wird, JW. 27, 856[6]. — Es kommt nicht darauf an, ob es sich um eine **Leistungs- oder** um eine **Feststellungsklage** handelt. Daher gilt bei Klagen auf Feststellung einer Bürgschaftsverpflichtung der Betrag der Hauptforderung als der Streitwert. RG. 25, 367; JW. 98, 3[4]. Desgl. bei Klagen auf Feststellung des Nichtbestehens einer Bürgschaftsverpflichtung. OLG. 25, 46. — Bei **Sicherstellung anderer Vermögensrechte als Geldforderungen** (z. B. eines Nießbrauchs, eines fideikommissarischen Erbfolgerechts) ist § 6 analog anzuwenden. JW. 91, 329[2]; Gr. 35, 1177; OLG. 13, 72. — Gleichzeitige Geltendmachung der Forderung und ihrer Sicherstellung: Anm. 1 § 5 ZPO. (nur der einfache Betrag der Forderung).

[4] Wenn also die Klage ein **bereits bestehendes Pfandrecht**, sei es ein vertragsmäßiges oder ein gesetzliches oder ein Pfändungspfandrecht, sei es ein Pfandrecht an beweglichen Sachen oder eine Hypothek, Grundschuld, Rentenschuld, zum Gegenstande hat, gleichviel, ob sie auf Durchführung des Pfandrechts (§§ 1147 ff., 1227 BGB., z. B. Verbot der Entfernung von Sachen, die dem Vermieterpfandrecht unterliegen) oder auf Auf-

hebung (Löschung) oder auf Feststellung des Bestehens oder Nichtbestehens gerichtet ist. OLG. **15**, 47; **23**, 74; JW. **24**, 858[13], 2051[13]; **26**, 855[32]; **28**, 763[14]. — Daher ist auch bei einer **Widerspruchsklage** gemäß § 771 Abs. 1 ZPO. der Streitwert nach dem Betrage der der Pfändung zugrunde liegenden Forderung zu bemessen, falls diese nicht etwa den Wert der gepfändeten Gegenstände übersteigt, RG. **10**, 394; W. **25**, 60; JW. **88**, 269[1]; **90**, 333[7]; **93**, 381[2]; **99**, 423[2]; **02**, 358[2]; **06**, 769[41]; **10**, 114[18]; **25**, 755[1], 2371; OLG. **23**, 65; auch wenn die Pfändung nicht auf Grund vollstreckbaren Schuldtitels, sondern auf Grund Arrestbefehls erfolgt ist, W. **25**, 60; JW. **03**, 125; **25**, 755[1], 1147[25], und zwar ohne Aufwertung, so daß der Nominalwert der Forderung zur Zeit der Pfändung maßgebend bleibt, W. **25**, 60. — Dies gilt auch für Klagen auf vorzugsweise Befriedigung aus dem Erlöse gepfändeter Sachen nach § 805 ZPO. OLG. **23**, 74. Desgl., wenn **im Konkursverfahren** ein Gläubiger aus dem Erlöse von Pfandstücken **abgesonderte Befriedigung** gegenüber der Konkursmasse beansprucht. RG. **22**, 338; JW. **96**, 281[1]; OLG. **35**, 25. Ferner auch, wenn der **Konkursverwalter** eine **Pfändung anficht.** JW. **10**, 114[18]. — Bei Klagen auf **Feststellung** des Bestehens einer nach dem AufwG. v. 16. 7. 25 **aufzuwertenden Hypothek** bestimmt sich der Streitwert nach der gesicherten Forderung in Höhe ihres Aufwertungsbetrages ohne Rücksicht (s. Anm. 2) auf ihre am 1. 1. 32 eintretende Fälligkeit. JW. **25**, 1146[23], 1625[21], 1799[2]; **26**, 2476[9]; **27**, 1500[14]; **28**, 1526[38], 2152[2], 2872[2]; **29**, 209[9], 598[6] [a. M. [Wert der Hypothek maßgebend, Abzug des Zwischenzinses] JW. **25**, 649[19]; **26**, 210[2]; **29**, 599[7]). Gleiches gilt für Klagen auf **Löschung** einer **aufgewerteten Hypothek.** JW. **24**, 983[17]; **26**, 854[26]. Hat aber die aufgewertete Hypothek eine geringere Aufwertung als die gesicherte Forderung erfahren, so ist für den Streitwert der Löschungsklage der Aufwertungsbetrag der Hypothek maßgebend. JW. **25**, 2323[2]; **26**, 157[1]. — Dagegen ist, wenn ein **Dritter** Sachen, an denen ein **Pfandrecht** geltend gemacht wird, **herausverlangt,** der Wert der herausverlangten Sachen (§ 6 Halbs. 1) maßgebend. Gr. **49**, 1008; auch OLG. **23**, 71 (wonach aber, wenn das vom Beklagten geltend gemachte Pfandrecht schon in der Klage erwähnt ist, § 6 Halbs. 2 maßgebend sein soll). — Wird auf **Löschung einer Hypothek** geklagt, so ist der eingetragene Betrag der Hypothek, soweit nicht Aufwertung (s. oben) in Betracht kommt, maßgebend, selbst wenn die **Forderung**, für welche die Hypothek bestellt ist, unstreitig ganz oder zum Teil **getilgt** ist. JW. **93**, 125[3]; **96**, 170[1]; **98**, 348[2], 433[1]; **00**, 827[2]; **23**, 1039[2]; Gr. **42**, 1166; auch RG. **34**, 173; JW. **01**, 649[1] (vgl. jedoch OLG. **23**, 75, wonach, wenn der Bürge auf Rückübertragung der für die Bürgschaftsschuld bestellten Hypothek wegen Nichtbestehens der Schuld klagt, der Betrag der vom Beklagten behaupteten Forderung maßgebend sein soll). Bei Sicherungshöchstbetraghypotheken (§ 1190 BGB.) entscheidet der eingetragene Höchstbetrag. JW. **92**, 330[2]; Gr. **36**, 1195; OLG. **31**, 7. — Auch bei einer Klage auf **Herausgabe** der **zur Sicherung übereigneten Sache**, um daraus Befriedigung zu erlangen, bildet das in der Sicherungsübereignung begründete Pfandrecht den Gegenstand des Rechtsstreits (so daß gegebenenfalls der geringere Betrag der Forderung maßgebend ist). OLG. **35**, 16; **37**, 83. — Auf die Geltendmachung eines **Zurückbehaltsrechts** (§ 273 BGB.) ist § 6 Halbs. 2 S. 2 nicht anwendbar. RG. **12**, 155; JW. **93**, 382[3]; **99**, 424[3]; **01**, 120[1]. Daher bestimmt sich bei Klagen auf Herausgabe einer Sache der Streitwert auch dann nach § 6 Halbs. 1, wenn diese Klage durch einen Zurückbehaltungsanspruch des Beklagten veranlaßt worden ist. JW. **94**, 260[2]; **99**, 424[3]; OLG. **23**, 72. Ist ferner eine negative Feststellungsklage lediglich darauf gerichtet, daß dem Beklagten ein Anspruch nicht zustehe, so bestimmt sich der Streitwert nach diesem Anspruch, auch wenn deswegen vom Beklagten eine Sache zurückbehalten wird. JW. **06**, 174[22]. — Bei der Klage **gegen** den **Ehemann** auf **Duldung der Zwangsvollstreckung** in das Frauengut gemäß § 739 ZPO. ist § 6 entsprechend anzuwenden und der Streitwert nach dem Betrage der Forderung zu bemessen, es sei denn, daß das eingebrachte Gut einen geringeren Wert hat. OLG. **25**, 45; **31**, 4 (anders OLG. **25**, 46; **27**, 165; **29**, 172; **42**, 33: Interesse des Klägers an der Erleichterung der Vollstreckung nach § 3 ZPO. zu schätzen). — **Nicht § 6, sondern § 3** aber kommt zur Anwendung: bei Ansprüchen eines Hypothekengläubigers aus § 1134 BGB. wegen drohender Verschlechterung des belasteten Grundstücks, OLG. **23**, 66; bei Klagen des Hypothekenschuldners auf Feststellung der Unzulässigkeit der Kündigung der Hypothek, OLG. **23**, 70; bei einem Streit darüber, ob der Kläger, wenn und insoweit er den Beklagten wegen seiner Forderung befriedigt, nicht nur die zu deren Sicherung eingetragene **Hypothek erwirbt**, worüber kein Streit besteht, sondern auch einen entsprechenden Teil einer anderen Hypothek, die ein ebenfalls zur Sicherung der Forderung dienendes Nebenrecht sein soll, W. 11, 98; bei einer Klage auf Abtretung einer dem Kläger bereits verpfändeten Hypothek, OLG. 31, 5; bei Klagen auf Löschung eines auf Grund des § 16 Abs. 2 AufwG. eingetragenen Widerspruchs, JW. 26, 2644[2]; 27, 407[21].

[5] Nach JW. 28, 1518[7], 1873[8] auch des erst noch einzuräumenden; s. aber Anm. 4. — Für die Frage, ob der **Wert des Pfandgegenstandes geringer** ist als der Betrag der Forderung, ist der Zeitpunkt der Klagerhebung maßgebend, es sei denn (vgl. § 9 Abs. 2 GKG.), daß sich der Umfang des Streitgegenstandes bis zum Urteil erhöht hat. JW. 25, 2371[40]. — Wenn der Wert des Pfandgegenstandes maßgebend sein soll, sind vorhergehende **auf dem Pfandobjekte ruhende Pfandforderungen** nicht in Abzug zu bringen. RG. 22, 388; JW. 96, 281[5]. — Ist eine **Lebensversicherungspolice verpfändet,** so ist, wenn der Versicherte noch lebt, aber eine Fortsetzung der Versicherung (z. B. zufolge Konkurses) von seiner Seite nicht anzunehmen ist, der Wert nach dem zur Zeit der Klagerhebung bestehenden Rückkaufspreise zu bemessen. OLG. 15, 47, vgl. jedoch 23, 73. — Wenn der Kläger, der wegen einer vollstreckbaren Forderung eine **Briefhypothek** seines Schuldners gepfändet hat, auf **Herausgabe des Hypothekenbriefes** zwecks Verwirklichung seines Pfändungspfandrechts (vgl. §§ 830, 837 ZPO.) klagt, ist unter entsprechender Anwendung des § 6 ZPO. das für den Streitwert nach § 3 ZPO. maßgebende Interesse des Klägers an der Herausgabe auf den im Verhältnis zur vollstreckbaren Forderung geringeren Verkehrswert der Hypothek als des Gegenstandes des Pfändungspfandrechts zu bemessen. W. 10, 397.

[6] In **Anfechtungsstreitigkeiten** aus dem **Anfechtungsgesetz** ist der Streitwert an sich nach § 3 ZPO. zu schätzen, jedoch § 6 dahin entsprechend anzuwenden, daß die Schätzung nach oben durch die Höhe der Forderung, zu deren Befriedigung die Anfechtung dienen soll, begrenzt wird, und daß, wenn der Wert des Gegenstandes, dessen Rückgewähr verlangt wird, geringer, dieser für den Streitwert maßgebend ist. RG. 7, 394; 47, 375; JW. 03, 180[26]; 10, 335[13]; OLG. 40, 342 (a. M. JW. 00, 520[2]). Daher ist bei einer Anfechtungsklage auf Gestattung der Zwangsvollstreckung in ein Grund-

stück der Wert des Grundstücks nach Abzug der Hypotheken maßgebend, wenn er geringer ist als die Forderung. JW. 03, 180[26]. Wird eine Hypothek angefochten und fällt sie bei der Zwangsversteigerung teilweise aus, so bildet der zur Hebung gelangte Betrag den Streitwert. JW. 97, 105[1]; 25, 44. — Bei **Anfechtungsklagen des Konkursverwalters** ist der Streitwert nicht gemäß § 6 ZPO. nach dem Werte der zurückzugewährenden Sache zu bemessen, sondern gemäß § 3 ZPO nach dem Interesse, das die Konkursmasse an der Beseitigung der aus der angefochtenen Handlung ihr entstandenen Nachteile hat. RG. 34, 405; JW. 02, 391[3]; 10, 114[18]; OLG. 19, 48, 49; 25, 44; 40, 342. — Bei **Vorrechtsstreitigkeiten in der Zwangsvollstreckung** entscheidet der Betrag der geringeren unter den konkurrierenden Forderungen bis zur Höhe des Wertes der Pfandsache. RG. 4, 366; JW. 00, 292[1]; OLG. 13, 70.

e) **§ 7 ZPO.**

Der Wert einer Grunddienstbarkeit[1] wird durch den Wert, welchen dieselbe für das herrschende Grundstück hat, und wenn der Betrag, um welchen sich der Wert des dienenden Grundstücks durch die Dienstbarkeit mindert, größer ist, durch diesen Betrag bestimmt[2].

[1] Wenn über **Bestehen** oder den **Umfang** der Dienstbarkeit (§§ 1018 ff. BGB.) gestritten wird. JW. 08, 277[15]; W. 10, 169. — Wegedienstbarkeit: JW. 02, 587[1], 603[1]. — Entsprechende Anwendung bei grunddienstbarkeitsähnlichen nachbarrechtlichen Eigentumsbeschränkungen, sog. **Legalservituten.** RG. 67, 81; auch W. 16, 57 (s. unten: Voraussetzung für eine entsprechende Anwendung des § 7). Auch ist bei Klagen auf Unterlassung von **Immissionen** (§§ 903, 906, 907, 1004 BGB.), wenn das Grundstück des Klägers im Falle der Zulassung der Immissionen eine Wertverminderung auf unbestimmte Zeit erleiden würde, der an sich nicht anwendbare § 7 insofern zum Vorbild zu nehmen, als bei Ausübung des nach § 3 maßgebenden richterlichen Ermessens die Wertminderung des Grundstücks zu berücksichtigen ist. JW. 98, 153[1], vgl. jedoch 02, 391[4] (bei einer Klage auf Verbot der Einwirkung einer Drahtseilbahn auf das Grundstück des Klägers § 7 nicht anwendbar, sondern das nach freiem Ermessen gemäß § 3 ZPO. zu bestimmende Interesse des Klägers an der Eigentumsfreiheit maßgebend). — Bei der **Negatorienklage** wegen Stö-

rung des Eigentums (§ 1004 BGB.) gilt § 7 nur, wenn nach dem Inhalt der Klage die Störungen sich als Ausübung einer Dienstbarkeit darstellen; sonst § 3. RG. 3, 394; JW. 95, 143[1]; 99, 482[3]; W. 11, 300; auch JW. 02, 391[4]; OLG. 23, 159. — Wenn **lediglich** die **Beseitigung der Störung** (Beeinträchtigung) in der Ausübung **einer** unter den Parteien an sich nicht strittigen (weder hinsichtlich des Bestehens noch des Umfangs) **Grunddienstbarkeit** Gegenstand der Klage ist, findet nicht § 7, sondern § 3 Anwendung. W. 09, 374, auch JW. 08, 277[15] (§ 7 dagegen für den anderen Fall eines Streites über die Beeinträchtigung, der zugleich den Umfang der Grunddienstbarkeit betrifft, JW. 06, 311[17]; OLG. 33, 73). — Ist **im Streit, ob** ein unstreitig dem Beklagten zustehendes Fischereirecht **ablösbar** ist, so ist nicht der Wert des Fischereirechts maßgebend, sondern das nach § 3 ZPO. zu schätzende Interesse des Klägers an der Ablösbarkeit. JW. 11, 549[34]. — Rein **obligatorische Rechte** der einen Partei **auf Duldung** der Vornahme einer Handlung (z. B. Durchlegung von Wasserleitungsröhren, Entnahme von Ton zur Ziegelfabrikation) auf dem Grundstück der anderen Partei fallen nicht unter § 7. W. 11, 300; OLG. 4, 263. Auch ist in W. 10, 293 die entsprechende Anwendung des § 7 auf eine persönliche Verpflichtung zur Unterlassung von Bauten verneint, weil § 7 als Ausnahmebestimmung nach der feststehenden Rechtsprechung des Reichsgerichts (RG. 3, 394; JW. 94, 180[7]; 99, 482[3]; 02, 391[4]) überhaupt nicht auf ähnliche Fälle entsprechend angewendet werden könne. In RG. 29, 406 ist allerdings auf ein von einer Behörde vertragsmäßig erworbenes Recht auf Baubeschränkung, auf Grund dessen Beseitigung vertragswidriger Aufbauten verlangt wurde, § 7 entsprechend angewendet worden (vgl. dagegen JW. 94, 180[7], 420[2]). Dazu ist aber in W. 16, 57 bemerkt, daß diese Entscheidung für das Gebiet des gemeinen Rechts ergangen sei, das als Grunddienstbarkeiten auch die sog. irregulären Servituten zugunsten einer physischen oder juristischen Person zugelassen habe, daß jedoch nach dem Begriff der Grunddienstbarkeit aus dem BGB. eine entsprechende Anwendung des § 7 auf der einen Seite ein dienendes, auf der anderen Seite ein herrschendes Grundstück zur Voraussetzung habe, so daß die Wertminderung des einen mit der Werterhöhung des anderen verglichen werden könne. Von diesem Gesichtspunkt aus ist bei einer Klage eines Grundstückseigentümers auf Unterlassung der Entnahme von Wasser gegen eine Stadtgemeinde, die sich auf eine vertraglich ihr gegenüber übernommene Verpflichtung zur Duldung der Wasserentnahme stützen zu können meinte, der § 7 für nicht anwendbar erklärt worden. Vgl auch JW. 14, 543[21]. — Soll Beklagter als Dritter **eine Grundlast zufolge vertraglicher Verpflichtung beseitigen,** so ist weder § 7, noch § 6 ZPO. anwendbar, vielmehr ist der Streitwert nach dem Betrage der zur Befreiung des Grundstücks von der Last notwendigen Ausgaben gemäß § 3 ZPO. zu bemessen. JW. 95, 181[2]. Dabei ist, auch wenn die Last noch auf anderen Grundstücken zur Mithaft eingetragen ist, doch die ganze Last, nicht bloß ein verhältnismäßiger Anteil davon, in Betracht zu ziehen. JW. 98, 385[2], 603[1]. Verlangt der Käufer von dem Grundstücksverkäufer, der an sich zur Auflassung bereit ist, Auflassung des Grundstücks „frei von einer eingetragenen Last", so ist der Streitwert gemäß § 3 ZPO. nach dem Werte der Last (z. B. einer Rente) zu bemessen. OLG. 21, 60.

[2] **In der Berufungs- und Revisionsinstanz** findet, wenn das Bestehen oder Nichtbestehen einer Grunddienstbarkeit Gegenstand des Streites ist, gemäß § 511a Abs. 2, § 546 Abs. 2 ZPO. auf den Wert des Beschwerdegegenstandes § 7 in der Weise Anwendung, daß abweichend von den sonst geltenden Grundsätzen (s. Anm. 1 § 3 ZPO. unter „höheren Instanzen") das Interesse des revidierenden (berufenden) Beklagten nicht dem Höchstbetrage nach durch das Interesse des Klägers begrenzt wird, denn er hat nach § 7 das Recht, den Streitgegenstand nach seinem etwa höheren Interesse, das sich, je nachdem er Eigentümer des herrschenden oder des dienenden Grundstücks ist, aus dem Mehrwert des herrschenden oder aus dem Minderwert des dienenden Grundstücks ergibt, bemessen zu lassen, auch wenn dies in den Vorinstanzen nicht geschehen ist. RG. 63, 100; 67, 81; JW. 08, 277[15]; 09, 319[20]; W. 11, 300. Jedoch gilt dies nur mit der Einschränkung, daß, wiewohl es sich um eine Grunddienstbarkeit handelt, der Berufungs- oder Revisionskläger, dessen Interesse an dem Bestehen oder dem Nichtbestehen der Grunddienstbarkeit den Betrag der Berufungs- oder Revisionssumme nicht erreicht, sich nicht auf das höhere Interesse des Berufungs- oder Revisionsbeklagten berufen kann. RG. 16, 342; 45, 404; 63, 99; JW.

87, 431[2]; 88, 408[9]; 97, 109[14]; 09, 319[20], 395[14]; 11, 948[19]; W. 09, 430. Ist also der Eigentümer des dienenden Grundstücks der Berufungs- oder Revisionskläger, so kommt hinsichtlich der Berechnung der Beschwerdesumme stets nur die Wertminderung des dienenden Grundstücks in Betracht, gleichviel, ob der Berufungs- oder Revisionskläger auf Feststellung des Bestehens der Grunddienstbarkeit verklagt ist oder er auf Feststellung des Nichtbestehens der Grunddienstbarkeit geklagt hat, und gleichviel, ob der Minderwert des dienenden Grundstücks höher oder niedriger als der Mehrwert des herrschenden Grundstücks ist. Wenn der Eigentümer des herrschenden Grundstücks der Berufungs- oder Revisionskläger ist, bestimmt sich die Beschwerdesumme stets nur nach dem Mehrwert des herrschenden Grundstücks, gleichviel, ob der Berufungs- oder Revisionskläger auf Feststellung des Bestehens der Grunddienstbarkeit geklagt hat oder er auf Feststellung des Nichtbestehens der Grunddienstbarkeit verklagt ist, und gleichviel, ob der Mehrwert des herrschenden Grundstücks höher oder niedriger als der Minderwert des dienenden Grundstücks ist.

f) § 8 ZPO.

Ist das Bestehen oder die Dauer eines Pacht- oder Mietverhältnisses streitig, so ist der Betrag des auf die gesamte streitige Zeit fallenden Zinses und, wenn der fünfundzwanzigfache Betrag des einjährigen Zinses geringer ist, dieser Betrag für die Wertsberechnung entscheidend[1].

[1] § 8 ist nur für den Fall, daß der Zins für die streitige Zeit geringer als der einjährige Zins ist, sowie für die zur Feststellung der sachlichen Zuständigkeit erforderliche Wertberechnung maßgebend. Im übrigen gilt hinsichtlich der **Gebührenberechnung bei Pacht- oder Mietstreitigkeiten** § 10 Abs. 1 GKG. Vgl. Anm. 1, 2, 3 dazu.

g) § 9 ZPO.

Der Wert des Rechts auf wiederkehrende Nutzungen oder Leistungen[1] *wird*[2] *nach dem Werte des einjährigen Bezugs berechnet*[3] *und zwar:*

auf den zwölfundeinhalbfachen Betrag, wenn der künftige Wegfall des Bezugsrechts gewiß, die Zeit des Wegfalls aber ungewiß ist[4];

auf den fünfundzwanzigfachen Betrag, bei unbeschränkter[5] *oder bestimmter Dauer des Bezugsrechts. Bei bestimmter Dauer des Bezugsrechts*[5a] *ist der Gesamtbetrag der künftigen Bezüge maßgebend, wenn er der geringere ist*[6].

[1] Rechte auf **wiederkehrende Nutzungen oder Leistungen:** Vgl. BGB. § 520 (schenkweise Unterstützungen), § 795 (Leibrente), § 912 (Überbaurente), § 917 (Notwegrente), § 1105 (Reallasten); Art. 15 Pr.AGBGB. v. 20. 9. 99 (Altenteil); RVO. § 903 (Unfallrente), JW. **11**, 952[27]; W. **28**, 93; OLG. **11**, 168. Als Ansprüche auf wiederkehrende Leistungen sind auch Forderungen auf Mietzinsen (z. B. im Falle eines Mietvertrages auf unbestimmte Zeit) zu erachten. HRR. **29**, 434 (a. M. JW. **24**, 2043[23]; **27**, 858[10]; **28**, 2152[1]: § 3 ZPO., weil der Vermieter dauernd den Mietbesitz zu gewähren hat und unsicher ist, ob er das tun wird). S. aber Anm. 2 (nicht bloß einzelne Leistungen). Wegen der Unterhalts- und Rentenforderungen, bezüglich deren für die Gebührenberechnung nicht § 9 ZPO., sondern § 10 GKG. gilt, s. Anm. 6. — § 9 setzt „wiederkehrende", d. h. **gleichbleibende** Leistungen voraus. Bei wechselnden Beträgen erfolgt die Festsetzung des Streitwerts nach freiem Ermessen gemäß § 3 ZPO. RG. **66**, 424; JW. **00**, 48[4]; **04**, 473[15]; auch HRR. **28**, 1035 (Instandhaltung eines Erbbegräbnisses); vgl. Anm. 6 § 10 GKG. S. jedoch RG. **36**, 416; JW. **96**, 583[2]; **99**, 1[3]; **00**, 48[4]. — Wenn ein **Wohnungsrecht** lediglich als solches, nicht als Teil eines Rechts auf wiederkehrende Leistungen (z. B. Altenteil) geltend gemacht wird, kommt nicht § 9, sondern § 3 ZPO. zur Anwendung. JW. **99**, 1[1]; OLG. **40**, 345. Vgl. jedoch JW. **97**, 305[12].

[2] § 9 findet nur Anwendung, wenn **das (ganze) Bezugsrecht** (auf wiederkehrende Leistungen) selbst Gegenstand einer Verurteilungs- oder Feststellungsklage (positiven oder negativen) ist, nicht, wenn nur einzelne Leistungen auf Grund des Rechts geltend gemacht werden. JW. **24**, 2043[23]. Der Streitwert des Rechts nach § 9 umfaßt also alle, aber auch nur die **zur Zeit der Klagerhebung noch nicht fälligen** Bezüge; Rückstände (vor der Klagerhebung schon fällige Einzelleistungen) werden besonders berechnet und dem Werte des Rechts auf wiederkehrende Nutzungen oder Leistungen hinzugezählt. RG. (VZS.) **19**, 416; **58**, 294; **77**, 325; JW. **87**, 432[4]; **04**, 473[15]; **21**, 1251[1]; **25**, 382[13], 2153[9]. Die nach der Klagerhebung fällig werdenden Bezüge sind nicht als Rückstände neben dem nach § 9 ZPO. für das Bezugsrecht selbst zu berechnenden Kapital noch besonders zu berechnen. RG. **23**, 359; **77**, 325; JW. **91**, 221[1]; **94**, 117[2], 420[1]; **27**, 842[3].

Dies gilt auch für die Wertberechnung in der Berufungs- und der Revisionsinstanz, wiewohl nach § 4 ZPO. für die Wertberechnung in diesen Instanzen der Zeitpunkt der Einlegung des Rechtsmittels entscheidend ist. RG. 114, 275; JW. 25, 381[10], 382[13], 2153[9], 2154[11]; 28, 126[16]; 29, 600[11]; HRR. 28, 679 (a. M. JW. 27, 1169[12] für die Rentenerhöhungsklage aus § 323 ZPO.). Wenn aber der Kläger ursprünglich auf Feststellung, daß der Beklagte zum Ersatz allen dem Kläger etwa künftig noch entstehenden Schadens in Gestalt der Zahlung einer Rente von unbestimmter Dauer verpflichtet sei, geklagt hat und dann im Laufe des Rechtsstreits zur Leistungsklage auf Zahlung von Renten übergegangen ist, sind die fälligen Renten für die Zeit bis zu diesem Übergange als Rückstände selbständig in Rechnung zu stellen. RG. 77, 324; JW. 21, 1251[1].

[3] Sowohl bei **Leistungs-**, als auch bei **Feststellungsklagen**, JW. 84, 169[3]; auch RG. 71, 69 (s. jedoch Anm. 2 wegen der Berechnung der Rückstände). — Die vertragsmäßige Festsetzung der schon auf gesetzlicher Vorschrift beruhenden Ansprüche steht der Anwendung des § 9 nicht entgegen. OLG. 25, 125. — Handelt es sich aber um Feststellung **bedingter Ansprüche**, so kommt nicht § 9, sondern § 3 ZPO. zur Anwendung, so daß der Streitwert nach freiem Ermessen zu bestimmen ist. JW. 90, 177[2]; 98, 197[1]; 08, 13[16]. Desgleichen: bei jährlichen Leistungen, die **erst nach einer Reihe von Jahren beginnen** sollen, RG. 26, 409; JW. 90, 235[2]; 94, 117[2]; 08, 44[10]; wenn es erst **von einem später**, vielleicht zu einem noch gar nicht zu bestimmenden Zeitpunkt **eintretenden Ereignis abhängt**, ob eine Zahlung überhaupt wird gefordert werden können, JW. 09, 663[13] (W. 09, 545); bei der Klage auf Feststellung eines ziffermäßig nicht bestimmten Anspruchs mit Teilleistungen, die sich auf längere Zeit in die Zukunft erstrecken und in ihrem **Umfange von wechselnden Verhältnissen abhängig** sind (z. B. auf Ersatz „allen" durch ein Ereignis erlittenen Schadens), RG. 66, 424; JW. 12, 41[34] (W. 12, 42), auch (Bierbezugsrecht auf längere Zeit) OLG. 15, 45. (Die Ansicht in RG. 57, 412, daß der Streitwert gemäß §§ 9, 6 ZPO. nach dem Gesamtwerte aller künftigen, voraussichtlich zu machenden Leistungen zu bemessen sei, ist vom RG. aufgegeben). — Handelt es sich um Leistungen, deren **Wert wechselt**, so ist der Wert des einjährigen Bezugs auf einen gemäß

§ 3 ZPO. frei zu schätzenden Jahreswert zu bemessen. OLG. 41, 243. Sind die Zeitabschnitte, für die Leistungen von wechselndem Wert entrichtet werden sollen, ungleich, so ist hierbei nicht ein durchschnittlicher Jahreswert, sondern für die einzelnen Zeitabschnitte sind die wechselnden Werte zugrunde zu legen. OLG. 42, 54; JW. 23, 614. Wenn die Leistungen im Laufe der Zeit höher werden, ist gemäß § 3 ZPO. der Streitwert zwischen dem 12½fachen Betrage der niedrigsten und dem 12½fachen Betrage der höchsten Leistung festzusetzen. RG. 36, 416; JW. 99, 1[3]; 00, 48[4].

[4] Ein **Bezugsrecht**, dessen **Wegfall in unbestimmter Zeit gewiß** ist, ist z. B. das Zinsrecht von einer Hypothekenforderung, auch wenn diese erst nach Kündigung fällig wird. OLG. 23, 77. Dagegen nicht Rechte, von denen es **gewiß** ist, daß sie **weniger als 12½ Jahre** dauern werden. Hier gilt § 3 ZPO. RG. (VZS.) 24, 375; 37, 382; JW. 92, 237[8]; 93, 265[1]; 95, 477[1], 537[2]; 96, 69[3], 300[3]; W. 09, 374; OLG. 33, 17; vgl. auch JW. 00, 180[2]. Ist dagegen zwar der **Wegfall** des Rechts gewiß, aber **unbestimmt**, ob er **vor oder nach Ablauf der 12½ Jahre** eintreten wird, so kommt § 9 Abs. 1 ZPO. zur Anwendung. JW. 93, 196[1]; 94, 117[2]; 97, 342[3]. Dies gilt namentlich von Rechten, welche **auf Lebenszeit** währen. JW. 94, 117[2]; 97, 342[2] (a. M. JW. 26, 70[4] [für den Fall hohen Alters des Bezugsberechtigten vermutliche Lebensdauer maßgebend, was aber irrig ist]). So auch von Gehaltsansprüchen der Beamten. JW. 24, 1988[22], s. jedoch Anm. 6. — § 9 ist aber auch dann anwendbar, wenn der **Wegfall** oder die Minderung des Rechts auch **durch andere Umstände als** Eintritt des **Todes**, z. B. durch Veränderung in den Vermögens- und Erwerbsverhältnissen der Beteiligten, herbeigeführt werden kann. RG. 44, 370; JW. 92, 320[3]; 97, 228[2].

[5] **Bezugsrechte von unbeschränkter Dauer** sind z. B. eine Rentenschuld, eine aktiv vererbliche Reallast. OLG. 23, 77. Auch der Wegfall einer geforderten Überbaurente aus § 912 BGB. ist nicht als gewiß anzusehen, so daß der Streitwert nach dem 25fachen Betrage zu bemessen ist. OLG. 17, 77; 23, 77.

[5a] Um ein **Bezugsrecht** von **bestimmter Dauer**, auf das der Schlußsatz Anwendung findet, handelt es sich z. B., wenn der Kläger, nachdem der Beklagte zur Zahlung einer Rente bis zu einem bestimmten Lebensalter des Klägers verurteilt

worden ist, gemäß § 323 ZPO. Erhöhung der Rente verlangt. JW. 25, 2154[10].

[6] Bezüglich der auf gesetzlichen Vorschriften beruhenden Unterhaltungsansprüche, der Rentenansprüche aus unerlaubter Handlung und Unfallshaftung sowie der Gehalts- und Lohnansprüche gilt hinsichtlich der Gebührenberechnung § 10 Abs. 2, 3 GKG., so daß § 9 ZPO. in dieser Beziehung nur hinsichtlich der Frage der sachlichen Zuständigkeit maßgebend ist. — Bei Berechnung der Berufungs- und Revisionssumme (§§ 511a, 546 ZPO.) kommt in diesen Fällen ebenfalls § 9 ZPO., nicht § 10 GKG. zur Anwendung. RG. 71, 69; JW. 00, 413[7]; 03, 27[26]; Gr. 52, 1112.

h) § 148 KO.

Der Wert des Streitgegenstandes eines Prozesses über die Richtigkeit oder das Vorrecht einer Forderung[1] ist mit Rücksicht auf das Verhältnis der Teilungs- zur Schuldenmasse[2] von dem Prozeßgerichte nach freiem Ermessen festzusetzen[3].

[1] D. i. **Richtigkeit oder Vorrecht einer Konkursforderung** (§§ 61 ff., 146 KO.). Nicht hierher gehören Masseforderungen (§§ 57 ff.), Aussonderungsansprüche (§§ 43 ff.), Ansprüche auf abgesonderte Befriedigung (§§ 47 ff. KO.). Im letzteren Falle kommt, wenn der Kläger abgesonderte Befriedigung aus dem Erlöse der ihm verpfändeten Gegenstände beansprucht, § 6 ZPO. zur Anwendung. JW. 96, 281[1]. Auch Ansprüche gegen den bestreitenden Gemeinschuldner (§ 144 Abs. 2 KO.) fallen nicht unter § 148 KO., vielmehr bildet hier der ganze Betrag der Forderung den Streitwert. RG. 24, 405. Daher ist, wenn eine Klage auf Feststellung einer bestrittenen Forderung gegen den Konkursverwalter und zugleich gemäß § 144 Abs. 2 KO. auch gegen den Gemeinschuldner gerichtet ist, der volle Betrag der Forderung für die Bestimmung des Streitwerts maßgebend. OLG. 15, 50. Ein **Pfändungspfandrecht** jedoch, das der Gläubiger auf Grund eines nach der Klagerhebung erlassenen Arrestes erlangt hat, schließt, wenn nach demnächstiger Konkurseröffnung der Rechtsstreit mit dem Antrag auf Feststellung der im Prüfungstermin bestrittenen Forderung aufgenommen wird, die Anwendung des § 148 nicht aus. OLG. 27, 14.

[2] Auch im Rechtsstreite befangene sowie sonstige **bestrittene**, noch nicht zur Feststellung gebrachte oder gar nicht mit der Feststellungsklage verfolgte **Konkursforderungen** sind in die

Berechnung einzustellen, und zwar mit einer der Wahrscheinlichkeit entsprechenden Quote. JW. **96**, 602[22]; **99**, 228[17].

[3] Gemäß den §§ 3, 4 ZPO. bestimmt sich der Streitwert für nicht bevorrechtigte Konkursforderungen nach der **zur Zeit der Klagerhebung vorhanden gewesenen Masse**, so daß durch eine spätere, damals nicht vorauszusehende Steigerung der Dividende der Streitwert nicht erhöht wird. Gr. **43**, 1217 (VI. ZS.), anders (Zeitpunkt der Festsetzung maßgebend) Gr. 38, 1180 (IV. ZS.). — Ist der **Rechtsstreit zur Zeit der Konkurseröffnung anhängig**, so ist von dem Zeitpunkte der Fortsetzung des Rechtsstreits ab die Forderung als Konkursforderung gemäß § 148 KO. bei der Festsetzung des Streitwerts in Betracht zu ziehen, JW. **94**, 114[7], sofern an die Stelle des bisherigen Klagantrags nunmehr ein Antrag auf Feststellung der im Konkurse bestrittenen Forderung getreten ist, JW. **93**, 126[8].

II. § 10 GKG.

Ist das Bestehen oder die Dauer eines Pacht- oder Mietverhältnisses[1] für einen längeren als einjährigen Zeitraum[2] streitig[3], so wird der Wert auf den Betrag des einjährigen Zinses[4] berechnet.

Bei Ansprüchen auf Erfüllung einer auf gesetzlicher Vorschrift beruhenden Unterhaltspflicht[5] wird der Wert des Rechtes auf die wiederkehrenden Leistungen, falls nicht der Gesamtbetrag der geforderten Leistungen geringer ist, auf den Betrag des einjährigen Bezugs berechnet[6].

[7]Bei Ansprüchen auf Entrichtung einer Geldrente, die nach den §§ 843, 844 des Bürgerlichen Gesetzbuchs (Reichsgesetzbl. 1896 S. 195), den §§ 3, 3a, 7 des Gesetzes, betreffend die Verbindlichkeit zum Schadensersatze für die bei dem Betriebe von Eisenbahnen, Bergwerken usw. herbeigeführten Tötungen und Körperverletzungen (Reichsgesetzbl. 1871 S. 207, 1896 S. 616), den §§ 10, 11, 13 des Gesetzes über den Verkehr mit Kraftfahrzeugen (Reichsgesetzbl. 1909 S. 437) oder den §§ 21, 22, 24 des Luftverkehrsgesetzes (Reichsgesetzbl. 1922 I S. 681) erhoben werden, wird der Wert des Rechtes auf die wiederkehrenden Leistungen, falls nicht der Gesamtbetrag der geforderten Leistungen geringer ist, auf den fünffachen Betrag des einjährigen Bezugs berechnet[8]. Das gleiche gilt für die Berechnung des Wertes bei Geltendmachung der Ansprüche auf wiederkehrende Leistungen aus dem Beamten- und Arbeitsverhältnis[9].

Ist für die Dauer des Rechtsstreits, welcher eine Ehesache betrifft, über die Unterhaltspflicht der Ehegatten[5] zu ent-

scheiden[10], so wird der Wert des Rechtes auf Entrichtung einer Geldrente auf den halbjährigen Betrag derselben berechnet[11].

[1] Gleichviel, ob es sich um ein **Haupt- oder** um ein **Untermiet- (pacht-) verhältnis** handelt. Gr. **54**, 1107 (JW. **10**, 291[27]). — Findet auch auf **Jagdpachtverträge** Anwendung. Gr. **54**, 1107 (JW. **10**, 291[27]), W. **10**, 381. — Gilt dagegen **nicht** für Ansprüche aus **Dienstmietverträgen.** RG. **4**, 399; vgl. RG. **30**, 372 (Räumung einer Dienstwohnung), JW. **99**, 1[1] (unentgeltliches Wohnungsrecht). Auch nicht für Ansprüche aus einem sog. Pachtvertrag über die Gewinnung von Bodenbestandteilen. JW. **03**, 49[17]. — Es muß sich um **Klagen zwischen Mieter und Vermieter** handeln; auf Streitigkeiten zwischen anderen Personen zufolge eines Miet-(pacht-)verhältnisses (z. B. über den Eintritt des Erben eines Mitpächters in das Rechtsverhältnis des Erblassers zu den anderen Pächtern, oder wenn zwar nach dem Klagantrag Feststellung der Nichtigkeit eines Pachtvertrags begehrt wird, dieser aber mit einem Dritten geschlossen ist und die Parteien als Miteigentümer des Pachtgrundstücks über die Gültigkeit des nach § 745 BGB. gefaßten Mehrheitsbeschlusses streiten, auf Grund dessen der Beklagte die Verpachtung vorgenommen hat), ist § 10 nicht anwendbar. RG. **3**, 424; W. **13**, 116. Vgl. jedoch OLG. **13**, 71; JW. **26**, 2477[12] (Klage gegen einen Bürgen des Mieters). Ist Streit zwischen den Parteien, ob der Kläger oder der Beklagte die Rechte des Pächters geltend machen kann, **ob** also der Kläger **in den Pachtvertrag** als Pächter **eingetreten** ist, so bestimmt sich der Streitwert zwar gemäß § 3 ZPO., § 9 GKG. nach dem Interesse des Klägers an dem Eintritt, jedoch ist bei der Schätzung die im § 10 GKG. angeordnete Art der Berechnung zu beachten. Vgl. W. **10**, 381.

[2] Erstreckt sich der Streit auf einen **geringeren Zeitraum als ein Jahr,** so ist nach dem dann zur Anwendung kommenden § 8 ZPO. (s. Anm. 1 dort unter § 9 GKG.) der Betrag des auf die gesamte streitige Zeit fallenden Zinses entscheidend. — Ist **nicht** ein **auf bestimmte Zeit geschlossener Mietvertrag** behauptet, so ist der Streitwert nach § 3 ZPO. (oben bei § 9 GKG.) zu bemessen und dabei die gesetzliche Mindestdauer sowie die (zurzeit durch die Mieterschutzgesetzgebung erheblich beschränkte) gesetzliche Kündigungsbefugnis für die Bemessung des Streitwerts in Betracht zu ziehen. RG. **17**, 376; JW. **95**, 537[3]; **27**, 858[10]; W. **27**, 52. Verlangt der

Mieter Auflösung eines auf unbestimmte Zeit, aber unter Festsetzung einer Kündigungsfrist geschlossenen Mietvertrages ohne Einhaltung der Kündigungsfrist, so ist der Mietpreis für die Dauer der vertragsmäßigen Kündigungszeit maßgebend, JW. **98**, 500[3], auch OLG. **13**, 70, jedoch für die Gebührenberechnung gemäß § 10 GKG. höchstens der einjährige Mietzinsbetrag. Da nach dem MietSchG. v. 17. 2. 28 (RGBl. I 25) unbestimmt ist, ob und wann das Mietverhältnis aufgehoben werden kann, kommt bei der Räumungsklage (s. Anm. 3) zurzeit die Kündigungsfrist nicht in Betracht, sondern ist der Streitwert nach freiem Ermessen zu bestimmen, jedoch für die Gebührenberechnung nach § 10 GKG. höchstens auf den Betrag des einjährigen Mietzinses. JW. 25, 821; auch OLG. **40**, 388. Bei der **Mietaufhebungsklage** nach §§ 2 ff. MietSchG. v. 17. 2. 28 ist nach § 13 Abs. 5 das. der Betrag des einvierteljährigen Mietzinses maßgebend, und zwar (JW. **24**, 2037[11]; OLG. **44**, 3) für das erste Vierteljahr nach der vom Kläger beantragten Vertragsaufhebung. Dies gilt auch dann, wenn der Beklagte Umzugskostenersatz verlangt, da nur das Verlangen des Klägers den Streitwert bestimmt (s. oben Anm. 1 § 3 ZPO.) und es sich bei jener Forderung auch um eine Nebenforderung (§ 4 ZPO.) handelt. JW. **28**, 1528[41]. Für die Räumungsklage aus § 27 MietSchG. gilt § 10 GKG. unmittelbar. JW. **24**, 2040.

[3] Nicht bloß im Falle der (positiven oder negativen) Feststellungsklage (§§ 256, 280 ZPO.) über das Bestehen oder die Dauer des Pacht- oder Mietverhältnisses. Auch bei der **Räumungsklage** (nicht § 6 ZPO., sondern § 10 Abs. 1 GKG.), wenn die mit dem Klagantrage begehrte Verurteilung zugleich eine Entscheidung über das streitige Bestehen oder die streitige Fortdauer des Pacht- oder Mietverhältnisses in sich schließt und die Verneinung der Fortdauer des Vertragsverhältnisses über den Zeitpunkt der verlangten Räumung hinaus den Klagegrund bildet. RG. **17**, 376; (VZS.) **33**, 3; JW. **96**, 685[2]; **98**, 348[1]; **99**, 1[2]; **00**, 526[19]; **23**, 1043[10]; **25**, 809[13], 821[38], 2386[14]; **26**, 1041[13]; **27**, 400[illegible]; OLG. **19**, 50; **23**, 75, 76; **40**, 344 (entgegen: RG. **26**, 431; Gr. **35**, 1176). Dagegen nicht, sondern § 6 ZPO. anzuwenden, wenn sich der Streit nur auf die Gründe und Folgen der unstreitigen Auflösung des Mietverhältnisses bezieht, JW. **95**, 322[2]; **23**, 771[14]; **24**, 848[7]; **25**, 821[39]; OLG. **35**, 24 (a. M. JW. **23**, 779[7] [§ 3 ZPO.

anzuwenden]), oder nur auf die Zulässigkeit eines bestimmten Kündigungsaktes des Mietverhältnisses, JW. **91, 4**[1] (a. M. JW. 23, 784[20]; 28, 2572[17] [§ 3 ZPO. anzuwenden]). — Ist nicht die Frage streitig, ob der zwischen den Parteien geschlossene Mietvertrag besteht oder fortbesteht, sondern nur die Frage, ob der Kläger berechtigt ist, aus dem Mietverhältnis auszuscheiden und einen Dritten als Mieter an seine Stelle treten zu lassen, so ist der Streitwert gemäß § 3 ZPO. (oben bei § 9 GKG.) nach freiem Ermessen zu bestimmen. OLG. 37, 82. — Betrifft der **Streit** die Frage, **ob ein Grundstücksteil mitvermietet** ist, so ist der Mietwert dieses Teiles maßgebend. OLG. 4, 261. Klagt der Mieter auf mietweise Überlassung weiterer Räumlichkeiten, so ist der Streitwert gemäß § 3 ZPO. (oben bei § 9 GKG.) nach dem gemeinen Mietwert der Räumlichkeiten für den Zeitraum, auf dessen Ende zulässigerweise gekündigt werden konnte, zu bemessen. OLG. 43, 122. — § 10 findet auch nicht Anwendung, sondern § 9 ZPO. (oben bei § 9 GKG.) bei Klagen auf Zahlung künftiger Miete gemäß § 259 ZPO., wenn über das Bestehen oder die Dauer des Mietverhältnisses nicht **Streit** besteht, sondern **nur über die Gefahr nicht rechtzeitiger Erfüllung des Mietvertrages.** OLG. 17, 80.

[4] Es ist der gesamte Mietzins, den der Mieter zu zahlen hat, zu berücksichtigen, nicht bloß der Teil des Mietzinses, der dem Vermieter nach Abzug der Steuern usw. verbleibt. JW. 25, 809[13]; 26, 1041[13]. **Andere Faktoren** aber als die **Zinsbeträge** (z. B. beim Jagdpachtvertrage vereinbarte Wiedererstattung des Wildschadens) sind bei der Wertberechnung nicht zu berücksichtigen. Gr. **54**, 1107 (JW. **10**, 291[27]). Jedoch gehören zum Zins nicht nur die bar zu zahlenden Pachtgelder, sondern auch die in jedem Pachtjahre sich wiederholenden Leistungen, z. B. Naturallieferungen, die an den Verpächter zu entrichten sind; solche anderen Leistungen sind in Geld zu veranschlagen. OLG. **40**, 442. — Ist **gleichzeitig** die **Zahlung fälliger** Miet- oder Pachtzinsen in Streit, so ist ihr Betrag dem Betrage des einjährigen Zinses (für den Streit über das Bestehen oder die Dauer des Miet- oder Pachtverhältnisses) hinzuzurechnen, soweit die Zinsen für eine Zeit gefordert werden, die außerhalb des einjährigen Zeitraums liegt, während solche Zinsen, die in diesen Zeitraum fallen, bei der Zusammenrechnung auszuscheiden haben. OLG. 27, 13. — **Erhöht sich der Mietzins im Laufe einer Instanz**

des Rechtsstreits bis zum Erlasse des Urteils oder der anderweitigen Beendigung der Instanz, so ist in entsprechender Anwendung des § 9 Abs. 2 GKG. für die Gebührenberechnung der höhere Mietzins der Wertfestsetzung zugrunde zu legen. JW. 25, 809; 26, 1041.

[5] Fälle **gesetzlicher** (Gegensatz: auf Vertrag, letztwilliger Verfügung beruhender) **Ansprüche auf Unterhalt:** BGB. § 528 (Unterhaltspflicht gegenüber dem bedürftigen Schenker), §§ 1360, 1361, 1386, 1389, 1608 (Unterhaltspflicht der Ehegatten während Bestehens der Ehe, OLG. 19, 242; 21, 216, 220), §§ 1578 ff., 1585 (Unterhaltspflicht der Ehegatten nach erfolgter Scheidung), §§ 1601 ff., 1703, 1739 (Unterhaltspflicht der Verwandten in gerader Linie), §§ 1708 ff. (Unterhaltspflicht des unehelichen Vaters). Vgl. ferner Anm. 11. Ob unmittelbar **auf Grund des Gesetzes oder eines** gemäß der gesetzlichen Verpflichtung geschlossenen **Vertrags** (z. B. der geschiedenen Ehegatten, des unehelichen Kindes mit seinem Vater) geklagt wird, macht keinen Unterschied. JW. 29, 881[34]; OLG. 7, 217; 19, 243; 25, 125; 27, 14; 33, 175. — Ob die Ansprüche gerichtet sind auf Geldrenten oder auf wiederkehrende Naturalleistungen, ist für die Anwendung des Abs. 2 S. 1 ohne Bedeutung. OLG. 21, 216. — Die Versorgungsgebührnisse der aus dem Dienst ausgeschiedenen Militärpersonen nach dem Offizierpensions- oder dem Mannschaftsversorgungsgesetz sind zwar nicht Ansprüche auf Unterhalt im Sinne des § 10 Abs. 2. OLG. 19, 242. S. jedoch (jetzt) Abs. 3 S. 2 u. Anm. 9. — Streitig ist, ob die Vorschrift lediglich auf Klagen zwischen dem Unterhaltsberechtigten und dem Unterhaltspflichtigen zu beschränken ist (s. auch für Ansprüche aus Mietverhältnissen Anm. 1). Nach JW. 26, 2477[12] soll die Vorschrift auch Anwendung finden, wenn gegen den Bürgen des Unterhaltspflichtigen auf Zahlung von Renten geklagt wird; jedoch erfordert die Vorschrift, daß die Unterhaltspflicht und deren Erfüllung Gegenstand des Streites ist, und dieser Streit kann nur mit dem Unterhaltspflichtigen selbst ausgemacht werden. Vgl. auch JW. 28, 3063[a] wegen Regelung der Unterhaltspflicht der Ehegatten gegenüber den Kindern.

[6] Früher war der fünffache Jahresbetrag bestimmt. Durch die Nov. zum GKG. v. 21. 12. 22 ist der Streitwert auf den einjährigen Betrag herabgesetzt. Hinsichtlich der Rückstände gilt das in Anm. 2 § 9 ZPO. (oben bei § 9 GKG.) Be-

merkte hier ebenfalls. JW. 25, 2153[9]. — Wegen besonderer Berechnung der zur Zeit der Klagerhebung bereits **rückständigen Beträge** und derjenigen Beträge, die während des Prozesses fällig werden, vgl. Anm. 2 § 9 ZPO. (oben bei § 9 GKG.), RG. 58, 294; 77, 325; auch JW. 03, 205; OLG. 4, 262. — Wegen Berechnung des Streitwerts bei Klagen des unehelichen Kindes auf Anerkennung der Vaterschaft neben dem Anspruch auf Zahlung von Alimenten vgl. Anm. 1 § 3 ZPO. (zweite Klaganträge) oben bei § 9 GKG. — Sind die geforderten Leistungen **nicht ziffermäßig** Jahr für Jahr **gleich**bleibende oder werden für die ersten Jahre verschiedene Geldbeträge und erst für die spätere Zeit fortlaufende gleiche jährliche Renten verlangt, so ist § 10 nicht unmittelbar, sondern nur entsprechend anzuwenden, und zwar dahin, daß als Streitwert der einfache Betrag der durchschnittlichen Jahresleistung anzunehmen ist. OLG. 21, 133; 23, 78. Vgl. auch Anm, 1, 3 § 9 ZPO. (oben bei § 9 GKG.).

[7] Früher enthielt der Abs. 2 zwei Sätze. Durch die Nov. v. 21. 12. 22 wurde im Satz 1 außer der in Anm. 6 erwähnten Herabsetzung des Streitwerts auf den einjährigen Betrag an Stelle der Worte „auf Alimente, welche auf gesetzlicher Vorschrift beruhen" gesetzt „auf Erfüllung einer auf gesetzlicher Vorschrift beruhenden Unterhaltspflicht" und ferner der Satz 2 gestrichen, wonach gleiches wie nach Satz 1 gelten sollte bei Ansprüchen auf Entrichtung einer Geldrente nach den §§ 843, 844 BGB. oder nach den §§ 3, 3a, 7 HaftpflG. Danach war es streitig, ob der übriggebliebene Satz 1 auch Rentenansprüche aus unerlaubter Handlung umfaßte (RG. 106, 411; JW. 24, 412[3]; 26, 1610[1]; 27, 527[2] einerseits, RG. 113, 63; 114, 275; JW. 25, 2371[39]; 27, 810[15] anderseits), sowie die Beamtengehalts- und Fürsorgeansprüche (JW. 24, 1542[11], 1988[22]). Durch das Ges. v. 28. 1. 27 ist dann der Abs. 3 eingefügt, der wieder die zuletzt genannten Ansprüche aufgenommen, jedoch, nun abweichend vom Satz 1 (jetzt Abs. 2), den Streitwert für diese Ansprüche nicht auch auf den einjährigen Betrag herabgesetzt, sondern den früheren fünffachen Betrag beibehalten hat, und ferner die Ansprüche aus dem Kraftfahrzeug- und dem Luftverkehrsgesetz sowie die Ansprüche aus dem Beamten- und Arbeitsverhältnis hinzugefügt hat.

[8] **Ist ein Anspruch auf Geldrente wegen verschuldeter Kör-**

perverletzung **sowohl auf §§ 843, 844 BGB.** oder §§ 3, 3a, 7 HaftpflG., als **auch auf Vertrag** (z. B. einen Dienstvertrag, § 618 BGB.) gegründet, so ist der Streitwert nicht nach § 10 Abs. 3 GKG., sondern nach § 9 ZPO. (oben bei § 9 GKG.) zu bestimmen. JW. 17, 231[20]; 27, 855[1] (W. 17, 67); OLG. 23, 260 (a. M. OLG. 13, 71, 252; 19, 243, wonach es bezüglich der Anwendung des früheren § 9a Abs. 2, jetzigen § 10 Abs. 3 auf die Rentenansprüche keinen Unterschied macht, ob der Anspruch auf eine unerlaubte Handlung oder auf Verletzung einer vertragsmäßigen Sorgfaltspflicht sich gründet; s. auch Anm. 9). Gleiches gilt von Ansprüchen aus dem in § 10 Abs. 3 nicht mitangezogenen § 845 BGB. JW. 27, 868[30]. Auch bezieht sich die Vorschrift des § 10 Abs. 3 GKG. nicht auf Regreßansprüche gegen einen Dritten wegen der an den Verletzten zu zahlenden Renten (z. B. einer Berufsgenossenschaft wegen Unfallrenten). JW. 11, 952[27]; W. 28, 93; OLG. 11, 168. — Ferner nicht auf solche Geldrentenansprüche, die in den seit dem 1. 1. 00, dem Inkrafttreten der Nov. z. GKG., durch welche § 9a (jetzt § 10) eingefügt ist, nicht mehr geltenden Rechten ihre Begründung finden. JW. 01, 458[6], 724[18], 833[2]; Gr. 45, 383. — Beträge, die der Beklagte von einem Dritten ersetzt verlangen kann, sind nicht in Abzug zu bringen. JW. 02, 161[1], Anm. 1 § 9 ZPO. — Der Umstand, daß infolge des Ablebens des Klägers im Laufe des Rechtsstreits der Gesamtbetrag der Rente noch nicht das Fünffache der einjährigen Rente erreicht, bewirkt keine Änderung des Streitwerts für die vorhergehenden Prozeßabschnitte, für die bereits Gebühren erwachsen, wenn sie auch nach § 75 GKG. noch nicht fällig sind. Vgl. OLG. 35, 215.

[9] Die Ansprüche aus dem **Beamten- oder Arbeitsverhältnis** müssen das Recht auf wiederkehrende Geld- oder Naturalleistungen betreffen. Es fallen darunter außer Gehalts- und Lohnansprüchen (sofern es sich nicht bloß um einzelne Leistungen handelt; für diese ist § 3 ZPO. [§ 9 GKG.] maßgebend) auch Schadensersatzansprüche aus dem Beamtenverhältnis oder dem Arbeitsvertrag (z. B. nach § 618 BGB.; s. Anm. 8). Früher (s. Anm. 7) fielen Gehalts-, Ruhegehalts- und Fürsorgeansprüche der Beamten unter § 9 ZPO. (JW. 27, 842[3]).

[10] Vgl. § 627 ZPO. (einstweilige Verfügung), auch JW. 00, 826[1]. — Auch für die Regelung der Unterhaltspflicht gegenüber den Kindern. JW. 28, 3063[9].

[11] Vor der Nov. z. GKG., durch welche der § 9a eingefügt wurde, war bei **Alimentationsklagen einer Ehefrau während der Dauer des Ehescheidungsprozesses** der Streitwert nach § 3 ZPO. zu bemessen (RG. [VZS.] **24**, 375; **37**, 382; JW. **92**, 237[8]; **93**, 265[1]; **95**, 477[1], 532[2]), während, wenn Alimentationsansprüche von der Ehefrau ohne zeitliche Endbeschränkung und ohne Rücksicht auf einen von ihr etwa bereits angestellten oder noch anzustellenden Ehescheidungsprozeß geltend gemacht wurden, § 9 ZPO. maßgebend war (JW. **91**, 509; **92**, 213; **94**, 572[2]; **97**, 341[1]; Gr. **38**, 1193). Nach der Nov. bestimmte sich der Streitwert für die Gebührenberechnung im ersteren Falle nach Abs. 3 (einjährige Rente), im letzteren Falle nach Abs. 2 § 9a GKG. (fünffacher Betrag der einjährigen Rente). OLG. **15**, 54; **21**, 216, 220. Durch die Nov. v. 21. 12. 22 wurde im Abs. 3 des § 9a, der nun die Zahl 10 erhielt, an Stelle der Worte „einjährigen Betrag" gesetzt „halbjährigen Betrag", und durch das Ges. v. 28. 1. 27 wurde der Abs. 3 zum Abs. 4. Danach gilt das Vorbemerkte jetzt dahin: Der Streitwert für die Gebührenberechnung bestimmt sich im ersteren Falle nach Abs. 4 (halbjähriger Betrag der Geldrente), im letzteren Falle nach Abs. 2 § 10 GKG. (Betrag des einjährigen Bezugs). Abs. 2 kommt auch dann zur Anwendung, wenn **Alimente bis zur** Erlangung eines eigenen Erwerbes oder **wirtschaftlicher Selbständigkeit** eines Kindes verlangt werden (JW. **92**, 230[3]; **97**, 228[2]), sowie bei Klagen auf Alimentation eines unehelichen Kindes bis zu einem bestimmten Lebensalter, das aber nur äußerster Endtermin ist (JW. **93**, 196[1]). Handelt es sich um die einstweilige Entscheidung über die Unterhaltspflicht zwischen **Verwandten** für die Dauer des über die Unterhaltspflicht geführten Hauptprozesses, so ist für die Berechnung des Streitwerts nicht Abs. 4, der nur für Ehegatten gilt, sondern ebenfalls Abs. 2 maßgebend. — Unter Umständen, z. B. mit Rücksicht auf die voraussichtlich kurze Dauer des Hauptprozesses, kann der Streitwert hinter dem halbjährigen Betrag der Geldrente zurückbleiben. Vgl. OLG. **33**, 175.

III. § 11 GKG.

Bei nichtvermögensrechtlichen Streitigkeiten[1] beträgt der Wert des Streitgegenstandes regelmäßig 2000 Reichsmark. Er kann nach Lage des Falles auf einen höheren Betrag, jedoch nicht über eine Million Reichsmark, oder, mit Ausnahme von Ehesachen (§ 606 der Zivilprozeßordnung), auf einen niedrigeren Betrag, jedoch nicht unter 500 Reichsmark, angenommen werden[2].

Ist mit einem nichtvermögensrechtlichen Anspruch ein aus ihm hergeleiteter vermögensrechtlicher verbunden[3], so ist nur ein Anspruch, und zwar der höhere, maßgebend.

[1] Für die Frage, ob eine vermögensrechtliche Rechtsstreitigkeit vorliegt, ist die **Natur desjenigen Rechts, für das die Klagepartei richterlichen Schutz verlangt**, maßgebend; ist dieses ein Vermögensrecht, so ist es (hinsichtlich des Streitwerts) einflußlos, wenn der Beklagte geltend macht, er habe die Eingriffe in das klägerische Recht zur Wahrung von Interessen nichtvermögensrechtlicher Natur vorgenommen (z. B. Boykottierung einer Brauerei). RG. **61**, 90; JW. **08**, 456[25]; **09**, 499[25] (W. **08**, 433; **09**, 524). — **„Nichtvermögensrechtliche Ansprüche"** sind solche, die nicht auf eine Leistung in Geld oder Geldeswert hinauslaufen, namentlich Personenstand, Familien- und Standesverhältnisse, Ehesachen (§§ 606 ff. ZPO.), Entmündigungen (§§ 645 ff. ZPO.), Todeserklärungen (§§ 960 ff. ZPO.), Rechtsverhältnisse zwischen Eltern und Kindern (§§ 640—644 ZPO.) sowie Ehrenrechte betreffen. RG. **40**, 412; JW. **00**, 797. — **Vermögensrechtliche Ansprüche** sind zunächst alle Ansprüche, die aus Vermögensrechten abgeleitet werden; sodann aber auch die Ansprüche aus nichtvermögensrechtlichen Verhältnissen, sofern sie eine vermögensrechtliche Leistung zum Gegenstande haben. RG. **88**, 333; JW. **00**, 853[5]. Dazu gehören auch Ansprüche: eines früheren Mitgliedes einer eingetragenen Genossenschaft gegen diese auf Anerkennung, daß der gefaßte Beschluß auf seine Ausschließung aus der Genossenschaft ungerechtfertigt und er noch Genosse sei; es ist also § 3 ZPO. anzuwenden, RG. **89**, 337; W. **08**, 176; **28**, 140; JW. **16**, 267[12]; **28**, 1525[31] (vgl. dagegen unten hinsichtlich eines Vereins); des Schriftstellers aus einem Verlagsvertrage gegen den Verleger, JW. **04**, 391[20]; auf Unterhalt aus einem Familien- oder Eheverhältnisse, JW. **00**, 853[5]; gegen den Ehemann auf Leistung eines Prozeßkostenvorschusses für die Ehefrau im Laufe des Ehescheidungsprozesses, JW. **00**, 853[5]; eines Kaufmanns auf den ungestörten Gebrauch seiner Firma, JW. **01**, 652[7]; auf Grund der §§ 3, 13, 14 UnlWG. v. 7. 6. 09 (RGBl. 499), vgl. RG. **40**, 412; JW. **99**, 311[28]; auf Grund widerrechtlichen Eingriffs in einen Gewerbebetrieb, RG. **61**, 89; auf Rück-

gängigmachung eines vom Konkursverwalter abgeschlossenen Rechtsgeschäfts, JW. 99, 701[16]; auf eine bestimmte angeblich gekaufte Grabstelle, JW. 90, 150[2], vgl. Gr. 32, 885 (s. jedoch RG. 12, 280); auf Aufhebung einer gegen den Kläger verhängten Sperre und Aushändigung eines Handscheins, JW. 09, 499[25] (W. 09, 524). — Dagegen liegen **nichtvermögensrechtliche Ansprüche** vor, wenn es sich z. B. handelt: um Geltendmachung eines Namensrechts (§ 12 BGB.), JW. 99, 574[8]; um die Anfechtung eines Beschlusses auf Ausschließung eines Mitgliedes aus (einer juristischen Person, insbesondere) einem Vereine, sofern es ein solcher Verein (§ 21 BGB.) ist, dessen Zweck nicht auf einen wirtschaftlichen Geschäftsbetrieb gerichtet ist, RG. 88, 333; 89, 336; JW 97, 134[15], 531[9]; 00, 417[19]; HRR. 29, 256, mögen auch einzelne zur Erreichung seines Zweckes nach der Satzung in Aussicht genommene Veranstaltungen auf günstige Gestaltung der allgemeinen wirtschaftlichen Lage der Vereinsmitglieder abzielen (wie z. B. bei einem Haus- und Grundbesitzerverein), RG. 88, 334 (vgl. dagegen oben hinsichtlich einer Genossenschaft); um einen Anspruch auf Widerruf einer üblen Nachrede und Veröffentlichung einer Abbitte, W. 14, 159; um Gestattung des Getrenntlebens einer Ehefrau von ihrem Ehemanne während des Ehescheidungsprozesses, RG. 46, 382; JW. 00, 797; um Feststellung der Ungültigkeit einer polizeilichen Verfügung, JW. 97, 167[11]; um Gewährung eines ehrlichen Begräbnisses, JW. 02, 93[19]; um einen Streit über die Art der Bestattung einer Leiche zwischen einem Angehörigen des Verstorbenen und demjenigen, dem durch letztwillige Verfügung die Bestattung aufgegeben ist, W. 12, 219.

[2] Nach mehrfachen Änderungen des ursprünglichen regelmäßigen (2000 M.), des Mindest- (200 M.) und des Höchstbetrages (50 000 M.) erhielt Abs. 1 durch Ges. v. 28. 1. 27 folgende Fassung: „Bei nichtvermögensrechtlichen Ansprüchen wird der Wert des Streitgegenstandes zu 2000 Reichsmark, ausnahmsweise niedriger oder höher, jedoch nicht unter 500 Reichsmark und nicht über 50 000 Reichsmark, angenommen." Die jetzige, oben im Text wiedergegebene Fassung beruht auf Art. I § 6 Ges. v. 20. 12. 28 (RGBl. I 411). Sie ist gemäß Art. II am 1. 4. 29 mit der Maßgabe in Kraft getreten, daß sie auf die vor ihrem Inkrafttreten anhängig gewordenen Rechtssachen Anwendung findet, soweit nicht die Instanz vor

dem 1. 4. 29 beendet war. Die Ersetzung der Worte „nichtvermögensrechtliche Ansprüche" durch „nichtvermögensrechtliche Streitigkeiten" ist ohne sachliche Bedeutung; in Abs. 2 hat man auch die alte Fassung gelassen. Neu ist die Erweiterung der Höchstgrenze von 50000 RM. auf 1 Million RM. und die Unzulässigkeit einer Herabsetzung des regelmäßigen Satzes von 2000 RM. für Ehesachen aus § 606 ZPO. (Scheidung [auch Aufhebung der ehelichen Gemeinschaft, § 639 ZPO.], Nichtigkeit und Anfechtung der Ehe, Feststellung des Bestehens oder Nichtbestehens einer Ehe, Herstellung des ehelichen Lebens). Für diese Prozesse ist also jetzt 2000 RM. die Mindestgrenze (nicht auch für Kindschaftsprozesse nach §§ 640 ff. ZPO.). Lief am 1. 4. 29 die Instanz noch, so ist ein auf weniger als 2000 RM. festgesetzter Wert ohne weiteres auf 2000 RM. zu erhöhen. Desgl. kann bei allen dafür geeigneten, am 1. 4. 29 in der Instanz noch anhängigen Prozessen über nichtvermögensrechtliche Streitigkeiten die Erhöhung über 50000 RM. hinaus gefordert werden. — Bei Beurteilung der Frage, ob ein anderer Betrag als der regelmäßige von 2000 RM. als Streitwert festzusetzen sei, sind die **Standes- und Vermögensverhältnisse der Parteien** nicht außer Betracht zu lassen. JW. 93, 488[12]; **96**, 373[19]; OLG. **13**, 72; **15**, 171; **21**, 134 (a. M. bezüglich der Standesverhältnisse HRR. **28**, 1056). So ist bei einem Streit über die Überweisung der minderjährigen Kinder während eines Ehescheidungsprozesses einerseits auf die beschränkte Dauer des Verfahrens, anderseits auf die Vermögensverhältnisse der Parteien Rücksicht zu nehmen. JW. 95, 537[2]. Auch in Ehesachen ist die Vermögenslage der Parteien in Betracht zu ziehen; es konnte daher nach der bis zum 1. 4. 29 gültigen Fassung des § 11 Abs. 1 GKG. der Wert auch auf den Mindestbetrag von 500 RM. festgesetzt werden. JW. **90**, 332[2]; **93**, 488[12]; **24**, 985[19]; OLG. **15**, 171; HRR. 28, 1056 (a. M. OLG. **33**, 18: die Vermögensverhältnisse müssen gänzlich außer Betracht bleiben). Zu berücksichtigen ist in Ehesachen aber außer den Verhältnissen der Parteien, insbesondere ihrer Vermögenslage, auch die Bedeutung und Schwierigkeit des Prozesses, JW. 25, 2153[7], 2154[12]; **26**, 1612[8] und das Wesen der Ehe, HRR. **29**, 550. — **Auf vermögensrechtliche** Ansprüche ist die Bestimmung des Abs. 1 **auch nicht analog** anzuwenden. RG. **10**, 322; JW. **99**, 701[16]; auch **91**, 311[21]; **98**, 120[19]. — § 9

Abs. 2 GKG., wonach, wenn sich der **Wert** des Streitgegenstandes **im Laufe der Instanz erhöht**, der Gebührenberechnung der höhere Streitwert zugrunde zu legen ist, findet auch bei nichtvermögensrechtlichen Ansprüchen Anwendung, so z. B. wenn in Ehesachen sich die Vermögensverhältnisse der Parteien verbessern. JW. 24, 427[26]; auch 23, 56[3]. — Auch bei **einstweiligen Verfügungen** in nichtvermögensrechtlichen Streitigkeiten ist die Mindestwertgrenze einzuhalten. JW. 28, 2163[28]; 29, 144[57]; HRR. 29, 550. Sie beträgt aber bei einstweiligen Verfügungen aus § 627 ZPO. nur 500 RM., weil nur für § 606 ZPO. eine höhere Mindestgrenze bestimmt ist.

[3] Eine solche **Verbindung eines vermögensrechtlichen mit einem nichtvermögensrechtlichen Anspruche** liegt z. B. vor, wenn mit einem Anspruche der Ehefrau auf Getrenntleben von ihrem Ehemann während des Scheidungsprozesses Ansprüche auf Zahlung von Alimenten und Herausgabe von Sachen geltend gemacht werden. RG. 46, 382; JW. 00, 797. — Ist die Verbindung unzulässig (z. B. in Ehe-, Kindschafts-, Entmündigungssachen den Vorschriften der §§ 615, 633, 638 bzw. § 640 Abs. 2 bzw. 667 ZPO. zuwider erfolgt), so findet nicht § 11 Abs. 2 Anwendung, sondern sind die Werte der mehreren Ansprüche stets gemäß § 5 ZPO. (oben bei § 9 GKG.) zusammenzurechnen. Vgl. aber wegen unzulässiger Widerklage unten Anm. 3 § 13 GKG. — Über Wertbemessung bei einer Klage des unehelichen Kindes auf Anerkennung der Vaterschaft neben dem Anspruch auf Zahlung von Alimenten vgl. Anm. 1 § 3 ZPO. (zweite Klaganträge) oben bei § 9 GKG.

IV. § 12 GKG.

Im Falle des § 254 der Zivilprozeßordnung ist für die Wertberechnung nur einer der verbundenen Ansprüche, und zwar der höhere, maßgebend[1].

[1] D. i. wenn **mit** der **Klage auf Rechnungslegung** oder auf Vorlegung eines **Vermögensverzeichnisses** oder auf Leistung des **Offenbarungseides** (vgl. §§ 259, 260, 1890 ff., 2027, 2028 BGB.) die **Klage auf Herausgabe** desjenigen **verbunden** ist, was der Beklagte aus dem zugrunde liegenden Rechtsverhältnisse schuldet (vgl. §§ 581, 666, 681, 713, 1035, 1048, 1055, 1214, 1421, 1546, 1681, 1890, 1915, 1978, 1990 ff., 2027, 2028, 2130, 2218 BGB.), sollen die mehreren Ansprüche nicht gemäß § 5 ZPO. (oben bei § 9 GKG.) zusammengerechnet werden,

sondern es soll für die Wertberechnung nur der **höhere Anspruch** maßgebend sein. Diese Vorschrift der Novelle v. 17. 5. 98 (früher § 10a, nach d. Fass. v. 21. 12. 22 dann § 12) beruht darauf, daß die ersteren Ansprüche nur vorbereitender Natur sind und das Interesse des Klägers an dem ganzen Prozesse sich in der Regel auf den Wert der Leistungen beschränkt, die er als Ergebnis jener Feststellungen beansprucht. Begr. 208. Vgl. oben Anm. 1 § 3 ZPO. (zweite Klaganträge) bei § 9 GKG. — Hinsichtlich des Streitwerts bei Klagen auf Rechnungslegung oder auf Vorlegung eines Vermögensverzeichnisses vgl. oben Anm. 2 § 3 ZPO. bei § 9 GKG., OLG. **13**, 67. Über den Streitwert, wenn der Anspruch auf Rechnungslegung bereits abgewiesen und es zu einer bestimmten Angabe der vom Kläger herausverlangten Summe, die in der Klage vorbehalten war, nicht gekommen ist, vgl. OLG. **27**, 15.

V. § 13 GKG.

[1]Soweit Klage und Widerklage[2], welche nicht in getrennten Prozessen verhandelt werden[3], denselben Streitgegenstand[4] betreffen, sind die Gebühren nach dem einfachen Werte dieses Gegenstandes zu berechnen. Soweit beide Klagen nicht denselben Streitgegenstand betreffen, sind die Gegenstände zusammenzurechnen[5].

Das gleiche gilt für wechselseitig eingelegte Rechtsmittel[6], welche nicht in getrennten Prozessen verhandelt[3] werden.

[1] Der frühere § 11, jetzt nach der Fass. des GKG. v. 21. 12. 22 § 13 enthält eine **Abweichung von der Vorschrift des § 5 Satz 2 ZPO.** Letzterer ist nur für die sachliche Zuständigkeit des Gerichts maßgebend. HRR. **28**, 476. Vgl. oben Anm. 2 § 5 ZPO. bei § 9 GKG.

[2] Die Widerklage wird gemäß § 281 ZPO. in der mündlichen Verhandlung vor dem erkennenden Gericht oder durch Zustellung (vor dem Amtsgericht durch Mitteilung nach § 496 Abs. 4) eines den Erfordernissen des § 253 Abs. 2 Nr. 2 ZPO. entsprechenden Schriftsatzes erhoben. **Der Wert des Gegenstandes der Widerklage** richtet sich daher ausschließlich nach dem Umfange des in diesen Verfahrensabschnitten mit der Widerklage geltend gemachten Anspruchs. Ist eine Widerklage zwar in einem Schriftsatz geltend gemacht, aber in der mündlichen Verhandlung nicht verlesen worden, so kommt sie für die gerichtliche Entscheidung über die Höhe des Streitwertes nach § 18 GKG. (unten bei § 11 DGO.) nicht in

Betracht, mag auch der Schriftsatz den Erfordernissen des § 253 Abs. 2 Nr. 2 ZPO. entsprechen. Vgl. JW. 95, 10. Hinsichtlich der Frage, ob durch die Geltendmachung der Widerklage nur in einem Schriftsatz die Prozeßgebühr (§ 13 Nr. 1 DGO.) hierfür entsteht und ob diese zu den Kosten des Rechtsstreits gehört, vgl. Anm. 3 § 13 DGO. — Werden **zwei Prozesse**, in denen von beiden Parteien Ansprüche gegeneinander erhoben sind, durch Gerichtsbeschluß gemäß § 147 ZPO. zum Zwecke gleichzeitiger Verhandlung und Entscheidung **verbunden** und verbleiben sie bis zur Beendigung der Instanz in dieser Verbindung, so sind die Prozesse als Klage und Widerklage im Sinne des § 13 aufzufassen, so daß ihre Gegenstände, wenn sie nicht denselben Streitgegenstand betreffen, zusammenzurechnen sind. RG. 5, 354; 6, 416.

[3] Die **Verhandlung in „getrennten Prozessen"** kann gemäß § 145 Abs. 1, 2 ZPO. durch Beschluß angeordnet werden, wenn der Gegenanspruch mit dem in der Klage geltend gemachten Anspruche nicht in rechtlichem Zusammenhange steht. Betrifft die Klage einen Mietaufhebungsanspruch, so muß auf Antrag die Abtrennung erfolgen (§ 15 Abs. 3, 4 MietSchG.). Erfolgt die Abtrennung, so bilden nunmehr für die Gebührenberechnung der Klaganspruch und der Widerklagegegenanspruch zwei gesonderte Streitwerte. — Eine Verhandlung in „getrennten Prozessen" liegt auch vor, wenn zunächst durch Teilurteil (§ 301 ZPO.) über die Klageforderung entschieden wurde und dann über die Widerklage in einem besonderen Verfahren verhandelt und entschieden worden ist. JW. 90, 203[5]. Wird aber über Klage und Widerklage nur **in demselben Prozesse getrennt „verhandelt"** (§ 146 ZPO.), so ist § 13 Abs. 1 auch dann anwendbar, wenn zunächst über die Klage oder die Widerklage ein Teilurteil (§ 301 ZPO.) erlassen wird. — Ferner wird die Anwendung des § 13 Abs. 1 nicht dadurch ausgeschlossen, daß die erhobene **Widerklage** auf Grund des § 33 ZPO. (wegen Mangels des Zusammenhangs mit der Klage) oder sonst (z. B. weil sie nur eventuell erhoben ist, RG. 40, 331; auch JW. 87, 115[19]; 88, 341[1]; 92, 214[3]) **als unstatthaft abgewiesen** wird. Reichsgericht v. 11. 6. 84 (Braun u. Blum 10, 423); JW. 84, 197[14]; 92, 214[3].

[4] Für die **Beurteilung der Frage, ob Identität des Streitgegenstandes** vorliegt, ist die Verschiedenheit des Rechtsgrun-

des oder die Verschiedenheit der vom Beklagten gestellten Anträge (z. B. Abweisung der Klage und Verurteilung auf die Widerklage) nicht entscheidend. JW. 96, 358[21]; 97, 205[1]; 98, 433[1]. Können insbesondere die beiderseitigen Ansprüche nebeneinander bestehen, so betreffen sie nicht denselben Streitgegenstand, sei es auch, daß sie dasselbe Rechtsverhältnis zu ihrer Grundlage haben. JW. 97, 190[15]. **Identität liegt z. B. vor:** soweit gegen den Klaganspruch nur das Zurückbehaltungsrecht (§ 273 BGB.) wegen der Widerklageforderung geltend gemacht wird, RG. 5, 410; wenn der Kläger einen Teilbetrag einer Forderung einklagt und der Beklagte Widerklage auf Feststellung des Nichtbestehens der ganzen Forderung erhebt, JW. 86, 38[3]; 89, 401[1]; wenn der Kläger eine Forderung aus einem Schuldschein geltend macht und der Beklagte mit der Widerklage Herausgabe des Schuldscheins verlangt, sei es auch, daß nach dem Schuldschein der (ursprüngliche) Betrag der Forderung ein höherer ist, JW. 91, 305[1]; wenn der Kläger Feststellung des Bestehens eines Mietverhältnisses, der Beklagte unter Bestreiten des Mietverhältnisses mit der Widerklage Räumung verlangt, JW. 24, 416[10]; wenn der Kläger auf Löschung einer Hypothek klagt, weil der persönliche Schuldgrund seine Erledigung gefunden habe, und umgekehrt der Beklagte widerklagend den Anspruch auf Zahlung erhebt, JW. 91, 297[1] (vgl. auch OLG. 23, 69 und oben Anm. 2 § 5 ZPO. bei § 9 GKG.); wenn der Kläger, der als Bürge eine Hypothek für die Bürgschaftsschuld bestellt hat, Rückübertragung der Hypothek wegen Nichtbestehens der Schuld verlangt, dagegen der widerklagende Beklagte Zahlung auf seine noch bestehende Forderung beansprucht, OLG. 23, 75; wenn der Kläger auf Feststellung klagt, daß ihm an einem ihm übergebenen Grundschuldbrief ein Pfandrecht zustehe, während der Beklagte widerklagend Herausgabe des Grundschuldbriefs verlangt, OLG. 7, 218; wenn der Kläger Leistung aus einem Vertrage geltend macht und der Beklagte zum Zwecke der Verteidigung mit der Widerklage Nichtigerklärung des Vertrages beantragt, JW. 86, 38[3]; 92, 213[2]; 98, 433[1]; wenn der Kläger Herausgabe von Sachen, die ihm zur Sicherheit übereignet worden sind, verlangt und der Beklagte mit der Widerklage festgestellt wissen will, daß die Sicherungsübereignung nichtig sei, OLG. 21, 63; wenn der Kläger auf Herausgabe einer Kaution klagt und der Beklagte mit der Widerklage Gegenansprüche geltend macht, für welche die Kaution bestellt ist, RG. 31, 386; JW. 94, 260[1]; wenn mit der Klage Herstellung der häuslichen Gemeinschaft und mit der Widerklage Trennung der Ehe verlangt wird, OLG. 4, 265. — **Identität liegt z. B. nicht** vor: wenn Abweisung der Klage und Verurteilung zum vollen Betrage der Widerklageforderung verlangt wird, RG. 5, 408; JW. 88, 341[1]; 90, 369[1]; wenn der Kläger auf Auflassung des gekauften Grundstücks klagt und der Beklagte Widerklage auf Zahlung des Kaufpreises erhebt, JW. 97, 190[15]; wenn Kläger auf Aufhebung des Kaufvertrages und Rückzahlung der Anzahlung klagt und der Beklagte widerklagend Zahlung des Kaufgeldrestes verlangt, OLG. 2, 432; wenn Gegenstand der Klage Feststellung des Nichtbestehens eines Pachtvertrages, Gegenstand der Widerklage Zahlung des Pachtzinses ist, OLG. 19, 236; wenn der Beklagte, gegen den zugleich dinglicher Arrest erwirkt war, widerklagend Zurückzahlung des zur Abwendung des Arrestes hinterlegten Betrages verlangt, JW. 00, 11[3]; wenn der Kläger bestimmte Schadensersatzforderungen aus einem Unfall auf Grund des HaftpflG. v. 7. 6. 71 geltend macht, die Widerklage aber zum Gegenstande hat, ob der Kläger noch weitere Ansprüche aus dem Unfall erheben kann, JW. 99, 256[2]; wenn die Klage einen Teil der Früchte, die Widerklage aber die Substanz des Familienfideikommisses betrifft, JW. 02, 212[1].

[5] Vgl. Anm. 2 aE. — Es ist unzulässig, die Kosten im Urteil zu scheiden, je nachdem sie sich auf die Klage oder auf die Widerklage beziehen; daher kann in einem gemäß § 301 ZPO. **über die Klage allein erlassenen Teilurteil** eine Entscheidung über die Kosten überhaupt noch nicht getroffen werden. JW. 97, 106[5].

[6] **„Wechselseitig eingelegte Rechtsmittel"** liegen auch dann vor, wenn nur die eine Partei das Rechtsmittel eingelegt, die andere Partei aber sich dem Rechtsmittel angeschlossen hat. RG. 29, 351. — Eine **„Verhandlung der Rechtsmittel in getrennten Prozessen"** setzt einen ausdrücklichen Trennungsbeschluß gemäß § 145 ZPO. voraus. RG. 29, 350; JW. 92, 97[13], 219[20]. Der Umstand, daß gegen ein und dasselbe Urteil beide Parteien ein Rechtsmittel einlegen, hat für sich allein nicht die Folge, daß zwei „getrennte Prozesse" entstehen. RG. 29, 350; JW. 92, 97[13], 219[20]; auch OLG. 5, 228; 7, 222. —

Identität des Streitgegenstandes der Rechtsmittel z. B.: wenn der Kläger, der das seitens des Beklagten mit Berufung angefochtene Urteil gegen Sicherheitsleistung hat vollstrecken lassen, im Wege der Anschließung Rückgabe der Sicherheit beansprucht. RG. 31, 380; auch oben Anm. 1 § 3 ZPO. (zweite Klaganträge) bei § 9 GKG.; wenn gegen ein Urteil in Ehesachen beide Parteien Rechtsmittel einlegen. — Wegen Anwendbarkeit der Vorschrift des § 4 ZPO. (Nichtberücksichtigung von Nebenforderungen), wenn die eine Partei wegen der Hauptsumme, die andere wegen Nebenforderungen (Zinsen, Kosten) Rechtsmittel einlegt, vgl. JW. 97, 301[1].

VI. § 14 GKG.

Für Akte[1], welche einen Teil des Streitgegenstandes betreffen, sind die Gebühren nur nach dem Werte dieses Teils zu berechnen[2].

Sind von einzelnen Wertsteilen in derselben Instanz[3] für gleiche Akte Gebühren zu berechnen, so darf nicht mehr erhoben werden, als wenn die Gebühr von dem Gesamtbetrage der Wertsteile zu berechnen wäre[4]; treten für die Akte verschiedene Gebührensätze ein, so ist der höchste Satz maßgebend[5].

[1] D. i. **die im § 13 DGO. bezeichneten Akte**: Geschäftsbetrieb, mündliche Verhandlung, Vergleich, Beweisaufnahme.

[2] Z. B. wenn die streitige Verhandlung oder die Beweisaufnahme sich **nur** auf **einen Teil des Streitgegenstandes** oder auf die Prozeßkosten erstreckt hat, ist die Verhandlungs- oder die Beweisgebühr nur nach dem Werte dieses Teiles bzw. der Prozeßkosten zu berechnen. JW. 99, 44[42]. Desgleichen kann der Anwalt sowohl die Beweisgebühr als auch die Gebühr für die weitere Verhandlung aus § 17 DGO., wenn nur über einen Teil des Streitgegenstandes Beweis erhoben und demnächst weiter verhandelt ist, nur nach dem Werte dieses Teils berechnen. RG. 42, 439, OLG. 21, 160, auch Anm. 2 § 11 DGO.

[3] Begriff der **„Instanz“**: Anm. 2, 3 § 26 DGO. — Rechtsmittel, die gegen mehrere Teilurteile oder gegen mehrere den Endurteilen gleichstehende Zwischenurteile (§§ 275, 304 ZPO.) eingelegt werden, bilden, wenn sie nicht zusammen verhandelt werden, je eine besondere Instanz. Vgl. JW. 96, 596[2]; 98, 385[1] (Urteile über den Grund des Anspruchs, § 304 ZPO.). — Wird eine Widerklage zurückgenommen und dann von

neuem erhoben, so bildet das Verfahren auf die erneute Widerklage eine neue Instanz. RG. 28, 404.

[4] Für jeden gebührenpflichtigen Akt ist der **Wert des betreffenden Teiles des Streitgegenstandes gesondert festzustellen** und danach die Gebühr zu berechnen. Sind die **Akte** hinsichtlich der einzelnen Streitgegenstandsteile **gleicher Art** (s. Anm. 1), so darf der Gesamtbetrag der Gebühren nicht die Gebühr übersteigen, die hinsichtlich des ganzen Streitgegenstandes für einen solchen Akt zu berechnen wäre. — Die Gebührenerhebung für **ungleiche Akte** hinsichtlich verschiedener Wertteile unterliegt einer Maximalbeschränkung nicht. Vgl. JW. 02, 120. Betreffen **gleiche Akte mehrmals** nacheinander **ein und denselben Teil** des Streitgegenstandes, so wird hinsichtlich dieses Teils gemäß § 25 DGO. nur eine einmalige Gebühr für die Akte erhoben. — Hinsichtlich der Gebührenberechnung bei **Verbindung mehrerer Prozesse,** wenn vor der Verbindung bereits gebührenpflichtige Akte stattgefunden haben, vgl. oben Anm. 1 § 5 ZPO. bei § 9 GKG. — Sind die **Kosten den Parteien nicht nach Bruchteilen,** sondern „soweit sie durch Geltendmachung bestimmter Teilbeträge der Klageforderung entstanden sind" **auferlegt,** so sind die Gebühren des Gesamtstreitwertes nach Verhältnis der Beträge zu verteilen. OLG. 17, 217.

[5] **„Höchster Satz" bedeutet:** wenn hinsichtlich verschiedener Teile des Streitgegenstandes für die gleichen Akte (s. Anm. 1) verschiedene Gebührensätze (volle Gebühr und Bruchteilsgebühr) eintreten, soll der nicht zu überschreitende Gesamtbetrag nach dem höchsten Gebührensatz, welcher für den Gesamtbetrag der Wertteile gelten würde, berechnet werden. Reichsgericht v. 8. 2. 83 (Braun u. Blum 7, 293; JW. 83, 142). Z. B. durfte früher, wenn über einen Teil des Streitgegenstandes nach streitiger Verhandlung zur Hauptsache, über einen anderen Teil nach streitiger Verhandlung über eine prozeßhindernde Einrede erkannt war, die zu berechnende Gebührensumme den Satz nicht überschreiten, der in Ansatz käme, wenn über den ganzen Streitgegenstand zur Hauptsache verhandelt wäre. Reichsgericht aaO. Ebenso durfte früher bei gleichzeitiger Verhandlung über die Rechtmäßigkeit einer einstweiligen Verfügung und über eine Widerklage der Gesamtbetrag der für beide Akte an sich gesondert zu berechnenden Gebühren nicht die Gebühr überschreiten, die bei einer die

Summe beider Streitwerte betreffenden Widerklage in Ansatz zu bringen wäre. JW. 94, 264[13]. Jetzt ist durch die Nov. v. 18. 8. 23 zur DGO. die Anzahl der Bruchteilsgebühren so verringert, daß die Anwendung des Abs. 2 Halbs. 2 nur selten in Betracht kommen wird.

VII. § 15 GKG.

Für Akte, welche Früchte, Nutzungen, Zinsen oder Kosten als Nebenforderungen ohne den Hauptanspruch betreffen[1], ist der Wert der Nebenforderungen insoweit maßgebend, als er den Wert des Hauptanspruchs nicht übersteigt[2].

Für Akte der Zwangsvollstreckung wegen einer Geldforderung[3] werden die einzuziehenden Zinsen mitberechnet[4].

Für Akte, welche die Kosten des Rechtsstreits ohne den Hauptanspruch betreffen, ist der Betrag der Kosten maßgebend[5].

[1] Wegen des **Begriffs der „Nebenforderungen"**, sowie darüber, daß sie in Verbindung mit dem Hauptanspruch oder einem Teil davon außer Berechnung bleiben, anderseits bei Erledigung des Hauptanspruchs selbst zur Hauptforderung werden, vgl. oben Anm. 2, 3 § 4 ZPO. bei § 9 GKG. — **Im § 15 Abs.** 1 wird nur der Fall behandelt, daß **Nebenforderungen „ohne den Hauptanspruch"**, also ohne ihre Eigenschaft als Nebenforderungen zu verlieren, **Gegenstand besonderer Akte** (§ 20) werden (wenn z. B. nur über die Zinsen streitige Verhandlung oder Beweisaufnahme stattfindet, während der Hauptanspruch unstreitig ist). JW. 94, 504[1]. Wenn der Hauptanspruch weggefallen ist, bilden die Nebenforderungen die Hauptsache, so daß dann § 15 Abs. 1 GKG. nicht gilt. JW. 94, 504[1], vgl. auch oben Anm. 3 § 4 ZPO. bei § 9 GKG.

[2] Betrifft **ein Akt** (z. B. die streitige Verhandlung oder die Beweisaufnahme) **nur Nebenforderungen** (nicht auch den Hauptanspruch), so sind die Gebühren für den Akt (Verhandlungs- und Beweisgebühr) nach dem Werte der Nebenforderungen zu berechnen. Dabei bildet jedoch der Wert des Hauptanspruchs den für die Berechnung maßgebenden Werthöchstbetrag. — Betrifft ein Akt Nebenforderungen und ein gleichartiger Akt (z. B. je eine Beweisaufnahme) den Hauptanspruch, so sind die Gebühren für die beiden Akte an sich gesondert nach dem Werte der Nebenforderungen und nach dem Werte des Hauptanspruchs zu berechnen; jedoch ist nach § 14 GKG., § 25 DGO. als Gesamtsumme der Gebühren kein höherer Betrag in Ansatz zu bringen als der Betrag, der sich

ergibt, wenn die Gebühr nach dem Gesamtwert aller Ansprüche berechnet wird. — Der Wert der Nebenforderungen bestimmt sich gemäß § 4 ZPO. nach dem Zeitpunkt der Klagerhebung oder der Einlegung des Rechtsmittels. Tritt jedoch eine **Erhöhung** der Nebenforderungen (wie z. B. bei laufenden Zinsen) **im Laufe der Instanz ein,** so findet § 9 Abs. 2 GKG. Anwendung (Wert zur Zeit des Urteils oder sonstiger Beendigung der Instanz mit der Maßgabe, daß nach § 15 Abs. 1 der Wert des Hauptanspruchs auch hier die Höchstgrenze bildet).

[3] **„Akte der Zwangsvollstreckung"** sind **nicht** diejenigen Verfahren, **die nur zur Vorbereitung des Vollstreckungsverfahrens dienen,** z. B. nicht diejenigen, die betreffen die Erteilung: von Attesten der Rechtskraft (§ 706 ZPO.), RG. **25,** 290; **31,** 410 (VZS.); **42,** 421; JW. **92,** 575[10]; **01,** 38[2]; von vollstreckbaren Ausfertigungen (§§ 724, 730 ZPO.), RG. **31,** 410; JW. **97,** 84[20]; einer weiteren vollstreckbaren Ausfertigung (§ 733 ZPO.), RG. **31,** 410 (VZS.); **42,** 421; JW. **99,** 575[10]; **00,** 605[8]; sowie die Vollstreckbarerklärung eines Schiedsspruchs oder eines von dem Schiedsgericht vermittelten Vergleichs (§§ 1042, 1044a ZPO.). **Ferner** sind **nicht Akte der Zwangsvollstreckung:** das die Anordnung oder Aufhebung eines Arrestes oder einer einstweiligen Verfügung betreffende Verfahren, RG. **26,** 412, vgl. auch Anm. 5 § 28 DGO.; Einwendungen gemäß § 767 ZPO. (gegen den Urteilsanspruch), selbst wenn gleichzeitig Aufhebung der erwirkten Zwangsvollstreckung beantragt wird, RG. **28,** 429; Klagen aus § 771 ZPO. (Widerspruch eines Dritten), RG. **10,** 393. In diesen Fällen werden also gemäß § 4 ZPO. (§ 9 GKG.) die Zinsen nicht mitberechnet. — Vgl. hinsichtlich der hier in Betracht kommenden Zwangsvollstreckungsakte Anm. 18 § 23 DGO.

[4] Abs. 2 ist eine Ausnahme von der Regel des § 4 ZPO. (oben bei § 9 GKG.) nur hinsichtlich der einzuziehenden (auch der nach dem Schuldtitel laufenden) **Zinsen** der vollstreckbaren Geldforderung. Die gerichtlichen und außergerichtlichen **Kosten** des Zwangsvollstreckungsaktes (z. B. Pfändung auf Grund Arrestbefehls) bleiben, wie sich durch Rückschluß aus Abs. 3 ergibt, bei Bemessung des Streitwertes des Aktes außer Betracht. OLG. **29,** 11; JW. **23,** 856[40] (a. M. JW. **23,** 620[2] und für das im Arrestbefehl genannte Kostenpauschquantum JW. **28,** 738[19]). — Ist der **Wert der gepfändeten Sachen geringer,** so ist dieser maßgebend. Analog § 6 ZPO. — **Abs. 2**

findet **auch in der Beschwerdeinstanz** (§ 41 DGO.) Anwendung, wenn mit der Beschwerde eine Entscheidung, betreffend „Akte der Zwangsvollstreckung" im Sinne des Abs. 2 angefochten wird.

5 **Abs. 3** bezieht sich auf die gerichtlichen und außergerichtlichen **Kosten, die erst im Laufe und infolge des Rechtsstreits** (d. i. eines jeden Verfahrens [eigentlicher Hauptprozeß einschließlich der Zwangsvollstreckung] in bürgerlichen Rechtsstreitigkeiten) **erwachsen,** nicht auf „Kosten", die im Sinne des Abs. 1 als Nebenforderungen schon in der Klage (bzw. dem Verfahrensantrag) neben dem Hauptanspruch geltend gemacht werden (Anm. 1). Auf die Prozeßkosten findet sonach die beschränkende Vorschrift des Abs. 1 nicht Anwendung; sofern sie ausschließlich den Gegenstand eines Aktes bilden, ist ihr Gesamtbetrag maßgebend, auch wenn er den Wert des Hauptanspruchs übersteigt. JW. **85**, 93; OLG. **9**, 161. — **Voraussetzung** für die Anwendung des Abs. 3 ist, daß der **betreffende Akt ausschließlich die Kosten des Rechtsstreits** (des Verfahrens) **betrifft.** RG. **39**, 388; JW. **94**, 366[22]; **97**, 210[22], 234[3]; **99**, 540[30]. Daher gelten z. B. zwar, wenn die Hauptsache (z. B. durch Verzicht, Zurücknahme der Klage oder des Rechtsmittels, Anerkenntnis) erledigt wird, die bis zu dieser Erledigung erwachsenen Kosten als der demnächstige Streitwert (während die durch das Weiterprozessieren entstandenen Kosten sich als gemäß § 4 ZPO. [oben bei § 9 GKG.] nicht zu berücksichtigende Nebenforderungen darstellen), JW. **90**, 24[2]; **97**, 3[4]; auch bilden, wenn zur Zeit der Einlegung der Berufung seitens des abgewiesenen Klägers die Hauptsache in der Zwischenzeit bereits erledigt war, die Kosten den Streitgegenstand, JW. **97**, 132[4]. — Für **Akte** aber, die **außer den Prozeßkosten noch** einen **Restteil des** im übrigen erledigten **Hauptanspruchs** betreffen, ist dieser Restteil allein, ohne Zusammenrechnung mit den Kosten, der Streitwert, JW. **94**, 366[22]; Gr. 38, 1132; ebenso bildet, wenn auch nach Erledigung des Hauptanspruchs im übrigen nur noch ein Zinsanspruch geltend gemacht wird, dieser allein den Streitwert, und die Kosten bleiben, auch soweit sie durch Einklagung des Kapitals entstanden sind, außer Betracht. RG. **39**, 388; JW. **94**, 366[20], 430[31], 504[1]; **16**, 976[7]. — Ist, nachdem durch **Teilurteil über** die **Hauptsache** und durch **Schlußurteil über** die **Kosten** erkannt worden war, gegen beide Urteile von der unterlegenen

Partei ein **Rechtsmittel** eingelegt, so kommen für die Bemessung des Streitwerts der Rechtsmittelinstanz die Kosten nicht in Betracht, sondern lediglich die Hauptsache, da Teilurteil und Schlußurteil hinsichtlich der Kostenentscheidung ein einheitliches Ganzes bilden und die Kosten nicht Streitgegenstand ohne Hauptanspruch sind. Gr. 57, 1097; HRR. 28, 677. — Wenn der **prinzipale** Antrag des Rechtsmittelklägers nur auf die Prozeßkosten gerichtet ist, ein **eventueller Antrag** aber den Hauptanspruch betrifft, so ist dieser, nicht der Betrag der Kosten für die Berechnung des Streitwerts maßgebend. JW. 99, 540[30]. — Ein Akt, der nur die Kosten des Rechtsstreits ohne den Hauptanspruch betrifft, ist (insbesondere für den Fall der Beschwerde) auch die gemäß § 18 GKG. lediglich zum Zwecke der Kostenberechnung erfolgende **Festsetzung des Streitwerts.** JW. 97, 136[21]; Gr. 41, 1137, vgl. Anm. 1 § 11, Anm. 3 § 12 DGO.

Wertfestsetzung.

11. Die für die Berechnung der Gerichtsgebühren maßgebende Festsetzung des Wertes[1] ist für die Berechnung der Gebühren der Rechtsanwälte maßgebend[2].

[1] **Die Festsetzung des Wertes** (durch die Kammer, nicht den Einzelrichter [§ 348 ZPO.], JW. 28, 1878[21]) erfolgt, wenn sie zum Zwecke der Entscheidung über die sachliche Zuständigkeit des Gerichts (§§ 1 ff. ZPO., § 23 Nr. 1, § 71 Abs. 1 GVG.) oder über die Zulässigkeit eines eine Beschwerdesumme erfordernden Rechtsmittels (§§ 511a, 546, 567 Abs. 2 ZPO.) stattfindet, in der betreffenden Entscheidung (Urteil, Beschluß gemäß §§ 276, 506, 519b Abs. 2, § 544a Abs. 2 ZPO., Beschluß auf Beschwerde). **Für die Berechnung der Gerichtsgebühren und** demgemäß auch der **Anwaltsgebühren** erfolgt sie **gemäß §§ 16—19 GKG.**, von denen aber § 17 die Festsetzung des Wertes zum Zwecke der Entscheidung über die Zuständigkeit oder über die Zulässigkeit des Rechtsmittels für maßgebend erklärt, wie schon hier bemerkt wird.

A. **Diese Vorschriften lauten** (Erläuterung unter B):

16. Bei jedem Antrag ist der Wert des Streitgegenstandes, sofern derselbe nicht in einer bestimmten Geldsumme besteht oder aus früheren Anträgen erhellt, und auf Erfordern auch der Wert eines Teiles desselben schriftlich oder zu Protokoll der Geschäftsstelle anzugeben.

Die Angabe kann jederzeit berichtigt werden.

17. Die zum Zwecke der Entscheidung über die Zuständigkeit des Prozeßgerichts oder die Zulässigkeit des Rechtsmittels erfolgte Festsetzung des Wertes ist, unbeschadet der Vorschriften der §§ 10, 13 für die Berechnung der Gebühren maßgebend.

18. Soweit eine Entscheidung gemäß § 17 nicht stattfindet, setzt das Prozeßgericht den Wert durch Beschluß fest, falls dies eine Partei beantragt oder das Gericht für angemessen erachtet. Auf den Antrag findet § 4 Abs. 3 entsprechende Anwendung. Bei der Zwangsvollstreckung tritt an die Stelle des Prozeßgerichts das Vollstreckungsgericht. Die Festsetzung kann von dem Gerichte, das sie getroffen hat, sowie von dem Gerichte der höheren Instanz im Laufe des Verfahrens auch von Amts wegen geändert werden.

Gegen den Beschluß findet Beschwerde nach Maßgabe des § 567 Abs. 3 und der §§ 568 bis 576 der Zivilprozeßordnung sowie des § 4 Abs. 3 dieses Gesetzes statt.

19. Wird eine Abschätzung durch Sachverständige erforderlich, so ist in dem Beschlusse, durch welchen der Wert festgesetzt wird (§ 18), über die Kosten der Abschätzung zu entscheiden. Dieselben können ganz oder teilweise der Partei zur Last gelegt werden, welche durch Unterlassung der ihr obliegenden Wertangabe oder durch unrichtige Wertangabe, unbegründetes Bestreiten die Abschätzung veranlaßt hat.

B. Erläuterung der §§ 16—19 GKG.

I. § 16 GKG.

Bei jedem Antrag ist der Wert des Streitgegenstandes, sofern derselbe nicht in einer bestimmten Geldsumme besteht oder aus früheren Anträgen erhellt, und auf Erfordern auch der Wert eines Teiles desselben schriftlich oder zu Protokoll der Geschäftsstelle anzugeben.[a]

Die Angabe kann jederzeit berichtigt werden.[b]

a) **Verallgemeinerung** der Vorschrift des § 253 Abs. 3 Nr. 2 ZPO. (Angabe des Streitwerts in der Klage, wenn davon die Zuständigkeit des Gerichts abhängt). — Für einen Zwangsvollstreckungsantrag ist der Streitwert besonders anzugeben. Gr. 30, 1103; JW. 86, 147[13].

b) Auch für das Gericht ist weder eine stillschweigende Billigung der vom Kläger gemachten Wertangabe durch den Beklagten noch eine **übereinstimmende Angabe** des Werts durch beide Parteien bindend. RG. 3, 94; JW. 92, 38[1]; 95, 480[16]; 97, 57[27]. Auch für die Partei selbst, die ein Interesse an der Herabsetzung des Streitwerts hat, ist die Angabe ihres

Anwalts nicht maßgebend. OLG. 27, 12. — Folge der Unterlassung der Angabe: § 19 Satz 2 GKG., s. unten (Kosten der Abschätzung).

II. § 17 GKG.

Die zum Zwecke der Entscheidung über die Zuständigkeit des Prozeßgerichts[c] oder die Zulässigkeit des Rechtsmittels[d] erfolgte Festsetzung des Wertes ist, unbeschadet der Vorschriften der §§ 10, 13,[e] für die Berechnung der Gebühren maßgebend.[f]

c) § 23 Nr. 1, § 71 Abs. 1 GVG. (sachliche Zuständigkeit der Amtsgerichte und der Landgerichte).

d) Durch die Novelle vom 17. 5. 98 an die Stelle von „der Revision" gesetzt, weil durch die Novelle zur ZPO. v. 17. 5. 98 auch für gewisse Beschwerden in betreff der Prozeßkosten das Erfordernis der Beschwerdesumme eingeführt wurde. Nach der ferneren Novelle zur ZPO. v. 5. 6. 05 kam außer der Beschwerdesumme für die Revision von damals mehr als 4000 M. (§ 546 ZPO. in der Fass. d. Nov. v. 22. 5. 10) nur noch die Beschwerdesumme des § 568 Abs. 3 ZPO. (mehr als 50 M. für die weitere Beschwerde gegen Entscheidungen der Landgerichte in betreff der Prozeßkosten) in Betracht. Diese Beschwerdesumme ist demnächst weggefallen. Nach der auf der VO. v. 13. 2. 24 beruhenden Fassung der ZPO. kommen jetzt in Betracht außer der **Revisionssumme** nach § 546 (seit dem 15. 2. 29 [VO. v. 8. 2. 29, RGBl. I 19] mehr als 6000 RM. und für die vor dem 15. 2. 29 verkündeten anzufechtenden Urteile mehr als 4000 RM.) die neu eingeführte **Berufungssumme** nach § 511a Abs. 1 (zur Zeit mehr als 50 RM.) **sowie die Beschwerdesumme** (zur Zeit mehr als 30 RM.) bei Beschwerden **nach § 567 Abs.** 2 (sofortige Beschwerde gegen eine lediglich den Kostenpunkt betreffende Entscheidung nach § 99 Abs. 3). Vgl. ferner § 43 **KonsGerG.** v. 7. 4. 00 (Berufungssumme bei Entscheidungen des Konsuls 300 RM. [VO. v. 18. 6. 26]), sowie § 13 Abs. 4 MietSchG. in d. Fass. v. 17. 2. 28 (bei Aufhebungsklagen aus § 4 selbständige Anfechtung der von § 91 ZPO. abweichenden Kostenentscheidung durch sofortige Beschwerde, jedoch Beschwerdesumme von mehr als 30 RM.). Wegen der Rechtsmittelsummen im arbeitsgerichtlichen Verfahren vgl. §§ 61, 64, 69, 72, 78 ArbGG. v. 23. 12. 26.

e) Der in § 17 GKG. aufgestellte **Grundsatz** ist also zugunsten der Sonderregelungen in §§ 10, 13 GKG. (oben bei § 10 DGO.) durchbrochen. § 10 (früher § 9a) ist hier angezogen durch die Nov. v. 17. 5. 98 zum GKG. mit Rücksicht auf die für gewisse **Mietstreitigkeiten** und **Alimentationsansprüche** die Bestimmung des Streitwerts hinsichtlich der Gebührenberechnung anders als hinsichtlich der sachlichen Zuständigkeit des Gerichts regelnde Vorschrift des § 10 (früher § 9a). In diesem Ausnahmefall ist also die hinsichtlich der sachlichen Zuständigkeit getroffene Wertfestsetzung nicht für die Gebührenberechnung maßgebend, so daß hinsichtlich dieser eine andere Festsetzung erfolgen kann. — Die Ausnahme des § 13 (Zusammenrechnung der Werte der Klage und der Widerklage bei Nichtidentität der Streitgegenstände) ist durch die Nov. v. 21. 12. 22 zum GKG. hinzugefügt.

f) Desgleichen die **auf Beschwerde des Rechtsanwalts** gemäß § 12 DGO. **erfolgte Festsetzung.** RG. 31, 394, auch unten Anm. h. — **Die Festsetzung des § 17** erfolgt, wenn das Prozeßgericht auf Grund der von Amts wegen vorzunehmenden Prüfung seiner sachlichen Zuständigkeit oder der Zulässigkeit eines Rechtsmittels hinsichtlich des Erfordernisses einer Beschwerdesumme (s. oben Anm. d) oder auf die Einrede der sachlichen Unzuständigkeit oder der Unzulässigkeit des Rechtsmittels seitens des Beklagten bzw. Rechtsmittelbeklagten sich für unzuständig erklärt bzw. das Rechtsmittel als unzulässig verwirft bzw. über die Einrede des Beklagten Entscheidung trifft. Über die **Form der Entscheidung** s. Anm. 1 a. A. Sie kann nicht für sich allein auf Grund des § 18 von Amts wegen oder auf Beschwerde geändert, vielmehr **nur mit** dem ordentlichen **Rechtsmittel gegen die Sachentscheidung angefochten** werden. JW. 93, 236[14]. Ist die Einrede der sachlichen Unzuständigkeit des Landgerichts verworfen, weil der Streitwert die Grenze für die Zuständigkeit der Amtsgerichte (zur Zeit nach § 23 Nr. 1 GVG. 500 RM.) übersteige, so kann bei einer demnächstigen Festsetzung des Streitwerts nicht auf eine niedrigere Stufe heruntergegangen werden. JW. 98, 279[10]. Ist die **Berufung** oder die **Revision zugelassen,** so ist, auch wenn eine ausdrückliche Entscheidung über die Höhe des Streitwerts nicht gegeben ist, doch aus der Zulassung des Rechtsmittels zu schließen, daß ein die Berufungs- bzw. die Revisionssumme übersteigender Streitwert angenommen ist, und ist dies bei Festsetzung des Streitwerts der unteren Instanzen zu berücksichtigen. JW. 94, 316[15] (einschränkend LZ. 12, 473[6]). Ist die **Berufung** oder die **Revision** wegen Fehlens der Berufungs- bzw. der Revisionssumme als unzulässig **verworfen**, so darf bei späterer Festsetzung des Streitwerts nicht über die Berufungs- bzw. die Revisionssumme hinausgegangen werden. OLG. 31, 3. — Eine Ausnahme kann sich im Falle der **Widerklage** ergeben mit Rücksicht darauf, daß hinsichtlich der sachlichen Zuständigkeit gemäß § 5 ZPO. eine Zusammenrechnung der Klage- und Widerklagegegenstände nicht stattfindet, während hinsichtlich der Gebührenberechnung nach § 13 GKG. die Gegenstände, sofern sie nicht denselben Streitgegenstand betreffen, zusammenzurechnen sind. Jedoch ist bei Feststellung der **Berufungs-** oder der **Revisionssumme** (s. oben Anm. d), **wenn nur eine Partei** (nicht, wenn beide) **Berufung** oder **Revision eingelegt** hat, ebenfalls der Gegenstand der Klage und der Widerklage, sofern sie nicht etwa denselben Streitgegenstand betreffen, zusammenzurechnen. RG. (VZS.) 7, 383; 46, 398; Gr. 32, 1170; JW. 91, 305[1]; 06, 202[22].

III. § 18 GKG.

Soweit eine Entscheidung gemäß § 17 nicht stattfindet g, setzt das Prozeßgericht h den Wert durch Beschluß fest i, falls dies eine Partei beantragt oder das Gericht für angemessen erachtet k. l Auf den Antrag findet § 4 Abs. 3 entsprechende Anwendung m. Bei der Zwangsvollstreckung tritt an die Stelle des Prozeßgerichts das Vollstreckungsgericht. n Die Festsetzung kann von dem Gerichte, das sie getroffen hat, sowie von dem Gerichte der höheren Instanz im Laufe des Verfahrens von Amts wegen geändert werden. o

Gegen den Beschluß findet Beschwerde nach Maßgabe des § 567 Abs. 3 und der §§ 568 bis 576 der Zivilprozeßordnung p sowie des § 4 Abs. 3 dieses Gesetzes q statt. r

g) Über die Bindung des den Streitwert festsetzenden Gerichts an eine Entscheidung in Gemäßheit des § 17 vgl. oben Anm. f zu § 17 GKG.

h) D. i. das **Gericht der Instanz, für die der Streitgegenstand festgesetzt werden soll** (auch das Berufungsgericht oder Revisionsgericht), selbst wenn das Verfahren in dieser Instanz bereits geschlossen ist. Gr. 35, 1168; JW. 91, 336[14]; 95, 382[15], 480[14]; 96, 671[8]; 97, 57[27]; 98, 576[18]; OLG. 19, 237; auch RG. (VZS.) 44, 407. — Da die Wertfestsetzung, solange die Hauptsache noch nicht erledigt ist, einen Teil des Hauptverfahrens bildet, wird sie bei **Unterbrechung** oder **Aussetzung** des letzteren (§§ 239 ff. ZPO.) unzulässig. OLG. 29, 309. — Hat das Amtsgericht den Anspruch dem Grunde nach für gerechtfertigt erklärt (§ 304 ZPO.) und darauf, nachdem der Kläger seinen Anspruch erhöht hat, die Sache gemäß § 506 ZPO. an das Landgericht verwiesen, so ist dieses zur Festsetzung des Streitwertes des Anspruchs, der dem Grunde nach für gerechtfertigt erklärt worden ist, zuständig. OLG. 19, 237. — Erfolgt die Festsetzung durch das Gericht der **höheren Instanz**, so äußert sie bei gleichem Streitgegenstand auch für die untere Instanz Wirkung, RG. 35, 395, sofern nicht ersichtlich ist, daß die Festsetzung auf den Streitwert der Rechtsmittelinstanz beschränkt sein soll. Hat auf Beschwerde einer Partei das Beschwerdegericht den Streitwert festgesetzt, so kann die untere Instanz nicht auf Antrag einer Partei die Streitwertfestsetzung ändern. JW. 27, 406[16]. — Die **auf die Beschwerde eines** prozeßbevollmächtigten **Rechtsanwalts** gemäß § 12 DGO. erfolgte Festsetzung des Streitwerts ist auch für die Berechnung der Gerichtsgebühren und der Gebühren des Gegenanwalts maßgebend. RG. 31, 395; auch oben Anm. f zu § 17 GKG. Anderseits ist, wenn der Wert des Streitgegenstandes durch gerichtlichen Beschluß festgesetzt ist, dieser gemäß § 11 DGO. auch für die Berechnung der Gebühren der Rechtsanwälte maßgebend, sowie auch für die Festsetzung der von dem Gegner der obsiegenden Partei zu erstattenden Kosten des Rechtsstreits, insbesondere der Anwaltsgebühren. JW. 93, 233[2]; 98, 419[13]. **Klagt ein Anwalt seine Gebühren ein**, so kann das Gericht dieses Prozesses grundsätzlich auch über die Höhe des der Gebührenberechnung zugrunde gelegten Streitwerts des Vorprozesses entscheiden. Ist jedoch der Streitwert des Vorprozesses durch das Prozeßgericht (nicht: durch den Urkundsbeamten der Geschäftsstelle) festgesetzt, so ist das Gericht des Gebührenprozesses an diese Streitwertfestsetzung bei seiner Entscheidung gebunden, solange sie nicht von jenem Prozeßgericht auf Antrag oder von Amts wegen geändert ist. JW. 26, 2473[2], 2704[3]. — Für die **Übergangszeit zur Goldmarkrechnung** ist zu beachten, daß die nach dem 1. 1. 24 in GM. oder RM. erfolgte Wertfestsetzung nicht für die Gebührenabrechnung aus der Inflationszeit gilt. Vielmehr ist für die bis zum 31. 12. 23 abgewickelten Verfahrensteile ein Papiermarkstreitwert so zu ermitteln, wie heute ein Richter ihn annehmen würde. RG. 113, 264, JW. 29, 43[14]. Ergibt sich in einem Schadensersatzprozeß erst nach dem 1. 1. 24, daß der Schaden größer ist, als vor diesem Tage angenommen war, so ist für die Gebühren der Inflationszeit nur der niedrigere Betrag maßgebend. JW. 29, 43[14]. Vgl. auch Anm. 5 § 9 DGO.

i) **Voraussetzung** einer jeden Wertfestsetzung ist, daß eine **gerichtliche Gebühr,** deren Höhe vom Werte des Gegenstandes abhängt, **entsteht.** Ist eine solche Gebühr überhaupt nicht zu erheben (wie z. B. bei begründet befundenen Beschwerden, vgl. § 38 Abs. 2 GKG.), so findet auch eine Wertfestsetzung nicht statt, OLG. 19, 264, auch nicht, wenn Anwaltsgebühren entstanden sind, JW. 95, 10[28]; 98, 348, 540[30]; 03, 9; 26, 859[9], 868[29]; 29, 879[30]; W. 15, 221; HRR. 28, 677 (a. M. JW. 28, 2732[8]). Dies gilt auch: für zweite Klaganträge (s. oben Anm. 1 § 3 ZPO. bei § 10 DGO.), die einen besonderen Streitwert nicht abgeben (z. B. Klagantrag gegen den Ehemann auf Duldung der Zwangsvollstreckung in das Frauengut), JW. 26, 868[29]; wenn das Prozeßgericht oder das Rechtsmittelgericht das Gesuch einer Partei um Bewilligung des Armenrechts für die erste Instanz oder für die Einlegung des Rechtsmittels abgelehnt hat, da für die Entscheidung über das Gesuch eine Gerichtsgebühr mangels einer Gebührenbestimmung (§ 1) nicht zu erheben war, W. 15, 221; JW. 26, 859[9]; 28, 2763[9]; 29, 146[59], 876[23], 879[30] (hier auch keine Kostenfestsetzung, sondern höchstens ein Schadensersatzprozeß, JW. 28, 1526[37]; 29, 885[1]; vgl. dazu auch OLG. 19, 257). Dagegen kann (im Gegensatz zu früher, OLG. 2, 427) jetzt für einen über den Streitgegenstand hinausgehenden Vergleich eine Wertfestsetzung verlangt werden, weil dafür jetzt in § 36 GKG. eine Gebühr vorgesehen ist. — Wegen der Übergangszeit zur Goldmarkrechnung vgl. oben Anm. h § 18 GKG. — Die **Entscheidung** über die Höhe des Streitwerts ist **nach den** in der mündlichen Verhandlung **verlesenen Anträgen** zu treffen. Nicht verlesene Anträge in den Schriftsätzen sind für die Festsetzung nicht maßgebend. JW. 95, 10[28]. Vgl. hinsichtlich der Widerklage in dieser Beziehung Anm. 2 § 13 GKG. (oben bei § 10 DGO.) und hinsichtlich des Falles, daß es nach Ankündigung erweiterter Klag- oder Rechtsmittelanträge zum Vergleich kommt, JW. 00, 46[1]. Die, sei es auch übereinstimmenden **Angaben der Parteien** über den Wert sind für das Gericht nicht bindend. JW. **92**, 38[1]; **95**, 480[17]; **97**, 57[27], 171[22]; auch oben Anm. b zu § 16 GKG. Vgl. jedoch JW. **11**, 459[35] (zu berücksichtigen ein von den Parteien im Laufe der Revisionsinstanz geschlossener Vergleich, aus dem erst die wirkliche Bedeutung des Revisionsantrages erhellt). — Der Frage, ob den prozeßbevollmächtigten **Rechtsanwälten für einzelne Akte** ihrer Tätigkeit eine von einem höheren als dem festgesetzten Streitwerte zu berechnende Gebühr zusteht, kann bei der von dem Prozeßgericht in Gemäßheit des § 18 zu treffenden Wertbestimmung nicht zur Erörterung gezogen werden; sie ist zwischen den Interessenten im Wege des Kostenfestsetzungsverfahrens oder in einem besonderen Rechtsstreit zum Austrag zu bringen. JW. **95**, 10[28]; **98**, 348[2]; **99**, 540[30]; **03**, 9[21] (Gr. 42, 1166). Überhaupt erfolgt die **Wertfestsetzung nicht für einzelne** zu berechnende **Gebühren**, sondern für das Verfahren der Instanz als solches, wobei es allerdings vorkommen kann, daß für **einzelne Abschnitte** des Verfahrens ein **verschiedener Wert** anzusetzen ist. JW. **00**, 46[1]. — Ist, nachdem durch **Teilurteil über** die **Hauptsache** und durch **Schlußurteil über** die **Kosten** entschieden worden war, gegen beide Urteile von der unterlegenen Partei ein **Rechtsmittel** eingelegt, so ist eine Festsetzung des Streitwertes für die Rechtsmittelinstanz bezüglich der Kosten nicht zulässig, da für die Bemessung des Streitwertes lediglich die Hauptsache als Streitgegenstand in Betracht kommt. Gr. 57, 1097, oben Anm. 5 § 15 GKG. bei § 10 DGO.

k) Nach der früheren Fassung des Satzes 1 erfolgte die Festsetzung des Streitwerts, wenn sie „nach der Natur des Streitgegenstandes oder durch den Antrag einer Partei erforderlich wurde". Durch die Nov. v. 21. 12. 22 hat Satz 1 die jetzige Fassung erhalten, wonach, abgesehen von einem **Parteiantrag**, allgemein das **Ermessen des Prozeßgerichts** entscheidet, ob eine Festsetzung des Streitwerts zu erfolgen hat. Zunächst aber hat beim Kostenansatz der **Urkundsbeamte**, auch soweit „nach der Natur des Streitgegenstandes" eine Festsetzung zweckmäßig sein möchte (wie z. B. wenn der Wert nicht durch den Betrag einer Geldforderung so bestimmt wird, daß für das freie Ermessen des Gerichts kein Raum mehr bleibt, vgl. JW. 97, 400[1]; 98, 385[1]), über den Streitwert zu befinden, auch wenn ihm nicht auf Grund des Art. VI § 1 EntlG. v. 11. 3. 21 von der Landesjustizverwaltung die

Wertfestsetzung überhaupt übertragen worden ist. — **Die Festsetzung** (welche zweckmäßigerweise durch besonderen Beschluß, nicht etwa im Zusammenhange mit anderen Entscheidungen zu treffen ist, JW. 97, 240[48]) **kann jederzeit von Amts wegen** erfolgen, ohne daß ein Streit darüber unter den Parteien zu bestehen braucht. JW. 97, 57[27]. Anderseits **muß** jedes Instanzgericht **auf Antrag einer Partei** den Streitwert für seine Instanz festsetzen, und zwar gleichviel, ob diese beendet ist oder nicht, Gr. 35, 1168; JW. 91, 11[30], 336[14]; 95, 382[15], 480[14]; 96, 671[3]; 97, 57[27], und unabhängig davon, daß das Verfahren in der Instanz bis zu einem gewissen Grade vorgeschritten ist, JW. 02, 391[2]. Auch wenn der Gegner des armen Klägers die Festsetzung beantragt. Gr. 48, 1163 (JW. 04, 149[22]). Der Partei kann auch nicht verwehrt werden, wegen eingetretener Änderung die Festsetzung in jeder Instanz von neuem zu beantragen, so auch in der zweiten Instanz, vor welcher die Sache anhängig ist, selbst wenn diese Instanz auf Beschwerde bereits über den Streitwert der ersten Instanz entschieden hat. Gr. 42, 1164 (JW. 98, 418[11]). Auch die **Staatskasse** kann nach § 4 Festsetzung des Streitwerts verlangen, um seine Herabsetzung und damit eine Ermäßigung der an den Armenanwalt zu entrichtenden Gebühren herbeizuführen. JW. 27, 862[24].

l) Durch den von der Nov. v. 21. 12. 22 eingefügten Satz 2 ist (was nach richtiger Ansicht auch schon früher galt, W. 11, 306) klargestellt, daß für den Antrag auf Festsetzung auch in Landgerichtssachen **kein Anwaltszwang** besteht. — Stellt ein **Rechtsanwalt** im Namen einer Partei den Antrag auf Festsetzung, so muß er sich durch schriftliche Vollmacht ausweisen. W. 11, 306; 15, 221. Aus eigenem Recht und in eigenem Namen ist ein prozeßbevollmächtigter Anwalt zur Stellung des Antrags auf Festsetzung nicht berechtigt. W. 15, 221. Nur die Beschwerde gegen eine erfolgte Festsetzung steht ihm nach § 12 DGO. aus eigenem Recht zu. Anm. q, r.

m) Das Verfahren auf **Festsetzung** des Streitwerts ist **gebührenfrei**, auch im Falle eines auf Festsetzung gestellten Antrags, da eine Gebühr nicht bestimmt ist (§ 1 GKG.; die frühere ausdrückliche Bestimmung der Gebührenfreiheit ist durch die Nov. v. 21. 12. 22 gestrichen). Nicht aber das Verfahren auf Beschwerden über eine Wertfestsetzung. Vgl. JW. 95, 521[15], § 38 Abs. 2 GKG.

n) § 764 ZPO. — Hinsichtlich **des Streitwertes** in der

Zwangsvollstreckungsinstanz vgl. oben Anm. 1 § 3 ZPO. bei § 10 DGO. — Nach der früheren Fassung des Satzes 1 („wenn der Wert noch nicht festgesetzt ist") fand, wenn eine **Festsetzung** des Streitwerts **bereits durch** das **Prozeßgericht** erfolgt und der Streitwert der Zwangsvollstreckung der gleiche war, eine weitere Festsetzung des Streitwerts durch das Vollstreckungsgericht nicht statt. (OLG. **31**, 205.) Nach der jetzigen Fassung durch die Nov. v. 18. 8. 23 (wodurch die Worte in der obigen Klammer gestrichen wurden) hat das **Vollstreckungsgericht selbständig** und unabhängig vom Prozeßgericht den Streitwert nach dem Umfang des beizutreibenden Anspruchs und nach dem Zeitpunkt der Einleitung der Zwangsvollstreckung (§ 9 Abs. 2 S. 2 GKG. oben bei § 10 DGO.) festzusetzen. — Die **Kosten** (Gebühren und Auslagen) der **Zwangsvollstreckung**, die der Schuldner dem Gläubiger zu erstatten hat, können, sofern sie nicht gemäß § 788 Abs. 1 S. 2 ZPO. bei der Zwangsvollstreckung mit beigetrieben werden, auf dem Wege des § 103 ZPO. festgesetzt werden. Zuständig für diese **Festsetzung** ist **im allgemeinen** nicht das Vollstreckungsgericht, sondern gemäß § 103 Abs. 2 ZPO. das **Prozeßgericht**. RG. 85, 132; OLG. **31**, 205. Jedoch ist das Vollstreckungsgericht in solchen Fällen, in denen es nicht bloß die Vollstreckung durchzuführen, sondern gleich dem Prozeßrichter einen besonderen Streit zu entscheiden hat (vgl. §§ 766, 769 Abs. 1, §§ 899 ff. ZPO.), zur Festsetzung der Kosten dieser Entscheidung befugt. RG. 85, 133.

o) Die **Befugnis der höheren Instanz zur Abänderung** (Minderung oder Erhöhung) der von keiner Seite angefochtenen Festsetzung des Streitwerts der Vorinstanz setzt voraus, daß die Sache selbst infolge eines zulässigen Rechtsmittels an die höhere Instanz gelangt ist. Diese Voraussetzung ist nicht gegeben, wenn die höhere Instanz nur mit einer Beschwerde über die Festsetzung des Streitwerts selbst befaßt ist (streitig). RG. **14**, 352; JW. **93**, 488[11]; **96**, 693[22]; **97**, 466[26]; **02**, 133[45]; auch **07**, 678[21] (a. M. OLG. **19**, 237, s. auch unten RG. **71**, 321). Dagegen ist die Abänderung zulässig: wenn die Sache infolge einer Beschwerde über einen Kostenfestsetzungsbeschluß an die höhere Instanz gelangt ist, RG. (VZS.) **44**, 403; Gr. 38, 1166; JW. **94**, 182[13]; **99**, 3[8] (entgegen RG. **14**, 352; JW. **97**, 608[25]; 98, 419[13]), oder infolge einer Beschwerde über ein Kostenurteil, JW. **29**, 883[39]; wenn die höhere Instanz mit der Beschwerde über Festsetzung der dem Armenanwalt aus der Staatskasse zu erstattenden Gebühren befaßt ist, JW. 26, 71[6]. — Die Änderung von Amts wegen kann nur „**im Laufe des Verfahrens**“ erfolgen. Diese Worte beziehen sich sowohl auf das Gericht der höheren Instanz wie auf das Gericht, das die Festsetzung des Streitwerts getroffen hat. JW. 25, 1420[11]; 26, 859[11]; HRR. 28, 477, 478, 1055. In der Regel hat mit Erlaß eines Urteils der Lauf des Verfahrens in der betreffenden Instanz aufgehört. JW. 26, 859[11]. Hat daher die höhere Instanz bereits ein Urteil erlassen, so kann sie den Streitwert der Vorinstanzen nur auf Beschwerde einer Partei, nicht mehr von Amts wegen, anderweitig festsetzen. JW. 95, 382[15]; 96, 74[28]; 27, 1308[1]; HRR. 28, 1055. Ferner kann in Armensachen nach erfolgter Festsetzung der dem Armenanwalt aus der Staatskasse zu erstattenden Gebühren das festsetzende Gericht nicht nachträglich von Amts wegen den der Gebührenberechnung zugrunde gelegten Streitwert ändern. JW. 26, 859[11]; HRR. 28, 478. Jedoch ist in RG. 71, 321 als Konsequenz von RG. (VZS.) 44, 403 angenommen, daß die Abänderung der Wertfestsetzungen der unteren Instanzen auch dann zulässig sei, wenn nach Erlassung des Urteils die Festsetzung des Werts für die höhere Instanz beantragt werde, da das Wertfestsetzungsverfahren dem Kostenfestsetzungsverfahren gleichzustellen sei. Ebenso OLG. 19, 237. Hat das Gericht übersehen, über eine Beanstandung der Wertfestsetzung zu entscheiden, oder war die Entscheidung vor Urteilserlaß untunlich, so kann auch noch später die Abänderung erfolgen. HRR. 28, 477. — Wenn die höhere Instanz auf Beschwerde einer Partei den Streitwert festgesetzt hat, kann die untere Instanz diese Festsetzung nicht ändern. RG. 37, 383. Nach OLG. 31, 2 gilt dies auch, wenn das Reichsgericht von Amts wegen den Streitwert anders als die untere Instanz festgesetzt hat. Wohl aber kann die **höhere Instanz die von ihr** früher im Beschwerdewege hinsichtlich des Streitwerts der Vorinstanz **getroffene Festsetzung**, auch von Amts wegen, wiederum **ändern**. RG. 33, 377; 37, 383; JW. 96, 301[8]; 98, 418[11] (Gr. 42, 1164). — Satz 4 setzt voraus, daß das Gericht der Vorinstanz den Streitwert durch einen Beschluß gemäß § 18 GKG. festgesetzt hat. Ist ein solcher Beschluß in der Vorinstanz nicht erfolgt, so kann das **Gericht höherer Instanz nicht von sich**

aus den Streitwert der Vorinstanz festsetzen. JW. **98**, 576[18]. Bei gleichem Streitgegenstande wirkt die Festsetzung der höheren Instanz aber auch für die Vorinstanz; s. Anm. b. — Über Unzulässigkeit der Änderung von Amts wegen, wenn eine Festsetzung des Streitwerts gemäß § 17 GKG. erfolgt ist, vgl. oben Anm. f zu § 17 GKG.

p) Die Festsetzung des Streitwerts kann nur auf dem **Beschwerdewege, nicht** durch **Erinnerung** gemäß § 4 GKG. angegriffen werden. OLG. **31**, 200. Ist die Festsetzung durch den nach Art. VI § 1 EntlG. (s. Anm. k) ermächtigten Urkundsbeamten der Geschäftsstelle erfolgt, so ist vor der Beschwerde zunächst gemäß § 576 ZPO. die Entscheidung des Gerichts nachzusuchen. Gegen die erstinstanzlichen Wertfestsetzungen des Amtsgerichts oder des Landgerichts findet **Beschwerde** ohne Beschränkung statt. Dagegen sind nach den § 567 Abs. 3, § 568 Abs. 3 ZPO. Festsetzungen der Oberlandesgerichte mit der Beschwerde nicht anfechtbar und findet gegen beschwerdeinstanzliche Entscheidungen der Landgerichte, da sie die Prozeßkosten im Sinne des § 568 Abs. 3 betreffen (RG. **61**, 417; JW. **07**, 678[2]), eine weitere Beschwerde nicht statt. — **Der Streitwert der Beschwerde** besteht, wenn seitens einer Partei Herabsetzung des festgesetzten Streitwerts verlangt wird, nicht in der Differenz zwischen dem festgesetzten und dem von dem Beschwerdeführer für angemessen erachteten Wertbetrage, sondern in dem Unterschied zwischen denjenigen beiden Kostenbeträgen, welche sich ergeben, je nachdem die Kosten (Gerichtskosten und Anwaltsgebühren) nach Maßgabe des vom Beschwerdeführer in Antrag gebrachten oder des festgesetzten Streitwerts berechnet werden. Gr. **41**, 1135 (JW. **97**, 136[21]). Wenn dagegen ein Rechtsanwalt mit der gemäß § 12 DGO. eingelegten Beschwerde Erhöhung des Streitwerts beantragt, besteht der Wert des Streitgegenstandes der Beschwerde in dem Unterschied zwischen den Gebühren, welche dem beschwerdeführenden Anwalt bei Zugrundelegung der von ihm angefochtenen Wertfestsetzung, und denjenigen, die ihm nach der von ihm beanspruchten Festsetzung zustehen würden. RG. (VZS.) **45**, 402; JW. **00**, 146, 147. Jedoch kommen nur die Gebühren einer Instanz in Betracht, auch wenn der Anwalt in mehreren Instanzen Prozeßbevollmächtigter gewesen ist. RG. **46**, 365. Wenn die Anwälte beider Parteien Beschwerde einlegen, findet eine Zusammenrechnung der Beschwerdesummen nicht statt. RG. 51, 173. — Die Beschwerde muß **derart begründet** sein, daß aus ihr zu erkennen ist, inwieweit die Abänderung der Festsetzung des Streitwerts verlangt wird. JW. 04, 491[16]. — Für die Beschwerde sind auch die nach den §§ 568 ff. ZPO. bezüglich der Beschwerden **allgemein geltenden Grundsätze** maßgebend. Deshalb ist eine Abänderung der Vorentscheidung zum Nachteil des Beschwerdeführers nicht statthaft. JW. 97, 171[22], 466[26]. — Die **Beschwerde** findet ferner **nur gegen den Beschluß statt**, durch welchen die **Festsetzung** des Streitwerts **erfolgt** ist, und gegen den, durch welchen die Festsetzung im Laufe des Verfahrens von Amts wegen geändert wird. JW. 95, 480[15]; 01, 226[2]. Deshalb ist die Beschwerde gegen einen Beschluß, durch welchen die Anregung einer Partei, die erfolgte Festsetzung des Streitwerts im Laufe des Verfahrens von Amts wegen zu ändern, abgelehnt wird, nicht zulässig. JW. 95, 480[15]; 96, 57[6]. — Über Unzulässigkeit der Beschwerde, wenn eine Festsetzung des Streitwerts gemäß § 17 GKG. erfolgt ist, vgl. oben Anm. f zu § 17 GKG.

q) Danach kann die **Einlegung der Beschwerde** seitens einer Partei oder eines Anwalts in ihrem Namen auch im Anwaltsprozesse durch Erklärung zu Protokoll der Geschäftsstelle oder schriftlich ohne Mitwirkung eines Anwalts erfolgen. Demgemäß kann gegen die Festsetzung des Streitwerts der höheren Instanz auch der bei diesem Gerichte nicht zugelassene Anwalt der unteren Instanz Beschwerde einlegen. JW. 95, 480[15]; OLG. 19, 253. Anders bei der Beschwerde des Anwalts aus eigenem Rechte, s. Anm. 2 § 12 DGO.

r) Die Beschwerde steht auch der **Staatskasse** zu. Gr. 28, 1178 (JW. 91, 305[2]). Dagegen nicht dem ohne Kostenpflicht aus dem Prozesse tretenden Teil. Reichsgericht v. 9. 6. 85 (Blum 3, 44). — Die **Beschwerde einer Partei** selbst oder des Anwalts im Namen und Auftrage seiner Partei ist **nur auf Herabsetzung**, nicht auf Erhöhung des festgesetzten Streitwerts zulässig, weil die Partei durch die zu niedrige Festsetzung nicht beschwert wird. RG. 22, 425; JW. 94, 55[3], 514[3], 544[11]; 95, 102[6]; 97, 268[5]; 98, 576[20]; 99, 439[23]; 03, 67[11]. Die Beschwerde ist auch nicht zulässig: gegen einen amtsgerichtlichen Festsetzungsbeschluß zu dem Zwecke, sich zu vergewissern, ob das Landgericht die Berufungssumme (§ 511a ZPO.) annehmen werde (vgl. für die frühere gleiche Beschwerde an das Revisionsgericht bezüglich der Revisionssumme JW. **92**, 213[1]; **94**, 55[2]; **95**, 102[6]; **97**, 263[5]); ferner nicht, wenn die Partei Sicherheit für Prozeßkosten zu verlangen berechtigt ist (§ 110 ZPO.), da die Festsetzung des Streitwerts auch für die Gebühren der Anwälte gemäß § 11 DGO. maßgebend und danach die Sicherheit zu berechnen ist. JW. **96**, 150[28]. Dagegen kann der **Anwalt** der Partei **aus eigenem Recht** gemäß § 12 DGO. Beschwerde **nur auf Erhöhung** (nicht auf Herabsetzung) des Streitwerts einlegen. Hierüber sowie über Verfolgung entgegengesetzter Interessen seitens des Anwalts und seiner Partei durch Beschwerden über die Wertfestsetzung s. Anm. 2 § 12 DGO. — In **Preußen** ist im Verfahren nach dem MietSchG. v. 17. 2. 28 ein Beschluß der **Rechtsbeschwerdestelle** über die Festsetzung des Streitwerts gemäß § 15 VerfAno. v. 19. 9. 23 unanfechtbar, JW. **26**, 1034[7] (a. M. in ständiger Praxis das Kammergericht, JW. **24**, 2036[10]), ebenso ein Beschluß des Mieteinigungsamtes, OLG. **44**, 7.

IV. § 19 GKG.

Wird eine Abschätzung durch Sachverständige erforderlich, so ist in dem Beschlusse, durch welchen der Wert festgesetzt wird (§ 18), über die Kosten der Abschätzung zu entscheiden. Dieselben können ganz oder teilweise der Partei zur Last gelegt werden, welche durch Unterlassung der ihr obliegenden Wertangabe oder durch unrichtige Wertangabe, unbegründetes Bestreiten der Wertangabe oder unbegründete Beschwerde die Abschätzung veranlaßt hat s.

s) Wenn das Gericht gemäß § 3 ZPO. bezüglich der Frage der sachlichen **Zuständigkeit** oder der Zulässigkeit eines Rechtsmittels (§§ 511a, 546, 567 Abs. 2 ZPO.) behufs Ermittelung des Wertes des Streitgegenstandes eine beantragte Beweisaufnahme oder von Amts wegen die Einnahme des Augenscheins oder die Begutachtung durch Sachverständige anordnet (vgl. oben Anm. 4 § 3 ZPO. bei § 10 DGO.), so gehören die hierdurch entstehenden Kosten zu den allgemeinen Kosten des Rechtsstreits, die von der unterliegenden Partei zu tragen sind. Erachtet das Gericht dagegen zwecks Festsetzung des Streitwerts für die **Gebührenberechnung** (§ 18 GKG.) die Abschätzung durch Sachverständige für erforderlich, so kommt § 19 GKG. zur Anwendung. Danach fallen die hierdurch entstehenden Kosten, wenn keiner der in Satz 2 aufgeführten Gründe (namentlich Unterlassung der nach § 16 dem Antragsteller obliegenden Wertangabe) zur Auferlegung an eine Partei vorliegt, der Staatskasse zur Last, gleichviel, ob die Abschätzung von Amts wegen oder auf Antrag angeordnet wird. JW. 00, 894[5]. — Es genügt überschlägliche Schätzung durch das Gericht und es braucht kein Gutachten erfordert zu werden, dessen Kosten im Mißverhältnis zu dem verfolgten Zwecke stehen würden. OLG. 27, 9. — Eine **Beschwerde** gegen die auf Grund der Abschätzung erfolgende Wertfestsetzung nach § 18 Abs. 2 umfaßt auch die Entscheidung über die Kosten der Abschätzung. Dagegen kann der Beschluß gemäß § 99 Abs. 1 ZPO. nicht wegen etwaiger Auferlegung der Abschätzungskosten allein mit der Beschwerde angefochten werden. JW. 00, 894[5]. Die Parteien haben auch kein Beschwerderecht darüber, daß dem Sachverständigen zu hohe Gebühren gezahlt seien. JW. 99, 492[23].

[2] [Anm. 2 zu § 11 DGO.]. Hat der Anwalt schuldhaft durch Antragserhöhung das Objekt erhöht, so kann er sich insoweit auf den Streitwertbeschluß nicht berufen. W. 28, 134. Auf die bloße Kostenerhöhung durch höhere Anträge braucht er aber im allgemeinen nicht hinzuweisen. RG. 118, 365; W. 28, 134. — Die gerichtliche Streitwertfestsetzung ist nur dann für die Anwaltsgebühren maßgeblich, wenn die Festsetzung und die Tätigkeit des Rechtsanwalts denselben Gegenstand betreffen. Die Frage, ob den **Parteivertretern für einzelne Akte** ihrer Tätigkeit eine von einem **höheren** als dem festgesetzten **Streitwerte** zu berechnende Gebühr zusteht, kann bei der von dem Prozeßgerichte gemäß § 18 GKG. zu treffenden Wertbestimmung nicht zur Erörterung gezogen, sondern zwischen den Beteiligten nur im Wege des Kostenfestsetzungsverfahrens oder im besonderen Rechtsstreit ausgetragen werden. JW. 95, 10[28]; 98, 348[2]; 99, 540[30]; 03, 9[21] (Gr. 42, 1166). Überhaupt erfolgt die **Wertfestsetzung** nicht für einzelne zu berechnende Gebühren, sondern **für das Verfahren der Instanz** als solches, wobei es allerdings vorkommen kann, daß für einzelne Abschnitte des Verfahrens ein verschiedener Wert anzusetzen ist. JW. 00, 46[1]; OLG. 19, 238. Vgl. hinsichtlich der Fälle, in denen die Prozeßgebühr von einem höheren als dem festgesetzten Streitwerte zu berechnen ist, Anm. 3 § 13 DGO. — Ferner ist die für die Gerichtsgebühren maßgebende Festsetzung des Werts für die Berechnung der Anwaltsgebühren dann nicht oder doch nicht in

vollem Umfange maßgebend, wenn **auf der einen Parteiseite mehrere Personen bei verschiedenen Ansprüchen beteiligt und** durch **verschiedene Anwälte** vertreten sind. Während bei der Festsetzung des Streitwerts für die Berechnung der Gerichtsgebühren nach § 9 GKG., § 5 ZPO. die mehreren Ansprüche zusammenzurechnen sind, können die Anwälte ihre Gebühren nur je nach dem Werte des Anspruchs berechnen, bei dem die von ihnen vertretene Person beteiligt ist (z. B. kann, wenn gegen A wegen eines 300 RM. wertigen, gegen B wegen eines 1000 RM. wertigen Anspruchs geklagt ist, der Anwalt des A nur nach dem Objekte von 300 RM., der Anwalt des B nur nach dem Objekte von 1000 RM. die Gebühren berechnen). OLG. 21, 159, Anm. 1 § 5 ZPO. bei § 10 DGO. Auch sonst kann die Sachlage so gestaltet sein, daß die Gebühren oder einzelne Gebühren eines Anwalts nur nach einem Teile des Streitwerts zu berechnen sind. So z. B. kann der Anwalt, wenn nur über einen Teil des Streitgegenstandes Beweis erhoben ist, sowohl die Beweisgebühr als auch die Gebühr für die weitere Verhandlung aus § 17 nur nach dem Werte dieses Teiles berechnen. RG. 42, 409; OLG. 21, 160. Vgl. hierüber ferner Anm. 1, 2 § 12 GKG. bei § 10 DGO. — Ist eine **Wertfestsetzung nicht erfolgt,** so hat, falls es wegen der **Gebühren zu einem Prozesse** zwischen dem Rechtsanwalt und seinem Auftraggeber kommt, das in diesem erkennende Gericht auch über die Höhe des Streitwerts zu entscheiden. RG. 31, 420; JW. 93, 270[17]. — Vgl. auch Anm. 4 § 12 DGO. (die auf Beschwerde des Anwalts erfolgte Wertfestsetzung ist auch für die Gerichtsgebühren und die Gebühren des Gegenanwalts maßgebend). — Wegen der Unmaßgeblichkeit der nach dem 1. 1. 24 erfolgten Goldmarkwertbeschlüsse für die Papiermarkgebühren der Inflationszeit s. Anm. h § 18 GKG. und Anm. 5 § 9 DGO.

12. Gegen den im § 18 des Gerichtskostengesetzes bezeichneten Beschluß[1] steht dem Rechtsanwalte die Beschwerde[2] nach Maßgabe des § 567 Abs. 3 und der §§ 568 bis 575[3] der Zivilprozeßordnung zu[4].

[1] **Es muß ein besonderer Beschluß bezüglich des Streitwerts** vorliegen. Dies ist nicht der Fall, wenn in einem

Kostenfestsetzungsbeschlusse zur Begründung dargelegt wird, daß der Streitwert auf einen geringeren Betrag, als er der Gebührenberechnung des Anwalts zugrunde gelegt war, anzunehmen sei. JW. **93**, 563[25]; **97**, 240[48]. — Ferner muß der Festsetzungsbeschluß nicht nur für die Berechnung der Gerichtsgebühren, sondern auch für die der Anwaltsgebühren maßgebend sein. Bestimmt sich der Gegenstandswert für beide Gebühren nach verschiedenen Grundsätzen, so ist § 12 nicht anwendbar. Vgl. hierüber KGJ. 28, B 43; **42**, 292 u. Anm. 1 Art. 16 LGO. — Gegen **Kostenfestsetzungsbeschlüsse**, die gemäß § 104 ZPO. durch den Urkundsbeamten der Geschäftsstelle erlassen werden, hat der Anwalt, außer im Falle des § 124 ZPO. (Armenrecht), im eigenen Namen kein Erinnerungs- oder Beschwerderecht gemäß § 104 Abs. 3 ZPO., RG. **9**, 390; JW. **93**, 37[5], 563[25]; **94**, 9[15]; **96**, 57[7]; OLG. 5, 470, auch nicht, wenn die Gebühren deshalb herabgesetzt sind, weil der Wert des Streitgegenstandes nicht richtig bemessen sei, JW. **97**, 240[48], 543[5]; **98**, 144[14]. Über das Recht der Partei selbst zur Beschwerde gegen einen Kostenfestsetzungsbeschluß wegen zu niedriger Bemessung des Streitwerts vgl. Anm. 2. — § 12 gilt auch im **Aufwertungsverfahren.** JW. 27, 1331[1].

[2] Nur die **Beschwerde** über einen erlassenen Wertfestsetzungsbeschluß steht dem Anwalt zu. Dagegen ist er nicht berechtigt, aus eigenem Rechte und in eigenem Namen einen **Antrag auf Festsetzung** des Wertes des Streitgegenstandes zu stellen. W. **15**, 221; JW. **29**, 879[30]. Ist auf Grund der Festsetzung ein Rechtsmittel wegen mangelnder Beschwerdesumme verworfen, so ist eine Beschwerde unzulässig, die die Streitwerterhöhung soweit begehrt, daß das Rechtsmittel zulässig gewesen wäre. JW. 28, 127[20]. — War der Rechtsstreit nicht bei einem Amtsgericht anhängig, so besteht **Anwaltszwang** im Sinne der §§ 78, 569 Abs. 2 ZPO., RG. **10**, 374; JW. **94**, 514[3]; **02**, 610[19]; OLG. **19**, 253; auch im Arrestverfahren, JW. 28, 1523[27]. Der Anwalt muß also, wenn er die Beschwerde bei einem Gericht einlegt, bei dem er nicht zugelassen ist, sich eines zugelassenen Anwalts bedienen. JW. **89**, 528[5]; **96**, 584[5]; **02**, 610[19], OLG. **19**, 253. Anders, wenn die Partei selbst oder der Anwalt in ihrem Namen Beschwerde gegen die Wertfestsetzung einlegt. Vgl. Anm. 1q § 11 DGO. — **Die Beschwerde steht nur demjenigen Anwalt zu, der an der Er-**

höhung (nicht an der Herabsetzung) des Streitwerts in Ansehung seiner Gebührenforderung **ein Interesse hat.** Daher nicht dem prozeßbevollmächtigten Anwalte zweiter Instanz gegen die Wertfestsetzung für die erste Instanz. JW. **99**, 335². Auch kann der prozeßbevollmächtigte Anwalt erster Instanz die für die zweite Instanz erfolgte Festsetzung des Streitwerts nur bei Nachweis eines besonderen Interesses anfechten. JW. **97**, 572³³; **98**, 576¹⁹; **01**, 226². Ein solches Interesse liegt z. B. vor, wenn die vom Berufungsgericht erlassene Festsetzung bei gleichem Streitgegenstand auch für die erste Instanz Wirkung äußert. JW. **97**, 572³³. — Die Beschwerde des Anwalts ist überhaupt nur wegen zu niedriger, nicht auch wegen zu hoher Wertfestsetzung zulässig. RG. **22**, 425. — Umgekehrt hat die **Partei** ein **Beschwerderecht** wegen zu niedriger Festsetzung nicht: Anm. 1r § 11 DGO. Dies soll nach OLG. **23**, 260 auch dann gelten, wenn ein Anwalt den Rechtsstreit für sich selbst führt. Mit Recht ist jedoch in JW. **16**, 1433[10] unter Hinweis auf § 7 DGO. angenommen, daß der Anwalt auch in solchem Falle zur Beschwerde zwecks Erhöhung der Wertfestsetzung berechtigt ist. Abgesehen von diesem Falle kann die Partei einen ergangenen Kostenfestsetzungsbeschluß wegen zu niedriger Festsetzung der ihr von dem Gegner zu erstattenden Anwaltskosten gemäß § 104 Abs. 3 ZPO. anfechten, JW. **93**, 344⁸; jedoch nur, wenn eine Wertfestsetzung durch besonderen Beschluß nicht stattgefunden hat, JW. **96**, 599[15]; **98**, 419[13] (dagegen verneint OLG. **5**, 470 das Anfechtungsrecht überhaupt, weil mit Rücksicht auf den Weg des § 107 ZPO., wonach jede nachträgliche Änderung der Streitwertfestsetzung zum Antrag auf entsprechende Änderung des Kostenfestsetzungsbeschlusses berechtigt, für eine Anfechtung kein Interesse gegeben sei). — Ferner ist die Partei, deren Anwalt in eigenem Namen eine Erhöhung des festgesetzten Streitwerts beantragt und erwirkt hat, dadurch nicht behindert, ihr eigenes entgegengesetztes Interesse zu verfolgen und die Wiederherabsetzung des Streitwerts zu beantragen. RG. **07**, 004. Ist umgekehrt auf Beschwerde der Partei der Streitwert herabgesetzt, so steht dem Anwalt nur in Höhe des Mehrbetrags des erstinstanzlichen Beschlusses die Beschwerde zu. JW. **96**, 693[22]. — Es muß aus der Fassung der Beschwerde hervorgehen, daß der **Anwalt in eigenem Namen, nicht im Namen der Partei** Beschwerde einlegt. JW. 98, 279[10], vgl. RG. 17, 377; 22, 426; JW. 86, 42[18]; 87, 328[8]; 94, 514[3]. Im Zweifel jedoch ist ersteres anzunehmen; so, wenn nicht erwähnt ist, in wessen Namen Beschwerde eingelegt wurde. JW. 99, 439[21]; 16, 1290. Es soll aber das Gericht, wenn Zweifel bestehen, den Anwalt zunächst befragen. JW. 99, 163[10]; 00, 124[3]. — Die gegnerische Partei ist nicht Beschwerdegegnerin des Anwalts. Daher treffen die **Kosten der Beschwerde** des Anwalts, auch wenn zu seinen Gunsten entschieden wird, weder ganz noch zum Teile die gegnerische Partei. RG. 12, 361; JW. 97, 466[26]; 98, 253[1]; OLG. 19, 237. Die Kosten der zurückgewiesenen Beschwerde (§ 97 ZPO., § 15 Abs. 3, § 38 Abs. 2 GKG.) hat der Anwalt, nicht seine Partei zu tragen. JW. 91, 311[18]; 98, 297[10]. — In **Preußen** ist im Verfahren nach dem MietSchG. v. 17. 2. 28 ein Beschluß der **Rechtsbeschwerdestelle** über die Festsetzung des Streitwerts der Rechtsbeschwerde gemäß § 15 VerfAO. v. 19. 9. 23 unanfechtbar, also auch für den Anwalt. JW. 26, 1034[7] (a. M. in ständiger Praxis das Kammergericht, JW. 24, 2036[10]). Ebenso ein Beschluß des Mieteinigungsamtes. OLG. 44, 7.

[3] Gegen die erstinstanzlichen Wertfestsetzungen des Amtsgerichts und des Landgerichts findet **Beschwerde** ohne Beschränkung statt. Dagegen sind nach § 567 Abs. 3, § 568 Abs. 3 ZPO. Festsetzungen der Oberlandesgerichte mit der Beschwerde nicht anfechtbar und findet gegen beschwerdeinstanzliche Entscheidungen der Landgerichte, da sie die Prozeßkosten im Sinne des § 568 Abs. 3 betreffen (RG. 61, 417; JW. 07, 678[2]), eine weitere Beschwerde nicht statt. — Der **Wert** des Streitgegenstandes **der Beschwerde** besteht in dem Unterschiede zwischen den Gebühren, die dem beschwerdeführenden Anwalt bei Zugrundelegung der von ihm angefochtenen Wertfestsetzung, und denjenigen, die ihm nach der von ihm beanspruchten Festsetzung zustehen würden. RG. (VZS.) 45, 402; JW. 00, 146, 147; auch JW. 20, 713. Jedoch kommen nur die Gebühren einer Instanz in Betracht, auch wenn der Anwalt in mehreren Instanzen Prozeßbevollmächtigter gewesen ist. RG. 46, 365. Wenn die Anwälte beider Parteien Beschwerde einlegen, findet eine Zusammenrechnung der Beschwerdesummen nicht statt. RG. 51, 173. — Wird dagegen von der Partei selbst mit der Beschwerde Herabsetzung des festgesetzten Streitwerts verlangt, so be-

stimmt sich der Streitwert der Beschwerde nach dem Unterschiede zwischen denjenigen beiden Kostenbeträgen, die sich ergeben, je nachdem die Kosten (Gerichtskosten und Anwaltsgebühren zusammen) nach Maßgabe des vom Beschwerdeführer in Antrag gebrachten oder des festgesetzten Streitwerts berechnet werden. Gr. 41, 1135 (JW. 97, 136[21]). Vgl. im übrigen Anm. 1p § 11 DGO.

[4] Die auf die Beschwerde des Anwalts erfolgte Festsetzung ist auch für die Berechnung der Gerichtsgebühren und der Gebühren des Gegenanwalts maßgebend. RG. 31, 395.

Tarifsystem.

a) **Prozeß-, Verhandlungs-, Vergleichs- und Beweisgebühr.** Dem Rechtsanwalt stehen zu für Erledigung des Prozesses durch

a) Urteil ohne streitige Verhandlung: der 1½fache Gebührensatz. § 13 Nr. 1, 2, § 16.

b) Urteil nach streitiger Verhandlung: der 2fache Gebührensatz. § 13 Nr. 1, 2.

c) Urteil nach streitiger Verhandlung und Beweisaufnahme: der 3fache Gebührensatz. § 13 Nr. 1, 2, 4, § 17.

13. Die Sätze des § 9 stehen dem als Prozeßbevollmächtigten[1] bestellten Rechtsanwalte zu[2]:

1. **für den Geschäftsbetrieb, einschließlich der Information (Prozeßgebühr)[3];**
2. **für die mündliche Verhandlung (Verhandlungsgebühr)[4];**
3. **für die Mitwirkung bei einem zur Beilegung des Rechtsstreits abgeschlossenen Vergleiche (Vergleichsgebühr)[5].**

Die Sätze des § 9 stehen demselben zu fünf Zehnteilen zu:

4. **für die Vertretung in dem Termine zur Leistung des durch ein Urteil auferlegten Eides[6] sowie in einem Beweisaufnahmeverfahren[7], wenn die Beweisaufnahme nicht bloß in Vorlegung der in**

den Händen des Beweisführers oder des Gegners befindlichen Urkunden[8] besteht (Beweisgebühr)[9].

[1] **Prozeßbevollmächtigter.** Der für alle Prozeßhandlungen bevollmächtigte Anwalt. § 81 ZPO. Die Gebühren des für einzelne Prozeßhandlungen bevollmächtigten oder vom Prozeßbevollmächtigten als Vertreter bestellten Anwalts bestimmen sich nach den §§ 43—49 DGO. Vgl. RG. **11**, 368; Gr. **36**, 1225. — Der vom Prozeßbevollmächtigten gemäß § 81 ZPO. bestellte Bevollmächtigte für die höhere Instanz ist selbst Prozeßbevollmächtigter. RG. **22**, 397; JW. **97**, 629[4].

[2] Im **ordentlichen Verfahren** einschließlich der Ehe- und Entmündigungssachen sowie, jedoch mit Abweichungen, des **Urkundenprozesses** (§ 28 Abs. 1 S. 2, 3), **des Arrestverfahrens** (§ 28 Abs. 1 S. 1, Abs. 2) **und des Zwangsvollstreckungsverfahrens** (§ 23 Nr. 18). Dagegen bestimmen sich die Gebühren für das Güte-, Mahn-, Verteilungs- und Aufgebotsverfahren nach §§ 37—40 DGO.

[3] Die **Prozeßgebühr umfaßt** die **gesamte Tätigkeit** des Rechtsanwalts **außerhalb der mündlichen Verhandlung,** insbesondere die Information, die Anfertigung der Schriftsätze und schriftlichen Anträge, die Wahrnehmung von Terminen, soweit solche neben der mündlichen Verhandlung etwa vorkommen, und den zur Prozeßführung erforderlichen Verkehr mit den Parteien, dem Gericht und den Gerichtsvollziehern. Mot. 36, EGH. **2**, 59; **5**, 165; **8**, 253. Sie umfaßt auch die durch **Einsicht von Urkunden,** die sich nicht in den Händen der Partei befinden, **oder von Aktenstücken** bei den Gerichten oder anderen Behörden zu erholende Information, EGH. 8, 253, sowie, abgesehen von Reisekosten, die **Informationsreisen,** JW. **86**, 18[18]. Für die Nutzbarmachung besonderer Kenntnisse (z. B. Verkehr mit der Partei in fremder Sprache) oder technischer Fähigkeiten (z. B. Herstellung von Zeichnungen) kann eine besondere Vergütung nicht beansprucht werden. JW. **99**, 771[12]. Ferner nicht für die Anfertigung von **Entwürfen eidesstattlicher Versicherungen** zur Begründung eines Antrags auf Arrest oder einstweilige Verfügung, mag es sich um die Versicherung der Partei selbst oder eines Dritten handeln. JW. **22**, 1399[5], 1413[33]; **23**, 701[24]; **26**, 2479[16]; OLG. **15**, 82; **19**, 69, 253; **39**, 115 (a. M. allgemein: JW. **21**, 536[7]; OLG. **13**, 261; für eidesstattliche Versiche-

rungen dritter Personen: JW. 20, 60; 22, 1599[1]; 24, 429[30], 1272[42]; 25, 836[68], 1043[2]; 28, 1875[12]; OLG. 7, 224). Keinesfalls ist die Gebühr erstattungsfähig. OLG. 15, 81 (umgekehrt JW. 25, 1043[2]; 28, 1875[12]). — Weiter kann der Anwalt für ein **Gesuch um Bewilligung des Armenrechts** nicht eine besondere Gebühr beanspruchen, wenn ihm für dieselbe Instanz die Prozeßgebühr zusteht. OLG. 19, 257. Wohl aber, wenn er für eine höhere Instanz das Gesuch gestellt hat. OLG. 19, 257 (wo zugleich dargelegt ist, ob und unter welchen Voraussetzungen eine solche Gebühr vom unterlegenen Gegner erstattet verlangt werden kann. Vgl. auch dazu JW. 28, 1526[37]. Wegen derselben Frage für die erste Instanz JW. 29, 876[23]). — Durch die Prozeßgebühr soll auch die Tätigkeit abgegolten sein, welche die **Hinterlegung einer Sicherheit** behufs Bestellung einer Prozeßkostensicherheit (§ 110 ZPO.) und zur Herbeiführung oder Abwendung der Vollstreckung einer gegen Sicherheitsleistung vollstreckbaren Entscheidung (§§ 89, 707, 710, 713, 719, 732, 769, 771, 890 Abs. 3 ZPO.) oder zur Erlangung oder Aufhebung eines Arrestes oder einer einstweiligen Verfügung (§§ 921, 923, 925, 927, 936, 939 ZPO.) zum Gegenstande hat, RG. 9, 329; 11, 364; JW. 91, 485[2]; 97, 323[3]; 98, 262[20]; OLG. 17, 237, 238; 19, 260; 23, 269, oder deren **Rücknahme**, JW. 92, 372[11]; 93, 561[15]; 98, 437[13]; Gr. 44, 207; OLG. 17, 239; 19, 260; 23, 269. (Vgl. aber Anm. 3, 5 § 87 DGO. wegen der Frage, ob nicht die Prozeßgebühr nur den mit diesen Anträgen verbundenen Schriftverkehr umfaßt, während die Einziehung und Weiterleitung der Geldbeträge selbst besonders zu vergüten ist.) Dies gilt auch, wenn gemäß § 715 ZPO. die Anordnung der Rückgabe der zum Zwecke der Vollstreckung oder deren Abwendung bestellten Sicherheit (§§ 710, 713 ZPO.) bei Gericht beantragt wird. Die im § 24 Nr. 2 DGO. hierfür gewährte Gebühr von $^{2}/_{10}$ kann gemäß § 29 nur für den Fall liquidiert werden, daß dem Anwalt die Prozeßgebühr nicht zusteht. OLG. 2, 269; 3, 169; 4, 270; 5, 227; 7, 226, 227, 228, 229; 11, 254—257; 13, 259, 260; 15, 191—193; 17, 234; 19, 260; 23, 132, 270; 31, 228; JW. 21, 639[12] (a. M. OLG. 2, 270; 9, 170; 13, 258; JW. 03, 119; 05, 511, wonach der Anwalt stets die in § 24 Nr. 2 DGO. bestimmte Gebühr neben der Prozeßgebühr erhalten soll, in JW. 23, 841[6] mit der Einschränkung, daß die Gebühr entfällt, wenn der Anwalt die Vollstreckungsgebühr aus § 23 Nr. 18 DGO. erhält). Dagegen hat der Anwalt, wenn in anderen Fällen der prozessualen Sicherheitsleistung die Anordnung der Rückgabe gemäß § 109 ZPO. beantragt wird, hierfür gemäß § 23 Nr. 4 DGO. in Verbindung mit § 30 Nr. 3 $^{3}/_{10}$ neben der Prozeßgebühr zu beanspruchen. Vgl. OLG. 23, 132, 270; 31, 230. — Die **Empfangnahme** und Ablieferung der **Streitsumme**, die außerhalb des Rahmens des Rechtsstreits liegen und auf die sich die Prozeßvollmacht nach § 81 ZPO. an sich nicht miterstreckt, werden durch die Prozeßgebühr nicht mit abgegolten. JW. 86, 113[3]; 89, 168[4]; auch OLG. 23, 269 und Anm. 5 § 87 DGO. — Darüber, ob **Mahnbriefe, Kündigungsschreiben** usw. von der Prozeßgebühr mitumfaßt werden oder besonders, und zwar nach Landesgesetz (vgl. Art. 9 Abs. 1 LGO.), zu vergüten sind, vgl. JW. 01, 118; OLG. 3, 167, auch Anm. 7 § 1 DGO. Nach OLG. 31, 226 soll die Aufforderung an den Gegner, nach beendigtem Prozeß die Kosten zu erstatten, zwar nicht mehr zur Prozeßbetriebstätigkeit gehören, aber doch für sich allein einen Gebührenanspruch nicht begründen und, wenn es zu einem Festsetzungsverfahren nicht kommt, nur einen Anspruch auf Schreibgebühren für ein außerhalb des Rahmens einer gebührenpflichtigen Tätigkeit entstandenes Schreibwerk nach § 76 Abs. 2 Nr. 3 DGO. gewähren. — Dem Anwalt ist in der Regel der **Anspruch auf die Prozeßgebühr erwachsen, sobald er** als Prozeßbevollmächtigter **eine Tätigkeit entwickelt hat.** Es kommt nicht darauf an, ob er als Kläger die angefertigte Klage zugestellt oder als Beklagter die durch Schriftsatz vorbereitete Widerklage vorgetragen hat, JW. 87, 42[22]; 93, 470[15]; 95, 198[4], oder als Kläger oder Rechtsmittelkläger eine in einem Schriftsatz angekündigte Klage- oder Rechtsmittelerweiterung vorgetragen hat, JW. 95, 45[18]; 00, 46[1]; OLG. 19, 237; 21, 416; ebensowenig, ob vor Beginn oder ob erst im Laufe des Rechtsstreits die Prozeßvollmacht erteilt ist, sofern dies nur vor völliger Beendigung der Instanz, sei es auch nach Verkündung des Urteils, geschieht, JW. 91, 4[6], 528[10]; 92, 39[6]; OLG. 35, 216 (vgl. jedoch JW. 92, 39[7]). Nur in dem Falle des § 14 (Erledigung des Auftrags vor Beginn des zur mündlichen Verhandlung bestimmten Termins ohne zuvorige Einreichung oder Zustellung eines Schriftsatzes) ermäßigt sich die Gebühr auf $^{5}/_{10}$ (s. Anm. 3 § 14), desgleichen im Falle des § 21 (Tätigkeit betrifft ausschließlich die Erledigung eines bedingten Urteils). — Für die Höhe der Gebühr ist der **Wert des Streitgegenstandes zur Zeit der vorbereiteten Tätigkeit** maßgebend. Die spätere Erledigung oder Beschränkung der in den Schriftsätzen enthaltenen Anträge ist ohne Einfluß. RG. 7, 356; 17, 357; JW. 88, 393[2]; 93, 353[37]; 485[2]; 96, 602[23], Gr. 40, 846. So hat z. B. der Anwalt des Beklagten die Prozeßgebühr nach dem Werte des ursprünglichen Klagantrags auch dann zu beanspruchen, wenn der Kläger demnächst, sei es auch in der ersten mündlichen Verhandlung, den Klagantrag ermäßigt. OLG. 31, 224. Ebenso wird die Prozeßgebühr für die durch Schriftsätze vorbereitete (s. unten) Widerklage durch spätere Änderungen des Streitgegenstandes nicht beeinflußt. JW. 87, 42[22]. Das gleiche gilt auch für die Rechtsmittelinstanz hinsichtlich des Streitwerts zur Zeit der Einlegung des Rechtsmittels. Ist kein bestimmter Antrag gestellt, so ist hinsichtlich der Prozeßgebühr des Gegners das Vorderurteil, soweit es zuungunsten des Rechtsmittelklägers ergangen ist, als im ganzen Umfang angefochten zu erachten und demgemäß die Prozeßgebühr zu berechnen, selbst wenn nachträglich der Rechtsmittelantrag eingeschränkt wird. RG. 17, 374; 25, 380; JW. 89, 288[18], 500[3]; 96, 302[19]; 97, 185[1], 417[1], 634[17]; 98, 144[15], 348[2]; OLG. 7, 225, vgl. jedoch JW. 00, 149[1]. Anderseits ist bei Erweiterung des Klaganspruchs in einem Schriftsatz die Prozeßgebühr sowohl für den Kläger als auch für den Beklagten nach dem erweiterten Objekt zu bemessen, selbst wenn die Erweiterung demnächst nicht zum Vortrag gelangt. RG. 34, 426, auch JW. 00, 46[1] (Erweiterung des Rechtsmittelantrags). Das gleiche gilt hinsichtlich der Erhöhung der Prozeßgebühr durch eine auch nur in einem Schriftsatz angekündigte Widerklage, JW. 87, 42[22]; 95, 198[4]. Ist jedoch die Erweiterung des Klaganspruchs oder die Widerklage nur in einem Schriftsatz, der nicht den Erfordernissen des § 253 Abs. 2 Nr. 2 ZPO. entspricht, geltendgemacht und in der mündlichen Verhandlung nicht vorgetragen, sind sie also nicht gemäß § 281 ZPO. rechtshängig geworden, so gehört die Prozeßgebühr für sie nicht zu den einer Partei durch Urteil auferlegten Kosten des Rechtsstreits, wenn das Urteil über diese Prozeßgebühr nichts bestimmt. Vgl. RG. (VZS.) 51, 5; JW. 99, 339[11] (OLG. 3, 128) (a. M. JW. 95, 198[4]). — Wird auf erhobene Widerklage die Sache vom Amtsgericht an das Landgericht verwiesen (§ 506 ZPO.), so steht dem amtsgerichtlichen Anwalt des Klägers neben der Verhandlungsgebühr auch die Prozeßgebühr nach dem Objekte der Widerklage zu. OLG. 7, 225. — Prozeßgebühr für Besorgung eines Darlehns. RG. 121, 200.

[4] Unter **„verhandeln"** ist diejenige Tätigkeit der Parteien **zu verstehen**, in der sie untereinander vor dem Richter einen unter ihnen obwaltenden Rechtsstreit von entgegengesetztem Standpunkt aus erörtern und eine jede diejenigen tatsächlichen Umstände, rechtlichen Ausführungen und Anträge vorbringt, durch die sie eine ihren Absichten entsprechende Entscheidung des Richters herbeiführen will. RG. 10, 389. Der Anspruch auf **Verhandlungsgebühr setzt** daher die **Stellung eines Antrags**, sei es auch nur eines vorsorglichen, **voraus**. JW. 95, 127[10]; EGH. 8, 251. Eine allgemeine Erörterung der Streitpunkte ohne Stellung der Anträge genügt nicht. RG. 33, 406; EGH. 8, 254. Jedoch ist nicht unbedingt eine materielle Erörterung des Rechtsstreits in der Weise erforderlich, daß durch die Begründung der Parteianträge unmittelbar eine Grundlage für das Urteil geschaffen wird, vielmehr genügt auch eine solche Verhandlung, die auf die prozessuale Erledigung des Rechtsstreits abzielt oder eine prozessuale Vorfrage (z. B. die vom Gegner verlangte Beibringung einer beglaubigten Vollmacht des Anwalts) zum Gegenstande hat. OLG. 15, 185 (39, 112); JW. 19, 255[3]. — Über die Frage, ob **Vertagungsanträge** die Verhandlungsgebühr begründen, vgl. Anm. 8 § 23 DGO. — Wird die Klage vor Verlesung eines Antrags zurückgenommen, so kann die Gebühr nicht beansprucht werden. JW. 97, 136[22]; EGH. 8, 251. Hat aber die Verhandlung begonnen, so ist die Gebühr begründet, auch wenn nachträglich der gestellte Antrag fallen gelassen wird. JW. 92, 481[13]; 95, 84[8]; OLG. 9, 168. Auch kann im vorerwähnten Falle eine Verhandlung über die Kosten stattfinden. JW. 86, 118[23]; 93, 470[15]. — Die streitige Verhandlung über den **Antrag auf Verweisung** einer Sache von der Zivilkammer an die Kammer für Handelssachen begründet nicht die Verhandlungsgebühr, sondern wird durch die Prozeßgebühr mitabgegolten. OLG. 13, 255. — Über den Begriff der **streitigen (kontradiktorischen)** und der **nichtstreitigen (nichtkontradiktorischen)** Verhandlung s. Anm. 2 § 16. — **Modifikationen** der Verhandlungsgebühr: §§ 15, 16, 17. — Die **Höhe der Gebühr** bemißt sich nach dem

Objekt, über das verhandelt ist. Wird nach Zurücknahme oder sonstiger Erledigung der Klage oder des Rechtsmittels nur über die Kosten verhandelt, so ist der Betrag dieser der Berechnung zugrunde zu legen, JW. 86, 118[23]; 93, 470[18], auch oben Anm. 5 § 15 GKG. bei § 10 DGO., es sei denn, daß der Gegner die Erledigung bestreitet und bei dem Zurückweisungsantrage verbleibt, JW. 94, 81[7], oder daß er gemäß § 515 Abs. 3, § 566 ZPO. den Verlust des Rechtsmittels auszusprechen beantragt, in welchen Fällen der ganze Streitgegenstand der Hauptsache das Objekt der Verhandlung bildet, JW. 94, 85[19]. — **Ohne mündliche Verhandlung** fällt die Verhandlungsgebühr nach **§ 8 der EntlVO.** in der Fassung v. 13. 5. 24 an, wenn also das Gericht mit Einverständnis der Parteien eine Entscheidung ohne mündliche Verhandlung trifft. Die Gebühr entsteht, sobald das Einverständnis erklärt (der Antrag gestellt) und vom Gericht das gewünschte Verfahren „geführt" ist, es also zu irgendeiner Entscheidung (Urteil, JW. 28, 2802[3], Beweisbeschluß, Auflage, auch Verweisungsbeschluß, JW. 27, 406[23]) gekommen ist. Verlangt das Gericht mündliche Verhandlung, so erwächst erst mit ihr die Verhandlungsgebühr. Die fingierte Verhandlung kann auch eine nichtstreitige sein, was sich aus den Schriftsätzen ergibt; dann gilt § 16 DGO. Das Weitere Ges. zur Entlastung des Reichsgerichts v. 8. 2. 29 (RGBl. I 19), in Kraft seit 15. 2. 29, gestattet dem Revisionsgericht (also trotz des engeren Gesetzestitels auch dem bayr. Obersten Landesgericht), bei Revision gegen Urteile der Oberlandesgerichte (also nicht bei Sprungrevision [§ 566a ZPO.], nicht in Arbeitsgerichts- und Konsulargerichtssachen, nicht bei Berufungen gegen Entscheidungen des Patentamts) auch ohne Einverständnis der Parteien schriftlich zu entscheiden, wenn nach Lage der Sache eine weitere Klärung durch die mündliche Verhandlung nicht zu erwarten ist. Die Parteien sind aber vorher über diese Absicht zu hören. Die Äußerung der Anwälte hat hier dieselbe Wirkung wie im Normalfalle des § 7 EntlVO. die Einverständniserklärung, begründet also den Anspruch auf die Verhandlungsgebühr, falls das Revisionsgericht demnächst ohne Verhandlung entscheidet.

[6] Zur Begründung der **Vergleichsgebühr** ist erforderlich, daß unter gegenseitigem Nachgeben der Parteien eine Vereinbarung zwischen ihnen zum Zwecke der Beilegung des Rechts-

streits getroffen wird. OLG. 15, 188; 37, 221. Die Bezeichnung des Abkommens durch die Parteien ist nicht maßgebend. JW. 95, 481[19], auch Gr. 45, 363; JW. 01, 138. Auch ist nicht wesentlich, daß der Vergleich tatsächlich die Erledigung des Rechtsstreits herbeigeführt hat. OLG. 13, 188. Insbes. kommt es nicht darauf an, ob der Vergleich sich später nach § 779 BGB. als unwirksam erweist, JW. 28, 756[30], oder infolge einer Verwirkungsklausel später hinfällig wird, JW. 26, 1610[2]. Es kann auch genügen, daß der Prozeß durch Vergleich der einen Partei mit einem Dritten erledigt wird. JW. 27, 2639[5]. — Fruchtlose Vergleichsverhandlungen aber bedingen keine Gebühr, auch wenn sie nach Klagauftrag vor Einreichung der Klage stattfinden (a. M. JW. 28, 1323[3]). — Sog. **Zwischenvergleiche** dienen nicht „zur Beilegung des Rechtsstreits", lassen deshalb die Vergleichsgebühr nur dann erwachsen, wenn sie wenigstens teilweise den Streit wirklich beenden sollen, andernfalls fallen sie unter die Prozeßgebühr. JW. 28, 1946[4]. — Die vor der mündlichen Verhandlung des Beklagten mit dessen Zustimmung erklärte **Klagerücknahme** unter Übernahme der Kosten berechtigt nicht zum Ansatz der Gebühr, RG. 20, 414; EGH. 8, 252, auch OLG. 37, 221, ebensowenig die Anzeige der Parteien, daß der Rechtsstreit in der Hauptsache erledigt sei und Beklagter die Kosten übernommen habe, JW. 98, 75[31], auch nicht die Zurücknahme des Rechtsmittels seitens des Rechtsmittelklägers unter Übernahme der Kosten der Rechtsmittelinstanz, JW. 95, 841[19]. Die Aussöhnung der Parteien im Eheprozeß ist kein Vergleich. JW. 26, 1613[9]. — Wird nur ein **Teil des Streitgegenstandes** durch Vergleich erledigt, so ist gemäß § 10 DGO., § 14 Abs. 1 GKG. die Gebühr nach diesem Teile zu bemessen. JW. 99, 815[10]; 29, 129[20]; OLG. 19, 243. Umfaßt aber der Vergleich den ganzen Streitgegenstand, so ist von diesem die Gebühr auch dann zu berechnen, wenn der Vergleich erst geschlossen ist, nachdem durch Teilurteil der Beklagte bereits teilweise nach dem Klagantrage verurteilt worden war. OLG. 15, 188 (vgl. aber 19, 243). — Umfaßt der Vergleich **mehrere Prozesse**, die bei demselben Gericht anhängig sind, so kann, auch wenn die Prozesse nicht gemäß § 147 ZPO. miteinander verbunden waren, nur eine einheitliche Vergleichsgebühr nach dem Gesamtwerte der Streitgegenstände der Prozesse beansprucht werden. JW. 29, 129[20]; OLG. 23, 261,

275; **33**, 39; **39**, 110 (a. M. JW. **28**, 1522[22]: getrennte Vergleichsgebühren für beide Verfahren). S. auch unten wegen Vergleichs für Prozeß- und Arrestverfahren. — Erstreckt sich der Vergleich zugleich auf andere zwischen den Parteien ferner streitige **Forderungen, die nicht Gegenstand eines Rechtsstreits** sind, so ist an sich, da § 13 Nr. 3 offenbar nur rechtshängige Ansprüche meint, die Gebühr aus § 13 Nr. 3 nur für den Gegenstand des anhängigen Rechtsstreits in Ansatz zu bringen; ob und welche weitere Gebühr der Anwalt aus dem nicht im Prozeß befangenen Objekt berechnen kann, bestimmt sich nach Landesrecht. In Preußen ist, da eine nach Art. 14 LGO. und § 89 DGO. zu bemessende Gebühr hinsichtlich des den Gegenstand des Rechtsstreits übersteigenden Objekts doch mit der Maßgabe hinzuzurechnen wäre, daß der Gesamtbetrag der Gebühren nicht die Vergleichsgebühr des § 13 Nr. 3 für das Gesamtobjekt übersteigen darf, gegen die unmittelbare Berechnung der Vergleichsgebühr des § 13 Nr. 3 nach dem Gesamtobjekt des Vergleichs nichts einzuwenden. W. **28**, 134 (JW. 28, 2781[1]). Vgl. hinsichtlich der gerichtlichen Vergleichsgebühr in diesem Falle jetzt § 36 GKG. ($^1/_4$ Gebühr). Ist über einen Teilbetrag der Forderung bereits rechtskräftig entschieden, so scheidet dieser Teil für die Vergleichsgebühr aus. OLG. **19**, 243. — Wenn durch den Vergleich die **Hauptsache und die Arrestsache** (oder einstweilige Verfügung) **gleichzeitig erledigt** wurden, konnte nach ältestem Recht eine besondere Vergleichsgebühr für den Arrestprozeß neben der für den Hauptprozeß nicht gefordert werden, selbst wenn beide Sachen getrennt verhandelt wurden, da in dem Vergleiche beide Verfahren verbunden waren (JW. **92**, 372[10]); nach der Nov. v. 1. 6. 09 stand die Vergleichsgebühr für die Arrestsache (oder einstweilige Verfügung) dem Anwalt an sich besonders zu; jedoch mußte er sich davon $^5/_{10}$ auf die Vergleichsgebühr für die Hauptsache anrechnen lassen. Durch die Nov. v. 18. 8. 23 ist schließlich auch diese Anrechnung in Fortfall gekommen, so daß jetzt der Anwalt für das Verfahren in Arresten und einstweiligen Verfügungen stets die vollen Gebühren beanspruchen kann, ohne sie irgendwie anrechnen zu müssen. Doch handelt es sich um einen einheitlichen Vergleich, so daß nur e i n e Vergleichsgebühr nach der Gesamtsumme der Streitwerte der Hauptsache und des Arrestes (der einstweiligen Verfügung) erwächst. JW. **27**, 1497[7].

Vgl. jedoch OLG. 31, 225 (wo trotz Übernahme der **Kosten** der einstweiligen Verfügung angenommen ist, daß der Vergleich das Verfügungsverfahren nicht mitumfaßt habe, und daher nur eine Gebühr nach der Hauptsache unter Zuschlag der Kosten der einstweiligen Verfügung in Ansatz gebracht ist). — Schon nach früherem Rechte machte es dann, wenn nicht der Fall des § 18 DGO. (Bezug der vollen Verhandlungsgebühr) vorlag, keinen Unterschied, ob der Vergleich **gerichtlich oder außergerichtlich** geschlossen war. JW. **97**, 56[26]; **99**, 815[10]. Dies gilt jetzt allgemein, da § 18 durch die Nov. v. 1. 6. 09 gestrichen worden ist. Vgl. Anm. 1 § 18 DGO. — Eine **Mitwirkung beim Vergleiche** liegt vor, wenn der Rechtsanwalt selbst (nicht bloß sein Bürovorsteher, JW. **28**, 2794[14], oder ein Referendar, JW. **29**, 69[3] [HRR. **29**, 551]) bei den Vereinbarungen zum Zwecke der Beilegung des Rechtsstreits gegenüber der einen oder der anderen Partei in irgendeiner Weise, z. B. durch Beratung oder Prüfung eines von der Partei gefertigten Vergleichsentwurfes, Bemühungen aufgewendet hat. W. **28**, 134 (HRR. **28**, 2059; JW. **28**, 2781[1]); JW. **97**, 56[26]; **20**, 394; **28**, 753[42]; OLG. **27**, 232. Daß er dann noch beim Abschlusse des Vergleichs selbst zugegen gewesen, ist nicht erforderlich. W. **28**, 134; OLG. **15**, 187; **27**, 232; **31**, 224; JW. **20**, 394; **26**, 268[3]; HRR. **29**, 552. Jedoch müssen die unter Mitwirkung des Anwalts erfolgten Vergleichsverhandlungen, wenn sie die Vergleichsgebühr begründen sollen, solche sein, auf Grund deren der Vergleich demnächst abgeschlossen ist, also nicht bloße Vorverhandlungen gewesen sein. W. **28**, 134 (HRR. **28**, 2059); OLG. **27**, 232; **31**, 224. Haben die Verhandlungen nicht zu einem Vergleiche geführt, so steht dem Anwalt nach §§ 13, 26, 29 eine besondere Gebühr für seine Tätigkeit in diesen Verhandlungen nicht zu. OLG. **27**, 233. Kommt ein Vergleich aber im Termin zustande, so fällt die Vergleichsgebühr auch an, wenn sich der prozeßbevollmächtigte Anwalt durch einen andern Anwalt vertreten ließ, selbst wenn dieser einen Referendar einführte, der unter seiner Aufsicht tätig war. HRR. **29**, 166. Die bloße Protokollierung eines bereits ohne Mitwirkung des Anwalts fest geschlossenen Vergleichs jedoch begründet die Vergleichsgebühr nicht. JW. **28**, 733[42]. — Auch der **Anwalt erster Instanz** hat, wenn er bei dem in zweiter Instanz abgeschlossenen Vergleiche mitgewirkt hat, Anspruch auf die Vergleichsgebühr, sofern sich nicht seine

Tätigkeit auf die eines Verkehrsanwalts (Gebühr hierfür nach § 44 DGO.) beschränkt hat. OLG. 15, 189. Über die Frage, ob ein **Verkehrsanwalt,** der seiner Partei, nachdem sie mit dem Gegner (durch ihren Prozeßbevollmächtigten) einen Vergleich unter Vorbehalt der Genehmigung binnen bestimmter Frist abgeschlossen hat, einen **Rat** über Genehmigung **des Vergleichs,** die demnächst erfolgt ist, erteilt, neben den Gebühren aus § 44 DGO. noch die Vergleichsgebühr oder eine Raterteilungsgebühr aus § 47 zusteht, vgl. Anm. 2 § 44. Hat aber der Verkehrsanwalt beim Vergleich selbst mitgewirkt, so steht ihm auch eine Vergleichsgebühr zu, zwar nicht nach § 13 Nr. 3, der sich nur auf einen zum Prozeßbevollmächtigten bestellten Rechtsanwalt bezieht, wohl aber nach § 48. JW. **17,** 774[3]; **18,** 521[9]; **19,** 1002[13]; **20,** 501[11]; **25,** 2371[38]; OLG. **35,** 229 (a. M. JW. **25,** 2362[10]; OLG. **35,** 228). Gleiches gilt von einem auswärtigen Unterbevollmächtigten des prozeßbevollmächtigten Anwalts, der beim Vergleich mitgewirkt hat. JW. **17,** 747[18], 870[19]. — **Durch** einen den ganzen Streitgegenstand umfassenden **gerichtlichen Vergleich** wird der **Rechtsstreit wie durch** ein rechtskräftiges **Urteil erledigt.** Jedoch kommt diese Wirkung nur einem in formeller und materieller Beziehung gültigen gerichtlichen Prozeßvergleich zu. RG. **65,** 420; Gr. **50,** 425, 428; JW. **95,** 359[4]; **05,** 533[16]. Eine Partei, die den Vergleich (z. B. wegen Irrtums oder wegen gesetzlich unzulässigen Versprechens oder weil der Vergleich unter einer aufschiebenden Bedingung geschlossen und die Bedingung nicht eingetreten sei) anficht, ist berechtigt, das Verfahren fortzusetzen zwecks Herbeiführung einer Entscheidung darüber, ob der Vergleich gültig ist und den Rechtsstreit beendet hat. RG. **65,** 420; Gr. **50,** 425; JW. **05,** 533[16]; OLG. **11,** 106; **15,** 115; **16,** 282; **17,** 192; **39,** 116, auch Gr. **54,** 680 (zum Teile anders RG. **78,** 286; JW. **95,** 359[4]; Gr. **50,** 428). In einem solchen Falle wird die Instanz im Sinne des § 25 DGO. erst durch das über die Gültigkeit des Vergleichs ergehende Urteil beendigt, so daß die Anwälte für das erste und das zweite Verfahren nur einmal die Gebühren aus § 13 DGO. beanspruchen können. Vgl. OLG. **21,** 130, 131; **39,** 116 (anders JW. **95,** 359[4], wonach das zweite Verfahren unzulässig sein und es daher überhaupt weder zur Erhebung von Gerichtsgebühren Anlaß geben noch den Anwälten einen Anspruch auf Vergütung gewähren soll).

Ergeben aber die **Anträge** der den **Vergleich anfechtenden** Partei einen weiteren als den bisherigen Streitgegenstand, wird z. B. Rückzahlung des auf Grund des Vergleichs Gezahlten und Schadensersatz verlangt, so können die Gebühren des § 13 für diesen besonderen Gegenstand nochmals berechnet werden. Vgl. OLG. 21, 130.

[6] Der Ansatz der **Urteilseidgebühr** hat zur Voraussetzung, daß der Eid durch **bedingtes Endurteil** (§§ 460, 477 ZPO.) auferlegt ist. RG. **14**, 395; OLG. **33**, 192; **35**, 220. Die Gebühr ist daher nicht gerechtfertigt, wenn die Partei in der Hauptsache zur Leistung eines Eides (z. B. eines Offenbarungseides [§ 260 BGB., § 889 ZPO., vgl. Anm. 3 § 32, Anm. 2 § 34 DGO.]) verurteilt ist und diesen Eid geleistet hat. RG. **14**, 395; **35**, 220. Ferner ist erforderlich, daß der **Anwalt in dem Eidesleistungstermine zugegen** gewesen ist und die Partei vertreten hat, RG. **43**, 414; JW. **99**, 493[30]; OLG. **31**, 224; **33**, 192, so daß z. B. der Anwalt, wenn er den Eidesleistungstermin durch einen anderen Anwalt hat wahrnehmen lassen, die Gebühr nicht beanspruchen kann. OLG. **33**, 192. — Neben der gewöhnlichen Beweisgebühr (Anm. 7) kann gemäß § 25 DGO. nicht noch eine besondere Urteilseidgebühr beansprucht werden. RG. **9**, 331; JW. **85**, 159[10]; OLG. **31**, 232. Dies gilt auch dann, wenn in der Berufungsinstanz nach Beweisaufnahme ein bedingtes Urteil erlassen, dann die hiergegen von einer Partei eingelegte Revision zurückgewiesen und darauf erst das Urteil des Berufungsgerichts von diesem geläutert worden ist; die Bestimmung des § 27 über die neue Instanz im Falle der Zurückverweisung an die untere Instanz findet nicht, auch nicht entsprechende Anwendung, da eine Zurückverweisung gar nicht vorliegt. OLG. **31**, 232.

[7] Ein **bedingter**, nicht ausgeführter **Beweisbeschluß** genügt nicht, z. B. wenn das Gericht Sühnetermin anberaumt und nur für den Fall des Mißlingens der Sühne Beweis erheben will, die Sache dann aber im Sühnetermin verglichen wird. JW. 29, 137[42]. — Zur Begründung der **Beweisgebühr** ist aber **nicht erforderlich**, daß ein **besonderes**, durch Beweisbeschluß angeordnetes und sodann in einer der in den §§ 361—370 ZPO. verordneten Weise durchgeführtes **Beweisaufnahmeverfahren** im Sinne des § 358 ZPO. stattgefunden hat. Vielmehr genügt es hinsichtlich des Beweisbeschlusses, daß die

Absicht, eine Beweisaufnahme anzuordnen, deutlich erkennbar ist. JW. 89, 403[12]; 95, 10[26]; 96, 35[27], 151[30]; 97, 532[11]; 99, 6[20]; 23, 20[1]; OLG. 31, 239 (entgegen: RG. 10, 371; JW. 88, 100[13]; 91, 274[13]). Auch ist **nicht notwendig**, daß die Beweisaufnahme in einem von dem Verhandlungstermine **zeitlich getrennten Beweistermin** erfolgt (z. B. steht die Beweisgebühr zu, wenn nach Erlassung eines Beweisbeschlusses in demselben Termine die Zeugenvernehmung stattfindet oder der auferlegte Eid geleistet wird). RG. 32, 410; 36, 386 (entgegen: RG. 14, 394; JW. 88, 100[13]; 90, 333[8]; 92, 421[3]). So kann im **Arrestverfahren** die Beweisgebühr beansprucht werden, die hier richtiger **Glaubhaftmachungsgebühr** heißen müßte (§ 920 ZPO.), wenn die miterschienene Partei zur Abgabe eigener eidesstattlicher Versicherung zugelassen wird, JW. 21, 638[8]; 25, 844[11]; OLG. 42, 63, oder gestellte Zeugen sofort vernommen werden, OLG. 15, 187; auch 31, 239 u. unten a. E. (a. M. OLG. 21, 128 für alle diese Fälle, weil keine „Beweis"aufnahme vorliege; dagegen ist allerdings für die bloße Vorlegung mitgebrachter eidesstattlicher Versicherungen, wie für die bloße Urkundenvorlegung nach § 420 ZPO., s. unten, keine Beweisgebühr zu erheben, vgl. OLG. 40, 458 [a. M. JW. 21, 536[7]]). Wegen der Frage, ob der Anwalt für die Anfertigung eidesstattlicher Versicherungen liquidieren kann, vgl. Anm. 3. — Auch braucht eine Beweisaufnahme nicht durchgeführt zu sein, vielmehr **genügt** es, wenn das **Beweisaufnahmeverfahren begonnen** hat (darüber s. unten), sei es auch, daß der angeordnete Beweis demnächst nicht zur Erhebung gelangt ist. RG. 12, 393; 44, 397; JW. 95, 63[40], 481[18]; 98, 201[14] (s. jedoch JW. 94, 18[41], [42]; 97, 421[21]; 13, 823: nicht genügend, wenn der Eid, dessen Abnahme angeordnet war, weder geleistet, noch verweigert, sondern nur über die Abnahme verhandelt worden ist; auch nicht, wenn Zeugen zwar vor das Prozeßgericht geladen waren, es aber zur Vernehmung nicht gekommen ist, weil die Parteien erklärt haben, daß sie sich verglichen hätten). Daher bildet **jede Art von Tätigkeit des Anwalts, die mit diesem Beginne des Beweisaufnahmeverfahrens in direktem Zusammenhange** steht, eine genügende Grundlage für den Anspruch auf die Beweisgebühr; so die Beauftragung eines auswärtigen Anwalts oder des Prozeßbevollmächtigten der Vorinstanz mit Wahrnehmung des Beweistermins; auch schon Benachrichtigung der Partei oder des Verkehrsanwalts von diesem Termin oder dessen Aufhebung; Mitteilung des Beweisbeschlusses an die Partei (JW. 25, 2374[47]; 28, 2160[18] [a. M. JW. 87, 314[11]; 29, 136[37]; OLG. 1, 330, 331; 42, 62]), obwohl er später nicht ausgeführt wird (weil z. B. der Gegner den Vorschuß nicht zahlt). RG. 12, 407; 26, 378; 44, 398; JW. 90, 116[17]; 94, 64[12]; 95, 481[18]; 96, 150[29]; 97, 347[21]; 98, 390[19]; 99, 729[8]; 12, 551; 23, 697[12]; 24, 1274[4]; 25, 2374[47]; 29, 136[38]; Gr. 40, 1138; OLG. 1, 331; 11, 151 (entgegen Gr. 33, 1100; JW. 89, 69[12]; 92, 421; 94, 18[42]; 98, 201[21]: Tätigkeit durch die Prozeßgebühr mitabgegolten). Ferner braucht der Anwalt den Beweistermin nicht wahrgenommen zu haben. RG. 26, 378; 44, 398; Gr. 27, 1127; 28, 1183; 29, 1028; JW. 93, 61[18]; 95, 481[18]; 96, 671[9]; 97, 347[21]. Als Beginn einer Beweisaufnahme ist auch eine **gemäß § 272b Abs. 2 Nr. 4, 5 ZPO.** vor der mündlichen Verhandlung **angeordnete Zeugen- oder Sachverständigenladung** anzusehen. § 24 GKG. ist hier nicht entsprechend anzuwenden. Dem Anwalt steht daher, falls er auf die Zeugenladung eine der vorgenannten Tätigkeiten entwickelt, die Beweisgebühr auch dann zu, wenn die Vernehmung des Zeugen unterbleibt. JW. 12, 551 (für § 501 ZPO. a. F., der dem jetzigen § 272b entspricht), auch OLG. 39, 111. Wird aber der Beweisbeschluß aufgehoben, ehe er ausgeführt oder weitergegeben ist, so erwächst keine Beweisgebühr. JW. 29, 138[45]. — Die Beweisgebühr wird nicht begründet durch solche **Handlungen, die nur zeitlich** in das Stadium des Beweisaufnahmeverfahrens **fallen**, ihre **Bedeutung aber für andere Teile des Rechtsstreits** haben. Diese Handlungen werden durch die Prozeßgebühr mitabgegolten, RG. 44, 398, so: die Ermittlung und Anzeige des Wohnorts eines Zeugen, RG. 44, 398; Gr. 31, 1134, oder eine Mitteilung über das Ergebnis der Beweisaufnahme seitens eines erst nach dieser zum Prozeßbevollmächtigten bestellten Anwalts, JW. 98, 390[19]. Vgl. auch JW. 00, 51[15] (Vergleich im Sühne- [Güte-] Termine, zu dem ein Sachverständiger zugezogen ist: keine Beweisgebühr). — Hat der Anwalt, wenn es sich um Abnahme eines Eides durch ersuchten Richter handelt, auf Benachrichtigung von dem Beweistermine verzichtet, so steht ihm keine Beweisgebühr zu. JW. 95, 226[16]. — Was die **Vorlegung von Akten** betrifft, so braucht der die Herbeischaffung seitens des Gerichts und die Vorlegung anordnende Beschluß die Anforderungen des

§ 359 ZPO. nicht zu erfüllen, vielmehr genügt es, wenn ersichtlich ist, daß die Vorlegung zwecks Beweiserhebung über eine streitige Behauptung, nicht bloß zur Information des Gerichts angeordnet ist. JW. 95, 10[26], 242[15]; 96, 35[27], 176[32]; 99, 6[20]; 03, 124[5]; 07, 532[11]; 23, 20[1]; 25, 2018[2], 2364[15], 2372[44]; 28, 763[11]; 29, 130[21], [22]; OLG. 11, 150; 15, 187; 40, 458. Unerheblich ist es, ob die Akten sich in Verwahrung des Prozeßgerichts selbst befanden. JW. 97, 532[11] (vgl. jedoch OLG. 11, 251). In der Verfügung des Vorsitzenden aber, Akten zum Verhandlungstermine heranzuziehen (§ 272b ZPO.), liegt keine Anordnung der Beweisaufnahme. OLG. 17, 231; 35, 218, Anm. 8. Ferner ist, wenn sich ergibt, daß durch die Vorlegung der Akten widersprechende Parteibehauptungen nicht festgestellt sind, oder wenn ungewiß ist, ob die Einforderung zum Zwecke der Beweiserhebung oder nur zur Information erfolgt ist, die Beweisgebühr nicht begründet. JW. 91, 274[13]; 95, 242[15]; 97, 532[10]; OLG. 17, 230, 231. (Nach JW. 27, 1661[3] ist zu vermuten, daß die Vorlegung beweiseshalber erfolgt sei.). Desgleichen nicht, wenn die Einforderung der Akten zwar angeordnet ist, eine Vorlegung aber nicht stattgefunden hat. JW. 96, 176[32]. Hat umgekehrt das Gericht Akten „zur Information" herangezogen, handelt es sich aber in Wahrheit um die Feststellung einer bestrittenen Parteibehauptung, so wird die Beweisgebühr fällig. JW. 26, 69[1]. — Die bloße **Vorlegung von Urkunden** durch den Anwalt gemäß § 420 ZPO. (oder von eidesstattlichen Versicherungen im Arrestverfahren, s. oben) ist erst Beweisantritt, noch kein Beweisaufnahmeverfahren, begründet also die Beweisgebühr nicht (a. M. JW. 21, 536[7]). Dasselbe gilt, wenn die Urkunde dem Gegner zur Erklärung über die Echtheit gemäß § 439 ZPO. vorgelegt wird, auch wenn die Vorlegung auf Anordnung des Gerichts durch ersuchten Richter erfolgt, da auch diese Anordnung noch keine Beweiserhebung, sondern nur eine prozeßleitende Verfügung ist. JW. 19, 53[6]; 26, 2476[10]; OLG. 37, 228; 42, 62. Vgl. auch Anm. 8. — Eine **Einnahme des Augenscheins** aber, die auf Grund einer von Amts wegen gemäß § 144 ZPO. getroffenen Anordnung erfolgt, ist auch eine Beweisaufnahme im Sinne des § 13 Nr. 4. JW. 96, 251[30]. — Ebenso die Einholung einer **amtlichen Auskunft** über die Höhe von Unterhaltssätzen, JW. 23, 697[12], und die Einforderung einer **schriftlichen Auskunft einer**

Behörde über streitige Tatsachen, OLG. **42,** 63; JW. **28,** 756[51]. — Die bloße **Anhörung der Parteien,** insbesondere auch nach § 619 ZPO. im Eheprozeß, ist dagegen keine Beweisaufnahme, wenn auch die ZPO. von „Vernehmung" der Partei spricht. JW. 25, 345; 26, 2479[17], 2587[3], 2591[13]; 27, 2157[18]; 28, 126[14], 1316[3], 1520[16]; OLG. 42, 57 (a. M. JW. 23, 704[8]; 25, 2370[35]; 26, 842[2]; 27, 1329[22]; 28, 1875[14]). — Ebenso kann für eine Tätigkeit, zufolge einer auf Grund des § 293 ZPO. ergehenden Anordnung des Gerichts, die die **Ermittlung ausländischer Rechtsnormen** verfolgt und die Parteien zum Nachweise auffordert, eine Beweisgebühr nicht beansprucht werden, da der Begriff der Beweisaufnahme ein Abzielen auf Beschaffung von Urteilsunterlagen tatsächlicher Natur erfordert. Vgl. OLG. 21, 127; RG. 115, 104. — Bei **Konkurrenz** eines gewöhnlichen **Beweisaufnahmeverfahrens** und eines Verfahrens betreffend Abnahme eines durch **bedingtes Urteil** auferlegten Eides kann für die Vertretung in beiden Verfahren gemäß § 25 nur eine einmalige Beweisgebühr in Ansatz gebracht werden. Anm. 6. — Für den **Arrestprozeß** und das **Verfahren zur Hauptsache** kann auch dann, wenn sie miteinander verbunden sind, der Ansatz je einer besonderen Beweisgebühr begründet sein (vgl. § 28), OLG. 31, 232; 40, 458; JW. 15, 1274, s. oben, sofern in dem Arrestprozeß eine über die übliche Glaubhaftmachung durch Vorlegung eidesstattlicher Erklärungen hinausgehende Beweisaufnahme stattgefunden hat (z. B. durch Vorlegung von Akten, die durch gerichtliche Anordnung eingefordert sind), OLG. 40, 458. Wird aber Zeugenvernehmung durch Beschluß angeordnet und demnächst bewirkt, so ist anzunehmen, daß es sich nur um eine Beweisaufnahme im Verfahren zur Hauptsache handelt, da im Arrestverfahren, das (auch im Falle des Verfahrens auf erhobenen Widerspruch, § 925 ZPO.) Glaubhaftmachung erfordert (§ 920 Abs. 2 ZPO.), nach § 294 Abs. 2 ZPO. eine Beweisaufnahme, welche nicht sofort erfolgen kann, unstatthaft ist und eine solche Beweisaufnahme auch nicht stattgefunden hat. OLG. 31, 239.

[a] Eine Beweisgebühr kann z. B. nicht beansprucht werden, wenn die Beweisaufnahme lediglich in **Vorlegung der in den Händen einer Partei befindlichen** Geschäftsbücher besteht. OLG. 1, 330. Auch nicht, wenn die Partei die betreffende Urkunde sich zwar erst nachträglich beschafft, sie aber doch als eine in ihren Händen befindliche vorgelegt hat. JW. 93, 184[13]; 94, 18[41]; OLG. 17, 231. Ferner nicht, wenn der

Anwalt zum Erweise seiner Behauptungen den Inhalt von Aktenstücken, die ihm vom Gericht zur Verfügung gestellt werden, vorträgt, ohne daß die Vorlegung der Akten durch Beweisbeschluß angeordnet ist. OLG. 25, 294; 31, 225; 35, 218, vgl. Anm. 7.

[9] Durch die Beweisgebühr wird die **gesamte Tätigkeit** des Anwalts **im Beweisverfahren abgegolten**, auch die Informierung eines anderen Anwalts, der einen auswärtigen Beweistermin wahrnimmt. OLG. 15, 105. — Der Anwalt eines **mitverklagten Bürgen** kann für die Tätigkeit im Beweisaufnahmeverfahren über die Hauptschuld die Beweisgebühr verlangen, auch wenn das Bestehen der Hauptschuld schließlich anerkannt, gleichwohl aber aus einem besonderen Grunde die Klage gegen den Bürgen abgewiesen wird. JW. 95, 39[3]. — Die Beweisgebühr ist stets nach dem **Werte des Beweisgegenstandes** zu berechnen. Dies gilt auch dann, wenn später der Klaganspruch erweitert und dann das Beweisergebnis für die Entscheidung des ganzen Anspruchs verwertet wird. OLG. 25, 294; 35, 218.

14. Soweit der Auftrag vor Beginn des zur mündlichen Verhandlung bestimmten Termins (Zivilprozeßordnung § 220)[1a] erledigt ist[1], ohne daß der Rechtsanwalt[2] die Klage eingereicht hat oder einen Schriftsatz hat zustellen lassen, steht ihm die Prozeßgebühr nur zu fünf Zehnteilen zu[3].

In einem Verfahren, für welches eine mündliche Verhandlung durch das Gesetz nicht vorgeschrieben ist[4], findet die gleiche Ermäßigung statt, soweit der Auftrag erledigt ist, bevor der Antrag an das Gericht eingereicht, der mündliche Antrag gestellt oder der Auftrag an den Gerichtsvollzieher oder die diesen Auftrag vermittelnde Geschäftsstelle erteilt ist.

[1a] **Geschichtliches.** In der ursprünglichen Fassung hieß es: „vor der mündlichen Verhandlung", wodurch die Streitfrage, wann diese begonnen hat (Anm. 4 § 13 DGO.) auch für § 14 Bedeutung hatte. Die jetzige Fassung beruht auf der Nov. v. 28. 1. 27. Durch sie ist klargestellt, daß der Aufruf der

Sache im Verhandlungstermin (§ 220 Abs. 1 ZPO.) der entscheidende Augenblick sein soll, ganz gleich, was in dem Termin geschieht.

[1] So z. B. findet § 14 Anwendung, wenn der Anwalt beauftragt ist, einen Vergleich zu versuchen, nötigenfalls aber Klage zu erheben, und, nachdem er Vergleichsversuche vergeblich angestellt hat, es zur Klagerhebung, weil die Parteien sich nachträglich selbst vergleichen, nicht kommt. Vgl. OLG. 17, 228; JW. **20**, 394, Anm. 8 § 1 DGO. — Spätere Aufhebung des Auftrags, aber noch vor Beendigung der Instanz: § 50. — Zurücknahme des Auftrags zur Rechtsmitteleinlegung: § 47 Abs. 2. — Bei **Erledigung nur eines Teiles des Streitgegenstandes** findet die Ermäßigung des § 14 nur auf diesen Anwendung. — Darüber, ob bei **Tilgung der Klageforderung vor Zustellung der Klage** der Rechtsstreit wegen der bisher entstandenen Kosten fortgesetzt werden kann oder eine Klage auf Ersatz der Kosten erhoben werden muß, vgl. RG. 54, 37; Gr. 35, 616; **36**, 241; JW. 89, 359; **03**, 237[5]; OLG. 2, 299; **3**, 321; **6**, 387; **9**, 60; **19**, 68.

[2] D. i. der prozeßbevollmächtigte Rechtsanwalt. Vgl. Anm. 1 § 13. — Anderseits bezieht sich § 14 nicht bloß auf den **prozeßbevollmächtigten Anwalt des Klägers**, sondern **auch** auf den **des Beklagten.** JW. 91, 200[13], Anm. 3.

[3] **Der § 14 hat eine zweifache Voraussetzung:** 1. der Auftrag muß vor Beginn des zur mündlichen Verhandlung bestimmten Termins erledigt sein; vgl. Anm. 1a; 2. der Anwalt des Klägers darf die Klage noch nicht eingereicht oder der des Beklagten noch nicht einen Schriftsatz zugestellt haben. Wird der Auftrag (z. B. der des Anwalts des Beklagten durch Zurücknahme der Klage seitens des Klägers) erst nach Aufruf der Sache (§ 220 Abs. 1 ZPO.) erledigt, so steht dem Anwalt die volle Gebühr aus § 13 Nr. 1 zu, sei es auch, daß nicht zur Hauptsache, sondern nur über die Kosten verhandelt wird. JW. 86, 118[23]; **93**, 470[15], vgl. auch RG. 7, 356. (Vor der Änderung des § 14 [vgl. Anm. 1a] wurde angenommen, daß eine mündliche Verhandlung im Sinne des § 14 nicht vorgelegen habe, wenn in einem Termine nur die Anberaumung eines neuen Verhandlungstermins beantragt und beschlossen wurde. JW. **91**, 200[13]). Die volle Gebühr ist ferner begründet, wenn die Erledigung des Auftrags hinsichtlich des Anwalts des Klägers erst nach Ein-

reichung (nicht erst „Zustellung") der Klage und hinsichtlich des Anwalts des Beklagten erst nach Zustellung (nicht schon „Einreichung") eines Schriftsatzes erfolgt, sei es auch, daß bis dahin eine mündliche Verhandlung noch nicht stattgefunden (jetzt: und selbst der Termin zur mündlichen Verhandlung noch nicht begonnen) hat. JW. 91, 200[13]. Hierbei ist im amtsgerichtlichen Verfahren, wenn durch den Anwalt in einem eingereichten Schriftsatz ein weiterer Verhandlungstermin nachgesucht ist und dann gemäß § 497 ZPO. die Ladung zu dem anberaumten Termine von Amts wegen erfolgt, dies der Zustellung eines Schriftsatzes durch den Anwalt gleichzustellen. JW. 15, 1040. Durch die bloße Anfertigung eines Schriftsatzes aber wird der Anspruch auf die volle Gebühr nicht erworben. JW. 91, 200[13]. Auch dadurch wird der Anspruch auf die volle Gebühr nicht begründet, daß ein Schriftsatz eingereicht wird, der weder einen sachlichen Antrag noch ein sachliches Eingehen auf den Streitstoff enthält (z. B. nicht durch die Anzeige des Anwalts des Beklagten, daß er diesen vertrete). OLG. 39, 117. — Wird der Anwalt erst nach der mündlichen Verhandlung bestellt, so findet § 14 DGO. keine Anwendung. JW. 91, 4[6], 528[10]; 92, 39[6]; 26, 861[15].

[4] Z. B. ZPO. §§ 103, 104 (Kostenfestsetzung), 567 ff. (Beschwerdeverfahren), 764 Abs. 3 (Entscheidungen des Vollstreckungsgerichts), 921, 937 Abs. 2 (Erlassung eines Arrestes, einer einstweiligen Verfügung). — Abs. 2 gilt auch für den Anwalt des Gegners des Antragstellers. Vgl. Anm. 2.

15. Die Verhandlungsgebühr[1] steht dem Rechtsanwalte nicht zu, welcher zur mündlichen Verhandlung geladen hat, ohne daß dieselbe durch das Gesetz vorgeschrieben[2] oder durch das Gericht oder den Vorsitzenden angeordnet war.

[1] **Dagegen** kann die **Prozeßgebühr** (§ 13 Nr. 1) trotz Unzulässigkeit der Ladung begründet sein. RG. 10, 380.

[2] **Vorgeschrieben** ist die **mündliche Verhandlung**, außer für die Verhandlung des Rechtsstreits vor dem erkennenden Gericht, in den Fällen der ZPO. §§ 71 (Zurückweisung der Nebenintervention), 135 (Rückgabe einer Beweisurkunde), 148 (Aussetzung der Verhandlung), 320 (Berichtigung des Tatbestandes), 321 (Ergänzung des Urteils), 709—714, 716 (vorläufige Voll-

streckbarkeit eines Urteils), 924, 927 (Widerspruch gegen einen Arrest, Aufhebung desselben).

16. [1]**Für eine nicht streitige Verhandlung**[2] **steht dem Rechtsanwalte die Verhandlungsgebühr nur zu fünf Zehnteilen zu**[3]**. Diese Minderung tritt nicht ein, wenn die Entscheidung nach Lage der Akten (Zivilprozeßordnung § 331a)**[3a] **beantragt wird sowie in Rechtsstreitigkeiten der im § 21 des Gerichtskostengesetzes**[4] **bezeichneten Art, sofern der Kläger verhandelt**[5]**. Sie tritt ferner nicht ein, wenn der Berufungskläger oder der Revisionskläger ein Versäumnisurteil beantragt**[6]**.**

[1] **Geschichtliches.** a) § 16 RGO. lautete in der Fassung vom 17. 5. 98:

„Für eine nicht kontradiktorische Verhandlung (Gerichtskostengesetz § 19) steht dem Rechtsanwalte die Verhandlungsgebühr nur zu fünf Zehnteilen zu. Diese Minderung tritt in den im § 20 Nr. 1 des Gerichtskostengesetzes bezeichneten Rechtsstreitigkeiten nicht ein, sofern der Kläger verhandelt.

Die Verhandlung im vorbereitenden Verfahren (Zivilprozeßordnung §§ 348 bis 351) gilt als kontradiktorische mündliche Verhandlung."

Der Zweck des § 16, nichtstreitige Verhandlungen geringer zu entlohnen, spiegelte sich in § 1 Abs. 3 TeuerungszuschlagsG. v. 18. 12. 19 wieder, der für § 16 die dort vorgesehene allgemeine Gebührenerhöhung ausschloß.

b) Die Nov. v. 18. 8. 23 fügte den Schlußsatz des jetzigen § 16 hinzu. Als man dem § 16 durch die VO. v. 13. 2. 24 (unten zu c) seine jetzige Gestalt gab, wurde der zugefügte Satz vergessen. Der Fehler wurde später bemerkt und durch „Berichtigung" des Reichsjustizministers v. 24. 5. 24 (RGBl. I 562) verbessert. Gegen die „Berichtigung", obwohl es keine ist, sind Bedenken nicht erhoben worden.

c) Die Nov. v. 13. 2. 24 ersetzte „nicht kontradiktorische" durch „nicht streitige" Verhandlung, strich die nicht mehr passende Bezugnahme auf § 19 GKG., fügte den Hinweis auf Entscheidung nach Aktenlage hinzu und beseitigte den Abs. 2, weil es kein vorbereitendes Verfahren mehr gibt.

² Wegen des **Begriffs** der „**Verhandlung**" überhaupt s. Anm. 4 § 13 DGO. — **Streitig** ist eine **Verhandlung**, wenn in ihr von beiden Parteien einander **widersprechende Anträge gestellt** werden. Danach kommt es darauf an, ob die Parteien verhandelt haben und inwieweit ihre Anträge sich widersprechen, Blum 3, 200 (30. 6. 85), mag dies auch nur bei ihren eventuellen Anträgen der Fall sein, JW. 95, 127[10], oder nur die behauptete Zuständigkeitsvereinbarung bestritten worden sein, JW. 28, 756[49]. Haben die Parteien widersprechende Anträge zur Streitfrage gestellt (d. h. verlesen oder auf die sie enthaltenden Schriftsätze Bezug genommen, § 297 Abs. 1, 4 ZPO.), so ist im Sinne von § 13 Nr. 2, §§ 16, 17 DGO. (über Verhandeln im Sinne der §§ 137, 334 ZPO. vgl. RG. 10, 392; 31, 423) nicht nur überhaupt verhandelt, sondern auch streitig verhandelt, selbst wenn es sonst zu einer sachlichen Erörterung des Streitstoffs (z. B. weil die Parteien sich entfernt haben) nicht gekommen ist. JW. 98, 607[34]; W 12, 354; OLG. 9, 167; 21, 72 (a. M. OLG. 27, 223). — Die im Termin abgegebene Erklärung jedoch, die **Klage zurückzunehmen**, ist überhaupt kein Verhandeln zur Sache, auch kein „nichtstreitiges". JW. 82, 95; 97, 136[22]. Ebensowenig liegt ein Verhandeln zur Sache vor, wenn nach Verlesung des Klagantrags der Gegner sofort (ohne Abweisung der Klage zu beantragen) **Vertagung** beantragt, darauf nur hierüber verhandelt und sodann vertagt wird. OLG. 25, 293. Gleiches gilt von einem Verhandeln lediglich über beantragte **Aussetzung** des Verfahrens. OLG. 35, 217. In diesen Fällen kann auch eine Verhandlungsgebühr aus § 16 nicht beansprucht werden. In den letzteren beiden Fällen steht jedoch dem Anwalt, wenn über die Vertagung oder Aussetzung streitig oder nichtstreitig verhandelt ist, nach § 23 Nr. 5 DGO. eine Verhandlungsgebühr von $^{3}/_{10}$ bzw. $^{3}/_{20}$ zu; sie wird durch § 29 Abs. 2 Nr. 6 nicht ausgeschlossen, da eben eine Gebühr für Verhandlung zur Hauptsache dem Anwalt nicht zusteht. OLG. 25, 293; 35, 217, vgl. auch Anm. 8 § 23. Jedoch neben einer Verhandlungsgebühr für eine, sei es auch nichtstreitige, **Verhandlung zur Hauptsache** (§ 16, z. B. zur Erwirkung eines Versäumnisurteils) steht dem Anwalt gemäß § 25 nicht auch noch eine Gebühr für eine, sei es auch streitige, Verhandlung über **Aussetzung** des Verfahrens oder einen Vertagungsantrag zu. OLG. 31, 232; 35, 217; vgl. aber über Maßgeblichkeit der höheren

Gebühr Anm. 3 § 23. — Dagegen macht der Antrag des Beklagten auf Klagabweisung die Verhandlung auch dann zu einer streitigen, wenn in der Verhandlung die Verpflichtung an sich zugestanden wird, Braun und Blum, 7, 86 (14. 11. 82); JW. 82, 83[5]; OLG. 21, 72; ebenso der Antrag des Beklagten, den vom Kläger aufrechterhaltenen Klaganspruch für erledigt zu erachten, JW. 83, 317[13]. Eine streitige Verhandlung liegt auch schon vor, wenn der Beklagte vor dem Amtsgerichte Widerklage erhebt und Verweisung an das Landgericht beantragt (vgl. § 506 ZPO.) und der Kläger den Antrag auf Zurückweisung der Widerklage stellt. JW. 98, 418[12]. — Stehen sich **Antrag und Gegenantrag nur zum Teile gegenüber**, so liegt eine streitige Verhandlung nur bezüglich dieses Teiles vor. RG. 33, 403. Es kann auch über die Prozeßkosten allein streitig verhandelt werden, während die Verhandlung zur Hauptsache eine nichtstreitige ist. RG. 33, 403; JW. 91, 93[16]; OLG. 21, 126. Dann ist neben der halben Verhandlungsgebühr (§ 16) nach dem Objekte der Hauptsache die volle Verhandlungsgebühr (§ 13 Nr. 2) nach dem Objekte der Prozeßkosten mit der Maßgabe (§ 14 Abs. 2 GKG. bei § 10 DGO.) zu berechnen, daß beide Beträge zusammen eine volle Gebühr nach dem Objekte der Hauptsache nicht übersteigen dürfen. OLG. 21, 126. — Zum Vorliegen einer streitigen Verhandlung ist nicht erforderlich, daß die widersprechenden Anträge **in das Sitzungsprotokoll aufgenommen** sind. Es genügt, daß der Tatbestand des Urteils die Anträge aufführt, auch, daß schon die ganze Sachlage ergibt, daß die Parteien Widersprechendes begehrt haben. JW. 97, 86[29]; 98, 418[12]. — Eine **nichtstreitige Verhandlung** liegt im Falle des Versäumnisverfahrens vor. Ob Versäumnisurteil ergeht oder wegen materieller Bedenken die Klage abgewiesen wird (§ 331 Abs. 2 ZPO.) oder wegen prozessualer Bedenken der Antrag auf Erlaß des Versäumnisurteils zurückgewiesen wird, ist für den Ansatz der $^{5}/_{10}$ Verhandlungsgebühr aus § 16 Satz 1 unerheblich. Übrigens ist das Versäumnisverfahren nicht der einzige Fall nichtstreitiger Verhandlung. Vielmehr ist die Verhandlung auch insoweit nichtstreitig, als der Beklagte den Klaganspruch anerkennt oder sonst die Anträge der Parteien übereinstimmen, oder nur eine Partei allein zur Hauptsache oder über eine prozessuale Vorfrage verhandelt. RG. 23, 394; 33, 403;

OLG. **39**, 112. So ist z. B. die **Verhandlung** eine nichtstreitige, wenn von einer Partei beantragt wird, dem Gegner zur Beibringung einer beglaubigten Vollmacht seines Prozeßbevollmächtigten eine Frist zu setzen (§ 80 Abs. 2, § 89 Abs. 1 ZPO.), und der Gegner dem Antrage nicht widerspricht. OLG. **39**, 112. Nach OLG. **2**, 269; **27**, 106 soll auch dann die Verhandlung eine nichtstreitige sein, wenn im Wechselprozesse der Beklagte der Klage zwar widersprochen, aber nur Vorbehalt der Ausführung seiner Rechte verlangt und Abweisung der Klage nicht beantragt hat (a. M. JW. **27**, 538[11]). — Ist einmal streitig verhandelt, so ist die volle Verhandlungsgebühr (§ 13 Nr. 2 DGO.) begründet, auch wenn in späteren Terminen nichtstreitig verhandelt wird (§ 25 DGO.). JW. **98**, 418[12]. — Wegen der **fingierten Verhandlungen** nach § 8 EntlVO. in der Fassung v. 13. 5. 24 vgl. Anm. 4 § 13 DGO.

[3] Der Wert der Hauptsache wird zugrunde gelegt, wenn über sie nichtstreitig verhandelt ist, mag auch ein Urteil nur wegen der Kosten ergangen sein. Blum **1**, 385 (3. 2. 85). **Maßgebend für die Wertstufe** sind die **Anträge** auch dann, wenn der Streit zwischen den Parteien in Wirklichkeit nur ein geringeres Objekt betrifft. JW. **99**, 575[12]. — In den **in §§ 22, 23, 24 DGO. behandelten Verfahren** beträgt die Gebühr für die nichtstreitige Verhandlung $^5/_{10}$ der dort niedriger als in § 13 Nr. 2 DGO. bemessenen Verhandlungsgebühr. JW. **94**, 85[19]; OLG. **3**, 169.

[3a] Die Entscheidung nach Lage der Akten, wenn sie nach § 331a ZPO. beantragt wird, setzt eine wenn auch einseitige so doch vollständige Verhandlung des Streitstoffs voraus. Deshalb erhält für sie der Anwalt dieselbe Gebühr wie für eine streitige Verhandlung.

[4] § 21 GKG. lautet:

„Die Urteilsgebühr wird auch für Urteile erhoben, die nach Lage der Akten erlassen werden (Zivilprozeßordnung §§ 251a, 331a), sowie für Urteile, die in Ehesachen, in Rechtsstreitigkeiten, welche die Feststellung des Rechtsverhältnisses zwischen Eltern und Kindern zum Gegenstande haben, in den vor die Landgerichte gehörigen Entmündigungssachen und in dem Verfahren über die gegen eine Todeserklärung erhobene Anfechtungsklage auf Grund nichtstreitiger Verhandlung ergehen, sofern der Kläger verhandelt hat."

Ehesachen sind nach § 606 ZPO. Rechtsstreitigkeiten, welche die Scheidung der Ehe (§ 1564 BGB.) sowie Aufhebung der ehelichen Gemeinschaft (§ 639 ZPO., § 1575 BGB.), Nichtigkeit (§§ 1324 ff. BGB.) oder Anfechtung einer Ehe (§§ 1331 ff., 1350 BGB.) oder die Feststellung des Bestehens oder Nichtbestehens einer Ehe zwischen den Parteien (vgl. § 154 ZPO.) oder die Herstellung des ehelichen Lebens (§ 1353 BGB.) zum Gegenstande haben. Nicht „Ehesachen" sind die Rechtsstreitigkeiten zwischen Eheleuten bezüglich ihrer güterrechtlichen Verhältnisse (§§ 1418, 1425, 1468, 1469, 1542, 1547 BGB.), auch nicht die gemäß § 627 ZPO. während der Dauer des eine Ehesache betreffenden Rechtsstreits beantragten einstweiligen Verfügungen (Getrenntleben, Unterhaltspflicht der Ehegatten, Erziehung der Kinder). — **Rechtsstreitigkeiten, betreffend Feststellung des Rechtsverhältnisses zwischen Eltern und Kindern,** sind nach § 640 ZPO. Rechtsstreitigkeiten, welche die Feststellung des Bestehens oder Nichtbestehens eines Eltern- und Kindesverhältnisses zwischen den Parteien (z. B. Gültigkeit: einer Annahme an Kindes Statt, §§ 1741 ff., 1755 BGB., oder der Legitimation eines unehelichen Kindes, §§ 1719 ff., 1731 BGB.), die Feststellung des Bestehens oder Nichtbestehens der elterlichen Gewalt der einen Partei über die andere (z. B. Gültigkeit einer Volljährigkeitserklärung, §§ 3 ff. BGB., oder Verlust der elterlichen Gewalt, §§ 1680, 1697, 1771 BGB.) zum Gegenstande haben, und nach § 641 ZPO. Anfechtungsklagen des Ehemanns der Mutter gegen die Ehelichkeit oder gegen die Anerkennung der Ehelichkeit eines Kindes (§§ 1593, 1596, 1599 BGB.). Nicht auch Rechtsstreitigkeiten, betreffend die Feststellung des Bestehens oder Nichtbestehens der unehelichen Vaterschaft (§ 644 ZPO.). — **Vor die Landgerichte gehörige Entmündigungssachen** sind Anfechtungsklagen gegen den die Entmündigung (wegen Geisteskrankheit, Geistesschwäche, Verschwendung oder Trunksucht, § 6 BGB.) aussprechenden oder den die Wiederaufhebung der Entmündigung ablehnenden Beschluß des Amtsgerichts (§§ 664 ff., 679, 684, 686 ZPO.). — **Anfechtungsklage gegen eine Todeserklärung** (§§ 13 ff. BGB.), die im Wege des Aufgebotsverfahrens durch Ausschlußurteil erfolgt ist: §§ 960 ff., 970, 973 ff. ZPO.

[5] Auch wenn der **Beklagte nicht erscheint** oder keine Anträge **stellt.** Ein Versäumnisurteil gegen den Beklagten ist in diesen Fällen unzulässig (§ 618 Abs. 5, §§ 640, 641, 670,

679 Abs. 4, § 684 Abs. 4 ZPO.); es wird gegen den Beklagten ein sog. einseitig streitiges Urteil erlassen. JW. 16, 751[17]; W. 16, 259. Dies gilt auch in höherer Instanz, wenn der verhandelnde Kläger Rechtsmittelkläger ist; nicht aber, wenn er Rechtsmittelbeklagter ist. Vgl. RG. 27, 362; 28, 394; 35, 347; Gr. 58, 484; W. 13, 263; 16, 259; JW. 16, 751[17]. Gegen den ausbleibenden Rechtsmittelkläger, mag er in erster Instanz Kläger oder Beklagter gewesen sein, kann auf Antrag des erschienenen Gegners echtes Versäumnisurteil auf Zurückweisung des Rechtsmittels ergehen, RG. 27, 362; 35, 347; W. 16, 259, das keine $^{10}/_{10}$ Verhandlungsgebühr bedingt. — Das Verhandeln erfordert mindestens die Stellung eines Antrags zur Hauptsache. Ein Vertagungsantrag genügt nicht.

[6] Satz 3 stellt den Rechtsmittelkläger (und nur diesen), wenn er Versäumnisurteil (nicht z. B. Anerkenntnisurteil) beantragt (unerheblich, ob er es erhält), dem streitig verhandelnden Anwalt gleich, und zwar mit Recht; denn es ist hier vollständiger Sachvortrag nötig, die Mühewaltung also die gleiche wie bei streitiger Verhandlung.

17. Insoweit sich in den Fällen des § 13 Nr. 4[1] die Vertretung[2] auf die weitere mündliche Verhandlung erstreckt[3], erhöht sich die dem Rechtsanwalte zustehende Verhandlungsgebühr um fünf Zehnteile und, wenn die weitere mündliche Verhandlung eine nicht kontradiktorische ist[4], um die Hälfte[5] dieses Betrags[6].

[1] **Es genügt der Beginn des Beweisaufnahmeverfahrens** (z. B. Ladung der Zeugen durch das Gericht und Benachrichtigung der Partei von dem Beweistermin durch den Anwalt) zur Begründung auch der Gebühr aus § 17; es braucht zur Erhebung des beschlossenen Beweises nicht gekommen zu sein. RG. 44, 399; Gr. 40, 1138 (entgegen: JW. 97, 421[21], wonach § 17 ein Weiterverhandeln nach erfolgter Beweisaufnahme voraussetzen, diese Voraussetzung aber nicht vorliegen soll, wenn es sich um eine Eidesleistung gehandelt hat und der Eid weder geleistet noch verweigert, sondern nur über die Abnahme verhandelt ist). Vgl. auch Anm. 7 § 13 (Begriff des Beweisaufnahmeverfahrens). — Umfaßt die **Beweisaufnahme nur einen Teil des Streit-**

gegenstandes, so bestimmt sich auch die Gebühr aus § 17 nur nach dem Werte dieses Teiles des Streitgegenstandes, selbst wenn nach der Beweisaufnahme über den ganzen Prozeßstoff streitig verhandelt worden ist. RG. 42, 409; OLG. 21, 160, auch oben Anm. 2 § 14 GKG. bei § 10 DGO.

[2] Daß der Anwalt die Partei **im Beweisaufnahmeverfahren vertreten** hat und ihm die Beweisgebühr gemäß § 13 Nr. 4 zusteht, ist **nicht erforderlich**. RG. 10, 374. Jedoch hat die Erhöhung der Verhandlungsgebühr zur Voraussetzung, daß der Anwalt, welcher über das Resultat der Beweisaufnahme verhandelt, die Partei auch schon in der früheren Verhandlung, die zu dem Beweisbeschlusse geführt hat, vertreten hat JW. 89, 403[12], auch RG. 9, 332; vgl. aber Anm. 3 wegen der Beweisaufnahme nach § 272b ZPO.

[3] Auch durch eine in demselben Termine stattfindende, sich der Beweisaufnahme unmittelbar anschließende Verhandlung wird die Gebühr begründet. RG. 9, 332; 10, 370; 32, 410. Ferner dann, wenn gemäß § 272b ZPO. das Gericht eine Beweisaufnahme vorausgenommen hat, sofern nur deren Ergebnis im Laufe der Verhandlung vorgetragen ist, JW. 26, 864[21], und zwar selbst dann, wenn der Einzelrichter die Beweisaufnahme angeordnet hat und dieser gar keine Verhandlung vorausgegangen ist, JW. 29, 884[43]. — Sonst ist **nicht Bedingung** für die Gebühr, daß die **weitere mündliche Verhandlung die Ergebnisse des Beweisaufnahmeverfahrens zum Gegenstande** hat. Die Gebühr kann vielmehr selbst dann nicht versagt werden, wenn die Verhandlung (z. B. weil die den Gegenstand des Beweises bildenden Behauptungen nach der Beweisaufnahme zugestanden oder zurückgenommen sind) sich auf die Ergebnisse der Beweisaufnahme gar nicht richten konnte. RG. 44, 399; OLG. 13, 257. So liegt z. B. eine (nichtstreitige) „weitere Verhandlung" im Sinne des § 17 auch dann vor, wenn nach der Beweisaufnahme wegen Ausbleibens des Gegners lediglich Erlassung eines Versäumnisurteils beantragt wird, RG. 28, 395, oder der Kläger auf die Klageforderung verzichtet hat und Anerkenntnisurteil wegen der Kosten erbeten wird, OLG. 7, 226. Vgl. jedoch OLG. 17, 231, wonach ein Verzicht auf einen Zeugen nebst Antrag auf Vernehmung eines anderen Zeugen keine weitere Verhandlung sein soll, wenn die Parteivertreter sich demnächst mit der Abhaltung eines Sühnetermins ein-

verstanden erklären. — Eine weitere Verhandlung im Sinne des § 17 wird fingiert, wenn die Anwälte, statt nach der Beweisaufnahme weiter mündlich zu verhandeln, gemäß § 8 Satz 2 EntlVO. i. d. Fass. v. 13. 5. 24 übereinstimmend die **Entscheidung** des Gerichts **ohne mündliche Verhandlung** beantragen (JW. 20, 505); eine weitere schriftliche Vorbereitung der Sache ist nicht nötig, nur der Antrag aus § 8 EntlVO.; fehlt allerdings auch dieser und entscheidet das Gericht nach Aktenlage (§ 251a ZPO.), so erwächst die Zusatzgebühr des § 17 nicht. Sie fällt jedoch an, wenn die Anwälte nach der Beweisaufnahme sich mit der Entscheidung durch den Einzelrichter (§ 349 Abs. 3 ZPO.) einverstanden erklären. JW. 26, 863[20]. — Wird nach der „weiteren Verhandlung" der **Streitwert** durch Erweiterung des Klaganspruchs **erhöht**, so wird zwar die Verhandlungsgebühr, nicht aber die Gebühr für die weitere Verhandlung höher, wenn die Verhandlung über den erweiterten Teil des Anspruchs sich nicht auf den erhobenen Beweis bezogen hat. OLG. 13, 257.

[4] **Begriff der streitigen** (kontradiktorischen) und der **nichtstreitigen Verhandlung:** Anm. 2 § 16. — Zur Annahme einer streitigen (weiteren) Verhandlung ist nicht erforderlich, daß über das Ergebnis der Beweisaufnahme gestritten wird; vielmehr genügt es, wenn die Parteien ihre früheren widersprechenden Anträge aufrechterhalten. OLG. 19, 243. — **Bei Abnahme eines Eides** ist die weitere Verhandlung in derselben Sitzung als eine streitige zu erachten, wenn die Parteien demnächst unzweifelhaft den Willen betätigt haben, den ganzen Rechtsstreit zum Austrage zu bringen, sei es auch, daß sie die Anträge nicht nochmals verlesen haben. JW. 97, 86[29]. Beantragt aber bei Läuterung eines bedingten Endurteils der eine Teil lediglich, den Eintritt der Folge der Leistung oder Nichtleistung des Eides auszusprechen, ohne daß eine weitere mündliche Verhandlung stattfindet, so ist die weitere Verhandlung eine nichtstreitige, die Verhandlungsgebühr erhöht sich nur um $^5/_{20}$. JW. 98, 575[17]; OLG. 31, 225. — **Im übrigen** liegt eine nichtstreitige weitere mündliche Verhandlung namentlich dann vor, wenn nach erhobenem Beweis eine Partei nicht erscheint und der Gegner Versäumnisurteil gegen sie beantragt. RG. 23, 395; s. auch Anm. 3. — Ist nach Beweisaufnahme streitig verhandelt, so steht dem Anwalt, auch wenn demnächst **nach weiter erhobenem Beweis ein**

Versäumnisurteil ergeht, doch die 5/10-Gebühr für die (erste) weitere Verhandlung zu. OLG. 17, 232.

[5] Auch hier ist der neue Satz 3 des § 16 zu beachten. Zwar stellt § 17 die Verminderung der Zusatzgebühr auf die Hälfte nur darauf ab, daß „nicht kontradiktorisch" verhandelt worden ist. Der Sinn der Bestimmung ist aber erst durch Zusammenhalt der Bestimmung mit § 16 zu ersehen. Grund der Ermäßigung der Gebühr ist allein die geringere Mühewaltung des Anwalts im gewöhnlichen Versäumnisverfahren. In denjenigen Fällen aber, in denen es ein eigentliches Versäumnisverfahren in diesem Sinne nicht gibt, also in den in § 16 S. 2, 3 genannten Fällen (Urteil nach Aktenlage, Statusprozeß und nichtstreitige Verhandlung des Rechtsmittelklägers zur Erlangung eines Versäumnisurteils), fehlt der Anlaß zur Gebührenermäßigung hier genau so wie bei § 16. Man wird deshalb annehmen müssen, daß auch hier der Anwalt nicht 5/20, sondern volle 5/10 Zuschlag zur Verhandlungsgebühr erhält.

[6] Nach § 25 kann die **Erhöhung** der Verhandlungsgebühr **in derselben Instanz nur einmal** beansprucht werden, auch wenn nach der Beweisaufnahme noch mehrere Verhandlungstermine stattgefunden haben oder nochmals Beweis erhoben und dann wiederum verhandelt ist. RG. 9, 332; JW. 85, 159[10]; OLG. 31, 232. Dies gilt auch dann, wenn in der Berufungsinstanz nach Beweisaufnahme ein bedingtes Urteil erlassen, darauf die von einer Partei hiergegen eingelegte Revision zurückgewiesen und dann erst das Urteil des Berufungsgerichts von diesem nach Abnahme des Eides geläutert worden ist: für das Läuterungsverfahren kann weder eine nochmalige Beweisgebühr noch eine nochmalige weitere Verhandlungsgebühr (s. Anm. 4) beansprucht werden, die Bestimmung des § 27 über neue Instanz im Falle der Zurückverweisung an die untere Instanz findet nicht, auch nicht entsprechende Anwendung, da eine Zurückverweisung gar nicht vorliegt. OLG. 31, 232. — Die erhöhte Verhandlungsgebühr kann **weniger als 1 RM.** betragen. Vgl. Anm. 2 § 8 DGO.

18. [Gestrichen[1] durch die Nov. v. 1. 6. 09.]

[1] **Geschichtliches.** § 18 lautete:

„Die Vergleichsgebühr steht dem Rechtsanwalte nur zu fünf Zehnteilen zu, wenn ihm für denselben Streitgegenstand die volle Verhandlungsgebühr zusteht und der Vergleich vor dem Prozeßgericht oder einem ersuchten oder beauftragten Richter abgeschlossen ist."

Nach Mot. 40 sollte Abschluß des Vergleichs vor Gericht (in Verbindung mit dem Bezug der vollen Verhandlungsgebühr) deswegen ein Grund für die Minderung der Vergleichsgebühr sein, weil in der Regel anzunehmen sei, daß die richterliche Tätigkeit auf das Zustandekommen des Vergleichs von Einfluß gewesen sei. Durch die Nov. v. 1. 6. 09 ist § 18 gestrichen, weil diese Meinung der Motive unzutreffend sei und der Abschluß des Vergleichs vor Gericht keinen Maßstab für die Mühewaltung des Anwalts biete. KB. 78. Dem Anwalt steht also **jetzt** für einen unter seiner Mitwirkung geschlossenen Vergleich **stets die volle Vergleichsgebühr** (§ 13 Nr. 3) zu, gleichviel, ob der Vergleich außergerichtlich oder vor Gericht geschlossen worden ist.

19. [Gestrichen[1] durch die Nov. v. 18. 8. 23.]

[1] **Geschichtliches.** a) § 19 lautete zunächst:

„Sechs Zehnteile der in den §§ 13 bis 18 bestimmten Gebühren erhält der zum Prozeßbevollmächtigten bestellte Rechtsanwalt für die Vertretung im Urkunden- oder Wechselprozesse (Zivilprozeßordnung §§ 592 bis 605)",

gewährte also im Urkunden- und Wechselprozeß (sowie im Scheckprozeß [§ 28 Abs. 3 ScheckG. v. 11. 3. 08, RGBl. 71]) durchweg nur $^{6}/_{10}$ der sonst anfallenden Gebühren.

b) Die Nov. v. 1. 6. 09 gab dem § 19 folgende Fassung:

„Für die Vertretung im Urkunden- oder Wechselprozesse (Zivilprozeßordnung §§ 592 bis 605) erhält der zum Prozeßbevollmächtigten bestellte Rechtsanwalt nur sechs Zehnteile der Prozeßgebühr, wenn eine kontradiktorische Verhandlung nicht stattfindet. Auch steht ihm die im § 16 Abs. 1 Satz 1 bestimmte Gebühr nur zu sechs Zehnteilen zu",

gewährte also nunmehr die Beweis- und Vergleichsgebühr stets voll und ermäßigte nur die Prozeß- und die Verhandlungsgebühr auf $^{6}/_{10}$, wenn der Prozeß ohne jede streitige Verhandlung ablief.

c) Die Nov. v. 18. 8. 23 strich § 19 ganz, so daß es jetzt mit Ausnahme des § 28 Abs. 1 für den Urkunden-, Wechsel- und Scheckprozeß keine gebührenrechtlichen Ausnahmen mehr gibt.

20. [Gestrichen[1] durch die Nov. v. 18. 8. 23.]

[1] **Geschichtliches.** a) § 20 lautete zunächst:

„Fünf Zehnteile der in den §§ 13 bis 18 bestimmten Gebühren erhält der Rechtsanwalt, soweit die durch die Gebühr zu vergütende Tätigkeit ausschließlich die im Gerichtskostengesetze § 26 Nr. 1 bis 10 bezeichneten Gegenstände betrifft."

b) Die Nov. v. 1. 6. 09 strich § 18 DGO. (s. dort) und die Verweisung auf § 26 Nr. 9 des alten GKG. (Arrest und einstweilige Verfügung, sofern die Entscheidung durch Endurteil ergeht; darüber jetzt § 28 Abs. 1 S. 1, Abs. 2 DGO.).

c) Das RGes. zur Änd. des GKG. v. 21. 12. 22 (RGBl. 23 S. 1) strich den § 26 GKG. Sein Inhalt mußte deshalb nach § 20 DGO. übernommen werden. Art. V des Ges. v. 21. 12. 22 gab deshalb dem § 20 DGO. folgende Fassung, ohne ihn damit sachlich zu ändern:

„Fünf Zehnteile der in den §§ 13 bis 17 bestimmten Gebühren erhält der Rechtsanwalt, soweit die durch die Gebühr zu vergütende Tätigkeit ausschließlich folgende Gegenstände betrifft:

1. prozeßhindernde Einreden (Zivilprozeßordnung § 274);
2. die Unzuständigkeit des Gerichts, die Unzulässigkeit des Rechtswegs, den Mangel der Parteifähigkeit, der Prozeßfähigkeit, der Legitimation eines gesetzlichen Vertreters oder der erforderlichen Ermächtigung zur Prozeßführung, sofern sie von Amts wegen berücksichtigt sind (Gerichtsverfassungsgesetz § 17 Abs. 1, Zivilprozeßordnung §§ 40, 56);
3. die Entlassung des Beklagten aus dem Rechtsstreit (Zivilprozeßordnung §§ 75 bis 77) oder die Übernahme des Rechtsstreits durch den Rechtsnachfolger (Zivilprozeßordnung § 266);
4. die Aufnahme eines unterbrochenen oder ausgesetzten Verfahrens (Zivilprozeßordnung §§ 239 bis 250);
5. die Zulässigkeit der Wiedereinsetzung in den vorigen Stand, der Berufung, Revision oder der Wiederaufnahme des Verfahrens oder die Zurücknahme eines Rechtsmittels (Zivilprozeßordnung §§ 238, 515 Abs. 3, §§ 535, 566, 589);
6. den Einspruch (Zivilprozeßordnung §§ 341, 345, 346, 700)

sowie die gegen ein Versäumnisurteil eingelegten Rechtsmittel (Zivilprozeßordnung § 513 Abs. 2, § 566);
7. die vorläufige Vollstreckbarkeit eines Urteils;
8. die Erteilung der Vollstreckungsklausel, sofern sie im Wege der Klage beantragt oder angefochten wird (Zivilprozeßordnung §§ 731, 738, 742, 744, 745 Abs. 2, §§ 749, 768), oder Einwendungen gegen die Zwangsvollstreckung, welche den Anspruch selbst betreffen, sofern der § 767 Abs. 2 oder § 796 Abs. 2 der Zivilprozeßordnung Anwendung findet, oder die Zulassung der Zwangsvollstreckung aus dem Urteil eines ausländischen Gerichts oder aus einem Schiedsspruch (Zivilprozeßordnung §§ 722, 1042);
9 (Nr. 10 in GKG. § 26 a. F.). die Unzulässigkeit des schiedsrichterlichen Verfahrens oder die Aufhebung eines Schiedsspruchs (Zivilprozeßordnung § 1046).

d) Schließlich strich die Nov. v. 18. 8. 23 den ganzen § 20. Seitdem erhält der Anwalt, auch wenn sich seine Tätigkeit nur auf diese Akte beschränkt, dieselben Gebühren, als wenn er den ganzen Prozeß führt.

21. Der Rechtsanwalt erhält neben den ihm sonst zustehenden Gebühren[1] die Prozeßgebühr nur zu fünf Zehnteilen[2], wenn seine Tätigkeit ausschließlich die Erledigung[3] eines bedingten Urteils betrifft[4].

[1] § 13 Nr. 2, 3, 4, § 16 DGO.

[2] Dies gilt an sich uneingeschränkt auch im **Urkunden- oder Wechselprozeß**, nachdem der für diese Verfahrensart Besonderheiten enthaltende § 19 DGO. durch Ges. v. 18. 8. 23 gestrichen ist. Jedoch kann in diesem Prozesse bei ordnungsmäßigem Verfahren nach § 595 Abs. 4, § 597 Abs. 2 ZPO. überhaupt weder auf einen zugeschobenen noch auf einen richterlichen Eid erkannt werden.

[3] Nicht bloß die Wahrnehmung des Eidestermins; hier gilt § 45 DGO. — Gemeint ist die normale „Erledigung“ durch Eidesleistung, -weigerung oder -erlaß mit nachfolgendem Läuterungsurteil, nicht die außergewöhnliche Erledigung, bei der der Eid in Wegfall kommt, z. B. Tod des Schwurpflichtigen, seine Verurteilung wegen Meineids usw.

[4] Also wenn er erst **nach Erlassung des bedingten Urteils eintritt.** Mot. 42. Der Anwalt, der nach Erlassung eines

unbedingten Urteils eintritt, erhält die volle Prozeßgebühr. JW. 91, 528[10]. Ebenso der Anwalt, der neben der „Erledigung" noch anderes zu tun hat, wie die Aufnahme eines unterbrochenen Prozesses.

22. Der Rechtsanwalt erhält die Prozeßgebühr und die Verhandlungsgebühr[1] nur zu fünf Zehnteilen, wenn seine Tätigkeit Anträge auf Sicherung des Beweises (Zivilprozeßordnung §§ 485 bis 494)[2] oder eine gerichtliche Entscheidung über die Ernennung oder Ablehnung eines Schiedsrichters, das Erlöschen eines Schiedsvertrags[3] oder die Anordnung der von Schiedsrichtern für erforderlich erachteten richterlichen Handlungen[4] (Zivilprozeßordnung § 1045)[5] betrifft. Für die Vertretung bei der Beweisaufnahme erhält der Rechtsanwalt die Beweisgebühr (§ 13 Nr. 4).

[1] **In der Regel** findet in den im § 22 erwähnten Verfahren **keine mündliche Verhandlung** statt, so daß keine Verhandlungsgebühr erwächst. Bei Sicherung des Beweises nur ausnahmsweise nach § 490 Abs. 1 ZPO. Der Anwalt erhält daher in der Regel nur $^5/_{10}$ der Prozeßgebühr und ferner für die Vertretung bei einer Beweisaufnahme die volle Beweisgebühr. Wird ausnahmsweise mündlich verhandelt, so wird eine halbe Verhandlungsgebühr gewährt. JW. 85, 127[15].

[2] Bei **Anhängigkeit der Hauptsache** gehört das Verfahren zur Sicherung des Beweises nach § 29 Nr. 3 (§ 30 Nr. 1) zur Instanz, so daß dann der Anwalt die Gebühren des § 22 nicht erhält, wenn er auch für die Hauptsache Prozeßbevollmächtigter ist. Anderseits braucht er sich die Gebühren des Beweissicherungsverfahrens nicht anrechnen zu lassen, wenn er erst später für die Hauptsache Prozeßvollmacht erhält. Vgl. Anm. 8 § 29 DGO. — Die Gebühren sind auf Grund des Urteils im Hauptprozesse von dem unterlegenen Gegner zu erstatten, wenn sie notwendig waren. Gr. 32, 1168, 1169; 35, 1182; OLG. 15, 146.

[3] Durch die Nov. v. 17. 5. 98 hinzugefügt. — Unter **Ernennung** des Schiedsrichters ist nicht nur die nach §§ 1029, 1031 ZPO. (Nichtbezeichnung durch den Gegner, Tod oder

sonstiger **Wegfall eines Schiedsrichters**) obliegende Bezeichnung und Bestellung eines Schiedsrichters zu verstehen, sondern auch die Bestimmung eines Schiedsrichters durch die Parteien in einem Schiedsvertrag, und daher gehört hierher auch die Entscheidung eines Streites darüber, ob ein Schiedsrichter die im Schiedsvertrag ausbedungenen Eigenschaften besitzt. RG. 47, 401. Ein Antrag aber **auf Ernennung eines Schiedsrichters durch den Vorstand eines Gerichts**, die im Schiedsvertrage vorgesehen ist, fällt nicht unter § 22 DGO. (§ 33 Nr. 7 GKG.), da nicht die Erlassung einer gerichtlichen Entscheidung, sondern nur die Ausübung einer Privattätigkeit seitens des Gerichtsvorstandes in Frage kommt. RG. 53, 1; auch OLG. 19, 165. — Unter **Ablehnung** eines Schiedsrichters ist der Widerspruch gegen die Mitwirkung von Schiedsrichtern zu verstehen, von dem der § 1032 ZPO. handelt, also die Ablehnung aus einem der in §§ 41, 42 ZPO. aufgeführten Gründe. RG. 47, 401. Wird **von der einen Partei die Ernennung eines Schiedsrichters** beantragt, **von der anderen** der von jener Partei **ernannte Schiedsrichter abgelehnt**, so handelt es sich für die Gebührenerhebung um zwei gesonderte Instanzen. OLG. 19, 166. — **Erlöschen eines Schiedsvertrags** betrifft namentlich das Außerkrafttreten des Schiedsvertrags nach § 1033 ZPO., wenn unter den Parteien Streit darüber besteht.

[4] Diese **richterlichen Handlungen**, welche die Schiedsrichter für erforderlich erachten, zu deren Vornahme aber sie selbst nicht befugt sind (§ 1036 ZPO.) gelten nach § 91 Abs. 2 DGO. als zum schiedsrichterlichen Verfahren gehörig, so daß für sie nicht besonders liquidiert werden kann, soweit gleiche Gebühren im schiedsrichterlichen Verfahren dem Anwalt erwachsen.

[5] Es handelt sich hier durchweg um **richterliche Handlungen**, die im **Beschlußverfahren ergehen** (z. B. Beeidigung von Zeugen oder Sachverständigen, Abnahme eines Parteieides [§ 1035 Abs. 2]). Über die Zuständigkeit für die Entscheidung in diesen und den in Anm. 3 genannten Angelegenheiten trifft § 1045 ZPO. Bestimmung. Für Klagen betr. die Unzulässigkeit des schiedsrichterlichen Verfahrens oder die Aufhebung eines Schiedsspruchs (§§ 1041, 1044, 1046 ZPO.) werden die vollen Gebühren des § 13 DGO. fällig. Wegen **Vollstreckbarerklärung** eines Schiedsspruchs oder eines vom Schiedsgericht

vermittelten Vergleichs vgl. § 40a. — Streitwert in diesen Angelegenheiten: Anm. 1 § 3 ZPO. bei § 10 DGO.

23. [1]**Drei Zehnteile der in den §§ 13 bis 17 bestimmten Gebühren**[2] **erhält**[3] **der Rechtsanwalt, wenn seine Tätigkeit betrifft:**

1. die Zulässigkeit einer Nebenintervention (Zivilprozeßordnung § 71)[4]**;**

2. die vorläufige Einstellung, Beschränkung oder Aufhebung einer Zwangsvollstreckung (Zivilprozeßordnung §§ 707, 719, 769, 771 Abs. 3, §§ 785, 786, 805 Abs. 4, § 810 Abs. 2)[5]**;**

3. die Festsetzung der vom Gegner zu erstattenden Prozeßkosten oder die Abänderung der Kostenfestsetzung (Zivilprozeßordnung § 107)[6]**;**

4. die Bestimmung einer Frist zur Rückgabe und die Anordnung der Rückgabe einer Sicherheit in den Fällen des § 109 Abs. 1, 2 der Zivilprozeßordnung[7]**;**

5. die Prozeß- oder Sachleitung, einschließlich der Bestimmung oder Änderung von Terminen und Fristen[8, 17]**;**

6. die Bewilligung oder Entziehung des Armenrechts sowie die Verpflichtung zur Nachzahlung von Kosten (Zivilprozeßordnung § 126)[9, 17]**;**

7. die Zuständigkeit des obersten Landesgerichts (§ 7 des Einführungsgesetzes zur Zivilprozeßordnung)[10] **oder der Kammern für Handelssachen (Gerichtsverfassungsgesetz §§ 97 bis 101), die Bestimmung des zuständigen Gerichts (Zivilprozeßordnung § 36), die Übernahme eines Entmündigungsverfahrens (Zivilprozeßordnung § 650 Abs. 3, § 651 Abs. 2), die Bestimmung eines Gerichtsvollziehers**

(Zivilprozeßordnung § 827 Abs. 1, § 854 Abs. 1) oder eines Sequesters (Zivilprozeßordnung §§ 848, 855)[17];

8. die Ablehnung eines Richters, eines Urkundsbeamten der Geschäftsstelle oder eines Sachverständigen (Zivilprozeßordnung §§ 42 bis 49, 406)[11, 17];
9. die Verpflichtung eines Urkundsbeamten der Geschäftsstelle, gesetzlichen Vertreters, Rechtsanwalts oder anderen Bevollmächtigten sowie eines Gerichtsvollziehers zur Tragung der durch ihr Verschulden veranlaßten Kosten (Zivilprozeßordnung § 102)[12, 17];
10. Erinnerungen gegen den Kostenfestsetzungsbeschluß (Zivilprozeßordnung § 104 Abs. 3)[13];
11. die Verpflichtung eines Rechtsanwalts zur Zurückgabe einer vom Gegner ihm mitgeteilten Urkunde (Zivilprozeßordnung § 135)[17];
12. die Verpflichtung zur Abgabe eines Zeugnisses oder Gutachtens (Zivilprozeßordnung §§ 386 bis 389, 408)[17];
13. die Zwangsmaßregeln gegen einen Zeugen oder Sachverständigen sowie die Verurteilung derselben zu Kosten und Strafe (Zivilprozeßordnung §§ 380, 381, 390, 409, 411)[17];
14. die Bestellung eines Vertreters einer nicht prozeßfähigen oder unbekannten Partei für ein von dem Eigentümer aufgegebenes Grundstück oder für einen Erben, der die Erbschaft noch nicht angenommen hat (Zivilprozeßordnung §§ 57, 58, 494, 668, 679, 686, 779, 787)[17];
15. die Berichtigung eines Urteils oder seines Tatbestandes (Zivilprozeßordnung §§ 319, 320)[14, 17];

16. **die Vollstreckbarkeit der durch Rechtsmittelanträge nicht angefochtenen Teile eines Urteils (Zivilprozeßordnung §§ 534, 560)**[15, 17];

17. **die Zulassung einer Zustellung oder eines Aktes der Zwangsvollstreckung zur Nachtzeit oder an einem Sonntag oder allgemeinen Feiertage (Zivilprozeßordnung §§ 181, 761)**[16, 17];

18. **die Zwangsvollstreckung**[18].

[1] **Geschichtliches.** Der § 23 beschränkte sich früher auf die Bezugnahme auf zahlreiche Einzelbestimmungen des alten GKG. Als dieses vereinfacht wurde, paßten die Verweisungen nicht mehr. Deshalb wurden die Bestimmungen in den § 23 selbst hinübergenommen durch Art. V Nr. B Ges. v. 21. 12. 22 (RGBl. 1923 I 1). Wegen der für das **Arrestverfahren** früher in § 23 gegebenen Bestimmungen vgl. § 28.

[2] Auch im **Urkunden- und Wechselprozeß**, für den seit Streichung des § 19 Besonderheiten (mit Ausnahme des § 28) überhaupt nicht mehr gelten.

[3] Hinsichtlich der **Zugehörigkeit der meisten in § 23 aufgeführten Verfahren zu der Instanz** s. § 29 und Anm. 17 § 23 DGO. Soweit danach die Tätigkeit nicht durch die etwa zustehenden vollen Gebühren mitabgegolten wird, können dafür, sofern eine mündliche Verhandlung oder eine Beweisaufnahme stattgefunden hat, außer $^{3}/_{10}$ der Prozeßgebühr auch $^{3}/_{10}$ der Verhandlungs- bzw. der Beweisgebühr beansprucht werden. JW. 97, 240[47]; 99, 493[31]; OLG. 25, 293, vgl. auch OLG. 31, 232, Anm. 2 § 16. Trifft eine Verhandlung über diese Angelegenheiten **mit einer Verhandlung zur Hauptsache zusammen** und gehören beide Verfahren zu einer Instanz, so ist die höhere Gebühr maßgebend. Z. B. steht dem Anwalt, wenn zunächst über den Antrag auf Vertagung der Verhandlung (§ 23 Nr. 5) und darauf nach erfolgter Vertagung nur noch über einen Teil des Streitgegenstandes oder über die Kosten streitig verhandelt worden ist, die etwa höhere Gebühr aus § 23 Nr. 5 für die erstere Verhandlung zu. JW. 99, 493[31]; OLG. 35, 217, vgl. auch OLG. 31, 322, Anm. 8. — Immer handelt es sich um $^{3}/_{10}$ **der vollen Gebühren** aus §§ 13—17 DGO. Wird z. B. das Armenrecht

für die Zwangsvollstreckung beantragt (§ 23 Nr. 6, 18), hat der Urkundsbeamte im Zwischenstreit mit einem Zeugen schuldhaft Kosten veranlaßt (§ 23 Nr. 9, 12), so werden nicht etwa $^3/_{10}$ von $^3/_{10}$, also $^9/_{100}$ Gebühr fällig, sondern volle $^3/_{10}$. — Ist ein Anwalt an **mehreren Verfahren des § 23 DGO.** beteiligt gewesen (er erwirbt der Partei das Armenrecht und betreibt später die Kostenfestsetzung; er läßt das Urteil berichtigen und vollstreckt dann), so stehen ihm grundsätzlich die Gebühren des § 23 **für jedes** hier genannte **Verfahren besonders** zu, da eine gegenteilige Bestimmung fehlt. Diese Regel wird nur scheinbar dadurch eingeschränkt, daß § 29 (anders §§ 30, 31) die meisten Fälle des § 23 als zur Instanz gehörig bezeichnet und damit für diese Fälle auf § 25 verweist, nach welchem der Anwalt jede der in § 13 benannten Gebühren in jeder Instanz nur einmal beanspruchen kann. Dieser Schluß wäre aber verfehlt. Die meisten Unterverfahren des § 23 gehören zwar zur Instanz in dem weiten Sinne, den § 25 meint, nämlich die Gesamtheit alles dessen, was den Prozeß ausschließlich der Rechtsmittel berührt. Von diesem Instanzbegriff sind allerdings die Verfahren des § 23 Teilausschnitte und werden deshalb demjenigen Anwalt nicht besonders vergütet, der die ganze Instanz zu erledigen hat, also die vollen Gebühren des § 13 erhält. Dagegen sind die einzelnen **Verfahren des § 23 im Verhältnis zueinander** ganz selbstständig und schneiden sich auch nicht in ihren Anwendungsgebieten. Für die Frage der Gebührenabgrenzung gilt deshalb hier § 29 nicht, da er nur den großen Instanzbegriff im Auge hat. Der Anwalt, welcher **nur Verfahren aus § 23** zu führen hat, kann also für jedes gesondert liquidieren. Eine Grenze bildet nur die aus den Sonderbestimmungen der §§ 25, 48, 49 zu entnehmende allgemeine Regel, daß für eine Anzahl von Teilleistungen zusammen nie mehr als die vollen Gebühren der §§ 13—17, 52 liquidiert werden darf. Die Regel ist hier aber ohne praktische Bedeutung, weil jedes Verfahren aus § 23 nur $^3/_{10}$ kostet und mehr als drei Verfahren wohl nie vorkommen werden.

[4] Nur wenn Widerspruch gegen die **Zulässigkeit der Nebenintervention** seitens einer Partei erhoben und über diesen Zwischenstreit durch Zwischenurteil entschieden wird (§ 71 Abs. 1, 2 ZPO.). — Jedoch erhält sowohl der Anwalt der Hauptpartei als auch der des Nebenintervenienten, da der

Zwischenstreit gemäß § 29 Nr. 2 DGO. zur Instanz gehört, die Gebühr nur dann, wenn er **ausschließlich für den Zwischenstreit bestellt ist.** Hat der Anwalt des Nebenintervenienten volle Prozeßvollmacht erhalten, so ist er bis zur rechtskräftigen Unzulässigkeitserklärung der Nebenintervention gemäß § 71 Abs. 3 ZPO. zuzulassen und erhält auch die bis dahin anfallenden vollen Gebühren. Anm. 7 § 29 DGO. — Die **Gerichtskosten** werden für den Zwischenstreit besonders erhoben. RG. 10, 339. Der **Streitwert** bestimmt sich nach dem Interesse des Nebenintervenienten an seiner Zulassung. S. Anm. 1 § 3 ZPO. oben bei § 10 DGO. — Vgl. § 51 DGO. (Vertretung mehrerer Streitgenossen einschließlich der Nebenintervenienten).

[5] **Einstellung, Beschränkung oder Aufhebung einer Zwangsvollstreckung.** ZPO. § 707: Wiedereinsetzung in den vorigen Stand; § 719: Einlegung des Einspruchs oder eines Rechtsmittels gegen ein für vorläufig vollstreckbar erklärtes Urteil; § 769: Einwendungen gegen den Urteilsanspruch oder gegen die Zulässigkeit der Vollstreckungsklausel im Wege der Klage; § 771 Abs. 3: Widerspruchsklage Dritter; §§ 785, 786: Geltendmachung der Beschränkung der Haftung durch Erben, Ehegatten, Übernehmer eines Vermögens, Abkömmlinge, Vermächtnisnehmer; § 805: Geltendmachung des Anspruchs auf vorzugsweise Befriedigung; § 810: Widerspruch gegen Pfändung von Früchten auf dem Halm. — Nach § 29 Nr. 4, § 30 Nr. 2 DGO. kann die Gebühr nur dann beansprucht werden, wenn die **Tätigkeit** des Anwalts **auf das Verfahren der Einstellung usw. beschränkt oder** soweit das Verfahren **von** dem über die **Hauptsache getrennt** war. Vgl. hierüber Anm. 9 § 29, auch RG. 50, 358. — Über den **Kostenpunkt** wird in der Anordnung der Einstellung usw. entschieden. Ergeht aber demnächst in der Hauptsache ein Urteil, so betrifft die darin enthaltene Kostenentscheidung auch die Kosten der Anordnung. RG. 50, 356. — Für **Erinnerungen gegen das Verfahren des Gerichtsvollziehers** (§ 766 ZPO.) steht dem Anwalt eine besondere Gebühr aus § 23 nicht zu, sie gehören zur Zwangsvollstreckungsinstanz, JW. 98, 481[10]; Gr. 42, 1163; auch das entsprechende gerichtliche Verfahren ist jetzt gebührenfrei.

[6] **Kostenfestsetzung und deren Abänderung.** Nach § 30 Abs. 1 Nr. 3 DGO. wird diese Gebühr immer besonders erhoben. Jedoch bilden nach § 30 Abs. 3 die **Festsetzung der Kosten** gemäß §§ 103, 104 ZPO., die Erinnerung dagegen und die

etwaige Abänderung der Festsetzung gemäß § 107 ZPO. (Änderung der Streitwertfestsetzung) nur eine Instanz. — Von einem „**Antrag**" ist die Gebühr **nicht** abhängig; es genügt z. B. die Einreichung der Kostenrechnung mit der Klageschrift, damit der Beschluß gleich auf das Urteil gesetzt werden kann (§ 105 ZPO.). Immer aber setzt das Entstehen der Gebühr voraus, daß es überhaupt zu einem Kostenfestsetzungsverfahren kommt, auf das sich die Tätigkeit des Anwalts beziehen kann; ergeht also das erwartete Urteil nicht, so ergibt die vorherige Einreichung der Kostenrechnung noch keine Gebühr nach § 23 Nr. 3 DGO. — Die Gebühr kommt **nicht dem Gegenanwalt** zu, der lediglich den ihm zugestellten Festsetzungsbeschluß an seine Partei weitergibt; denn diese Tätigkeit betrifft nicht das mit der Zustellung des Beschlusses abgeschlossene Festsetzungsverfahren (a. M. JW. 23, 865[19]). S. aber für das Ausgleichungsverfahren (§ 106 ZPO.) unten. — Im **Mahnverfahren** werden die Gebühren im Vollstreckungsbefehl mit festgesetzt (§ 699 Abs. 1 S. 3 ZPO.). Die Berechnung der Gebühren im Antrag auf dessen Erteilung läßt eine Gebühr aus § 23 Nr. 3 DGO. nicht entstehen, da § 23 Nr. 3 offensichtlich nur das förmliche Kostenfestsetzungsverfahren in §§ 103 ff. ZPO. meint. — Im Verfahren vor dem **Mieteinigungsamt** und der **Rechtsbeschwerdestelle** nach §§ 37 ff. MietSchG. v. 17. 2. 28 ist zwar gemäß § 15 VerfAno. v. 19. 9. 23 (RGBl. I 889) ebenfalls ein Ersatz der baren Auslagen usw. des obsiegenden Teils zulässig, aber der zu erstattende Betrag wird in dem Beschluß selbst oder einem Ergänzungsbeschluß angegeben. Ein eigentliches Kostenfestsetzungsverfahren gibt es dabei nicht (JFG.Erg. 5, 76), also auch keine Festsetzungsinstanz und -gebühr. — **Streitwert** im Festsetzungsverfahren ist der verlangte Betrag ohne die Gebühr des § 23 Nr. 3 DGO. Ist zuviel gefordert, so braucht der Gegner natürlich die Gebühr nur nach dem richtigen Betrage zu erstatten. Ob der Anwalt der eigenen Partei gegenüber die Gebühr nach dem höheren Objekt berechnen darf, hängt davon ab, ob er ohne eigenes Verschulden annehmen konnte, die höhere Berechnung sei zutreffend. — Im **Ausgleichungskostenfestsetzungsverfahren** (§ 106 ZPO.) bei Verteilung der Kosten nach Quoten kann nicht nur der Anwalt der obsiegenden, sondern auch der der unterliegenden Partei die Gebühr aus § 23 Nr. 3 DGO. liquidieren. Sie ist jedoch nicht nach dem Gesamtbetrage der

Kosten beider Parteien, auch nicht nach dem Betrage der von der betreffenden Partei liquidierten Kosten, sondern nach dem bei der Ausgleichung ermittelten Festsetzungsbetrage zu berechnen; denn auf die Erzielung allein dieses Betrages richtet sich bei verständiger Auslegung der Antrag. JW. **97**, 240[46]; 28, 2167[9]; Gr. **41**, 1141; OLG. **11**, 63; **13**, 258; **39**, 112 (OLG. **11**, 152 meint, daß der Anwalt der bei der Ausgleichung als zahlungspflichtig festgestellten Partei eine Gebühr aus § 23 Nr. 3 in seine Kostenberechnung nicht soll aufnehmen dürfen. Hier ist die Frage falsch gestellt. Die Gebühr aus § 23 Nr. 3 DGO. gehört überhaupt nicht in die Ausgleichsrechnung selbst; sie ist nur am Schluß dem Anwalt derjenigen Partei zuzuschlagen, die im Ergebnis einen Erstattungsanspruch hat, während der Gegenanwalt seiner Partei gegenüber die Gebühr aus § 23 Nr. 3 DGO. außergerichtlich liquidiert, und zwar auch nach dem Objekte der festgesetzten Kosten). — Wird nach erfolgter Kostenfestsetzung ein **Kostenbetrag nachträglich** noch zur Festsetzung gestellt, so steht dem Anwalt sowohl für den früheren als auch für den nachträglichen Festsetzungsantrag die Gebühr aus § 23 Nr. 3 zu, da weder aus § 25 noch aus §§ 29, 30 Nr. 3 zu entnehmen ist, daß das Festsetzungsverfahren eine Einheit derart bildet, daß für mehrere Anträge nur eine Gebühr beansprucht werden kann. OLG. **23**, 268 (a. M. OLG. **17**, 235, wonach dem Anwalt für die mehreren Anträge nur eine Gebühr zustehen, diese aber nach dem Gesamtbetrage der Kosten berechnet werden soll). Jedoch braucht der Gegner die Gebühr für den nachträglichen Antrag gemäß § 91 ZPO. nur dann zu erstatten, wenn die mehrmalige Antragstellung zur zweckentsprechenden Rechtsverfolgung notwendig war (wenn z. B. Auslagen erst nachträglich liquidiert werden konnten oder wenn zunächst die Festsetzung der im Wechselprozeß entstandenen und dann die Festsetzung der im ordentlichen Verfahren erwachsenen weiteren Kosten betrieben wurde). RG. **27**, 402; OLG. **3**, 127; **23**, 129, 268. — Nach OLG. **31**, 226 soll die **Aufforderung an den Gegner** nach Prozeßbeendigung, die Kosten **zu erstatten**, außerhalb der Prozeßbetriebstätigkeit (s. Anm. 3 § 13) liegen und, wenn es zu einem Festsetzungsverfahren nicht kommt, zwar nicht für sich allein einen Gebührenanspruch, dagegen einen Anspruch auf Schreibgebühren für ein außerhalb des Rahmens einer gebührenpflichtigen Tätigkeit entstandenes Schreibwerk nach

§ 76 Abs. 2 Nr. 3 DGO. begründen. S. aber Anm. 2 § 6, Anm. 3 § 13. — Über **Erinnerung** gegen die Kostenfestsetzung s. Anm. 13. — Für das Gesuch um Festsetzung der aus der Staatskasse zu erstattenden **Gebühren des Armenanwalts** (§ 4 RGes. v. 20. 12. 28) kann eine Gebühr nach § 23 Nr. 3 DGO. nicht beansprucht werden; vgl. die Erl. zu diesem Ges. (unten III).

[7] **Rückgabe einer Sicherheit.** Nach § 30 Abs. 1 Nr. 3 DGO. wird diese Gebühr immer besonders erhoben, vgl. Anm. 3 § 13 DGO.; jedoch bilden nach § 30 Abs. 3 die Fristsetzung und die Anordnung der Rückgabe nur e i n e Instanz. Anm. 5 § 30 DGO. Äußert sich der Gegner, so hat auch er Anspruch auf die Gebühr. Die bloße Empfangnahme und Weiterleitung der Beschlüsse genügt aber nicht, ebensowenig wie bei § 23 Nr. 3 DGO. (Anm. 6). Streitwert ist der Wert der Hinterlegungsmasse. — **Rückgabe einer Sicherheit gemäß** § 715 ZPO.: § 24 Nr. 2 DGO. — **Empfangnahme der Sicherheit von der Hinterlegungsstelle:** Anm. 3 § 87, Anm. 3 § 13 DGO.

[8] Auf die **Prozeß- oder Sachleitung** beziehen sich alle Entscheidungen, die lediglich den Gang des Verfahrens betreffen, an dem Streitverhältnisse selbst dagegen nichts ändern. RG. 40, 380. Hierher gehören außer den auf die Sachleitung bezüglichen Anordnungen (z. B. denjenigen, die auf Grund der §§ 140, 141, 619 ZPO. erfolgen) die Entscheidungen: über die Unterbrechung und Aussetzung des Verfahrens (§§ 239 ff. ZPO.), über die Art der Zustellung (§§ 174, 177 ZPO.), sowie die Verbindung mehrerer Prozesse (§§ 147, 150, 517, 615, 633, 667, 976 ZPO.) und die Anordnung einer getrennten Verhandlung (§§ 145, 275, 302, 304, 504 ZPO.). RG. **40**, 380; OLG. **35**, 217. Ferner auch solche Beschlüsse, durch die lediglich eine von einer Partei beantragte sachliche Entscheidung abgelehnt wird, weil die Voraussetzungen hierfür zurzeit nicht gegeben seien: so die Ablehnung der Erlassung eines Teilurteils, JW. 87, 111[3]; **98**, 53[28], oder die Zurückweisung des Antrags auf Erlassung eines Versäumnisurteils aus einem Grunde des § 335 ZPO., RG. **40**, 380; JW. **98**, 53[28]. Dagegen ist die gemäß § 276 oder § 506 oder § 697 ZPO. ergehende Entscheidung des Amtsgerichts oder Landgerichts, wodurch es seine Unzuständigkeit ausspricht und den Rechtsstreit an ein anderes Gericht verweist, keine prozeß- oder sachleitende Verfügung, so daß hier die Gebührensätze der §§ 13, 16 zur Anwendung kommen. Vgl. RG. **30**, 330. Jedoch gelten das

Verfahren vor dem Amtsgericht oder Landgericht und das vor dem anderen Gerichte hinsichtlich des Gebührenbezugs als nur e i n e Instanz. Vgl. hierüber Anm. 3 § 26 DGO. Wegen der Verweisung von der Zivilkammer an die Kammer für Handelssachen und umgekehrt vgl. Anm. 17. — Für **Vertagungsanträge** entsteht zweifellos die Gebühr aus § 23 Nr. 5, wenn darüber streitig verhandelt worden ist. JW. **99**, 493[31]; OLG. **25**, 293; **31**, 232; **35**, 217 (a. M. JW. **27**, 2474[10]). Aber auch dann, wenn einseitig oder übereinstimmend Vertagung der Verhandlung verlangt wird (dann $^3/_{20}$ Gebühr), liegt die Sache nicht anders, JW. 25, 804[5], 807[8], 2020[6]; **26**, 860[12]; **27**, 727[14]; **28**, 754[44], 756[52], 1874[10], 2160[19], 2796[18] (a. M. **24**, 982, 1257; **25**, 385[17]; **28**, 1869[1]; auch RG. **23**, 369), zumal jetzt nach § 227 ZPO. das Gericht die Vertagung ablehnen kann, also eine wirkliche Verhandlung über den Vertagungsantrag nötig ist.

[9] **Armenrecht.** Ist die Tätigkeit des Anwalts nicht auf die **Nachsuchung des Armenrechts** beschränkt, so ist die Gebühr nicht begründet (§ 29 Nr. 6 DGO.), selbst wenn der Anwalt zur Zeit der Erwirkung des Armenrechts noch nicht Prozeßbevollmächtigter gewesen ist. JW. **85**, 29; OLG. **5**, 471. Jedoch kann der Anwalt der ersten Instanz, der nach ihrer Beendigung für die Berufungsinstanz das Armenrecht nachsucht, die Gebühr beanspruchen. OLG. **4**, 273; **19**, 257. Der zu dem Armenrechtsgesuch gehörte Gegner hat ebenfalls Anspruch auf die Gebühr des § 23 Nr. 6 DGO. Wegen der Frage der Erstattungsfähigkeit vgl. JW. 28, 1526[37], 1877[18], 2159[15]. — Wird die Sache im Armenrechtsverfahren **verglichen** (§ 118a ZPO.), so entsteht die volle Vergleichsgebühr aus § 13 Nr. 3 DGO. — Hinsichtlich des für die Gebühr maßgebenden **Streitwerts** vgl. JW. **86**, 145[3]. Handelt es sich nur um die Nachzahlung der Kosten, so ist deren Betrag Streitwert.

[10] Tätigkeit zur Herbeiführung der Entscheidung über die **Zuständigkeit des obersten Landesgerichts** oder des Reichsgerichts für die Revisionsinstanz. Die Revision gegen alle Urteile bayrischer Gerichte ist nach § 7 Abs. 1 Satz 1 EG.-ZPO. beim obersten Landesgericht einzulegen, was durch jeden bei einem (auch nichtbayrischen) Land- oder Oberlandesgericht oder beim obersten Landesgericht (nicht beim Reichsgericht) zugelassenen Anwalt geschehen kann (§ 8 Abs 1 EG.ZPO.). Alsdann entscheidet das oberste Landesgericht o h n e m ü n d -

liche Verhandlung durch Beschluß darüber, ob es selbst oder das Reichsgericht zuständig ist (§ 7 Abs. 2 EG.ZPO.). Bis zur Bekanntgabe dieser Entscheidung kann jeder vorgenannte Anwalt alle sonst nur dem Prozeßbevollmächtigten für die Revisionsinstanz (Anwalt beim obersten Landesgericht bzw. Reichsgericht) zukommenden Handlungen vornehmen, insbesondere auch die Revisionsbegründungsschrift (§ 554 ZPO.) anfertigen und unterzeichnen. Danach sind zwei Fälle möglich: a) die Partei beauftragt einen erst- oder zweitinstanzlichen (wohl meist ihren bisherigen) Anwalt oder einen Anwalt am obersten Landesgericht mit der vollen Wahrnehmung ihrer Rechte in der Revisionsinstanz; dann erhält er die volle (nach § 52 DGO. erhöhte) Prozeßgebühr für die Revisionsinstanz und hat dafür nicht bloß die Revision einzulegen und den auf die Zuständigkeitsfrage bezüglichen Schriftwechsel zu führen, sondern auch die Revision zu begründen (vgl. JW. 28, 1945[1]). Dieser Fall, der mit § 23 Nr. 7 DGO. nichts zu tun hat, kann besonders dann von Bedeutung sein, wenn mit der Möglichkeit gerechnet werden kann, daß die Revisionsinstanz nach dem Weiteren Ges. zur Entlastung des RG. v. 8. 2. 29 (RGBl. I 19) ohne mündliche Verhandlung entscheiden werde, weil sich dann ganz ohne Bestellung eines Anwalts beim Revisionsgericht auskommen ließe; jedoch wird der Anwalt bei so weitgehendem Auftrag als verpflichtet anzusehen sein, seine Partei auf die wahrscheinlich entstehenden Mehrkosten und die Zweifelhaftigkeit der Erstattungspflicht des Gegners (s. unten) hinzuweisen; oder b) der Anwalt erhält **nur den Auftrag, die Zuständigkeitsfrage zu klären.** Hierfür steht ihm die $^3/_{10}$ Prozeßgebühr des § 23 Nr. 7 auch nur zu, wenn er nicht in der Vorinstanz (also in der Berufungsinstanz oder bei Sprungrevision [§ 566a ZPO.] in erster Instanz) die Prozeßgebühr verdient hat, weil § 29 Nr. 6 den Instanzbegriff auf die Regelung der Zuständigkeitsfrage erstreckt hat. Der bisherige Prozeßbevollm. derjenigen Instanz, gegen deren Urteil Revision eingelegt werden soll, erhält also nichts. Der Anwalt muß zwar, da in anderer Weise eine Entscheidung des obersten Landesgerichts nicht herbeigeführt werden kann, zugleich mit den Ausführungen zur Zuständigkeitsfrage die Revision selbst einlegen. Insoweit handelt es sich aber hier ausnahmsweise um ein gebührenfreies Nebengeschäft, das ihn (anders als im Falle a) nicht zum Prozeßbevollmächtigten für die Revisionsinstanz macht und ihn deshalb auch nicht die volle Prozeßgebühr verdienen läßt. Bei anderer Auslegung hätte § 23 Nr. 7 DGO. überhaupt kaum einen Sinn, da eine Verhandlungsgebühr nicht entstehen kann, es sich also überhaupt nur um die Prozeßgebühr handelt und es zweifellos nicht dem Sinne der DGO. entspricht, den § 23 Nr. 7 nur auf den außergewöhnlichen Fall anzuwenden, daß der Anwalt A die Revision beim obersten Landesgericht eingelegt hat und nunmehr Anwalt B beauftragt wird, allein die Zuständigkeitsfrage erklären. Falsch ist insbesondere die Ansicht, daß die Einlegung der Revision den Anwalt mit einer über § 23 Nr. 7 DGO. hinausgehenden Verantwortung für die Revisionsinstanz belaste. Er führt insoweit lediglich einen Auftrag der Partei aus und erhält, wenn er einen Rat über die Aussichten der Revision gegeben hat, ja die Ratgebühr höherer Instanz aus § 47 DGO. neben der Gebühr aus § 23 Nr. 7 besonders. Vgl. JW. 17, 981 (OLG. 33, 193) (a. M. JW. 28, 1945). — **Erstattungsfähigkeit.** Die Zwischenschaltung des obersten Landesgerichts braucht eine Verteuerung der Revisionen gegen Urteile der bayrischen Gerichte nicht zur Folge zu haben, da der bisherige Prozeßbevollmächtigte die Sache gebührenfrei erledigen muß. Es braucht also, abgesehen von ganz besonders gelagerten Ausnahmefällen, weder die $^{10}/_{10}$ Gebühr (oben zu a) noch die $^{3}/_{10}$ Gebühr (oben zu b) zu erwachsen. Die Verteuerung ist deshalb normalerweise zur zweckentsprechenden Rechtsverfolgung oder Rechtsverteidigung nicht notwendig (§ 91 Abs. 1 ZPO.) und die Mehrkosten sind deshalb nicht erstattungsfähig.

[11] **Ablehnungen.** Der Wert des Streitgegenstandes des Ablehnungsverfahrens ist nicht gleich dem Werte des Streitgegenstandes in der Hauptsache, sondern regelmäßig niedriger, niemals aber höher. JW. 89, 480[10]; 97, 348[22]. — Ablehnung eines Schiedsrichters: § 22 DGO.

[12] **Durch Verschulden verursachte Kosten.** Streitwert sind die in Frage kommenden Kosten.

[13] **Erinnerung gegen den Kostenfestsetzungsbeschluß.** Für das Erinnerungsverfahren kann jeder beteiligte Anwalt $^{3}/_{10}$ Gebühren nach dem Objekt verlangen, um welches der Kostenfestsetzungsbeschluß abgeändert werden soll. Wenn aber bereits die Festsetzungsgebühr aus § 23 Nr. 3 angefallen ist, so ist nach §§ 25, 30 Abs. 3 DGO. das Erinnerungsverfahren mit

abgegolten. OLG. 25, 299; JW. 11, 1020[132]; 13, 1159. — Streitig war bisher, ob der Prozeßbevollmächtigte neben den Hauptgebühren des § 13 DGO. noch die Erinnerungsgebühr aus § 23 Nr. 10 erhalten konnte, weil in § 29 Nr. 6 letztere Gebühr als zur Instanz gehörig bezeichnet war. Die Frage war zu bejahen, da mit der „Instanz" hier nur die besondere Festsetzungsinstanz des § 30 Abs. 3 DGO. gemeint sein konnte, sofern man nicht überhaupt die Bezugnahme in § 29 Nr. 6 als reines Redaktionsversehen betrachten wollte. OLG. 25, 298; 37, 227; JW. 11, 1020[132]; 13, 1158; 18, 315[7], 572[10]; 25, 803[2] (a. M. OLG. 22, 287; 23, 129). Durch die Nov. v. 28. 1. 27 ist die Sache in diesem Sinne klargestellt, indem in § 29 Nr. 6 (n. F.) die Bezugnahme auf § 23 Nr. 10 (a. u. n. F.) gestrichen und in § 30 Abs. 3 das Erinnerungsverfahren ausdrücklich als Teil der Festsetzungsinstanz bezeichnet worden ist.

[14] **Nicht** dagegen die **Ergänzung** eines Urteils nach §§ 321, 599 Abs. 2, § 716 ZPO. Sie betrifft die Hauptsache des Prozesses, soweit sie versehentlich nicht erledigt ist. Natürlich gehört die Ergänzung zur Instanz. Wird aber ein Anwalt lediglich für das Ergänzungsverfahren beauftragt, so erhält er die vollen Gebühren aus §§ 13 ff. DGO. nach dem Streitwert des zu ergänzenden Teiles des Anspruchs; betrifft die Ergänzung nur einen Nebenpunkt (z. B. Zinsen, Kosten, Vollstreckbarkeit), so ist dieser für das Ergänzungsverfahren als Hauptsache anzusehen, wenn der Anwalt nicht vorher tätig war.

[15] **Vollstreckbarkeit.** Streitwert ist der Urteilsbetrag, auf den sich der Antrag bezieht. OLG. 27, 102.

[16] Auch der Anwalt, der erst nach Urteilserlaß (z. B. zufolge Todes des bisherigen Prozeßbevollmächtigten) zum Prozeßbevollmächtigten bestellt ist, der also in der Hauptsache nur noch die Zustellung des Urteils zu besorgen hat, bezieht die Gebühren aus §§ 13 ff. ZPO. Für ihn ist daher ein Antrag aus § 23 Nr. 17 DGO. nach § 29 Nr. 6 ein zur Instanz gehöriges gebührenfreies Nebengeschäft.

[17] **Zu § 23 Nr. 5—9, 11—17.** Nach §§ 25, 29 Abs. 2 Nr. 6 können in diesen Fällen Gebühren aus § 23 nur dann liquidiert werden, wenn sich **die Tätigkeit des Anwalts auf diese Angelegenheit beschränkt** hat. Andernfalls wird die Tätigkeit durch die Hauptgebühren (§§ 13—17) mitabgegolten. JW. 85, 29[17]; 97, 240[47]; 99, 493[31]; OLG. 21, 160; 22, 287; 23, 129; 35, 217. So kann von dem prozeßbevollmächtigten Anwalt,

wenn er sonst schon gleichartige Gebühren zu bekommen hat, eine besondere Gebühr z. B. nicht beansprucht werden: für die (lediglich die Sachleitung betreffende) **Beschwerde über Anberaumung eines Verhandlungstermins** statt des Termins zu der (wegen eingetretener Unterbrechung) bisher nicht ausgeführten Verkündung der Entscheidung, OLG. **9**, 170; für die Verhandlung über **Aussetzung des Verfahrens** oder über einen Vertagungsantrag (§ 23 Nr. 5, §§ 25, 29 Abs. 2 Nr. 6 DGO.), OLG. **35**, 217; für die Verhandlung in einem Zwischenstreite mit einem Zeugen über die **Verpflichtung zur Abgabe eines Zeugnisses** (§ 23 Nr. 13, § 29 Abs. 2 Nr. 2, 6 DGO.), OLG. **21**, 160; für den **Antrag aus § 534 ZPO.** betr. die Vollstreckbarkeit der durch Rechtsmittelanträge nicht angefochtenen Teile eines Urteils (§ 23 Nr. 16, § 29 Abs. 2 Nr. 6 DGO.). Vgl. jedoch OLG. **27**, 102: besondere Gebühr aus § 23 Nr. 16 aber von dem nicht angefochtenen Teile des Streitgegenstandes, wenn der Prozeßbevollmächtigte der Rechtsmittelinstanz bezüglich dieses Teiles sonst keine gleichartige (Prozeß-, Verhandlungs-) Gebühr aus §§ 13 ff. erhält. Aus diesem letzteren Grunde ist auch, wenn ein Antrag, die Sache **von der Zivilkammer an die Kammer für Handelssachen zu verweisen**, nach erhobenem Beweise (z. B. über die Behauptung, daß der Kläger Kaufmann sei) abgelehnt und dann zur Hauptsache ohne Beweisaufnahme erkannt worden ist, der Anspruch auf eine Beweisgebühr und weitere Verhandlungsgebühr von $^3/_{10}$ der betreffenden Hauptsachengebühren gemäß § 23 Nr. 7 DGO. begründet (a. M. OLG. **15**, 190). Vgl. auch Anm. 3, 8. — Wegen der Gebühr für die **Erinnerung gegen einen Kostenfestsetzungsbeschluß** s. Anm. 11. Wegen der **Revision an das oberste Landesgericht** s. Anm. 10. — In § 23 Nr. 13 DGO. hat die Nov. v. 28. 1. 27 noch das Zitat „§ 411" ZPO. hinzugefügt, betr. den Fall, daß einem Sachverständigen zur Erstattung eines schriftlichen Gutachtens eine Frist gesetzt war und er nach Nachfristsetzung und Strafandrohung in eine Ordnungsstrafe genommen wird.

[18] **Zwangsvollstreckung.** Nicht in das unbewegliche Vermögen (§ 31 Abs. 2). — Zu der **Zwangsvollstreckung** gehören **nicht** diejenigen **Handlungen,** welche die **Zwangsvollstreckung nur vorbereiten,** wie: die Erteilung des Notfrist- und Rechtskraftzeugnisses (§ 706 ZPO.), RG. **25**, 290; **31**, 410; (VZS.) **42**, 421; JW. **92**, 575[10]; **01**, 38[2]; die Erwirkung der Voll-

streckungsklausel (§§ 724, 730 ZPO.), RG. **31**, 410; JW. **97**, 84[20]; OLG. **17**, 237, mag diese auch gemäß § 724 ZPO. von dem Urkundsbeamten der höheren Instanz erteilt werden, JW. **87**, 42[24]; die Stellung einer Sicherheit behufs Herbeiführung der Vollstreckung eines Urteils oder deren Rücknahme s. Anm. 3 § 13, Anm. 3, 5 § 87 DGO., sofern diese nicht von einem anderen Anwalt als dem der Instanz bewirkt wird, JW. **97**, 323[9], vgl. Anm. 2, 6 § 24 DGO.; die Aufforderung des Anwalts des Klägers an den Gegner zu der ihm auferlegten Veröffentlichung des Urteils, OLG. **15**, 80. Diese Tätigkeiten werden **durch die Prozeßgebühr mitabgegolten** oder nach § 87 vergütet. Anm. 3 § 13 DGO., vgl. auch Anm. 1 § 35 DGO. Das gleiche gilt von bloß brieflicher Androhung von Zwangsvollstreckungsmaßregeln, JW. **84**, 303[28]; **99**, 746[10]; Gr. **29**, 1032, sowie von dem Antrag auf Strafandrohung behufs Erwirkung von Duldungen und Unterlassungen (§ 890 ZPO.), RG. **20**, 385; **37**, 409. Ist die Vollstreckung eines Räumungsurteils von einer Ersatzraumstellung abhängig und kommt es wegen der Ersatzraumfrage zu einem Verfahren vor dem Mieteinigungsamt (§ 16 MieterschutzG. v. 17. 2. 28 [RGBl. I 25]), so gehört das nicht zur Vollstreckungsinstanz, da die vollstreckbare Ausfertigung noch gar nicht erteilt ist. Der auf Grund eines den Gegner zur Abgabe einer Löschungsbewilligung verurteilenden rechtskräftigen Urteils beim Grundbuchamte gestellte Antrag auf Löschung ist kein eine Zwangsvollstreckung betreffender Antrag. OLG. **17**, 233 (vgl. aber RG. **62**, 157; **76**, 409; KGJ. **26**, A 260). Ebensowenig der Antrag auf Grundbuchberichtigung auf Grund eines Urteils. JW. **29**, 130[23]. Die Gebühr fällt aber an, wenn der Anwalt: die Berichtigung der Konkurstabelle auf Grund des erlangten Urteils betrieben hat, JW. **24**, 1553[7]; die zugelassene Veröffentlichung eines Urteils besorgt, JW. **28**, 125[11]. Nicht dagegen, wenn der Anwalt die urteilsmäßig ausgesprochene Entziehung der Vertretungsbefugnis eines Gesellschafters ins Handelsregister eintragen läßt, JW. **25**, 1800[8]. — Wenn der Gläubiger, dem der Schuldner im Wege des Prozeßvergleichs eine Forderung abgetreten hat, den Drittschuldner zur Zahlung auffordert, handelt es sich nicht um eine Tätigkeit, welche die Zwangsvollstreckung gegen den Schuldner betrifft. OLG. **25**, 295. — Dagegen kann für die **Ankündigung der Pfändung einer Forderung** (vorläufige Privatpfändung) gemäß § 845 ZPO.

die Gebühr aus § 23 Nr. 18 gefordert werden. JW. **95**, 127[5]; **98**, 644[15]. Und zwar für jede einzelne Vorpfändung. JW. **27**, 1326[15]. Wenn demnächst aber die gerichtliche Pfändung wegen desselben vollstreckbaren Anspruchs und in dieselbe Forderung erfolgt, kann für die Ankündigung und die Pfändung nach § 31 Abs. 1 nur einmal die Gebühr in Ansatz gebracht werden. JW. **97**, 468[28]; OLG. **4**, 272. Hat der Gläubiger nicht im Anschluß an die Ankündigung binnen der im § 845 Abs. 2 ZPO. gesetzten Frist die gerichtliche Pfändung erwirkt, so gehören die Kosten und Gebühren der Ankündigung nicht zu den zweckentsprechenden Kosten der Zwangsvollstreckung im Sinne des § 788 ZPO., JW. **98**, 644[15]; OLG. **4**, 272, es sei denn, daß aus triftigen Gründen, z. B. inzwischen erfolgter Zahlung, die gerichtliche Pfändung unterbleibt, JW. **27**, 1326[15]; KGBl. **23**, 89. — Zur Zwangsvollstreckung gehört ferner der Antrag, die durch Urteil auferlegte **Aufstellung** und Beeidigung **eines Inventars** dem Gegner aufzugeben. JW. **99**, 88[5]. — Die Gebühr für den Antrag auf Termin zur Leistung des **Offenbarungseides** (§ 900 ZPO.) ist bereits mit der Einreichung verdient, auch wenn die Zustellung der Ladung (z. B. wegen inzwischen geleisteter Zahlung) nicht erfolgt. OLG. **4**, 271. Erledigt sich der Auftrag vor der Einreichung, so $^3/_{20}$ Gebühr nach § 14 DGO. Erscheint der Schuldner im Termine nicht, so steht dem Anwalt des Gläubigers lediglich für die Stellung des Antrags auf Verhaftung (§ 901 ZPO.) die $^3/_{20}$ Verhandlungsgebühr für eine nicht streitige Verhandlung nicht zu, da die „Verhandlung" nur der Eidesabnahme und den damit zusammenhängenden Fragen dient, der Haftantrag vielmehr nach § 31 Abs. 1, § 32 DGO. zur selben Instanz gehört, also durch die $^3/_{10}$ Prozeßgebühr mit abgegolten ist. OLG. **11**, 153, auch Anm. 2 § 32. Dagegen ist die Verhandlungsgebühr (zu $^3/_{10}$, § 13 Nr. 2, § 23 Nr. 18) begründet, wenn der erschienene Schuldner seine Verpflichtung zur alsbaldigen Eidesleistung (z. B. weil er nicht imstande sei, ein vollständiges Vermögensverzeichnis einzureichen) in streitiger Verhandlung mit dem Anwalt des Gläubigers bestreitet (§ 900 Abs. 3 ZPO.), OLG. **40**, 446, und zu $^3/_{20}$, wenn er in dessen Gegenwart den Eid leistet, was mit Rücksicht auf etwaige Vorhaltungen als nichtstreitige Verhandlung zu gelten hat. Ebenso steht es mit den Gebühren für den etwaigen Anwalt des Schuldners. — Die Gebühr entsteht mit dem **Vollstreckungsauftrag** der Partei an den Anwalt Dies gilt auch, wenn der Parteiauftrag zur Vollstreckung aus einem Kostenfestsetzungsbeschluß vor Ablauf der einwöchigen Schonfrist (§ 798 ZPO.) erteilt wird; eine andere Frage ist, ob der Gegner die Gebühr zu erstatten hat. JW. 24, 1279[11]. Erledigt sich der Auftrag vor Beginn der nötigen Schritte, so ermäßigt sich die Prozeßgebühr auf die Hälfte ($^3/_{20}$, § 14 DGO.). — Für di Tätigkeit bei **Vollziehung eines Arrestes** (z. B. für den Auf trag an den Gerichtsvollzieher zur Fahrnispfändung oder fü den Antrag auf Pfändung einer Forderung) oder **einer einstweiligen Verfügung** gilt jetzt, wo diese Verfahren gebührenrechtlich völlig selbständig neben dem Verfahren zur Hauptsache einhergehen (§ 28 DGO.), nichts besonderes. Da Arrestanordnung (§§ 921, 922, 936 ZPO.) und Arrestvollziehung (§§ 928 ff., 936 ZPO.) sich zueinander verhalten wie Prozeß und Zwangsvollstreckung, kann auch jetzt (trotz der Vorschrift des § 28 Abs. 2) gemäß § 36 DGO. für den Antrag auf Vollziehung des Arrestes neben der Prozeßgebühr für seine Anordnung ($^{10}/_{10}$, § 13 Nr. 1) auch die Zwangsvollstreckungsgebühr ($^3/_{10}$, § 23 Nr. 18) beansprucht werden. Vgl. RG. 44, 374; OLG. 39, 45. Dies gilt auch dann, wenn der Anwalt die Anordnung des Arrestes und dessen Vollziehung durch Pfändung einer Forderung (§ 930 Abs. 1 Satz 3 ZPO.) gleichzeitig beantragt. Vgl. OLG. 15, 190, Anm. 2 § 36 DGO. Für die Festsetzung dieser Gebühr bildet nach §§ 788, 930 ZPO. die Arrestvollziehung den vollstreckbaren Titel im Sinne des § 103 Abs. 1 ZPO. Zur Festsetzung befugt ist nach § 104 ZPO. der Urkundsbeamte der Geschäftsstelle des Arrestgerichts (§ 919 ZPO.), in der Regel also des Gerichtes der Hauptsache (§ 943 ZPO.). RG. 44, 373; Gr. 44, 202 (JW. 99, 488[6]); OLG. 39, 46. Jedoch für die bloße Zustellung einer einstweiligen Verfügung kann der Anwalt eine besondere Zwangsvollstreckungsgebühr aus § 23 Nr. 18 DGO. neben der vollen Gebühr für die Erwirkung der einstweiligen Verfügung nicht beanspruchen, auch wenn mit der Zustellung an den Schuldner die Verfügung ipso iure vollzogen wird (wie im Falle einer auf ein Verbot gerichteten einstweiligen Verfügung, RG. 51, 132), da diese Art der Vollziehung zusammenfällt mit einer Tätigkeit (Zustellung der Entscheidung), die noch zu dem Verfahren der Anordnung gehört und daher (§§ 28, 29 Abs. 1) durch die Prozeßgebühr für den Antrag auf Anordnung abgegolten wird.

JW. 23, 701[24]; 28, 2161[20]; OLG. 13, 258; 15, 194; 31, 227; 39, 46. Ebensowenig entsteht die Vollstreckungsgebühr dadurch, daß der Anwalt mit den Antrag auf Anordnung einer Vormerkung durch einstweilige Verfügung den Antrag verbindet, das Grundbuchamt um die Eintragung zu ersuchen. JW. 29, 140[50]; OLG. 42, 64. Handelt es sich um ein Verfahren über den Antrag auf **Aufhebung eines** (durch Pfändung) vollzogenen **Arrestes gegen Hinterlegung** des in dem Arrestbefehle festgestellten Geldbetrags nach § 934 ZPO., so kommt nicht § 28 zur Anwendung, sondern bestimmt sich die Gebühr nach § 23 Nr. 18, da das Verfahren nicht die Aufhebung der Arrest**anordnung**, sondern die Aufhebung der Arrest**vollziehung** betrifft. OLG. 31, 230. — Die Zwangsvollstreckungsgebühren aus § 23 Nr. 18 DGO. erwachsen überhaupt nicht bloß für die Einleitung und Durchführung, sondern auch für die **Aufhebung eines Zwangsvollstreckungsaktes**, und zwar für den Anwalt des Gläubigers (sofern er nicht schon für die Anordnung die Gebühr verdient hat oder mit dem Betriebe der weiteren Zwangsvollstreckung beauftragt ist: § 35 DGO.) wie des Schuldners. JW. 24, 982[11]; 27, 870[5] (Antrag an den Gerichtsvollzieher auf Aufhebung einer Arrestpfändung nach Aufhebung des Arrestes durch Urteil). — Auch die Zwangsvollstreckungsgebühren sind **Pauschgebühren**, umfassen also die gesamte Tätigkeit des Anwalts in der Vollstreckungsinstanz, aber doch nur, soweit es sich um die Durchführung der Vollstreckung und das Verhältnis zum Schuldner (also einschl. der Anträge, Einwendungen und **Erinnerungen** gegen die Art und Weise der Zwangsvollstreckung nach § 766 ZPO.) handelt. Dagegen fällt die Beratung des Gläubigers über eine für den Fall der Vollstreckungsfortsetzung angedrohte **Zwangsvollstreckungsgegenklage** (§ 767 ZPO.) oder das Freigabeverlangen eines Dritten und eine angedrohte **Interventionsklage** nicht mehr unter die Gebühren des § 23 Nr. 18. Es wird insoweit eine besondere Ratserteilungsgebühr aus § 47 DGO. fällig. JW. 28, 129[2]. — **Wert des Streitgegenstandes** bei Zwangsvollstreckungen, wegen Geldforderungen: Summe des beizutreibenden Kapitals und der Zinsen (oben § 15 Abs. 2 GKG. bei § 10 DGO.); zur Erwirkung von Handlungen (§§ 887 ff. ZPO.): Betrag der vorauszuzahlenden Kosten, JW. 36, 147[13]; Gr. 30, 112, soweit daraus der Wert der Handlung zu entnehmen ist, JW. 39, 429[1]; zur Erzwingung einer

Unterlassung (§ 890 ZPO.): nach freiem Ermessen gemäß § 3 ZPO., nicht nach Höhe der angedrohten Strafe, JW. 89, 429[1]; OLG. 20, 371, in der Regel nach dem Streitwerte des Unterlassungsanspruchs, OLG. 20, 371; bei einer Forderungspfändung: JW. 29, 886[5]; auf Leistung des Offenbarungseides s. Anm. 2 § 32 DGO. — Vgl. § 31 DGO. (jede Vollstreckungsmaßregel bildet eine Instanz).* Ändert sich, während diese Maßregel noch nicht beendet ist, z. B. die gepfändeten Sachen noch nicht versteigert sind, die Gebührenstaffel, so kann die höhere Gebühr berechnet werden. JW. 23, 91[4].

24. [1]**Zwei Zehnteile der in den §§ 13 bis 17 bestimmten Gebühren erhält der Rechtsanwalt, wenn seine Tätigkeit Anträge oder Gesuche betrifft:**

1. auf Erteilung der Vollstreckungsklausel[2] oder auf Zurücknahme der Vollstreckungsklausel[3], sofern diese Anträge nicht im Wege der Klage gestellt werden (Zivilprozeßordnung §§ 724 bis 730, 732, 738, 742, 744, 745 Abs. 2, §§ 749, 795, 796 Abs. 1, § 797 Abs. 1, 3, §§ 797a[4], 929) oder auf Erteilung einer weiteren vollstreckbaren Ausfertigung (Zivilprozeßordnung § 733)[5];

2. auf Anordnung der Rückgabe einer Sicherheit im Falle des § 715 der Zivilprozeßordnung[6] sowie auf Erteilung des Zeugnisses der Rechtskraft oder auf Erteilung des Zeugnisses, daß innerhalb der Notfrist ein Rechtsmittelschriftsatz nicht eingereicht sei (Zivilprozeßordnung § 706)[7].

[1] **Geschichtliches.** Der § 24 hat mehrfache Änderungen durchgemacht. Sachlich steht sein jetziger Inhalt seit der Nov. v. 1. 6. 09 fest. Er erhielt früher seinen Inhalt durch Verweisung auf § 38 Nr. 2, § 47 Nr. 15, 16 alten GKG. Als dieses geändert wurde, übernahm man den Inhalt dieser Bestimmungen unmittelbar nach § 24 DGO. Nur wurde in Nr. 1 das Zitat „§ 797a" (Vergleiche im Güteverfahren) durch die VO. v. 13. 2. 24 hinzugefügt.

[2] Über die **Zugehörigkeit dieser Akte zur Instanz** s. § 35,

auch Anm. 18 § 23 DGO. Der Anwalt kann also die Gebühr nur dann beanspruchen, wenn sich seine **Tätigkeit auf diese Akte beschränkt.** Vgl. JW. 97, 323³. — Es handelt sich durchweg um Fälle, in denen der **Urkundsbeamte** die Vollstreckungsklausel erteilt, sei es aus eigener Entschließung, sei es auf Anweisung des Vorsitzenden. Vgl. übrigens wegen der Ermächtigung der Landesjustizverwaltungen, zu bestimmen, daß der Urkundsbeamte die Vollstreckungsklausel auch im Falle des § 730 Abs. 1 und des § 733 ZPO. ohne Anordnung des Vorsitzenden erteilen könne, Art. VI § 1 I RGes. z. Entl. d. Gerichte v. 11. 3. 21 (RGBl. 229) und dazu für Preußen §§ 2, 16c Vf. v. 28. 5. 23 (JMBl. 401) u. 17. 4. 26 (JMBl. 155). Wird auf Erteilung der Vollstreckungsklausel **geklagt** (§ 731, auch §§ 738, 742, 744, 749 ZPO.), so entstehen in jedem Falle die vollen Gebühren aus §§ 13 ff. DGO. Hat eine andere Stelle (Notar, landesrechtliche Gütestelle) die Klausel zu erteilen, so gilt die DGO. überhaupt nicht, da es sich um kein gerichtliches Verfahren handelt. Wegen der Erteilung vollstreckbarer Ausfertigungen von Notariatsurkunden durch die Amtsgerichte als verwahrende Behörden im Sinne des § 797 Abs. 2 ZPO. s. KGJ. 43, 356. — Der am Verfahren beteiligte **Anwalt des Gegners** erhält die gleichen Gebühren. — Wird über den Antrag mündlich verhandelt, so entsteht auch eine $^{2}/_{10}$ **Verhandlungsgebühr.**

³ Soweit **die Rücknahme der Vollstreckungsklausel** durch Klage (§ 768 ZPO.) erstrebt wird, entstehen die vollen Gebühren aus §§ 13 ff. DGO. Soweit sie mit der Erinnerung (Einwendung nach § 732 Abs. 1 ZPO.) verfolgt wird, gilt § 24 Nr. 1 DGO., und zwar als besondere Instanz, da § 35 diesen Fall nicht umfaßt. Nur wird das Rücknahmeverfahren mit dem Erteilungsverfahren insoweit als Einheit anzusehen sein, daß dem Anwalt, dem etwa schon für das Erteilungsverfahren die $^{2}/_{10}$ Gebühr aus § 24 Nr. 1 erwachsen ist, für das Rücknahmeverfahren diese Gebühr nicht noch einmal anfällt. Wird eine einstweilige Anordnung aus § 732 Abs. 2 ZPO. beantragt, so bedingt dies keine besondere Gebühr, da der Antrag zur Rücknahmeinstanz gehört.

⁴ Wegen der Hinzufügung dieses Zitats s. Anm. 1.

⁵ Das Verfahren über den Antrag auf **Erteilung einer weiteren vollstreckbaren Ausfertigung** (§ 733 ZPO.) bildet nach § 32 eine **besondere** Instanz der Zwangsvollstreckung. **Die**

Gebühr wird also stets fällig. Auch der etwa gehörte (§ 733 Abs. 2) Anwalt des Schuldners erhält sie; die bloße Mitteilung der Erteilung (§ 733 Abs. 3 ZPO.) an ihn nebst Weitergabe der Nachricht an die Partei genügt hierfür aber nicht, da er damit noch nicht in dem schon abgeschlossenen Verfahren tätig geworden ist. — Die Erteilung der weiteren vollstreckbaren Ausfertigung ist noch kein Akt der Zwangsvollstreckung; Zinsen usw. sind also nicht zu berücksichtigen (§ 15 Abs. 2 GKG. bei § 10 DGO.).

[6] **Rückgabe einer Sicherheit aus § 715 ZPO.** Wegen der Frage, ob dieses Verfahren zur Instanz gehört, s. Anm. 3 § 13 DGO. — Rückgabe einer Sicherheit gemäß § 109 ZPO.: § 23 Nr. 4, § 30 Nr. 3 DGO.

[7] **Notfrist- und Rechtskraftzeugnis.** Diese Gebühr erhält weder der Prozeßanwalt noch der mit der Zwangsvollstreckung beauftragte Anwalt: § 35 DGO.

25. Jede der im § 13 benannten Gebühren[1] kann der Rechtsanwalt[2] in jeder Instanz[3] rücksichtlich eines jeden Teiles des Streitgegenstandes[4] nur einmal[5] beanspruchen[6].

[1] „Benannt" sind in § 13 die Prozeßgebühr, die Verhandlungsgebühr, die Vergleichsgebühr und die Beweisgebühr. — Mit den aus den §§ 14—17 sich ergebenden Abweichungen. RG. 9, 332; OLG. 19, 256.

[2] Anders, wenn **mehrere Anwälte in verschiedenen Stadien** des Prozesses tätig gewesen sind, z. B. der eine als Prozeßbevollmächtigter im allgemeinen, der andere als Vertreter im Beweistermine. RG. 21, 409; 26, 377; JW. 90, 180[11]; 93, 161[18]. Vgl. auch Anm. 4 § 26, Anm. 1 § 45.

[3] **Umfang der Instanz:** Anm. 2, 3 § 26 DGO. — **Eine neue Instanz beginnt,** sobald ein Gericht anderer Ordnung mit dem Rechtsstreite befaßt wird. Mot. 46, OLG. 2, 269; 17, 234, vgl. RG. (VZS.) 68, 258. — Besondere Bestimmungen über den Umfang: §§ 26, 27, 28, 31—34, 36 DGO. Nach § 28 Abs. 1 Satz 1 insbesondere gilt das **Arrestverfahren gegenüber dem Hauptsacheverfahren** als besonderer Rechtsstreit. Über § 27 Abs. 1 S. 1 s. unten. — Im Falle der **Fortsetzung des Verfahrens nach erfolgter Trennung** (§§ 145, 302 ZPO.) aber bilden beide Verfahren nur e i n e Instanz. Vgl. bezüg-

lich **des Verfahrens nach Erlaß eines Vorbehaltsurteils im** Urkundenprozesse (§ 599 ZPO.) § 28 Abs. 1 Satz 2 DGO. — Auch wenn in derselben Instanz gegen eine einstweilige Verfügung, nachdem ein dagegen erhobener Widerspruch bereits durch Urteil erledigt war, nochmals (aus Versehen) Widerspruch erhoben und hierüber verhandelt ist, kann für die mehrmaligen Widersprüche nur eine Gebühr beansprucht werden. OLG. **13**, 258. Über den Fall, daß der **Rechtsstreit trotz** Abschlusses eines gerichtlichen **Vergleichs fortgesetzt** wird, weil Streit über die Gültigkeit des Vergleichs besteht, vgl. Anm. 5 § 13. — Wird eine **Widerklage zurückgenommen und dann von neuem erhoben,** so bildet das Verfahren auf die erneute Widerklage eine neue Instanz und einen neuen Rechtsstreit. RG. **28**, 404. **Neue Instanz ferner das Verfahren in der höheren Instanz:** auf ein Rechtsmittel, das nach einer zufolge eines früheren Rechtsmittels erfolgten Zurückverweisung der Sache in die untere Instanz eingelegt ist, RG. **10**, 425; auf ein Rechtsmittel zur Hauptsache, nachdem auf ein prozeßhindernde Einreden betreffendes früheres Rechtsmittel die Sache unter Verwerfung der Einreden gemäß § 538 Nr. 2 ZPO. in die untere Instanz zurückverwiesen war, RG. **8**, 434, JW. **86**, 318 (anders aber, wenn zu der Berufung gegen ein nur über prozeßhindernde Einreden entscheidendes Urteil im Laufe der höheren Instanz auch die Berufung in der Hauptsache hinzutritt, JW. **84**, 9); auf ein den Betrag des Anspruchs betreffendes Rechtsmittel, nachdem auf ein den Grund des Anspruchs (§ 304 ZPO.) betreffendes früheres Rechtsmittel die Sache gemäß § 538 Nr. 3 ZPO. in die untere Instanz zurückverwiesen war, JW. **93**, 563[25]; **96**, 152[33]; auf das eine Gegenforderung oder eine Widerklage betreffende Rechtsmittel, nachdem auf das ein Teilurteil über die Klage (§§ 301, 302 ZPO.) betreffende frühere Rechtsmittel entschieden war, vgl. JW. **93**, 471[16]. — Nach dem durch die Nov. v. 1. 6. 09 eingefügten § 27 Abs. 1 Satz 1 DGO. gilt jetzt das **weitere Verfahren vor dem unteren Gerichte** hinsichtlich der Anwaltsgebühren, mit Ausnahme der Prozeßgebühr, **als neue Instanz,** so daß gegebenenfalls eine besondere Verhandlungs- oder Beweisgebühr in Ansatz gebracht werden kann, auch wenn dem Anwalt bereits in dem früheren Verfahren eine gleiche Gebühr erwachsen war. Vgl. Anm. 2 § 27 DGO. Wird aber in der Berufungsinstanz nach Beweisaufnahme ein bedingtes

Urteil erlassen, darauf die hiergegen von einer Partei eingelegte **Revision zurückgewiesen** und dann das Urteil des Berufungsgerichts von diesem nach Abnahme des Eides geläutert, so kann nach § 25 **für das Läuterungsverfahren** nicht eine nochmalige Beweis- und weitere Verhandlungsgebühr (§ 13 Nr. 4, § 17) beansprucht werden; § 27 findet in solchem Falle nicht, auch nicht entsprechende Anwendung, da eine „Zurückverweisung" in die untere Instanz nicht vorliegt. OLG. 31, 232. — Über die Fälle der **Verweisung an ein anderes Gericht** vgl. Anm. 3 § 26, Anm. 3 § 29 DGO.

[4] **Derselbe Streitgegenstand liegt nicht vor,** wenn wegen der Hauptsache im Versäumnisverfahren und wegen der Kosten streitig verhandelt wird. RG. 33, 403; JW. 91, 93[10]. Vgl. aber über den Fall, daß zunächst nur über eine prozessuale Vorfrage (z. B. Beibringung beglaubigter Vollmacht) nichtstreitig verhandelt und dann nach Erledigung der Hauptsache Versäumnisurteil nur über die Kosten erlassen ist, OLG. 15, 186 (wonach nur für die erste Verhandlung eine nichtstreitige Verhandlungsgebühr soll gefordert werden dürfen). — Sind bezüglich **verschiedener Teile des Streitgegenstandes,** die in erster Instanz durch Teilurteile erledigt sind, nacheinander gesonderte Berufungen eingelegt, so steht dem Anwalt für jeden Teil die Prozeßgebühr besonders zu, auch wenn über alle Berufungen gemeinsam verhandelt und entschieden ist. OLG. 5, 228 (a. M. OLG. 7, 225: nur eine Prozeßgebühr nach dem zusammenzurechnenden Streitwerte aller Berufungen). — Das Vorhandensein **mehrerer Streitgenossen** als Gegenpartei (s. sonst § 51) beeinträchtigt die Einheitlichkeit der Instanz nicht, so daß höchstens jede Gebühr nach dem vollen Objekt einmal in Ansatz kommen kann, auch wenn gegen die einzelnen Streitgenossen gesondert verhandelt und Beweis erhoben wird.

[5] **Ausnahmen:** § 28 (Arrestverfahren und Hauptsacheverfahren, Urkunden- oder Wechselprozeß und ordentliches Verfahren), 33 Abs. 1 (Kostenvorauszahlung bei Zwangsvollstreckung zur Erwirkung einer Handlung). — Vgl. auch Anm. 3.

[6] Nur eine volle Gebühr ist also z. B. zu erheben bei **abgesonderter Verhandlung über eine prozeßhindernde Einrede** selbst dann, wenn über die Einrede und die Hauptsache gesonderte Entscheidungen ergangen sind. OLG. 2, 263; 19, 256. Dies gilt auch, wenn die eine Verhandlung eine nichtstreitige und deshalb die Gebühr hierfür eine nach § 16 geminderte

ist. Daher kann z. B., wenn eine **prozeßhindernde Einrede nach gesonderter Verhandlung** und Beweisaufnahme darüber **verworfen** worden ist und **darauf** in einem weiteren Termine **Versäumnisurteil zur Hauptsache** ergeht, der Anwalt, der über die Einrede verhandelt und das Versäumnisurteil erwirkt hat, nicht neben der vollen Verhandlungsgebühr aus § 13 noch die halbe aus § 16 beanspruchen. Vgl. dazu OLG. 19, 256 (a. M. JW. 21, 906[4]).

26. [1]**Für die Bestimmung des Umfanges einer Instanz**[2] **im Sinne des § 25 finden die Vorschriften des § 27 Abs. 1 des Gerichtskostengesetzes**[3] **entsprechende Anwendung**[4].

[1] **Geschichtliches.** Der § 26 DGO. verwies in alter Fassung auf §§ 30, 31 alten GKG. Davon wurde die Verweisung auf § 31 (Zurückverweisung in die untere Instanz) durch die Nov. v. 1. 6. 09 gestrichen, weil insoweit § 27 DGO. jetzt die Sache abweichend vom jetzigen § 27 Abs. 2 GKG. (§ 31 a. F.) regelt. An die Stelle der Verweisung auf § 30 alten GKG. ist jetzt diejenige auf § 27 Abs. 1 neuen GKG. infolge anderweiter Zählung getreten.

[2] Nach der früher herrschenden Auffassung **endete die Instanz**, wenn ein Urteil ergeht, nicht schon mit dessen Verkündung, sondern erst mit dessen Zustellung (vgl. § 29 Abs. 2 Nr. 7). RG. 10, 345; 19, 397; (VZS.) 41, 426, aber auch (VZS.) 68, 251 ff.; JW. 91, 4[6]; 18, 743[2]; 20, 717[17], 719[23], auch OLG. 17, 236; 39, 114; 40, 460. Das ist aber ungenau, da der Instanzbegriff der ZPO. und des GKG. für die Anwaltstätigkeit nicht ohne weiteres passen. Für den Anwalt beginnt die Instanz schon mit dem Klageauftrag und reicht notfalls sogar über die Rechtskraft des Urteils (so JW. 20, 501[10], 713[19]; SeuffArch. 75, 298; W. 21, 223) hinaus, z. B. Wertfestsetzung, Urteilsberichtigung, Zulassung der Zwangsvollstreckung zur Nachtzeit (vgl. Anm. 17 § 23). Maßgebend ist also, wann bei vernünftiger Auslegung der Anwaltsauftrag als beendet zu gelten hat. — Diese Erwägung gibt auch die richtige Lösung für das Nachverfahren aus § 6 Abs. 4 MietSchG. v. 17. 2. 28 (RGBl. I 25) zwecks **Streichung des Ersatzraumvorbehalts.** Hier handelt es sich um ein zeitlich oft viel später folgendes neues Verfahren auf Grund neuen Sachverhalts,

das nur aus Nützlichkeitsgründen in die Form eines **Anhangsverfahrens** gekleidet ist. Für den Anwalt handelt es sich demnach um ein neues Verfahren, in dem alle Gebühren, natürlich mit für die Ersatzraumfrage neu zu bemessendem Objekt, neu erwachsen. Aus der Bezugnahme auf § 25 Abs. 2 GKG. in § 6 Abs. 4 MietSchG. läßt sich nichts Gegenteiliges schließen, da der Instanzbegriff im DGO. und GKG. sich nicht deckt (a. M. bezüglich der Prozeßgebühr JW. 27, 1332[4]; 28, 2577[9]). — Über die Wirkung eines den ganzen Streitgegenstand umfassenden **gerichtlichen Vergleichs** hinsichtlich Beendigung der Instanz vgl. Anm. 5 § 13 DGO. — **Abweichungen** von dem Begriffe der Instanz: **§§ 27, 28, 29 Abs. 2, § 30.**

[3] **§ 27 Abs. 1 GKG.** i. d. Fass. v. 21. 12. 22 lautet:

„Wird ein Rechtsstreit an ein anderes Gericht verwiesen, so bildet das weitere Verfahren vor dem anderen Gerichte mit dem bisherigen Verfahren im Sinne des § 25 Absatz 1 eine Instanz b. c."

a) Es muß sich um eine **Verweisung** durch **Beschluß** handeln, **nicht** um ein wegen Unzuständigkeit **abweisendes Urteil**; denn letzteres beendet die Instanz endgültig. Wird allerdings gegen dieses Urteil Berufung eingelegt und in höherer Instanz noch der Verweisungsantrag gestellt, so kann die höhere Instanz durch Beschluß das erstinstanzliche Urteil aufheben und die Verweisung noch aussprechen. RG. 95, 281; W. 22, 24, 28; JW. 23, 842[7, 8]; OLG. 35, 91; 39, 60 (a. M. JW. 17, 303[5]; OLG. 32, 297; 39, 59). Die Sache ist dann genau so zu behandeln, als hätte schon die untere Instanz die Verweisung ausgesprochen; vertritt also der in erster Instanz tätig gewesene Anwalt die Partei vor dem nunmehr zuständigen Gericht weiter, so erhält er die schon angefallenen Gebühren nicht noch einmal.

b) Zunächst war der einheitliche Instanzbegriff nur für die Fälle des § 506 ZPO. (Verweisung vom Amtsgericht an das Landgericht wegen Klagerweiterung oder Widerklagerhebung) gegeben. Die Nov. v. 1. 6. 09 setzte die Fälle des § 505 ZPO. (von Anfang an bestehende sachliche oder örtliche Unzuständigkeit des Amtsgerichts) und des § 697 ZPO. (Verweisung des Zahlungsbefehlsverfahrens nach erhobenem Widerspruch wegen der die amtsgerichtliche Zuständigkeitshöhe überschreitenden Objektshöhe) dem gleich. Demnächst erstreckte § 27 der VO. zur Entlastung der Gerichte v. 9. 9. 15 (RGBl. 562) den § 505 ZPO. auf die Landgerichte, so daß auch diese als erstinstanzliche (und zweitinstanzliche; vgl. Anm. a) Gerichte verweisen durften. Jetzt schließlich sind § 505 ZPO. und § 27 EntlVO. als § 276 ZPO. zusammengefaßt. **Bei allen Verweisungen** an ein anderes (ordentliches, § 1 DGO.) Gericht gilt nunmehr die Instanzeinheit. Die Verweisung an eine andere Abteilung oder Kammer desselben Gerichts (abgesehen von der Frage der Zuständigkeit der Kammern für Handelssachen [Anm. 17 § 23]) ist gebührenrechtlich überhaupt bedeutungslos. — Wegen einiger Sonderfälle s. noch § 112 GenG. v. 20. 5. 98 (RGBl. 810) und § 52 VersAufsG. v. 12. 5. 01 (RGBl. 139).

c) Verweist also das Amtsgericht die Sache an ein anderes Amtsgericht oder ein Landgericht, und tritt der bisherige Anwalt auch vor dem neuen Gericht als Prozeßbevollmächtigter auf, so kann er für seine Tätigkeit vor beiden Gerichten zusammen nach §§ 25, 29 Abs. 1 sämtliche Gebühren nur einmal beanspruchen. OLG. 27, 224; 31, 231; 35, 221. Ist der vor dem Amtsgerichte prozeßbevollmächtigte Anwalt bei dem Landgericht, an das die Sache verwiesen wird, nicht zugelassen, wird er aber als Verkehrsanwalt tätig, so steht ihm außer der Prozeßgebühr (§ 13 Nr. 1) für das Verfahren vor dem Amtsgericht eine besondere „Gebühr in Höhe der Prozeßgebühr" nach § 44 Abs. 1 DGO. nicht zu; denn da die Verfahren bei beiden Gerichten als e i n e Instanz gelten, so käme die Zubilligung der Gebühr aus § 44 darauf hinaus, daß derselbe Anwalt die Prozeßgebühr zweimal erhielte. S. hierüber Anm. 3 § 44. Anders natürlich, wenn sich der Streitwert nach der Verweisung erhöht; dann kann die Mehrgebühr nach § 44 verlangt werden. Gleiches muß gelten, wenn gemäß § 697 ZPO. im Mahnverfahren nach erhobenem Widerspruch ein Anspruch, der zur Zuständigkeit der Landgerichte gehört, auf Antrag, ebenfalls durch Beschluß, an das Landgericht verwiesen wird, oder wenn das Amtsgericht den Einspruch gegen einen Vollstreckungsbefehl für zulässig erachtet und der Anspruch nicht vor die Amtsgerichte gehört, nunmehr Verweisung an das Landgericht gemäß §§ 697, 700 ZPO. erfolgt, so daß dann auch hier das Verfahren vor dem Amtsgericht und das weitere Verfahren vor dem Landgerichte hinsichtlich der Gebühren e i n e Instanz bilden. — Über die Frage, ob, wenn der Kläger infolge der Verweisung des Verfahrens vor das andere Gericht **einen anderen Rechtsanwalt bestellen mußte**, der unterliegende Beklagte die Gebühren beider Anwälte zu erstatten hat, vgl. Anm. 3 § 29 DGO. — Bei landgerichtlichen Sachen kommt, wenn die Verweisung, sei es vom Landgericht oder vom Oberlandesgericht als Berufungsgericht (s. a), an ein anderes Landgericht ausgesprochen wird, die Instanzbestimmung für die Anwaltsgebühren kaum in Betracht, weil sich die Partei vor dem anderen Landgerichte durch einen bei diesem zugelassenen anderen Anwalt vertreten lassen muß.

[4] Vertreten **mehrere Anwälte nacheinander** die Partei, so stehen jedem von ihnen die Gebühren gesondert zu. Über Erstattungsfähigkeit der Gebühren mehrerer Anwälte gegenüber der Gegenpartei vgl. RG. **22**, 432; **26**, 417; JW. **92**, 12[3]; **98**, 278[9]; **99**, 490[19].

27. [1]**Im Falle der Zurückverweisung einer Sache an das Gericht unterer Instanz (Zivilprozeßordnung §§ 538, 539, 565, 566a) wird das weitere Verfahren vor diesem Gerichte für die Gebühren der Rechtsanwälte, mit Ausnahme der Prozeßgebühr, als neue Instanz behandelt[2]. Die Beschränkung hinsichtlich der Prozeßgebühr gilt jedoch nicht im Falle der Zurückverweisung an das Oberlandesgericht gemäß § 566a Abs. 5 der Zivilprozeßordnung[3]. Die Vorschrift im Satz 1 gilt entsprechend im Falle der Zurücknahme oder Verwerfung des gegen ein Versäumnisurteil eingelegten Einspruchs für das Verfahren über den Einspruch[4].**

Im Falle der Zulassung des Einspruchs steht dem Rechtsanwalte des Gegners der den Einspruch einlegenden Partei die Gebühr für die mündliche Verhandlung, auf welche das Versäumnisurteil erlassen ist[5], besonders zu[6].

[1] **Geschichtliches.** § 27 enthielt in seiner ältesten Fassung nur die jetzt in Abs. 1 Satz 3 und Abs. 2 gegebenen Vorschriften über das Einspruchsverfahren. Ferner hatte damals § 27 noch einen Abs. 3, der sich auf das Eidesverweigerungs-

zwischenurteil bezog; vgl. dazu Anm. 6. Die für die Zurückverweisung in die untere Instanz geltenden Bestimmungen des Abs. 1 Satz 1 beruhen auf der Nov. v. 1. 6. 09. Das Zitat „§ 566a" und Abs. 1 Satz 2 sind schließlich durch die Nov. v. 28. 1. 27 hinzugefügt.

[2] Im Sinne des GKG. gilt auch heute noch nach § 27 Abs. 2 GKG. bei Zurückverweisung in die untere Instanz das weitere Verfahren als zur früheren Instanz gehörig, so daß keine neuen Gerichtsgebühren entstehen. Ebendies galt bis zur Nov. v. 1. 6. 09 für die Anwaltsgebühren, weil bis dahin § 26 DGO. auch auf § 31 des alten GKG. (jetzt § 27 Abs. 2) verwies (s. Anm. 1 § 26), so daß den Anwälten für das weitere Verfahren nicht nur keine neue Prozeßgebühr (wie noch heute), sondern auch keine neue Verhandlungs- und Beweisgebühr erwuchs. Dies ist seit der Nov. v. 1. 6. 09 anders. **Wenn jetzt eine Sache** vom Berufungsgericht nach §§ 538, 539 oder vom Revisionsgerichte nach §§ 565, 566a ZPO. zur anderweiten Verhandlung **an das untere Gericht zurückverwiesen** wird, so gilt das weitere Verfahren vor dem unteren Gerichte für die Gebühren der Anwälte, mit Ausnahme der Prozeßgebühr, als neue Instanz; es steht also den Anwälten namentlich für die in diesem weiteren Verfahren etwa stattfindende neue Verhandlung oder Beweisaufnahme eine besondere Verhandlungs- oder Beweisgebühr zu, auch wenn ihnen in dem früheren Verfahren bereits eine gleiche Gebühr erwachsen war. Der gesetzgeberische Grund für die Änderung war, daß den Anwälten eine neue umfangreiche Tätigkeit im neuen Verhandlungs- und Beweisverfahren verursacht zu werden pflegt. KB. 79. — Nach dem Zwecke des Abs. 1 Satz 1 setzt diese Vorschrift eine solche nach § 538 oder § 539 oder §§ 565, 566a ZPO. erfolgende **Zurückverweisung** in die untere Instanz voraus, die **zufolge Aufhebung** des Urteils der unteren Instanz durch das übergeordnete Gericht erfolgt. Wird das Urteil der unteren Instanz durch das übergeordnete Gericht bestätigt, so findet die Vorschrift keine Anwendung und ist es hinsichtlich der Gebühren für die Tätigkeit der unteren Instanz so zu halten, wie wenn gegen das Urteil der unteren Instanz kein Rechtsmittel eingelegt worden wäre. Die §§ 539, 565 ZPO. (wesentlicher Mangel des erstinstanzlichen Verfahrens, Revision gegen Berufungsurteil begründet) schreiben auch die Zurückverweisung nur für den Fall der Aufhebung des

Urteils der unteren Instanz vor. In § 538 ZPO. ist allerdings für die dort bezeichneten Fälle allgemein vorgeschrieben, daß das Berufungsgericht die Sache, insofern eine weitere Verhandlung derselben erforderlich sei, an das Gericht der ersten Instanz zurückzuverweisen habe. Es ist daher unter der genannten Voraussetzung die Zurückverweisung auch dann auszusprechen, wenn das erstinstanzliche Urteil bestätigt wird. Jedoch hat insoweit die Zurückverweisung nur formale Bedeutung. Im Sinne des § 27 Abs. 1 Satz 1 ist sie nicht eine Zurückverweisung in die untere Instanz. OLG. 31, 232; 35, 221 (a. M. OLG. 31, 233; 35, 221). Es können also z. B., wenn die Berufung gegen ein erstinstanzliches **Zwischenurteil über den Grund des Anspruchs** (§ 304 ZPO.) zurückgewiesen und die Sache nach § 538 Nr. 3 ZPO. an die erste Instanz **zurückverwiesen wird**, für das **weitere Verfahren über den Betrag** des Anspruchs nicht nochmalige Verhandlungs- und Beweisgebühren in Ansatz gebracht werden. OLG. 35, 222 (a. M. JW. 22, 1409; 25, 1420[10]; 26, 1475[4]; 28, 1525[33]; OLG. 35, 222). Die Richtigkeit dieser Ansicht folgt schon daraus, daß die Verfechter der gegenteiligen Meinung zugeben müssen, der § 27 DGO. finde dann nicht Anwendung, wenn die Berufung zurückgenommen wird oder wenn das erstinstanzliche Gericht die alsbaldige Verhandlung über die Höhe des Anspruchs anordnet. Für den Umfang der anwaltlichen Mühewaltung ist das doch gleichgültig. Entscheidend kann nur sein, ob das erstinstanzliche Urteil ein solches war, das die Instanz endgültig abschloß, so daß erst die höhere Entscheidung sie wieder abändernd neu eröffnete. Wird ferner z. B. die Berufung gegen ein erstinstanzliches, eine **prozeßhindernde Einrede verwerfendes Zwischenurteil** (§§ 274, 275 ZPO.) zurückgewiesen und die Sache nach § 538 Nr. 2 ZPO. an die erste Instanz **zurückverwiesen**, so kann für das weitere erstinstanzliche **Verfahren über die Hauptsache** die volle Verhandlungsgebühr (§ 13 Nr. 2) nicht nochmals beansprucht werden. OLG. 35, 221 (a. M. OLG. 31, 233). Weiter findet § 27 z. B., wenn das Berufungsgericht nach Beweisaufnahme auf einen Eid erkannt hat, darauf die hiergegen von einer Partei eingelegte **Revision zurückgewiesen** und dann das Berufungsurteil vom Berufungsgericht nach Eidesabnahme geläutert worden ist, keine Anwendung und können für das Läuterungsverfahren nach § 25 nicht nochmalige Beweis- und weitere Verhandlungsgebühren (§ 13 Nr. 4, § 17) beansprucht werden. Anm. 3 § 25. — Gelangt nach der Zurückverweisung die Sache zufolge nochmaliger Rechtsmitteleinlegung **wiederum an das höhere Gericht,** so gilt das neue Verfahren vor diesem Gerichte gegenüber dem früheren, auch hinsichtlich der Prozeßgebühr, als neue Instanz. Vgl. hierüber Anm. 3 § 25 DGO. — Haben sich seit dem früheren Abschluß der unteren Instanz die **Gebührensätze erhöht,** so ist der Anwalt berechtigt, auch für die Prozeßgebühr den Unterschied nachzuberechnen (a. M. JW. 23, 88[14]).

[3] Zusatz der Nov. v. 28. 1. 27. Ist gegen das landgerichtliche Urteil **Sprungrevision** eingelegt und verweist das Reichsgericht die Sache an das **Oberlandesgericht** (§ 566a Abs. 5 ZPO.) zurück, bei dem die Sache noch gar nicht anhängig war, so müssen dessen Anwälte natürlich auch die Prozeßgebühr erhalten.

[4] Abs. 1 Satz 3 betrifft den Fall, daß das **Einspruchsverfahren auf den Einspruch beschränkt** ist und dieser **zurückgenommen** oder **verworfen** wird. OLG. 23, 271. Es erhalten dann die **Anwälte beider Parteien,** da § 20 DGO. gestrichen ist (s. dort Anm. 1), jetzt die vollen in den §§ 13—17 bestimmten Gebühren, mit Ausnahme einer Prozeßgebühr, **für das Einspruchsverfahren besonders,** außer den Gebühren für die sonstige Tätigkeit.

[5] Abs. 2 betrifft den Fall, daß der **Einspruch als zulässig befunden** und weiter zur Hauptsache verhandelt wird. OLG. 23, 271. Es erhält dann der **Anwalt des Gegners** der den Einspruch einlegenden Partei für **die Versäumnisverhandlung in der Regel** die **Gebühr der nichtstreitigen Verhandlung** des § 16 Satz 2, 3 DGO. [s. dort Anm. 3a—6] volle $^{10}/_{10}$, in der Berufungsinstanz [§ 52] $^{13}/_{20}$ bzw. $^{13}/_{10}$), und zwar besonders neben den Gebühren für seine sonstige Tätigkeit, insbesondere auch neben der Gebühr für die durch den Einspruch verursachte weitere mündliche Verhandlung, JW. 99, 341[18]; OLG. 23, 271, und auch dann, wenn vor dem Versäumnisurteil bereits die volle Verhandlungsgebühr für eine streitige Verhandlung verdient war, nur ist in solchem Falle der Anspruch auf die Sondergebühr des § 27 Abs. 2 DGO. latent, bis der Einspruch eingelegt und für zulässig befunden ist. JW. 99, 341[18]. Diese volle $^{5}/_{10}$-Gebühr für die Versäumnisverhandlung hat der Anwalt des Gegners auch dann zu be-

anspruchen, wenn nach stattgehabter Beweisaufnahme die zum Versäumnisurteile führende nichtstreitige weitere mündliche Verhandlung stattgefunden hat; nicht etwa gemäß § 17 nur die Hälfte dieser Gebühr. RG. **44**, 400. — **Im übrigen** bildet das Verfahren, das nach Zulassung des Einspruchs stattfindet, zusammen **mit dem bisherigen Verfahren eine Instanz.** Daher können für dies Verfahren weitere Gebühren nur insoweit anfallen, als hierzu im Rahmen derselben Instanz noch Raum ist (z. B. wenn vorher schon streitig verhandelt ist und Beweisaufnahme stattgefunden hat, für die weitere Verhandlung noch die Gebühr gemäß § 17). OLG. **23**, 273. — **Voraussetzung** für die besondere Gebühr aus Abs. 2 ist, **daß gegen ein Versäumnisurteil** der **Einspruch** eingelegt ist. Wird gegen ein im Versäumnisverfahren ergangenes Urteil **Berufung** eingelegt (z. B., wenn trotz Versäumnis einer Partei zuungunsten des Gegners erkannt worden ist, vgl. § 331 Abs. 2 ZPO.; oder nach § 238 Abs. 2, §§ 345, 513 Abs. 2 ZPO.), so findet Abs. 2 keine Anwendung. Wenn in solchem Falle dem Anwalt zufolge früherer streitiger Verhandlung die volle Gebühr aus § 13 Nr. 2 zusteht, kann er gemäß § 25 nicht auch noch mit Rücksicht auf die eingelegte Berufung für die Versäumnisverhandlung eine Verhandlungsgebühr aus § 16 beanspruchen. OLG. **25**, 294.

[6] Beim **Nichterscheinen des Schwurpflichtigen** im Eidesleistungstermin ergeht nicht mehr, wie früher, ein Eidesverweigerungsurteil, sondern der Eid wird gemäß § 465 ZPO. bei der Verhandlung zur Hauptsache als verweigert angesehen, sofern nicht gemäß § 466 ZPO. ein Antrag auf nachträgliche Abnahme des Eides gestellt wird. Für das Verfahren ist jetzt lediglich die Beweisgebühr zu berechnen. Der frühere Abs. 3, der die Anwendung des Abs. 2 auf dieses Verfahren bestimmte, ist durch die Nov. v. 17. 5. 98 gestrichen.

28. [1]**Das Verfahren über einen Antrag auf Anordnung, Abänderung oder Aufhebung eines Arrestes oder einer einstweiligen Verfügung gilt, auch wenn es mit dem Verfahren über die Hauptsache verbunden ist, für die Berechnung der Gebühren des Rechtsanwalts als besonderer Rechtsstreit[2]. Das gleiche gilt für das ordentliche Verfahren, welches nach der Abstandnahme vom**

Urkunden- oder Wechſelprozeſſe ſowie nach dem mit Vorbehalt in demſelben erlaſſenen Urteil anhängig bleibt (Zivilprozeßordnung §§ 596, 600)[3]. Der Rechtsanwalt muß ſich jedoch die Prozeßgebühr des Urkunden- oder Wechſelprozeſſes auf die gleiche Gebühr des ordentlichen Verfahrens anrechnen[4].

Das Verfahren über einen Antrag auf Abänderung oder Aufhebung eines Arreſtes oder einer einſtweiligen Verfügung bildet mit dem Verfahren über den Antrag auf Anordnung des Arreſtes oder der einſtweiligen Verfügung eine Inſtanz[5].

[1] **Geſchichtliches.** § 28 enthielt in ſeiner urſprünglichen Faſſung nur die in ihm jetzt noch enthaltenen Beſtimmungen für den Urkunden- und Wechſelprozeß. Das Sonderrecht für Arreſte und einſtweilige Verfügungen war an anderen Stellen verſtreut behandelt. Waren dieſe Verfahren mit dem Verfahren über die Hauptſache verbunden, ſo wurde die Tätigkeit des Anwalts in ihnen durch die Hauptſachegebühren mit abgegolten (§ 29 Abſ. 2 Nr. 4 DGO. alter Faſſ.). War das Arreſt- oder einſtweilige Verfügungsverfahren mit der Hauptſache nicht verbunden, ſo wurde unterſchieden, ob die Entſcheidung durch Beſchluß oder durch Urteil erging. Im Beſchlußverfahren erhielt der Anwalt $^3/_{10}$ (§ 23 DGO. alter Faſſ. in Verb. mit § 35 Nr. 3 GKG. alter Faſſ.), im Urteilsverfahren $^5/_{10}$ (§ 20 DGO. alter Faſſ. in Verb. mit § 26 Nr. 9 GKG. alter Faſſ.). — Die Nov. v. 1. 6. 09 brachte in Anerkennung der meiſt mit ſolchem Verfahren verbundenen Mühewaltung die Zuſammenfaſſung der Gebührenſätze in § 28 DGO. unter gleichzeitiger Erhöhung auf die vollen Gebühren des ordentlichen Prozeſſes, aber mit der ſehr weſentlichen Einſchränkung, daß ſich der Anwalt, der ſowohl das Verfahren über den Arreſt oder die einſtweilige Verfügung und den Hauptprozeß geführt hat, ſich die in dem erſteren Verfahren erwachſenen Gebühren in Höhe von $^5/_{10}$ auf die ihm im Hauptſacheverfahren zuſtehenden entſprechenden Gebühren anrechnen mußte, ſo daß er alſo für beide Verfahren zuſammen höchſtens das 1½fache des einen Verfahrens erhalten konnte. Geſetzgeberiſcher Grund war die Annahme,

daß das zweite Verfahren wegen des oft im wesentlichen übereinstimmenden Sachverhalts weniger Mühe mache. — Schließlich wurde durch die Nov. v. 18. 8. 23 auch diese zu unzähligen Streitfragen über die Berechnungsmethoden führende Anrechnungspflicht gestrichen und damit die jetzige Fassung des § 28 DGO. geschaffen. Die Streichung hat zum Ergebnis, daß nunmehr das Verfahren über einen Arrest oder eine einstweilige Verfügung für die Anwaltsgebühren vollkommen als selbständiger Rechtsstreit gilt und keinerlei Anrechnung der Gebühren des Verfahrens auf die Gebühren im Hauptprozeß oder umgekehrt erfolgt.

[2] Wegen des früheren Rechtszustandes vgl. Anm. 1. **Jetzt** erhält der Anwalt nach Abs. 1 Satz 1 **gleichviel, ob** das **Verfahren** über **einen Arrest** oder **eine einstweilige Verfügung mit** dem **Hauptsacheverfahren verbunden** ist **oder nicht, und gleichviel, ob** die Entscheidung durch **Endurteil oder** durch **Beschluß** getroffen ist, **und gleichviel, ob** er vorher, gleichzeitig oder hinterher **den Hauptprozeß führt, die vollen Gebühren der §§ 13 bis 17** (Prozeß-, Verhandlungs-, Vergleichs-, Beweisgebühr) zu $^{10}/_{10}$ **stets besonders**, also z. B. für einen Antrag auf Anordnung eines Arrestes oder einer einstweiligen Verfügung die besondere Prozeßgebühr (§ 13 Nr. 1) zu $^{10}/_{10}$, auch wenn der Arrest oder die einstweilige Verfügung ohne mündliche Verhandlung durch Beschluß angeordnet ist (sei es ohne Sicherheitsleistung, sei es unter Abhängigmachung der Vollziehung von vorgängiger Sicherheitsleistung, vgl. OLG. **19**, 238) und auch, wenn ein Verfahren zur Hauptsache stattfindet und dieses selbst mit dem Arrestverfahren verbunden ist. Irgendeine Anrechnung auf die Gebühren des Hauptprozesses oder umgekehrt findet nicht mehr statt. — **Mehrere Arrestverfahren** sind selbständige Rechtsstreite, OLG. **42**, 66, z. B. wenn ein wegen ungenügender Glaubhaftmachung abgelehnter Arrestantrag später erneuert wird. Wird aber in e i n e m Verfahren eine einstweilige Verfügung und nur eventuell ein Arrest gefordert, so entsteht die Gebühr nur einmal und auch nicht unter Zusammenrechnung der Streitwerte. JW. **26**, 722². — Wegen der Gebühren für die **Beschwerdeinstanz** (z. B. wenn gegen die Zurückweisung eines Antrags auf Anordnung eines Arrestes Beschwerde eingelegt ist), vgl. Anm. 3 § 41 DGO. Wegen des Verfahrens auf **Abänderung oder Aufhebung** eines Arrestes oder einer einst-

weiligen Verfügung ſ. unten Anm. 5. — Der Arreſt kann zu Protokoll der Geſchäftsſtelle beantragt werden (§ 920 Abſ. 3 ZPO.), unterliegt alſo nicht dem Anwaltszwange. JW. **93**, 38[6]. Den Antrag kann daher auch ein beim Arreſtgericht nicht zugelaſſener Anwalt ſtellen; dann iſt bei Anordnung mündlicher Verhandlung oder bei Widerſpruchserhebung **Anwaltswechſel** nötig. Wegen der Frage, ob die Gebühren beider Anwälte erſtattungsfähig ſind, vgl. OLG. **21**, 71 und anderſeits JW. **29**, 867[1].

[3] **Gegenſtand** des Rechtsſtreits im **Nachverfahren** zu einem **Urkunden- oder Wechſelprozeß** (§ 600 ZPO.) iſt der Betrag, bezüglich deſſen dem Beklagten die Ausführung der Rechte vorbehalten war, inſoweit er demnächſt ſeine Rechte im ordentlichen Verfahren ausführt und in bezug auf dieſen Gegenſtand die Aufhebung des mit jenem Vorbehalt erlaſſenen Urteils und die Rückzahlung des auf Grund des Vorbehaltsurteils vielleicht ſchon Geleiſteten beantragt. Der Betrag der zu erſtattenden Koſten bildet keinen für die Berechnung der Gerichtskoſten und Rechtsanwaltsgebühren in Betracht kommenden Gegenſtand des anhängigen Rechtsſtreits, ſondern den Gegenſtand einer aus dem Prozeßverhältnis entſpringenden Nebenforderung. RG. **23**, 350. — Keine analoge Anwendung auf Fälle des früheren § 540 ZPO. JW. **29**, 599[9].

[4] Die **Prozeßgebühr im Urkunden- oder Wechſelprozeß** iſt, da § 19 DGO. geſtrichen iſt (ſ. dort Anm. 1), ſtets die volle Gebühr des § 13 Nr. 1 DGO., ganz gleich, ob ſtreitig verhandelt wird oder nicht. Daher erhält der Anwalt zufolge der Anrechnung für das nachfolgende ordentliche Verfahren überhaupt keine weitere Prozeßgebühr mehr. OLG. **23**, 274; **25**, 296. Dies gilt freilich nur, wenn das Vorverfahren und das Nachverfahren wirklich denſelben Streitgegenſtand betreffen. JW. **25**, 2389[8]. Bei Klagerweiterung im Nachverfahren kann natürlich die Prozeßgebühr für das letztere inſoweit berechnet werden, als ſie die Prozeßgebühr des vorangegangenen Urkundenprozeſſes überſteigt. — Neben der **Verhandlungs- oder Beweisgebühr** im Urkundenprozeſſe kann eine ſolche noch einmal im ordentlichen Verfahren in Anſatz gebracht werden. JW. **97**, 421[21]. — Hat der Anwalt des Klägers ſogleich im Anſchluß an ſeinen Sachantrag im erſten Termine die Erklärung abgegeben, daß er **von dem Urkundenprozeß Abſtand** nehme, und iſt die Verhandlung im ordentlichen Verfahren

fortgesetzt **worden**, so **kann** der Anwalt eine besondere Verhandlungsgebühr für die ursprüngliche Prozeßart nicht beanspruchen, da überhaupt nur e i n e Verhandlung stattgefunden hat. OLG. **9**, 169. — Für den **Scheckregreßprozeß** ordnet § 28 Abs. 3 ScheckG. v. 11. 3. 08 (RGBl. 71) an sich nur die entsprechende Anwendung von §§ 602—605 ZPO. an. Da der Scheckprozeß aber ein Urkundenprozeß ist, so gilt § 28 DGO. auch für ihn.

[5] Wenn nach Anordnung eines Arrestes oder einer einstweiligen Verfügung durch Beschluß (§ 922 Abs. 1, §§ 936, 937 Abs. 2, § 942 Abs. 1, § 944 ZPO.) ein **Verfahren über** einen Antrag auf **Abänderung oder Aufhebung** des Arrestes oder der einstweiligen Verfügung zufolge Erhebung des Widerspruchs (§ 924 ZPO.) oder wegen Fehlens der Klagerhebung (§ 926 ZPO.) oder wegen veränderter Umstände (§ 927 ZPO.) oder gemäß § 939 oder § 942 Abs. 3 ZPO. stattfindet, bildet nach Abs. 2 des § 28 DGO. dieses Verfahren **mit dem Verfahren auf Anordnung** (weil das ganze Verfahren für die Gebührenberechnung als einheitliches Verfahren anzusehen sei, KB. 80) **eine Instanz**, so daß nach § 25 jede der im § 13 genannten Gebühren (Prozeß-, Verhandlungs-, Beweis-, Vergleichsgebühr) für beide Verfahren nur einmal beansprucht werden kann. Dies gilt auch dann, wenn der Arrest oder die einstweilige Verfügung nach mündlicher Verhandlung durch Endurteil (§ 922 Abs. 1, § 936 ZPO.) erlassen ist und dann ein Verfahren auf Abänderung oder Aufhebung gemäß § 926 oder § 927 oder § 939 ZPO. stattfindet. JW. **26**, 865[25]; OLG. **23**, 274. — Ein **Verfahren über** den Antrag auf **Anordnung** im Sinne des Abs. 2 ist auch das Verfahren, in dem der durch Beschluß angeordnete Arrest auf Widerspruch durch Endurteil (§ 925 ZPO.) bestätigt wird. Vgl. JW. **84**, 9[10]; OLG. **33**, 193, auch OLG. **23**, 274 (a. M. anscheinend JW. **26**, 2121[10]). Ebenso, wenn das Landgericht die in dringenden Fällen (§ 942 ZPO.) vom an sich (§ 937 ZPO.) unzuständigen Amtsgericht erlassene einstweilige Verfügung für rechtmäßig erklärt (RG. 8, 338). Findet demnächst ein **Verfahren auf Aufhebung** des Arrestes wegen veränderter Umstände gemäß § 927 ZPO. statt, so bildet dieses Verfahren mit dem genannten vorangegangenen (ebenso wie wenn von vornherein der Arrest oder die einstweilige Verfügung durch Urteil angeordnet ist) **eine Instanz**, so daß eine in diesem

Verfahren erwachsene Prozeß-, Verhandlungs- oder Beweisgebühr nicht noch einmal gefordert werden kann. OLG. 23, 274; 33, 193. Ebenso bilden, wenn die erste Instanz den Arrest abgelehnt, darauf die zweite Instanz ihn erlassen und schließlich wieder die erste Instanz ihn nach § 927 ZPO. aufgehoben hat, die beiden erstinstanzlichen Verfahren zusammen nur eine Instanz. JW. 28, 1320[9] (HRR. 28, 1054); s. dort auch wegen der Erstattung der Anwaltsgebühr in solchem Falle. — Dagegen kommt Abs. 2, **wenn** gegen den durch Beschluß erlassenen Arrestbefehl **Widerspruch erhoben und** dann der **Arrest bestätigt wird**, für dieses Verfahren allein überhaupt nicht in Betracht, da eben das auf den Widerspruch folgende Verfahren zu dem Verfahren über den Antrag auf Anordnung des Arrestes gehört. Vgl. JW. 11, 126. — Abs. 2 bezieht sich ferner nur auf die Anordnung des Arrestes einerseits und die demnächstige Abänderung oder Aufhebung der Anordnung anderseits. Dagegen kann für den **Antrag auf Vollziehung** des Arrestes oder der einstweiligen Verfügung (§§ 928 ff., 936 ZPO.) neben der vollen Prozeßgebühr (§ 13 Nr. 1) für den Antrag auf Vollziehung die Gebühr von $^{3}/_{10}$ aus § 23 Nr. 18 DGO. immer noch besonders beansprucht werden, da Arrestanordnung und Arrestvollziehung sich zueinander wie der Prozeß zur Zwangsvollstreckung verhalten. Vgl. hierüber Anm. 18 § 23, Anm. 2 § 36 DGO. Auch wenn die **Aufhebung** des durch Pfändung (§ 930 ZPO.) **vollzogenen Arrestes** gegen Hinterlegung des in dem Arrestbefehle festgestellten Geldbetrages gemäß § 934 ZPO. bei dem Vollstreckungsgericht beantragt wird, ist dieses Verfahren nicht als mit dem Verfahren auf Anordnung des Arrestes e i n e Instanz im Sinne des Abs. 2 bildend anzusehen, da der Antrag nicht die Aufhebung der Arrestanordnung, sondern nur die Aufhebung des Arrestvollzugs zum Ziele hat (RG. 15, 409) und daneben noch das Recht des Arrestbeklagten, die Aufhebung der Arrestanordnung nach §§ 924, 925 oder nach §§ 926 oder § 927 ZPO. zu betreiben, bestehen bleibt. JW. 95, 299[22]; OLG. 31, 230. Da dieses Verfahren die Vollziehung (Zwangsvollstreckung) betrifft, ist die Gebühr hierfür nach § 23 Nr. 18 DGO. ($^{3}/_{10}$) zu bestimmen. OLG. 31, 230. Jedoch wird gemäß § 31 Abs. 1, § 36 Abs. 1, 2 DGO. das Verfahren als mit der Vollziehung selbst eine Instanz bildend zu erachten sein, so daß dem Anwalt, wenn ihm bereits eine Prozeßgebühr aus § 23 Nr. 18 für die Vollziehung erwachsen ist, gemäß § 25 DGO. die Prozeßgebühr für den Antrag auf Aufhebung des Vollzugs aus § 23 Nr. 18 nicht noch einmal zusteht. — Unter **Aufhebung der Arrestanordnung** ist nur diejenige zu verstehen, die **von** dem **Arrestbeklagten** beantragt wird. Die von einem Dritten auf Grund des § 771 ZPO. erhobene **Widerspruchsklage** gehört nicht hierher. JW. 92, 481[13]. Ebensowenig die **Anfechtung** eines **Arrestpfandrechts**. JW. 86, 147[12]. Für diese Verfahren können daher besondere Gebühren beansprucht werden. Hat das **Amtsgericht** als nach § 919 ZPO. zuständiges Arrestgericht, insbesondere als Gericht der Hauptsache, den **Arrest** (die einstweilige Verfügung) **erlassen** oder nach Ablehnung des Antrags durch das Amtsgericht das übergeordnete Landgericht auf erhobene Beschwerde, wird aber (unrichtigerweise, §§ 924, 925 ZPO., RG. 29, 396) **Widerspruch beim Landgericht** erhoben, so findet Abs. 2 des § 28 ebenfalls keine Anwendung, sondern hat das Verfahren vor dem Landgericht nach Abs. 1 Satz 1 als besonderer Rechtsstreit zu gelten, da Abs. 2 voraussetzt, daß die Aufhebung vor demjenigen Gericht verfolgt wird, welches nach den dafür maßgebenden Bestimmungen der ZPO. zuständig ist. Vgl. OLG. 35, 224. Dies braucht nicht das den Arrest anordnende Gericht zu sein; wie z. B. in dem Fall, daß inzwischen das „Gericht der Hauptsache" (§ 943 ZPO.) gewechselt hat. — Wegen der Gebühren in der **Beschwerdeinstanz** s. Anm. 3 § 41 DGO. — Für den auf Grund des § 926 Abs. 1 ZPO. gestellten Antrag des Arrestbeklagten, dem Arrestkläger eine **Frist zur Erhebung der Klage** in der Hauptsache zu bestimmen, konnte bereits nach der alten Fass. des § 29 Nr. 4 DGO. eine besondere Gebühr nicht beansprucht werden. JW. 98, 608[35]. Dies hat auch jetzt zu gelten, da diese Tätigkeit nach § 29 Abs. 1 DGO. durch die Prozeßgebühr mit abgegolten wird, welche der Anwalt des Arrestbeklagten zu beanspruchen hat, sobald ihm der Auftrag erteilt ist, gegen den Arrestbefehl vorzugehen. Lautet ausnahmsweise der Auftrag nur dahin, die Fristsetzung aus § 926 Abs. 1 ZPO. zu beantragen, so steht dem Anwalt nur eine 5/10 Gebühr nach § 46 zu. — Zusammenfassend ist zu sagen, daß für das gesamte Verfahren, das sich auf einen Arrest oder eine einstweilige Verfügung bezieht, einschließlich aller Bestätigungs-, Widerspruchs-, Abänderungs- und Aufhebungsverfahren, aber mit Ausnahme der höheren

Instanzen und der Vollziehung alle Gebühren dem Anwalt, der eine Partei in allen jenen Verfahren vertreten hat, nur einmal erwachsen. JW. 26, 865[25]. Fraglich ist, ob der Anwalt, der nach Abschluß des Anordnungsverfahrens mit der Partei abgerechnet hatte und seinen **Auftrag als erledigt** ansehen konnte, verpflichtet ist, in dem manchmal erst jahrelang später beginnenden Aufhebungsverfahren kostenfrei tätig zu sein. Man wird dies mit Rücksicht auf die positive Bestimmung des § 28 Abs. 2 DGO. bejahen müssen, da die Möglichkeit einer so langen Erstreckung des Verfahrens in der Natur der Sache liegt, also nichts Ungewöhnliches ist und deshalb als vom Gesetzgeber berücksichtigt zu gelten hat.

29. [1]**Die im § 13 benannten Gebühren**[2] **umfassen die gesamte Tätigkeit**[3] **des Rechtsanwalts von dem Auftrage bis zur Beendigung der Instanz**[4]**:**

Zu der Instanz gehören insbesondere[5]**:**

1. **das Verfahren behufs Festsetzung des Wertes des Streitgegenstandes**[6]**;**
2. **Zwischenstreite mit Nebeninterventienten sowie mit Zeugen oder Sachverständigen**[7]**;**
3. **das Verfahren zur Sicherung des Beweises (Zivilprozeßordnung §§ 485 bis 494), wenn die Hauptsache anhängig ist**[8]**;**
4. **das Verfahren über einen Antrag auf vorläufige Einstellung, Beschränkung oder Aufhebung einer Zwangsvollstreckung (Zivilprozeßordnung §§ 707, 719, 769, 771 Absatz 3, §§ 785, 786, 805 Absatz 4, § 810 Absatz 2), soweit das Verfahren mit dem Verfahren über die Hauptsache verbunden ist**[9]**;**
5. **das Verfahren über einen Antrag auf Änderung einer Entscheidung des beauftragten oder ersuchten Richters oder des Urkundsbeamten der Geschäftsstelle (Zivilprozeßordnung § 576)**[10]**;**

6. **das Verfahren über die im § 23 Nr. 5 bis 9, 11 bis 17 bezeichneten Streitpunkte und Anträge[11];**
7. **die Zustellung und Empfangnahme der Entscheidungen und die Mitteilung derselben an den Auftraggeber[12];**
8. **die Übersendung der Handakten an den Bevollmächtigten einer anderen Instanz[13].**

[1] **Geschichtliches.** Zur Instanz gehörte früher auch das Verfahren über einen Antrag auf Anordnung oder Aufhebung **eines Arrestes oder einer einstweiligen Verfügung,** soweit das Verfahren mit dem Verfahren über die Hauptsache verbunden war. Das ist durch die Nov. v. 1. 6. 09 gestrichen, weil der jetzige § 28 Abs. 1 Satz 1 DGO. das Gegenteil anordnet. Wegen der Gebühr für den nach § 926 Abs. 1 ZPO. vom Arrestbeklagten gestellten Antrag auf **Bestimmung einer Frist für die Klagerhebung** vgl. Anm. 5 a. E. § 28 DGO. — § 29 Nr. 6 verwies zunächst auf § 47 Nr. 1—12 GKG. alter Fass. Dies blieb auch so, als jener § 47 als Nr. 5a die **„Erinnerungen gegen den Kostenfestsetzungsbeschluß"** zugefügt bekam. Als das GKG. geändert wurde, übernahm § 23 Nr. 5—17 DGO. jene Bestimmungen durch Art. V RG. v. 21. 12. 22 unverändert, woraus sich für § 29 Nr. 6 nunmehr der Hinweis auf § 23 Nr. 5—17 ergab. Schließlich strich die Nov. v. 28. 1. 27 die Verweisung auf § 23 Nr. 10, betr. Erinnerungen gegen den Kostenfestsetzungsbeschluß; vgl. dazu unten Anm. 11 und Anm. 13 § 23 DGO.

[2] Mit den Modifikationen in den §§ 14—17. RG. 9, 333; JW. 21, 901[1].

[3] Darüber, inwieweit die Tätigkeit des Anwalts durch die Gebühren aus § 13 abgegolten wird, s. Anm. 3 § 13, Anm. 17, 18 § 23. **Verweist das Amtsgericht** oder das **Landgericht** gemäß § 276 ZPO. den Rechtsstreit **an ein anderes Gericht,** so bildet das Verfahren vor diesem mit dem vorangegangenen **eine Instanz** (vgl. hierüber Anm. 3 § 26 DGO.). Jedoch sind gemäß § 276 Abs. 3 ZPO. dem Kläger die entstandenen Mehrkosten auch dann aufzuerlegen, wenn er in der Hauptsache obsiegt; er kann daher bei etwa notwendigem Anwaltwechsel nicht die Gebühren beider Anwälte vom unterlegenen Beklagten erstattet verlangen. Dies gilt auch dann, wenn das

Amtsgericht nach Verbindung mehrerer Klagen desselben Klägers die Sache (unzulässigerweise) an das Landgericht verwiesen hat. Gr. **44**, 196. Wird die Verweisung vom Amtsgericht an das Landgericht deswegen ausgesprochen, weil der Beklagte durch Widerklage einen zur Zuständigkeit der Landgerichte gehörenden Anspruch erhoben hat, so steht auch dem Anwalt, der den Kläger vor dem Amtsgericht vertreten hat, die Prozeßgebühr (§ 13 Nr. 1) nach dem Werte des Widerklaganspruchs zu. OLG. **39**, 109.

[4] Über **Begriff und Umfang der Instanz** s. Anm. 3 § 25, Anm. 2, 3 § 26 DGO. Darüber, wann die **Instanz beendet** ist, s. Anm. 2 § 26.

[5] Nur einzelne Beispiele. **Andere Fälle der Zugehörigkeit zur Instanz** s. Anm. 3 § 13, Anm. 8—18 § 23, Anm. 3 § 25 DGO. **Zur Instanz gehören** z. B. **auch**: die Ergänzung des Urteils (§§ 321, 302 Abs. 2, § 599 Abs. 2, § 716 ZPO.), das Nachverfahren in den Fällen des § 302 Abs. 4 ZPO., die Bestimmung der Einspruchsfrist (§ 339 Abs. 2), die Strafandrohung im Falle des § 890 Abs. 2 ZPO. Ferner nach Abs. 2 Nr. 6 die Tätigkeit des prozeßbevollmächtigten Anwalts der Berufungsinstanz auf Herbeiführung der Entscheidung über die Zuständigkeit des obersten Landesgerichts als Revisionsgericht (vgl. § 8 EG.GVG., § 7 EG.ZPO., RGes. v. 20. 2. 11 [RGBl. 59]). OLG. **21**, 160. Vgl. dazu Anm. 10 § 23 DGO. — Auch die Verhandlung über den **Eintritt eines Rechtsnachfolgers in den Rechtsstreit** gehört zur Instanz. JW. 95, 226[17]. — Dagegen gehört nicht mehr zur Instanz, wenn nach Rechtsmitteleinlegung der vorinstanzliche Anwalt des Rechtsmittelgegners über einen Vergleich verhandelt.

[6] **Streitwertfestsetzung.** § 3 ZPO., § 18 GKG., § 12 DGO. Vgl. Anm. 1a, b, d, f, m § 11 DGO. Das Verfahren gehört zu der Instanz, für die die Festsetzung erfolgt, eventuell also auch zur Vollstreckungsinstanz des § 23 Nr. 18 DGO. Ändert die höhere Instanz von Amts wegen den Streitwert der unteren, so gehört das Verfahren zur höheren Instanz. — Für **Beschwerden im Wertfestsetzungsverfahren** ist besonders zu liquidieren. Für die auf Werterhöhung gerichtete Beschwerde des Anwalts im eigenen Namen kann er aber weder den Auftraggeber noch den Gegner belasten. Anm. 2 § 12 DGO.

[7] **Zwischenstreite.** ZPO. §§ 71, 74 (Beitritt von Neben-

interbenienten), 387, 389, 408 (**Verweigerung des Zeugnisses**, des **Gutachtens**), 411 (nicht rechtzeitige Ablieferung des Gutachtens). Die **Streitverkündung** selbst ist gebührenfreies Nebengeschäft. — Falls die Tätigkeit besonders zu vergüten ist, $^3/_{10}$ Gebühren: Anm. 4 § 23 DGO. Dies ist nur dann der Fall, wenn die **Tätigkeit des Anwalts** sich **auf diese Angelegenheiten beschränkt** hat. JW. 95, 226[17], auch Anm. 4 § 23 DGO.

[8] **Beweissicherungsverfahren**, wenn die **Hauptsache anhängig** ist; dann gehört das Verfahren zur Hauptsache, so daß für beide Verfahren zusammen (ohne Werterhöhung) einheitlich zu liquidieren ist. Ist die **Hauptsache noch nicht anhängig**, so $^5/_{10}$ Prozeß- und Verhandlungsgebühr und volle ($^5/_{10}$) Beweisgebühr nach § 30 Nr. 1, § 22 DGO. Wird die Hauptsache später anhängig, so findet eine Anrechnung der Gebühren auf die des Hauptprozesses nicht statt. Mot. 49. Maßgebend ist der Zeitpunkt des Eingehens des Beweissicherungsantrags bei Gericht. **Anhängig** ist der Hauptprozeß, sobald er rechtshängig ist, also nicht schon mit Einreichung der Klage, sondern erst mit ihrer Zustellung, OLG. 31, 240 oder bei einer Widerklage mit ihrer Verlesung oder mit Zustellung bzw. Mitteilung (§ 496 Abs. 4 ZPO.) des sie enthaltenden Schriftsatzes (§ 281 ZPO.). Werden also der Beweissicherungsantrag und die Klage gleichzeitig eingereicht, so werden sie nicht gleichzeitig anhängig, so daß die Sondergebühren aus § 22 DGO. verdient sind. OLG. 4, 273. Daß Beweissicherungsverfahren und Hauptprozeß beim selben Gericht schweben, ist nicht nötig, z. B. Beweissicherungsantrag im Falle dringender Gefahr beim Amtsgericht (§ 486 Abs. 2 ZPO.). Hier gehört die Beweissicherung zu derjenigen Instanz, in der sich der Hauptprozeß befindet; für die Rechtsmittelinstanz ist Stichtag die Rechtsmitteleinlegung. **Hauptprozeß** ist das Verfahren, in welchem das Beweissicherungsergebnis verwendet werden soll. — Da die Beweissicherung gebührenrechtlich als Teil des Hauptprozesses gilt, so entsteht durch die Teilnahme des Anwalts am Beweissicherungsverfahren ohne weiteres auch der Anspruch auf die Beweisgebühr nach § 13 Nr. 4 DGO., JW. 23, 614[2], nicht dagegen bei bloßer Verwendung der entstandenen Beweisprotokolle in der mündlichen Verhandlung des Hauptprozesses, wenn der Anwalt am Beweissicherungsverfahren nicht teilgenommen hatte. Vgl. auch OLG. 13, 256.

[9] **Eine Trennung des Verfahrens über einen Antrag auf Einstellung usw. der Zwangsvollstreckung** (über die einzelnen Fälle s. Anm. 5 § 23), die nach § 30 Nr. 2 den Ansatz einer besonderen Gebühr (s. Anm. 3 § 30) rechtfertigt, liegt in den Fällen der §§ 707, 719 ZPO. nie vor, weil sie in § 30 Nr. 2 DGO. nicht genannt sind. Eine Trennung liegt in den Fällen der §§ 769, 771 ZPO. stets vor, wenn der Einstellungsantrag beim Vollstreckungsgerichte statt beim Prozeßgerichte gestellt wird. Eine Trennung liegt schließlich, wenn der Antrag beim Prozeßgerichte gestellt wird, in der Regel nicht vor, es sei denn, daß das Gericht die Trennung darüber von der Hauptsache anordnet. JW. 97, 1362[22]; **26**, 2475[7]; OLG. 25, 298. Insbesondere wird die in Verbindung mit einer Verhandlung zur Hauptsache erfolgte Verhandlung über die Aufhebung eines die Zwangsvollstreckung einstellenden Beschlusses usw. durch die Verhandlungsgebühr der Hauptsache mit abgegolten. JW. 97, 1362[22]. Dagegen wird man eine Trennung als stillschweigend erfolgt annehmen können, wenn das Gericht gesonderte mündliche Verhandlung ohne gleichzeitige Verhandlung im Prozeß selbst anberaumt. Es ist aber in den Fällen der §§ 769, 771 Abs. 3 ZPO. das Verfahren über den Antrag auf Einstellung nicht deswegen von dem Verfahren über die Hauptsache getrennt, weil der Antrag von der Klage gesondert gestellt und über ihn vor Zustellung der Klage vom Gerichte durch Beschluß entschieden worden ist. JW. **90**, 3604; OLG. **23**, 269; 25, 298. Wohl dagegen, wenn die Einstellung vor Klageinreichung nur anläßlich eines Armenrechtsgesuchs beantragt wird. JW. **29**, 131[24]. — Das Einstellungs- usw. -verfahren gehört zur Instanz, **soweit** es mit dem Hauptsacheverfahren verbunden ist. Es ist also auch eine teilweise Trennung möglich, z. B. für eine Beweisaufnahme, für die dann Sondergebühr nach § 23 Nr. 2, § 30 Nr. 2 DGO. zu erheben wäre. — Für die Erklärung der Zurücknahme der Zwangsvollstreckung oder der Freigabe der Pfandstücke kann nicht neben der Prozeßgebühr für den Antrag noch eine besondere Gebühr in Ansatz gebracht werden. EGH. 8, 252.

[10] Vgl. § 41 Nr. 2 DGO. ($^3/_{10}$), wenn sich die Tätigkeit des Anwalts **auf dieses Verfahren beschränkt**). Hinsichtlich der Gerichtsgebühren gilt dagegen jetzt Gebührenfreiheit, weil die betreffende Bestimmung des § 45 Abs. 2 GKG. alte Fass. in den jetzigen § 38 GKG. nicht mehr übernommen ist, es also an einer Gebührenvorschrift nunmehr fehlt (§ 1 GKG.).

11 Vgl. Anm. 8—17 § 23 DGO. (Gebühr $^3/_{10}$, falls die Tätigkeit besonders zu vergüten ist). Über Zustehen einer Verhandlungsgebühr von $^3/_{10}$ bzw. $^3/_{20}$ nach § 23 Nr. 5, wenn nicht zur Hauptsache, sondern nur über Vertagung streitig oder nichtstreitig verhandelt worden ist, vgl. Anm. 8 § 23 DGO. — Ist das Armenrecht wegen eines höheren Betrages beantragt, dann aber wegen teilweiser Ablehnung nur ein geringerer Betrag eingeklagt, so kann wegen des überschießenden Betrages die Gebühr aus § 23 Nr. 6 DGO. trotz § 29 liquidiert werden. — In der früheren Fass. war auf § 23 Nr. 5—17 verwiesen, also einschließlich der Nr. 10. Vgl. dazu Anm. 1. Die Streichung (Erinnerung gegen den Kostenfestsetzungsbeschluß) erfolgte hier mit Rücksicht auf die Neufassung des § 30 Abs. 3 DGO., die der Behebung von Zweifeln diente, da streitig war, ob das Erinnerungsverfahren zur Instanz der Hauptsache oder (nach richtiger Ansicht) zur Instanz der Kostenfestsetzung gehöre.

12 Ist der Anwalt erst nach der Schlußverhandlung zum *Prozeßbevollmächtigten* (z. B. zufolge Todes des früheren [s. § 244 ZPO.]) bestellt, so erhält er, auch wenn sich demnächst seine **Tätigkeit auf die Zustellung des Urteils beschränkt**, doch die volle Prozeßgebühr des § 13 Nr. 1, gegebenenfalls mit der Erhöhung des § 52, wenn es sich um eine höhere Instanz handelte. JW. **91**, 4[6], 528[10] (s. jedoch für einen besonderen Fall JW. **92**, 39[7]: nur $^5/_{10}$). — Zur Empfangnahme und Mitteilung der **Entscheidungen** wird man auch diejenigen **höherer Instanz** zu rechnen haben, wenn der Anwalt von deren Schweben nichts wußte, in ihr also nicht tätig wurde und dazu auch keinen Auftrag hatte; z. B. Empfangnahme: eines Beschwerdebeschlusses, der ohne Anhörung der Gegenpartei erging (a. M. JW. **25**, 1551[7], wo die $^3/_{10}$-Beschwerdeprozeßgebühr zugebilligt ist); eines die Berufung (z. B. wegen Fehlens der Berufungssumme) vor Zustellung der Berufungsschrift verwerfenden Beschlusses. Ebensowenig begründet die Empfangnahme und Weiterleitung einer **Widerklage**, der **Berufungsschrift**, Berufungsbegründungsschrift, von Ladungen usw. eine besondere Gebühr, wenn ein Auftrag zur Vertretung insoweit fehlt. JW. **28**, 124[7].

13 Vgl. § 44 Abs. 2 DGO. **(gutachtliche Äußerungen).**

30. [1]**Die Gebühren werden besonders erhoben für die**

Tätigkeit bei Streitigkeiten und Anträgen, welche betreffen:

1. die Sicherung des Beweises (Zivilprozeßordnung §§ 485 bis 494), wenn die Hauptsache noch nicht anhängig ist[2];

2. das Verfahren über einen Antrag auf vorläufige Einstellung, Beschränkung oder Aufhebung einer Zwangsvollstreckung (Zivilprozeßordnung §§ 769, 771 Absatz 3, §§ 785, 786, 805 Absatz 4, § 810 Absatz 2), sofern das Verfahren von dem Verfahren über die Hauptsache getrennt ist[3];

3. die im § 23 Nr. 3[4], 4[5] bezeichneten Angelegenheiten.

Wird die vorläufige Einstellung, Beschränkung oder Aufhebung der Zwangsvollstreckung bei dem Vollstreckungsgericht und bei dem Prozeßgericht beantragt, so wird die Prozeßgebühr nur einmal erhoben[3].

Die Festsetzung der Kosten mit Einschluß der Erinnerungen gegen den Kostenfestsetzungsbeschluß und die Abänderung der Kostenfestsetzung (§ 23 Nr. 3 und 10) bilden eine Instanz[4]. Das gleiche gilt von dem Verfahren über die im § 23 Nr. 4 bezeichneten Anträge[5].

[1] **Geschichtliches.** Besonderen Gebührenansatz gestattete früher auch (Nr. 2 alter Fass.): das Verfahren über einen Antrag auf Anordnung oder Aufhebung **eines Arrestes oder einer einstweiligen Verfügung,** sofern das Verfahren von dem Verfahren über die Hauptsache getrennt ist. Diese Bestimmung ist durch die Nov. v. 1. 6. 09 gestrichen, weil der jetzige § 28 Abs. 1 DGO. das Arrest- usw. -verfahren als besonderen Rechtsstreit behandelt, selbst wenn es von dem Verfahren über die Hauptsache nicht getrennt ist. — Die gleiche Nov. beseitigte im Abs. 3 die Worte: „die im besonderen Verfahren erfolgte" **Festsetzung der Kosten,** weil die Festsetzung jetzt stets im besonderen Verfahren durch den Urkundsbeamten der Geschäftsstelle erfolgt. — Art. V des RGes. v. 21. 12. 22 ersetzte rein formell in Nr. 3 und in Abs. 3 Satz 2 die Bezugnahme auf § 38 Nr. 1, 2 GKG. alter Fass. durch die Bezugnahme

auf § 23 Nr. 4, 5 DGO., ohne damit sachlich etwas zu ändern. — Schließlich änderte die Nov. v. 28. 1. 27 den Abs. 3 Satz 1 dahin, daß nunmehr auch die **Erinnerungen gegen den Kostenfestsetzungsbeschluß** zur Kostenfestsetzungsinstanz gehören, was übrigens bei richtiger Gesetzesauslegung auch schon vorher zu gelten hatte (s. Anm. 11 § 29).

² **Beweissicherungsverfahren.** Gebühren nur, wenn die Hauptsache bei Einreichung des Beweissicherungsantrags noch nicht anhängig (Anm. 8 § 29) ist; andernfalls gehört das Verfahren nach § 29 Abs. 2 Nr. 3 DGO. zur Instanz. Wegen der Einzelheiten vgl. Anm. 8 § 29 DGO. — **Höhe der Gebühr** (§ 22 DGO.): Prozeß- und Verhandlungsgebühr $^5/_{10}$, Beweisgebühr voll. Vgl. Anm. 1, 2 § 22 DGO.

³ Über die Frage, wann das Verfahren über einen Antrag **auf Einstellung usw. der Zwangsvollstreckung** (über die einzelnen Fälle s. Anm. 5 § 23) von dem Verfahren über die Hauptsache getrennt ist, vgl. Anm. 9 § 29. Die §§ 707, 719 ZPO. sind hier nicht genannt. Diese Verfahren gehören also stets zur Instanz und bringen dem Prozeßbevollmächtigten keine Sondergebühren. „Sofern" in § 30 Nr. 2 dürfte gleichbedeutend mit „soweit" in § 29 Nr. 4 DGO. sein. — Die Einstellung wird oft zunächst beim Vollstreckungsgericht und dann nochmals beim Prozeßgericht beantragt. Obwohl es sich hier um zwei völlig getrennte Verfahren handelt, darf nach § 30 Abs. 2 die Prozeßgebühr in ihnen nur einmal erhoben werden. Für eine etwa entstehende Verhandlungs- und Beweisgebühr gilt diese Einschränkung nicht. — **Höhe** der Gebühr (§ 23 Nr. 2 DGO.): $^3/_{10}$.

⁴ **Kostenfestsetzung und deren Abänderung.** Sie gilt stets als besondere Instanz, die die Festsetzung, die Erinnerung und die etwaige Abänderung nach § 107 ZPO. umfaßt (§ 30 Abs. 3 Satz 1 DGO.); sie gehört also in diesem Umfang weder zur ersten noch gar zur zweiten Instanz der Hauptsache. JW. 27, 2153[11]; 29, 881[33]. Zulässig sind mehrere Kostenfestsetzungsverfahren innerhalb eines Prozesses. RG. 27, 402. § 30 Nr. 3 steht nicht im Wege, jedes dieser Verfahren als besondere Instanz zu behandeln. Hierüber sowie wegen der Erstattungsfähigkeit der mehrfachen Gebühren und wegen sonstiger Einzelheiten vgl. Anm. 6, 13 § 23, Anm. 11 § 29 DGO. — **Höhe der Gebühr** (§ 23 Nr. 3): $^3/_{10}$.

⁵ Der **Antrag auf** Bestimmung einer Frist zur Rückgabe und der demnächstige Antrag auf **Anordnung der Rückgabe**

der Sicherheit nach § 109 ZPO. gehören also nicht zur Instanz und sind deshalb besonders zu entlohnen. Höhe der Gebühr (§ 23 Nr. 4): 3/10. Beide Anträge bilden aber nach Abs. 3 Satz 2 zusammen nur e i n e Instanz, so daß für sie die Gebühren auch nur einmal berechnet werden können. Jedoch steht dem Anwalt für den letzteren Antrag allein die Gebühr zu, wenn der Antrag auf Fristbestimmung nicht von ihm gestellt oder wenn die Anordnung der Rückgabe wegen Einwilligung des Gegners ohne zuvorige Fristbestimmung erlassen worden ist. Vgl. OLG. 27, 225. S. auch Anm. 3 § 13, Anm. 7 § 23 DGO. — § 30 Nr. 4 bezieht sich **nicht** auf die **Rückgabe einer Sicherheit nach § 715 ZPO.** (§ 24 Nr. 2 DGO.).

31. In der Zwangsvollstreckung[1] bildet eine jede Vollstreckungsmaßregel zusammen mit den durch dieselbe vorbereiteten weiteren Vollstreckungshandlungen[2] bis zu der durch die Maßregel zu erlangenden Befriedigung[2a] des Gläubigers eine Instanz[3].

Die landesgesetzlichen Bestimmungen in betreff der Gebühren für eine den Vorschriften der Zivilprozeßordnung nicht[4] unterliegende Zwangsvollstreckung bleiben unberührt.

[1] §§ 808—915 ZPO. Auch § 463 StPO. (**Vermögensstrafen** und Bußen), § 97 RAO. (**ehrengerichtliches Verfahren**).

[2] Das sind nur solche Handlungen, welche die **Fortsetzung** der früheren Vollstreckungsmaßregel (einschl. der Erledigung von Erinnerungen des Schuldners nach § 766 ZPO., für die dessen Anwalt ebenfalls die Vollstreckungsgebühr erhält) bilden, **nicht selbständige neue Vollstreckungsmaßregeln**, wenn sich die frühere als vergeblich herausgestellt hat. Daher kann, wenn zunächst eine **Zwangsvollstreckung in körperliche Sachen** und **dann** eine **Forderungspfändung** stattgefunden hat, sowohl für jene als auch für diese die Gebühr aus § 23 Nr. 18 (3/10) in Ansatz gebracht werden. Das gleiche gilt bei Pfändung verschiedener Forderungen nacheinander, JW. 92, 481[15]; nicht aber wenn die Pfändung der verschiedenen Forderungen gleichzeitig beantragt wird. Bei m e h r e r e n getrennten, sich auf verschiedene Forderungen beziehenden **Pfändungsankündigungen**

(vorläufige **Privatpfändungen:** § 845 ZPO.) **kann für eine** jede Ankündigung die Gebühr **erhoben werden.** JW. 98, 644[15]. Für **Pfändungsankündigungen** und **demnächst** rechtzeitig beantragte **gerichtliche Pfändung** bezüglich derselben Forderung jedoch nur e i n e Gebühr: Anm. 18 § 23. — Desgleichen für **mehrmalige Vollstreckungsaufträge,** wenn der erste Auftrag **wegen Wohnungswechsels** des Schuldners lediglich unter Einrückung der weiteren Auslagen und Angabe der neuen Adresse wiederholt worden ist. OLG. 21, 416. — Ist vom Anwalt **mehrmals gemäß § 890 ZPO. Festsetzung von Strafen** wegen einer Anzahl Zuwiderhandlungen gegen die Urteilsverpflichtung zur Unterlassung beantragt, darauf aber über sämtliche Anträge gemeinsam mündlich verhandelt und Beweis erhoben worden, so steht dem Anwalt jedenfalls die Verhandlungs-, Beweis- und weitere Verhandlungsgebühr nur einmal zu. OLG. 14, 189 und Anm. 2 § 33.

[2a] Bei Mobiliarpfändung endet die Instanz mit der Auszahlung des Geldes an den Gläubiger, jedoch mit Ausnahme des Verteilungsverfahrens (§ 39). Bei Forderungspfändung gehört die Überweisung zur Einziehung und die Einziehung zur Instanz, RG. 40, 372; JW. 01, 330[3], jedoch mit Ausnahme eines Prozesses gegen den Drittschuldner. Bei Pfändung eines Herausgabeanspruchs endet die Instanz mit der Ablieferung der Sache an den Gläubiger, bei einer Räumungsvollstreckung mit der Einweisung des Gläubigers. JW. 99, 164[12]. — Alle Anträge (auch wiederholte) auf Ladung zur Leistung des **Offenbarungseides,** Erlaß des Haftbefehls und Verhaftung des Schuldners durch den Gerichtsvollzieher (§§ 900, 901, 909 ZPO.) bilden zusammen e i n e aber nach § 32 b e s o n d e r e Instanz, die bis zur Eidesleistung des Schuldners reicht. OLG. 31, 230, Anm. 2 § 32. — Darüber, daß neben der **Gebühr für die Anordnung** auch ein Gebühr **für die Vollziehung eines Arrestes** in Ansatz gebracht werden kann, s. Anm. 18 § 23, Anm. 5 § 28 DGO. — Ändert sich vor Befriedigung die gesetzliche Gebührenstaffel, so ist die neue höhere Gebühr maßgebend. JW. 23, 91[4].

[3] Auch wenn sie sich gleichzeitig gegen mehrere Gesamtschuldner richtet. — **Ausnahmen:** §§ 32—35, 39 DGO.. — Wert: § 15 Abs. 2 GKG. oben bei § 10 DGO.

[4] Durch die Nov. v. 17. 5. 98 ist „Vorschriften der Zivilprozeßordnung nicht“ an die Stelle von „Landesgesetzen“

gesetzt. Danach sind die Gebühren der Rechtsanwälte für ihre Tätigkeit in dem durch das **Zwangsversteigerungsgesetz** v. 20. 5. 98 (RGBl. 713) geordneten Verfahren der landesgesetzlichen Regelung vorbehalten. Begr. 210. Preußen: Art. 4, 5 LGO.

32. Das Verfahren über einen Antrag auf Erteilung einer weiteren[1] vollstreckbaren Ausfertigung (Zivilprozeßordnung § 733), das Verfahren zur Abnahme des Offenbarungseides[2] (Zivilprozeßordnung §§ 900, 901)[3] und die Ausführung der Zwangsvollstreckung in ein gepfändetes Vermögensrecht durch Verwaltung (Zivilprozeßordnung § 857 Absatz 4)[4] bilden besondere Instanzen der Zwangsvollstreckung.

[1] **Gebühr:** $^{2}/_{10}$ (Anm. 5 § 24). — **Einmalige Erwirkung** einer **vollstreckbaren Ausfertigung:** unter den Voraussetzungen des § 35 keine besondere Gebühr.

[2] Gemäß § 31 DGO. **einschließlich** der **Erzwingung durch Haft** (Antrag auf Erlassung des Haftbefehls, Auftrag an den Gerichtsvollzieher zur Verhaftung), so daß für diese gesamte Tätigkeit nur eine Gebühr beansprucht werden kann. EGH. 5, 123; OLG. 7, 231; 11, 153; 31, 230, auch Anm. 18 § 23. — Gebühr: $^{3}/_{10}$ (§ 23 Nr. 18 und die Anm. 18 das.). — Der **Streitwert im Offenbarungseidsverfahren** ist, wenn der Gläubiger wegen eines Teiles des Forderungsbetrags Abnahme des Eides beantragt hat, nach diesem Teile, nicht nach dem ganzen Betrage der beizutreibenden Forderung zu bemessen, wie überhaupt lediglich das Interesse des Gläubigers an Durchführung dieses besonderen Vollstreckungsaktes maßgebend ist. OLG. 15, 20 (a. M. JW. 29, 686[3]: Betrag der vorangegangenen fruchtlosen Vollstreckung). Zinsen usw. sind zuzurechnen. § 15 Abs. 2 GKG. oben bei § 10 DGO.

[3] **Nicht** anwendbar auf den **Fall des § 889 ZPO.** (Verurteilung des Schuldners zur Leistung des Offenbarungseides auf Grund des bürgerlichen Rechtes, § 260 BGB.). OLG. 35, 219, vgl. auch Anm. 6 § 13 (Urteilseidgebühr nach § 13 Nr. 4 ebenfalls nicht anwendbar). Wenn der Schuldner im Termine zur Leistung eines solchen Offenbarungseides nicht erscheint oder den Eid verweigert, bestimmen sich die Gebühren für

Herbeiführung von Zwangsmaßnahmen gegen den Schuldner (§ 889 Abs. 2, § 888 ZPO.) nach § 23 Nr. 18, §§ 34, 31. OLG. 35, 220.

[4] Anordnung einer **Verwaltung** bei **Zwangsvollstreckung in unveräußerliche Nutzungsrechte**, deren Ausübung einem anderen überlassen werden kann (z. B. gehört hierher Nießbrauch: § 1059 BGB.; unter Umständen auch beschränkte persönliche Dienstbarkeit: §§ 1092 f. BGB.). — **Gebühr:** $^3/_{10}$ (§ 23 Nr. 18). Sie erwächst für anwaltschaftliche Tätigkeit bei Überwachung usw. der Verwaltung. Der Antrag auf Einleitung der Verwaltung gehört nicht hierzu, bildet also eine besondere Vollstreckungsinstanz nach §§ 31, 23 Nr. 18 DGO.

33. Die Vollstreckung der Entscheidung, durch welche der Schuldner nach Maßgabe des § 887 Absatz 2 der Zivilprozeßordnung zur Vorauszahlung der Kosten verurteilt wird, scheidet aus der Zwangsvollstreckung zur Erwirkung der Handlung als besonderes Verfahren aus[1].

Soll die Zwangsvollstreckung auf Unterlassung oder Duldung einer Handlung durch Strafen ausgeführt werden (Zivilprozeßordnung § 890 Absatz 1), so bildet eine jede Verurteilung zu einer Strafe nach Maßgabe der Vorschriften des § 29 den Schluß der Instanz[2].

Die Erwirkung der einer Verurteilung vorausgehenden Strafandrohung (Zivilprozeßordnung § 890 Absatz 2) gehört zur Instanz der Hauptsache[3]; dem Rechtsanwalte, welcher diese Instanz nicht geführt hat, steht die im § 23 bestimmte Gebühr zu[3].

[1] Es handelt sich hier um Handlungen des Schuldners, deren **Vornahme durch einen Dritten erfolgen kann.** Zu deren Vornahme kann sich der Gläubiger vom Prozeßgericht ermächtigen lassen und zugleich den Schuldner verurteilen lassen, die erforderlichen Kosten vorauszuzahlen. Die Erteilung der Ermächtigung und ihre Durchführung einschl. des die Vorauszahlung der Kosten anordnenden Beschlusses bilden eine

Instanz nach § 31 DGO. Zahlt aber der Schuldner den vorauszuzahlenden Geldbetrag nicht freiwillig, so soll die Vollstreckung dieses Titels, die mit der eigentlichen Urteils- und Ermächtigungsvollstreckung nichts zu tun hat, als Sondervollstreckung gelten, für die (z. B. wenn es zum Offenbarungseid kommt) sogar mehrfache Vollstreckungsinstanzen entstehen können. — **Wert des Streitgegenstandes** für dieses Verfahren ist der vorauszuzahlende Betrag, der sich mit dem Wert der zu erzwingenden Handlung decken wird. JW. 86, 147[13]; Gr. 30, 1102.

[2] Bei der Pflicht zur **Unterlassung oder Duldung von Handlungen** handelt es sich für die Vollstreckung um die amtswegige Vollstreckung wahrer vom Prozeßgericht auferlegter Strafen, zu deren Verhängung der „Antrag" des Gläubigers nur die Anregung gibt. Demgemäß soll die mit dem ersten Antrag beginnende Instanz bis zur **Verurteilung** des Schuldners (oder Ablehnung einer solchen) laufen, auch wenn in dieser Zeit mehrere Strafanträge gestellt sind. Schon deshalb kann, wenn mehrere solcher Anträge zu gemeinsamer Verhandlung und Beweisaufnahme verbunden werden, jede Gebühr nur einmal entstehen; vgl. auch OLG. 14, 189. Nach der Verurteilung aber beginnt **mit jedem neuen Antrag auf weitere Straffestsetzung** eine **neue Instanz**. — Über den **Wert des Streitgegenstandes** in diesen Fällen vgl. Anm. 18 § 23 DGO.

[3] Und daher **nicht zur Vollstreckungsinstanz**. Der die Androhung nachholende (§ 890 Abs. 2 ZPO.), nicht prozeßbevollmächtigte Anwalt erhält deshalb die im Halbsatz 2 vorgesehenen $^3/_{10}$ Gebühren (§ 23) für die Erwirkung der Strafandrohung besonders auch dann, wenn er später die eigentliche, aus der Nichtbefolgung der Strafandrohung sich erst ergebende Vollstreckung nach Abs. 2 (s. Anm. 2) besorgt. Vgl. aber Mot. 52 und RG. (VZS.) 42, 419.

34. Bei Ausführung der Zwangsvollstreckung auf Vornahme einer Handlung[1] durch Geldstrafen oder Haft (Zivilprozeßordnung § 888)[2] bildet das gesamte Verfahren eine Instanz[3].

[1] Die **ausschließlich von dem Willen des Schuldners abhängt.**

[2] Und § 889 Abs. 2 ZPO. (Verweigerung der Leistung eines **Offenbarungseides**, zu dessen Leistung der Schuldner auf Grund **des bürgerlichen Rechtes** [§ 260 BGB.] verurteilt ist.) OLG. 35, 220.

[3] Für **wiederholte Anträge auf Strafe** einschließlich ihrer im Parteibetriebe erfolgenden Vollstreckung kann nur **eine Gebühr** beansprucht werden, die im Falle des § 889 Abs. 2 (s. Anm. 2) auch die erste Ladung zur Eidesleistung mit umfaßt. Anders im Falle des § 890 ZPO., vgl. § 33 Abs. 2 DGO. — Der **Wert des Streitgegenstandes** für dieses Verfahren ist der Wert der zu erzwingenden Handlung. JW. 89, 429[1].

35. Für die einmalige[1] Erwirkung des Zeugnisses der Rechtskraft (Zivilprozeßordnung § 706) oder der Vollstreckungsklausel (Zivilprozeßordnung §§ 724 bis 730, 738, 742, 744, 745 Absatz 2, §§ 749, 795, 796 Absatz 1, § 797 Absatz 1, 2, §§ 797a[2], 929) steht weder dem Rechtsanwalte der Instanz, in welcher dieselben zu erteilen, noch dem Rechtsanwalte, welcher mit dem Betriebe der Zwangsvollstreckung beauftragt ist[3], und für die Aufhebung einer Vollstreckungsmaßregel[4] weder dem Rechtsanwalte, welcher deren Vornahme veranlaßt hat, noch dem Rechtsanwalte, welcher mit dem Betriebe der weiteren Zwangsvollstreckung beauftragt ist[5], eine Gebühr zu.

[1] Nur für die **einmalige** Erwirkung des Rechtskraftzeugnisses (einschl. des Notfristattestes, § 706 Abs. 2 ZPO., JW. 87, 42) oder der Vollstreckungsklausel. Die **nochmalige** Erwirkung des Notfrist- oder Rechtskraftattestes ist danach besonders gebührenpflichtig (§ 24 Nr. 2: $^{2}/_{10}$). Bezüglich der weiteren vollstreckbaren Ausfertigung (§ 733 ZPO.) bestimmt dies § 32 ausdrücklich; Gebühr auch hier nach § 24 Nr. 1: $^{3}/_{10}$. — § 35 will nicht sagen, daß diese Tätigkeiten völlig gebührenfrei sind. Nur kann der Anwalt neben der Prozeß- oder Vollstreckungsgebühr nichts dafür berechnen. JW. 29, 131[26], s. Anm. 3.

[2] § 797a ist durch die Nov. v. 28. 1. 27 hinzugefügt. Er betrifft Vergleiche, die vor den durch die Landesjustizverwal-

tung eingerichteten oder anerkannten Gütestellen des § 495a ZPO. geschlossen sind.

[3] Dem Anwalt steht also eine Gebühr für diese Akte nur dann zu, wenn er die Partei **weder in der Hauptsache noch in der Zwangsvollstreckung vertreten** hat. JW. 00, 51[16]. — Betrag der Gebühr in diesem Falle: $^{2}/_{10}$ (§ 24).

[4] D. i. **jede freiwillige Beendigung der Zwangsvollstreckung**, z. B. durch Zurücknahme des gestellten Antrags, Freigabe der Pfandstücke, Verzicht auf die erfolgte Forderungspfändung.

[5] Eine Gebühr also nur, wenn sich die Tätigkeit des Anwalts **auf** die **Aufhebung der Vollstreckungsmaßregel** (Anm. 4) **beschränkt**. Dann: $^{3}/_{10}$ (§ 23 Nr. 18). Der Anwalt des Schuldners, der die Aufhebung veranlaßt, hat damit in jedem Falle die Gebühr aus § 23 Nr. 18 verdient.

36. Die Vorschriften der §§ 31 bis 35 finden bei Vollziehung[1] eines Arrestbefehls oder einer einstweiligen Verfügung (Zivilprozeßordnung §§ 928 bis 934, 936) entsprechende Anwendung[2].

Die Instanz dauert bis zur Aufhebung des Arrestes[3] oder der einstweiligen Verfügung oder bis zum Anfange der Zwangsvollstreckung aus dem in der Hauptsache erlassenen Urteile[4].

[1] Gebühr für die **Anordnung oder Aufhebung:** Anm. 2 § 28 DGO.

[2] Darüber, daß der Anwalt **neben** der **Gebühr für die Anordnung** (die dem Prozeß entspricht) auch noch eine **Gebühr für die Vollziehung des Arrestes** (die Zwangsvollstreckung ist) beanspruchen kann, s. Anm. 18 § 23, Anm. 5 § 28 DGO. Diese Doppelgebühr steht dem Anwalt auch dann zu, wenn er die Anordnung des Arrestes und dessen Vollziehung durch Pfändung einer Forderung gleichzeitig beantragt. JW. 96, 338[32]; OLG. 15, 190, Anm. 18 § 23 DGO.

[3] Oder des **Arrestvollzugs gemäß § 934 ZPO.** gegen Hinterlegung des im Arrestbefehle bestimmten Geldbetrags. Anm. 5 § 28 DGO. — Der Ausdruck: „**die Instanz dauert**" ist schief. Er soll nur bedeuten, daß diejenige Zwangsvollstreckungsinstanz, welche gerade in dem nach § 36 Abs. 2 maßgebenden Zeitpunkt läuft, mit diesem Zeitpunkt endet. Dagegen

soll, wie die Bezugnahme auf §§ 31—35 in Abs. 1 zeigt, nicht gesagt sein, daß die gesamte Vollstreckung aus einem Arrestbefehl (seine Vollziehung) immer nur eine einzige Instanz bilde; wie bei jeder Vollstreckung sind eine ganze Reihe von Instanzen denkbar, z. B. wenn erst Mobiliarvollstreckung, dann Forderungspfändung und endlich der Offenbarungseid versucht wird.

[4] Hat der Anwalt **zunächst** zur **Vollziehung des Arrestes** die **Pfändung einer Forderung** und dann nach Erlangung eines vollstreckbaren Titels die **Überweisung** derselben Forderung für den Gläubiger erwirkt, so kann er sowohl für die Pfändung als auch für die Überweisung die Gebühr aus § 23 Nr. 18 beanspruchen, weil erstere zur Arrestvollziehungs-, letztere zur Urteilsvollstreckungsinstanz gehört. **RG. 44**, 373; JW. **99**, 439[24]. Ebenso wenn auf Grund des Arrestbefehls Mobilien gepfändet und später auf Grund des Urteils versteigert werden.

b) **Besondere Gebühren.**

37. [1]**Für die Mitwirkung**[2] **bei einem der Klage vorausgehenden Sühneverfahren (Zivilprozeßordnung §§ 609, 610)**[3] **erhält der Rechtsanwalt drei Zehnteile der Sätze des § 9**[4,5].

[1] **Geschichtliches.** § 37 hatte zunächst drei Absätze, die sich neben der Sühne im Eheprozesse auf das allgemeine Sühneverfahren des § 510c ZPO. bezogen. — Die jetzige Fassung des § 37 DGO. beruht auf Art. VI Nr. 3 VO. v. 13. 2. 24. Gestrichen ist danach in der Klammer die Bezugnahme auf § 510c ZPO., weil es den § 510c seit dem 1. 6. 24 nicht mehr gibt; denn das amtsgerichtliche Sühneverfahren ist beseitigt und durch das Güteverfahren ersetzt worden, über welches sich der neue § 38a DGO. verhält. Dementsprechend mußten die Abs. 2 und 3 des § 37 gestrichen werden, weil sie nur für das alte Sühneverfahren Bedeutung hatten. Auch sie sind in den neuen § 38a aufgegangen. § 37 gilt jetzt nur noch für die Sühne im Eheprozesse.

[2] Nicht bloß im Falle der Mitwirkung im Sühnetermine, sondern **für jede im Sühneverfahren entwickelte Tätigkeit**, insbesondere auch schon lediglich für die Erwirkung der Terminsbestimmung und Besorgung der Ladung. JW. **95**, 10[27]. —

Die Gebühr ist auch dann zu bewilligen, wenn es **zu einem Rechtsstreit** überhaupt **nicht gekommen,** sowie wenn der bei dem Sühneverfahren mitwirkende Anwalt **nicht zum Prozeßbevollmächtigten bestellt** worden ist. JW. 95, 10[27]. Wenn es zum Rechtsstreite kommt, gehört die Gebühr zu den auf Grund des ergehenden Urteils festzusetzenden Prozeßkosten. RG. 45, 367. Nimmt der prozeßbevollmächtigte Anwalt **im Laufe des Rechtsstreits** einen Sühnetermin wahr, der nicht zu einem Vergleiche (vgl. § 13 Nr. 3) führt, so wird diese Tätigkeit durch die Prozeßgebühr mitabgegolten. OLG. **15**, 195; **23**, 276; **35**, 229. In OLG. 23, 276 ist angenommen, daß, wenn ein Verkehrsanwalt einen Sühnetermin wahrnimmt, seine Tätigkeit in diesem Termin ebenfalls durch die ihm nach § 44 zustehende Prozeßgebühr mitabgegolten werde. Es ist jedoch für den Sühnetermin eine Gebühr gemäß § 89 zu bestimmen, da die Prozeßgebühr nach § 44 lediglich für die Führung des Verkehrs der Partei mit dem Prozeßbevollmächtigten gewährt wird. Vgl. OLG. 35, 229 (a. M. JW. 25, 2363[11]).

[3] Sühneversuch vor dem Amtsgericht vor Klage auf Ehescheidung oder auf Herstellung des ehelichen Lebens.

[4] **„Der Sätze des § 9" bedeutet:** „des Gebührensatzes des § 9". Die Gebühr beträgt also $^3/_{10}$ des **einmaligen** Gebührensatzes, wie er in § 9 normiert ist. Es entstehen nicht gesondert Prozeß- und Verhandlungsgebühr. JW. **90**, 116[16]. Ebenso in §§ 38, 38a, 39, 40. — Eine **Anrechnung der Gebühr** auf die Prozeßgebühr findet **nicht** statt. Braun u. Blum 8, 88. Der prozeßbevollmächtigte Anwalt, der die Partei bereits im Sühneverfahren vertreten hat, kann hier sowohl die Prozeßgebühr als auch die Gebühr aus § 37 liquidieren. JW. **95**, 10[27]; **00**, 13[9]. — Der **Streitwert** ist gleich demjenigen der Ehesache selbst.

[5] **Außergerichtliche Vergleiche,** zu denen ein nicht zum Prozeßbevollmächtigten bestellter Anwalt mitwirkt, werden nach Landesrecht honoriert. KommBer. 40.

38. [1]**Im Mahnverfahren erhält der Rechtsanwalt:**

1. **die Sätze des § 9[2] für die Erwirkung des Zahlungsbefehls einschließlich der Mitteilung des Widerspruchs an den Auftraggeber[3];**

2. zwei Zehnteile der Sätze des § 9[2] für die Erhebung des Widerspruchs[4];

3. fünf Zehnteile der Sätze des § 9[2] für die Erwirkung des Vollstreckungsbefehls[5].

Die Gebühren in Nr. 1 und 2 werden sowohl auf die in einem nachfolgenden Güteverfahren zustehende Gebühr wie auf die in einem nachfolgenden Rechtsstreit zustehende Prozeßgebühr angerechnet[6],[7].

[1] **Geschichtliches.** Die älteste Fass. des § 38 bewilligte nur 3/10 für den Zahlungsbefehl, 2/10 für den Widerspruch und 2/10 für den Vollstreckungsbefehl, von denen die Widerspruchsgebühr auf die Prozeßgebühr des Anwalts des Schuldners und die Vollstreckungsbefehlsgebühr auf die Zwangsvollstreckungsgebühr des Anwalts des Gläubigers anzurechnen waren. — Die Nov. v. 1. 6. 09 strich die Gebühr für den Vollstreckungsbefehl, erhöhte aber die Zahlungsbefehlsgebühr, die nun für das ganze Verfahren galt, auf 10/10, von denen 7/10 auf die Prozeßgebühr des Anwalts des Gläubigers anzurechnen waren. — Die Bek. zur Entlastung der Gerichte v. 9. 9. 15 (jetzt 13. 5. 24, RGBl. I 552) erweiterte das Mahnverfahren erheblich, indem sie in §§ 13—16 (jetzt §§ 1—4) es obligatorisch machte, soweit ein Zahlungsbefehl nach § 688 ZPO. überhaupt zulässig ist, angebrachte Klagen dieser Art zwangsweise in Zahlungsbefehlanträge umdeutete (auch gebührenrechtlich: OLG. 35, 226, 227) und den Urkunden- und Wechselzahlungsbefehl schuf. Ferner regelte § 17 (jetzt § 5), zugleich dadurch den § 38 DGO. stillschweigend voll ersetzend (OLG. 35, 225; 40, 461), die Anwaltsgebühren so wie heute, führte also die Vollstreckungsbefehlsgebühr wieder ein, bewilligte aber für den Urkunden- und Wechselzahlungsbefehl nur 6/10 der Sätze des § 9 DGO. — Letztere Ausnahme strich die Nov. v. 18. 8. 23, die den Urkunden- und Wechselprozeß dem ordentlichen Prozeß völlig gleichstellte. — Die VO. v. 13. 2. 24 brachte das neue Güteverfahren und fügte deshalb in § 17 (jetzt § 5) EntlVO. die Anrechnung auf die Gebühren des Güteverfahrens (§ 38a DGO.) ein. — Schließlich bestimmte Art. VI der Nov. v. 28. 1. 27, daß § 5 EntlVO. auch formell als § 38 in die DGO. einzustellen sei.

[2] Die Sätze des § 9, d. h. den einmaligen Gebührensatz,

wie ihn § 9 normiert. JW. 90, 116[16]. Es handelt sich also um Pauschgebühren, die alles abfinden, was sich normalerweise in dem Verfahren abspielt; aber auch nur dieses. Nicht gehindert ist deshalb der Anwalt, für ein Beschwerdeverfahren besonders zu liquidieren. Ebenso steht ihm auch für einen während des Zahlungsbefehlsverfahrens geschlossenen Vergleich die **Vergleichsgebühr** aus § 13 Nr. 3 DGO. gemäß § 89 zu, weil ein Ausgleich überhaupt nicht zu dem nicht als Prozeß behandelten Zahlungsbefehlsverfahren gehört. Dies muß jetzt ganz besonders gelten, wo der Anwalt in dem auf gütlichen Ausgleich geradezu gerichteten Güteverfahren die Vergleichsgebühr besonders erhält (§ 38a Abs. 2). (A. M. JW. 25, 840[3].) Auch der Antrag auf Terminsbestimmung nach erhobenem Widerspruch (§ 696 ZPO.) gehört schon zum Prozeß- bzw. Güteverfahren.

[3] Die $^{10}/_{10}$-Gebühr aus § 9 für die **Erwirkung des Zahlungsbefehls** entspricht völlig der Prozeßgebühr. Wie diese die Tätigkeit des Anwalts bis zur Übersendung der Akten an den Anwalt höherer Instanz und die Mitteilung der Entscheidungen wie der Rechtsmitteleinlegung an den Auftraggeber umfaßt (§ 29 Nr. 7, 8 DGO.), so im Mahnverfahren die Nachricht von der Widerspruchserhebung des Schuldners. — Der Ausdruck **„Erwirkung"** des Zahlungsbefehls ist nicht wörtlich zu verstehen. Die Anwaltsgebühren hängen (abgesehen von Verschuldensfolgen) nirgends vom Erfolg der Anträge ab. Insofern sollte die DGO. nicht zum Nachteil des Anwalts geändert werden. Gemeint ist also die „Vertretung des Gläubigers beim Gesuch um Erlaß des Zahlungsbefehls". Auch das folgt aus der Gleichstellung mit der Prozeßgebühr. Die Gebühr ist also auch verdient, wenn der Antrag nach § 691 ZPO. abgelehnt wird, ist aber anderseits entsprechend Abs. 2 dem Anwalt auch anzurechnen, wenn er demnächst für den Gläubiger Klage erhebt. — Ob der der Widerspruchserhebung nachfolgende Rechtsstreit als besonderer Rechtsstreit gilt (wie beim Arrest: § 28 DGO.), ist nur von theoretischer Bedeutung. Die Scheidung ist im Gesetze selbst nicht mehr aufrechterhalten. So geht z. B. nach § 696 Abs. 2 S. 2, 3 ZPO. bei Widerspruch gegen den Zahlungsbefehl das Mahnverfahren in das Streitverfahren über; es ist dann nach § 38 Abs. 2 DGO. die Gebühr aus Abs. 1 Nr. 1 jetzt auf die Prozeßgebühr voll anzurechnen.

[4] Der rechtzeitig erhobene **Widerspruch** (§§ 694, 696, 697 ZPO.) ist kostenrechtlich eine Abart des Einspruchs gegen ein Versäumnisurteil. Wie das Einspruchsverfahren keine neue Instanz ist und deshalb nicht den Ansatz einer neuen Prozeßgebühr gestattet (Anm. 5 § 27 DGO.), so ist auch hier nach Abs. 2 die $^{2}/_{10}$-Widerspruchsgebühr auf die Prozeßgebühr des Anwalts des Schuldners anzurechnen. — Streitwert ist der Betrag, wegen dessen Widerspruch erhoben wird.

[5] Der **Vollstreckungsbefehl** (§§ 699, 700 ZPO.) entspricht völlig dem Versäumnisurteil. Die $^{5}/_{10}$-Gebühr für das auf Erlangung des Vollstreckungsbefehls gerichtete Verfahren ist deshalb der nichtstreitigen Verhandlung vor Versäumnisurteil (§ 16 Abs. 1 Satz 1 DGO.) gleichgestellt. Wie letztere Gebühr im Einspruchsverfahren nie angerechnet wird (§ 27 Abs. 2 DGO.), so verbleibt dem Anwalt auch hier die Gebühr aus § 38 Nr. 3 unabhängig von den Gebühren des Verfahrens nach erhobenem Widerspruche. — Der Ausdruck **„Erwirkung"** ist irreführend (vgl. Anm. 3). Wie die Verhandlungsgebühr verdient ist, auch wenn die Klage abgewiesen (§ 331 Abs. 2) oder der Antrag auf Versäumnisurteil zurückgewiesen (§ 335 ZPO.) wird (Anm. 2 § 16 DGO.), so auch hier. — Sehr streitig ist, ob der Antrag auf Vollstreckungsbefehl auch dann die Gebühr der Nr. 3 auslöst, wenn Widerspruch erhoben ist. Dies wird zu verneinen sein, wenn der Antrag vor Ablauf der Widerspruchsfrist gestellt wird (s. § 699 ZPO.: „nach Ablauf der . . . Frist auf Gesuch des Gläubigers"). Im übrigen aber ist die Frage zu bejahen. Entscheidend muß sein, wie der Anwalt pflichtmäßig zu verfahren hat. Er muß dafür sorgen, daß der Gläubiger tunlichst schnell den Schuldtitel erhält; anderseits hilft Abwarten, ob Widerspruchsnachricht eingeht, nicht und ist Akteneinsicht auch nicht zuverlässig, weil der Widerspruch auch nach Ablauf der im Zahlungsbefehl gesetzten Frist noch solange eingelegt werden kann, bis der Vollstreckungsbefehl verfügt ist. Die alsbaldige Antragstellung ist daher das Gebotene; das Gebotene löst aber auch gegenüber der Partei den Gebührenanspruch aus. JW. **20**, 395[0]; **21**, 1252[1]; **22**, 1401[8], 1423[14]; **23**, 702[2]; **25**, 813[22], 1423[3], 1548[4]; **26**, 878[9]; **27**, 536[8]; **28**, 2161[21]; HRR. **28**, 2233; **29**, 553 (a. M. JW. **21**, 644[5], 912[12], 1262[4]). Wegen der Ersatzfähigkeit Anm. 7. — Die **Zwangsvollstreckung** aus dem Vollstreckungsbefehl begründet nach § 23 Nr. 18 DGO. eine $^{3}/_{10}$-Gebühr des § 13 und hat mit dem Mahn-

verfahren nichts mehr zu tun. — Für den **Einspruch gegen den Vollstreckungsbefehl** sind, da inzwischen § 20 DGO. (§ 26 Nr. 6 GKG. a. F.) gestrichen ist, die vollen Gebühren der §§ 13 bis 17 (für den Anwalt des Gläubigers jedoch mit Ausnahme der Prozeßgebühr [§ 27 Abs. 1 S. 2 DGO.]) anzusetzen, wenn der Einspruch zurückgenommen oder verworfen wird (Anm. 4 § 27 DGO.). Wird der Einspruch zugelassen, so greift die Anrechnung nach § 38 Abs. 2 DGO. Platz.

[6] **Anrechnung.** Nie anzurechnen ist die Gebühr für den Vollstreckungsbefehl. — Anzurechnen ist nur auf die erstinstanzliche Prozeßgebühr, nicht auf die zweitinstanzliche, wenn später im Prozesse Berufung eingelegt ist und der zweitinstanzliche Anwalt den Zahlungsbefehl erwirkt hatte. JW. 26, 2588[5]. — Die Anrechnung setzt voraus, daß es sich im nachfolgenden Rechtsstreit um denselben Anwalt handelt; ein neu zugezogener Anwalt braucht sich begrifflich nichts anrechnen zu lassen, was er nicht verdient hat. JW. 21, 637[6]; 26, 2588; OLG. 40, 461. Eine andere Frage ist, ob die Gebühren beider Anwälte erstattungsfähig sind; s. dazu Anm. 7. — Ist die Prozeßgebühr kleiner als die Mahngebühr, so ist, dem Sinne des Abs. 2 entsprechend, umgekehrt die Prozeßgebühr auf diese Gebühren anzurechnen. OLG. 35, 226. Handelt es sich dabei um die Anrechnung auf die Widerspruchsgebühr, so darf natürlich nur $^2/_{10}$ Gebühr nach dem zum Prozeß gelangten Objekt angerechnet werden. — Ist der Anwalt des Mahnverfahrens später nur Verkehrsanwalt, so findet aus den in Anm. 3 § 44 erörterten Gründen die Anrechnung der Gebühren des Mahnverfahrens auch auf die Verkehrsgebühr des § 44 statt. JW. 22, 42[11]; 23, 85[7]; OLG. 42, 68 (a. M. JW. 17, 936[1]; 21, 637[6]; OLG. 35, 227; 37, 229; 40, 462). Vgl. auch OLG. 27, 233; 35, 226; 37, 230. Daraus folgt auch, daß der Anwalt des Mahnverfahrens, der später einen Beweistermin wahrnimmt, neben der ihm auf alle Fälle zustehenden Beweisgebühr, dann, wenn er den Gläubiger vertreten hatte, nicht noch die prozeßgebührähnliche weitere Gebühr von $^5/_{10}$ nach § 45 DGO. erhält, OLG. 40, 462 A. (a. M. OLG. 31, 244, sich aber auf früheres Recht stützend), und, wenn er im Mahnverfahren nur Widerspruch erhoben hatte, sich die $^2/_{10}$ Widerspruchsgebühr (§ 38 Nr. 2) auf jene $^5/_{10}$ Gebühr des § 45 anrechnen muß. Die Anrechnung bei § 43 DGO. (Ausführung der Parteirechte in der mündlichen

Verhandlung) folgt unmittelbar aus § 38 Abs. 2 DGO., weil § 43 eine wahre Prozeßgebühr gewährt; die in § 43 genannte Verhandlungsgebühr erhält er natürlich.

[7] **Erstattungsfähigkeit der Mahngebühren.** Die Frage hat mit der DGO. nichts zu tun, die nur das Verhältnis des Anwalts zur eigenen Partei behandelt. Entscheidend ist nach § 91 ZPO., ob die Kosten zur zweckentsprechenden Rechtsverfolgung notwendig waren. Die Frage ist wichtig, wenn ein vom Amtsgericht entfernter Anwalt den Zahlungsbefehl beantragt hatte und nun für die Verhandlung ein ortsansässiger Anwalt bestellt werden muß, oder wenn bei landgerichtlichem Objekt ein Amtsgerichtsanwalt den Zahlungsbefehl beantragt hatte und nach erhobenem Widerspruch die Sache an das Landgericht verwiesen ist. Für alle diese Fälle ist die doppelte Anwaltsbestellung gerechtfertigt. Der Gläubiger kann sich für das Mahnverfahren den Anwalt nach Belieben wählen und er braucht nie auf einen etwaigen unbegründeten Widerspruch Rücksicht zu nehmen. Wegen der umfangreichen Judikatur vgl. Sydow-Busch-Krantz ZPO. § 91 Anm. 9. Wie hier aus letzter Zeit JW. **25**, 1806[1], 2018[4], 2368[29], 2369[33]; **26**, 75[1], 862[17], 881[15], 2588[5], 2590[11]; **28**, 918[2], 1874[11], 1892[16]. Doch muß wenigstens der Verweisungsantrag an das Landgericht sofort im Mahnantrag gestellt werden, damit keine besondere Verhandlung über die Verweisung nötig wird; solche Mehrkosten sind nicht erstattungsfähig. (A. M. JW. **25**, 2366[21]; **28**, 1161[30]; OLG. **23**, 275, 276; **25**, 300; **42**, 41). Anwaltswechsel liegt auch vor, wenn zwei Anwälte nur Bürogemeinschaft haben. JW. **25**, 1806[1]. — Weiter ist streitig, ob die Gebühr für den Antrag auf Vollstreckungsbefehl erstattungsfähig ist, wenn wegen erhobenen Widerspruchs dem Antrag selbst nicht entsprochen wird. Als „notwendig" im Sinne des § 91 ZPO. können diese Kosten nicht gelten, wenn der Widerspruch rechtzeitig erhoben war. JW. **23**, 702[2]; **24**, 1444[3]; **25**, 2367[24]; **26**, 2587[2]; HRR. 28, 2233; **29**, 553 (a. M. JW. **20**, 395[5]; **21**, 1252[4]; **25**, 813[22], 1423[3], 1548[4]; **26**, 878[9]; **27**, 536[8]; **28**, 1874[11]).

38a. [1]**Im Güteverfahren**[2] **erhält der Rechtsanwalt die Sätze des § 9**[3]**. Auf die in dem nachfolgenden Rechtsstreit zustehende Prozeßgebühr wird die Gebühr voll angerechnet**[4]**.**

Die gleiche Gebühr erhält der Rechtsanwalt für die Mitwirkung bei einem im Güteverfahren abgeschlossenen Vergleiche[3].

[1] **Geschichtliches.** § 38a Abs. 1 ist hinzugefügt durch Art. VI Nr. 4 der VO. v. 13. 2. 24, Abs. 2 ist Zusatz der Nov. v. 28. 1. 27. Wegen der Gründe hierfür s. Anm. 3.

[2] Es handelt sich um das neue obligatorische Güteverfahren aus § 495a ff. ZPO. Dieses ist noch kein Prozeßverfahren und macht den Streit der Parteien noch nicht rechtshängig; nur bei der Überleitung in den Prozeß wird die Rechtshängigkeit zurückbezogen (§ 499e Abs. 1 ZPO.). Zweck ist gütlicher Ausgleich ohne Prozeßführung. Auch das Mahnverfahren wird in das Güteverfahren übergeleitet. Der den Widerspruch einlegende Anwalt des Schuldners (§ 38 Nr. 2) erhält deshalb die Gütegebühr, sobald (§ 696 Abs. 1, Abs. 2 S. 1 ZPO.) er Terminsantrag stellt oder zur Güteverhandlung geladen wird. JW. 25, 2386[13]. Auch ein Anerkenntnis des Beklagten wird man zum Gütestreit rechnen müssen, so daß nicht etwa noch (s. Anm. 3) eine $^5/_{10}$ nichtstreitige Verhandlungsgebühr entsteht (str.; a. M. JW. 28, 1889[11]). — Gemeint ist in § 38a nur das **amtsgerichtliche** Güteverfahren, **nicht** auch dasjenige **vor sonstigen** nach § 495a Nr. 1 ZPO. durch die Landesjustizverwaltung eingerichteten oder anerkannten **Gütestellen,** deren Verfahren ganz aus dem gerichtlichen herausfällt; denn diese Gütestellen sind keine ordentlichen Gerichte nach § 1 DGO. Das ist wichtig, nachdem für die Klage auf Herausgabe von Geschäftsräumen nach der PrLockerungsVO. v. 11. 11. 26 (PrGS. 300) der pr. Volkswohlfahrtsminister durch VO. v. 28. 3. 27 (GS. 36) ein vorhergehendes Schiedsverfahren vor dem Mieteinigungsamt angeordnet und der pr. Justizminister durch AllgVfg. v. 25. 7. 27 (PrJMBl. 233) insoweit die Mieteinigungsämter als Gütestellen des § 495a ZPO. anerkannt hat, so daß ein gerichtliches Güteverfahren daneben nicht mehr nötig ist. Die Tätigkeit vor solchen Gütestellen ist nach Landesrecht zu entlohnen.

[3] Der Anwalt erhält „die Sätze des § 9". Das bedeutet **nur eine Gebühr** in Höhe der in § 9 vorgesehenen Sätze. Vgl. Anm. 4 § 37 und JW. 28, 1530[1]. Daraus mußte geschlossen werden, daß auch für den Abschluß eines Vergleichs, der ja der Zweck des Güteverfahrens ist, keine besondere Vergleichsgebühr berechnet werden durfte, selbst wenn dieser Vergleich

während des Güteverfahrens außergerichtlich abgeschlossen wurde. JW. 25, 290[10], 840[3], 1424[7], 2391[15]; 26, 877[8] (a. M. JW. 25, 505[11], 1925[1]; 26, 274[1]). Die darin liegende Ungerechtigkeit hat aber inzwischen (vgl. Anm. 1) den Gesetzgeber veranlaßt, das Prinzip zu durchbrechen und nunmehr durch den hinzugefügten Abs. 2 die **Vergleichsgebühr** zu bewilligen. Es muß sich aber um einen wahren Vergleich, nicht um ein Anerkenntnis des Beklagten handeln. JW. 26, 1614[1] (a. M. JW. 28, 762[8]). Durch die Zulassung der Vergleichsgebühr sind indessen noch nicht alle Ungerechtigkeiten beseitigt. Nach § 499c ZPO. kann z. B. im Güteverfahren Beweis erhoben werden, ohne daß die **Beweisgebühr** erwächst. JW. 28, 1530[1]. Kommt dann keine Einigung zustande, so wird oft im nunmehrigen Streitverfahren das Beweisergebnis schon unstreitig sein. Dann verliert der Anwalt die Beweisgebühr und die weitere Verhandlungsgebühr. — Ist Auftrag zum Güteantrag erteilt, dieser aber vor Erledigung noch nicht eingereicht, so muß in rechtsähnlicher Anwendung des § 14 DGO. $^5/_{10}$ Gütegebühr erwachsen. (§ 89 DGO.). — Auch im Güteverfahren gibt es eine **Verweisung** wegen Unzuständigkeit (§ 499d ZPO.). Die Bezugnahme auf § 276 ZPO. sichert auch hier die Einheit der Instanz zwischen verweisendem und verwiesenem Amtsgericht, so daß der vor beiden Gerichten tätige Anwalt die Gebühr des § 38a nach § 26 DGO. nur einmal erhält.

[4] Kommt es also zur streitigen Verhandlung (§ 499e Abs. 1, § 499f Abs. 2 ZPO.), so erhalten die Anwälte für das Güteverfahren nichts. Vorausgesetzt ist natürlich, daß der Streitgegenstand derselbe bleibt. Ermäßigt sich der Streitwert für die streitige Verhandlung, weil z. B. ein Teil im Güteverfahren anerkannt ist, so wird natürlich nur ein dem streitig gebliebenen Teil der Gütegebühr entsprechender Betrag angerechnet. — Anzurechnen ist die Gütegebühr auf die spätere Prozeßgebühr, ebenso auf die Gebühr eines **Verkehrsanwalts**. Hierzu kann alles wiederholt werden, was bezüglich der Anrechnung der Mahngebühr in Anm. 6 § 38, Anm. 3 § 44 DGO. gesagt ist. — Wegen Anrechnung der vor den Gütestellen erwachsenen Gebühr vgl. JW. 28, 1530[1]; 29, 152[9].

39. Für die Vertretung im Verteilungsverfahren (Zivilprozeßordnung § 858 Absatz 6, §§ 872 bis 877, 882)[1] stehen dem Rechtsanwalte fünf und, falls der

Auftrag vor dem Termine zur Ausführung der Verteilung erledigt wird, drei Zehnteile der Sätze des § 9[2] zu[3].

Der Wert des Streitgegenstandes wird durch den Betrag der Forderung[4] und, wenn der zu verteilende[5] Geldbetrag geringer ist, durch diesen Betrag bestimmt.

[1] **Verteilung des** bei der Zwangsvollstreckung in das bewegliche Vermögen oder in eine Schiffspart **hinterlegten Erlöses.** — Für die Vertretung **jedes einzelnen Gläubigers** besonders, sofern sie nicht Gesamtgläubiger oder Gesamthandsgläubiger sind, da § 39 ein Anhangsverfahren zur Vollstreckungsinstanz des § 31 ist, die auch für jeden Gläubiger besonders erwächst.

[2] Wegen der Bedeutung „der Sätze des § 9" vgl. Anm. 4 § 37.

[3] **Neben den Gebühren** für die etwaige Tätigkeit im vorangegangenen Prozeß oder im Zwangsvollstreckungsverfahren (§ 23 Nr. 18). An sich würde das Verteilungsverfahren zur Vollstreckungsinstanz gehören, da sie nach § 31 erst mit der Befriedigung des Gläubigers endet. § 39 ist also eine Ausnahme von § 31. Das Verteilungsverfahren selbst ist eine Einheit, auch wenn der Plan auf Grund eines Urteils geändert werden muß: denn der dies bestimmende § 882 ZPO. ist in § 39 mit genannt. Die Gebühr kann also nur einmal entstehen. Für die Widerspruchsklagen des § 878 ZPO. ist natürlich nach §§ 13 ff. DGO. besonders zu liquidieren. — Der **Termin zur Ausführung der Verteilung** ist bereits der erste Termin, wie § 875 Abs. 1 ZPO. zeigt. Nur wenn sich vor diesem Termin die Sache erledigt, greift die $^{3}/_{10}$-Gebühr durch.

[4] Einschl. der geforderten Zinsen, Kosten, Gebühren, auch des Verteilungsverfahrens selbst, da es sich um Zwangsvollstreckungsmaßnahmen handelt. § 788 ZPO., § 15 Abs. 2 GKG. (oben bei § 10 DGO.).

[5] Der im ganzen, nicht etwa bloß der auf die vom Anwalt vertretene Forderung zu verteilende Geldbetrag. Mot. 54. Zu „verteilen" ist der nach vorheriger Kürzung der allgemeinen gerichtlichen Verfahrenskosten verbleibende Betrag. § 874 Abs. 2 ZPO.

40. Im Aufgebotsverfahren (Zivilprozeßordnung §§ 946 bis 956, 959 bis 972, 977 bis 1024)[1] stehen dem

Rechtsanwalt, als Vertreter des Antragstellers (Zivilprozeßordnung § 947)[2], drei Zehnteile der Sätze des § 9[3] zu[4]:

1. **für den Betrieb des Verfahrens einschließlich der Information;**
2. **für den Antrag auf Erlaß des Aufgebots;**
3. **für den Antrag auf Anordnung der Zahlungssperre, sofern derselbe vor dem Antrag auf Erlaß des Aufgebots gestellt wird[5];**
4. **für die Wahrnehmung des Aufgebotstermins.**

Als Vertreter einer anderen Person[6] erhält der Rechtsanwalt diese Gebühr nur einmal[7].

[1] **Todeserklärungen; Aufgebote:** unbekannter Erben, der Nachlaßgläubiger und Gesamtgutsgläubiger, des Grundstückseigentümers, einer Vormerkung, eines Vorkaufsrechts, einer Reallast, eines Schiffspfandrechts, der Hypotheken-, Grundschuld- oder Rentenschuldgläubiger, Schiffsgläubiger und zur Kraftloserklärung von Urkunden und Wertpapieren. — Für die in Abweichung von der ZPO. geregelten Aufgebote (z. B. vor der Eheschließung und nach der StrandungsO. v. 12. 5. 74) gilt gemäß § 1 der § 40 DGO. nicht.

[2] Einer anderen Person: Abs. 2. — Auch wenn das Gericht mehrere selbständige Verfahren nach § 959 ZPO. verbindet, bleiben sie sachlich selbständig, so daß dies die Gebührenpflicht der einzelnen Verfahren nicht berührt. Anders wenn e i n Antrag für mehrere Personen gestellt war (§ 51 DGO.).

[3] Wegen der Bedeutung vgl. Anm. 4 § 37.

[4] **Jede der Gebühren** der Nr. 1—4 in derselben Aufgebotssache **nur einmal,** auch wenn mehrere Anträge gestellt oder mehrere Termine wahrgenommen werden. Mot. 54. Bei Durchführung des Aufgebotsverfahrens erhält der Anwalt für die Tätigkeitsakte 1, 2, 4 insgesamt $^9/_{10}$. — Jedoch endet die Instanz mit dem Ausschlußurteil. Was danach folgt, insbesondere ein Anfechtungsprozeß nach § 957 ZPO., fällt nicht unter die Pauschgebühren des § 40 DGO.

[5] Nr. 3 ist von der Nov. v. 17. 5. 98 hinzugefügt. — Der Fall ist nach § 1020 ZPO. gegeben, wenn die sofortige Ein-

leitung des Aufgebotsverfahrens nach § 1015 Satz 2 ZPO. unzulässig ist.

[6] Z. B. des einen Widerspruch gegen das Recht des Antragstellers Anmeldenden: § 953 ZPO. — Der Anwalt erhält hier für die Tätigkeit zu 1—4 im ganzen nur $^3/_{10}$.

[7] **Streitwert.** Bei Todeserklärung: Interesse des Antragstellers, z. B. Wert seines Erbteils; bei Ausschließung des Eigentümers: Wert des Grundstücks; Ausschließung von Hypothekengläubigern usw.: Wert des Rechtes oder (nach § 6 ZPO.) niedrigerer Grundstückswert; Ausschließung von Nachlaß- und Gesamtgutsgläubigern: Interesse des Antragstellers; Urkunden: deren Wert.

40a. [1]**Im Verfahren über Anträge auf Vollstreckbarerklärung eines Schiedsspruchs**[2] **oder eines von einem Schiedsgerichte vermittelten Vergleichs (Zivilprozeßordnung §§ 1042, 1044a) erhält der Rechtsanwalt die Sätze des § 8**[3]**.**

Wird die Klage auf Aufhebung des Schiedsspruchs gemäß § 1042 Absatz 3 der Zivilprozeßordnung erhoben, so wird die Gebühr auf die in diesem Rechtsstreit zustehende Prozeßgebühr angerechnet[4,5]**.**

[1] **Geschichtliches.** § 40a ist eingefügt durch die VO. v. 13. 2. 24. Nach früherem Rechte mußte der im Schiedsverfahren obsiegende Teil auf Erteilung eines Vollstreckungsurteils klagen, während anderseits der unterliegende Teil auf Aufhebung des Schiedsspruchs klagen konnte. Beides waren selbständige Prozesse, in denen der Anwalt die vollen Gebühren erhielt. Ein im Schiedsverfahren geschlossener Vergleich schließlich war nichts als eine Privaturkunde, aus der im ordentlichen Prozesse auf Erfüllung geklagt werden konnte. Das ist durch §§ 1042, 1044a ZPO i. d. Fass. v. 13. 5. 24 geändert worden. Schiedssprüche und vor dem Schiedsgerichte geschlossene Vergleiche, wenn sich in ihnen der Schuldner der sofortigen Zwangsvollstreckung unterworfen hat, können nunmehr durch Beschluß, der keiner mündlichen Verhandlung bedarf, seitens des Gerichts für vollstreckbar erklärt werden.

[2] Auch eines ausländischen, wenn er den Bestimmungen der

ZPO. entspricht. RG. **5**, 399, OLG. **35**, 161. Sonst nur Erfüllungsklage. RG. **30**, 369; **116**, 195.

[3] Wegen der Bedeutung von „die Sätze des § 9" vgl. Anm. 4 § 37. Die Gebühr ist also eine Pauschgebühr und kommt nur einmal zum Ansatz, auch wenn eine mündliche Verhandlung stattfindet, und selbst dann, wenn das Gericht über die von ihm zu beachtenden Punkte (§ 1043 Abs. 2 ZPO.) eine Beweisaufnahme veranstaltet. JW. **25**, 666[2], 1148[28], 1799[5] (a. M. JW. **25**, 1424[6]). — Nicht abgegolten wird aber ein etwaiges **Beschwerdeverfahren.** Für dieses ist stets nach § 41 besonders zu liquidieren, und zwar gegebenenfalls auch Verhandlungs- und Beweisgebühr, weil eine Bestimmung fehlt, die den § 40a auch auf die zweite Instanz ausdehnt.

[4] Behauptet der Schuldner, daß ihm Aufhebungsgründe zur Seite ständen, die in dem Beschlußverfahren nicht zu berücksichtigen sind, so muß er die Aufhebungsklage (§ 1041 ZPO.) erheben. In solchem Falle setzt ihm das mit dem Antrag auf Vollstreckbarerklärung des Spruches befaßte Gericht eine Frist zur Klageerhebung und setzt, wenn die Frist gewahrt wird, das Beschlußverfahren bis zur Entscheidung des Prozesses aus (§ 1042 Abs. 3 ZPO.). Nur dann, wenn die Klage fristgerecht erhoben, das Beschlußverfahren also ausgesetzt ist, soll nach § 40a Abs. 2 DGO. der Anwalt sich die im Beschlußverfahren bereits verdiente Gebühr auf die Prozeßgebühr anrechnen müssen, so daß er — bei übereinstimmendem Streitwert — sie nicht mehr erhält. Wahrt aber der Schuldner die ihm gesetzte Frist nicht, so daß der die Vollstreckbarkeit des Schiedsspruches aussprechende Beschluß ergeht, oder tritt er überhaupt erst nach Abschluß des Beschlußverfahrens mit Aufhebungsgründen klageweise hervor (s. § 1044 ZPO.), so findet eine Gebührenanrechnung nicht statt. — **Nicht** anzurechnen sind in der **Beschwerdeinstanz** etwa verdiente Gebühren. — Ist der Anwalt des Beschlußverfahrens im Aufhebungsprozeß nur **Verkehrsanwalt,** so gilt das für das Mahnverfahren in Anm. 6 § 38, Anm. 3 § 44 Gesagte entsprechend.

[5] **Übergangsrecht.** Schwebte am 1. 4. 24 in einem Verfahren, das nunmehr durch Beschluß zu erledigen wäre, bereits die Klage, so war sie nach richtiger Ansicht weiterzuführen und nicht in das Beschlußverfahren überzuleiten. JW. **25**, 2324[3], 2348[23]. Erfolgte aber die Überleitung, so

fehlt jeder Anlaß, die im Prozeß bereits vom Anwalt verdienten Gebühren nachträglich zu streichen. JW. 25, 1799[5] (a. M. JW. 25, 666[2]). Jedoch wird man die im Prozeß verdienten Gebühren dann auf die Gebühr des § 40a anzurechnen haben.

c) **Beschwerdeinstanz.**

41. [1]Drei Zehnteile der in den §§ 13 bis 17 bestimmten Gebühren[2] erhält der Rechtsanwalt:

1. in der Beschwerdeinstanz[3];

2. wenn seine Tätigkeit sich auf ein Verfahren beschränkt[4], welches die Änderung einer Entscheidung des beauftragten oder ersuchten Richters oder des Urkundsbeamten der Geschäftsstelle (Zivilprozeßordnung § 576) betrifft.

[1] **Geschichtliches.** Durch die Nov. v. 1. 6. 09 ist die Zahl „17" an die Stelle von „18" gesetzt, weil § 18 DGO. (ermäßigte Vergleichsgebühr) damals gestrichen wurde. — § 41 gewährt jetzt dem Anwalt für die Beschwerdeinstanz alle Gebühren des ordentlichen Prozesses in Höhe von $^3/_{10}$. Hiervon machte früher Abs. 2 insofern eine Ausnahme, als bei einfacher (anders als bei sofortiger) Beschwerde der Anwalt keine Prozeßgebühr für die Beschwerdeinstanz erhalten sollte, wenn er sie anderweit in dem Verfahren erhalten hatte. Diese Sonderbestimmung ist durch die Nov. v. 18. 8. 23 gestrichen. Der Anwalt wird jetzt also in jedem Beschwerdeverfahren ohne Rücksichtnahme auf ihm sonst anfallende Gebühren entlohnt. JW. 25, 2368[30].

[2] Nicht bloß eine Pauschalgebühr, sondern alle Gebühren, also die Prozeßgebühr und gegebenenfalls die Verhandlungs-, Beweis- und Vergleichsgebühr erhält der Anwalt zu $^3/_{10}$ des **vollen Gebührensatzes** der §§ 13—17 DGO. Dies auch im Urkunden-, Wechsel- und Scheckprozesse, für die ja seit Streichung des § 19 DGO. bezüglich der Gebührenhöhe keine gebührenrechtlichen Sonderbestimmungen mehr gelten. Ferner kann der Anwalt in den beiden Fällen des § 41 auch dann, wenn bei Nr. 1 in der unteren Instanz, bei Nr. 2 im Hauptverfahren **nur Bruchteile der vollen Gebühr** anfallen (vgl. §§ 22, 23, 24; z. B. für den Antrag auf vorläufige Einstellung

der Zwangsvollstreckung nur $^3/_{10}$ nach § 23 Nr. 2 DGO.), **die** $^3/_{10}$ **von den vollen Gebühren** (der §§ 13—17), nicht bloß von den (erstinstanzlichen) Bruchteilen beanspruchen, da im § 41 Abs. 1 nur die §§ 13—17 zitiert sind. Vgl. OLG. **21**, 395.

[3] §§ 567—577 ZPO. Nicht nötig ist, daß das Beschwerdegericht (§ 568 Abs. 1 ZPO.) tätig wird, es genügt auch, daß das Instanzgericht ganz oder teilweise der Beschwerde selbst abhilft. JW. **28**, 1522[24]; **29**, 520[1]. — Erledigt sich die Beschwerde vor der Einreichung, so erwächst die Hälfte der Prozeßgebühr mit $^3/_{20}$, weil § 14 DGO. ebenfalls angezogen ist (a. M. JW. **90**, 84[17]). Ebenso wenn der Anwalt nur die Beschwerdeschrift anzufertigen oder zu unterzeichnen hatte (§§ 46, 5), für welche beiden Tätigkeiten er die Hälfte der „Prozeßgebühr", die hier $^3/_{10}$ beträgt, zu erhalten hat. Nimmt der prozeßbevollmächtigte Anwalt nur die ihm zugestellte Beschwerdeentscheidung entgegen und leitet sie an seine Partei weiter, so erhält er dafür keine Gebühr, weil ein Auftrag zur Vertretung insoweit fehlte und § 29 Nr. 7 DGO. eingreift (s. aber JW. **25**, 1551[7]). — Auch für die einen **Arrest** betreffende Beschwerdeinstanz (z. B. wenn gegen die Zurückweisung eines Antrags auf Anordnung eines Arrestes Beschwerde eingelegt ist) bestimmt sich die Gebühr nach § 41, nicht § 28, und zwar gleichgültig, ob über die Beschwerde durch Beschluß oder nach mündlicher Verhandlung durch Urteil entschieden wird. OLG. **33**, 193. — **Streitwert** des Beschwerdeverfahrens: Interesse des Beschwerdeführers, unabhängig von dem Streitwerte des Hauptverfahrens. JW. **94**, 173[9]. Vgl. Anm. 3 § 12 DGO. (Streitwert der Beschwerde über eine Wertfestsetzung). — Über die Berechnung der Beschwerdegebühren in den Fällen, in denen dem Anwalt für seine Tätigkeit im erstinstanzlichen Verfahren nicht die vollen Gebühren zustanden, vgl. Anm. 2. — Die **weitere Beschwerde** ist eine neue Instanz. — Wegen der **Rechtsbeschwerde** vgl. Anm. 2 § 52.

[4] **Wenn er dagegen Prozeßbevollmächtigter** ist, erhält er nichts: § 29 Nr. 5 (Tätigkeit zur Instanz gehörig).

d) **Teilung der Tätigkeit zwischen mehreren Anwälten.**

42. [1]**Der zum Prozeßbevollmächtigten bestellte Rechtsanwalt, welcher auf Verlangen der Partei**[2] **die**

Vertretung in der mündlichen Verhandlung[3] einem anderen Rechtsanwalt[4] übertragen hat, erhält neben den ihm zustehenden Gebühren[5] fünf Zehnteile der Verhandlungsgebühr. Diese Gebühr wird auf eine ihm zustehende Verhandlungsgebühr angerechnet.

[1] § 27 Abs. 1, 2 RAO. (Vertretung als **Prozeßbevollmächtigter:** nur ein bei dem Prozeßgerichte zugelassener Anwalt; **Vertretung** in der mündlichen **Verhandlung** und in der **Beweisaufnahme:** jeder Anwalt, dem vom Prozeßbevollmächtigten die Vertretung übertragen ist; **Ausführung der Parteirechte** in der mündlichen Verhandlung und der Beweisaufnahme: jeder Anwalt). — Gegenüber der Regel, daß im Anwaltsprozesse die Parteien sich durch einen beim Prozeßgerichte zugelassenen Rechtsanwalt vertreten lassen müssen, bildet die im § 27 Abs. 2 RAO. für die mündliche Verhandlung gestattete Vertretung durch jeden, also auch durch einen bei dem Prozeßgerichte nicht zugelassenen Rechtsanwalt, eine Ausnahme. In dieser Hinsicht stellt sich für den Fall, daß Rechtsanwälte verschiedener Gerichte für eine Partei tätig werden, die Regelung der Gebühren in den §§ 42, 43 als ein Mittel dar, das bei pflichtmäßiger Handhabung geeignet ist, einer Überschreitung des Wirkungskreises der Zulassung entgegenzuwirken. Aus diesen Vorschriften ist aber nichts dafür zu entnehmen, daß der prozeßbevollmächtigte Rechtsanwalt nur in Ausnahmefällen befugt wäre, einem bei dem Prozeßgerichte nicht zugelassenen Rechtsanwalt die Vertretung der Partei für die mündliche Verhandlung zu übertragen. RG. 83, 8. — Über unstatthafte **Vereinbarung** zwischen mehreren Rechtsanwälten **über Gebührenteilung** vgl. EGH. **17**, 268. — § 42 gilt auch für einen prozeßbevollmächtigten **auswärtigen Anwalt,** der die Vertretung in der Verhandlung vor dem Prozeßgericht einem anderen Anwalt übertragen hat. JW. **13**, 230; **17**, 308[3]. — **Gebühr des anderen Anwalts:** § 43.

[2] Das **Verlangen der Partei** braucht kein ausdrückliches zu sein. Es muß genügen, daß nach Lage der Sache die Zustimmung der Partei als vorliegend zu erachten ist. JW. **27**, 537[9]. Immer aber muß der prozeßbevollmächtigte Anwalt namens der Partei einen Vertretungsauftrag geben wollen. Läßt er, wie bei größeren Gerichten häufig, sich

aus Gründen, die in seiner Person liegen, durch einen anderen Anwalt vertreten, so tritt der Substitut in kein unmittelbares Verhältnis zur Partei, §§ 42, 43 finden keine Anwendung, und der Prozeßbevollmächtigte rechnet allein mit der Partei und dem Substituten ab.

[3] Es gibt eine **Vertretung** in der mündlichen Verhandlung, bei der der Substitut alle Parteirechte, einschließlich der Antragstellung, ausübt, und eine **Ausführung der Parteirechte,** wobei der Substitut nur neben dem antragstellenden Prozeßbevollmächtigten plädiert. Letzterer Fall ist für den Prozeßbevollmächtigten bedeutungslos, weil ihm dabei alle Gebühren zukommen; er ist deshalb in § 42 nicht erwähnt. Anders in § 43 für den Substituten.

[4] Nur einem Rechtsanwalt, nicht etwa einem Referendar, Prozeßagenten usw. In diesem Falle erhält er die Verhandlungsgebühr aus § 42 nicht.

[5] D. i. **neben der vollen Prozeßgebühr** sowie der **Verhandlungs- oder Beweisgebühr,** falls eine Verhandlung oder Beweisaufnahme bereits stattgehabt hat. Im letzteren Falle **Anrechnung der halben Verhandlungsgebühr:** Satz 2; d. h. er erhält nichts nach Satz 1, wenn ihm aus der sonstigen Tätigkeit mindestens $^{5}/_{10}$ Verhandlungsgebühr zusteht. Ist er Prozeßbevollmächtigter nur für ein Beschwerdeverfahren und überträgt er die vom Gericht angeordnete mündliche Verhandlung einem anderen Anwalt, so erhält er insgesamt nur $^{3}/_{20}$ gleich der Hälfte der Verhandlungsgebühr des § 41 Nr. 1 DGO. — Wird in der Verhandlung sofort ein Beweis erhoben, so erhält die **Beweisgebühr** nur der vertretende Anwalt (§ 43 S. 3). — Es muß sich aber um eine **gleichartige Verhandlungsgebühr** handeln; führt z. B. der vertretende Anwalt die Schlußverhandlung nach Beweisaufnahme, so erhält der Prozeßbevollmächtigte $^{5}/_{10}$ der $^{5}/_{10}$-Gebühr des § 17 DGO., also $^{5}/_{20}$, ohne sich diese Erhöhung auf die bereits vor der Beweisaufnahme verdiente volle Verhandlungsgebühr anrechnen zu müssen. Führt anderseits der Prozeßbevollmächtigte nur die Schlußverhandlung nach Beweisaufnahme (s. Anm. 2 § 17), so erhält er für sie zwar die volle Gebühr, wenn sie streitig ist, muß sich aber die $^{5}/_{10}$ aus § 42 für die frühere Verhandlung des vertretenden Anwalts anrechnen lassen, so daß diese in den $^{10}/_{10}$ aufgehen. — Die eigene Verhandlung des Prozeßbevoll-

mächtigten kann auch eine fingierte zum Zwecke schriftlicher Entscheidung nach §§ 7, 8 EntlVO. v. 13. 5. 24 sein.

43. Dem Rechtsanwalte, welchem von der Partei[1] oder auf deren Verlangen[2] von dem Prozeßbevollmächtigten nur[3] die Vertretung in der mündlichen Verhandlung oder die Ausführung der Parteirechte in derselben übertragen ist[4], steht neben der Verhandlungsgebühr[5] die Prozeßgebühr zu fünf Zehnteilen[6] zu[7]. Letztere Gebühr steht ihm auch dann zu, wenn der Auftrag vor der mündlichen Verhandlung erledigt wird. Erstreckt sich die Vertretung auf eine mit der mündlichen Verhandlung verbundene Beweisaufnahme (§ 13 Nr. 4), so erhält der Rechtsanwalt außerdem die Beweisgebühr[8].

[1] Da die Worte „von der Partei" in bewußter Abweichung vom Entw. in die DGO. eingeführt worden sind, muß § 43 auch gelten, wenn die Partei **keinen Prozeßbevollmächtigten** hat, sondern den Prozeß selbst führt. Ebenso natürlich, wenn ein Prozeßagent Prozeßbevollmächtigter ist. JW. 11, 1023. Es besteht auch kein innerer Grund zu verschiedener Behandlung.

[2] „Verlangen" vgl. Anm. 2 § 42.

[3] **Nur.** Hatte aber der Anwalt z. B. im vorangegangenen Mahnverfahren die Vertretung gehabt, so werden die dortigen Gebühren auf die $^5/_{10}$-Prozeßgebühr des § 43 angerechnet (§ 38 Abs. 2). Als Anwalt des Klägers erhält er also keine, als Anwalt des Beklagten $^5/_{10} - ^2/_{10} = ^3/_{10}$ Prozeßgebühr. — Die Prozeßgebühr entfällt auch dann, wenn der Anwalt in der gleichen Instanz als **Verkehrsanwalt** die Gebühr aus § 44 erhalten hat. OLG. 31, 240 und Anm. 3 § 44.

[4] Vgl. Anm. 1, 3 § 42.

[5] Die **Verhandlungsgebühr** in der Höhe, die sich aus §§ 13 bis 17 DGO. ergibt. Also z. B. auch bei einer Schlußverhandlung nach Beweisaufnahme volle $^{10}/_{10}$, wenn der vertretende Anwalt früher noch nicht verhandelt hatte (s. Anm. 2 § 17). — Nach OLG. 31, 240 soll der Anwalt, der den Auftrag erhalten hat, der mündlichen Verhandlung beizuwohnen, um

mitplädieren zu können, die Verhandlungsgebühr, sofern nur eine Verhandlung tatsächlich stattgefunden hat, auch dann erhalten, **wenn** von ihm das **Wort nicht ergriffen** worden ist. Es wird jedoch richtiger in solchem Falle gemäß § 89 die Gebühr unter entsprechender Anwendung von §§ 43, 14 auf $^5/_{10}$ der Verhandlungsgebühr zu bestimmen sein, da der Anwalt nicht verhandelt hat. Eine solche Lösung dürfte auch wegen § 43 Satz 2 als Umkehrschluß richtiger erscheinen. — Für die Vertretung im **Termine** zur Leistung des **Offenbarungseides** immer nur die Gebühr des § 23 ($^3/_{10}$). EGH. 5, 123. — Ist die Sache in der **Berufungs- oder** in der **Revisionsinstanz** anhängig, so hat der Anwalt für die Vertretung in einem Termine $^5/_{10}$ der erhöhten Prozeßgebühr nach § 52 DGO. zu beanspruchen.

[6] Die Hälfte einer **Prozeßgebühr,** die er als Prozeßbevollmächtigter erhalten hätte: in einem Beschwerdeverfahren (z. B. wenn gegen die Ablehnung eines Arrestes Beschwerde eingelegt ist und die Beschwerdeinstanz mündliche Verhandlung anberaumt hat) also $^5/_{10}$ von $^3/_{10}$ gleich $^3/_{20}$; in einem Berufungsverfahren $^{13}/_{20}$.

[7] Wird derselbe Anwalt in derselben Instanz **mehrfach** nach § 43 **beauftragt,** so ist jeder Auftrag völlig gesondert zu bewerten. § 25 gilt nur für den Prozeßbevollmächtigten. Das wird zweifelsfrei durch § 48 klargestellt, der für vertretende Anwälte den § 25 ersetzt. OLG. 9, 171; 19, 258; 31, 243 (a. M. RG. 47, 412; OLG. 17, 235). Der vertretende Anwalt kann also zweimal die halbe Prozeßgebühr erhalten; dagegen gemäß § 48 nur einmal die volle Verhandlungsgebühr und, wenn er vor und nach Beweisaufnahme verhandelt, die erhöhte Verhandlungsgebühr des § 17; nur einmal die Beweisgebühr.

[8] Vgl. Anm. 5 § 42. — Falls nicht verbunden: § 45. — Auch die **Vergleichsgebühr** kann der vertretende Anwalt verdienen.

44. [1]**Dem Rechtsanwalte, welcher lediglich**[2] **den Verkehr der Partei mit dem Prozeßbevollmächtigten führt, steht eine Gebühr in Höhe der Prozeßgebühr**[3, 4] **zu.**

Die mit der Übersendung der Akten an den Rechtsanwalt der höheren Instanz verbundenen gutachtlichen

Äußerungen dienen nicht zur Begründung dieser Gebühr, wenn nicht zu denselben Auftrag erteilt war[5].

[1] **Geschichtliches.** § 44 Abs. 1 enthielt ursprünglich noch einen Satz 2. Dieser bestimmte, daß der Verkehrsanwalt höherer Instanz nicht die volle, sondern nur die halbe Verkehrsgebühr der höheren Instanz erhalten solle, wenn er in unterer Instanz bereits die Prozeßgebühr erhalten hatte oder dort bereits Verkehrsanwalt gewesen war. Diese Ausnahme ist durch Art. I Nr. 7 Ges. v. 18. 8. 23 gestrichen, und zwar mit Wirkung für alle damals noch anhängigen Instanzen.

[2] Der **zwischen der Partei und dem Prozeßbevollmächtigten** stehende, mit ihnen **schriftlich oder mündlich** (RG. **113**, 266 [JW. **26**, 2086[3]]) verkehrende Anwalt (**Korrespondenzanwalt, Verkehrsanwalt**), der also nicht selbst Prozeßbevollmächtigter sein darf. OL. **21**, 161. Nicht steht im Wege, daß der Verkehrsanwalt **noch andere Tätigkeit** entwickelt, z. B. §§ 43, 45, 46 DGO. (z. B. in Vertretung plädiert, Beweistermine wahrnimmt). JW. **90**, 360[5]; **97**, 548[19]; Gr. 35, 1170; OLG. **19**, 257; **21**, 161; **31**, 240; **40**, 462. Ist also der Verkehrsanwalt in derselben Instanz auch mit der Vertretung in der mündlichen Verhandlung oder mit der Ausführung der Parteirechte in dieser beauftragt, so erhält er neben der Gebühr aus § 44 noch die Verhandlungsgebühr (nicht auch die Prozeßgebühr, s. Anm. 3) aus § 43. OLG. **31**, 240. Ebenso erhält der Verkehrsanwalt, der in derselben Instanz mit der Wahrnehmung eines Beweistermins beauftragt worden ist, die Gebühr aus § 44 und die Beweisgebühr (nicht auch die Prozeßgebühr, s. Anm. 3) aus § 45. Erteilt ferner der Verkehrsanwalt seiner Partei, die mit dem Gegner (durch ihren Prozeßbevollmächtigten) einen Vergleich unter Vorbehalt der Genehmigung binnen bestimmter Frist abgeschlossen hat, einen Rat über die Genehmigung des Vergleichs, so soll ihm nach OLG. 33, 194 neben den Gebühren aus § 44 die Gebühr aus § 47 ($^3/_{10}$) zustehen, was aber bedenklich ist; denn entweder ist der Rat Teil seiner allgemeinen beratenden Tätigkeit, also gebührenfrei, oder er ist Mitwirkung zum Vergleichsschluß und löst die volle Vergleichsgebühr aus, die der Verkehrsanwalt ebenfalls verdienen kann. OLG. **19**, **254**, **auch 35**, 229 (a. M. **35**, 228). — **Über** Wahrnehmung eines Sühnetermins durch den Verkehrsanwalt vgl. Anm. 2 § 37.

[3] Es handelt sich um eine Gebühr „**in Höhe der Prozeßgebühr**". Der Ausdruck ist kein Zufall. Das Gesetz wollte zwischen der Gebühr aus § 44 und der wahren Prozeßgebühr unterscheiden, wie sich schon daraus klar ergibt, daß der (inzwischen gestrichene, Anm. 1) Satz 2 beide Gebührenarten ausdrücklich nebeneinander nannte und sogar die Verkehrsgebühr höherer Instanz unter Umständen geringer als die Prozeßgebühr bemaß. Auch sachlich decken sich beide Begriffe nicht völlig, da die Verkehrsgebühr eine Pauschgebühr ist, die z. B. auch den auf eine Beweisaufnahme bezüglichen Verkehr mitumfaßt. Daraus ergeben sich Schwierigkeiten für diejenigen Fälle, wo die Anrechnung einer Gebühr auf die Prozeßgebühr vorgeschrieben ist (z. B. §§ 38, 38a, 40a, aber auch §§ 43, 45, 46) in der Richtung, ob hier die Verkehrsgebühr der Prozeßgebühr gleichzustellen ist, die Anrechnung also stattfinden muß. Dies ist zu bejahen. Einmal stehen jetzt (nach Streichung des Abs. 1 Satz 2) beide Gebühren stets gleich hoch und haben im wesentlichen gleiche Bedeutung. Rechtlich aber entscheidet § 48, der den Grundsatz aufstellt, daß der nicht prozeßbevollmächtigte Anwalt höchstens das erhalten soll, was der eigentliche Prozeßbevollmächtigte erhalten kann. Da es für letzteren keine Verkehrsgebühr gibt, so zwingt § 48 dazu, die Verkehrsgebühr (und die Gebühren aus §§ 45, 46) für die Frage der Anrechnung als Prozeßgebühr zu behandeln. Es erhält also der mit der Vertretung in der mündlichen Verhandlung beauftragte Verkehrsanwalt neben der Verkehrsgebühr nicht noch die halbe P r o z e ß g e b ü h r aus § 43, OLG. 31, 240, und ebensowenig der mit der Wahrnehmung eines Beweistermins beauftragte Verkehrsanwalt die Gebühr „in Höhe der halben Prozeßgebühr" aus § 45 (im übrigen s. Anm. 2). Für die Fälle der **Verweisung** des Rechtsstreits an ein anderes Gericht kann die Frage überhaupt nicht mehr streitig sein, nachdem § 26 DGO. (s. Anm. 3 dort) für alle Verweisungen (§§ 276, 506, 697 ZPO.) die Einheit der Instanz festgestellt hat. Der für das verwiesene Gericht als Verkehrsanwalt tätig Anwalt, der beim verweisenden Gericht Prozeßbevollmächtigter war, ist also in der einheitlichen Instanz nicht „lediglich" Verkehrsanwalt, sondern auch Prozeßbevollmächtigter, wenn er auch diese Tätigkeit nicht mehr in vollem Umfang auüben kann. Ihm stehen also die prozeßgebührähnlichen Gebühren aus §§ 44—46 nicht zu. Die frühere Anschauung, daß das

verweisende Gericht als „untere Instanz“ anzusehen sei (JW. 99, 180[19] [Gr. 44, 205]; OLG. 40, 462), ist überholt. JW. 26, 2588[6]. Ebenso muß es schließlich für die in § 38 Abs. 2, § 38a vorgeschriebene Anrechnung der **Mahn- und Gütegebühren** auf die Prozeßgebühr des „nachfolgenden Rechtsstreits“ stehen. Hier ist zwar die Instanzeinheit nicht ausgesprochen, sogar anscheinend aus den erwähnten Worten das Gegenteil zu schließen. Indessen hängen Mahn- und Güteverfahren so eng mit dem nachfolgenden Rechtsstreit zusammen, daß es die Form über die Sache stellen hieße, wenn man hier die Anrechnung nicht auch zuließe. Ebendas muß dann auch für § 40a gelten. Insbesondere darf nicht übersehen werden, daß der Wortlaut von §§ 44—46 zu einer Zeit geschaffen wurde, als es noch keine Überleitung des Mahnverfahrens in den Prozeß gab, sondern neu geklagt werden mußte (aus dieser Zeit stammt auch noch die Fassung des § 38 Abs. 2!), und ebensowenig das jetzige Güte- oder schiedsgerichtliche Beschlußverfahren aus §§ 38a, 40a. Wegen der Rechtsprechung vgl. Anm. 6 § 38. — **Erledigt sich der Auftrag** im Sinne des § 14 DGO., so nur halbe Verkehrsgebühr. JW. 25, 2389[7]. — Ist der **Rechtsstreit in der Berufungsinstanz** anhängig, so hat der Verkehrsanwalt die um $^{3}/_{10}$ erhöhte Prozeßgebühr gemäß § 52 DGO. zu beanspruchen.

[4] Die **Erstattung** dieser Kosten seitens des unterlegenen Gegners des Auftraggebers erfolgt gemäß § 91 Abs. 1 (nicht Abs. 2) ZPO., soweit sie zur zweckentsprechenden Rechtsverfolgung notwendig waren. JW. 88, 66[2]; 95, 263[4]. Maßgebend für die Erstattungsfähigkeit ist einesteils, ob die Ermittlung des Sachverhalts und die zu diesem Behufe dem Prozeßbevollmächtigten zu machenden Angaben Schwierigkeiten bieten, und anderenteils, ob die Bildungsstufe der Partei dieser nicht ermöglicht, in ausreichender Weise dem Prozeßbevollmächtigten schriftlich Informationen zu erteilen; jedoch ist auf die verwickelten Verhältnisse der jetzigen Zeit gebührend Rücksicht zu nehmen. RG. 15, 403; JW. 95, 263[4]; 96, 250[20]; 97, 303[6], 447[5], 458[2]; 98, 68[3], 262[20]; 99, 695[3], 814[4]; 20, 499, 715; 21, 278[3]; 23, 851[30]; 24, 1264[25]; 27, 528[6], 1497[6], 2474[11]; 28, 755[47], 1146[2], 1153[13], 1154[17], 2159[13], 2803[4]; HRR. 29, 554. Vgl. jedoch JW. 95, 357[1] (Verkehrsanwalt über die Verhältnisse besser als die Partei selbst unterrichtet), 01, 123[12] (Erstattungsfähigkeit, wenn mit Rücksicht auf die Schwierigkeit

der Sache Einsicht von Grundakten durch einen Anwalt notwendig), **23**, 865[15]; **24**, 106[1] (Erstattungsfähigkeit stets gegeben), **25**, 824[44] (stets bei Aufwertungsprozessen). Ferner bei großer Eilbedürftigkeit, z. B. im Arrestverfahren. JW. **21**, 905[3]. Bei schwierigen Prozessen selbst dann, wenn die gegnerische Berufung später als unzulässig verworfen wird. JW. **24**, 1624[18]. Eine ausländische Firma wird stets den Anwalt ihres Vertrauens zuziehen können, JW. **26**, 865[23], zumal wenn sie nicht deutsch sprechen kann, JW. 28, 3130[4], wodurch aber gebührenrechtlich keine Schlechterstellung des Gegners erfolgen darf, JW. 28, 121[3]. In Ausnahmefällen ist auch die Annahme eines Verkehrsanwalts zulässig, der entfernt vom Wohnsitz der Partei sich befindet. JW. **28**, 1146[3], 3130[4]. Die Bestellung des ortsansässigen Anwalts darf aber nur zum Verkehrsanwalt erfolgen, nicht zum Hauptbevollmächtigten; entstehende höhere Kosten sind nicht erstattungsfähig. JW. **25**, 1548[3]. Auch bei Nichtvorliegen dieser Voraussetzungen ist die Verkehrsgebühr bis zu dem Betrage der Kosten einer anderweitigen Informationserteilung (z. B. der Portokosten bei möglicher schriftlicher Informationserteilung) zu erstatten. JW. **95**, 263[1], 384[23]; **96**, 249[19], 250[20]; **97**, 3[6], 3[7]; **01**, 59[9]. Anderseits ist die Gebühr auch bei Vorliegen dieser Voraussetzungen, wenn durch Reisen der Partei zum Prozeßbevollmächtigten behufs mündlicher Informationserteilung geringere Kosten entstanden wären, nur in Höhe dieses Kostenbetrags zu erstatten. JW. **88**, 393[1]; **96**, 249[19]. War aber die Annahme eines Verkehrsanwalts notwendig, so kann die Gebühr auch dann erstattet verlangt werden, wenn die Partei sich einer anderen Person als eines Rechtsanwalts zur schriftlichen Informierung hätte bedienen können. JW. **86**, 72[2]; **94**, 64[12]. Vgl. auch JW. **94**, 113[6] (Ersparung der Verkehrsgebühr durch Annahme eines ausnahmsweise nicht am Sitze des Prozeßgerichts, sondern am Wohnsitze der Partei wohnhaften Landgerichtsanwalts als Prozeßbevollmächtigten). — Ein Anwalt, der in **eigener Sache oder als gesetzlicher Vertreter**, Testamentsvollstrecker, **Konkursverwalter** seinem Prozeßbevollmächtigten **Informationen** erteilt, hat keinen Anspruch auf die Verkehrsgebühr: Anm. 2 § 7. — Für die **Revisionsinstanz** wird die Erstattung der Gebühr eines Verkehrsanwalts in ständiger Praxis versagt, JW. 88, 66[2]; **92**, 219[21]; **95**, 357[1]; **28**, 1146[3], 2159[13]; Gr. **40**, 1138; OLG. **33**, 36, es sei denn, daß ausnahmsweise tatsächliche Fragen von Bedeutung sind, Recht 07, 1677; JW. 25, 2389[9]. — Die Erstattungsfähigkeit der Gebühren eines **ausländischen Anwalts** ist nicht von dem Gesichtspunkte der Verkehrsgebühr nach § 44 in Verbindung mit § 91 Abs. 2 ZPO. zu prüfen, sondern danach, ob die Zuziehung des ausländischen Anwalts zur Vermittlung des Verkehrs mit dem inländischen Anwalt notwendig war. JW. 99, 45[43].

[5] Vgl. § 29 Nr. 8. — Es wird ein **besonderer Auftrag zur gutachtlichen Äußerung** erfordert. RG. 8, 374. Jedoch auch bei Vorliegen dieser Voraussetzung ist die Gebühr nicht erstattungsfähig, wenn es sich um gutachtliche Äußerungen für die Revisionsinstanz handelt. Gr. 40, 1138; OLG. 33, 36. Vgl. aber Anm. 4 a. E.

45. Der Rechtsanwalt, dessen Tätigkeit sich auf die Vertretung in einem nur zur Leistung des durch ein Urteil auferlegten Eides oder nur zur Beweisaufnahme bestimmten Termine beschränkt[1], erhält neben der dem Prozeßbevollmächtigten im gleichen Falle zustehenden Beweisgebühr[2] eine Gebühr in Höhe von fünf Zehnteilen der Prozeßgebühr[3]. Letztere Gebühr steht ihm auch dann zu, wenn der Auftrag vor dem Termin erledigt wird.

Die Wahrnehmung eines weiteren Termins zur Fortsetzung der Verhandlung[4] begründet nicht eine Erhöhung der Gebühr[5, 6].

[1] Er darf **nicht Prozeßbevollmächtigter** sein, andere Tätigkeiten kann er ausüben (§§ 43, 44, 46). Hat der Prozeßbevollmächtigte, der nicht am Sitze des Prozeßgerichts wohnt, einen an seinem Wohnsitz stattfindenden Beweistermin wahrgenommen, so erhält er nur die gewöhnliche Beweisgebühr und nicht neben seiner Prozeßgebühr noch die $^5/_{10}$ Gebühr aus § 45. OLG. 33, 194. — Ist der Auftrag zur Wahrnehmung eines Beweistermins versehentlich erteilt, handelt es sich vielmehr nur um einen Termin zur Erklärung einer Partei über die Echtheit vorgelegter Urkunden, so erwächst nur die halbe Prozeßgebühr. JW. 26, 2476[10]. Dieselbe Gebühr wird man für einen Termin zur Anhörung der Parteien nach § 619

ZPO. gewähren müssen. — Auch der Anwalt, dem die Verkehrsgebühr (§ 44) nicht zukommt, z. B. der Anwalt als **Konkursverwalter** (Anm. 2 § 7 DGO.), kann die Gebühren aus § 45 verdienen. JW. 28, 2162[25].

[2] Die **Beweisgebühr** steht einmal nach § 13 Nr. 4 DGO. dem Prozeßbevollmächtigten und daneben aus § 45 dem damit beauftragten Anwalt zu. RG. 21, 407; JW. 93, 161[18]. Während der Prozeßbevollmächtigte die Beweisgebühr für das Beweisverfahren erhält, also auch bei Nichtwahrnehmung des Beweistermins, ist die Beweisgebühr aus § 45 davon abhängig, daß der Anwalt den Termin auch wirklich wahrnimmt. Es genügt nicht, daß er sich nachträglich nach dem Ergebnis erkundigt und darüber berichtet. OLG. 17, 236. Ob in dem Termin die Beweisaufnahme stattfindet oder nicht (es ist z. B. der Zeuge ausgeblieben), ist unerheblich. Ob sich die Beweisaufnahme in einem Termin oder in mehreren abspielt und ob dem ersten Auftrag nach seiner Erledigung noch **weitere gleichartige Aufträge** (z. B. auf Grund eines neuen Beweisbeschlusses) folgen, macht (vorausgesetzt, daß es sich um denselben Teil des Streitgegenstandes handelt), wenn auch im letzteren Fall an sich jeder Auftrag besonders zu vergüten ist (s. Anm. 3), nichts aus, da der Anwalt in der Instanz nach § 48 niemals mehr als eine volle Beweisgebühr verdienen kann. OLG. 9, 171; 19, 258; 31, 243; 42, 64. — Die **Höhe** der Beweisgebühr richtet sich nach der des Prozeßbevollmächtigten, ist also z. B. in der Beschwerdeinstanz nur $^3/_{20}$, in der Berufungsinstanz $^{13}/_{20}$. **Streitwert** ist der Wert des zu beweisenden Streitpunktes. — Wegen des Übergangsrechts: Anm. 6.

[3] Da die **Prozeßgebühr** nach § 48 wie nach § 25 jedem Anwalt in jeder Instanz nur einmal erwachsen kann, so erhält der **Verkehrsanwalt**, der auch einen Beweistermin wahrnimmt, neben der Verkehrsgebühr aus § 44 nicht noch die halbe Prozeßgebühr aus § 45; vgl. Anm. 3 § 44. Ebensowenig der Anwalt des Gläubigers im vorangegangenen Mahnverfahren. OLG. 40, 462 und Anm. 6 § 38, Anm. 0 § 44. Die Prozeßgebühr ist verdient, auch wenn sich der Auftrag vor dem Termin erledigt (Abs. 1 Satz 2). Versäumt der Anwalt den Beweistermin, so hat er wegen Nichterfüllung des Auftrags auch keinen Anspruch auf die Prozeßgebühr. — Werden **mehrere selbständige gleichartige Aufträge** aus § 45 nach ein-

ander erteilt, so sind sie gebührenrechtlich unabhängig von einander. Da hier § 25 durch § 48 ersetzt ist, so kann der Anwalt bis zur Höhe einer vollen, dem Prozeßbevollmächtigten zustehenden Prozeßgebühr für den zweiten Auftrag wieder $^5/_{10}$ berechnen. OLG. **9**, 171; **19**, 258; **31**, 243; **42**, 64 (a. M. RG. **47**, 412; OLG. **17**, 235). — Die **Höhe** der Prozeßgebühr richtet sich nach der des Prozeßbevollmächtigten, ist also z. B. in der Beschwerdeinstanz nur $^3/_{20}$, in der Berufungsinstanz $^{13}/_{20}$. **Streitwert** ist hier nicht der zur Beweisaufnahme stehende Teil des Streitgegenstandes, sondern das volle Prozeßobjekt, da sich die Information zwecks sachgemäßer Terminswahrnehmung auf den ganzen Prozeß erstrecken muß. — Wegen des Übergangsrechts: Anm. 6. — Wegen der Möglichkeit, auch eine **Vergleichsgebühr** über §§ 89, 90 DGO. zu verdienen, s. JW. 27, 1312[6].

[4] Mit dem „weiteren Termin zur Fortsetzung der Verhandlung" (nicht „mündlichen" Verhandlung) ist nur ein **neuer Beweistermin** gemeint; denn nach Abs. 1 bezieht sich ja gerade der Auftrag nur auf dessen Wahrnehmung. Es wäre auch unverständlich, weshalb der Anwalt für die der Beweisaufnahme folgende mündliche Verhandlung keine Verhandlungsgebühr erhalten sollte.

[5] **Erstattung der Kosten.** Die **Partei hat das Recht,** in jedem Stadium des Prozesses, zu jedem Termin und zu jeder Verhandlung, also auch zu Beweis- und Eidesleistungsterminen, **einen Anwalt zuzuziehen;** sie darf die dafür aufgewendeten Kosten in allen Fällen zur Erstattung liquidieren. Auch die Gebühren eines zur Vertretung in einem auswärtigen Beweis- oder Eidesleistungstermin angenommenen zweiten Anwalts sind zu erstatten, wenn und soweit sie sich geringer stellen als die Kosten der Reise des Prozeßbevollmächtigten zu dem Termine. RG. **21**, 407; **26**, 377; **51**, 11 (VZS.); JW. 86, 294[3]; 88, 410[14]; **90**, 116[17]; **92**, 235[1]; **93**, 564[27]; **95**, 262[2], 384[23]; **96**, 5[20], 250[20], 410[9]; **97**, 78[5], 447[4]; **98**, 68[3], 659[8]; **99**, 223[5], 815[14]; **27**, 810[4], 2642[11]; OLG. **19**, 251; **20**, 302; HRR. 28, 680, 681 (a. M. JW. **89**, 40[2]; **95**, 481[17]; **97**, 78[5]; OLG. **5**, 229: Prüfung im einzelnen Falle, ob die Vertretung in dem Termine zweckmäßig war). War der Prozeßbevollmächtigte ernstlich behindert und auch Terminsverlegung nicht möglich, so sind auch die höheren Kosten des auswärtigen Anwalts erstattungsfähig. JW. **27**, 810[4]; 28, 754[45], [46], 2157[10] (a. M.

JW. 27, 2474[9]). Das Recht auf besondere Anwaltsvertretung besteht auch dann, wenn in dem Beweistermine der Prozeßbevollmächtigte der in dem Termine von einem anderen Anwalte vertretenen Partei selbst als Zeuge vernommen wird. OLG. 1, 333. — Hat ein Verkehrsanwalt die Partei im Beweistermin vertreten und wird die Zuziehung als Verkehrsanwalt als nicht notwendig später beanstandet, so können wenigstens Gebühren aus § 45 zugebilligt werden. JW. 96, 250[20]; OLG. 17, 235. Hat der Prozeßbevollmächtigte selbst für ein vereinbartes Sonderhonorar den auswärtigen Termin wahrgenommen, so ist es auch nicht in Höhe der Gebühr des § 45 erstattungsfähig. JW. 27, 1499[12].

[6] **Übergangsrecht.** An sich sind alle in der Instanz tätigen Anwälte nach der gleichen Gebührenvorschrift zu entschädigen. Da aber für den nur mit der Wahrnehmung eines Beweistermins beauftragten Anwalt der Auftrag mit dem Ende des Beweistermins endet und damit nach § 85 DGO. sein Gebührenanspruch fällig wird, so kommen für ihn spätere während des Laufes der Prozeßinstanz eintretende gesetzliche Gebührenerhöhungen nicht zur Auswirkung. JW. 27, 1312[6] (a. M. JW. 23, 698[17]).

e) **Tätigkeit außerhalb der Prozeßführung.**

46. Beschränkt sich die Tätigkeit des Rechtsanwalts auf die Anfertigung[1] eines Schriftsatzes[2], so erhält er eine Gebühr in Höhe von fünf Zehnteilen der Prozeßgebühr[3].

[1] Für „Unterzeichnung“ dieselbe Gebühr: § 5.

[2] **Ohne daß** er als **Prozeßbevollmächtigter** bestellt ist. JW. 90, 84[17]. Z. B. Entwurf einer Klage, die von einem andern Anwalt vor einem entfernt liegenden Gericht erhoben werden soll. OLG. 17, 222. — Die Gebühr umfaßt auch die für die Anfertigung des Schriftsatzes erforderlichen Besprechungen und Ratschläge. Anm. 1 § 47.

[3] Die Höhe der Prozeßgebühr richtet sich nach dem, was ein Prozeßbevollmächtigter erhalten würde. Er bekommt also z. B. in der Beschwerdeinstanz nur $^3/_{20}$, in der Berufungsinstanz $^{13}/_{20}$. — Die Gebühr kann in der Instanz **mehrfach** bis zur Grenze der jeweils vollen Prozeßgebühr verdient werden

(§ 48). — Erledigt sich der Auftrag vor Anfertigung des Schriftsatzes, so nach §§ 89, 14: $^1/_4$ der Prozeßgebühr.

47. Für einen erteilten Rat[1] erhält der nicht zum Prozeßbevollmächtigten bestellte Rechtsanwalt[2] eine Gebühr in Höhe von drei Zehnteilen der Prozeßgebühr[3].

Eine Gebühr in Höhe von fünf Zehnteilen der Prozeßgebühr steht dem mit Einlegung der Berufung oder der Revision[4] beauftragten Rechtsanwalte zu, wenn derselbe von der Einlegung abrät und der Auftraggeber seinen Auftrag zurücknimmt.

[1] **Raterteilung** ist nicht jede Besprechung über nebensächliche Punkte, sondern nur eine solche, die für die Beurteilung, Auffassung und Behandlung einer Rechtsangelegenheit von Einfluß und Bedeutung ist. Wird eine Angelegenheit in mehreren unmittelbar aufeinanderfolgenden Konferenzen verhandelt, so liegt nur eine Raterteilung vor. EGH. 3, 9; 4, 63; 8, 247. Unter die beratende Berufstätigkeit fällt aber nicht bloß die eigentliche Raterteilung, sondern überhaupt die ganze, das gerichtliche Verfahren, namentlich dessen Beginn, vorbereitende Tätigkeit, auch soweit sie auf Beschaffung des erforderlichen Materials gerichtet ist. JW. 03, 28[27], auch Anm. 7 § 1 DGO. Die zur Informationseinziehung, insbesondere durch Einsicht von Akten, aufgewendete Tätigkeit wird durch die Gebühr mitabgegolten. EGH. 8, 248, 253. Desgleichen Besprechungen zur Einholung von Informationen für einen Schriftsatz oder einen Termin. EGH. 9, 148. Auch die Besprechungen und Raterteilungen, die dazu führen, daß der Anwalt den Entwurf einer Klage anfertigt, die von einem andern Anwalt vor einem entfernten Gericht erhoben werden soll, werden durch die Gebühr für den Entwurf aus § 46 DGO. mitabgegolten. OLG. 17, 223, Anm. 2 § 46. — Die Raterteilung kann **mündlich oder schriftlich** erfolgen. Ein schriftlicher Rat mit eingehender Begründung wird meist ein **Gutachten** im Sinne des §§ 88 sein.

[2] Soweit der Anwalt **zum Prozeßbevollmächtigten bestellt** ist, wird die Erteilung eines Rates durch die Prozeßgebühr mitabgegolten, wenn der Rat sich auf die laufende In-

stanz bezieht. Dies gilt auch dann, wenn der Anwalt zwar zum Prozeßbevollmächtigten bezüglich der ganzen Rechtsangelegenheiten bestellt, aber der Auftrag auf Einklagung vorläufig nur eines Teiles des Anspruchs unter Vorbehalt der Erweiterung des Klagantrags beschränkt ist. JW. **12**, 860[18]. — Ist **ein gerichtliches Verfahren** überhaupt **noch nicht anhängig**, so ist zur Anwendung des § 47 DGO. erforderlich, daß die Absicht des Auftraggebers darauf gerichtet ist, die Tätigkeit des Anwalts zum Zwecke des Beginns eines gerichtlichen Verfahrens in Anspruch zu nehmen, das sich nach ZPO., StPO., KO. (RG. **118**, 365) oder VerglO. richtet (§ 1); ebenso, wenn sich der Rat darauf bezieht, ob der Klageanspruch erweitert werden soll. JW. **28**, 2781[1] (W. 28, 134). Besteht aber keine Absicht zur Prozeßführung, so ist die Raterteilung nach landesgesetzlicher Gebührenvorschrift (in Preußen nach Art. 11 LGO.) zu vergüten. OLG. **15**, 180, 183; **17**, 228 auch Anm. 8 § 1 DGO. Wird aber der Anwalt, nachdem es entgegen der früheren Absicht zum Prozesse gekommen ist, mit dessen Führung beauftragt, so ist es so anzusehen, als ob von vornherein Auftrag zur Prozeßführung erteilt worden wäre. JW. **03**, 28[27] und § 49 DGO. — Hat der Anwalt eine Konkursforderung in einer die Wünsche der Partei überschreitenden Höhe angemeldet, so daß ihm die Gebühr des § 55 nicht zukommt, so steht ihm doch die Ratgebühr aus § 47 zu. RG. **118**, 365 (JW. 28, 99[2]). — Wegen der Raterteilung des Vollstreckungsanwalts mit Rücksicht auf Interventionen dritter Personen s. Anm. 18 § 23 DGO.

[3] Werden **verschiedene Rechtsangelegenheiten** mit verschiedenen Streitwerten besprochen, so kann der Anwalt für jede Angelegenheit eine besondere Gebühr aus § 47 in Ansatz bringen. JW. **86**, 459[5]. — Vgl. auch § 88 (Ausarbeitung eines Gutachtens mit juristischer Begründung: angemessene Vergütung).

[4] Nach § 52 DGO. erhält hier der mit der Einlegung der Berufung oder der Revision beauftragte Anwalt $^5/_{10}$ der erhöhten Prozeßgebühr. — Voraussetzung für § 47 Abs. 2 ist, daß der Rat befolgt wird. Ist dies nicht der Fall, bleibt es also bei dem schon fest erteilten Auftrag zur Einlegung des Rechtsmittels, so kann der Anwalt nur entweder dem Auftrag gemäß verfahren oder seine Tätigkeit ablehnen. Dann erhält er aber auch für die Abratung weder die Gebühr aus Abs. 2 noch die aus Abs. 1, letzteres, falls nicht der Rat erbeten war.

48. Der nicht zum Prozeßbevollmächtigten bestellte Rechtsanwalt erhält höchstens die für den Prozeßbevollmächtigten bestimmte Gebühr, falls die ihm aufgetragenen Handlungen in den Kreis derjenigen Tätigkeit fallen, für welche die dem Prozeßbevollmächtigten zustehende Gebühr bestimmt ist[1].

[1] Er soll also für die Einzelaufträge im ganzen nicht mehr als ein Prozeßbevollmächtigter erhalten. Mot. 58. Wie viel dieser zu erhalten hätte, ergibt sich aus §§ 13 ff. DGO., gegebenenfalls auch §§ 23, 41. — Wegen Vergleichsabschluß durch den Verkehrsanwalt vgl. Anm. 2 § 44 a. E. — Die Regel des § 48 gilt natürlich für jede Instanz (§§ 25, 29) besonders.

49. Wird ein Rechtsanwalt, nachdem er in einer Rechtssache tätig gewesen, zum Prozeßbevollmächtigten bestellt, so erhält er für die ihm vorher aufgetragenen Handlungen, soweit für dieselben die dem Prozeßbevollmächtigten zustehende Gebühr bestimmt ist[1], und als Prozeßbevollmächtigter zusammen nicht mehr an Gebühren, als ihm zustehen würde, wenn er vorher zum Prozeßbevollmächtigten bestellt worden wäre.

[1] §§ 13, 29. Im ganzen also nicht mehr, als er erhalten würde, wenn er von vornherein zum Prozeßbevollmächtigten bestellt worden wäre. Mot. 58. Alle Gebühren aus §§ 43—48 sind gutzubringen. Dieselbe Regel gilt, wenn umgekehrt der Prozeßbevollmächtigte später Einzelbeauftragter wird; vgl. Anm. 3 § 44 (prozeßgebührähnliche Gebühr).

f) Aufhebung des Auftrags.

50. Wird der einem Rechtsanwalt erteilte Auftrag vor Beendigung der Instanz[1] aufgehoben[2], so stehen dem Rechtsanwalte[3] die Gebühren in gleicher Weise zu, als wenn die Instanz zur Zeit der Aufhebung des Auftrags durch Zurücknahme der gestellten Anträge erledigt wäre[4], unbeschadet der aus einem Verschulden sich ergebenden zivilrechtlichen Folgen[5].

[1] Zeitpunkt der **Beendigung der Instanz:** Anm. 2 § 26 DGO.

[2] In solchem Falle hätte nach den Regeln des Dienstvertragsrechts im BGB. der Anwalt höchstens Anspruch auf einen seinen bisherigen Leistungen entsprechenden Teil der Vergütung. Da nun die Anwaltsgebühren Pauschgebühren sind, die die gesamte Tätigkeit in der Instanz (§§ 13, 29) abfinden, so ergäbe sich die Frage, welchen Teil jeder Gebühr der Anwalt erhalten soll, wenn der Auftrag mitten in der Instanz endet. Diese Erörterung wird in § 50 durch die Bestimmung abgeschnitten, daß eine Endigung der Instanz für den Tag der Auftragsaufhebung fingiert und damit eine Teilung der bis dahin erwachsenen Gebühren abgeschnitten wird. — **Aufhebung des Auftrags** z. B. zufolge Todes, Kündigung, Aufgabe der Zulassung s. Anm. 5.

[3] Sowohl dem Prozeßbevollmächtigten wie dem mit Einzelleistungen (§§ 43—48) beauftragten Anwalt. — Der § 50 steht zwar nur im 2. Abschnitt der DGO., doch wird man annehmen müssen, daß er einen allgemeinen Grundsatz enthält, also auch für die anderen Abschnitte gilt.

[4] Sonderbestimmungen bezüglich einer Erledigung vor Ausführung: §§ 14 (vor Einreichung oder Zustellung eines Schriftsatzes), 39 (im Verteilungsverfahren), 43 (Vertretung im Verhandlungstermin), 45 (Wahrnehmung des Beweistermins), 90 (Auftrag).

[5] **Zivilrechtliche Folgen** eines **Verschuldens können** z. B. sein: Verlust des Gebührenanspruchs, soweit die Tätigkeit des Anwalts für die Partei ohne Interesse, und weitere Schadensersatzpflicht (s. unten). Das RG. hat in Ausdehnung des im § 654 BGB. für den Mäkler bei Treubruch enthaltenen Verlustes auf den Lohn ausgesprochen, daß, da der Anwalt „in hervorragendem Maße" der Partei treupflichtig sei, er bei schuldhafter Vertragsverletzung den **Gebührenanspruch verwirke,** auch wenn der Partei kein positiver Schaden erwachsen ist und die bisherige Tätigkeit vielleicht für die Partei von gewissem Interesse bleibt. RG. 113, 264 (JW. 26, 2086[3]). — **Freiwillige Aufgabe der Zulassung** beim Prozeßgericht aber entzieht dem Anwalt in der Regel noch nicht den Anspruch auf die Gebühr, RG. 33, 269; JW. 94, 278[2]; 25, 2645[1]; Gr. 38, 1168 (a. M. SeuffA. 55, 100), ebensowenig eine **freiwillige Mandatsniederlegung,** z. B. wenn

der Anwalt im Laufe der Instanz kündigt, weil er die Überzeugung gewinnt, daß die Rechtsverfolgung seines Auftraggebers aussichtlos ist, RG. 33, 370. Ein Verschulden aber, das zum Schadensersatz (z. B. zur Rückerstattung der gezahlten Gebühren oder zur Tragung der durch die Annahme eines anderen Anwalts entstandenen Mehrkosten) verpflichtet, liegt z. B. vor, wenn der Anwalt bei Übernahme eines Auftrags seine schon bestehende Absicht, die Stellung aufzugeben, verschweigt, RG. 33, 371, oder wenn er durch Pflichtwidrigkeit seine Löschung als Anwalt verursacht, JW. **98**, 390[19]; **99**, 30[7], oder wenn er ohne gerechtfertigten Grund plötzlich in einem Beweistermin oder, weil ihn die Partei nicht auch in einem anderen anhängig gewordenen Rechtsstreite zum Prozeßbevollmächtigten bestellt hat, das Mandat niederlegt, OLG. **15**, 196; **31**, 244, oder wenn er die Partei bei Verzug nach auswärts einfach unvertreten läßt, obwohl sein Bürogenosse wohnen bleibt, JW. **25**, 2645[1], oder wenn er als Verkehrsanwalt schuldhaft die Handakten zurückhält, RG. **113**, 264 (JW. **26**, 2086[3]).

g) Streitgenossenschaft.

51. Bei Vertretung mehrerer[1] Streitgenossen[2], einschließlich der Nebenintervenienten[3], stehen dem Rechtsanwalte die Gebühren nur einmal zu. Bei nachträglichem Beitritt von Streitgenossen[4] erhöht sich durch jeden Beitritt die Prozeßgebühr um zwei Zehnteile[5]. Die Erhöhung wird nach dem Betrage berechnet[6], bei welchem die Vollmachtgeber gemeinschaftlich beteiligt sind; mehrere Erhöhungen dürfen den einfachen Betrag der Prozeßgebühr nicht übersteigen[7].

[1] **Jeder Streitgenosse kann** sich eines **besonderen Anwalts bedienen.** Bei der Festsetzung der Kosten ist nicht nachzuprüfen, ob es zur zweckentsprechenden Rechtsverfolgung (§ 91 Abs. 1 ZPO.) genügt hätte, wenn von den Streitgenossen ein gemeinschaftlicher Anwalt bestellt worden wäre. RG. **14**, 395; **31**, 417. Dies gilt auch, wenn der Ehemann als Streitgenosse auf Duldung der Zwangsvollstreckung in das Ehegut mitverklagt ist. Gr. **41**, 1156. — **Haftung der mehreren Streitgenossen:** dem Anwalt gegenüber: § 3 und Anm. 1, 3 dazu; dem Gegner

gegenüber: Anm. 4 § 3. — Wird die **Klage gegen einen** der von dem Anwalt vertretenen mehreren Streitgenossen **zurückgenommen,** so steht dem Anwalt hinsichtlich dieses Streitgenossen eine besondere Prozeßgebühr nicht zu. JW. 98, 12[31]. — Ist in erster Instanz gegenüber jedem der mehreren Beklagten gesondert entschieden und ist **von jedem gesondert** und zu verschiedenen Zeiten gegen dieses Urteil **Berufung eingelegt,** so steht dem die Beklagten in zweiter Instanz vertretenden Anwalt die Prozeßgebühr für jedes Rechtsmittel besonders zu. JW. 98, 54[30]. Ist anderseits in erster Instanz einheitlich entschieden und erteilen die Streitgenossen nacheinander demselben Anwalt Berufungsauftrag, so gilt § 51. JW. 92, 219[20].

[2] §§ 59, 60 ZPO. Wegen § 60 s. jedoch Anm. 6.

[3] § 66 ZPO. — Werden der **Nebenintervenient und** die von diesem unterstützte **Partei von besonderen Anwälten vertreten,** so findet in dem Falle, daß der Anwalt des Nebenintervenienten in einem Verhandlungstermin auch den Anwalt der Partei als Substitut vertritt, § 51 hinsichtlich der Verhandlungsgebühr keine Anwendung; vielmehr steht jedem der beiden Anwälte die Verhandlungsgebühr zu. OLG. 17, 236.

[4] § 51 hat **nicht** den **nachträglichen Beitritt zum Prozesse, sondern** den **zur Prozeßvollmacht,** mithin diejenigen Fälle im Auge, in denen Streitgenossen nachträglich den gleichen Prozeßbevollmächtigten bestellen, den andere Streitgenossen bereits bestellt haben. RG. 35, 361. — Der Nebenintervenient wird hierbei gleich dem Streitgenossen behandelt. Dabei macht es keinen Unterschied, ob der Intervenient zu der Bevollmächtigung der Hauptpartei hinzutritt oder ob das Umgekehrte der Fall ist. RG. 35, 361; OLG. 15, 197. **Jeder Beitritt** zur Prozeßvollmacht bringt eine Erhöhung der Prozeßgebühr; dabei ist gleichgültig, ob e i n Streitgenosse oder g l e i c h z e i t i g m e h r e r e beitreten.

[5] Auf den Fall der Verbindung mehrerer Prozesse (§ 147 ZPO.) trifft nicht Satz 2, sondern vom Zeitpunkte der erfolgten Verbindung ab Satz 1 zu. JW. 91, 201[15]. Überträgt jedoch nach der Verbindung der eine Streitgenosse dem schon bestellten Anwalt des andern Streitgenossen seine Vertretung ebenfalls, so muß auch hier Satz 2 gelten. Es werden die Gebühren vom Zeitpunkte der Verbindung ab wie für einen Prozeß berechnet. Mot. 61, 62. Vgl. JW. 98,

74[30]. — Im Falle der **Lösung einer Streitgenossenschaft** (§§ 145, 150 ZPO.) gilt für die in Zukunft anfallenden Gebühren der § 51 nicht mehr, sondern in jedem Rechtsstreit ist gesondert zu liquidieren.

[6] Die Bestimmung über die Berechnung der Erhöhung zeigt, daß § 51 Satz 2, 3 nur für die Fälle der sog. **„echten" Streitgenossenschaft** gemeint ist (§ 59 ZPO.); denn bei der unechten (§ 60 ZPO.) gibt es gar keinen Betrag, bei welchem die Vollmachtgeber gemeinschaftlich beteiligt sind. Bei der unechten Streitgenossenschaft werden einfach nach § 5 ZPO. die Streitwerte der einzelnen Ansprüche zusammengerechnet und von der Summe die Prozeßgebühr genommen. — Erhöht wird die nach allgemeinen Gesichtspunkten über den Streitwert errechnete Prozeßgebühr; ihr Doppeltes ist die obere Grenze (Schlußhalbs.). Jede Erhöhung bringt eine $^2/_{10}$ Prozeßgebühr, gerechnet von dem gemeinschaftlichen Betrage als Streitwert.

[7] § 51 gilt nicht nur für Prozesse, sondern auch z. B. für das Mahn-, Güte-, Verteilungs-, Aufgebots-, Schiedsspruchbeschlußverfahren. Ebenso wird § 51 im Konkurse bei der Vertretung von Gesamtgläubigern anzuwenden sein. Im Strafverfahren gilt § 72.

h) Berufungs- und Revisionsinstanz.

52. [1]**Die Gebührensätze erhöhen sich in der Berufungs- und in der Revisionsinstanz um drei Zehnteile**[2]**.**

[1] **Geschichtliches.** In ältester Fassung lautete § 52: „Für die bei dem Reichgerichte zugelassenen Rechtsanwälte erhöhen sich die Gebührensätze in der Revisionsinstanz um drei Zehnteile", galt also nur für die Revisionsinstanz und nur für Reichsgerichtsanwälte, nicht für Berufungen beim Reichsgericht in Patent- und Konsulargerichtsbarkeitssachen, nicht für das bayr. oberste Landesgericht, nicht für den Verkehrsanwalt. Die Nov. v. 1. 6. 09 gab dem § 52 vorübergehend den jetzigen Inhalt. Die Nov. v. 22. 5. 10 erhöhte den Zuschlag für die Revisionsinstanz auf $^5/_{10}$. Die Nov. v. 1. 4. 18 brachte für die Berufungsinstanz die gleiche Erhöhung, die vom 18. 12. 19 ermäßigte für beide Instanzen die Erhöhung wieder auf $^3/_{10}$, verquickte sie aber mit gleichzeitigen Erhöhungen der

ersten Instanz. Die jetzige Fassung schließlich beruht auf Art. I Nr. 8 der Nov. v. 18. 8. 23.

[2] Die erhöhten Gebühren für die Berufungs- und Revisionsinstanz stehen auch zu: den bei dem bayr. **obersten Landesgerichte** (§ 7 EG.ZPO.) zugelassenen Anwälten; dem **Substituten** des Prozeßbevollmächtigten; dem für die Führung der **Korrespondenz oder** für die **Vertretung bei** einer **Beweisaufnahme** in einem beim Berufungsgerichte schwebenden Prozeß eine Verkehrsgebühr nach § 44 DGO. oder eine Vertretungsgebühr nach § 45 DGO. erhaltenden Anwalt; dem einen **Rat** für die höhere Instanz gebenden Anwalt. Mot. 60, vgl. Anm. 3 § 44, Anm. 2, 3 § 45, Anm. 4 § 47. Gleiches hat auch zu gelten für den beim Berufungs- oder Revisionsgericht nicht zugelassenen Anwalt, der für sein Auftreten vor einem solchen Gerichte zwecks **Ausführung der Parteirechte** eine Gebühr nach § 43 DGO. erhält. Weiter hat die Erhöhung Platz zu greifen in solchen Verfahren, die zwar keine eigentlichen Rechtsmittelverfahren sind, für die aber doch das Berufungs- oder Revisionsgericht als solches zuständig ist, so in dem **Wiederaufnahmeverfahren,** für das auf erhobene Nichtigkeits- oder Restitutionsklage das Berufungs- und Revisionsgericht nach § 584 ZPO. zuständig ist (vgl. RG. 57, 232), sowie in dem Verfahren über den Antrag auf Anordnung eines **Arrestes oder einer einstweiligen Verfügung** (§ 28 DGO.), für das nach § 943 Abs. 1 Halbs. 2 ZPO. das **Berufungsgericht als Gericht der Hauptsache** zuständig ist. OLG. 25, 301. Auch für ein **Armenrechtsgesuch** für die höhere Instanz sind die erhöhten Gebühren zuständig. — Die **Einwilligung** des Gegners **in die Sprungrevision** ist nach § 566a Abs. 2 ZPO. der Revisionsschrift schriftlich beizufügen, stellt sich also als ein auf die Revisionsinstanz bezüglicher Schriftsatz im Sinne des § 46 DGO. dar, für den der die Erklärung abgebende Anwalt erster Instanz $^5/_{10}$ der Revisionsprozeßgebühr erhält, die natürlich fortfällt, wenn er Verkehrsanwalt für die Revisionsinstanz wird (§ 48). — Ferner gilt § 52 für Berufungen in Patentsachen beim Reichsgericht (Anm. 2 § 91). Wegen der Verfahren vor den Konsulargerichten und der vor den Arbeitsgerichten s. Anm. 3 I e, g § 1 DGO. Im **Beschwerdeverfahren** gelten dagegen die Gebührenerhöhungen nicht, also auch nicht, wenn auf Beschwerde gegen einen abgelehnten Arrest die Beschwerdeinstanz nach mündlicher Ver-

handlung durch Urteil entscheidet. OLG. **33**, 193. — Die **Rechtsbeschwerde** nach § 41 MietSchG. v. 17. 2. 28 (RGBl. I 25) folgt nicht den Vorschriften der ZPO. für irgendein in ihr geregeltes Rechtsmittel, so daß nach § 1 DGO. diese an sich keine Anwendung findet. Trotzdem ist durch verbindliche Rechtsentscheide für Preußen (JW. **27**, 594[25]; JFG.Erg. **4**, 204) und Bayern (JW. **29**, 154[14]) für die Rechtsbeschwerdeinstanz die Anwendung der für die Berufungsinstanz geltenden Bestimmungen der DGO. ausgesprochen.

Dritter Abschnitt.

Gebühren im Konkursverfahren und im Vergleichsverfahren zur Abwendung des Konkurses.

Vgl. die angehängte Tabelle A. — Abschnitt III bezieht sich nur auf die **Vertretung des (Gemein-)Schuldners oder des Gläubigers**, und zwar gemäß § 1 DGO. hinsichtlich einer den Beginn oder die Fortsetzung des Konkurs- oder gerichtlichen Vergleichsverfahrens betreffenden Tätigkeit. Auf die Vergütung für die **Verwaltungstätigkeit** des Anwalts **als Mitglied des Gläubigerausschusses oder als Konkursverwalter** findet er keine Anwendung. Mot. 65, OLG. **9**, 168; **11**, 342. Ebensowenig auf ein außergerichtliches Vergleichsverfahren. Mot. 65. Auch nicht auf die mit einem Konkursverfahren zusammenhängenden Prozesse. Bedient sich der Konkursverwalter eines Anwalts als Beistand oder als Ratgeber, so bestimmt sich die Gebühr nach § 89 DGO. Mot. 65. — Hat der Anwalt zunächst den Gemeinschuldner in einem Prozesse vertreten und dann nach dessen Aufnahme den Konkursverwalter, so kann er die vollen Gebühren für seine ganze Tätigkeit von der Konkursmasse als Masseschuld verlangen. OLG. **9**, 166. Sonst aber hat der Anwalt wegen seiner Gebühren für die **Prozeßvertretung des Gemeinschuldners vor dem Konkurse** weder einen Masseanspruch noch ein Vorrecht nach § 61 Nr. 1 KO., sondern nur eine Konkursforderung. OLG. **10**, 206. — Vgl. § 63 Nr. 2 KO. (die Kosten, die den einzelnen Gläubigern durch ihre Teilnahme an dem Verfahren erwachsen, können im Konkursverfahren nicht geltend gemacht werden).

Wegen der Gebühren im früheren Verfahren über die **Geschäftsaufsicht zur Abwendung des Konkurses** vgl. Anm. 1 § 61a.

Wertklassen. Gebührensatz. Wertfestsetzung.

53. Auf die Gebühren im Konkursverfahren und im Vergleichsverfahren zur Abwendung des Konkurses finden die Vorschriften der §§ 9, 11, 12[1] entsprechende Anwendung.

[1] § 9 enthält die Wertstufen und Gebührensätze. § 11 bestimmt, daß die für die Berechnung der Gerichtsgebühren maßgebende Wertfestsetzung auch den Anwalt bindet. § 12 gibt dem Anwalt das Recht auf Beschwerde im eigenen Namen zwecks Erhöhung des Streitwerts. — Für die Gerichtsgebühren sind maßgebend § 40 GKG., der für die Wertfestsetzung auf §§ 16, 18, 19 GKG. (oben Anm. 1 § 11 DGO.) und auf § 3 ZPO. (oben bei § 10 DGO.) verweist, und § 43 GKG. (unten Anm. 1 § 59 DGO.). — Nicht anwendbar sind §§ 4—9 ZPO., insbesondere nicht § 4. Die dort bezeichneten **Nebenforderungen** (Früchte, Nutzungen, Zinsen und Kosten) **bis** zum Tage der **Konkurseröffnung** (§ 62 Nr. 1, 3 KO.) sind also bei der Wertberechnung (z. B. der Aktivmasse, des angemeldeten Gläubigeranspruchs) **mit in Ansatz zu bringen.**

Tarifsystem.

a) **Allgemeine Gebühren.**

54. Im Verfahren über einen Antrag[1] auf Eröffnung des Konkursverfahrens (Konkursordnung §§ 104 bis 106) erhält[2] der Rechtsanwalt zwei Zehnteile[3] oder, wenn er einen Gläubiger vertritt, fünf Zehnteile[4] der Sätze des § 9[5].

[1] Des **Gemeinschuldners oder** eines **Gläubigers.** Die Gebühr findet den Anwalt für seine gesamte Tätigkeit im **Eröffnungsverfahren** (§§ 102—116 KO., einschließlich der Sicherungsmaßnahmen aus § 106 KO.) ab; jedoch ausschließlich der etwaigen Beschwerden, für die § 58 Nr. 1 gilt. Weitere Tätigkeit: Anm. 2.

[2] **Neben der Gebühr aus** § 55 für die allgemeine Vertretung im Konkursverfahren **und** auch neben den Gebühren **aus § 56** für die dort aufgeführten, besonders zu vergütenden Akte, sofern sich seine Tätigkeit demnächst darauf erstreckt hat. Mot. 64.

[3] Berechnung **nach dem Betrage der Aktivmasse:** § 59 Abs. 1 DGO. Maßgeblich ist allein, daß der Anwalt („im Verfahren über einen Antrag") den Gemeinschuldner vertritt, unerheblich aber, ob der Konkursantrag von letzterem gestellt ist oder von einem Gläubiger, auf dessen Antrag erwidert wird. — Dem Gemeinschuldner steht in den Fällen der Sonderkonkurse (§§ 207 ff. KO.) derjenige gleich, der diese Masse vertritt.

[4] Berechnung **nach dem Nennwerte der Forderung:** § 59 Abs. 2 DGO.

[5] Erledigt der Anwalt nur einige Akte im Eröffnungsverfahren, so ist ihm über § 89 ein angemessener Teil der Gebühr des § 54 zu bewilligen.

55. Für die Vertretung[1] im Konkursverfahren[2] erhält der Rechtsanwalt sechs Zehnteile, wenn jedoch die Vertretung vor dem allgemeinen Prüfungstermine (Konkursordnung § 138)[3] sich erledigt oder erst nach demselben beginnt, vier Zehnteile der Sätze des § 9[4].

[1] Des Gemeinschuldners oder eines Konkursgläubigers; nicht eines Massegläubigers, Aussonderungs- oder Absonderungsberechtigten, des letzteren jedoch, soweit er wegen Verzichts auf das Absonderungsrecht oder Ausfalls mit diesem sich weiter als Konkursgläubiger betätigt. — Die Gebühr des § 55 ist gewährt für **den ganzen Sachbetrieb** einschließlich der Informationseinziehung sowie der Anmeldung der Konkursforderung, Mot. 64, 65, jedoch gegebenenfalls zusätzlich der besonderen Gebühren aus § 56. — Für die Tätigkeit als **Beistand des Verwalters:** Vorbem. vor § 53 DGO.

[2] Für **Gelderhebung** besonders: § 87 DGO. Ebenso gehört nicht mehr zum Konkursverfahren die Tätigkeit bei der Durchführung eines Zwangsvergleichs oder die Zwangsvollstreckung aus einem Tabellenauszug. — Dagegen gehört hierher auch die Tätigkeit, die die Ableistung des **Offenbarungseides** durch den Gemeinschuldner nach § 125 KO. betrifft. — Wegen einer

Vertretung im früheren **Geschäftsaufsichtsverfahren zur Abwendung des Konkurses** vgl. Anm. 1 § 61a.

[3] In welchem die Schuldenmasse im wesentlichen festgestellt wird.

[4] **Wertberechnung im Falle der Vertretung:** des Gemeinschuldners: § 59 Abs. 1 (nach dem Betrage der Aktivmasse); eines Gläubigers: § 59 Abs. 2 (nach dem Nennwerte der Forderung).

b) **Besondere Gebühren.**

56. Der Rechtsanwalt erhält die Sätze des § 9 besonders[1]:

1. für die Tätigkeit bei Prüfung der Forderungen[2];

2. für die Tätigkeit in dem Zwangsvergleichsverfahren[3];

3. für die Tätigkeit in dem Verteilungsverfahren[4].

[1] **Neben** der **Gebühr aus § 55** für den Sachbetrieb im allgemeinen. Vgl. auch Anm. 2 § 54. Gegebenenfalls erhält der Anwalt die drei Gebühren nebeneinander. — **Wertberechnung** im Falle der Vertretung: des Gemeinschuldners: nach dem Betrage der Aktivmasse (§ 59 Abs. 1); eines Gläubigers: nach der voraussichtlich zur Auszahlung gelangenden Dividende (§ 59 Abs. 2 DGO., § 148 KO.).

[2] §§ 141—145 KO. Die Gebühr wird nur einmal fällig, auch wenn mehrere Prüfungstermine stattfinden. Dagegen liegen die sich an die Prüfung anschließenden Feststellungsprozesse außerhalb des Konkurses und sind daher nach §§ 13 ff. besonders zu honorieren.

[3] §§ 173—188 KO. Es handelt sich auch hier um eine Pauschgebühr, die für jedes Tätigwerden im Zwangsvergleichsverfahren anfällt. Die Wahrnehmung des Vergleichstermins selbst ist nicht entscheidend. — Wegen des Vergleichs im früheren **Geschäftsaufsichtsverfahren zur Abwendung des Konkurses** vgl. Anm. 1 § 61a. — Für eine auf **Herbeiführung eines außergerichtlichen Zwangsvergleichs** gerichtete Tätigkeit ist die Gebühr in Preußen nach Art. 14 LGO., § 89 DGO. zu bemessen. **EGH. 10, 58.**

[4] §§ 149—172 KO. Für Gelderhebung besonders: § 87 DGO.

57. Beschränkt sich[1] die Tätigkeit des Rechtsanwalts auf die Anmeldung einer Konkursforderung, so erhält derselbe zwei Zehnteile der Sätze des § 9[2].

[1] So daß die Gebühren aus §§ 55, 56 nicht zustehen.

[2] Berechnung **nach** dem **Nennwerte der Forderung:** § 59 Abs. 2. — Spätere Beauftragung mit noch anderen Handlungen: § 61 Abs. 2 DGO.

58. Für die Vertretung:

1. in der Beschwerdeinstanz[1],

2. in dem Verfahren über Anträge auf Anordnung von Sicherheitsmaßregeln im Falle des § 197 Absatz 2 der Konkursordnung[2]

erhält der Rechtsanwalt besonders[3] die im zweiten Abschnitt (§§ 23, 41)[4] bestimmten Gebühren.

[1] § 73 Abs. 3 KO. (in der Regel **sofortige Beschwerde:** § 577 ZPO.). — **Berechnung der Gebühr** im Falle der Vertretung: des Gemeinschuldners: nach dem Betrage der Aktivmasse (§ 59 Abs. 1); eines Gläubigers: nach dem Nennwerte der Forderung, falls der Beschluß über Eröffnung des Konkursverfahrens (oder deren Ablehnung), und nach der voraussichtlich zur Auszahlung gelangenden Dividende, falls der Beschluß über Bestätigung des Zwangsvergleichs angefochten wird (§ 59 Abs. 2 DGO., § 148 KO.), und zwar unabhängig davon, ob der Anwalt den Beschwerdeführer oder den Beschwerdegegner vertritt. Es kann also hier der Fall eintreten, daß die Anwälte der beiden Parteien des Beschwerdeverfahrens nach verschiedenem Streitwert zu liquidieren haben. — Für andere Beschwerden fehlt eine Bestimmung über den Streitwert, so daß § 3 ZPO. (Interesse des Beschwerdeführers) gilt. — Wegen der Beschwerden im früheren **Geschäftsaufsichtsverfahren zur Abwendung des Konkurses** vgl. Anm. 1 § 61a.

[2] **Sicherheitsmaßregeln** nach Bestätigung eines Zwangsvergleichs, wenn gegen den Gemeinschuldner ein Strafverfahren wegen betrügerischen Bankerutts eingeleitet ist. — Für die **Berechnung der Gebühr** ist gemäß §§ 53, 11 DGO. der § 48 Abs. 2 GKG. maßgebend, wonach der Streitwert gleich

dem Werte des Gegenstandes ist, durch den die Sicherung erfolgen soll.

[3] **Neben** der **Gebühr aus § 55** für den Sachbetrieb im allgemeinen, falls der Anwalt auch für diesen Auftrag hat, sonst nur die Gebühren des § 58.

[4] Sowohl im Falle der Nr. 1 (§ 41) als auch der Nr. 2 $^{3}/_{10}$ der in den §§ 13—17 bestimmten Gebühren, in letzterem Falle, weil auf § 23 verwiesen ist, der an sich nicht paßt. Möglich sind hier im Gegensatz zu den festen Pauschgebühren des Konkursverfahrens alle in § 13 ff. genannten Gebühren (Prozeß-, Verhandlungs-, Beweis-, Vergleichsgebühr).

Wertberechnung.

59. Die Gebühren der §§ 54 bis 56 sowie des § 58 im Falle der Beschwerde gegen den Beschluß über Eröffnung des Konkursverfahrens (Konkursordnung § 109) oder den Beschluß über Bestätigung eines Zwangsvergleichs (Konkursordnung §§ 189, 230 Abs. 2, § 236) werden, wenn der Auftrag von dem Gemeinschuldner erteilt ist, nach dem Betrage der Aktivmasse (Gerichtskostengesetz § 43)[1] berechnet.

Ist der Auftrag von einem Konkursgläubiger erteilt, so werden die Gebühren der §§ 54, 55, 57 und die Gebühr im Falle der Beschwerde gegen den Beschluß über Eröffnung des Konkursverfahrens nach dem Nennwert der Forderung[2], die Gebühren des § 56 und die Gebühr im Falle der Beschwerde gegen den Beschluß über die Bestätigung eines Zwangsvergleichs nach dem Werte der Forderung des Gläubigers unter entsprechender Anwendung des § 148 der Konkursordnung[3] berechnet.

[1] § 43 GKG. lautet in Abs. 1—3:

Die . . . Gebühren werden nach dem Betrage der Aktivmasse erhoben. Massekosten, mit Ausnahme der gerichtlichen Kosten des gemeinschaftlichen Verfahrens und der Gebühren des Konkursverwalters und des Gläubigerausschusses, sowie Masseschulden werden abgesetzt. Gegenstände, welche zur abgesonderten Befriedigung dienen, werden nur in Höhe des für diese nicht erforderlichen Betrags angesetzt.

Ist die Aktivmasse höher als die Schuldenmasse, so wird die Gebühr nach dem Betrage der letzteren erhoben.

Für die Berechnung der Masse ist die Zeit der Beendigung des Verfahrens maßgebend.

Abs. 1 § 43 GKG. besagt, wie die Aktivmasse zu berechnen ist, Abs. 3 gibt den maßgeblichen Zeitpunkt an. Da man aber bis zu ihm nicht warten kann, ist zu schätzen. Abs. 2 ist eine für die Gerichtskosten gegebene Sonderbestimmung, deren Anwendung auf die Anwaltsgebühr des § 59 Abs. 1 zweifelhaft ist, weil § 59 vorbehaltlos auf die Aktivmasse abstellt und nur zur Erläuterung dieses Begriffes auf § 43 GKG. verweist. Indessen will § 59 DGO. offenbar, wie auch die Bezugnahme auf § 11 in § 53 zeigt, eine einheitliche Wertberechnung für Gerichts- und Anwaltsgebühren haben. § 43 Abs. 2 GKG. wird man daher für die Anwaltsgebühren in dem Sinne zu verwerten haben, daß die niedrigere Schuldenmasse den Höchstbetrag darstellen soll, zu dem die Aktivmasse gebührenrechtlich zu berücksichtigen ist. Auch sachlich führt hierzu die Erwägung, daß der Gemeinschuldner höchstens die Gesamtheit seiner Schulden los sein will, in deren Betrag sich also sein Interesse erschöpft.

[2] **Nebenforderungen** sind hier **mitzurechnen.** Anm. 1 § 53 DGO.

[3] Also **nach dem Betrage der** voraussichtlich zur **Auszahlung** gelangenden **Dividende**, der mit Rücksicht auf das Verhältnis der Teilungs- zur Schuldenmasse zu bemessen ist (§ 148 KO.). — Unter dem Beschluß über die **Bestätigung eines Zwangsvergleichs** (§ 184 KO.) ist sowohl der diesen bestätigende als auch der ihn verwerfende Beschluß zu verstehen. OLG. 19, 239.

60. In einem wieder aufgenommenen Konkursverfahren[1] erhält der Rechtsanwalt die Gebühren nach den Bestimmungen der §§ 55 bis 59 besonders[2].

[1] § 198 KO. (nach bestätigtem Zwangsvergleich im Falle der Verurteilung des Gemeinschuldners wegen betrüglichen Bankerotts).

[2] Nicht genannt ist § 54. Für das Wiedereröffnungsverfahren gibt es also keine neue Gebühr. Wird aber der Anwalt erst in dem neuen Verfahren tätig, so ist auf ihn der § 54 unmittelbar anwendbar, da der Sinn des § 60 nur dahin geht, in gewissem Umfang die Verdoppelung der Gebühren zu gestatten. Ein Zwangsvergleich ist in dem neuen Verfahren unzulässig (§ 175 Nr. 3 KO.), so daß die Gebühr aus § 56 Nr. 2 nicht nochmals erwachsen kann.

61. Insoweit dem Rechtsanwalte Gebühren für die Vornahme einzelner Handlungen[1] im Konkursverfahren zustehen, darf der Gesamtbetrag derselben die im § 55 bestimmte Gebühr nicht übersteigen[2].

Wird der Rechtsanwalt, nachdem er einzelne Handlungen im Konkursverfahren vorgenommen hat, mit der Vertretung im Konkursverfahren beauftragt, so erhält er zusammen nicht mehr an Gebühren, als ihm zustehen würde, wenn er vorher mit der Vertretung im Konkursverfahren beauftragt worden wäre[3].

[1] Die in den Kreis der Tätigkeit fallen, für welche die Gebühr des § 55 bestimmt ist.
[2] Abs. 1 entspricht dem § 48 DGO.
[3] Abs. 2 entspricht dem § 49 DGO.

61a. [1]Der Rechtsanwalt erhält für die Tätigkeit im Vergleichsverfahren zur Abwendung des Konkurses die Sätze des § 9[2]. Die Gebühr verringert sich um die Hälfte, wenn sich die Vertretung vor dem Vergleichstermin erledigt[3].

Für die Vertretung in der Beschwerdeinstanz erhält der Rechtsanwalt den Satz des § 41 Nr. 1[4].

Die Gebühren werden bei der Vertretung des Schuldners[5] nach dem Betrage der Aktiven (§ 48b des Gerichtskostengesetzes)[6] und bei der Vertretung eines Gläubigers[7] nach dem Werte der Forderung unter ent-

sprechender Anwendung des § 148 der Konkursordnung berechnet[8, 9].

[1] **Geschichtliches.** Das Ziel, zahlungsunfähig gewordene Schuldner ohne förmliches Konkursverfahren zu sanieren, verfolgte zunächst die Bek. über die **Geschäftsaufsicht zur Abwendung des Konkurses** v. 14. 12. 16 (RGBl. 1363), geändert 8. 2. und 14. 6. 24 (RGBl. I 51, 641). Das Verfahren bezweckte, die Sanierung durch überwachte ordnungsmäßige Abwickelung der Geschäfte unter Ausschluß von Vollstreckungen der Gläubiger zu erreichen, und kannte außerdem ein Vergleichsverfahren. Nur für letzteres enthielt § 79 das. Bestimmungen über die Anwaltsgebühren. Die Analogie zum Konkurse war immerhin so groß, daß man (unter Beachtung des hier wegen § 1 DGO. nicht unmittelbar anwendbaren § 89 DGO.) die Gebühren im Konkurse rechtsähnlich heranziehen konnte, also für den Antrag des Schuldners auf Verfahrenseinleitung: § 54 ($^2/_{10}$), für die allgemeine Vertretung des Schuldners oder Gläubigers im Verfahren: § 55 ($^6/_{10}$ [einen Prüfungstermin gab es nicht], bei „weniger bedeutsamer Tätigkeit" $^4/_{10}$, JW. 28, 1497[13]), für Beschwerden: § 58 Nr. 1 ($^3/_{10}$), Streitwertbemessung wie im Konkurs: § 59 DGO., JW. 26, 2475[6]. Wegen Streitwertbeschwerde: JW. 26, 2586[3]. Für das **Vergleichsverfahren** bestimmte § 79 der Bek.:

„Für die Tätigkeit im Vergleichsverfahren erhält der Rechtsanwalt sechzehn Zehnteile der Gebühr des § 9 der Gebührenordnung für Rechtsanwälte. Für die Vertretung in der Beschwerdeinstanz erhält er die im § 41 der Gebührenordnung für Rechtsanwälte bestimmten Gebühren besonders.

Auf die Wertberechnung finden die Vorschriften des § 59 der Gebührenordnung für Rechtsanwälte entsprechende Anwendung."

Die Gebühr von $^{16}/_{10}$ faßte offensichtlich hier die $^6/_{10}$ aus § 55 DGO. und die $^{10}/_{10}$ aus § 56 Nr. 2 DGO. zu einer einheitlichen Gebühr zusammen. Sie fand als Pauschgebühr die gesamte Tätigkeit im Vergleichsverfahren ab. Fraglich konnte sein, ob sich der Anwalt, der schon im allgemeinen Aufsichtsverfahren die Gebühr aus § 55 verdient hatte, sie auf die $^{16}/_{10}$ anrechnen mußte. Das wird zu bejahen sein, da sich das Vergleichsverfahren als nicht notwendiger Bestandteil der Geschäftsaufsicht zu dieser ähnlich verhält wie der Zwangsvergleich zum Konkursverfahren. § 79 Abs. 1 Satz 2 wegen der Beschwerden entsprach § 58 Nr. 1 DGO., so daß die $^{3}/_{10}$ Gebühren von den Sätzen des § 9 DGO. zu berechnen waren. Wegen der Wertberechnung war bei der Bezugnahme auf § 59 DGO. zu beachten, daß der Antrag auf Einleitung des Vergleichsverfahrens dem Konkursantrag, die Einstellung des Vergleichsverfahrens der Verwerfung des Zwangsvergleichs wird gleichgesetzt werden können. — Die GeschäftsaufsichtsVO. trat mit Ablauf des 30. 9. 27 außer Kraft. § 101 Abs. 2 VerglO. v. 5. 7. 27 (RGBl. I 139). Damals anhängige Verfahren waren nach den bisherigen Vorschriften fortzuführen, jedoch, wenn es nicht alsbald zum Vergleich kam, binnen ein bzw. zwei Monaten aufzuheben; gleichzeitig war von Amts wegen über die Konkurseröffnung zu entscheiden (§ 101 Abs. 3 das.).

Mit dem 1. 10. 27 ist das **RGes. über den Vergleich zur Abwendung des Konkurses (Vergleichsordnung)** v. 5. 7. 27 (RGBl. I 139) in Kraft getreten. Sein § 100 überträgt die nötigen Gebührenvorschriften in die DGO., so daß diese nunmehr die VerglO. in §§ 1, 53 und in der Überschrift zum 3. Abschnitt genannt und den § 61a hinzugefügt hat. Diese Änderungen sind also erst am 1. 10. 27 in Kraft getreten, obwohl der Reichsjustizminister im Eingang der Neubekanntmachung der DGO. v. 5. 7. 27 (RGBl. I 152) sagt, er mache die vom 1. 4. 27 ab geltende Fassung bekannt.

[2] Die **„Sätze des § 9"**, also nur e i n e Pauschgebühr (Anm. 4 § 37). Zwischen der Tätigkeit für den Schuldner und der für einen Gläubiger wird nicht unterschieden, soweit die Höhe der Gebühr in Frage steht. Wegen des Streitwerts s. Abs. 3. Die Gebühr entspricht derjenigen aus § 56 Nr. 2. Die Vollstreckung aus dem Vergleich gehört nicht mehr hierher.

[3] Z. B. wenn die Einleitung des Verfahrens abgelehnt wird, alle Gläubiger befriedigt sind oder man sich außergerichtlich einigt. — Erledigt sich der Auftrag vor Einreichung von Schriftstücken beim Vergleichsgericht, so nach § 14 nur $^{1}/_{4}$ Gebühr. Satz 2 sagt zwar, daß sich die Gebühr „um die Hälfte v e r r i n g e r e", so daß fraglich sein kann, ob eine nochmalige Ermäßigung nach § 14 zulässig ist. Indessen meint § 61a Satz 2 wohl nur, daß die Gebühr (ähnlich § 55) „$^{5}/_{10}$ der Sätze des § 9" beträgt, wenn sich die Vertretung vor dem Vergleichstermin erledigt.

[4] Die **Beschwerden** werden also nicht durch die Pauschgebühr des Abs. 1 abgegolten (ebenso § 58 Nr. 1). Sie sind stets sofortige ohne Zulassung weiterer Beschwerde (§ 14 Abs. 2 VerglO.), nur zulässig in den ausdrücklich vorgesehenen Fällen (§ 14 Abs. 1, §§ 24, 45, 46, 71, 80 VerglO.). Die Gebühr kommt sowohl dem Anwalt des Beschwerdeführers wie dem beteiligten Anwalt des Gegners zu. Streitwert s. Abs. 3. — Der Wortlaut des § 61a Abs. 2 fällt völlig aus dem Rahmen der in der DGO. üblichen Gesetzessprache. Es gibt wohl „die Sätze des § 9" (vgl. Anm. 4 § 37), aber nicht „den Satz des § 41 Nr. 1"; denn § 41 enthält überhaupt keine Gebührenstaffel. Es kann aber kein Zufall sein, daß der Gesetzgeber hier den sonst üblichen Wortlaut (z. B. §§ 23, 24, 41f): „$^3/_{10}$ der in den §§ 13—17 bestimmten Gebühren" verlassen hat, obwohl noch § 79 der GeschäftsaufsichtsVO. (vgl. Anm. 1) für die Beschwerdeinstanz „die in § 41 bestimmten Gebühren" gewährte. Wo die DGO. „die Sätze des § 9" bewilligt, will sie eine Pauschgebühr gewähren, die der Anwalt nur einmal erhält und nicht gegebenenfalls als Prozeß-, Verhandlungs-, Beweisgebühr mehrmals. Eine der wesentlichen Klagen gegen die GeschäftsaufsichtsVO. war die, daß das Verfahren zu kostspielig sei. Es ist deshalb anzunehmen, daß der Gesetzgeber hier in Abweichung von dem sonst überall (auch für den Konkurs) üblichen **für die** gesamte Vertretung in der **Beschwerdeinstanz nur eine Gebühr** (vgl. auch der Satz, nicht die Sätze) bewilligen wollte. Richtiger hätte dann gesagt werden müssen „drei Zehnteile der Sätze des § 9".

[5] **Vertretung des Schuldners.** — Wertberechnung nach § 48 GKG., welcher lautet:

„Die ... Gebühren werden nach dem Werte der Aktiven (§ 18 des Gesetzes über den Vergleich zur Abwendung des Konkurses)[a] zur Zeit der Stellung des Antrags auf Eröffnung des Vergleichsverfahrens erhoben. Übersteigt der Wert der Aktiven den Gesamtbetrag der Forderungen der am Verfahren beteiligten Gläubiger, so ist der letztere maßgebend[b].

a) Sämtliche Vermögensgegenstände unter Kenntlichmachung ihrer Uneinbringlichkeit oder Zweifelhaftigkeit. Da der Wert entscheidet, so sind Aktiva der letzteren Art sachgemäß auszuscheiden oder herabzusetzen. JW. 28, 1892[10].

b) Wegen dieser Bestimmung vgl. die ähnliche Vorschrift in § 43 GKG.: Anm. 1 § 59 DGO.

[6] Die **Wertberechnung** des Abs. 3 gilt nicht für alle **Beschwerden des Schuldners.** Legt er gemäß § 46 Abs. 3 VerglO. gegen die vom Vergleichsgericht festgesetzte Höhe der Auslagen und der Vergütung der Vertrauensperson sofortige Beschwerde ein, so kann Beschwerdewert nur der Betrag sein, um den er die Festsetzung ermäßigt haben will.

[7] **Vertretung des Gläubigers.** Vgl. Anm. 3 § 59. Statt der voraussichtlichen Konkursdividende ist hier die voraussichtliche Vergleichsquote maßgebend.

[8] **Vertretung der Vertrauensperson.** Bedient sich diese eines Anwalts als Beistand oder Ratgeber, so liegt die Tätigkeit außerhalb des Rahmens des Vergleichsverfahrens, die Gebühren bestimmen sich also nach § 89 DGO. je nach dem Umfang der Tätigkeit. Vgl. Erl. vor § 53. Ausnahmen: Die sofortige Beschwerde gegen eine Ordnungsstrafe (§ 45 Abs. 4 VerglO.) und gegen die Absetzung verlangter Auslagen und Vergütung (§ 46 Abs. 3 VerglO.) gehört zum Verfahren. Hier erhält also der Anwalt, da § 61a Abs. 2 alle Beschwerden der VerglO. umfaßt, nur eine $^3/_{10}$ Gebühr (vgl. Anm. 4) nach dem Werte des Beschwerdegegenstandes (Strafe, abgesetzter Betrag).

[9] **Gebührenanrechnung.** Während § 48a Abs. 2 GKG. die Anrechnung der Gerichtsgebühr des Vergleichsverfahrens auf die Gebühren des Konkursverfahrens, in welches das erstere übergeleitet werden kann (§ 82 VerglO.), vorschreibt, fehlt solche Bestimmung für die Anwaltsgebühren. Der Anwalt braucht sich deshalb keine Gebühren des Vergleichsverfahrens anrechnen zu lassen, selbst wenn es später im Konkurse zum Zwangsvergleich kommt. Indessen gilt der Antrag des Schuldners auf Eröffnung des Vergleichsverfahrens nach § 24 Abs. 1 VerglO. zugleich als nicht rücknehmbarer Konkursantrag, auf den das Vergleichsgericht nicht bloß bei Ablehnung der Eröffnung, sondern auch später bei Verwerfung des Vergleichs (§ 71 Abs. 1 VerglO.) und bei Einstellung des Verfahrens (§ 80 Abs. 1 VerglO.) von Amts wegen zurückzugreifen hat. Daraus folgt, daß die stets höhere Gebühr aus § 61a Abs. 1 für den Anwalt des Schuldners im Falle der Überleitung die $^2/_{10}$ Gebühr aus § 54 für den Konkursantrag einschließt, so daß in diesem Falle letztere Gebühr nicht erwächst. Anders wenn der Anwalt eines Gläubigers zunächst einen Konkursantrag stellt, die Entscheidung über diesen Antrag aber

nach § 31 VerglO. ausgesetzt wird, weil vor der Entscheidung ein Antrag des Schuldners auf Eröffnung des Vergleichsverfahrens eingeht. Dann ist (bei demnächstigem Konkurseröffnungsverfahren) auch die Gebühr aus § 54 verdient.

62. Die Gebühren werden für jeden Auftrag gesondert, ohne Rücksicht auf andere Aufträge, berechnet[1].

[1] Diese Vorschrift setzt voraus, daß von mehreren Auftraggebern verschiedene Forderungen geltend gemacht werden. RG. 118, 365. Handelt es sich um Wahrnehmung der Rechte bezüglich nur einer Forderung mehrerer Mitberechtigten, so liegt nur **ein** Auftrag vor. Mot. 68. Ebenso wenn ein Gläubiger gleichzeitig die Geltendmachung mehrerer Forderungen aufträgt, deren Betrag dann zusammenzurechnen ist. — Haftung der mehreren Auftraggeber dem Anwalt gegenüber: § 3 DGO. und Anm. 1 dazu (keine Gesamthaftung). — § 62 ist auch im Verfahren nach der **Vergleichsordnung** (§ 61a) anzuwenden.

Vierter Abschnitt.

Gebühren in Strafsachen.

Dem gemäß § 150 StPO. **zum Verteidiger bestellten** Rechtsanwalt sind die Gebühren aus der Staatskasse zu zahlen, gleichviel, ob seine Verteidigung eine notwendige war (§ 81 Abs. 2, § 115d Abs. 2–4, § 140 StPO. und § 28 Abs. 4, § 29 JugendgerichtsGes. v. 16. 2. 23 [RGBl. I 135]) oder nicht (§ 141 StPO.). Dies gilt auch hinsichtlich der Gebühr für die Einlegung und Rechtfertigung der Revision, es sei denn, daß der Anwalt ausdrücklich nur zum Verteidiger für die erste Instanz bestellt worden ist. OLG. 13, 262; 27, 235 (streitig). Desgleichen sind die zur zweckentsprechenden Verteidigung notwendigen Auslagen, insbesondere Porti und Schreibgebühren zu erstatten. (Festsetzung in Preußen nicht durch richterliche Entscheidung, sondern im Justizverwaltungswege unter Vorbehalt des Rechtswegs, JMVerf. v. 3. 7. 84, GoltdArch. 36, 30. Vgl. bezüglich des Rechtswegs in den anderen Ländern OLG. 1, 333; 27, 234.) — Dagegen hat **der gewählte Verteidiger** auch im Falle der notwendigen Verteidigung keinen Anspruch an die Staatskasse. Wenn aber gemäß § 467 Abs. 2 StPO. die dem freigesprochenen oder außer Verfolgung gesetzten Angeklagten erwachsenen notwendigen Auslagen der Staatskasse auferlegt werden, müssen auch die Verteidigungskosten in Höhe der Sätze der DGO., wenn die Verteidigung nach Lage der Sache als zweckmäßig zu erachten ist, dem Angeklagten aus der Staatskasse erstattet werden. RG. **4**, 625; JW. **84**, 25[5], 26[20]. Festsetzung des Betrags der Auslagen: PrAllgV. v. 15. 3. 92 (JMBl. 109), 30. 4. 02 (JMBl. 92), geändert durch V. v. 9. 5. 22 (JMBl. 175), vgl. auch PrJustMV. v. 30. 12. 18 (JMBl. 1919 S. 4): Anweisung an die Staatsanwaltschaft, auf weitherzige Übernahme der Verteidigerkosten hinzuwirken, und 28. 7. 22 (JMBl. 310) sowie 12. 6. 23 (JMBl. 435) (durch Beschluß außerhalb der Hauptverhandlung). — Über Zulässigkeit der Annahme eines **freiwillig angebotenen Honorars** seitens des Offizialverteidigers vgl. Anm. 3 § 93 DGO. — Verpflichtung zur Übernahme der Verteidigung: § 39 RAO. — Anwendbarkeit der Gebührenvorschriften auf das **Disziplinarverfahren**, das **ehrengerichtliche Verfahren** gegen Rechtsanwälte, Untersuchung von **Seeunfällen**: § 91 Nr. 3, 4, 5 DGO.

Zur **Legitimation des Verteidigers** genügt, daß der Angeklagte die Wahl des Verteidigers anzeigt. Jedoch ist für die Ermächtigung zur Empfangnahme von Zustellungen und zur Zurücknahme von Rechtsmitteln eine (in Preußen nach Tarifstelle 19 Nr. 7a StempelsteuerG. v. 27. 10. 24 [PrGS. 627] stempelfreie) Vollmacht notwendig.

Die **Bestellung eines Verteidigers auf Grund des § 141 StPO. dauert fort,** bis ein rechtskräftiges Urteil ergangen, auch nachdem vom Revisionsgericht das Urteil der Strafkammer aufgehoben und die Sache zur anderweiten Verhandlung und Entscheidung an die Vorinstanz zurückverwiesen worden ist. RG. **40**, 4. S. auch oben über die Gebühr für Einlegung und Rechtfertigung der Revision.

Über den Gerichtsstand für Klagen wegen der Gebühren in Strafsachen vgl. OLG. **23**, 85.

Die Vergütungen des 4. Abschnitts betreffen nur ein Verfahren vor den ordentlichen Gerichten (§ 1). Nicht also z. B. den **Verkehr** eines Anzeigenden **mit der Staatsanwaltschaft;** nach §§ 89, 90 DGO. wird hierfür zu bewilligen sein für eine einmalige Anzeige oder Erwiderung die Gebühr aus § 69, für die Wahrnehmung eines zusammenhängenden Verfahrens die aus § 67. Ebenso bei dem einer Privatklage vorangehenden

Sühneversuch vor der **Vergleichsbehörde** des § 380 StPO. (**PrSchiedsmannsO.** v. 3. 12. 24, abgeändert 25. 11. 26 [GS. 751, 307]); Antrag an den Schiedsmann: § 69, Wahrnehmung des ganzen Verfahrens: § 67 DGO.

63. [1]**In Strafsachen erhält der Rechtsanwalt als Verteidiger**[2] **in der Hauptverhandlung erster Instanz**[3, 4] **vor dem Reichsgerichte, dem Oberlandesgericht oder dem Schwurgericht 80 Reichsmark, im übrigen 40 Reichsmark**[5]**.**

[1] **Geschichtliches.** Der sachliche Inhalt von § 63 hat sich nie geändert, nur die Gebührensätze sind gewandelt. Älteste Form: a) Schöffengericht (und Einzelrichter) 12 M., b) Strafkammer 20 M., c) Schwurgericht und Reichsgericht 40 M. Nach mehrfachen Zwischenlösungen jetzige Fass.: Nov. v. 28. 1. 27 (RGBl. I 53), in Kraft seit 1. 4. 27, für alle an diesem Tage schwebenden Instanzen gemäß Art. V Abs. 2.

[2] **Auch als Vertreter,** soweit der Angeklagte sich vertreten lassen darf (§§ 232, 234, 280, 378, 387, 411, 417, 427, 431 StPO.). Nach § 73 ferner als Vertreter des Privatklägers oder des Nebenklägers oder einer Verwaltungsbehörde. Dasselbe muß gelten, wenn der Anwalt einen Einziehungsinteressenten (§ 431 Abs. 2 StPO.) vertritt; denn auf den Termin finden die Vorschriften über die Hauptverhandlung entsprechende Anwendung (§ 431 Abs. 1 StPO.). — Über die Gebühren eines Substituten (entsprechende Anwendung des § 45 auf Grund des § 89) vgl. JW. **13**, 1172.

[3] Entlohnt wird die **Tätigkeit in der Hauptverhandlung.** Im Gegensatz zum Zivilprozeß ist Maßstab für die Gebühr weder die Zahl der abzuurteilenden Straftaten, noch ihre Bedeutung; es gibt auch keinen Gebührenzuschlag in den höheren Instanzen (§ 66). Maßgebend ist vielmehr allein, vor welches Gericht die Sache **in erster Instanz** gekommen ist: Amtsrichter allein und Schöffengericht nebst dem stets als Schöffengericht geltenden Jugendgericht einerseits, Schwurgericht (§ 80 GVG.), Reichsgericht (§ 134 Abs. 1 GVG.) und Oberlandesgericht (§§ 120, 134 Abs. 2, 3 GVG.) anderseits.

Der Anwalt erhält die Gebühr „als Verteidiger in der **Hauptverhandlung**". Nötig ist also, daß er an ihr **teilnimmt,** nicht nötig, daß er erkennbar bereits in ihr tätig geworden ist.

Die Gebühr ist **mit dem Beginn der Hauptverhandlung** verdient, auch wenn die Sache demnächst sogleich vertagt oder verglichen wird. Beginn der Hauptverhandlung ist in der ersten und der Berufungsinstanz nicht der Aufruf der Sache zwecks Feststellung, ob die Verfahrensbeteiligten erschienen sind (wird also wegen Ausbleibens des Angeklagten alsbald vertagt, so erwächst die Gebühr aus § 63 nicht), sondern erst der Aufruf der Zeugen und Sachverständigen (§§ 243, 324 StPO.), sind aber keine Zeugen und Sachverständigen geladen, so in erster Instanz die Vernehmung des Angeklagten über seine persönlichen Verhältnisse (§ 243 Abs. 2 StPO.), in der Berufungs- und stets in der Revisionsinstanz der Vortrag über das bisherige Verfahren (§§ 324, 351 StPO.).

[4] Die Gebühr ist allerdings eine solche für die Hauptverhandlung, indem sie für jeden Verhandlungstag erwächst (§ 64) und der Anwalt sie nicht erhält, wenn er im Termin ausbleibt. Sie ist aber zugleich Prozeßgebühr im zivilprozessualen Sinne; denn sie umfaßt nach § 70 die **gesamte Tätigkeit** des Anwalts **in der Instanz**, die mit der Eröffnung des Hauptverfahrens (§ 203 StPO.) beginnt, und nach ausdrücklicher Vorschrift des § 70 sogar über die Schlußentscheidung hinaus auch noch die Rechtsmitteleinlegung. Demgemäß begründet auch umgekehrt die bloße Mitteilung an die Partei (z. B. freigesprochenen Angeklagten), daß der Gegner ein Rechtsmittel eingelegt habe, noch keinen Anspruch auf die Gebühr der höheren Instanz. JW. 25, 2823[4]. Abgefunden ist weiter durch die Pauschgebühr die Wahrnehmung von Terminen vor dem beauftragten oder ersuchten Richter (§§ 223—225 StPO.), denn sie sind keine Hauptverhandlungstermine. Der Anwalt kann auch für die Mitwirkung bei einem **zur Erledigung eines Privatklageverfahrens** geschlossenen **Vergleiche** keine besondere Gebühr beanspruchen. Auch der § 89 kann zur Begründung einer solchen Gebühr nicht herangezogen werden. JW. 12, 552. — Die Tätigkeit des Anwalts in der Zwangsvollstreckungsinstanz (**auch bei Veröffentlichung** des Urteils in einer Privatklagesache) fällt dagegen nicht mehr unter § 63. Soweit dafür nicht eine besondere Gebühr in § 75 festgesetzt ist, steht dem Anwalt eine Gebühr nach § 89 zu. Vgl. Anm. 3 § 75.

Jede Regelung fehlt für den Fall, daß es **überhaupt nicht zur Hauptverhandlung kommt** (z. B. Tod, Flucht, Geisteskrankheit des Angeklagten), der Auftrag vorher endet oder überhaupt nur Einzelhandlungen diente. Die angemessene Gebühr ist hier nach §§ 89, 90 zu ermitteln. Zweifellos liegt der Hauptwert auf der Hauptverhandlung, anderseits aber läßt sich deren Mühewaltung, wenn sie nicht stattfand, auch nicht beurteilen. Es wird sich daher, von Ausnahmefällen abgesehen, die außergewöhnlich liegen, rechtfertigen, die Tätigkeit außerhalb der Hauptverhandlung etwa mit $^{5}/_{10}$ der Gebühr des § 63 zu vergüten (anders anscheinend JW. 28, 764[15]), während man für eine bloße Raterteilung § 47 Abs. 1, 2 heranziehen muß. Der auch denkbare **Verkehrsanwalt** zwischen der Verfahrenspartei und dem für die Hauptverhandlung bestimmten Anwalt wird ebenfalls etwa mit $^{5}/_{10}$ zu honorieren sein.

[5] Auch im Falle des § 212 StPO. (Hauptverhandlung vor dem Amtsrichter ohne Schöffen).

64. [1]**Erstreckt sich die Verhandlung auf mehrere Tage**[2]**, so erhöhen sich die im § 63 bestimmten Gebühren für jeden weiteren Tag der Verteidigung um den vollen Betrag**[3]**.**

Im Verfahren auf erhobene Privatklage findet diese Bestimmung nicht Anwendung[4]**.**

[1] **Geschichtliches.** § 64 gewährte zunächst nur $^{5}/_{10}$ Erhöhung für weitere Verhandlungstage. Die volle Gebühr ist bewilligt durch die Nov. v. 18. 8. 23.

[2] **„Tag" bedeutet Kalendertag.** Daher tritt die Erhöhung der Gebühr bei Ausdehnung der Verhandlung über die Mitternachtsstunde ein, auch wenn die Verhandlung 24 Stunden noch nicht gedauert hat. Preußen: JMVerf. v. 30. 12. 84, GoltdArch. **36**, 30. — Durch die völlige Gleichstellung aller Verhandlungstage ist alle Judikatur überholt, die sich auf die Frage bezog, wann sich eine Verhandlung „erstreckt" hat. Jetzt werden nur noch die Tage gezählt, an denen verhandelt wird. Die Gebühren können verschieden hoch sein, z. B. wenn das Schöffengericht die Sache an das Schwurgericht verweist (§ 270 StPO.). Es ist auch unerheblich, ob man mit dem Verweisungsbeschluß, der nach § 270 Abs. 2 StPO. als neuer Eröffnungsbeschluß gilt, eine neue Instanz beginnen lassen will, da ja nur die Verhandlungstage gezählt werden. Gleiches gilt für die in Anm. 4 Satz 2 genannten Fälle. — Auch

für den bloßen **Verkündungstermin** (§ 268, 356 StPO.) ist die volle Gebühr aus § 63 zu bewilligen, obwohl § 268 sagt, daß die Verkündung innerhalb einer Woche „nach dem Schlusse" der Verhandlung erfolgen soll, im Gegensatz zu § 260 Abs. 1 StPO., wo richtiger als Schluß der Hauptverhandlung „die Erlassung des Urteils" bezeichnet ist. — Termine **vor dem beauftragten oder ersuchten Richter** (§§ 223—225 StPO.) sind keine Hauptverhandlung, rechnen also nicht besonders; vgl. Anm. 4 § 63.

[3] Die Vorschrift des Abs. 1 bezieht sich lediglich auf die **gesetzlichen** Gebühren, gewährt aber dem Anwalt keinen Anspruch auf Erhöhung des **vereinbarten** Honorars für jeden weiteren Tag der Verteidigung. EGH. 17, 168.

[4] Im Privatklageverfahren (§§ 374 ff. StPO.) ist also der Instanzbegriff noch von Bedeutung, da der Anwalt in einer neuen Instanz (s. Anm. 2) die Gebühr wieder erhält. Das ist von Einfluß für die Fälle der **Zurückverweisung** in die untere Instanz (§ 328 Abs. 2, § 354 Abs. 2 StPO.) oder die **Wiederaufnahme des Verfahrens** (§§ 359 ff. StPO.). Diese Fälle müssen (vgl. auch § 27 DGO.) als neue Instanzen gelten.

65. [1]**Findet in den auf Privatklage verhandelten Sachen eine Beweisaufnahme statt**[2]**, so erhöht sich die im § 63 bestimmte Gebühr um ein Viertel.**

[1] **Geschichtliches.** § 65 erhöhte die Gebühr zunächst „um 6 M.". Die Nov. v. 8. 7. 21 erhöhte den Betrag auf 20 M. Die Nov. v. 18. 8. 23 schließlich führte die jetzige Fassung ein.

[2] Gleichviel, ob der Anwalt der **Beweisaufnahme** (§§ 244 ff. StPO.) beiwohnt oder nicht. Mot. 76. Gleichviel auch, ob die Beweisaufnahme im Hauptverhandlungstermin oder außerhalb desselben stattfindet. — Zur Beweisaufnahme gehört auch die Verlesung von Schriftstücken, wenn es auf deren Inhalt ankommt (§ 249 StPO.), z. B. des beleidigenden Briefes. In der Berufungsinstanz wird die Verlesung der Zeugenaussagen dann als Beweisaufnahme zu gelten haben, wenn sie den Zweck hat, die Aussage der nicht neu geladenen Zeugen und Sachverständigen zu ersetzen und nicht bloß Referatzwecken dient, die Richtigkeit der Aussage jetzt also unstreitig ist (§ 325 StPO.). — Bei **mehrmaliger Beweisaufnahme** nur einmalige Erhöhung.

66. In der Berufungsinstanz[1] sowie in der Revisionsinstanz[2] stehen dem Rechtsanwalte die in den §§ 63 bis 65 bestimmten Sätze zu[3]. Die Stufe bestimmt sich nach der Ordnung des Gerichts, welches in erster Instanz erkannt hat[4].

[1] §§ 312—332 StPO. [2] §§ 333—358 StPO.

[3] Die Gebühr für die Verteidigung in der Berufungs- und der Revisionsinstanz erhöht sich also nicht gegenüber der Gebühr für die Verteidigung vor dem erstinstanzlichen Gericht (Amtsrichter, Schöffengericht, Schwurgericht), insbesondere tritt für die beim Reichsgericht zugelassenen Anwälte eine Erhöhung der Gebühr entsprechend § 52 DGO. nicht ein. Mot. 76, JW. 17, 652. Vgl. § 26 RAO. — Wegen des Begriffs der Instanz vgl. Anm. 4 § 63 DGO. Wennschon nach § 70 der Anwalt der unteren Instanz durch seine Pauschgebühr auch für die Einlegung eines Rechtsmittels abgegolten wird, so besagt das nicht etwa, daß der Anwalt höherer Instanz, wenn er das Rechtsmittel einlegt und begründet, dafür neben der Gebühr aus §§ 66, 63 noch eine besondere Vergütung (nach § 68 Nr. 1, 2) verlangen könnte. JW. 27, 538[12].

[4] Auch hier handelt es sich um Gebühren für die Wahrnehmung der Hauptverhandlung. Zugleich aber sind sie Pauschgebühren für alle anderen Handlungen der Instanz. Alle Anm. zu §§ 63—65 gelten deshalb auch hier. Wegen einiger Sonderfälle vgl. aber §§ 68, 69, 71.

67. [1]Für die Verteidigung im Vorverfahren[2] erhält[3] der Rechtsanwalt in den zur Zuständigkeit des Reichsgerichts[4], des Oberlandesgerichts[4] oder des Schwurgerichts gehörigen Sachen 40 Reichsmark, im übrigen 20 Reichsmark[5].

Die gleiche Gebühr erhält der Rechtsanwalt für die Mitwirkung bei der mündlichen Verhandlung über den Haftbefehl (§§ 114d, 115a der Strafprozeßordnung)[6].

[1] **Geschichtliches.** Der sachliche Inhalt von § 67 Abs. 1 hat sich nie geändert, nur die Gebührensätze sind gewandelt. Älteste Form: a) Schöffengericht 6 M., b) Strafkammer 10 M.,

c) Schwurgericht und Reichsgericht 20 M. Nach mehrfachen Zwischenlösungen jetzige Fassung: Nov. v. 28. 1. 27 (RGBl. I 53), in Kraft seit 1. 4. 27, für alle an diesem Tage schwebenden Instanzen, Art. V Abs. 2, wobei das Vorverfahren eine eigene Instanz darstellt. JW. 28, 119[1]. — § 67 Abs. 2 ist durch die gleiche Nov. v. 28. 1. 27 hinzugefügt.

[2] **Ermittelungsverfahren** (§§ 158—177 StPO.) und **gerichtliche Voruntersuchung** (§§ 178—197 StPO.), aber auch das **Eröffnungsverfahren** gemäß §§ 201, 202 StPO. **bis zur Eröffnung des Hauptverfahrens** (§ 203 StPO.), wie die Gegenüberstellung in § 251 Abs. 2 StPO. zeigt. OLG. **1**, 334; **7**, 224. Vgl. RG. **18**, 417 (JW. **90**, 330). — Auch das Verfahren auf Erlaß eines Strafbefehls, Strafbescheides oder einer Strafverfügung, bis diese Verfügungen ergehen. — Ferner einschließlich der Rücksprachen, der Akteneinsicht und der Wahrnehmung von Terminen. EGH. 2, 60. — Auch in **Privatklagesachen** bei Vertretung des Privatklägers oder des Beschuldigten in dem vor dem Eröffnungsbeschluß liegenden Verfahren gemäß §§ 381—386 StPO. Jedoch erhält der Anwalt, wenn er die Privatklage anfertigt, gemäß § 73 Abs. 2 DGO. hierfür allein schon die Gebühr aus § 67. — Ist in Privatklagesachen in der Berufungsinstanz der Anwalt des Gegners der die Berufung einlegenden Partei zur Vorbereitung der Hauptverhandlung tätig geworden, hat aber alsdann eine Hauptverhandlung nicht stattgefunden, so bewilligt JW. **15**, 296 dem Anwalt gemäß § 89 stets eine Gebühr nach § 67. Das ist unzutreffend. Es ist vielmehr nach §§ 89, 90 eine Gebühr von etwa $^{5}/_{10}$ der Gebühr aus § 66 (§ 63) zuzubilligen; vgl. Anm. 4 § 63. — Erforderlich ist eine allgemeine Verteidigung bzw. Vertretung während des Vorverfahrens. Ist die Tätigkeit auftraggemäß auf Anfertigung einzelner Anträge beschränkt: § 69 DGO. (2 RM.).

[3] **Neben** der **Gebühr** für die Verteidigung in der **Hauptverhandlung** gemäß § 63 DGO. Mot. 76. Deshalb aber muß die Verteidigung im Vorverfahren ein abgesonderter Teil der Tätigkeit des Verteidigers sein. Mot. 76. Hat der Verteidiger im Vorverfahren Beweiserhebungen nicht beantragt, auch **nicht** Einwendungen gegen die Eröffnung des Hauptverfahrens vorgebracht oder sonst eine Tätigkeit im Interesse seines Auftraggebers während des Vorverfahrens ausgeübt, sondern nur die Akten **zwecks Vorbereitung für die Hauptverhandlung** ein-

gesehen und zu dem gleichen Zwecke mit dem Angeklagten Rücksprache genommen, oder hat er nur Handakten angelegt und den Versuch der Besprechung mit dem im Gefängnisse befindlichen Angeschuldigten gemacht, so steht ihm die besondere Gebühr aus § 67 nicht zu. OLG. 1, 334; JW. **20**, 915; **28**, 2168[10]; EGH. **16**, 373 (vgl. aber KG. v. 3. 4. 95 in JMBl. 95, 161). Jedoch ist zur Begründung der Gebühr aus § 67 **nicht erforderlich**, daß der Verteidiger im Vorverfahren eine **dem Gericht erkennbare** Tätigkeit durch Einreichung von Anträgen entfaltet hat. Auch eine Akteneinsicht genügt für sich allein, wenn sie während des Vorverfahrens mit Rücksicht auf dieses erfolgt, JW. **89**, 90; **19**, 520, ebenso Briefe an die Partei und der Antrag, die Erklärungsfrist auf die Anklage zu verlängern, JW. **28**, 1892[22].

[4] Gemeint sind nur die Fälle, in denen das Reichsgericht oder ein Oberlandesgericht **in erster Instanz** tätig wird, also §§ 120, 134 GVG.

[5] Bei der Verteidigung mehrerer Personen: Zuschlag aus § 72.

[6] Die Neuordnung der auf die Untersuchungshaft bezüglichen Bestimmungen der StPO. durch die Nov. v. 27. 12. 26 (RGBl. I 529) hat dem wegen eines Verbrechens oder Vergehens in Haft befindlichen Angeschuldigten, gegen den das Hauptverfahren noch nicht eröffnet ist (§ 115b StPO.), das Recht gewährt, mündliche Verhandlung über die **Haftfortdauer** zu beantragen (§ 114d StPO.). Außerdem hat das Gericht von Amts wegen mindestens nach zweimonatiger Haft (§ 115a Abs. 2 StPO.), bei Haft von Reichswehrangehörigen aus Gründen der Aufrechterhaltung der militärischen Disziplin nach einmonatiger Haft (§ 445 Abs. 2 StPO.) ein **Haftprüfungsverfahren** einzuleiten, das auf Verlangen des Angeschuldigten in mündlicher Verhandlung stattzufinden hat. Unter Umständen muß ihm für diese Verhandlung ein Verteidiger bestellt werden (§ 115d Abs. 4 StPO.). In der Verhandlung werden die Beteiligten gehört, es kann sogar eine Beweisaufnahme stattfinden (§ 115d Abs. 5 StPO.). Es handelt sich also um eine Art kleiner Hauptverhandlung im Vorverfahren. § 67 Abs. 2 gewährt deshalb für diese Verhandlung (und zwar, wie in Analogie von § 64 anzunehmen ist) für **jede** dieser Verhandlungen die volle Gebühr des § 67 Abs. 1, also für Sachen, die in erster Instanz vor das Reichs- oder

Oberlandesgericht gehören, 40 RM., sonst 20 RM. Die Gebühr entsteht, auch wenn die allgemeine Gebühr aus Abs. 1 fällig wird. Die amtswegige Beiordnung erfolgt nur „für die Verhandlung", läßt also die Gebühr aus Abs. 1 nicht zugleich entstehen. Sie mitumfaßt die den Termin vorbereitende Tätigkeit. Kommt es nicht zu der Verhandlung (z. B. der Angeschuldigte nimmt den Antrag zurück, stirbt, flieht), so wird dem nur für die Verhandlung bestellten Anwalt nach §§ 89, 90 etwa die Hälfte der Gebühr aus § 67 Abs. 2 zukommen. — **Übergangsrecht.** Vor dem Inkrafttreten des Abs. 2 gehörte die Haftprüfungsverhandlung, auch eine mehrfache, zur Verteidigung im Vorverfahren, wurde also durch die Gebühr aus § 67 Abs. 1 abgegolten oder löste sie aus, wenn sie vorher noch nicht erwachsen war. Da nach Art. V Abs. 2 die Nov. v. 28. 1. 27 für alle am 1. 4. 27 noch nicht beendeten Instanzen gilt, so war für alle Sachen, in denen am 1. 4. 27 das Vorverfahren noch nicht beendet, das Hauptverfahren also noch nicht eröffnet war (Anm. 2), noch nachträglich nach § 67 Abs. 2 zu liquidieren.

68. Fünf Zehnteile der im § 63 bestimmten Sätze stehen dem Rechtsanwalte zu[1] für Anfertigung[2]:

1. einer Schrift zur Rechtfertigung einer Berufung[3];
2. einer Schrift zur Begründung einer Revision[4];
3. eines Antrags auf Wiederaufnahme des Verfahrens[5];
4. eines Gnadengesuchs[6].

Die Stufe bestimmt sich nach der Ordnung des Gerichts, welches in erster Instanz erkannt hat.

[1] Zu 1 und 2, sofern er nicht die Pauschgebühr des § 66 für diese Rechtsmittelinstanz erhält: Anm. 1 § 70 DGO. — Gegebenenfalls Steigerung nach § 72 (mehrere Beschuldigte).

[2] Oder Unterzeichnung: § 5 DGO. Einreichung nicht nötig.

[3] § 317 StPO. — Vgl. § 71 DGO. (Anrechnung auf die Gebühr für Berufungseinlegung aus § 69). Eine Erwiderung auf die Rechtfertigungsschrift läßt sich bei der klaren Fassung nicht unter § 68 bringen; sie fällt unter § 69. OLG. 11, 342. — Der Anwalt, der als Verteidiger in der Hauptverhandlung tätig war, erhält für die Einlegung der Berufung oder der

Revision allein (ohne Begründung) nicht (neben der Gebühr aus § 63 noch) die Gebühr aus § 68: § 70.

4 § 344 StPO. Vgl. im übrigen Anm. 3.

5 § 366 StPO. Diese Gebühr umfaßt das gesamte Verfahren bis zu dem auf Verwerfung des Antrags oder Anordnung der Wiederaufnahme lautenden Beschluß (§ 370 StPO.), weil dieses Verfahren einem Vorverfahren aus § 67 gleichzustellen ist. Vgl. JW. 26, 884.

6 Auch ein nach Rechtskraft gestelltes Gesuch um Strafaussetzung mit Bewährungsfrist.

69. [1]**Für Einlegung eines Rechtsmittels**[2] **sowie für Anfertigung**[3] **anderer als der im § 68 bezeichneten Anträge, Gesuche und Erklärungen**[4] **erhält**[5] **der Rechtsanwalt je 2 Reichsmark**[6]**.**

1 **Geschichtliches.** Die Gebühr betrug ursprünglich 2 M. Nach mehrfachen Zwischenlösungen jetzige Fassung: Nov. v. 13. 12. 23.

2 §§ 306, 314, 341 StPO. Analog Einspruch gegen einen amtsrichterlichen Strafbefehl, Antrag auf gerichtliche Entscheidung gegen eine polizeiliche Strafverfügung oder den Strafbescheid einer Verwaltungsbehörde (§§ 411, 414, 420 StPO.). — Vgl. aber § 70 (im Falle der allgemeinen Verteidigung in der Vorinstanz durch die Gebühr aus § 63 und im Falle der allgemeinen Verteidigung in der höheren Instanz durch die Gebühr aus § 66 mitabgegolten) und § 71 DGO. (Anrechnung auf die Gebühr für die Rechtfertigung aus § 68).

3 Oder Unterzeichnung: § 5 DGO. Einreichung nicht nötig.

4 Hierzu gehört auch die Erwiderung auf eine Revisionsschrift. OLG. 11, 342. Über Vergütung der Tätigkeit des Anwalts des Privatklägers zur Bewirkung der Veröffentlichung des Urteils vgl. Anm. 3 § 75. — **Ausnahmen:** § 73 Abs. 2 (Anfertigung einer Privatklage) und § 74 DGO. (Antrag auf gerichtliche Entscheidung über Erhebung der Anklage).

5 Nur, wenn Auftrag und **Tätigkeit** des Anwalts **auf die Anfertigung der Anträge usw. beschränkt** sind (z. B. Beschwerdeschriften, § 306 StPO., Rechtsmittelrücknahmen, Anträge auf Haftentlassung, auf Zeugenladung, Anschlußerklärung des Nebenklägers, Erhebung des Bußanspruchs). Mot. 77. Andernfalls wird gemäß § 70 die Tätigkeit durch die für

die allgemeine **Verteidigung** zustehenden Gebühren **aus** §§ 63 bis 67 DGO. mitabgegolten. Vgl. auch Anm. 1 § 70.

[6] Daneben kann nicht noch eine Gebühr für die vorangegangene Besprechung erhoben werden. RG. **14**, 371. — Dagegen kann **für jeden Antrag usw. besonders** liquidiert werden. Wird später die allgemeine Vertretung übertragen, so wird der Anwalt die bisher erwachsenen Gebühren nach § 70 sich anzurechnen haben. — Vgl. auch § 72 (Steigerung bei mehreren Beschuldigten).

70. Die in den §§ 63 bis 66 sowie die im § 67 bestimmten Gebühren umfassen die Anfertigung der zu derselben Instanz oder zu dem Vorverfahren gehörigen Anträge, Gesuche und Erklärungen sowie die Einlegung von Rechtsmitteln[1] gegen Entscheidungen oder Verfügungen derselben Instanz[2] oder des Vorverfahrens[3].

[1] §§ 314, 341 StPO. — Die Rechtfertigung der Berufung bzw. die Stellung und Begründung der Revisionsanträge (§§ 317, 344 StPO.) fällt unter die Pauschgebühr für die höhere Instanz (aus § 66 bzw. § 68, nicht aber unter die Pauschgebühr für die Verteidigung in der Vorinstanz aus § 63 DGO.). Mot. 77, 78. Vgl. Vorbem. vor § 63, Anm. 4 dort. — **Rückverweisung** begründet eine neue Instanz, ebenso **Wiederaufnahme des Verfahrens** und **Gnadengesuche** (Anm. 3, 4 § 64, Anm. 5, 6 § 68.

[2] **Umfang der Instanz**: Anm. 4 § 63 DGO.

[3] **Umfang des Vorverfahrens**, das als eigene Instanz gilt, JW. 28, 110[1]: Anm. 2 § 67 DGO.

71. Auf die Gebühr für Rechtfertigung der Berufung (§ 68 Nr. 1) und auf die Gebühr für Begründung der Revision (§ 68 Nr. 2) wird die Gebühr für Einlegung des Rechtsmittels (§ 69) angerechnet[1].

[1] Falls diese Akte nicht überhaupt gemäß § 70 durch die Pauschgebühren aus §§ 63, 66 DGO. mitabgegolten werden (Anm. 1 § 70). Die 2 RM. können natürlich nur dann angerechnet werden, wenn derselbe Anwalt das Rechtsmittel eingelegt und dann begründet hat.

72. Im Falle der Verteidigung[1] mehrerer Beschuldigter durch einen gemeinschaftlichen Verteidiger[2] erhöhen sich[3] die Gebühren um fünf Zehnteile[4].

[1] Auch im Vorverfahren (§ 67), sowie für Anfertigung eines Schriftsatzes für mehrere Beschuldigte (§§ 68, 69 DGO.). Vgl. auch § 73 (Privatkläger usw.). Nicht aber für die Gebühren aus § 75, da hier die Grundsätze des Zivilprozesses gelten, für den eine dem § 72 entsprechende Gebührenvorschrift nicht besteht.

[2] § 146 StPO. Bei nachträglicher **Verbindung** mehrerer Strafsachen (§§ 237, 384 StPO.) treten die erhöhten Gebühren natürlich erst von dem Zeitpunkt an ein, wo sich die Tätigkeit des Anwalts auf mehrere Personen bezieht. — Keine Personenvermehrung liegt darin, daß in einem Privatklageverfahren Widerklage erhoben wird; sie bedingt deshalb keine Gebührenerhöhung.

[3] Ohne Rücksicht auf die Zahl der Beschuldigten. — Haftung dem Anwalt gegenüber: § 3 DGO. und Anm. 1, 3 dazu.

[4] **Mehrere Erhöhungen** können zusammentreffen. Beispiele: Schöffensachen gegen A und B, gegen A schon im 1., gegen B erst im 2. Termin entschieden. Der Anwalt erhält für den 1. Termin (§§ 63, 72): 40 + 20 = 60 RM., für den 2. Termin (§§ 63, 64): 40 RM. Landesverratssache gegen A, B, C in zweitägiger Verhandlung. Der Anwalt erhält für den 1. Tag (§§ 63, 72): 80 + 40 = 120 RM., für den 2. Tag (§§ 63, 64, 72): 120 RM. Privatklagesache gegen A und B: A gesteht, B streitet; deshalb vertagt und im 2. Termin nach Beweisaufnahme entschieden. Der Anwalt erhält zunächst nichts dafür, daß zwei Termine stattfanden (§ 64 Abs. 2). Grundgebühr (§ 63): 40 RM.; gegen 2 Beschuldigte (§ 72): Zuschlag 20 RM.; Beweisaufnahme nur gegen B (§ 65): Zuschlag von $^1/_4$ von nur 40 = 10 RM., zusammen also 70 RM.

73. In Ansehung der Gebühren für Vertretung eines Privatklägers[1], eines Nebenklägers[2] oder einer Verwaltungsbehörde (Strafprozeßordnung § 424) kommen die Bestimmungen über die Gebühren für die Verteidigung zur entsprechenden Anwendung[3].

Die Anfertigung[4] einer Privatklage begründet für den Rechtsanwalt die im § 67 bestimmte Gebühr[5].

[1] § 378 StPO.

[2] §§ 395—406 StPO. Über die Rechtsstellung des ein Rechtsmittel einlegenden Nebenklägers hinsichtlich der Kostenlast vgl. RG. 41, 351, auch 44, 334.

[3] D. h. der Anwalt erhält **die Gebühren, die er erhalten würde, wenn er den Angeklagten** in derselben Sache **verteidigt** hätte. Aber doch nur „entsprechend". Vertritt der Anwalt einen Privatkläger gegen **mehrere** Angeklagte, so ist § 72 DGO. nicht anzuwenden. JW. 25, 2822[1]. Umgekehrt erhält der Anwalt **mehrerer** Privat- oder Nebenkläger im Verfahren gegen **einen** Angeklagten die Erhöhung aus § 72 DGO. Dagegen kann die Erhöhung aus § 65 (Beweisaufnahme) nur der Anwalt eines Privatklägers, nicht der eines Nebenklägers oder einer Verwaltungsbehörde beanspruchen, da § 65 eine Sondervorschrift für Privatklagesachen enthält. Aus demselben Grunde kann anderseits zwar der Anwalt der letztgenannten, nicht aber der Anwalt des Privatklägers die Erhöhung aus § 64 Abs. 1 (Dauer der Verhandlung über einen Tag hinaus) in Ansatz bringen, da § 64 Abs. 2 dies für Privatklagesachen ausdrücklich ausschließt. — **Kostenerstattungsrecht des obsiegenden Privatklägers:** § 471 StPO., § 91 ZPO.; des obsiegenden Nebenklägers: § 397 StPO., RG. 6, 237 (JW. 83, 292), auch wenn das Urteil die Erstattungspflicht des Angeklagten nicht besonders ausspricht, RG. 10, 113, sofern Angeklagter zur Strafe verurteilt ist, RG. 44, 334. **Erstattungspflicht des unterliegenden Privatklägers:** § 471 Abs. 2—5, § 473 Abs. 1 StPO. (wenn er ein Rechtsmittel erfolglos eingelegt hat), Rsp. d. RG. in StrS. 6, 197.

[4] Oder Unterzeichnung: § 5 DGO. Einreichung nicht nötig.

[5] § 73 Abs. 2 sagt, daß die Anfertigung der Privatklage die Gebühr aus § 67 **begründet.** Damit wird einmal, was schon in Anm. 2 § 67 gesagt ist, klargestellt, daß es auch in Privatklagesachen ein Vorverfahren gibt, das bis zum Eröffnungsbeschluß dauert, so daß für das Tätigwerden in ihm die Gebühr aus § 67 anfällt. Weiter aber bestimmt § 73 Abs. 2 DGO., daß, was an sich denkbar wäre, die Anfertigung der Privatklage, wenn sie den alleinigen Inhalt des Auftrags darstellt, nicht bloß als Antrag im Sinne des § 69 gewertet werden soll.

Wird das Hauptverfahren eröffnet, so entsteht, wenn es zur Hauptverhandlung kommt, weiter die Gebühr aus § 63, andernfalls eine weitere Teilgebühr (Anm. 4 § 63 DGO.).

74. Für Anfertigung[1] eines Antrags auf gerichtliche Entscheidung im Falle des § 172 der Strafprozeßordnung[2] erhält[3] der Rechtsanwalt die im § 67 bestimmten Sätze[4].

[1] Oder Unterzeichnung: § 5 DGO. Einreichung nicht nötig.

[2] Stellt die Staatsanwaltschaft ein Ermittlungsverfahren ein, so kann der verletzte Antragsteller zunächst binnen 2 Wochen den vorgesetzten Beamten der Staatsanwaltschaft anrufen und erst gegen dessen ablehnenden Bescheid ist binnen Monatsfrist der **Antrag auf gerichtliche Entscheidung** zulässig (§ 172 StPO.). Er stellt sich, ähnlich der Anfertigung der Privatklage (§ 73 Abs. 2 DGO.), als Tätigkeit im Vorverfahren dar, so daß mit Recht § 67 für anwendbar erklärt ist. § 74 enthält sich einer Angabe, wie die zwangsweise vorhergehende **Beschwerde an den vorgesetzten Beamten der Staatsanwaltschaft** zu vergüten ist, mit Recht, da es sich hier noch nicht um ein gerichtliches Verfahren handelt. Wegen der Vergütung vgl. Vorbem. vor § 63. Die sachliche Einheit des ganzen Verfahrens bedingt aber, daß der Anwalt höchstens einmal die Gebühr des § 67 erhalten kann.

[3] Falls der Antrag für mehrere Verletzte gestellt ist: § 72 (Erhöhung der Gebühr).

[4] Überweist die Staatsanwaltschaft eine **militärische Straftat zur disziplinarischen Ahndung,** so kann der Verletzte die Entscheidung des Landgerichts anrufen. Bei Einfügung dieses § 435 StPO. ist offenbar übersehen, für ihn eine Anwaltsgebühr zu bestimmen. Es handelt sich, genau wie in § 74, um die Erzwingung der Anklageerhebung. Auch hier sind deshalb §§ 74, 67 anzuwenden.

75. Nach Maßgabe der Vorschriften des zweiten Abschnitts (§ 23) stehen dem Rechtsanwalte Gebühren[1] besonders zu für die Vertretung:

1. in dem Verfahren behufs Festsetzung der zu erstattenden Kosten (Strafprozeßordnung § 464 Absatz 2)[2];

2. in der Zwangsvollstreckung aus Entscheidungen, welche über eine Buße oder über Erstattung von Kosten ergangen sind (Strafprozeßordnung §§ 463, 464)[3].

[1] Also $^3/_{10}$ der in den §§ 13—17 **bestimmten Gebühren.** Die in § 75 behandelten Angelegenheiten gehören zwar zum Strafverfahren, sind aber kostenrechtlich den Gebühren in bürgerlichen Rechtsstreitigkeiten unterstellt, weil die Bußentscheidungen gemäß § 463 StPO. wie Zivilurteile vollstreckt werden und auch die Kostenfestsetzung und -vollstreckung sich gemäß § 464 Abs. 2 StPO. nach den Vorschriften der ZPO. richtet. — **Wert:** Betrag der zu erstattenden Kosten bzw. der beizutreibenden Buße. Für **Beschwerden** entstehen die Gebühren aus § 41 Nr. 1 DGO.

[2] § 23 Nr. 3. — Auch für die Vertretung in dem Verfahren betreffend Festsetzung der dem Angeschuldigten aus der Staatskasse zu erstattenden Kosten (§§ 467, 473 StPO.); denn auch der Staat ist Beteiligter im Sinne des § 464 Abs. 2 StPO. Für Preußen vgl. auch Vorbem. vor § 63 DGO. Der **beigeordnete** Anwalt hat dagegen keinen Anspruch auf die Festsetzungsgebühr, wenn er seine Kosten bei der Staatskasse liquidiert. — Nach § 464 Abs. 2 StPO. erfolgt die **Festsetzung** der Kosten und Auslagen durch den Urkundsbeamten der Geschäftsstelle; auf das Verfahren findet die ZPO. entsprechende Anwendung (§§ 103 ff. ZPO.). Vgl. Anm. 6, 13 § 23 DGO.

[3] § 23 Nr. 18. Neben der Gebühr aus § 75 Nr. 1. — Weiter steht eine gleich hohe Gebühr dem Anwalt als Vertreter des Privatklägers in entsprechender Anwendung des § 75 Nr. 2 auf Grund des § 89 auch für die durch das Urteil gestattete **Veröffentlichung der Entscheidung** (§ 200 StGB.) zu, da die Bewirkung der Veröffentlichung als ein Akt der Zwangsvollstreckung anzusehen ist. JW. **11**, 419; **13**, 349; **28**, 435[4] (a. M. **15**, 606: Gebühr aus § 69).

Fünfter Abschnitt.

Auslagen[1, 2, 3].

[1] Der Anwalt wird tätig auf Grund eines Dienstvertrages, der eine Geschäftsbesorgung zum Gegenstande hat (§ 675 BGB.). Er hat deshalb Anspruch auf Ersatz von Aufwendun-

gen, „die er den Umständen nach für erforderlich halten darf" (§ 670 BGB.). Deshalb sind, soweit nicht der 5. Abschnitt der DGO. entgegensteht, dem Anwalt notwendige und nützliche Auslagen, die er zum Zwecke der Ausführung des erteilten Auftrags gemacht hat, zu erstatten. RG. **15**, 404; JW. **86**, 13. Sondervorschriften enthalten §§ 76, 77 wegen der Schreib- und Postgebühren, §§ 78—82 wegen der Geschäftsreisen. **Sonstige Auslagen** sind besonders zu erstatten. Hierzu gehören auch Auslagen des Anwalts für Zustellung von Urteilen und im landgerichtlichen Verfahren für Zustellung von Schriftsätzen und Ladungen. Vgl. JW. **10**, 219; **11**, 418; OLG. **23**, 277. Weiter können dazu auch Auslagen für Abschriften aus den Gerichtsakten zur Vervollständigung der Handakten gehören. JW. **89**, 514[2].

[2] Der **Armenanwalt** in bürgerlichen Rechtsstreitigkeiten hat die im Interesse seiner Partei notwendigen Auslagen vorläufig unentgeltlich zu machen. So hat er das Porto für die erforderliche Korrespondenz herzugeben, JW. **89**, 401[4]; EGH. **1**, 115; 3, 127; **4**, 160; 5, 56, auch notwendige Reisen zu auswärtigen Beweisterminen unentgeltlich zu unternehmen, JW. **96**, 320[2]; Gr. **40**, 1190. Der Abzug der Gebühren von der für die arme Partei beigetriebenen Summe ist unstatthaft, es sei denn, daß die Partei damit einverstanden ist oder ihre Vermögenslage sich wesentlich gebessert hat. EGH. **3**, 131; **13**, 62. Er konnte aber schon vor dem RGes. v. 18. 12. 19 (RGBl. 2113) aus der Staatskasse Ersatz der Schreibgebühren für die notwendigen Abschriften aus den Gerichtsakten fordern, sofern sie ihm das Gericht hätte kostenfrei liefern müssen. RG. **7**, 342. Nicht jedoch Ersatz von Reisekosten. Gr. **40**, 1190. — Die jetzige **Erstattungspflicht des Staates** hinsichtlich der Gebühren und Auslagen ist besonders erläutert (unten zu III).

[3] Wegen der **Umsatzsteuer** vgl. das UmsStG. in der Fass. v. 8. 5. 26 (RGBl. I 218). Nach § 1 unterliegen der Steuer Leistungen, die jemand innerhalb der von ihm selbständig ausgeübten beruflichen Tätigkeit im Inland gegen Entgelt ausführt. Nach § 8 wird die Steuer von dem für die steuerpflichtige Leistung vereinnahmten Entgelte berechnet. Entgelt sind danach die Gebühren, vereinbarte Honorare (§ 93 DGO., auch § 88), aber auch Schreibgebühren (RG. **101**, 212), Abwesenheits-, Tage- und Übernachtungsgelder und pauschalisierte Reisekosten (weil Unkostenentschädigungen nach § 107 AusfBest.

z. UmſStG. v. 12. 6. 20, ZBl. 937). Nicht umſatzſteuerpflichtig ſind die eigentlichen **durchlaufenden Poſten,** die der Anwalt für ſeinen oder von ſeinem Auftraggeber vereinnahmt und verausgabt, wenn ſie auch im Verhältnis zum unterlegenen Gegner erſtattungsfähig ſind. Dazu gehören Poſtgebühren, Gerichtsvollzieherkoſten, Nachnahmen, Gerichtskoſtenvorſchüſſe, Stempel, durchlaufende Leiſtungen des Gegners, wirklich verauslagte Fahrkoſten. JW. **23**, 840²; OLG. **40**, 466. — Die Steuer darf geſondert in Rechnung geſtellt werden, wenn als Entgelt „geſetzlich bemeſſene Gebühren" angeſetzt werden (§ 11 Abſ. 1 UmſStG.). Das ſind die Gebühren der DGO., einſchl. Schreibgebühren und Reiſeentſchädigungen, inſoweit iſt alſo die Steuer zu erſtatten. RG. **101**, 212; JW. **20**, 455³, 912, 1041; OLG. **40**, 464, 466 (auch bei Verzug zu verzinſen, JW. **26**, 2704³). Anders beim vereinbarten Honorar (§§ 88, 93). OLG. **40**, 464, 466; JW. **20**, 721. Iſt ein Zuſchlag zur geſetzlichen Gebühr vereinbart, ſo iſt auch für letztere die Umſatzſteuer nicht abwälzbar; denn es wird hier eben nicht „für die Leiſtung die geſetzlich bemeſſene Gebühr angeſetzt"; eine entgegenſtehende Abrede iſt nichtig (§ 11 Abſ. 2 UmſStG.). — Soweit die Umſatzſteuer abwälzbar iſt, gehört ſie auch zu den Koſten des Rechtsſtreits, die der **unterlegene Gegner** des Auftraggebers des Rechtsanwalts **zu erſtatten hat,** JW. **20**, 455³, ſowie zu den Koſten der Zwangsvollſtreckung, die nach § 788 ZPO. zugleich mit dem zur Vollſtreckung ſtehenden Anſpruche beizutreiben ſind, JW. **20**, 455³. Iſt mit der eigenen Partei ein Honorar vereinbart, ſo daß die Steuer auf ſie nicht abwälzbar iſt, ſo ſteht nichts im Wege, dem Gegner gegenüber neben der allein erſatzfähigen geſetzlichen Gebühr die von ihr berechnete Umſatzſteuer zu erheben; denn die vereinbarte Erhöhung betrifft ja nur den die geſetzliche Gebühr plus Umſatzſteuer überſteigenden Betrag. — **Die Höhe der Umſatzſteuer** beträgt $^3/_4$ % (§ 12 UmſStG.).

76. [1]**Der Rechtsanwalt hat Anſpruch auf Erſtattung der bei der Ausführung des Auftrags entſtandenen Poſt-, Telegraphen- und Fernſprechgebühren**[2]**.**

Schreibgebühren ſtehen dem Rechtsanwalte nur zu[3]**:**

1. für die auf beſonderes Verlangen gefertigten Abſchriften[4]**;**

2. für eine von ihm gefertigte beglaubigte Abschrift der Klageschrift, falls diese zur Herstellung einer Ausfertigung des Urteils (§ 317 Abs. 4 der Zivilprozeßordnung) benutzt wird[5];

3. für ein Schreibwerk, soweit es außerhalb des Rahmens einer gebührenpflichtigen Tätigkeit entsteht[6].

Soweit dem Rechtsanwalte Schreibgebühren zustehen, bemißt sich ihre Höhe nach dem für die gerichtlichen Schreibgebühren[7] geltenden Satze[8].

[1] **Geschichtliches.** § 76 in ältester Fassung bestimmte lediglich, daß für die Höhe der dem Anwalt zustehenden Schreibgebühren der § 80 GKG. alter Fass. maßgebend sei; es war also, soweit überhaupt erstattungsfähig, jede Schreibseite einzeln zu liquidieren. — Die Nov. v. 1. 6. 09 ersetzte dies durch ein **Pauschsatzsystem.** Die Schreibgebühren, Postgebühren und Fernsprechgebühren im Ortsverkehr „innerhalb des Rahmens einer gebührenpflichtigen Tätigkeit" wurden durch Pauschsätze abgegolten, die in Prozentsätzen der zum Ansatz gelangenden Gebühren ausgedrückt waren. Im einzelnen gab es komplizierte Vorschriften über Mindest- und Höchst- sowie Gesamtpauschsätze, auch über die Teilung der Pauschsätze unter mehrere Anwälte. Wegen der Einzelheiten vgl. die 12. Aufl. Besonders abgefunden wurden die im jetzigen Abs. 2 genannten Schreibgebühren sowie Telegrammgebühren und Fernsprechgebühren des Fernverkehrs. — Einen weiteren Schritt zur Vereinfachung brachte die Nov. v. 18. 8. 23. Sie erhöhte alle Gebühren und strich als in sie einkalkuliert die Pauschsätze. Ansatzfähig blieben die im jetzigen Abs. 2 genannten Schreibgebühren und alle Postgebühren mit Ausnahme der Fernsprechgebühren des Ortsverkehrs. — Letztere wurden ebenfalls ansatzfähig durch die Nov. v. 13. 12. 23. Wegen Einzelheiten bezüglich der Höhe der Schreibgebühren vgl. Anm. 7.

[2] Jetzt (früher Anm. 1) sind alle **Post-, Telegraphen- und Fernsprechgebühren** (auch im Ortsverkehr, JW. 28, 2162[24]) erstattungsfähig. Es kommt also nicht mehr darauf an, ob es sich um Briefe des Anwalts oder an ihn handelt (Strafporto, portopflichtige Dienstsache). Nachnahmen (z. B. des Gerichtsvollziehers) aber sind keine Postgebühren. Ihre Erstattung regelt

sich nach § 670 BGB. (vgl. Anm. 1 vor § 76 DGO.). Vgl. OLG. **40**, 466. Legt der Anwalt bei Zustellung von Anwalt zu Anwalt eine freigemachte Zustellungskarte zwecks Rücksendung an ihn bei, so ist der Portobetrag für den Gegenanwalt verauslagt und kann der eigenen Partei nicht angesetzt werden. OLG. **25**, 302. — Auslagen, die durch Sendungen des Anwalts sonst verursacht werden und notwendig oder nützlich sind, wie z. B. für Übersendung eines eiligen Briefes durch einen Boten, können besonders ersetzt verlangt werden. — Vgl. für Preußen darüber, inwieweit Sendungen an die Partei oder die Parteivertreter seitens des Gerichts als portopflichtige Dienstsachen zu bezeichnen sind, JMVerf. v. 18. 8. 10 (JMBl. 326) u. v. 18. 4. 11 (JMBl. 171). — Für den **Übergang** von der Inflationszeit **zur neuen Festwährung** bestimmte Art. IV Abs. 2 der VO. v. 13. 12. 23, daß Post- und Fernsprechauslagen (Telegrammauslagen sind offenbar nur versehentlich nicht genannt, aber ebenso zu behandeln), die in der Inflation gemacht sind, nach den am Tage der Abrechnung mit der Partei geltenden Postgebührensätzen zu vergüten waren. — Im **Kostenfestsetzungsverfahren** genügt die Versicherung des Anwalts, daß diese Gebühren entstanden sind (§ 104 Abs. 2 Satz 2 ZPO.).

[3] **Schreibgebühren,** die in Wahrheit nicht Gebühren, sondern Auslagen sind, erhält der Anwalt in der Regel nicht mehr. Sie sind in den Gebühren mit abgefunden. Ausnahmen allein die Nr. 1—3. — Für das Schreibwerk, das **nur zur Vorbereitung der Zwangsvollstreckung dient,** erhält der Prozeßbevollmächtigte keine besondere Vergütung, da seine Tätigkeit insoweit durch die Prozeßgebühr mitabgegolten wird. Vgl. Anm. 18 § 23 DGO., JW. **10**, 602. — Die äußere Adresse auf Briefumschlägen, Paketen, Postanweisungen gehört zur Verpackung, für die nach § 77 DGO. Auslagen nicht berechnet werden können. RG. **31**, 402; JW. **93**, 231.

[4] **Abschriften,** die der Partei **auf besonderes Verlangen** geliefert werden, sind solche, die nach dem gewöhnlichen Geschäftsgang und nach den Umständen des einzelnen Falles nicht zum ordnungsmäßigen Betriebe des Prozesses erforderlich und daher nicht auch ohne das Verlangen der Partei zu fertigen waren. KB. 88. Vgl. hierzu JW. **10**, 277, 386 und über die Frage, ob die Schreibgebühren vom unterlegenen Gegner erstattet werden müssen, JW. **11**, 419. Es muß sich

einmal um Abschriften handeln; ein urschriftlicher Schriftwechsel, insbesondere Briefe, fallen nicht darunter. Weiter muß es sich um Abschriften handeln, die der Anwalt nicht auch schon unaufgefordert zu liefern hat. Von den eigenen Schriftsätzen braucht er für seine Partei Abschriften nicht zu erteilen; es genügt, wenn er der Partei mitteilt, er habe ihre Information schriftsätzlich niedergelegt. Sendet er unverlangt Abschriften, so begründet das keinen Anspruch auf Schreibgebühren. Verlangt aber die Partei solche Abschriften, um selbst vollständige Prozeßakten zu haben, so ist der Anspruch gegeben (a. M. JW. 28, 2161[22]). Von gegnerischen Schriftsätzen, Gerichtsbeschlüssen, Beweisprotokollen muß die Partei genaue Kenntnis erhalten, um sich sachgemäß äußern zu können. Es genügt aber, daß der Anwalt diese Schriftstücke zur Kenntnisnahme, Äußerung und alsbaldigen Rückgabe übersendet. Deshalb ist auch hier das besondere Verlangen der Partei, Abschriften zu erhalten, Voraussetzung für den Gebührenansatz. Reicht allerdings die Zeit in einer eiligen Sache nicht mehr aus, um sicher bis zum Termin die Urkunden zurückzuerhalten, so wird der Anwalt, der seine Akten (schon wegen der Möglichkeit eigener plötzlicher Verhinderung) vollständig erhalten muß, sich als stillschweigend beauftragt ansehen dürfen, eine Abschrift zu fertigen und zu übersenden. Auch von Urkunden, die der Gegner niedergelegt hat, ist unverlangt keine Abschrift zu senden, sondern es genügt die Bezugnahme auf den wesentlichen Inhalt im Schriftwechsel. Hat der Gegner der beglaubigten Abschrift seines Schriftsatzes, wie vielfach üblich, noch eine Abschrift für die Partei beigelegt, so darf der sie weitergebende Anwalt dafür keine Schreibgebühr berechnen, da er sie nicht angefertigt hat. JW. 25, 1800[6]. Auch für die dem Gegner übungsgemäß erteilte Mehrabschrift kann der Anwalt die eigene Partei nicht mit Schreibgebühren belasten. Allerdings ließe sich, wenn die Parteien Abschriften verlangen, die Abrede der beiderseitigen Anwälte, Mehrabschriften zu senden, im Einzelfalle auch dahin auslegen, daß sie sich gegenseitig beauftragen, im gegnerischen Büro die nötige Parteiabschrift anzufertigen; dann könnte jeder Anwalt die erhaltene Mehrabschrift gebührenbelastet seiner Partei weitergeben.

[5] **Klagabschriften zur Urteilsherstellung.** Nach § 313 Abs. 3, § 317 Abs. 4 ZPO. kann ein Versäumnisurteil oder ein Anerkenntnisurteil in abgekürzter Form auf die bei den

Akten befindliche Urschrift oder Abschrift der Klage gesetzt und seine Ausfertigung in gleicher Weise unter Benutzung einer beglaubigten Abschrift der Klageschrift erfolgen. **Für die** auf solche Weise **zu einer Urteilsausfertigung gestaltete beglaubigte Abschrift der Klageschrift** können **Schreibgebühren** beansprucht werden. Dies gilt, wenn zwei Ausfertigungen des Urteils, eine einfache und eine vollstreckbare, unter Benutzung von Klagabschriften auf Antrag erteilt worden sind, auch für die beiden Klagabschriften, wenn die vollstreckbare Ausfertigung nur für die Zwangsvollstreckung, die einfache nur als beim Anwalt verbleibende Zustellungsurschrift verwendet wird. Vgl. OLG. 22, 288; JW. 11, 163[125], 164[126], auch JW. 10, 603 (a. M. JW. 10, 735[55]). Für Abschriften der notwendigen Klaganlagen gilt gleiches. Vgl. JW. 10, 735[56], 875[107], 926[120]; 11, 127. Im übrigen aber wird auch die Herstellung der Klageschrift nebst Abschriften durch die Pauschgebühren mitabgegolten. Wenn daher eine vom Anwalt hergestellte zweite Klagschrift nicht zur Urteilsausfertigung benutzt worden ist, weil die Geschäftsstelle die Verwendung für untunlich erachtete, oder der Anwalt ein nach § 317 Abs. 4 ZPO. aus einer Klagabschrift hergestelltes Urteil dazu benutzt, es dem Gegner zuzustellen, so kann dafür keine Schreibgebühr beansprucht werden. Vgl. OLG. 22, 288; JW. 10, 638[16], 639[17, 18], 694[31], 875[107] (a. M. JW. 10, 598[7], 694[32]). Desgleichen **nicht für eine Abschrift** (nicht der Klage, sondern) **des Urteils** selbst, die der Anwalt zum Zwecke der Zustellung hat anfertigen lassen, wiewohl die Partei, wenn Erteilung der Urteilsabschrift bei Gericht beantragt worden wäre, nach § 71 Abs. 2, 3 GKG. an die Gerichtskasse eine besondere Schreibgebühr dafür zu entrichten gehabt hätte. Vgl. OLG. 21, 163; 22, 288; JW. 10, 733[51, 52], 734[53] (a. M. JW. 10, 277). Der Anwalt muß auch, wenn er, anstatt eine zur Zustellung bestimmte Abschrift in seinem Büro herstellen zu lassen, sich eine (zweite) **Urteilsausfertigung oder Abschrift vom Gericht erteilen läßt**, die dadurch entstehenden Kosten aus seinem Pauschale decken, kann sie also nicht als besondere Auslagen in Anrechnung bringen. OLG. 25, 302; 31, 246; 41, 253; JW. 12, 438. Jedenfalls kann die Erstattung der dadurch entstehenden Kosten nach § 91 ZPO. nicht vom Gegner beansprucht werden. OLG. 22, 289; 23, 278; 31, 246; JW. 12, 438; 27, 2641[9]. — Vgl. ferner darüber, ob und inwieweit die Schreibgebühren aus Nr. 2 gemäß § 91 ZPO. vom unterlegenen Gegner erstattet verlangt werden können, JW. 10, 693[29], [30], 875[108], [109]; 11, 165[127], 419.

[6] **Schreibwerk außerhalb des Rahmens einer gebührenpflichtigen Tätigkeit.** Hier ist von „Schreibwerk" die Rede im Gegensatz zu Nr. 1 und 2, wo nur „Abschriften" in Betracht kommen. Nr. 3 umfaßt also auch einen Briefwechsel. Hierher gehört einmal das Schreibwerk zu Handlungen des Anwalts, für die es keine Gebühr gibt (wegen Anfertigung der Rechnungen vgl. Anm. 2 § 6 DGO.); dann aber auch das Schreibwerk, das für normale Verhältnisse ganz ungewöhnlich ist. Außerhalb des Rahmens liegen z. B.: die Auslagen an Schreib- und Postgebühren, die nach Erledigung des Prozesses durch erneute Anfragen der Partei entstehen, KB. 84, oder durch den Antrag eines zum Verteidiger bestellten Anwalts auf Festsetzung und Erstattung der ihm infolge seiner Verteidigertätigkeit zustehenden Gebühren und entstandenen Kosten, OLG. 21, 400; ferner Abschriften aus den Gerichtsakten, wie z. B. von Beweisprotokollen, JW. 14, 555, Abschriften von Aktenteilen an interessierte Dritte auf Wunsch der Partei, z. B. an Streitverkündete, Regreßschuldner. Solche Auslagen kann also der Anwalt ersetzt verlangen. Auch Auslagen, die durch Stundungsgesuche des Schuldners und Bewilligung von Ausstand und Ratenzahlungen verursacht werden, werden durch die Gebühr der Zwangsvollstreckungsinstanz nicht abgegolten. Vgl. JW. 14, 55; 15, 605 (a. M. 13, 396; 14, 781). Nach OLG. 31, 226 soll auch für eine Aufforderung an den Gegner nach Prozeßbeendigung zur Erstattung der Kosten, wenn es zu einem Festsetzungsverfahren nicht kommt, eine Schreibgebühr zu beanspruchen sein (vgl. Anm. 6 § 23). — **Dagegen** gehört die Tätigkeit zur Herbeiführung eines demnächst gescheiterten Vergleichs zum Geschäftsbetriebe (§ 13 Nr. 1), so daß Schreibwerk und Postgebühren, die der Anwalt hierfür aufgewendet hat, nicht zu vergüten sind (vgl. JW. 10, 386, a. M. JW. 10, 220). Ebenso nicht ein Schriftwechsel zur Beschaffung der Prozeßinformation; mag er auch noch so umfangreich sich gestalten, er fällt stets unter die Prozeßgebühr und damit in den Rahmen einer gebührenpflichtigen Tätigkeit. Für die Anfertigung eines Gutachtens mit juristischer Begründung wirft zwar § 88 DGO. keine feste Gebühr aus, sondern über-

läßt im Streitfall die Festsetzung der Vergütung dem Prozeßrichter. Hier gehört aber die Schriftform so wesentlich zum Gutachten, daß die Vergütung auch den Schreiblohn umfaßt.

[7] Für die **Höhe der Schreibgebühren** ist maßgebend § 71 Abs. 4 GKG., welcher lautet:

„Die Schreibgebühr beträgt für die Seite, welche zweiunddreißig Zeilen von durchschnittlich fünfzehn Silben enthält [a]), 0,30 Reichsmark [b]) auch wenn die Herstellung auf mechanischem Wege stattgefunden hat. Jede angefangene Seite wird voll berechnet. Für Schriftstücke, die in fremden Sprachen abgefaßt sind, für Schriftstücke in tabellarischer Form sowie für Verzeichnisse, Listen, Rechnungen, Handzeichnungen und dergleichen kann die Höhe der Schreibgebühr von der Landesjustizverwaltung anderweit bestimmt werden [c]).“

a) Dasselbe auch nur für eine Seite, die mehr enthält. RG. **21**, 419.

b) Die VO. v. 13. 12. 23 setzte 0,10 GM. fest. Die VO. v. 27. 6. 24 (RGBl. I 662), in Kraft seit 10. 7. 24, erhöhte den Betrag auf 0,20 GM., jedoch mit der Maßgabe, daß das bis 9. 7. 24 geleistete Schreibwerk nach dem alten Satz zu vergüten war. Art. I Nr. 15 der Nov. v. 28. 1. 27 (RGBl. I 53), in Kraft (Art. V) seit 1. 4. 27, erhöhte den Betrag weiter auf 0,30 RM.; auch hier bestimmt wieder Art. V Abs. 2 Satz 3, daß für die bis 31. 3. 27 entstandenen Schreibgebühren die bisherigen Vorschriften in Kraft bleiben.

c) Durch den von einer Nov. v. 1. 6. 09 hinzugefügten Satz 3 ist eine Lücke des Gesetzes ausgefüllt, dessen Bestimmungen nur auf die gewöhnlich vorkommenden Schriftstücke berechnet waren. Für die betreffenden Fälle ist die **Bestimmung der Höhe der Schreibgebühren der Landesjustizverwaltung überlassen,** damit den jeweilig wechselnden Verhältnissen Rechnung getragen werden kann. Vgl. für **Preußen** zunächst JustMinVfg. v. 19. 12. 23 (JMBl. 759) und 12. 9. 24 (JMBl. 357), jetzt v. 17. 3. 27 (JMBl. 124): es ist nach dem Zeitaufwand zu vergüten, und zwar für die Stunde 1,50 RM., für die Fünftelstunde 0,30 RM. Auch der Anwalt darf, soweit ihm überhaupt Schreibgebühren zukommen, jetzt für derartige Arbeiten nach dem Zeitaufwande liquidieren. Das war ihm bis zum 10. 7. 24 durch ein gesetzestechnisches Versehen abgeschnitten. Während nämlich § 76 Abs. 3 i. d. Fass. v. 18. 8. 23 auf den ganzen § 71 Abs. 4

GKG. verwies, war dies aus nicht ersichtlichen Gründen in Art. II Nr. 5 VO. v. 13. 12. 23 aufgegeben und dort unmittelbar bestimmt, daß der Anwalt 0,10 GM. für die Schreibseite erhalten solle, so daß damit die Verweisung auf § 71 Abs. 4 GKG. fortfiel. Das ist alsdann durch VO. v. 27. 6. 24 geändert, indem die Verweisung wiederhergestellt worden ist, so daß nunmehr auch Satz 3 des § 71 Abs. 4 GKG. dem Anwalt wieder zugute kommt.

[8] Die gesamten Auslagen können der Partei gegenüber summarisch angegeben werden; nur auf Verlangen sind sie im einzelnen aufzustellen und zu belegen (§ 86 DGO.). Für Post-, Telegraphen- und Fernsprechgebühren genügt im Kostenfestsetzungsverfahren gegenüber dem Gegner die Versicherung des Anwalts, daß diese Auslagen entstanden sind (§ 104 Abs. 2 Satz 2 ZPO.).

Verpackungskosten.

77. Für Verpackung[1] von Briefen und Akten dürfen Auslagen nicht berechnet werden.

[1] Für das Verpacken und das Verpackungsmaterial. Nicht bloß Briefe, auch Postkarten, Postanweisungen. Zur Verpackung gehört auch die äußere Adressierung und die Ausfüllung der zugehörigen Formulare. RG. **31**, 402; JW. **93**, 231. Sinn der Bestimmung ist offenbar, daß die Ansetzung eines Entgelts für solche einfache, wenig zeit- und materialraubende Tätigkeit als kleinlich empfunden würde, da sie im Geschäftsleben allgemein nicht berechnet wird. Deshalb paßt die Regel aber nicht für andere Dinge als Briefe und Akten. Man denke an Modelle und Maschinen, die im Patentverletzungsprozeß vom Anwalt vorgeführt sind, oder an Beweisstücke, z. B. ein Gewehr, die er im Strafverfahren zur Hauptverhandlung herbeigeschafft hat. Hier kann die Verpackung sehr schwierig, oft nur fachmännisch ausführbar sein. Für solche Fälle gilt daher § 77 DGO. nicht, sondern § 670 BGB.

Reisekosten[1].

[1] **Erstattung der Reisekosten durch den unterlegenen Gegner:** Nach § 91 Abs. 2 ZPO. sind in bürgerlichen Rechtsstreitigkeiten die Kosten eines auswärtigen Anwalts nur insoweit zu erstatten, als die Zuziehung nach dem Ermessen des Gerichts zur zweckentsprechenden Rechtsverfolgung oder Rechts-

verteidigung notwendig war. — Dies gilt nach § 471 Abs. 5 StPO. auch in Privatklagesachen. — „Auswärtiger Anwalt" ist ein „auswärtiger Prozeßbevollmächtigter, der zu den Terminen des Prozeßgerichts reist". RG. 13, 313; JW. 86, 443[1]. — Nach § 18 Abs. 6, § 37 RAO. ist die Gegenpartei nicht verpflichtet, Mehrkosten zu erstatten, die bei der Vertretung einer Partei vor einem Kollegialgerichte durch einen bei diesem zugelassenen Rechtsanwalt oder bei der Vertretung einer armen Partei durch den ihr beigeordneten Rechtsanwalt dadurch entstehen, daß der Anwalt seinen Wohnsitz nicht am Orte des Gerichts hat. — Trotz dieser Vorschriften aber sind die Reisekosten doch insoweit zu erstatten, als durch die Bestellung des auswärtigen Prozeßbevollmächtigten an Kosten gespart worden ist. RG. 14, 377; JW. 94, 63[11]. Anderseits ist die Partei in der Wahl ihres Prozeßbevollmächtigten nicht beschränkt; sie ist nicht verpflichtet, einen auswärtigen Anwalt als Prozeßbevollmächtigten nur deshalb anzunehmen, weil dadurch (z. B. durch die Gebühren eines notwendigen Verkehrsanwalts) weniger Kosten entständen. JW. 94, 113[6], vgl. auch JW. 94, 9[15]. — Über Erstattungsfähigkeit der Reisekosten des Prozeßbevollmächtigten zu auswärtigen Terminen, insbesondere Beweisterminen, mindestens in Höhe der Gebühren eines am Orte des Termins wohnenden Substituten, s. Anm. 5 § 45 DGO. sowie RG. 13, 313; JW. 86, 443[1]. Nicht erstattungsfähig sind in der Regel die Kosten der Reise des Anwalts zu dem von einem Sachverständigen zu seiner Information an Ort und Stelle anberaumten Termine, da besser die Partei selbst den Termin wahrnehmen kann. JW. 98, 40[1]. — Für die Reise zu einem durch Schuld des Anwalts vereitelten Termine können Reisekosten nicht verlangt werden. EGH. 2, 76.

78. [1]**Bei Geschäftsreisen**[2] **erhält**[3] **der Rechtsanwalt**[4] **Tage-**[5] **und Übernachtungsgelder**[6] **sowie Fahrkosten**[7] **nach den für die Reichsbeamten der Stufe III (§ 2 Abs. 2 der Reisekostenverordnung für die Reichsbeamten vom 14. Oktober 1921, Reichsgesetzbl. S. 1345) geltenden Sätzen**[8] **sowie Abwesenheitsgelder in Höhe von 10 Reichsmark für den Tag**[9]**.**

Beansprucht die Geschäftsreise nicht mehr als vier Stunden, so ermäßigen sich das Tagegeld und das Abwesenheitsgeld je um die Hälfte[10].

Nebenkosten, insbesondere beim Zu- und Abgang zur Eisenbahn, sind in angemessenen Grenzen zu erstatten[11].

[1] **Geschichtliches.** a) Der § 78 lautete in der ältesten Fassung:

„Bei Geschäftsreisen erhält der Rechtsanwalt, vorbehaltlich der Bestimmungen in den §§ 18, 37, 39 Abs. 2 der Rechtsanwaltsordnung:

I. an Tagegeldern 12 Mark;

II. für ein Nachtquartier 5 Mark;

III. an Fuhrkosten einschließlich der Kosten der Gepäckbeförderung:

1. wenn die Reise auf Eisenbahnen oder Dampfschiffen gemacht werden kann, für das Kilometer 13 Pf. und für jeden Zu- und Abgang 3 Mark;

2. anderenfalls 60 Pf.;
für das Kilometer der nächsten fahrbaren Straßenverbindung.

Haben höhere Fuhrkosten aufgewendet werden müssen, so werden diese erstattet."

b) Die Nov. v. 1. 4. 18 und 18. 12. 19 erhöhten die Beträge. Die Nov. v. 8. 7. 21 gab dem § 78 folgende Fassung:

„Bei Geschäftsreisen erhält der Rechtsanwalt, vorbehaltlich der Bestimmungen in den §§ 18, 37, 39 Abs. 2 der Rechtsanwaltsordnung,

I. an Tagegeldern 60 Mark,

II. für ein Nachtquartier 24 Mark.

Für Wegestrecken, die bei Geschäftsreisen auf Eisenbahnen, Schiffen oder sonstigen öffentlichen regelmäßigen Verkehrsmitteln zurückgelegt werden, sind dem Rechtsanwalt an Fuhrkosten die wirklich erwachsenen Auslagen einschließlich der Kosten für Beförderung und Versicherung des notwendigen Gepäcks zu erstatten. Der Rechtsanwalt hat Anspruch auf Benutzung der ersten Schiffs- oder zweiten Wagenklasse.

Für Wegestrecken, die nicht auf Eisenbahnen, Schiffen oder sonstigen öffentlichen regelmäßigen Verkehrsmitteln zurückgelegt werden können, wird für jedes angefangene Kilometer des Hin- und Rückwegs eine Vergütung von 80 Pfennig gewährt. War der Rechtsanwalt durch besondere Umstände genötigt, sich eines Fuhrwerkes zu bedienen, so sind ihm in angemessenen Grenzen die Unkosten zu ersetzen.

Nebenkosten, insbesondere beim Zu- und Abgang zur Eisenbahn, sind in angemessenen Grenzen zu erstatten."

c) Nach wiederholten, auf der Geldentwertung beruhenden Änderungen der Beträge ersetzte Art. I Nr. 15 der Nov. v. 18. 8. 23 die Abs. 1—3 der Fassung b durch die jetzigen Abs. 1 und 2, jedoch mit der Abweichung in Abs. 1, daß Abwesenheitsgelder „in Höhe des Tagesgeldes für Reisen nach nicht teuren Orten" bewilligt wurden. Zugleich hob Art. VIII das ganze Ges. v. 8. 7. 21 auf. Damit fiel bei richtiger Auslegung Abs. 4 der Fassung b fort, zumal es ihn früher nicht gegeben hatte. Zu Unrecht hat deshalb die Bek. v. 5. 7. 27 den Abs. 4 als nunmehrigen Abs. 3 in den Gesetzestext wieder aufgenommen. Indessen ist das Versehen ohne praktische Bedeutung. Die Streichung konnte erfolgen, weil sachlich dasselbe schon in § 4 Abs. 5 der ReisekostenVO. steht, die Nebenkosten also als Teil der Fahrkosten schon nach § 78 Abs. 1 zuzubilligen sind.

d) Schließlich billigte die VO. v. 13. 12. 23 als Abwesenheitsgeld nach Abs. 1 den festen Satz von 10 RM. zu.

[2] Als **Geschäftsreise** im Sinne des 78 gilt nicht der Hin- und Rückweg zu einem Geschäft, das am Wohnort des Anwalts oder in weniger als 2 km Entfernung sich vollzieht (§ 80 Abs. 1). — Nur wahre, nicht fingierte Reisen geben einen Erstattungsanspruch. JW. **23**, 848[10]; **26**, **1611**[4] (a. M. JW. 25, 2369[34]).

[3] Der Anspruch des Anwalts hat seine Grundlage in § 670 BGB. Wird er besonders beauftragt, so erhält er stets Reisekosten, auch wenn die Reise objektiv unnötig war. Im übrigen wird es seine Pflicht sein, zunächst die Partei zu fragen, ob er die Reise machen soll. Ist das nicht möglich, so hat er pflichtgemäß zu entscheiden, ob er den Umständen nach die Aufwendungen für erforderlich halten darf. — Die Reisekosten sind nicht „Gebühren", d. h. Entgelt für die entwickelte Tätigkeit des Anwalts, sondern Ersatz seiner Auslagen. RG.

(BJS.) **21**, 352; **78**, 127. Auch das Abwesenheitsgeld ist Auslagenersatz im weiteren Sinne, nämlich Ersatz für entgehenden sonstigen Verdienst.

[4] Die Reisekosten des § 78 kommen dem **Anwalt** zu, nicht anderen Personen. Ein zwar zwei Jahre im Vorbereitungsdienste beschäftigter, aber nicht gemäß § 25 Abs. 2 RAO. zum **Stellvertreter** eines Anwalts bestellter Rechtskundiger kann Reiseentschädigung nicht nach § 78, sondern nur in Höhe des angemessen aufgewendeten Betrags liquidieren. RG. (BJS.) **21**, 349, vgl. auch RG. **14**, 393; **31** 425; JW. 86, 317[11]; 88, 331[11]; Gr. **38**, 1103 (a. M. RG. **15**, 433). Es kann aber der einem Rechtsanwalt als Vertreter gemäß § 25 RAO. bestellte Rechtsanwalt, der an einem anderen Orte als der vertretene Rechtsanwalt wohnt, Reisekosten für die Fahrten zu den am Wohnsitze des vertretenen Rechtsanwalts stattfindenden Terminen in Ansatz bringen. JW. **16**, 1145.

[5] **Tagegelder** werden, wie schon der Wortsinn sagt, für die einzelnen Kalendertage vom Beginn bis zum Ende der Reise (Verlassen und Wiederbetreten der Wohnung oder des Büros) fällig, also nicht bloß für die Dauer des auf der Reise zu besorgenden Geschäfts. Der Anwalt braucht sich auf der Geschäftsreise keinen außergewönlichen Anstrengungen auszusetzen, z. B. die Nachtruhe ganz oder teilweise zu opfern. Was vielleicht die Partei selbst an Unbequemlichkeiten auf sich nehmen würde, hat der Anwalt nicht nötig. Er braucht also nicht die Nacht durchzufahren oder ungewöhnlich früh abzureisen. Auch Unterbrechungen einer sehr langen Reise (z. B. ins Ausland) sind zur Erholung oder Übernachtung zulässig. — Für **die Höhe des Tagegeldes** sind die für Reichsbeamte der Stufe III „geltenden Sätze" maßgeblich. Das sind zurzeit nach der VO. v. 29. 11. 24 (RBesBl. 361) bei Reisen nach besonders teuren Orten 12 RM., sonst 10 RM. Diese Sätze erhält also der Anwalt für jeden Tag, der in die Reisezeit fällt. Die ReisekostenVO. v. 14. 10. 21 ermäßigt allerdings das Tagegeld auf Bruchteile, wenn die Reise gewisse Stundenzahlen nicht erreicht. Das gilt für die Geschäftsreise des Anwalts nicht; hier gilt vielmehr allein die Ermäßigungsvorschrift des § 78 Abs. 2 als Sondernorm. Das folgt schon daraus, daß sich beide Kürzungsvorschriften gar nicht vereinigen lassen; denn es erhält z. B. der Beamte für eine Reise von 5 Stunden nur $^{3}/_{10}$ des Tagegeldsatzes, während

§ 78 Abs. 2 DGO. dem Anwalt für eine Reise von 4 Stunden $^{5}/_{10}$ zubilligt. JW. 25, 2365[17]. — Als **besonders teure Orte** sind bezeichnet: Aachen, Altona, Augsburg, Barmen, Berlin, Bochum, Braunschweig, Bremen, Breslau, Cassel, Chemnitz, Coblenz, Crefeld, Cuxhafen, Dortmund, Dresden, Duisburg, Düsseldorf, Elferfeld, Emden, Erfurt, Essen, Flensburg, Frankenthal, Frankfurt (Main), Fürth, Gelsenkirchen, Hagen (Westfalen), Halle, Hamborn, Hamburg, Hannover, Kaiserslautern, Karlsruhe, Kiel, Köln, Königsberg (Pr.), Konstanz, Landau (Pfalz), Leipzig, Lübeck, Ludwigshafen, Magdeburg, Mainz, Mannheim, Mülheim (Ruhr), München, München-Gladbach, Münster, Neustadt (Haardt), Nürnberg, Oberhausen, Offenbach, (Oppeln ist gestrichen: Erl. v. 30. 3. 26, RBesBl. 71), Pirmasens, Plauen, Rheydt (Bez. Düsseldorf), Saarbrücken, Speyer, Stettin, Stuttgart, Trier, Wandsbek, Wiesbaden, Wilhelmshaven-Rüstringen, Zweibrücken und die Nordseeinseln Amrum, Borkum, Föhr, Helgoland, Hooge, Juist, Langenees, Neuwerk, Norderney, Sylt, Wangerooge.

[6] **Übernachtungsgelder** sind Ersatz der mit auswärtigem Übernachten normalerweise verbundenen Unkosten. Nötig ist also, daß ein zur Nachtruhe geeigneter Ort aufgesucht ist. Ein Gasthaus braucht es nicht zu sein, ein Wartesaal aber genügt nicht. Ob ein Entgelt gezahlt wird, ist gleichgültig. Für nächtliche Termine gibt es natürlich kein Übernachtungsgeld. Die ReisekostenVO. (§ 3 Abs. 2) stellt dem Nehmen eines Nachtquartiers gleich, wenn nachts gereist und dabei die Hinreise vor 3 Uhr morgens angetreten oder die Rückreise nach 2 Uhr morgens beendet wird. Da dies „fingierte Übernachten" eine besondere gesetzliche Auslegung des Übernachtungsbegriffs ist, muß das auch für § 78 DGO. gelten. Auch in diesem Falle erhält also der Anwalt das Übernachtungsgeld. Die Benutzung des Schlafwagens ist zu gestatten, wenn es nicht im Einzelfalle unangemessen ist. JW. 26, 1475[4]. Dann entfällt das Übernachtungsgeld. — **Die Höhe** bestimmt die in Anm. 5 angezogene VO. v. 29. 11. 24 dahin, daß bei Reisen nach besonders teuren Orten 9 Rm., sonst 5 RM. zu vergüten sind. Der höhere Satz soll die vermutlich höheren Kosten der Übernachtung am teuren Ort ausgleichen. Bei „fingiertem Übernachten" kommt solche Verteuerung nicht in Frage. Hier wird also stets der niedrigere Satz zu gewähren sein. — **Besonders teure Orte** vgl. Anm. 5.

[7] **Fahrkosten.** Die ReisekostenVO. unterscheidet zwei Arten von Strecken. Einmal (§ 4 Abs. 1) **Wegestrecken, die auf Eisenbahnen,** Schiffen oder sonstigen öffentlichen regelmäßigen Verkehrsmitteln zurückgelegt „werden". Gemeint sind aber Wegestrecken, die so zurückgelegt „werden können", wie der Gegensatz zu den anderen Strecken des § 4 Abs. 3 klarstellt Unter Eisenbahnen sind auch die dem öffentlichen Verkehr dienenden **Straßenbahnen,** die mit elektrischer oder Dampfkraft auf Eisenschienen betrieben werden, zu verstehen. OLG. 35, 230. Öffentliche regelmäßige Verkehrsmittel z. B. **Post- und Postautolinien, Autolinien** der provinziellen Kraftverkehrsgesellschaften. Nicht gemeint sind Luftverkehrslinien, über die sich § 5 ReisekostenVO. besonders verhält. — Der Beamte der Stufe III, also auch der Anwalt, darf die 1. Schiffs- und die 2. Wagenklasse benutzen (§ 4 Abs. 2). Er erhält nur an Fahrkosten die wirklich erwachsenen Auslagen einschließlich der Kosten für Beförderung und Versicherung des notwendigen Gepäcks erstattet (§ 4 Abs. 1). Er kann den seiner Wohnung (seinem Büro) nächstgelegenen Bahnhof benutzen. OLG. 21, 165. Geht er zu Fuß, so erhält er nichts. Nimmt er ein anderes teureres Verkehrsmittel, wird man ihm die normalen Fahrpreiskosten der zulässigen Klasse zubilligen können, obwohl sie an sich nur zahlbar sind, wenn sie wirklich entstehen. Kraftwagenkosten sind nicht ohne weiteres ansatzfähig (a. M. JW. 29, 452[3]). Bei Benutzung der Eisenbahn usw. ist unerheblich, ob das Ziel auf Landwegen billiger zu erreichen ist. KGJ. 21, B 38. Die Auswahl der Zuggattung und des Reiseweges steht im pflichtmäßigen Ermessen des Anwalts. — Für **Wegestrecken, die auf Eisenbahnen** usw. **nicht zurückgelegt** werden „können", sog. Landwegstrecken (aber auch z. B. Wasserstrecken, die nicht regelmäßig befahren werden), billigt die in Anm. 5 angezogene VO. v. 29. 11. 24 0,20 RM. je km zu. Darin ist Gepäckbeförderung und -versicherung eingeschlossen. Gemeint ist die nächste fahrbare Straßenverbindung, beginnend mit der Wohnung (dem Büro) oder dem Endpunkt der Bahnstrecke, endigend an der Stelle des vorzunehmenden Geschäfts. Nötigen „besondere Umstände", ein Fuhrwerk zu nehmen, so sind die Kosten in angemessenen Grenzen erstattungsfähig (§ 4 Abs. 4). Ein Fuhrwerk steht also dem Anwalt nicht ohne weiteres zu. Die Benutzung muß sich besonders begründen lassen (größere Entfernung, schlechtes

Wetter, Eile, Alter des Anwalts), sonst sind die höheren Fuhrkosten nicht ansatzfähig. — Unerheblich ist, ob die an eine Bahnstrecke sich anschließende Landwegstrecke weniger als 2 km beträgt.

[8] § 6 ReisekostenVO. bestimmt: „Erfordert eine einzelne Dienstreise einen Aufwand, der durch die Tage- und Übernachtungsgelder nicht gedeckt werden kann, oder einen sonstigen außergewöhnlichen Aufwand, so kann die oberste Reichsbehörde einen Zuschuß . . . bewilligen." Auch diese Bestimmung ist auf die Geschäftsreisen der Anwälte anzuwenden; denn sie ist bestimmt, die für die Reichsbeamten sonst „geltenden Sätze" bei Unbilligkeit zu erhöhen. Demnach gilt sie nach § 78 Abs. 1 TGO. auch für den Anwalt. Nur fehlt hier eine Dienststelle, die den Zuschuß bewilligen kann. Der Anwalt muß deshalb als berechtigt angesehen werden, die Mehrkosten in Ansatz zu bringen, und im Streitfalle kommt dem Prozeßrichter die Nachprüfung der Notwendigkeit und Angemessenheit zu.

[9] **Abwesenheitsgelder.** Bei Fahrkosten und Übernachtungsgeldern werden bare Auslagen, beim Tagegeld der vermutete Mehraufwand außerhalb des Wohnortes erstattet. Daneben erhält der Anwalt die Gebühren, die ihm für das auswärtige Geschäft zukommen. Trotzdem bleibt das auswärtige Geschäft für ihn ein Verlust, weil der erhebliche Mehraufwand von Zeit und das Stilliegen seines Büros noch zu berücksichtigen ist. Hier soll das Abwesenheitsgeld einen pauschalisierten Ausgleich bringen.

[10] **Ermäßigungen.** Wie schon in Anm. 5 gesagt, enthält § 78 Abs. 2 die **einzige** Bestimmung über eine **Herabsetzung** der Tage- und Abwesenheitsgelder. Die Bestimmung ist an sich klar, wenn die ganze, höchstens 4 Stunden beanspruchende Geschäftsreise auf e i n e n Kalendertag fällt. Darauf ist sie offenbar auch allein abgestellt; vgl. die Einzahl „Tagegeld", „Abwesenheitsgeld". Eine solche kurze Reise kann aber auch in zwei Kalendertage fallen, z. B. ein kurzer nächtlicher Augenscheinstermin. Es fragt sich, ob dann für jeden der beiden Kalendertage das halbe Tagegeld und das halbe Abwesenheitsgeld dem Anwalt zukommt. Die Frage dürfte zu verneinen sein. Der Gesetzgeber wollte wohl solche kurzen Reisen durch einen geringeren Betrag abfinden, ohne hier die zeitliche Lage zu berücksichtigen. Die schon erwähnte Einzahl spricht auch dafür. In solchem Falle entfallen auf einen der

beiden Tage weniger als 2 Stunden der Reise. Dafür würde auch ein Beamter kein Tagegeld bekommen (§ 2 Abs. 4 Satz 1 ReisekostenVO.).

[11] **Nebenkosten.** Wegen der Gültigkeit des Abs. 3 vgl. Anm. 1c — Gemeint sind üblicher Lohn an Gepäckträger, Dienstmann, Straßenbahn zum Bahnhof, Chaussee- und Brückengelder.

79. [1]**Die Fahrkosten werden für die Hin- und Rückreise besonders berechnet**[2]**.**

Hat ein Rechtsanwalt Geschäfte an verschiedenen Orten unmittelbar nacheinander ausgerichtet, so ist der von Ort zu Ort zurückgelegte Weg ungeteilt der Berechnung der Fahrkosten zugrunde zu legen[3]**.**

Ist eine Reise zur Ausführung mehrerer Geschäfte unternommen, so ist die dadurch erzielte Ersparnis an Reisekosten und Abwesenheitsgeldern gleichmäßig nach der Zahl der Geschäfte[4] **auf diese zu verteilen**[5]**.**

[1] **Geschichtliches.** Abs. 3 lautete früher:

„Bei einer Reise zur Ausführung der Aufträge mehrerer Auftraggeber findet die Vorschrift des § 3 entsprechende Anwendung."

Die jetzige Fassung des Abs. 3 beruht auf der Nov. v. 18. 8. 23.

[2] Nur von Bedeutung für § 81, wonach auf dem Hin- und dem Rückweg angefangene Kilometer voll gerechnet werden.

[3] Hier sollen also im Gegensatz zu Anm. 2 alle Wege zusammengezählt werden. Erst zum Schluß wird nach § 81 ein angefangener Kilometer voll gerechnet.

[4] Wurden auf einer Reise **mehrere Geschäfte für einen Auftraggeber** erledigt, so galt Abs. 3 der früheren Fassung (Anm. 1) nicht. Der Auftraggeber hatte für die Kosten aufzukommen, wie die Reise sich wirklich vollzogen hatte. Dies bereitete Schwierigkeiten für die Erstattungspflicht der unterliegenden Gegner, wenn die Geschäfte verschiedene Prozesse mit verschiedenen Gegnern betroffen hatten. Vgl. JW. 12, 116. Betraf die Reise die **Geschäfte mehrerer Auftraggeber,** so regelte der frühere Abs. 3 durch die Bezugnahme auf § 3 die Zahlungspflicht dahin, daß der Anwalt zwar im Schlußergebnis nur den einheitlich für die Rundreise errechneten Betrag

erhielt, ihm aber jeder Auftraggeber für diejenige Summe haftete, die die abgesonderte Ausführung seines Auftrags verursacht hätte. Für einen Teil der Gesamtkosten hafteten also die Auftraggeber gesamtschuldnerisch. Beispiel: Gesamtreise 60 RM., auf der 3 Geschäfte erledigt sind. Bei Einzelerledigung hätten die Reisen gekostet für A 40 RM., für B 30 RM. und für C 20 RM. Der Anwalt konnte dann, wenn er wollte, von A die 40 RM. und von C 20 RM. einziehen, den B aber ganz freilassen. Auch hier bereitete die Ersatzpflicht des unterliegenden Gegners Schwierigkeiten; der Gegner von A wäre benachteiligt, der von B ungerechtfertigt bevorzugt. A, B und C mußten also ihre Gesamtschuld zunächst einmal ausgleichen (§ 426 BGB.). — Dieser umständliche Weg ist durch die Neuregelung im jetzigen § 79 Abs. 3 DGO. beseitigt. Wie früher hat der Anwalt einmal eine **Gesamtrechnung für die Reise** aufzustellen. Diesen Betrag allein hat er zu erhalten. Alsdann muß er für jeden Auftraggeber eine (fingierte) Rechnung aufstellen, wie sie sich gestaltet hätte, wenn er jeden dieser Aufträge durch eine Sonderreise erledigt hätte. Die Summe dieser Einzelrechnungen ergibt notwendig einen höheren Betrag als die Rechnung für die tatsächlich ausgeführte Reise. Der Unterschied zwischen beiden Beträgen ist durch die Zahl der erledigten Geschäfte zu teilen **und** der so gefundene Quotient ist von jeder der **Einzelrechnungen** zu kürzen. In dieser Form gehen sie den Auftraggebern zu. Es findet nunmehr also keine auch nur teilweise Gesamthaftung der Auftraggeber mehr statt, so daß § 3 DGO. völlig ausscheidet (str.; a. M. JW. 28, 2167[9], wo der jetzige § 79 Abs. 3 ganz übersehen zu sein scheint). Als Beispiel nehme ich das obenerwähnte. Die Gesamtreise betrug 60 RM., die (fingierten) Einzelreisen hätten 40 + 30 + 20 = 90 RM. gekostet. Ersparnis also 90 — 60 = 30 RM. oder für jeden Auftrag 10 RM. Es sind also zu liquidieren von A 30, von B 20 und von C 10 RM. — Diese Regeln gelten auch dann, wenn die **Geschäfte** der mehreren Auftraggeber **am selben Orte** zu erledigen waren. § 79 Abs. 3 macht hierin keinen Unterschied. Dann kostet die Gesamtreise soviel wie jede (fingierte) Einzelreise. Also Gesamtreise 60 RM., fingierte Einzelreisen für A, B und C auch je 60 RM., zusammen 180 RM. Ersparnis 180 — 60 = 120 RM., macht für jeden Auftraggeber 120 : 3 = 40 RM., so daß jeder nur 20 RM. zu zahlen hat. Das heißt: in solchem Falle haften die Auftraggeber nicht mehr, wie früher, jeder als Gesamtschuldner auf die ganze Schuld, sondern jeder nur noch auf seinen Bruchteil. Daß dies allein dem Gesetz entspricht, zeigt ein Beispiel, in dem die Geschäftsorte für A, B und C ganz dicht beieinander, aber sämtlich weit entfernt vom Wohnort des Anwalts liegen. Hier würde jede (fingierte) Einzelrechnung bis auf Pfennigbeträge ebenfalls der Gesamtrechnung entsprechen und trotzdem fände § 79 Abs. 3 Anwendung. Nicht anders kann es deshalb sein, wenn die Geschäftsorte zusammenfallen. — Schließlich gilt § 79 Abs. 3 auch, wenn **ein Auftraggeber für alle** oder doch mehrere **Geschäfte** in Betracht kommt. Der Wortlaut deckt auch diesen Fall. Dann hat er zwar keine Bedeutung für die Haftung des Auftraggebers, wohl aber bestimmt er zwingend, welcher Betrag zu den Akten des einzelnen Geschäfts zu notieren ist. Diesen Betrag hat dann der unterliegende Gegner später der Partei zu erstatten.

[5] Wenn ein Anwalt, der **an einem Gerichtsorte,** an dem ein Anwalt nicht ansässig ist, von seinem Wohnorte aus **einen Sprechtag abhält,** an diesem Tage im Auftrag einer Partei einen Termin wahrnimmt, so kann er der Partei anteilige Reisekosten in Rechnung stellen. OLG. 19, 258. Der Anteil muß aber gemäß Abs. 3 berechnet werden. Der Anwalt muß also alle andern Geschäfte, die er am Sprechtag erledigt hat, als fingierte Geschäftsreisen einsetzen, so daß nach dem jetzigen Abs. 3 voraussichtlich so wenig herauskommt, daß sich die Berechnung kaum lohnen wird.

80. Für Geschäfte am Wohnorte[1] stehen dem Rechtsanwalte weder Tagegelder noch Fahrkosten[2] zu; dasselbe gilt von Geschäften außerhalb des Wohnorts in geringerer Entfernung als zwei Kilometer von demselben[3].

War der Rechtsanwalt durch außergewöhnliche Umstände genötigt, sich eines Fuhrwerks zu bedienen, oder waren sonstige notwendige Unkosten, wie Brücken- oder Fährgeld, aufzuwenden, so sind die Auslagen zu erstatten[4].

Für einzelne Ortschaften kann durch die Landesjustizverwaltung bestimmt werden, daß den Rechtsanwälten

bei den nicht an der Gerichtsstelle vorzunehmenden Geschäften die verauslagten Fahrkosten zu erstatten sind[5].

[1] Wohnort gleich Wohnsitz, deren auch der Anwalt mehrere haben kann (§ 7 Abs. 2 BGB.). Nicht dagegen ist Wohnort der Ort eines Filialbüros. Dessen Einrichtung hindert den Anwalt nicht, für Geschäfte an diesem Orte Reisekosten zu berechnen. EGH. 10, 7. Es wird aber im Einzelfall zu prüfen sein, ob nicht die Unterhaltung jenes Büros als stillschweigender Verzicht auf Berechnung von Reisekosten dorthin gelten soll, wenn die Geschäfte an den üblichen Sprechtagen des Büros erledigt werden.

[2] Gemeint ist offenbar, daß dann keine Geschäftsreise im Sinne des § 78 vorliegt. Es hätte also, wie in §§ 82, 83, besser „Reisekosten und Abwesenheitsgelder" eingesetzt werden sollen. Jedoch ist auch so klar, daß Übernachtungs- und Abwesenheitsgelder nicht anfallen.

[3] Es kommt nur darauf an, daß die **Weichbildgrenze des Wohnortes des Rechtsanwalts** von der Stelle, wo das Dienstgeschäft vorgenommen worden ist, bei Berücksichtigung der nächsten Verbindung **mindestens 2 km entfernt ist.** Die Weichbildgrenze oder die Mitte der Ortschaft, in der etwa die Stelle liegt, kommt nicht in Betracht. KGJ. 21, B 38; OLG. 31, 249. Unerheblich ist natürlich, ob die an eine Bahnstrecke sich anschließende Landwegstrecke weniger als 2 km beträgt; auch für sie gibt es Reisekosten.

[4] Während bei Geschäftsreisen im Sinne des § 78 „besondere" Umstände Fuhrwerksannahme rechtfertigen (Anm. 7 § 78), werden hier **außergewöhnliche Umstände** verlangt. Der Maßstab ist also strenger. Beispiele: große Eile, Überschwemmung. — Wegen Unkosten vgl. Anm. 11 § 78.

[5] Bisher nicht geschehen.

81. Bei Berechnung der Entfernungen wird jedes angefangene Kilometer für ein volles Kilometer gerechnet[1].

[1] Je auf Hin- und Rückreise, bei einer Rundreise nur einmal (Anm. 2, 3 § 79).

82. [1]Der Rechtsanwalt, welcher seinen Wohnsitz verlegt[2], kann bei Fortführung eines ihm vorher erteilten

Auftrags Reisekosten und Abwesenheitsgelder nur insoweit verlangen, als sie ihm auch bei Beibehaltung seines Wohnsitzes zugestanden haben würden.

[1] **Geschichtliches.** Die früheren Worte „Tagegelder und Reisekosten" sind durch die Nov. v. 18. 8. 23 ersetzt durch „Reisekosten und Abwesenheitsgelder", entsprechend der Änderung des § 78.

[2] Der Grund ist unerheblich. — Vgl. auch §§ 9, 11, 18 RAO. i. d. Fass. v. 7. 3. 27 (RGBl. I 71).

83. [1]**Hat ein Rechtsanwalt seinen Wohnsitz an einem Orte, an welchem sich kein Gericht befindet[2], so kann die Landesjustizverwaltung bestimmen, daß ihm Reisekosten und Abwesenheitsgelder nur insoweit zustehen, als er solche auch verlangen könnte, wenn er seinen Wohnsitz an dem Orte des Amtsgerichts, in dessen Bezirk er wohnt, genommen hätte[3].**

[1] **Geschichtliches.** Die früheren Worte „Tagegelder und Reisekosten" sind durch die Nov. v. 18. 8. 23 ersetzt durch „Reisekosten und Abwesenheitsgelder", entsprechend der Änderung des § 78.

[2] § 18 Abs. 3, 4, § 107 RAO. i. d. Fass. v. 7. 3. 27 (RGBl. I 71).

[3] Es erwachsen also dem Anwalt an sich auch hier wie in allen anderen Fällen die Reisekosten und Abwesenheitsgelder nach § 78, nur kann die Landesjustizverwaltung den Anspruch beschränken. Der Gegner braucht die Mehrkosten nicht zu erstatten (§§ 18, 37 RAO.).

Sechster Abschnitt.

Einforderung von Gebühren und Auslagen.

Verpflichtung zur Kostenzahlung bei **mehreren Auftraggebern** §§ 3, 51, 62, 72, 79 DGO.

Einziehung vom Gegner: ZPO. § 81 (Vollmacht zur Empfangnahme der vom Gegner zu erstattenden Kosten), §§ 103, 104 (Festsetzung der Kosten), § 124 (Beitreibung der Kosten des Armenanwalts vom verurteilten Gegner), § 788 (Beitreibung der Zwangsvollstreckungskosten zugleich mit dem Gebührenanspruch).

Kostenvorschuß.

84. Der Rechtsanwalt[1] kann von seinem Auftraggeber[2] angemessenen Vorschuß[3] fordern[4, 5].

[1] Jeder, auch der Verkehrsanwalt und der mit Einzelhandlungen beauftragte Anwalt.

[2] Nur von diesem als Folge des geschlossenen Dienstvertrags. Nicht z. B. vom Ehemann der beauftragenden Ehefrau (§§ 1387, 1388 BGB.); diese kann nur selbst vom Manne den erforderlichen Betrag fordern, um i h r e r Vorschußpflicht zu genügen. Als Auftraggeber ist auch zu behandeln derjenige, dem im Entmündigungsverfahren (§§ 668, 679, 686 ZPO.) ein Anwalt beigeordnet ist. — **Der gemäß § 33 RAO.** (wenn der Partei die Bestellung eines Prozeßbevollmächtigten nicht gelingt) der Partei **beigeordnete Anwalt** kann nach § 38 RAO. die Übernahme der Vertretung von Zahlung eines angemessenen Vorschusses abhängig machen.

[3] Einen dem vermutlichen Betrage der noch nicht entstandenen oder noch nicht fälligen **Gebühren** (anders §§ 669, 675 BGB.) **und Auslagen** entsprechenden Vorschuß. Mot. 85, RG. 5, 416; W. 26, 165. Jedoch besteht nicht immer ein Anspruch darauf, daß der Vorschuß in der **vollen** Höhe der voraussichtlich entstehenden Gebühren geleistet wird. Es kommt auf die Lage des einzelnen Falles an. OLG. 25, 303. Sicher aber in Höhe der schon entstandenen Gebühren. W. 26, 185. — Auch wenn dem Anwalt ein besonderes Honorar (§ 93) versprochen ist, kann er einen den Umständen nach angemessenen Vorschuß fordern. OLG. 25, 303. — Reicht der erste Vorschuß nicht, so kann Erhöhung gefordert werden.

[4] Auch einklagen, nicht aber gleichzeitig das Mandat behalten. EGH. 7, 56; 13, 66. Bei Nichtzahlung kann der Anwalt den Auftrag kündigen und die bis dahin verdienten Beträge fordern. W. 26, 165.

[5] Dagegen kann der in bürgerlichen Rechtsstreitigkeiten einer **armen Partei als Vertreter** oder **in Strafsachen** einem Beschuldigten **als Verteidiger** oder **in Privatklagesachen** einem armen Privatkläger **als Vertreter bestellte Anwalt** Zahlung eines Vorschusses nicht verlangen, vielmehr muß er alles im

Interesse der Partei Erforderliche vorläufig unentgeltlich vornehmen, auch unentgeltlich Auslagen, insbesondere Porto der Korrespondenz, nötigenfalls auch Reisekosten, hergeben. JW. 89, 401[4]; 96, 320[2]; Gr. 40, 1190; EGH. 1, 115; 3, 127; 4, 160; 5, 56. Auch ein an sich zur Bestellung eines Kostenvorschusses für den Auftraggeber des Anwalts verpflichteter Dritter (z. B. der Ehemann, §§ 1388, 1387 BGB., vgl. Anm. 2) braucht, wenn dem Auftraggeber das Armenrecht bewilligt ist, dessen Armenanwalt diesen Vorschuß nicht zu leisten. RG. 37, 370; Gr. 40, 1191.

Fälligkeit der Kosten.

85. Dem Auftraggeber gegenüber werden die Gebühren[1] des Rechtsanwalts fällig[2], sobald über die Verpflichtung, dieselben zu tragen, eine Entscheidung ergangen ist[3], sowie bei Beendigung der Instanz[4] oder bei Erledigung[5] des Auftrags[6].

[1] **Auslagen**, sobald sie gemacht sind. Mot. 85. Vgl. Anm. 1 vor § 76 DGO.

[2] Nach § 196 Nr. 15, §§ 198, 201 BGB. **beginnt** die zweijährige **Verjährung** der Gebührenforderung mit dem Schlusse des Jahres, in welchem die Gebühren fällig werden. Hierbei ist von den im § 85 genannten drei Zeitpunkten der Fälligkeit der früheste maßgebend. OLG. 19, 259; 31, 250. Die einzelnen Teile der Gebührenforderung können verschieden verjähren, wenn der eine oder der andere der drei Zeitpunkte der Fälligkeit für die einzelnen Teile verschieden ist. OLG. 35, 320. Von der Mitteilung der Kostenrechnung nach § 86 ist der Beginn der Verjährung nicht abhängig, OLG. 31, 250; ebensowenig die Fälligkeit, RG. 110, 145; 111, 372; JW. 16, 63; 25, 602[5]. — Wegen der **Aufwertung** von Gebührenforderungen vgl. Anm. 5 § 9 DGO.

[3] Bedingte oder unbedingte. JW. 26, 2477[11]. — Eine Entscheidung durch Urteil ist ergangen in dem Augenblick, in dem das Urteil verkündet ist. OLG. 19, 259. Auch ein Versäumnisurteil für die bis dahin entstandenen Gebühren, obwohl bei Einspruchseinlegung die Instanz fortdauert. Der Anwalt braucht aber nicht alsbald zu liquidieren; ändert sich während des Einspruchsverfahrens das Gebührengesetz, so

kann er die gesamten Kosten nach den neuen günstigeren Vorschriften berechnen. JW. 25, 803[1].

[4] Anm. 3 § 25, Anm. 2 § 26 DGO, Anm. 13c § 1 AAG. — Läuft gleichzeitig der Hauptprozeß und ein Arrestverfahren, so ist für beide das Instanzende verschieden. Beim Arrest endet die Instanz gemeinhin mit dessen Erlassung; denn ob der zeitlich unbegrenzt mögliche Widerspruch erhoben wird, ist ungewiß. Auch der Armenanwalt kann deshalb sofort seine Gebühren (aus der Staatskasse) fordern. JW. 24, 106[8]. Ein Zwischenurteil (z. B. ein die örtliche Zuständigkeit bejahendes) beendet die Instanz nicht, bringt das Verfahren auch nicht zum Ruhen, selbst wenn zunächst nur das Zwischenurteil in die höhere Instanz geht. JW. 24, 425[23]. — Die Instanz endet mit der Zustellung des Urteils jedenfalls (s. Anm. 2 § 26) dann nicht, wenn bereits vor der Zustellung das Verfahren (z. B. zufolge Konkurseröffnung) unterbrochen war. EGH. 11, 26.

[5] Auch stillschweigende Erledigung durch fortgesetzte Nichtbeantwortung von Briefen. JW. 25, 811[18]. S. auch Anm. 13a § 1 AAG. — **Ruhen** des Prozesses genügt allein nicht.

[6] Vgl. die Sondervorschrift in § 87 Abs. 3 (Entnahme der Gebühr für Erhebung und Ablieferung von Geldern bei der Ablieferung). — Von einer zum bestimmten Zwecke (z. B. Vergleich) übergebenen Summe ist Abzug der Gebühren unzulässig. EGH. 15, 206.

Kostenrechnung.

86. [1]**Die Einforderung[2] der Gebühren und Auslagen ist nur zulässig[3], wenn vorher oder gleichzeitig eine von dem Rechtsanwalt unterschriebene Berechnung[4] derselben mit Angabe des Wertes des Streitgegenstandes, sofern der Wert maßgebend, und unter Bezeichnung der zur Anwendung kommenden Bestimmungen dieses Gesetzes[5] mitgeteilt wird. Die Auslagen des Rechtsanwalts sind nur auf Verlangen im einzelnen aufzustellen und zu belegen[6].**

Die Mitteilung dieser Berechnung kann auch nach erfolgter Zahlung verlangt werden, solange nicht die Handakten zurückgenommen sind oder die Verpflichtung

des Rechtsanwalts zur Aufbewahrung derselben erloschen ist (Rechtsanwaltsordnung § 32)[7].

[1] **Geschichtliches.** Abs. 1 Satz 2 ist Zusatz der Nov. v. 18. 8. 23.

[2] D. i. schon die Aufforderung zu zahlen. EGH. 3, 129. — **Einklagung:** § 34 ZPO. (örtliche und sachliche Zuständigkeit des erstinstanzlichen Gerichts des Hauptprozesses, RG. **29**, 414; **58**, 110). — Der Anstandspflicht eines Anwalts widerspricht es, wenn er einen Gebührenvorschuß oder ein als Vorleistung vereinbartes **Honorar einklagt, trotzdem** aber die **Vertretung** der Partei in der noch schwebenden Rechtsangelegenheit **bei**- Vgl. aber § 87 Abs. 3 und dort Anm. 5.

[3] Von der **armen Partei** nur, wenn die Voraussetzungen des Armenrechts fortgefallen sind. § 125 ZPO., EGH. **3**, 128; **4**, 164 u. Anm. 5 § 84 DGO. Ist letzteres nicht der Fall, so darf der beigeordnete Armenanwalt insbesondere seine Gebühren nicht von den für seine Partei vom Gegner beigetriebenen Beträgen in Abzug bringen. EGH. **13**, 61. — Vgl. aber § 87 Abs. 3 und dort Anm. 5.

[4] Kostenlos (§ 6 DGO.) — Die **Fälligkeit** wird hierdurch nicht bedingt; sie bestimmt sich allein nach § 85. RG. **110**, 145; **111**, 372; JW. **16**, 63; **25**, 602[5]. Der ohne eine Berechnung zahlende Auftraggeber erfüllt also nur eine bereits fällige Verbindlichkeit. — Er kann bis zur Mitteilung einer vollständigen Berechnung **Zahlung der Gebühren verweigern.** Auch kann er bei unvollständiger Berechnung sich bei dem Vorstande der Anwaltskammer (§ 49 Nr. 1 RAO.) über den Anwalt beschweren. Mot. 87, EGH. **5**, 115. Jedoch steht der Klage auf Zahlung der Gebühren die Unterlassung der Mitteilung der Kostenrechnung nicht entgegen, wenn über die Richtigkeit der Berechnung Einverständnis besteht. OLG. **31**, 20. Es treffen aber dann bei sofortigem Anerkenntnis den Anwalt die Prozeßkosten (§ 93 ZPO.). — Früher konnte auch bei vereinbartem Honorar eine besondere Berechnung nach der DGO. gefordert werden (§ 93 Abs. 3 alter Fass.); das gilt jetzt nicht mehr.

[5] Unter Umständen auch des § 89 DGO. EGH. **5**, 128.

[6] Alle Auslagen, wie Postgebühren, Schreibgebühren, Nachnahmen, Reisekosten. — Auf besonderes Verlangen sind die Auslagen auch **zu belegen.** Die Höhe der Gebühren ergibt sich aus

Streitwert und Verfahrensgang. Auslagen lassen sich dagegen nicht ohne weiteres übersehen. Hier kann der Auftraggeber den Nachweis der Entstehung fordern, soweit üblich (z. B. Fuhrwerksreisen, Nachnahmen) durch Vorlegung einer Quittung oder sonstiger Belege.

[7] Mit Ablauf von fünf Jahren nach Beendigung des Auftrags oder nach Ablauf von sechs Monaten seit Aufforderung zur Empfangnahme (§ 32 Abs. 2 RAO.), selbst wenn der Anwalt sie noch hat.

Siebenter Abschnitt.

Schlußbestimmungen.

87. [1]**Für**[2] **Erhebung und Ablieferung**[3] **von Geldern**[4] **erhält**[5] **der Rechtsanwalt von der auf volle 10 Reichsmark aufgerundeten Summe**[6]

bis zu 1000 Reichsmark einschließlich . . . . 1 vom Hundert,

von dem Mehrbetrage bis zu 10 000 Reichsmark einschließlich ½ vom Hundert,

von dem Mehrbetrage . . . . . ¼ vom Hundert[7].

Für Erhebung und Ablieferung von Wertpapieren[8] **erhält der Rechtsanwalt nach Maßgabe des Wertes**[9] **die gleichen Gebühren**[10].

Die Gebühr für Erhebung und Ablieferung von Geldern kann von diesen bei der Ablieferung entnommen werden[11].

[1] **Geschichtliches.** Die älteste Fassung des § 87 gewährte für Wertpapiere (Abs. 2) nur die Hälfte der Gebühr des Abs. 1 und rundete je auf 100 M. auf. Die jetzige Fassung des Abs. 2 beruht auf der Nov. v. 18. 8. 23, des Abs. 1 auf der vom 13. 12. 23.

[2] Es muß sich um eine Tätigkeit handeln, die zu einem der in § 1 DGO. genannten Verfahren gehört. Da aber auch die Zwangsvollstreckung unter die DGO. fällt, so gehört auch die Einziehung der Schuldsumme nach erlassenem Urteil hierher und die Einziehung der Konkursquote. Dagegen findet

§ 87 keine Anwendung auf die Erhebung von Geldern im Zwangsversteigerungsverfahren; hier gilt Landesrecht. Art. 4, 13 LGO.

[3] Nur **Erhebung „und" Ablieferung** bedingen die Gebühr, und beides muß in ursächlichem Zusammenhang stehen. Nicht hierher gehört also die Einziehung der dem Anwalt angefallenen Gebühren oder der ihm zustehenden Vorschüsse, ebensowenig die Herauszahlung eines Guthabens bei der Schlußabrechnung. Es muß sich also um sog. durchlaufende Gelder handeln. — § 87 macht **keinen Unterschied, bei wem erhoben** und **an wen abgeliefert** wird, ob die Gelder oder Wertpapiere also von dem Klienten kommen oder an ihn gelangen sollen; denn die Arbeit des Prüfens des Betrages oder der Urkunden, ihre Verwahrung, die Gefahr des Verlustes, die Sicherung richtiger Ablieferung sind in beiden Fällen gleich. JW. 23, 695[5]; 28, 753[41] und durchgängig die Rechtslehre (a. M. das RG., das aus der Kann-Bestimmung des Abs. 3, der schon für Abs. 2 nicht paßt, auch den Abs. 1 dahin einschränken will, daß es sich nur um Erhebungen und Ablieferungen für den Auftraggeber handeln dürfe, und fast die gesamte bisherige Rechtsprechung. RG. 9, 329; 11, 364; JW. 91, 485[2]; 92, 372[11]; 97, 323[2]; 98, 262[20]; 23, 701[25], 841[6], 847[18]; Gr. 44, 207; OLG. 13, 265, 266; 17, 237, 238; 19, 260; 23, 269; 43, 129).

[4] In- und ausländische Münzen, Papiergeld, Banknoten. OLG. 11, 64.

[5] § 87 steht in dem besonderen Abschnitt „Schlußbestimmungen", ist also aus der sonstigen Tätigkeit des Anwalts deutlich herausgehoben. Der Anwalt hat in allen in § 1 DGO. genannten Verfahren n u r seine geistige Tätigkeit für die normierte Gebühr dem Auftraggeber zur Verfügung zu stellen, aber nicht dafür Inkasso- oder sonstige Geldzahlungsgeschäfte für ihn zu erledigen. Das kann die Partei selbst tun und muß sie selbst tun, wenn sie nicht nach § 87 zahlen will. Alle diese Geldgeschäfte werden deshalb **durch die Prozeßgebühr nicht abgefunden**; z. B. Einzahlung von Prozeßkosten- oder Zeugengebührenvorschüssen, Sicherheitsleistung für die Prozeßkosten (§ 110 ZPO.), Hinterlegung für vorläufige Vollstreckbarkeit oder zwecks Abwendung derselben, Stellung einer Arrestkaution (§ 921 ZPO.), Rücknahme einer Sicherheit, Weiterleitung eines Vorschusses für den Gerichtvollzieher. In allen diesen Fällen hat der Anwalt für die Pro-

zeßgebühr dem Auftraggeber nur die nötigen Anträge zu verfassen, Formulare auszufüllen und ihn zu beraten, wie das Geldzahlungsgeschäft zu erledigen ist, nicht aber es selbst mit eigenen Gefahren, Umständen und Zeitverlust zu erledigen. Auch hier vertritt, entgegen der Rechtslehre, die Rechtsprechung den entgegengesetzten Standpunkt; wegen der letzteren vgl. Anm. 3. S. jedoch wegen der Frage der Erstattungsfähigkeit Anm. 11.

6 Es gibt hier keine Mindestgebühr. Die Erhebung und Ablieferung von 10 RM. bringt nur 0,10 RM. Gebühr.

7 Unter Berücksichtigung der Aufrundung auf volle 10 RM. sind also zu zahlen:

bei 10—1000 RM. 1 %,
bei 1010—10 000 RM. $^1/_2$ % + 5 RM.,
bei 10 010 und mehr RM. $^1/_4$ % + 30 RM.

8 Darunter sind nur solche **Urkunden** zu verstehen, **welche Träger der Forderung** selbst sind und als solche einen bestimmten Wert haben. RG. 8, 374. Nicht Bürgschaftsurkunden (a. M. JW. 28, 753[41]), Sparkassenbücher, Hypothekenbriefe. Wohl aber Wechsel und Schecks (auch Bankschecks mit alternativer Inhaberklausel und weiße [nicht dagegen rote] Reichsbankverrechnungsschecks). JFG.Erg. 5, 105.

9 **Kurswert**, nicht Nennwert. Mot. 90. Bei schwankendem Kurse der höchste in der Besitzzeit des Anwalts, weil nach diesem Höchstwert die von ihm zu tragende Verantwortung zu beurteilen ist.

10 Ob und wieweit dem Anwalt ein **Zurückbehaltungsrecht** zusteht, bestimmt sich nach den Vorschriften des bürgerlichen Rechtes über den Auftrag. KommBer. 41.

11 **Erstattungsfähigkeit.** Die Erhebung und Ablieferung der Streit- oder der Vergleichssumme ist zwar vom Auftraggeber (neben der Prozeßgebühr) besonders zu vergüten. Jedoch liegt diese Tätigkeit außerhalb des Prozeßverfahrens. JW. 29, 137[39]. Daher können die dadurch entstandenen Kosten auf Grund der Kostenentscheidung in dem Prozesse gegen den Gegner nicht zur Festsetzung gebracht werden. JW. 29, 137[39] (a. M. JW. 28, 1157[21]). Ebensowenig gehört die Einziehungsgebühr zu den notwendigen Kosten der Zwangsvollstreckung (§ 788 ZPO.), da die Bevollmächtigung des Anwalts zum Geldempfange regelmäßig nicht erforderlich ist. JW. **84**, 170[8]; **86**, 113[3]; **89**, 168[4]; **92**, 372[11]; **16**, 214;

17, 614[3]; OLG. 14, 164; 17, 239; 19, 259; 23, 278, 279; 31, 250; 39, 112 (a. M. OLG. 13, 267; 21, 165; JW. 13, 613; 28, 1157[21]). Dasselbe muß von den in Anm. 5 genannten Geldzahlungsgeschäften wenigstens im Regelfalle gelten, weil auch hier eine Notwendigkeit anwaltlicher Hilfe nicht anzuerkennen ist. OLG. 43, 129. Es gibt aber auch Ausnahmen, z. B. ist die Inkassogebühr erstattungsfähig, wenn der Beklagte im Termin an den Gegenanwalt zahlt, um Verhandlung und Urteil zu vermeiden. JW. 29, 137[39].

88. Für die Ausarbeitung eines Gutachtens mit juristischer Begründung[1] hat der Rechtsanwalt angemessene Vergütung zu beanspruchen[2]. Über die Höhe der Vergütung wird im Prozeßwege, nach eingeholtem Gutachten des Vorstandes der Anwaltskammer[3], entschieden[4, 5].

[1] Wenn nur schriftlicher **Rat**: § 47 DGO. — Handelt es sich weder um ein Gutachten noch um einen schriftlichen Rat für einen in Aussicht genommenen Prozeß, sondern **lediglich** um **Aufklärung der Sach- und Rechtslage** nach der Richtung, ob und welche Ansprüche aus einem Rechtsverhältnisse geltend gemacht werden könnten, so ist die Tätigkeit des Anwalts nicht nach der DGO. zu vergüten; vielmehr kommen die betreffenden landesgesetzlichen Gebührenvorschriften zur Anwendung (vgl. Art. 9 Abs. 2, Art. 11 LGO.). OLG. 17, 226, auch Anm. 8 § 1 DGO.

[2] **Daneben**, wenn er **Prozeßbevollmächtigter** ist, die **Prozeßgebühr**. Mot. 91. — Die angemessene Vergütung entschädigt für die gesamte Tätigkeit des Anwalts einschl. seiner Auslagen.

[3] §§ 42, 49 Nr. 4 RAO. Die Kammer, der der Anwalt zugehört.

[4] Das Gutachten muß vor der Entscheidung eingeholt werden. Jedoch ist es für den Prozeßrichter nicht bindend.

[5] **Erstattungsfähigkeit** vom Gegner wird nur in seltenen Ausnahmefällen anzunehmen sein, RG. 13, 314, z. B. bei sehr schwierigen Spezialgebieten oder ausländischem Recht.

89. Ist für das dem Rechtsanwalt übertragene Geschäft der Betrag der Gebühr in diesem Gesetze nicht

bestimmt, so erhält er eine unter entsprechender Anwendung der Bestimmungen dieses Gesetzes zu bemessende Gebühr[1].

[1] Vorausgesetzt sind **Geschäfte, die an sich in den im § 1 beschriebenen Bereich des Gesetzes fallen,** für die aber dennoch in der DGO. keine Gebühr bestimmt ist. EGH. 3, 148, auch RG. 75, 98. Dahin gehören (zum Teil nach einer Zusammenstellung der Reichstagskommission) z. B.: a) **in bürgerlichen Rechtsstreitigkeiten:** Annahme oder Besorgung einer Zustellung; Anfertigung einer eidesstattlichen Versicherung, OLG. 13, 461 (sofern die Tätigkeit nicht durch die Prozeßgebühr mitabgegolten wird, vgl. Anm. 3 § 13 DGO.); Rücknahme einer von der Partei zu prozessualen Zwecken geleisteten Sicherheit, OLG. 19, 260 (wegen der Frage, ob auch hier die Tätigkeit durch die Prozeßgebühr mitabgegolten wird, s. Anm. 5 § 87); Wahrnehmung eines Sühnetermins im Laufe des Rechtsstreits durch einen nicht zum Prozeßbevollmächtigten bestellten Anwalt, OLG. 35, 229, vgl. Anm. 2 § 37; vergleichende Tätigkeit des nur für einen Beweistermin nach § 45 DGO. bestellten Anwalts, JW. 27, 1312[6]. — b) **in Konkurssachen:** Fertigung eines Antrags auf Konkurseröffnung, Beistandleistung in einem einzelnen Konkurstermin, Rat bei einem einzelnen Akte im Konkursverfahren, wie bei Abfassung der Zwangsvergleichsbedingungen, ferner Beistandleistung im Auftrage des Konkursverwalters. — c) **in Strafsachen:** Information zur Verteidigung, wenn es nicht einmal zum Vorverfahren kommt; Vertretung in einem (auswärtigen) Beweistermin; Bestellung eines Substituten zur Wahrnehmung eines Termins (vgl. Anm. 2 § 63); Beistand im Sühnetermin in Privatklagesachen; Vertretung eines Nebenklägers, wenn es nicht zur Hauptverhandlung kommt; Bewirkung der Veröffentlichung des Urteils in einer Privatklagesache (vgl. darüber Anm. 3 § 75). Darüber, daß für die Mitwirkung bei einem zur Erledigung eines Privatklageverfahrens geschlossenen Vergleiche nicht auf Grund des § 89 eine Gebühr berechnet werden kann, vgl. Anm. 4 § 63. — d) **in Vergleichssachen:** Beratung der Vertrauensperson. — Außergerichtliche Regelung der Schuldverhältnisse der Partei: EGH. 6, 224; 10, 58. Besorgung eines Darlehns: RG. 121, 200. — Keine Gebühr aus § 89 für Einziehung der Information in der

Wohnung: EGH. 15, 206. — **Erledigt ein Notar**, der zugleich Rechtsanwalt ist, bei Gelegenheit der Ausführung eines ihm als Notar erteilten Auftrags **Rechtsanwaltsgeschäfte**, die der Gebührenordnung für Notare nicht unterliegen, so ist er befugt, für diese Geschäfte nach Maßgabe der DGO. zu liquidieren. Zu einer Festsetzung dieser Gebühren sind die Gerichte aber nicht befugt. Vielmehr ist, wenn zwischen dem Anwalt und dem Auftraggeber Streit über die Gebühren entsteht, dieser im Prozeßwege zu erledigen. KGJ. 18, 160. Vgl. jedoch für Preußen Art. 13 LGO.

90. Insofern in diesem Gesetze für die begonnene oder vorbereitete Ausführung eines vor der vollständigen Ausführung erledigten Auftrags eine Gebühr nicht vorgesehen ist[1], erhält der Rechtsanwalt eine nach Maßgabe des § 89 zu bemessende Gebühr.

[1] Vorgesehen ist eine besondere Gebühr in §§ 14, 39, 48, 49, 50, 61. — Der Gebührenbetrag darf nicht höher sein, als der bei vollständiger Erledigung des Auftrags zustehende. Mot. 91. Beispiel: Vorbereitung eines Vergleichs. JW. 27, 1812[6].

91. Die Vorschriften dieses Gesetzes finden entsprechende Anwendung:

1. im schiedsrichterlichen Verfahren[1];

2. im Verfahren wegen Nichtigkeitserklärung oder Zurücknahme eines Patents[2];

3. im Disziplinarverfahren nach Maßgabe des Reichsbeamtengesetzes vom 18. Mai 1907 (Reichsgesetzbl. S. 245)[3];

4. im ehrengerichtlichen Verfahren gegen Rechtsanwälte[4];

5. bei der Untersuchung von Seeunfällen[5], [6].

Für die Berechnung der Gebühren des im schiedsrichterlichen Verfahren als Prozeßbevollmächtigten bestellten Rechtsanwalts gilt das gerichtliche Verfahren

im Falle des § 1036 der Zivilprozeßordnung[7] als zum schiedsrichterlichen Verfahren gehörig[8].

Das Verfahren vor der Disziplinarkammer, vor dem Ehrengericht und vor dem Seeamt steht im Sinne des § 63 dem Verfahren vor dem Schöffengerichte gleich[9].

[1] §§ 1025—1048 ZPO. Nicht auch das Verfahren vor den reichsgesetzlich eingerichteten deutschen oder zwischenstaatlichen Schiedsgerichten. — Die Anwendung der DGO. kann nur eine entsprechende sein, weil das schiedsrichterliche Verfahren viel freier gestaltet ist. Die Verhandlungsgebühr wird z. B. zuzubilligen sein, sobald der Anwalt Gelegenheit erhält, dem Schiedsgericht mündliche Ausführungen zu machen. Sofern nicht ein schiedsrichterlicher Rechtsmittelzug vereinbart ist, gilt das gesamte Verfahren einschl. der gerichtlichen Beweiserhebungen (§ 91 Abs. 2 DGO.) als eine Instanz, so daß jede Gebühr nur einmal anfällt. Dagegen gehören die Verfahren betr. Ernennung oder Ablehnung eines Schiedsrichters und betr. das Erlöschen des Schiedsvertrages (§ 22 DGO.) nicht zur schiedsgerichtlichen Instanz. Vgl. auch Anm. 8. — Die Kosten des **schiedsrichterlichen Verfahrens** werden nicht etwa auf Grund des Vollstreckbarkeitsbeschlusses (§ 1042 ZPO.) vom Urkundsbeamten des Gerichts festgesetzt, sondern das Befinden über sie gehört zur Tätigkeit der Schiedsrichter, also in den Schiedsspruch selbst oder in einen Ergänzungsbeschluß. RG. **19**, 407; **59**, 149; JW. **94**, 543[5]; OLG. **9**, 88; **15**, 95; **19**, 170; **21**, 121; **25**, 242. Eine Klage auf Erstattung ist also unzulässig, es sei denn, daß der Ergänzungsschiedsspruch, z. B. wegen Todes eines Schiedsrichters, unmöglich ist. OLG. **43**, 132.

[2] Nicht für das Patenterteilungsverfahren oder für das Widerspruchsverfahren nach § 5 WarenzeichenGes., sondern nur für die **Nichtigkeitserklärung** (§ 10) oder **Rücknahme eines Patentes** (§ 11) nach den Vorschriften in §§ 28—31, 33 Patent-Ges. v. 7. 12. 23 (RGBl. II 437) und der VO., betr. das Berufungsverfahren beim Reichsgericht in Patentsachen, v. 6. 12. 91 (RGBl. 389). Das Verfahren ist prozeßähnlich gestaltet; äußert sich jedoch der Patentinhaber nicht, so kann ohne mündliche Verhandlung entschieden werden; ein eigentliches Versäumnisverfahren gibt es aber nicht. Vor dem Reichsgericht als Berufungsinstanz erwachsen nach der jetzigen

Fassung des § 52 DGO. (s. Anm. 1 dort) erhöhte Gebühren. Bei (zulässigerweise erfolgender: RG. 74, 212; 102, 406) Rückverweisung an das Patentamt gilt § 27 DGO. entsprechend. — Nach § 14 VO., betr. den Geschäftsgang usw. des Patentamts, v. 11. 7. 91 gehören zu den Kosten des Verfahrens auch diejenigen den Parteien erwachsenden Auslagen, die nach freiem Ermessen des Gerichtshofs zur zweckentsprechenden Wahrung der Ansprüche und Rechte notwendig waren.

[3] §§ 101, 102, 111, 112, 116 (Verteidigung und Vertretung des Angeschuldigten durch einen Rechtsanwalt vor der **Disziplinarkammer** in der ersten, vor dem **Disziplinarhof** in der Berufungsinstanz). Das vor der Verweisung an die Disziplinarkammer liegende Verfahren ist als Vorverfahren im Sinne von § 67 DGO. zu werten.

[4] §§ 66, 83, 91 RAO. (Verteidigung und Vertretung des Beschuldigten durch einen anderen Rechtsanwalt vor dem **Ehrengericht** und dem **Ehrengerichtshof**).

[5] §§ 22, 30 RGes., betr. die Untersuchung von Seeunfällen, v. 27. 7. 77 (RGBl. 549) (rechtskundiger Beistand in dem Verfahren vor dem **Seeamt** und dem **Oberseeamt**).

[6] Wegen weiterer Anwendungsfälle vgl. Anm. 3 § 1 DGO. Dort auch die Bestimmungen über die Vergütung der Tätigkeit der Rechtsanwälte **im Verfahren vor den Versicherungsbehörden.**

[7] D. i. Anordnung und Vornahme der von den Schiedsrichtern für erforderlich erachteten **richterlichen Handlungen;** sie sollen mit zur schiedsgerichtlichen Instanz gehören.

[8] Beschränkt sich die Tätigkeit des Anwalts auf das **gerichtliche Verfahren des § 1036 ZPO.:** § 22 DGO. (Gebühr $^5/_{10}$). Die Klage auf Aufhebung eines Schiedsspruchs (§§ 1041, 1042 ZPO.) gehört nicht mehr zum schiedsgerichtlichen Verfahren und bringt volle Gebühren nach §§ 13 ff. DGO. (Anm. 1 § 20 DGO.). Wegen des ebenfalls besonders zu vergütenden Antrags auf Vollstreckbarerklärung eines Schiedsspruchs: § 40a DGO.

[9] §§ 63, 68 Abs. 2 DGO. Im eigentlichen Texte des § 91 stand „Strafkammer". Dafür ist in der Neufassung der DGO. v. 5. 7. 27 „Schöffengericht" gesetzt, nachdem die Strafkammern als erstinstanzliche Gerichte allgemein fortgefallen sind, auch nach § 66 Gebührenunterschiede nicht bestehen würden.

92. Fällt eine dem Rechtsanwalt aufgetragene Tätigkeit, für welche ihm nach Vorschrift dieses Gesetzes eine Vergütung zusteht, zugleich in den Kreis derjenigen Angelegenheiten, in welchen die den Rechtsanwälten zustehende Vergütung durch landesgesetzliche Vorschrift geregelt ist, so kommt, soweit die Anwendung beider Vorschriften zu einer zweifachen Vergütung derselben Tätigkeit[1] führen würde, nur eine derselben, und zwar die dem Rechtsanwalte günstigere, zur Anwendung.

[1] Nicht, wenn eine zweifache Tätigkeit stattfindet, z. B. wenn zwei Fragen zu beantworten sind, von denen die Beantwortung der einen unter § 1 DGO. fällt, die andere nicht, oder wenn der Anwalt denselben Anspruch im reichsgesetzlichen und im landesgesetzlichen Verfahren geltend zu machen hat. Dagegen liegt nur eine Tätigkeit z. B. vor, wenn der Rat des Anwalts darüber verlangt wird, welcher von zwei an sich offenstehenden Wegen vorzuziehen sei. Mot. 92, 93.

93. [1]Sofern der Rechtsanwalt nicht einer Partei zur Wahrnehmung ihrer Rechte beigeordnet[2] oder als Verteidiger bestellt[3] ist, kann der Betrag[4] der Vergütung[5] durch Vertrag[6] abweichend von den Vorschriften dieses Gesetzes festgesetzt werden [7, 8, 9]. Die Festsetzung durch Bezugnahme auf das Ermessen eines Dritten ist ausgeschlossen[4].

Ist die vereinbarte Vergütung unter Berücksichtigung aller Umstände übermäßig hoch[10], so kann sie im Rechtsstreit[11] nach eingeholtem Gutachten des Vorstandes der Anwaltskammer[12] bis auf den in diesem Gesetze bestimmten Betrag[13] herabgesetzt[14] werden[15].

[1] **Geschichtliches.** a) Der Wortlaut des Abs. 1 ist unverändert seit der ältesten Fassung der DGO. Dagegen lauteten früher Abs. 2—4:

„Der Auftraggeber ist an den Vertrag nur gebunden, soweit er denselben schriftlich abgeschlossen hat.

Der Auftraggeber kann eine Berechnung der gesetzlichen Vergütung nach Maßgabe des § 86 verlangen.

Hat der Rechtsanwalt durch den Vertragsschluß die Grenze der Mäßigung überschritten, so kann die durch Vertrag festgesetzte Vergütung im Prozeßwege, nach eingeholtem Gutachten des Vorstandes der Anwaltskammer, bis auf den in diesem Gesetze bestimmten Betrag herabgesetzt werden."

Das Honorarabkommen war also nur bei Schriftform verbindlich. Der Anwalt mußte auf Verlangen zum Vergleichen eine der DGO. entsprechende Rechnung aufstellen, und es konnte, wenn durch den Vertragsschluß die Mäßigkeitsgrenze überschritten war, durch Urteil das vereinbarte Honorar herabgesetzt werden.

b) Als im Verlaufe der Geldentwertung die Gebührenerhöhungen immer weniger der zu leistenden Berufsarbeit des Anwalts entsprachen, wurden Honorarvereinbarungen von den Anwaltsvereinigungen allgemein empfohlen und die Regel. Hiergegen wandte sich Art. IV des eine mäßige Gebührenerhöhung gewährenden RGes. v. 8. 7. 21 (RGBl. I 910) mit der Bestimmung:

„Jedoch sind Übereinkünfte von Rechtsanwälten untereinander, durch die sie einander zur Pflicht machen oder empfehlen, regelmäßig höhere als die gesetzlicher Gebühren zu vereinbaren, unzulässig. Hat ein Rechtsanwalt auf Grund einer solchen Übereinkunft nach dem Inkrafttreten des Gesetzes mit seinem Auftraggeber eine höhere als die gesetzliche Gebühr vereinbart, so ist der Auftraggeber an die Vereinbarung nicht gebunden."

c) Letztere Bestimmung fiel mit dem ganzen Ges. v. 8. 7. 21 durch Art. VIII RGes. v. 18. 8. 23 fort, das zugleich die alten Abs. 2—4 durch den jetzigen Abs. 2 ersetzte.

[2] § 115 Nr. 3, §§ 668, 679, 686 ZPO. (Armenanwalt, Vertreter im Entmündigungsverfahren), §§ 33, 34 RAO. Freiwillige Zahlungen können aber angenommen werden. OLG. 43, 135. Im übrigen sind in diesen Fällen („sofern nicht") Honorarvereinbarungen unzulässig, EGH. 12, 109 (dahingestellt gelassen in RG. 115, 141), selbst wenn sie vor der Armenrechtsbewilligung liegen, OLG. 43, 135. Vgl. aber auch EGH. 17, 343 (Vergütung für Betreiben der Aufhebung einer Entmündigung) und OLG. 43, 135 (Sonderhonorar des

Armenanwalts bei Bewilligung für den Fall der Besserung der Verhältnisse).

[3] §§ 140—144 StPO., § 39 RAO. — Die **Annahme** eines **freiwillig angebotenen Honorars** neben der dem Anwalt als zugeordnetem Verteidiger zustehenden staatlichen Gebühr ist aber auch in diesen Fällen nicht unstatthaft. EGH. 8, 151; **13**, 70; **14**, 146.

[4] Es muß sich um einen **bestimmten** oder doch objektiv zweifelsfrei bestimmbaren **Betrag** handeln. RG. **121**, 202 (HRR. **28**, 2060). Andernfalls (z. B. wenn lediglich angemessene Vergütung bedungen ist) ist die Vereinbarung unwirksam und gewährt höchstens eine moralische Anwartschaft. JW. **28**, 2781[1]; W. **15**, 248; **28**, 134; EGH. 2, 62; **5**, 34; **10**, 174; 17, 173. Es genügt aber z. B.: die Verweisung auf eine andere, genaue Sätze enthaltende Gebührenordnung; die Vereinbarung, daß nach einem bestimmten Streitwert liquidiert werden dürfe. W. **27**, 27. Ebenso wie die Bezugnahme auf das Ermessen eines Dritten (Abs. 1 Satz 2) ist unzulässig die Bezugnahme auf das Ermessen einer der Vertragsparteien oder des Gerichts, W. **28**, 134 (a. M. JW. **25**, 1662[9]), selbst wenn das Versprechen erst nach Erledigung oder Kündigung des Auftrags gegeben ist, JW. **12**, 885[58].

[5] Zur **Vergütung** gehören auch die Auslagen, insbes. Reisekosten, für die oft Sondervereinbarungen getroffen werden.

[6] Durch **Vertrag.** Eine Form ist im Gegensatz zu früher (Anm. 1a) nicht mehr vorgeschrieben. Auch Stillschweigen auf den Vorschlag des Anwalts kann gegebenenfalls genügen, ebenso eine laufende Gewohnheit bei zahlreichen Aufträgen. — Ein **Vertragsschluß** setzt voraus, daß sich der Auftraggeber **bewußt** ist, ein von der DGO. abweichendes Honorarabkommen zu schließen, sonst fehlt ihm der Vertragswille. Er muß also die Abweichung selbst kennen oder vom Anwalt auf sie hingewiesen sein, EGH. 2, 62; 5, 34; jedoch braucht die Belehrung nicht urkundlich festgelegt zu sein, EGH. 9, 96. — Der **Zeitpunkt** der Vereinbarung ist unerheblich, vor Annahme des Auftrags oder später, selbst nach Erledigung. Mot. 94, Sten-Ber. 1683, JW. **12**, 885[58]. — Auch **Bedingungen** sind zulässig, z. B. daß der Anwalt die Termine (bes. in Strafsachen) selbst wahrnehme. Ist das Honorar unter der Bedingung versprochen, daß der Anwalt einen bestimmten Vergleich zustandebringe, so kann bei Ausfall der Bedingung weder das

vereinbarte, noch angemessenes Honorar, noch besonderer Ersatz für die aufgewandte Arbeit gefordert werden, sondern nur die gesetzliche Gebühr. OLG. 22, 289. — **Bei vorzeitiger Kündigung** steht dem Anwalt nach § 628 BGB. ein seinen bisherigen Leistungen entsprechender Teil des versprochenen Honorars zu. OLG. 25, 303.

[7] Der **Honorarvertrag muß zivilrechtlich gültig**, also insbes. nicht als gegen die guten Sitten verstoßend (§ 138 Abs. 1 BGB.) nichtig sein. Nicht sittenwidrig ist ein Abkommen, wonach der Anwalt auf alle Fälle die Verhandlungsgebühr erhalten soll, falls kein Vergleich zustande kommt. JW. 26, 862[19]. Dagegen macht rücksichtslose Ausnutzung der Sach- und Rechtslage durch den Anwalt gegenüber dem von ihm abhängigen Auftraggeber den Honorarvertrag nichtig; bloß zu hohe Vereinbarung aber nicht. RG. 83, 110. Unsittlich ist die Honorarabrede mit der notorisch armen Partei. JW. 28, 1948[7]; EGH. 18, 133, 173. Der Anwalt ist Organ der Rechtspflege, daher macht hier schon eine Verletzung der Standesehre den Vertrag zum unsittlichen. RG. 83, 110; 115, 144 (JW. 27, 513[2]); EGH. 18, 108, 116. Deshalb ist nichtig ein Abkommen, wonach sich der Anwalt neben den gesetzlichen Gebühren einen Bruchteil der Klagesumme versprechen läßt. SeuffA. 69, 255. Die Abhängigmachung der Honorarhöhe vom Erfolg des Prozesses ist standeswidrig, EGH. 5, 74; 7, 121; 15, 208; 16, 296, und deshalb nur bei besonderer Gestaltung des Falles zulässig, RG. 115, 143 (JW. 27, 513[2]), aber JW. 28, 1146[2], 1515[3], 1867[1]. Keinesfalls ist zulässig die Abstufung des Honorars nach dem Grade des Erfolges. RG. 115, 143 (JW. 27, 513[2]) [sehr umstritten]; JW. 28, 750[33]. Ebenso unzulässig ist die Vereinbarung, daß das Honorar auch dann zu zahlen sei, wenn die Sache vor Prozeßbeginn erledigt oder der Auftrag zurückgenommen oder gekündigt werden sollte. EGH. 7, 122; 9, 96, 149; 13, 65. Auch die Begleitumstände können den Honorarvertrag zum standeswidrigen gestalten; so wenn der Anwalt sich für einen Beweistermin, den er nicht selbst, sondern durch den Bürovorsteher wahrzunehmen beabsichtigt, ein Sonderhonorar versprechen läßt, EGH. 19, 59, oder wenn er den Auftraggeber im gerichtlichen Termin mit dem Verlangen eines Honorarabkommens überrascht, EGH. 18, 200. — Bei einer Tätigkeit außerhalb des Prozesses soll die Bestimmung des Honorars nach Bruchteilen des Gegenstandes

zulässig sein. **EGH. 5, 133, 140. Wegen der nachträglichen** Forderung eines **nicht vereinbarten** Sonderhonorars vgl. StenBer. 1580, 1582, 1683, 1684. **EGH.** 8, 260, **auch EGH. 6,** 213, 215; **7,** 125; **8,** 270.

[8] Der Honorarvertrag **bezweckt zwar** das **Interesse des Anwalts**; er tritt aber mangels besonderer **Anhaltspunkte** nicht schon deshalb außer Kraft, weil spätere Umstände, insbesondere eine Gebührenerhöhung, zur Folge haben, daß die Gebühr der DGO. höher ist als das vereinbarte Honorar. RG. **114**, 336 (JW. **27**, 387[18]); W. **27**, 27 (a. M. JW. 25, 1530[9]). Insbesondere nicht, wenn durch sofortige Vorauszahlung gerade ein Nachteil für den Anwalt abgewandt werden sollte. W. **27**, 27.

[9] Auch beim vereinbarten Honorar besteht der Anspruch auf Zahlung eines den Umständen nach angemessenen **Vorschusses** nach § 84 DGO. OLG. **25**, 303.

[10] Nach der früheren Fassung: „durch den Vertragsschluß die Grenzen der Mäßigung überschritten" kam es allein auf die Sachlage zur Zeit des Vertragsschlusses an; später eingetretene oder bekanntgewordene Umstände, die eine Erschwerung oder Vereinfachung des Geschäfts zur Folge hatten, blieben außer Betracht. Mot. 94, EGH. **15**, 210. Jetzt (JW. 27, 846[11]) sollen rückblickend „alle Umstände" während der Erledigung des Auftrags berücksichtigt werden, insbesondere also die Schwierigkeiten, die die Durchführung tatsächlich verursacht hat. Ein vereinbartes „hohes" Honorar berechtigt noch nicht zur Herabsetzung, namentlich diese also noch nicht die allgemeine Überschreitung der Sätze der DGO. Die Forderung muß vielmehr „übermäßig hoch" gewesen sein. Dabei ist dann ohne Rücksicht auf die DGO. zu erwägen, was „höchstens als noch angemessen" gelten kann, wenn man die Mühewaltung, die Verhältnisse der Partei, den Ruf des Anwalts und derartige wertbildende Faktoren verwertet. Die gesetzliche Gebühr ist nur die unterste Grenze, bis zu der herabgesetzt werden darf. In vielen Fällen wird aber angemessen sein, dem Anwalt einen Teil des zugebilligten Mehrhonorars zu belassen.

[11] Im **Rechtsstreit**, also durch Richterspruch auf Klage des Auftraggebers oder auf dessen Einwendung gegenüber der Klage des Anwalts.

[12] §§ 42, 49 Nr. 4 RAO. Diejenige Anwaltskammer, der

der betreffende Anwalt angehört. Das Gutachten ist für das Gericht nicht verbindlich.

[13] Unter die gesetzliche Gebühr der DGO. darf nicht herabgegangen werden.

[14] Auch wenn das **Honorar bereits gezahlt** ist, da § 93 insoweit keinen Unterschied erkennen läßt. OLG. 27, 239 (a. M. JW. 87, 34). Das übermäßig Gezahlte kann (zwar nicht nach § 813 BGB. [so OLG. 27, 239], wohl aber), weil zufolge der Herabsetzung die Vereinbarung insoweit als rückwirkend aufgehoben anzusehen ist, nach § 812 BGB. zurückgefordert werden. Ist die Honorarvereinbarung gar nichtig (vgl. Anm. 7), so ergibt sich der Rückforderungsanspruch ohne weiteres aus § 812 BGB. Daß ein bloß zu hoch vereinbartes Honorar ohne besondere unsittliche Nebenumstände die Vereinbarung noch nicht nichtig macht, vgl. Anm. 7.

[15] Der Anwalt darf nicht, um die Zuständigkeit des Amtsgerichts zu begründen, die einzuklagenden **Forderungen in Teilbeträgen durch getrennte Klagen** geltend machen, ohne seinen Auftraggeber auf die Folgen höherer Kosten aufmerksam zu machen. EGH. 1, 113; 4, 178; 6, 93; 8, 21, 110; 9, 140; 10, 170; 13, 70. Ferner nicht: zusammengehörige Ansprüche in getrennten Klagen, EGH. 14, 157; wechselmäßige Ansprüche im ordentlichen Verfahren, EGH. 14, 157. Es sei denn, daß besondere Umstände ein solches Vorgehen rechtfertigen. EGH. 14, 157. — Unstatthaft ist auch eine **Teilung der Gebühren** zwischen dem Prozeßbevollmächtigten und einem anderen Anwalt in anderer Weise als nach §§ 42 ff. DGO. EGH. 14, 165.

94. Für das Verhältnis des Auftraggebers oder des Rechtsanwalts zu dem Erstattungspflichtigen[1] kommt die vertragsmäßige Festsetzung der Vergütung (§ 93) nicht in Betracht.

[1] § 91 ZPO., §§ 469, 471 StPO. Dies gilt auch, wenn aus der Staatskasse dem Angeschuldigten Kosten zu erstatten sind (vgl. Vorbem. 2 vor § 76 DGO., § 467 StPO.). Mot. 94. Desgleichen für Vereinbarungen betr. Erstattung von Schreibgebühren. JW. 11, 126[24]. Auch für Teuerungszuschläge, die von den Anwälten früher ortsüblich nach Prozenten der gesetzlichen Gebühren beansprucht und von den Auftraggebern zugebilligt wurden.

II.

Bekanntmachung zur Entlastung der Gerichte.

Vom 9. September 1915 (RGBl. 562).

Fassung der Bek. des Reichsministers der Justiz vom 13. Mai 1924 (RGBl. I 552).

§ 5. [früher § 17, betr. Anwaltsgebühren im Mahnverfahren; jetzt § 8 DGO.]

§ 7. [1]Mit Einverständnis der Parteien[2] kann das Gericht eine Entscheidung ohne mündliche Verhandlung treffen . . .

[1] Vgl. die Anm. zu § 8.

[2] Nach dem Weiteren Ges. zur Entlastung des Reichsgerichts v. 8. 2. 29 (RGBl. I 19), in Kraft seit 15. 2. 29, kann das Revisionsgericht (also trotz des engeren Gesetzestitels auch das Bayr. Oberste Landesgericht) bei Revision gegen Oberlandesgerichtsurteile (also nicht bei Sprungrevision [§ 566a ZPO.], nicht in Arbeitsgerichts- und Konsulargerichtssachen, nicht bei Berufungen gegen Entscheidungen des Patentamts) auch ohne Einverständnis der Parteien ohne mündliche Verhandlung entscheiden, wenn nach Lage der Sache eine weitere Klärung durch die mündliche Verhandlung nicht zu erwarten ist.

§ 8. [1]Ein gemäß § 7 ohne mündliche Verhandlung geführtes Verfahren steht hinsichtlich der Gerichtskosten und der Anwaltsgebühren einem Verfahren mit mündlicher Verhandlung gleich[2]. Wird nach einem Beweisaufnahmeverfahren ohne mündliche Verhandlung entschieden, so steht dem Rechtsanwalt in jedem

Falle die erhöhte Verhandlungsgebühr (§ 17 der Gebührenordnung für Rechtsanwälte) zu[3].

[1] **Geschichtliches.** Die §§ 7 und 8 sind der EntlVO. hinzugefügt durch Art. I A 2 der VO. zur Beschleunigung des Verfahrens in bürgerlichen Rechtsstreitigkeiten v. 22. 12. 23 (RGBl. I 1239). Sie waren zunächst § 23a und § 23b. Ihre jetzige Zählung als §§ 7 und 8 erhielten sie durch die Neufassung der EntlVO. v. 13. 5. 24 (RGBl. I 552).

[2] Die Vorschrift stellt sich als eine Ergänzung des § 13 DGO. dar. Es wird fingiert, daß die mündliche streitige Verhandlung stattgefunden hätte. Vgl. Anm. 4 § 13 DGO.

[3] Auch hier wird die weitere mündliche Verhandlung nach der Beweisaufnahme fingiert, so daß der Anwalt die weitere halbe Verhandlungsgebühr erhält. Vgl. Anm. 3 § 17 DGO.

§ 18. [1]**Bei Rechtsstreitigkeiten, über deren Gegenstand die Parteien einen Vergleich zu schließen berechtigt sind, hat das zuständige Gericht erster oder zweiter Instanz auf den übereinstimmenden Antrag beider Parteien durch Schiedsurteil zu entscheiden . . .**

Ist der im Abs. 1 bezeichnete Antrag gestellt, so bestimmt das Gericht sein Verfahren unbeschadet der Vorschrift des § 78 der Zivilprozeßordnung[2] nach freiem Ermessen . . .

Die Gerichtskosten und Anwaltsgebühren bestimmen sich in den Fällen des Abs. 1 nach den für das ordentliche Verfahren geltenden Vorschriften . . .[3, 4].

[1] **Geschichtliches.** Wegen der Entstehungsgeschichte vgl. Anm. 1 § 8. Die Vorschrift bildete zunächst den § 27a.

[2] Anwaltszwang.

[3] Der Anwalt soll also diejenigen Gebühren berechnen können, welche entstehen mußten, wenn sich das Verfahren in den durch die ZPO. vorgeschriebenen Bahnen abgespielt hätte. Der Anwalt, dessen Mühewaltung im wesentlichen dieselbe bleibt, soll nicht dadurch Schaden haben, daß das Gericht bei der Rechtsfindung an keinerlei Verfahrensnormen gebunden ist. Zuzubilligen ist also die sog. „weitere Verhandlungs-

gebühr" des § 17 DGO., selbst wenn gar keine Verhandlung stattgefunden hat. JW. 28, 2575.

[4] Die besondere Bedeutung liegt darin, daß nach § 20 der § 18 bereits kraft Gesetzes im amtsgerichtlichen Verfahren bei Streitigkeiten über alle vermögensrechtlichen Ansprüche (außer für Mieterschutzsachen) gilt, sofern der Wert des Streitgegenstandes zur Zeit der Einreichung der Klage 50 RM. nicht übersteigt.

§ 20. Im amtsgerichtlichen Verfahren ist bei Streitigkeiten über vermögensrechtliche Ansprüche, sofern der Wert des Streitgegenstandes zur Zeit der Einreichung der Klage 50 Goldmark[1] nicht übersteigt, ohne Rücksicht auf die Anträge der Parteien nach den Grundsätzen des § 18 zu verfahren[2] . . . .

Auf die in dem Gesetz über Mieterschutz und Mieteinigungsämter vom 1. Juni 1923 (Reichsgesetzbl. I S. 353)[3] geregelten bürgerlichen Rechtsstreitigkeiten finden die Vorschriften des Abs. 1 keine Anwendung.

[1] Jetzt Reichsmark; § 2 VO. v. 12. 12. 24 (RGBl. I 775).

[2] Auch die Berufung ist hier ausgeschlossen (§ 511a ZPO.).

[3] Jetzt vom 17. 2. 28 (RGBl. I 25).

[4] Weil das Laienelement hier nicht ausgeschlossen werden soll. Begr.

§ 21. Die Reichsregierung bestimmt mit Zustimmung des Reichsrats, wann und in welchem Umfang diese Verordnung außer Kraft tritt[1].

[1] § 21 ersetzt den früheren § 29 und bringt ihn mit den jetzigen staatsrechtlichen Verhältnissen in Einklang.

III.

Gesetz, betr. die Erstattung von Rechtsanwaltsgebühren in Armensachen usw.

Vom 20. Dezember 1928 (RGBl. I 411).

In Kraft getreten am 1. April 1929 (Art. II).

Früher hatte der nach § 115 ZPO. in bürgerlichen Rechtsstreitigkeiten oder nach § 419 Abs. 3 (jetzt § 379 Abs. 3) StPO. im Privatklageverfahren einer Partei im Armenrecht zur vorläufig unentgeltlichen Wahrnehmung ihrer Rechte beigeordnete Rechtsanwalt seine Dienste der Partei unentgeltlich zur Verfügung zu stellen und Auslagen, auch Reisekosten, aus eigener Tasche zu leisten, soweit nicht von dem in die Kosten verurteilten Gegner Gebühren und Auslagen beitreibbar waren. **Art. II RGes. v. 18. 12. 19** (RGBl. 2113) änderte dies dahin, daß in bürgerlichen Rechtsstreitigkeiten der Armenanwalt wenigstens seine Auslagen, die damals im wesentlichen durch Auslagenpauschsätze abgefunden wurden (s. Anm. 1 § 76 DGO.), aber auch Postgebühren und die Kosten für erforderlich gewesene Reisen aus der Staatskasse ersetzt erhalten sollte, falls sie nicht von einem ersatzpflichtigen Gegner beitreibbar waren.

Weiter ging in drei Richtungen das **RGes. über die Erstattung von Rechtsanwaltsgebühren in Armensachen v. 6. 2. 23** (RGBl. I 103). Es gewährte einmal Ersatz der Gebühren und Auslagen, dehnte weiter dies auf das Privatklageverfahren aus und strich schließlich die Notwendigkeit eines Vollstreckungsversuchs beim Gegner, indem es wegen der Fälligkeit des Ersatzanspruchs auch gegen die Staatskasse auf § 85 DGO. verwies und als weiteren Fälligkeitsgrund dreimonatiges Ruhen des Verfahrens einführte.

Es zeigte sich bald, daß bei hohen Objekten die Belastung für die Staatskasse untragbar war. Deshalb fügte **Art. V RGes. v. 18. 8. 23** (RGBl. I 813) die Bestimmung ein, daß die Gebühren höchstens nach einem Streit- oder Beschwerdewert von 200 Millionen M. ersetzt werden sollten. Diese Inflationszahl wurde dann mehrfach geändert: § 2 VO. v. 13. 9. 23 (RGBl. I 881) (5 Milliarden M.), Art. 3 VO. v. 27. 9. 23 (RGBl. I 912) (4000 M. mal Index der Vorwoche), Art. VI VO. v. 13. 12. 23 (RGBl. I 1188) (2000 Goldmark).

Eine weitere Einschränkung der Ersatzpflicht der Staatskasse brachte das **AndGes. v. 14. 7. 25** (RGBl. I 136), indem es die volle Gebühr des § 9 DGO. bei mehr als 200—500 RM. Streitwert auf 12 RM., bei mehr als 500—1000 RM. auf 20 RM. und bei mehr als 1000 RM. auf 35 RM. für die Armenanwaltsgebühren herabsetzte. Das nach Art. II am 1. 8. 25 in Kraft getretene Ges. beschränkte zugleich seine Wirksamkeit bis 31. 12. 26. Sie wurde indes durch RGes. v. 17. 12. 26 (RGBl. I 503) bis 30. 6. 28 verlängert.

Die Absicht, bis dahin die Erstattungspflicht der Staatskasse neu zu ordnen, verwirklichte sich nicht. Es war sogar nicht möglich, rechtzeitig eine Verlängerung des RGes. v. 14. 7. 25 vorzunehmen. Dies Gesetz lief deshalb am 30. 6. 28 ab, und es trat damit wieder das RGes. v. 18. 8. 23 mit der durch die VO. v. 13. 12. 23 bestimmten Begrenzung des Streitwerts auf 2000 RM. in Wirksamkeit. Alsdann aber wurde durch **RGes. v. 14. 7. 28** (RGBl. I 197) das RGes. v. 14. 7. 25 (s. oben) mit Wirkung v. 21. 7. 28 und mit Geltung bis 31. 12. 28 neu veröffentlicht. Dieser Schlußtermin wurde dann durch Art. III RGes. v. 20. 12. 28 (RGBl. I 411) bis 31. 3. 29 erstreckt.

Letzteres **RGes., betr. die Erstattung von Rechtsanwaltsgebühren in Armensachen** und Änderung des GKG., **v. 20. 12. 28** (RGBl. I 411) regelt ferner mit Wirkung seit 1. 4. 29 nunmehr die Materie neu und abschließend.

Artikel I.

§ 1. [1]**In bürgerlichen Rechtsstreitigkeiten**[2] **werden im Falle der Bewilligung des Armenrechts**[3] **dem für die arme Partei bestellten**[4] **Rechtsanwalte**[5] **die Gebühren**[6] **und Auslagen**[7] **nach Maßgabe der Gebührenordnung für Rechtsanwälte**[8] **mit folgenden Beschränkungen**[9] **ersetzt**[10]**:**

An die Stelle der vollen Gebühr (§ 9 der Gebührenordnung für Rechtsanwälte) treten bei einem Werte des Streitgegenstandes

von mehr als 400 bis 600 Reichsmark einschließlich 20 Reichsmark,

von mehr als 600 bis 800 Reichsmark einschließlich 25 Reichsmark,

von mehr als 800 bis 1000 Reichsmark einschließlich 30 Reichsmark,

von mehr als 1000 bis 1500 Reichsmark einschließlich 40 Reichsmark,

von mehr als 1500 bis 2000 Reichsmark einschließlich 50 Reichsmark,

von mehr als 2000 Reichsmark 60 Reichsmark[11]**.**

Die Reisekosten werden nicht vergütet, wenn die betreffende Reise nicht erforderlich war[12]**.**

§ 85 der Gebührenordnung der Rechtsanwälte findet entsprechende Anwendung. Der Ersatzanspruch wird auch fällig, wenn das Verfahren länger als drei Monate ruht[13]**.**

[1] **Geschichtliches.** Vgl. die Darstellung vor Art. I. Das RGes. v. 18. 12. 19 gewährte nur Auslagenersatz, dasjenige v. 6. 2. 23 vollen Ersatz der Gebühren und Auslagen, seit der VO. v. 13. 12. 23 mit der Begrenzung des Streitwerts auf 2000 RM. Dies galt bis zum 31. 3. 29, mit dessen Ablauf das jetzige Gesetz in Kraft trat. Doch war die Ersatzpflicht der Staatskasse durch die RGes. v. 14. 7. 25 und 14. 7. 28 für die Zeit bis 30. 6. 28 und vom 21. 7. 28 ab dergestalt beschränkt, daß die Gebührenstaffel des § 9 DGO. dahin ermäßigt war, daß bei mehr als 200—500 RM. Streitwert nur 12 RM., bei mehr als 500—1000 RM. nur 20 RM. und bei mehr als 1000 RM. nur 35 RM. als volle Gebühr zahlbar waren. Die vollen Gebührensätze des § 9 DGO. galten also nur vom 1.—20. 7. 28. — Abs. 4 Art. I gilt bereits seit dem RGes. v. 6. 2. 23. — Die weiter in dem RGes. v. 18. 12. 19 noch enthaltene Klausel, daß, falls ein ersatzpflichtiger Gegner vor-

handen sei, die Erstattungspflicht der Staatskasse nur eintrete, wenn der Betrag von dem Gegner nicht beigetrieben werden könne, ist schon im RGes. v. 6. 2. 23 gestrichen.

[2] **In bürgerlichen Rechtsstreitigkeiten.** Damit sind gemeint diejenigen Streitigkeiten, für die sich das Verfahren nach der ZPO. richtet, für die also § 115 ZPO. bezüglich der Armenrechtsbewilligung und der Beiordnung von Armenanwälten gilt. Dasselbe gilt aber auch für solche Verfahren, auf die § 115 ZPO. kraft Verweisung anzuwenden ist, also gemäß § 14 FGG. für das gesamte **Gebiet der freiwilligen Gerichtsbarkeit,** PrJMBl. 22, 566; JFG.Erg. 1, 57; HRR. **29**, 869; ferner gemäß § 9 Abs. 1 Satz 3 der (auf Grund RGes. v. 18. 8. 23 [RGBl. I 815] erlassenen) BO. v. 8. 9. 23 (GS. 433) für die anderweite Festsetzung von **Geldbezügen aus Altenteilsverträgen** und von Versorgungsansprüchen bei Stammgütern und Familienfideikommissen, JW. **26**, 2595[13]; schließlich nach § 55 PrPachtschutzO. v. 19. 9. 27 (GS. 177) und der BO. v. gleichen Tage (GS. 186) für die anderweite Festsetzung der **Leistungen aus landwirtschaftlichen und Jagdpachtverträgen.** Ferner für das **Verfahren in Aufwertungssachen,** da es sich hier in Wahrheit um eine bürgerliche Rechtsstreitigkeit handelt, die nur in den Formen freiwilliger Gerichtsbarkeit ausgetragen wird. RG. 118, 189; JW. 26, 2583[1]; **27**, 2945[1]; 28, 713[14], 726[5], 1323[2]; HRR. 28, 265. — Dagegen gehört **nicht** hierher das Verfahren vor dem Reichsgericht **in Patentstreitigkeiten,** auf das die Vorschriften der ZPO. über das Armenrecht überhaupt keine Anwendung finden, JW. 29, 1247[44], und ebenfalls nicht das Verfahren vor den **Mieteinigungsämtern und Rechtsbeschwerdestellen,** weil hier § 46 MietSchG. v. 17. 2. 28 (RGBl. I 25) die der armen Partei zustehenden Vergünstigungen abschließend regelt. — Wegen der Strafsachen s. § 2.

[3] **Im Falle der Bewilligung des Armenrechts.** Diese Worte haben hier eine mehrfache Bedeutung:

a) Das **Armenrecht muß bewilligt und** auf Grund der Bewilligung **der Armenanwalt bestellt** sein. Die Beiordnung eines Armenanwalts ohne gleichzeitige Bewilligung des Armenrechts ist undenkbar; ein nur die Beiordnung aussprechender Beschluß wird daher dahin auszulegen sein, daß er gleichzeitig das Armenrecht bewilligt. Anders wenn nur der Vorsitzende des Kollegiums nach § 36 RAO. die Beiordnung verfügt hat; hier würde eine Armenrechtsbewilligung fehlen und damit die Ersatzpflicht der Staatskasse entfallen. Die Armenrechtsbewilligung enthält anderseits noch nicht die Beiordnung; vgl. Anm. 4a. — Die Armenrechtsbewilligung steht nicht dem Einzelrichter (§ 348 ZPO.), sondern nur der Kammer (dem Senat) zu. Der vom Einzelrichter trotzdem erlassene Beschluß ist aber nicht nichtig, sondern nur fehlerhaft, er bleibt gültig, solange er nicht aufgehoben ist, und schließt deshalb den Ersatzanspruch des bestellten Armenanwalts nicht aus. JW. 26, 2466[8]; 28, 1877[19] (a. M. JW. 27, 862[22]).

b) Die Ersatzpflicht der Staatskasse gilt **nur für Handlungen** des Armenanwalts **während der Zeit seiner Beiordnung.** Es scheidet also aus, was der Anwalt als Wahlanwalt entweder vor seiner Beiordnung oder nach der Entziehung des Armenrechts oder der Aufhebung seiner Beiordnung geleistet hat. Die Armenrechtsbewilligung und Beiordnung haben keine rückwirkende Kraft; der Armenanwalt ist im Verhältnis zur Staatskasse so zu behandeln, als ob seine Tätigkeit in dem Verfahren erst mit seiner Beiordnung begonnen hätte, auch wenn der Anwalt als Wahlanwalt in der Erwartung seiner Beiordnung und nach eingereichtem Armenrechts- und Beiordnungsantrag bereits tätig geworden ist. RG. **111**, 34; JW. **23**, 86[10]; **24**, 1616[6]; **27**, 407[22], 2155; 28, 2147[1], 2793[12]; **29**, 137[40]; OLG. 42, 5; HRR. 28, 908, 1838 (a. M.: rückwirkend immer für die ganze Instanz: JW. 24, 1623[16]; 25, 2390[11]; rückwirkend auf den Zeitpunkt der Antragstellung, wenn der Antrag im gerichtlichen Geschäftsgange verspätet beschieden ist, selbst noch nach Instanzende: JW. 25, 2340[6]; **26**, 857[4]; 27, 1170[13]; **28**, 752[38], 1519[8], 1872[6], 1876[16], 2798[22]; rückwirkend „aus Billigkeitsgründen": JW. **29**, 132[29], hiergegen besonders HRR. 28, 1838). — Wegen der Anwendung dieser Grundsätze im Einzelfalle vgl. Anm. 6.

c) Die zum Ersatz berechtigende **Tätigkeit** des Armenanwalts muß **im Rahmen der Armenrechtsbewilligung** und Beiordnung gelegen haben. Die Bewilligung erfolgt stets nur im Bereiche derjenigen Anträge, die die arme Partei in dem Armenrechtsgesuch angekündigt hat. Die Ersatzpflicht der Staatskasse besteht deshalb nicht, soweit sofort oder später durch Klagerweiterung ein höherer Anspruch geltend gemacht wird, als im Armenrechtsantrag angegeben war. JW. 25, 2162[1]. Das galt auch für die auf der Geldentwertung beruhenden Klagerweiterungen. JW. 23, 949[17]; 24, 991[32] (a. M. JW. 24, 1537[3]). Ebensowenig gelten Armenrechtsbewilligung und Beiordnung zur Klage, Berufung, Revision auch für das Tätigwerden zu einer Widerklage, JW. 26, 848[13] (s. jedoch JW. 28, 2160[16] für den Fall, daß der Streitwert sich nicht erhöht), zu einer Anschlußberufung, JW. 23, 949[17]; 25, 808[11], zu einer Anschlußrevision, RG. (VZS.) 41, 400. Das zum Rechtsmittel gegen ein über prozeßhindernde Einreden entscheidendes Urteil bewilligte Armenrecht gilt nicht auch für das Rechtsmittel über die spätere Entscheidung zur Hauptsache. JW. 25, 756[3]. — **Arreste und einstweilige Verfügungen** sind, wenn auch nach § 82 ZPO. die Prozeßvollmacht sie mitumfaßt, doch selbständige Verfahren, für die die Armenrechtsbewilligung einer besonderen Prüfung unterliegt, so daß sich das Armenrecht für den Hauptprozeß nicht auf sie erstreckt. JW. 25, 1668[6], 2374[48]; 29, 133[30] (a. M. JW. 25, 814[25], 1649[2]). Ebendies muß auch für die im Eheprozeß gebräuchlichen einstweiligen Verfügungen **nach § 627 ZPO.** gelten; die Häufigkeit ihres Vorkommens macht rechtlich nichts aus, da dies die sachliche Prüfung (z. B. ob die für den Scheidungsprozeß arme Ehefrau genug verdienen kann, um Unterhaltsansprüche gegen den Ehemann auszuschließen) nicht entbehrlich macht. JW. 21, 1258[19]; 24, 977[3], 1266[29]; 25, 388[20], 2342[9], 2365[18]; 28, 1522[22], 2165[2]; 29, 133[30]; HRR. 28, 382 (a. M. JW. 21, 277[1], 534[4]; 23, 847[16], 865[19]; 25, 2153[8]; 26, 2474[4]; 28, 127[19]). — Sehr umstritten ist die Frage, wie die Staatskasse den Armenanwalt zu entschädigen hat, der einen **über** die dem Armenrechts- und **Beiordnungsbeschluß** zugrundeliegenden Ansprüche **hinausgehenden Vergleich** geschlossen hat. Sind die weiteren Ansprüche bereits in einem anderen Rechtsstreit im Armenrecht anhängig, so erwächst für beide Verfahren eine einheitliche ersatzfähige Vergleichsgebühr nach dem zusammengerechneten Streitwert beider Verfahren. JW. 29, 128[19], 129[20]. Im übrigen aber bezieht sich die Ersatzpflicht der Staatskasse lediglich auf den der Armenrechtsbewilligung zugrundeliegenden Anspruch; für die sonst noch mitverglichenen Ansprüche erstattet die Staatskasse nichts. JW. 25, 1024[16]; 26, 858[5, 8]; 27, 859[14]; 28, 2161[23]; 29, 128[19] (a. M. JW. 25, 2360[5]; 26, 842[1] [bei Zusammenhang der beiden Ansprüche]; 27, 534[1]; 28, 752[39] [wenn bei Zusammenhang der beiden Ansprüche der

Anwalt annehmen konnte, das Gericht werde eine Armenrechtserweiterung nicht ablehnen]; 29, 131[25] [wenn bei Antrag das erweiterte Armenrecht bewilligt worden wäre]). Auf alle solche Unterscheidungen, namentlich bei außergerichtlichen Vergleichen, kann sich der festsetzende Urkundsbeamte unmöglich einlassen; er kann sich nur an den gerichtlichen Beschluß halten. — Die Armenrechtsbewilligung und die Beiordnung erfolgen nach § 119 ZPO. **für die Instanz**, welcher Begriff hier im Sinne der Kostengesetze zu verstehen ist. JW. 25, 756[3]. Es fällt deshalb unter die Bewilligung z. B.: ein **Beweissicherungsverfahren**, auch wenn es vor einem andern Amtsgericht anhängig gemacht ist; Termine vor dem **beauftragten oder ersuchten Richter**, obwohl für sie kein Anwaltszwang besteht; das **Nachverfahren nach** dem **Urkunden-, Wechsel- und Scheckprozeß**, JW. 26, 2590[12]; **Anträge**, ein Urteil **nach § 534 ZPO.** für vorläufig vollstreckbar zu erklären, soweit es nicht mit der Berufung angefochten ist, JW. 26, 849[17]. Kostenrechtlich gehört zur ersten Instanz ferner die **Kostenfestsetzung** gegen den unterlegenen Gegner; auch die dadurch entstandenen Gebühren und Auslagen sind deshalb dem erstinstanzlichen Armenanwalt zu erstatten, JW. 23, 1004[2]; 24, 1265[26]; 27, 859[13]; OLG. 42, 7 (a. M. JW. 23, 863[10]; 24, 976[1] und für den Fall angeblicher Aussichtslosigkeit einer Vollstreckung JW. 25, 2369[32]; 26, 2467[11]); dies gilt indessen nicht, wenn der Anwalt nach § 124 ZPO. die Festsetzung für sich selbst betrieben hat, da die hierdurch entstandenen Kosten ihm auch die eigene Partei nicht zu erstatten brauchte, JW. 26, 861[14]; 27, 859[13] (a. M. anscheinend JW. 23, 846[12]). Ebensowenig hat einen Erstattungsanspruch der zweitinstanzliche Anwalt, der die Kostenfestsetzung betrieben hat. JW. 27, 2153[11]; 29, 881[33]. — Nach § 119 Abs. 1 ZPO. erfolgt die Armenrechtsbewilligung für die erste Instanz zugleich für die **Zwangsvollstreckung**; auch für letztere muß deshalb der Anwalt als beigeordnet gelten, wenn nicht in dieser Richtung in dem Beiordnungsbeschluß eine Ausnahme gemacht ist. JW. 24, 1269[34]; 25, 1925[2]; 26, 269[5], 2467[11]; 27, 2153[10], 2159; 28, 1887[7], 2798[23] (a. M. JW. 23, 863[10]; 24, 976[1]; 27, 1326[11]; 29, 884[41]). Der zweitinstanzliche Armenanwalt gilt dagegen nie als für die Zwangsvollstreckung beigeordnet, und zwar selbst dann nicht, wenn er während des Schwebens des Hauptprozesses in der Berufungsinstanz auf Grund besonderer Beiordnung bei dem Berufungsgericht einen Arrest oder eine einstweilige Verfügung erwirkt hat; vollstreckt er selbst also den Arrest oder die einstweilige Verfügung, so erhält er dafür keine Gebühren aus der Staatskasse. JW. 28, 2798[23]. Bezieht sich die Beiordnung auf die Zwangsvollstreckung, so auch auf diejenige in das unbewegliche Vermögen. JW. 27, 1325[8]. Nicht aber auf Beschwerden im Zwangsvollstreckungsverfahren, JW. 29, 872[10], wie überhaupt **Beschwerden** stets als besondere Instanz einer besonderen Armenrechtsbewilligung bedürfen, JW. 25, 2368[30]. — Die Beiordnung bezieht sich nicht auf die Empfangnahme des Streitgegenstandes. **Hebegebühren** nach § 87 DGO. werden deshalb aus der Staatskasse nicht erstattet, JW. 25, 1023[12]; 29, 878[26], ebensowenig der Stempel für eine zum Geldempfang ermächtigende Vollmacht, OLG. 42, 8. — Nur der Vorbereitung armenanwaltlicher Tätigkeit dienen und bedingen deshalb keinen Erstattungsanspruch: der **Antrag auf Armenrechtsbewilligung,** die Beschwerde gegen Versagung des Armenrechts, JW. 28, 2793[12], der Armenrechtsantrag für die höhere Instanz, JW. 20, 713[1]; 22, 1421[6]. — Wegen der **Armenrechtsbewilligung zu einem Bruchteile** s. Anm. 9.

[4] **Dem bestellten Rechtsanwalte.** Dazu ist zu sagen:

a) Es genügt nicht die Armenrechtsbewilligung, sondern **es muß** ausdrücklich die **Beiordnung** als Armenanwalt **erfolgt sein.** Hat daher ein Anwalt, der selbst Vormund oder Pfleger der von ihm vertretenen Partei ist, ihr nur das Armenrecht bewilligen lassen, so hat er keinen Anspruch gegen die Staatskasse wegen seiner Gebühren und Auslagen. OLG. 42, 5 Anm. 1. Der Anwalt als Vormund oder Pfleger kann aber zum Armenanwalt bestellt werden. JW. 27, 401[7]; 28, 1876[16]; 29, 518[4]; OLG. 43, 135 Anm. 1. Führt ein Anwalt für sich selbst einen Prozeß im Armenrecht, so erhält er aus der Staatskasse nichts, weil hier eine eigene Partei, gegen die er Ansprüche hätte, nicht vorhanden ist: nur der unterlegene Gegner hat ihm nach § 7 DGO. Gebühren zu zahlen.

b) **Es genügt die Bestellung** seitens des Gerichts. Bevollmächtigung seitens der Partei oder Einreichung einer schriftlichen Vollmacht ist nicht erforderlich. JW. 22, 504[20]; 24, 1268[33]; 28, 751[35]; vgl. auch JW. 27, 988[22] über Pflichten des Armenanwalts vor der eigentlichen Auftragserteilung.

c) Die Bestellung hat aus der Reihe der bei dem bestellenden Gerichte **zugelassenen Rechtsanwälte** zu erfolgen. JW. 28, 762[10], 1508[2]; 29, 151[5]; PrJustMinVfg. v. 21. 10. und 24. 12. 25 (I 7892, 8178) und Nr. 8 Abs. 6 PrAllgJustMinVfg. v. 20. 3. 29 (JMBl. 83). Eine Übertretung dieser Bestimmung macht aber die Beiordnung nicht nichtig und beseitigt nicht die Erstattungspflicht der Staatskasse. Wegen auswärtiger Termine vgl. d.

d) **Nur der bestellte Anwalt hat Ansprüche** gegen die Staatskasse. Nicht also ein angenommener Verkehrsanwalt. BayZ. 27, 313. Auch nicht ein Unterbevollmächtigter des bestellten Armenanwalts für auswärtige Termine; doch erscheint zulässig, daß der Armenanwalt in eigenem Namen (nicht für die Partei) insoweit einen auswärtigen Anwalt beauftragt und dessen Gebühren bis zur Höhe der ihm, falls er die Reise gemacht hätte, zustehenden Reisekosten als eigene notwendige Auslagen der Staatskasse in Rechnung stellt. JW. 28, 2796[10]; HRR. 28, 680 (a. M. Recht 28, 1964). Daneben aber kann nach Bewilligung des Armenrechts durch das Prozeßgericht für auswärtige Termine in geeigneten Fällen ein besonderer Armenanwalt bestellt werden, JW. 29, 155[15], dessen Auswahl dem ersuchten Gericht zu überlassen ist, JW. 28, 1520[17].

[5] Einen Ersatzanspruch haben nur Rechtsanwälte, **nicht zugelassene Prozeßagenten,** die häufig gewohnheitsmäßig beigeordnet werden. BüroBl. 24, 29. Ebenso als Anweisung für die berechnenden Urkundsbeamten: Nr. 8 Abs. 5 PrAllgJustMinVfg. v. 20. 3. 29 (JMBl. 83).

[6] **Gebühren.** Wegen der Begrenzung derjenigen Tätigkeit, für die der Armenanwalt Ansprüche gegen die Staatskasse hat, vgl. Anm. 3. — Aus der Tatsache, daß der Armenanwalt so zu behandeln ist, als sei er erst mit seiner Beiordnung in dem Verfahren tätig geworden, folgt, daß er die **Prozeßgebühr** als Dauergebühr stets zu erhalten hat, wenn er nach der Beiordnung irgendetwas unternommen hat, ohne Rücksicht darauf, ob er sie schon als Wahlanwalt verdient hatte. RG. 111, 34 (JW. 26, 705[1]); JW. 21, 1254[11]; 24, 990[31]; 25, 826[49], 1895[3] (a. M. JW. 21, 639[11]; 25, 833[62]). Erledigt sich die Sache, ehe der Armenanwalt seit seiner Beiordnung einen Verhandlungstermin wahrnimmt, die Klage einreicht oder einen Schriftsatz zustellt, so erhält er, wie aus entsprechender Anwendung des § 14 DGO. folgt, aus der Staatskasse nur $^{5}/_{10}$ der Prozeßgebühr, mag er auch schon als Wahlanwalt vor der Beiord-

nung die volle Prozeßgebühr dem Auftraggeber gegenüber verdient haben, JW. 21, 1253[8]; **26**, 861[15]; BuschsZ. **49**, 401; LZ. **28**, 210[6] (a. M. JW. **27**, 407[22], wenn die Klage schon eingereicht war), nicht etwa nimmt die Erledigung der Sache vor Klagerhebung dem Armenanwalt den ganzen Anspruch gegen die Staatskasse, JW. **21**, 409[2]; **23**, 848[20]. Die nach der Beiordnung erfolgende Rücknahme der vorher als Wahlanwalt eingelegten Berufung begründet bereits den Anspruch auf die volle Prozeßgebühr (a. M. JW. **29**, 137[40]), ebenso die Zustellung der noch vor der Beiordnung eingereichten Klage, JW. **27**, 407[22]. Ist die Beiordnung erst unmittelbar vor der Verkündung eines bedingten Urteils erfolgt, so erhält der Armenanwalt nicht etwa nur $^5/_{10}$ der Prozeßgebühr nach § 21 DGO., sondern die volle Prozeßgebühr, da ihm auch die Prüfung einer Anfechtung des Urteils obliegt (a. M. JW. **27**, 860[19]). — Alle anderen Gebühren **(Verhandlungs-, Beweis-, Vergleichsgebühr)** sind sog. Aktgebühren; ein Ersatzanspruch gegen die Staatskasse besteht daher nur, wenn sich die auf diese Akte bezügliche Tätigkeit des Armenanwalts wenigstens teilweise in der Zeit seit der Beiordnung abgespielt hat. JW. **24**, 1616[6]. Für jede Verhandlung (wenn auch im ganzen höchstens zu $^{15}/_{10}$) erwächst die volle Verhandlungsgebühr. Ist deshalb der Armenanwalt erst in oder nach der Beweisaufnahme beigeordnet, so erhält er für die weitere mündliche Verhandlung aus der Staatskasse trotz § 17 DGO. volle $^{10}/_{10}$, da auch ein in diesem Zeitpunkt erst eintretender Wahlanwalt sie erhielte. Die Vergleichsgebühr ferner erhält er aus der Staatskasse auch für einen zwar vor Klagerhebung, aber nach der Beiordnung geschlossenen außergerichtlichen Vergleich, JW. **21**, 409[2], und für einen nach Urteilszustellung, aber vor Rechtsmitteleinlegung oder Rechtskraft geschlossenen Vergleich, JW. **25**, 1895[4]; **27**, 2475[12], nicht aber für einen nach der Beiordnung zustandegekommenen Vergleich, wenn sich seine Mitwirkung ausschließlich in der Zeit vor der Beiordnung abgespielt hat, JW. **25**, 2372[41]. — Hat sich der Armenanwalt bereits auf Grund eines bedingten Urteils seine Gebühren erstatten lassen, so kann er nach Urteilsläuterung natürlich dieselben Gebühren nicht noch einmal fordern. JW. **28**, 762[7]. — Wegen der **Kosten des Festsetzungsverfahrens** gegenüber der Staatskasse s. Anm. 2 § 4.

[7] **Auslagen.** Es muß sich um notwendige Auslagen handeln, für die auch die Partei haftbar ist, z. B. Kosten der Anfrage beim Einwohnermeldeamt nach der Adresse der eigenen Partei. JW. **27**, 2477[3] (a. M. JW. **24**, 1256[6]). Nicht aber Kosten, die dadurch entstehen, daß der Anwalt der dazu verpflichteten Partei die Besorgung des Prozeßmaterials, z. B. von Zeugenadressen, abnimmt. JW. **24**, 1256[6]; **25**, 2387[4]; **26**, 858[7]. Nicht ersatzfähig sind auch Zustellungskosten, die der Gerichtsvollzieher zu Unrecht erhoben hat. JW. **25**, 2361[7]. Nicht ferner der Stempel für eine zum Geldempfang ermächtigende Vollmacht. OLG. **42**, 8. — Ersatzfähig sind aber alle Postgebühren, auch für Ferngespräche im Ortsverkehr, JW. **28**, 2162[24], und die Umsatzsteuer, RG. **101**, 212; **103**, 346; JW. **20**, 912[13]; **21**, 174[2]; OLG. **40**, 464. Ebenso Schreibgebühren für auf Verlangen der Partei für sie hergestellte Abschriften der eigenen Schriftsätze; vgl. Anm. 4 § 76 DGO. (a. M. JW. **28**, 2161[22]). Dagegen keine Schreibgebühren für die Abschriften, die sich der Anwalt aus den Akten gemacht hat. JW. **28**, 751[36]. — Wegen der Reisekosten s. Anm. 12, wegen der Kosten des Festsetzungsverfahrens gegenüber der Staatskasse s. Anm. 2 § 4.

[8] **Nach Maßgabe der DGO.** In den früheren RGes. hieß es weiter: „und der sie ergänzenden Vorschriften". Man hat diese Worte wohl in der Annahme weggelassen, daß sie jetzt überflüssig seien. Sachlich sollte sich offensichtlich nichts ändern. Es sind deshalb auch weiter die Bestimmungen der **EntlVO.** v. 13. 5. 24 (RGBl. I 552) über die gebührenrechtliche Bewertung eines Verfahrens ohne mündliche Verhandlung und eines auf ein Schiedsurteil gerichteten Verfahrens für die Erstattung der Armenanwaltsgebühren aus der Staatskasse heranzuziehen. — Die Anwendung der DGO. ist nur die Regel. **Landesgebührenrecht** ist anzuwenden z. B.: wenn die Kosten einer Zwangsvollstreckung des Armenanwalts in unbewegliches Vermögen zu ersetzen sind, JW. **27**, 1325[8]; ferner wenn es sich um ein Verfahren der freiwilligen Gerichtsbarkeit, HRR. **29**, 869, um ein Aufwertungsverfahren, JW. **28**, 726[5], oder um die Neufestsetzung von Altenteilsbezügen (a. M. JW. **26**, 2595[13]) handelt. Vgl. Anm. 2.

[9] Neben den in § 1 erwähnten **Beschränkungen** kommt noch in Betracht diejenige, die durch die **Bewilligung des Armenrechts zu einem Bruchteil** gemäß § 115 Abs. 2 ZPO. entsteht, nicht

zu verwechseln mit dem Fall nur teilweiser Bewilligung des Armenrechts wegen Aussichtslosigkeit hinsichtlich des überschießenden Betrags. Wegen der Rechtsprechung zu diesem in der Praxis seltenen Fall vgl. JW. 22, 515[44], 25, 828, 2387[5]; 26, 71[5], 849[16]; 28, 124[10], 756[53]; 29, 134[31]. Wie hier die Verschiedenheit der Gebührenstaffeln des § 9 DGO. und des § 1 AAG. auszugleichen ist, läßt sich aus den Gesetzen nicht entnehmen. Der 20. (Kosten-) Senat des Kammergerichts hält in JW. 29, 134[31] folgenden Weg für richtig: zunächst sei nach dem vollen Objekt und der Gebührenstaffel des § 9 DGO. der volle Gebührenbetrag einer dem Armenanwalt zustehenden Gebühr zu errechnen; dann sei davon derjenige Bruchteil zu bestimmen, für welchen das Armenrecht bewilligt ist; dann sei aus der Gebührenstaffel festzustellen, welcher Streitwert diesem Gebührenbruchteil entsprechen würde; und schließlich seien von diesem fingierten Streitwert auf Grund der Gebührenstaffel des § 1 AAG. die erstattungsfähigen Gebühren des Armenanwalts zu berechnen.

[10] **Ersetzt.** Der Ausdruck ist schief, er paßte nur, als zunächst bloß gemachte Auslagen „ersetzt" wurden. Jetzt wird „gezahlt". Wer zu zahlen hat, steht in § 1 nicht, da die früheren Gesetzesworte **„von der Staatskasse"** aus unerklärlichen Gründen fortgelassen sind. Die Zahlungspflicht der Länderkassen ergibt sich aber aus §§ 3, 5. — Ein bürgerlichrechtliches Auftragsverhältnis zwischen dem Armenanwalt und dem Staate auf Grund der Beiordnung besteht nicht, hat auch nicht durch das AAG. anerkannt oder geschaffen werden sollen; vielmehr sind allein wirtschaftliche und Billigkeitsrücksichten maßgebend gewesen. RG. 103, 343. Die Grundsätze über den Auftrag oder über das Verhältnis von Leistung und Gegenleistung können deshalb keine unmittelbare Anwendung finden. RG. 103, 343. Daher auch **kein** Anspruch auf **Vorschuß** gegenüber der Staatskasse. RG. 103, 343. Von irgendwelchen Beschränkungen, wie früher von Vollstreckungsversuchen gegen den unterlegenen Prozeßgegner, ist aber der Anspruch, sobald er fällig ist (Anm. 13), nicht mehr abhängig. — Zweck des AAG. ist allein, ohne Rücksicht auf die etwa vorhandene Möglichkeit, vom Gegner die gesetzlichen Gebühren und die Auslagen beizutreiben, an Stelle des bis zur Besserung seiner Verhältnisse (§ 125 ZPO.) zahlungsbefreiten Auftraggebers dem Armenanwalt in gewissen Grenzen einen neuen zahlungsfähigen

Schuldner zu verschaffen. Daraus folgt, daß auch die Staatskasse berechtigt ist, gegen den Anspruch dieselben **Einwendungen** zu erheben wie der Auftraggeber, so z. B.: den **Verzichtseinwand**, JW. 26, 2478[13]; 28, 1522[26]; den **Einwand der Verwirkung** des Anspruchs (vgl. Anm. 5 § 50 DGO.); **die Verjährungseinrede**, JW. 28, 1522[26]; HRR. 29, 863. Die Erhebung der letzteren Einrede ist sogar, soweit angängig, vorgeschrieben (Müller, Justizverw. S. 1512 Anm. c). Auch der Staatskasse gegenüber gilt für die Verjährung § 196 Abs. 1 Nr. 15, §§ 198, 201 BGB., so daß sie sich zwei Jahre nach Ablauf desjenigen Jahres vollendet, in dem der Anspruch gegen die Staatskasse entstanden ist; das ist er in dem frühesten der in § 1 Abs. 4 genannten Zeitpunkte. HRR. 29, 863.

[11] **Gebührenstaffel.** Wegen der bis 31. 3. 29 in Geltung gewesenen Staffel s. Anm. 1, wegen des Übergangsrechtes s. Anm. 2 Art. II. — Es handelt sich um eine wahre Gebührenstaffel, die für die Ersatzpflicht der Staatskasse an die Stelle derjenigen des § 9 DGO. tritt. Von diesen Sätzen sind daher die jeweils nach der DGO. anfallenden Zehnteile zu nehmen, z. B. in der Berufungsinstanz $^{13}/_{10}$ nach § 52 DGO., in der Vollstreckungsinstanz $^{3}/_{10}$ nach § 23 Nr. 18 DGO. Die Streitwerthöchstgrenze von 2000 RM. nach der VO. v. 13. 12. 23 (vor Art. I) ist fortgefallen. — Schwierigkeiten entstehen für die vom AAG. nicht berücksichtigten **Fälle** (vgl. Anm. 8), **in denen Landesgebührenrecht gilt.** Hier wurde bisher sowohl für Angelegenheiten der freiwilligen Gerichtsbarkeit (HRR. 29, 869) wie für Aufwertungsverfahren (JW. 27, 2945[1]; 28, 726[5]; HRR. 28, 561; a. M. JW. 28, 1323[2]) angenommen, daß die nur für bürgerliche Rechtsstreitigkeiten geltende Gebührenstaffel des § 1 nicht zu beachten und lediglich der Streitwert auf 2000 RM. herabzusetzen sei, davon aber die vollen Gebühren der LGO. aus der Staatskasse zu ersetzen seien. Diese Berechnungsart wird nunmehr kaum noch durchführbar sein, weil § 1 keinen Höchststreitwert mehr kennt, sondern eine Wertstufe „mehr als 2000 RM." aufweist. Im Sinne der bisherigen Rechtsprechung wird man annehmen müssen, daß nunmehr die unmittelbar über 2000 RM. liegende landesrechtliche Wertstufe, in Preußen 2500 RM., als Höchststreitwert zu gelten hat, wovon die volle Gebühr 14 RM. beträgt. Zuzugeben ist, daß dann allerdings der Armenanwalt, der nach der PrLGO. liquidieren muß, so gut wie keinen Vorteil von der erheblichen Gebührenerhöhung des RGes. v. 20. 12. 28 hat.

[12] **Reisekosten.** Im Auftrag seiner Partei kann der Wahlanwalt beliebige Reisen machen und dafür liquidieren, z. B. zur Informationsbeschaffung. Nach RG. (VZS.) **51, 11** hat die Partei im Verhältnis zum Gegner Anspruch auf Anwaltsvertretung in jedem auswärtigen Termin, ohne daß im Einzelfalle die objektive Notwendigkeit der Vertretung zu prüfen wäre. Indem § 1 Abs. 3 die Ersatzpflicht der Staatskasse auf „erforderliche" Reisen beschränkt, wird deshalb gegenüber dem sonstigen Rechtszustande zugunsten der Staatskasse eine Einschränkung dahin gemacht, daß die Reise sich bei einer Prüfung im Einzelfalle als erforderlich erweist. JW. **25**, 2359[1], 2366[23]; **26**, 2480[18] (a. M. JW. **25**, 1418[7]: im Falle des § 91 ZPO. immer zu ersetzen). — Der am Sitze eines Amtsgerichts wohnende, auch beim Landgericht zugelassene Anwalt kann im Falle seiner Beiordnung für einen landgerichtlichen Prozeß der Staatskasse gegenüber keine Reisekosten für die Wahrnehmung der Termine berechnen. OLG. **40**, 364. — Vgl. auch Anm. 4d.

[13] **Fälligkeit.** Die Vorschriften des Abs. 4 sind seit dem RGes. v. 6. 2. 23 unverändert. Unter entsprechender Anwendung des § 85 DGO. ergeben sich folgende vier Fälligkeitszeitpunkte:

a) **Erledigung des Auftrags**, sei es dadurch, daß er durchgeführt ist, sei es, daß der Auftrag sonst endet, z. B. durch Tod des Anwalts, Aufhören seiner Anwaltstätigkeit, Kündigung. Auch stillschweigende Erledigung durch fortgesetzte Nichtbeantwortung von Briefen ist möglich. JW. **25**, 811[18]. Hier kommen weiter hinzu als Erledigungsgründe: die Ablehnung der armen Partei, sich der Hilfe des ihr beigeordneten Anwalts, der trotzdem schon tätig geworden sein kann (Anm. 4b), überhaupt zu bedienen; die Entziehung des Armenrechts durch das Gericht, mag der Anwalt auch der Partei gegenüber nunmehr als Wahlanwalt tätig bleiben; schließlich die Rückgängigmachung der Beiordnung. Auch ein Vergleichsschluß, gerichtlich oder außergerichtlich, vor oder nach Klagerhebung, erledigt den Auftrag. OLG. **41**, 261. Ebenso Aussöhnung der Parteien im Eheprozeß, auch wenn dieser nicht förmlich beendet wird. JW. **27**, 1324[6]. — **Die Verweisung des Rechtsstreits** an ein anderes ordentliches Gericht (§§ 276, 506, 697 ZPO.) beendet die Instanz nicht (§ 27 GKG., § 26 DGO.) und erledigt deshalb, da die Beiordnung nach § 119 Abs. 1 ZPO. für die ganze Instanz erfolgt ist, auch den Auftrag nicht, wenn der Armenanwalt seine Partei auch vor dem verwiesenen Gericht vertreten kann. Ist der Armenanwalt aber bei dem verwiesenen Gericht nicht zugelassen oder kommt eine weitere Vertretung wegen der örtlichen Entfernung des verwiesenen Gerichts praktisch, insbesondere wegen dann entstehender Reisekosten, nicht in Frage, so endet der Auftrag wegen Unmöglichkeit der weiteren Erfüllung (§ 275 BGB.). Dasselbe gilt bei der nach § 48 ArbGG. zulässigen Verweisung von einem ordentlichen an ein Arbeitsgericht, weil nach § 11 ArbGG. Rechtsanwälte vor letzterem als Prozeßbevollmächtigte ausgeschlossen sind. Wegen der Frage, wo bei Erledigung des Auftrags durch Verweisung das Festsetzungsgesuch anzubringen ist, s. Anm. 4 § 4.

b) **Verkündung** einer **über die Kostenpflicht befindenden Entscheidung.** Vgl. dazu Anm. 3 § 85 DGO. Die Entscheidung kann auch bedingt, JW. 26, 2477[11], sie braucht nicht zugestellt, nicht rechtskräftig zu sein.

c) **Beendigung der Instanz.** Vgl. dazu Anm. 4 § 85 DGO. — Instanzende durch Klagerücknahme. LOG. 41, 261. Endet die Instanz durch Urteil, so muß es ein solches sein, das über den ganzen geltend gemachten Anspruch endgültig durch Abweisung oder Verurteilung entscheidet, so daß für eine Fortführung des Prozesses „in der Instanz" wirklich nichts übrig bleibt. Ein klageabweisendes Urteil beendet deshalb stets die Instanz, selbst wenn es nur einer prozeßhindernden Einrede stattgibt; verweist in diesem Falle das höhere Gericht zurück, so bildet das weitere Verfahren nach § 27 DGO. eine neue Instanz. Dagegen beenden ein Teilurteil, ein prozeßhindernde Einreden verwerfendes (§ 275 ZPO.) oder den Anspruch nur dem Grunde nach feststellendes (§ 304 ZPO.) Zwischenurteil die Instanz nicht, weil sie begrifflich eine weitere Verhandlung, sei es zur Hauptsache, sei es über die Höhe des Anspruchs, voraussetzen. JW. 24, 425[23], 1624[19]; 25, 1896[5]; 28, 1321[11] (a. M. JW. 27, 1655[4]). Hier beendet erst das wahre Schlußurteil die Instanz, ganz gleich, ob sich vor dessen Erlaß ein Rechtsmittelverfahren gegen das Zwischenurteil eingeschoben hat. Nur wenn das höhere Gericht seinerseits die Klage abweist oder (bei einem Grundurteil gemäß § 538 Nr. 3 ZPO.) sofort auch über die Höhe des Anspruchs erkennt, endet damit zugleich auch die untere Instanz, weil für sie nichts mehr zu tun übrig bleibt. Ein bedingtes Endurteil (§ 460 ZPO.) wird im allgemeinen eine bedingte Kostenentscheidung enthalten und schon deshalb (oben zu b) die Gebühren des Armenanwalts fällig machen. JW. **26**, 2477[17]. Es gibt aber auch Ausnahmen, z. B. dann, wenn es sich um die Leistung mehrerer Eide handelt und deshalb zu viele Entscheidungsmöglichkeiten bestehen. JW. **82**, 142; **86**, 412; **90**, 79[5]; W. **20**, 82, 208. In solchen Fällen ist ein bedingtes Urteil ohne Kostenentscheidung möglich und deshalb die Frage zu beantworten, ob (solche) bedingte Urteile die Instanz beenden. Sie ist zu verneinen, weil die Läuterung noch zur Instanz gehört und sie hier erst die Kostenentscheidung bringt (a. M. JW. **24**, 1631[7]). Ist gegen das bedingte Urteil Berufung eingelegt und wird sie zurückgewiesen, so kann das Berufungsgericht selbst nach § 537 ZPO. die Läuterung vornehmen. Damit endet auch die untere Instanz. Die höhere Instanz endet auch durch ein zurückverweisendes, keine Kostenentscheidung enthaltendes Urteil. Vgl. RG. **103**, 340. — Die **Verweisung** an ein anderes ordentliches Gericht (§ 276, 506, 697 ZPO.) oder an ein Arbeitsgericht (§ 48 ArbGG.) beendet die Instanz nicht (§§ 27 GKG., § 26 DGO.). Wegen der aus Anlaß der Verweisung möglicherweise eintretenden Erledigung des Auftrags als Fälligkeitsgrund s. oben zu a.

d) **Mehr als dreimonatiges Ruhen.** Die ZPO. in der Fass. v. 13. 2. 24 kennt kein Ruhen des Prozesses kraft Parteiwillkür mehr, sondern gemäß §§ 251, 251a Abs. 2 nur noch ein Ruhen kraft Gerichtsbeschlusses. Indessen wäre es nicht tragbar, diesen neuen gesetzestechnischen Begriff hier allein anzuwenden. Der Armenanwalt, der keinen Vorschuß erhält (Anm. 10), soll angemessene Zeit nach einem tatsächlichen Stillstand des Prozesses seine Gebühren von der Staatskasse fordern dürfen. Der Wortlaut des § 4 Abs. 2 war schon derselbe im RGes. v. 6. 2. 23, als es eine gerichtliche Anordnung des Ruhens noch gar nicht gab; es konnte also nur gemeint sein, daß in der Sache seit gewisser Zeit nichts mehr geschehen ist. Das muß noch jetzt gelten. JW. **28**, 1871[3]; **29**, 876[22] (a. M. JW. **25**, 2366[20]). Deshalb ist auch „Ruhen" nicht als Gegensatz zur Aussetzung und Unterbrechung des Verfahrens zu verstehen. Auch **Aussetzung und Unterbrechung** von mehr als dreimonatiger Dauer machen daher den Gebührenanspruch gegen die Staatskasse fällig. JW. **28**, 1871[3]; **29, 879[31] (a. M. JW. 25, 2366[20]). — Diese ausdehnende Aus-**

legung des Begriffs des Ruhens äußert ihre Wirkung auch in den oben zu c erörterten Fällen, in denen ein Teil-, Zwischen- oder bedingtes Endurteil die Instanz nicht beendet. Wird in allen diesen Fällen die Sache nicht binnen drei Monaten fortgesetzt, um zum Schlußurteil zu kommen, schläft vielmehr der Prozeß ein oder geht er nur durch Rechtsmitteleinlegung in die höhere Instanz, so tritt Gebührenfälligkeit kraft Ruhens für die untere Instanz ein. JW. 27, 1172[5] (für den Fall, daß ein Teilurteil in die höhere Instanz gegangen ist, wegen des Restbetrags aber vorläufig nichts veranlaßt wird). — Das mehr als dreimonatige Ruhen des Verfahrens bildet zwar einen Fälligkeitsgrund für die Armenrechtsgebühren und berechtigt den Anwalt, die bis dahin entstandenen Gebühren nach den in diesem Zeitpunkt geltenden Gebührensätzen einzufordern. Die Instanz selbst wird aber damit nicht beendet. JW. 26, 867[28]. Ergeht vor ihrem wahren Ende ein neues Gebührengesetz, das auf noch laufende Instanzen Anwendung findet (hier z. B. Art. II Abs. 2), so kann der Anwalt trotz der früheren Fälligkeit für die ganze Instanz nach dem neuen Gesetz (nach-)liquidieren. JW. 25, 1145[20].

§ 2. [1]§ 1 gilt im Verfahren auf erhobene Privatklage[2] sowie bei der Nebenklage[3] entsprechend[4].

[1] **Geschichtliches.** Während zunächst nur in bürgerlichen Rechtsstreitigkeiten aus der Staatskasse Ersatz gewährt wurde, führte das RGes. v. 6. 2. 23 auch für Privatklagen die Ersatzpflicht ein. Nach § 397 Abs. 1 StPO. hat ein Nebenkläger nach erfolgtem Anschlusse die Rechte des Privatklägers. Es entstand deshalb die Frage, ob auch der dem Nebenkläger im Armenrechte beigeordnete Anwalt Ersatzansprüche gegen die Staatskasse hat. Bejahend JW. 28, 1950[3], verneinend JW. 26, 2233[8]; 28, 3014[21]. Jetzt ist die Frage „zur Behebung von Zweifeln" (so die amtl. Begr., Reichstagsdrucks. IV 1928 Nr. 511) bejahend entschieden.

[2] **Privatklage:** §§ 374—394 StPO. und wegen der Armenrechtsbewilligung § 379 Abs. 3 StPO.

[3] **Nebenklage:** §§ 395—406 StPO. und wegen der Gleichstellung des zugelassenen Nebenklägers mit einem Privatkläger § 397 Abs. 1 StPO.

[4] Die entsprechende Anwendung verweist auf die Anwaltsgebühren in Strafsachen (§§ 63ff. DGO.). Eine Beschränkung der Gebührenhöhe ist hier nicht vorgesehen, es werden also aus der Staatskasse die vollen gesetzlichen Gebühren gezahlt. — Unberührt bleibt § 150 StPO., wonach dem zum **Verteidiger** bestellten Rechtsanwalte (§§ 140, 141 StPO., § 29 JugendgerG. v. 16. 2. 23 [RGBl. I 135]) für die geführte Verteidigung die Gebühren nach Maßgabe der DGO. aus der Staatskasse zu bezahlen sind.

§ 3. [1]Vorschüsse und Zahlungen, die der Rechtsanwalt von seinem Auftraggeber oder einem Dritten vor oder nach der Beiordnung erhalten hat, sind zunächst auf diejenigen Vergütungen anzurechnen, für die ein Ersatzanspruch gegen die Staatskasse nicht besteht[2, 3].

[1] **Geschichtliches.** Der § 3 war in den früheren Gesetzen nicht enthalten. Nach der amtl. Begr. (oben Anm. 1 § 2) soll er die in der Rechtsprechung bestrittene Frage der Verrechnung von Vorschüssen und sonstigen Zahlungen an den Armenanwalt „klarstellen".

[2] **Rechtszustand bis 31. März 1929.** § 3 gilt gemäß Art. II Abs. 2 nur für diejenigen Instanzen, die am 31. 3. 29 noch nicht beendet waren. Für die bis dahin erledigten Instanzen fehlt (s. Anm. 1) eine gesetzliche Regelung über die Anrechnung von Vorschüssen und Zahlungen. In der Rechtsprechung haben sich drei verschiedene Ansichten gebildet:

a) Die dem Anwalt ungünstigste geht dahin, daß die ArmAnwGesetze den Rechtsanwalt nur dagegen sichern wollten, ganz unentgeltlich seine Leistungen zur Verfügung stellen zu müssen; indem ihm ein gewisses Mindesteinkommen aus den Armensachen zugebilligt werde, trete die Staatskasse nur subsidiär ein; habe der Anwalt von irgendeiner Seite (auch vom Gegner) den betreffenden Betrag bereits erhalten, so brauche die Staatskasse nichts mehr zu zahlen; Vorschüsse und Zahlungen seien daher zuerst in voller Höhe auf den von der Staatskasse zu erstattenden Betrag zu verrechnen. JW. 21, 538[11]; 22, 721[7]; 23, 847[17]; 27, 529[7c], 2160[24]; 28, 1876[17]; OLG. 41, 261.

b) Eine Mittelmeinung vertritt insbesondere das Reichsgericht: die erhaltenen Vorschüsse und Zahlungen minderten die Gesamtkostenforderung des Anwalts und seien als deren prozentuale Tilgung anzusehen; um denselben Prozentsatz sei daher der von der Staatskasse zu erstattende Betrag zu kürzen. RG. **111**, 34 (JW. **26**, 705[1]); JW. **21**, 280[10]; **22**, 514[44]; **26**, 882[17], 2478[14]; **27**, 520[10] (RG.), 529[7b], 847[12] (RG.), 1499[10]; **28**, 748[31]. Doch hält auch diese Rechtsmeinung abweichende Verrechnungsvereinbarungen für zulässig, wenn sie sich auf Sonderhonorare beziehen, JW. **27**, 528[7a], 847[12] (RG.) (Sonderhonorar für ein Gutachten über die Aussichten der Revision), 592[7d], 1765[2]; **28**, 748[31]; HRR. **28**, 1254 (Sonderhonorar für Geschäftsreisen), auch stillschweigend getroffene, JW. **29**, 140[49] (übernimmt der Gegner im Vergleich die Hälfte der Gebühren des Armenanwalts, so will er damit zugunsten des Armenanwalts, nicht der Staatskasse zahlen), jedoch nicht, wenn sie erst nach der Beiordnung zum Schaden der Staatskasse eine besondere Verrechnung der schon geleisteten Zahlungen bestimmen, JW. **27**, 1487[17a] (RG.). Dagegen hält JW. **27**, 860[19] alle abweichenden Abreden der Staatskasse gegenüber für unverbindlich, JW. 28, 748[31] wenigstens dann, wenn sie nicht Sonderhonorare betreffen. War der Anwalt zunächst als Wahlanwalt tätig und wird er erst nach der Beweisaufnahme beigeordnet, so daß die Beweisgebühr aus der Staatskasse nicht erstattet wird, so will JW. **26**, 882[17] den Vorschuß zuerst voll auf die nicht erstattungsfähigen Gebühren (Beweis- und halbe Verhandlungsgebühr) anrechnen und nur den Restbetrag prozentual verteilen.

c) Die dem Rechtsanwalt günstigste Ansicht geht dahin, daß die ArmAnwG. bedingungslos in gewisser Höhe die Pflicht zur Gebührenzahlung übernommen haben, die Anrechnung der Vorschüsse und Zahlungen daher in voller Höhe zuerst auf dasjenige zu erfolgen habe, was die Staatskasse nicht erstatte; diese habe also so lange zu zahlen, als überhaupt noch ein entsprechender ungetilgter Teil der Gebührenforderung übrig sei. JW. **21**, 537[10]; **22**, 41[10]; **23**, 844[11b]; **24**, 990[31]; **25**, 835[66]; **26**, 2472[1], 2589[10]; **27**, 531[13], 1655[3], 2470[2]; **28**, 755[48], 1150[10]; **29**, 138[44], 211[11].

Das verhältnismäßig selten mit Gebührenfragen befaßte Reichsgericht hat für seine Ansicht (oben zu b) im wesentlichen keine Nachfolge bei den Oberlandesgerichten gefunden. Als zuletzt herrschend ist die Ansicht c zu betrachten. Nach ihr werden die noch schwebenden Verfahren um so mehr zu erledigen sein, als die Regierung ebendiesen Standpunkt vertritt (Anm. 1) und er nunmehr gesetzlich festgelegt ist. Wegen der Vorschüsse s. auch Anm. 3.

[3] **Jetziger Rechtszustand.** Es gilt nunmehr das oben Anm. 2 zu b Gesagte. Wer gezahlt hat, ist unerheblich, es kann auch der Gegner, z. B. auf Grund erfolgter Kostenfestsetzung, gewesen sein. — § 3 ist **nicht zwingendes Recht.** Ist bei der Zahlung eine bestimmte Verrechnung festgelegt (z. B. auf Reisekosten), so gilt sie auch zugunsten der Staatskasse und kann nach der Beiordnung nicht mehr zu ihrem Nachteil geändert werden; insofern gilt JW. 27, 1487[17a] weiter. In dem Armenrechtsbeschluß kann aber die Anrechnung von Vorschüssen und Zahlungen nicht angeordnet werden. JW. 28, 75[4]. — Der Staatskasse gegenüber ist die **Vorschuß**zahlung einer endgültigen Zahlung auf die Kostenschuld gleichzuachten. RG. 111, 36 (JW. 26, 705[1]). Deshalb kann weder früher noch jetzt etwa durch Rückzahlung des Vorschusses nach der Beiordnung insoweit ein Anspruch gegen die Staatskasse auf Erstattung des zurückgezahlten Betrags erworben werden. JW. 28, 751[37]. — Beim **Kostenausgleich** mit dem Prozeßgegner ist der aus der Staatskasse erstattete oder zu erstattende Betrag zunächst auf denjenigen Teil der Gebühren des Armenanwalts zu verrechnen, für den der Gegner nicht haftet, weil der Armenanwalt, soweit möglich, seine vollen Gebühren erhalten soll. JW. 27, 406[18]. Deshalb ist auch in die Kostenausgleichsabrechnung der volle Gebührenbetrag aufzunehmen und nur der vom Gegner als Ausgleichsergebnis zu zahlende Betrag dann soweit zu mindern, daß er zusammen mit der aus der Staatskasse bereits gezahlten Summe nicht mehr als die volle Gebührenrechnung des Armenanwalts ausmacht. Der überschießende Betrag, um den das Ergebnis gemindert wird, steht nach § 5 der Staatskasse zu. JW. 26, 723[4]; 27, 1168[8] (aber JW. 27, 1325[9]; 28, 1878[20]). Hat die Staatskasse noch nichts gezahlt, so ist ihre Ersatzpflicht bei der Kostenfestsetzung überhaupt nicht zu berücksichtigen.

§ 4. [1]Das Gesuch um Festsetzung[2] des zu erstattenden Betrags[3] ist bei der Geschäftsstelle des Gerichts der Instanz[4] anzubringen. Die Festsetzung erfolgt durch den Urkundsbeamten der Geschäftsstelle[5]. § 104 Abs. 2

der Zivilprozeßordnung[6] und § 4 des Gerichtskostengesetzes finden entsprechende Anwendung, letzterer mit der Maßgabe, daß die Erinnerung auch dem Rechtsanwalte zusteht[7], [8].

[1] **Geschichtliches.** § 4 (früher § 3) ist inhaltlich seit dem RGes. v. 18. 12. 19 unverändert. Nur die Verweisung auf § 104 ZPO. ist Zusatz des RGes. v. 20. 12. 28.

[2] Das **Festsetzungsverfahren** ist in Preußen näher geregelt durch die PrAllgJustMinVfg. (zunächst v. 9. 4. 20 [JMBl. 147] mit Ergänzung v. 27. 1. 21 [JMBl. 78], abgelöst durch die Vfg. v. 28. 6. 22 [JMBl. 252], abgelöst durch die Vfg. v. 16. 4. 23 [JMBl. 332], jetzt seit 1. 4. 29 abgelöst durch die Vfg.) v. 20. 3. 29 (JMBl. 83). — Das **Gesuch** soll in zwei Stücken eingereicht werden, tunlichst unter Benutzung amtlicher Formblätter, welche die Gerichte kostenlos abgeben. Es ist die Bitte um Anweisung des dem Armenanwalt zukommenden Betrags und entspricht der Übersendung der Kostenrechnung an den Auftraggeber durch den Wahlanwalt (§ 6 DGO.). Deshalb sind für das Gesuch **keine Schreibgebühren** ansetzbar, RG. **103**, 345 (a. M. JW. **25**, 1047[9]; OLG. **41**, 263) und Anm. 2 § 6 DGO., wohl aber **Portoauslagen**, weil diese auch der Auftraggeber nach § 76 Abs. 1 DGO. stets zu erstatten hat. Das Verfahren ist auch nicht zu vergleichen mit der Kostenfestsetzung gegen den unterlegenen Gegner, so daß **keine Festsetzungsgebühr** nach § 23 Nr. 3 DGO. in Frage kommt. **RG. 103**, 344; JW. **25**, 80[6], 1021[9] (a. M. JW. **24**, 996[8]).

[3] Der **Betrag**, dessen Erstattung verlangt wird, ist **ziffermäßig** anzugeben. OLG. **40**, 363.

[4] **Zuständigkeit.** Die Festsetzung erfolgt nicht, wie nach § 103 Abs. 2 ZPO. gegenüber dem unterlegenen Gegner, einheitlich durch den Urkundsbeamten erster Instanz für den ganzen Prozeß, sondern **für jede Instanz**, die eine Beiordnung vorgenommen hat, bei dieser **besonders**. — Wird der Rechtsstreit **an ein anderes Gericht verwiesen** (§§ 276, 506, 697 ZPO.), so gilt gemäß § 276 Abs. 2 ZPO. der Rechtsstreit mit der Verkündung des Verweisungsbeschlusses als bei dem verwiesenen Gericht anhängig und es bildet das Verfahren vor dem verweisenden und dem verwiesenen Gericht eine einheitliche Instanz (§ 27 GKG., § 26 DGO.). Daraus folgt,

daß von der Verkündung des Verweisungsbeschlusses ab die Anbringung von Festsetzungsgesuchen (selbst von solchen, die sich auf einen in der Vergangenheit liegenden Fälligkeitsgrund stützen, wie mehr als dreimonatiges Ruhen, Auftragskündigung, Armenrechtsentziehung) nunmehr bei dem verwiesenen Gericht zu erfolgen und dieses darauf zu entscheiden hat. JW. 23, 698[16]; BüroBl. 21, 241; ZJustAmtm. 28, 374. Da nach § 48 ArbGG. der § 276 ZPO. auch im Verhältnis zwischen den ordentlichen und den Arbeitsgerichten gilt, so ist auch nach Verweisung eines Rechtsstreits an das Arbeitsgericht dieses für das Festsetzungsgesuch zuständig, das der beim ordentlichen Gericht tätig gewesene Armenanwalt anzubringen hat. ArbGer. Berlin v. 12. 11. 28, 10. AC. 784/28. Auch bei der Verweisung an ein Gericht eines anderen Landes liegt die Sache nicht anders, obwohl in diesem Falle eine für den Armenanwalt fremde Staatskasse sein Gebührenschuldner wird. In diesem Sinne ist auch eine durch PrAllgJustMinVfg. v. 22. 11. 27 (JMBl. 354) mitgeteilte und jetzt als Nr. 6 in die PrAllgJustMinVfg. v. 20. 3. 29 (JMBl. 83) aufgenommene Vereinbarung der Justizverwaltungen der Länder getroffen worden, in der gegenseitig auf Erstattung der gezahlten Armenrechtsgebühren verzichtet ist. Damit hat sich die umgekehrte Entscheidung OLG. 42, 26 erledigt. — Wegen der Frage, wann Verweisung ein Fälligkeitsgrund für die Armenrechtsgebühren ist, vgl. Anm. 13a § 1.

[5] **Die Festsetzung selbst.** Sie ist nach der Konstruktion des AAG. nicht Justizverwaltungssache, sondern Prozeßnebenverfahren. JW. 25, 1899[u]. Sie setzt im Gegensatze zu § 103 Abs. 1 ZPO. keinen zur Zwangsvollstreckung geeigneten Titel voraus. JW. 20, 445[7], 915[20]; 21, 181[1], 534[4], 757[7]. Nötig ist vielmehr nur, daß ein Armenrechtsbeschluß nebst Beiordnung des Anwalts vorliegt und daß der Erstattungsanspruch fällig ist (Anm. 3, 4, 13 § 1). Ob diese Voraussetzungen gegeben sind, hat der Urkundsbeamte zu prüfen. Wegen fehlerhafter Bewilligung des Armenrechts durch den Einzelrichter s. Anmerkung 3a § 1; wegen Beiordnung eines nicht zugelassenen Anwalts s. Anm. 4c § 1. Weiter hat der Urkundsbeamte die einzelnen Ansätze des Gesuchs nach Berechtigung (Anm. 3b, c § 1) und Höhe zu prüfen, wobei er an eine etwa vorhandene gerichtliche Wertfestsetzung gebunden ist (§§ 17, 18 GKG., § 11 DGO.). Ferner hat er zu prüfen, ob und inwieweit Vor-

schüsse und Zahlungen, die der Anwalt bereits von der Partei, vom Gegner oder von einem Dritten erhalten hat, den Erstattungsanspruch mindern, weshalb der Armenanwalt verpflichtet ist, dem Urkundsbeamten über die erhaltenen Beträge Auskunft zu geben. JW. 27, 530[8], 2149[1]. Schließlich ist der Urkundsbeamte auch mangels einer anderweiten Zuständigkeitsbestimmung berufen, die der Staatskasse gegen den erhobenen Anspruch zustehenden Einwendungen (des Verzichts, der Verwirkung, der Verjährung, s. Anm. 10 § 1) zu erheben. JW. 26, 2478[13]; HRR. 29, 863 (a. M. JW. 28, 1522[26]). — Die Festsetzung erfolgt **durch Beschluß**, der für den Armenanwalt kein Vollstreckungstitel gegen die Staatskasse ist, JW. 25, 1899[9], sondern nur die Grundlage für die an die Gerichtskasse zu richtende Zahlungsanweisung bildet, die der Urkundsbeamte erläßt, oder, falls die Zahlung unterbleibt, für eine Klage gegen die Staatskasse, JW. 25, 1899[9]. Der Beschluß wird nicht förmlich zugestellt, sondern von seiner Erlassung nur bei der Übersendung des Geldes Kenntnis gegeben; ist aber irgendwie vom Inhalt des Gesuchs abgewichen, so erfolgt formlose Mitteilung einer Ausfertigung des Beschlusses. PrAllgJustMinVfg. v. 20. 3. 29 (JMBl. 83) Nr. 7. — Ist bereits gegen den Verfahrensgegner ein Kostenfestsetzungsbeschluß ergangen (§ 104 ZPO.) und geht nach § 5 AAG. mit der Zahlung der Armenanwaltsgebühren der Anspruch gegen den Verfahrensgegner ganz oder teilweise auf die Staatskasse über, so hat der Urkundsbeamte die vollstreckbare Ausfertigung des Kostenfestsetzungsbeschlusses einzufordern und auf ihr und der Urschrift den Übergang zu vermerken, im Falle der Nichtvorlegung des Beschlusses aber dem Verfahrensgegner unmittelbar amtliche Nachricht von dem Übergang zu geben, damit dieser sich insoweit gegen eine Vollstreckung aus dem Titel wehren kann. PrAllgJustMinVfg. v. 20. 3. 29 (JMBl. 83) Nr. 5. — Der die Erstattung der Armenanwaltsgebühren aus der Staatskasse anordnende Beschluß ist, da er mit der fristlosen Erinnerung und Beschwerde anfechtbar ist, einer formellen Rechtskraft höchstens durch Rechtsmittelverzicht oder Beendigung des Rechtsmittelzuges fähig. Sofern diese Voraussetzungen nicht vorliegen, kann der Urkundsbeamte ihn auch von Amts wegen abändern. JW. 25, 1899[9]. Wegen Rückforderung überhobener Beträge s. Anm. 8 § 4.

[6] **Auslagennachweis.** § 104 Abs. 2 ZPO. bestimmt: „Zur Berücksichtigung eines Ansatzes genügt, daß dieser glaubhaft gemacht ist. Hinsichtlich der ... Auslagen an Post-, Telegraphen- und Fernsprechgebühren genügt die Versicherung des Rechtsanwalts, daß diese Auslagen entstanden sind." — Die Vorschrift ist neu, gleiches war aber auch früher schon anzunehmen. JW. 28, 748[30].

[7] **Rechtsmittel.** Gegen den Festsetzungsbeschluß des Urkundsbeamten ist nicht die an eine Notfrist von zwei Wochen gebundene Erinnerung des § 104 Abs. 3 ZPO. gegeben, sondern das Rechtsmittelverfahren des **§ 4 GKG.**, welcher lautet:

Über Erinnerungen[a] des Zahlungspflichtigen[b] oder der Staatskasse[c] gegen den Ansatz von Gebühren oder Auslagen[d] entscheidet das Gericht der Instanz[e] gebührenfrei[f]. Die Entscheidung kann von dem Gerichte, welches dieselbe getroffen hat, sowie von dem Gerichte der höheren Instanz von Amts wegen geändert werden.

Gegen die Entscheidung findet Beschwerde nach Maßgabe des § 567 Abs. 3 und der §§ 568 bis 575 der Zivilprozeßordnung, in Strafsachen nach Maßgabe der §§ 304 bis 310 der Strafprozeßordnung statt.[g]

Die Einlegung von Erinnerungen oder Beschwerden kann durch Erklärung zum Protokoll der Geschäftsstelle oder schriftlich ohne Mitwirkung eines Anwalts erfolgen.

a) Die **Erinnerung** ist **kein Rechtsmittel**; ihr Zweck ist die an eine Frist nicht gebundene Gewährung der Möglichkeit, eine kostenfreie Entscheidung des Gerichts selbst herbeizuführen. Sie kann auch noch nach Erledigung des Prozesses oder nach Zahlung erhoben werden. RG. 28, 422; JW. 91, 11[30]; OLG. 23, 125. Der Urkundsbeamte kann der Erinnerung selbst abhelfen. JW. 25, 1899[9].

b) Die nur „entsprechende" Anwendung des § 4 GKG. führt hier dazu, der armen Partei oder dem Prozeßgegner das Recht zur Erinnerung zu versagen, weil beide jedenfalls in dem vorliegenden Verfahren nicht Zahlungspflichtige sind. Erst wenn nach § 5 AAG. die Staatskasse den dem Armenanwalt gezahlten Betrag von ihnen als Gerichtskosten fordert, können sie Erinnerung erheben, wobei die auf das Festsetzungsgesuch des Armenanwalts ergangenen Entscheidungen sie nicht binden. — Auch die Oberrechnungskammer ist nicht erinnerungsberechtigt. JW. 25, 1899[9].

c) Erinnerungsberechtigt sind allein die Staatskasse und der Armenanwalt, und zwar jeder nur, soweit ihn die Entscheidung des Urkundsbeamten beschwert. Vgl. OLG. 19, 245. Die Staatskasse ist hier auch berechtigt, den Antrag auf gerichtliche Festsetzung des Streitwertes zu stellen. JW. 27, 862[24]. Wegen nachträglicher Streitwertherabsetzungen zwecks Herabdrückung der Gebühren des Armenanwalts s. Anm. o § 18 GKG. (oben bei § 11 DGO.). — Die Vertretung der preuß. Staatskasse steht zu für Erinnerungen gegen Festsetzungen des Urkundsbeamten: des Amts- oder Landgerichts dem Bezirksrevisor (Amtmann) beim Landgericht (bzw. beim Amtsgericht Berlin-Mitte); des Oberlandesgerichts dem Leiter des Rechnungsamts des Oberlandesgerichts oder dem von ihm im Einzelfalle bevollmächtigten Beamten (PrAllgJustMinVfg. v. 20. 3. 29 [JMBl. 83] Nr. 9); des Reichsgerichts dem Bureaudirektor des Reichsgerichts (RJustMinErl. v. 19. 10. 22).

d) Der gesamte Ansatz der Gebühren und Auslagen (Anm. 4) kann zur Nachprüfung gestellt werden, z. B. auch die Verjährungseinrede. Reformatio in peius ist unzulässig. JW. 27, 860[19].

e) Bei Kollegialgerichten nicht der Einzelrichter (§§ 348, 349 ZPO.).

f) Dagegen keine Befreiung von baren Auslagen, soweit solche ausnahmsweise (§§ 71, 73 GKG.) zu erheben sind. — Die dem Armenanwalt durch seine Erinnerung entstandenen außergerichtlichen Kosten können auch dann nicht der Staatskasse auferlegt werden, wenn die Erinnerung Erfolg hat. Vgl. OLG. 19, 241; 21, 126, auch KGJ. 37, B 6.

g) Gegen die Entscheidung des Gerichts findet die **Beschwerde** statt. Sie ist unbefristet. Die untere Instanz kann ihr selbst abhelfen. Beschwerdeberechtigt sind nur die Staatskasse und der Armenanwalt, und zwar jeder nur, soweit ihn die auf die Erinerung ergangene Entscheidung beschwert. Die Vertretung der preuß. Staatskasse steht zu für Beschwerden gegen Beschlüsse: des Amtsgerichts dem Bezirksrevisor beim Landgericht; des Landgerichts dem Rechnungsdirektor beim Oberlandesgericht. PrAllgJustMinVfg. v. 20. 3. 29 (JMBl. 83) Nr. 10 in Verb. mit der Vfg. v. 12. 9. 18 (JMBl. 382). Reformatio in peius ist unzulässig. JW. 97, 171[22]; 27, 860[19]. Beschwerden sind nicht gebührenfrei, wenn sie als unzulässig verworfen oder zurückgewiesen werden (§§ 38, 69 GKG.). Für den **Instanzenzug** gilt folgendes:

α) **Bürgerliche Rechtsstreitigkeiten.** Die Beschwerde ist die einfache. Weitere Beschwerde, weil die Prozeßkosten betreffend (§ 568 Abs. 3 ZPO.), zu denen auch die Armenanwaltsgebühren gehören, ist unzulässig. JW. 23, 697[13]; 27, 697[23]; 28, 2789[4] (a. M. JW. 21, 1090[3]). Erinnerungsentscheidungen des Oberlandesgerichts unterliegen keinem Rechtsmittel (§ 567 Abs. 3 ZPO.). — Es besteht keine Beschwerdesumme.

β) **Privat- und Nebenklage.** Keine weitere Beschwerde gegen die Entscheidung der Strafkammern der Landgerichte in der Beschwerdeinstanz (§ 310 Abs. 2 StPO.). Keine Beschwerde gegen die Entscheidung der Oberlandesgerichte über die Erinnerung (§ 304 Abs. 3 StPO.).

γ) **Aufwertungssachen.** Die Beschwerde ist die einfache. RG. 118, 190. Keine weitere Beschwerde, RG. 118, 190 (JW. 28, 713[14]); JW. 27, 1879[39]; HRR. 28, 265, außer für die grundsätzliche Frage, ob dem in einer Aufwertungssache beigeordneten Anwalt überhaupt ein Erstattungsanspruch gegen die Staatskasse zusteht, RG. 118, 190 (JW. 28, 713[14]); HRR. 28, 265. Die Entscheidung über die (sonst unzulässige) weitere Beschwerde steht in Preußen dem Kammergericht zu. JW. 27, 1879[39].

δ) **Sonstige freiwillige Gerichtsbarkeit.** Trotz Gleichartigkeit mit dem Falle *γ* hat das Kammergericht in JFG. Erg. 1, 57 und, nachdem das Reichsgericht eine Entscheidung nach § 28 Abs. 2 FGG. abgelehnt hatte, erneut in HRR. 29, 869 für die freiwillige Gerichtsbarkeit (mit Ausnahme der Aufwertungssachen) ausgesprochen, daß hier nicht § 4 GKG., sondern §§ 26, 27 PrGKG. anzuwenden seien, also einfache Beschwerde und auch weitere Beschwerde, letztere ohne Rücksicht auf duae conformes, falls die Beschwerdeentscheidung auf einer Verletzung des Gesetzes beruhe; zuständig sei für ganz Preußen für die weitere Beschwerde das Kammergericht.

[8] **Rechtsweg.** Die über die Erstattungspflicht der Staatskasse entscheidenden Beschlüsse des Urkundsbeamten und der Rechtsmittelinstanzen stellen nur fest, auf welchen Betrag der Armenanwalt allein Anspruch hat. Das ist der Zweck des Verfahrens und darin erschöpft anderseits sich seine Bedeutung. Die Beschlüsse sind also **keine Vollstreckungstitel.** Leistet die Staatskasse keine Zahlung (sie rechnet z. B. mit einem an-

geblichen Gegenanspruch auf), so muß der Armenanwalt im ordentlichen Rechtswege klagen, JW. 25, 1899[9], wobei der Festsetzungsbeschluß als solcher keiner Nachprüfung unterliegt. Hat anderseits der Armenanwalt auf Grund der ersten Festsetzung mehr erhalten, als ihm nach letztinstanzlicher Entscheidung im Festsetzungsverfahren zukommt, und lehnt er Rückzahlung des Mehrbetrags ab, so kann auch hier die Staatskasse, vertreten durch den Generalstaatsanwalt, nur klagbar vorgehen. Eine Einziehung des Mehrbetrags im Verwaltungswege (landesrechtliches Verwaltungszwangsverfahren) ist mangels jeder dahin gehenden Bestimmung unzulässig. So auch die PrAllgJustMinVfg. v. 20. 3. 29 (JMBl. 83) Nr. 17, wo im übrigen die kassenmäßige Behandlung der Wiedereinziehung durch Verweisung auf § 131 Abs. 13—16, 18 PrKassO. v. 28. 3. 07 (JMBl. 127) in der Fass. v. 20. 3. 23 (JMBl. 243) geregelt ist (a. M. ohne jede Begründung JW. 26, 867[28]: Wiedereinziehung im Verwaltungswege).

§ 5. [1]Soweit dem Rechtsanwalte wegen seiner Gebühren und Auslagen ein Anspruch gegen die Partei[2] oder einen ersatzpflichtigen Gegner[3] zusteht[4], geht der Anspruch mit der Erstattung auf die Staatskasse über. Auf die Geltendmachung des Anspruchs finden die Vorschriften über die Erhebung von Gerichtskosten entsprechende Anwendung[5].

[1] **Geschichtliches.** Das RGes. v. 18. 12. 19 enthielt nur den Satz: „Die erstatteten Beträge werden als Gerichtskosten in Ansatz gebracht", woraus gelegentlich mißverständlich der Schluß gezogen wurde, daß die Staatskasse den gezahlten Betrag stets von jeder ihr für die Gerichtskosten haftenden Partei wieder einziehen könne. Deshalb erhielt die Bestimmung durch das RGes. v. 6. 2. 23 (damals als § 4) die jetzige, den Gesetzeswillen nur verdeutlichende Fassung.

[2] Gegen **die arme Partei** steht dem beigeordneten Anwalt ein Anspruch auf Nachzahlung der Gebühren, von deren Berichtigung sie einstweilen befreit war, erst zu, sobald nach § 126 ZPO. die Verpflichtung zur Nachzahlung durch gerichtlichen Beschluß ausgesprochen ist. Auch der nach Befriedigung des Armenanwalts auf die Staatskasse übergegangene Anspruch unterliegt dieser Beschränkung. **OLG. 40, 449.**

[3] Nach § 124 Abs. 1 ZPO. hat der Armenanwalt gegen den in die Prozeßkosten **verurteilten Gegner** wegen seiner Gebühren und Auslagen einen unmittelbaren Anspruch auf Befriedigung. Auch dieser Anspruch geht „mit der Erstattung" auf die Staatskasse über. Die Vorschrift ist nach verschiedenen Richtungen ungenau. Einmal geht der Anspruch nur in der Höhe über, in der die Staatskasse Zahlung geleistet hat, während der Restanspruch dem Armenanwalt verbleibt. Ferner brauchen Erstattung und Übergang nicht zusammenzufallen: in allen Fällen, in denen der Erstattungsanspruch schon fällig (Anm. 13 § 1) und befriedigt wird, ehe ein vollstreckbarer Titel gegen einen Gegner vorliegt, kann nichts übergehen; hier entsteht, wenn es später zu solchem Titel kommt, der Anspruch sogleich zugunsten der Staatskasse. Schließlich kommt der Fall in Betracht, daß die Gebührenforderung des Armenanwalts höher ist als der vom Gegner zu erstattende Betrag, was bei jeder Art von Kostenteilung im Urteil eintreten kann. Hier bedarf § 5 aus dem Sinne des § 4 heraus für diejenigen Fälle einer Einschränkung, in denen nach § 1 Abs. 2 die Staatskasse die Gebühren des Armenanwalts nur teilweise erstattet hat. Beispiel: In einem Prozeß mit 2000 RM. Streitwert und Beweisaufnahme sind für jeden beteiligten Anwalt 3×75 = 225 RM. Gebühren, zusammen also 450 RM. Kosten entstanden. Der Kläger war durch A als Armenanwalt vertreten. Das Urteil legt dem Kläger $^1/_5$ und dem Beklagten $^4/_5$ der Kosten auf. Der Kläger braucht deshalb nur (450 : 5 =) 90 RM. von den Kosten zu tragen und A kann nach § 124 ZPO. für sich im Kostenausgleich einen Festsetzungsbeschluß über 225 — 90 = 135 RM. gegen den Beklagten erwirken, die er beitreibt. Die restlichen ihm zukommenden 90 RM. muß dann nach § 4 die Staatskasse zahlen, ohne sich noch an den Gegner, der seine Schuld voll bezahlt hat, halten zu können. Der Armenanwalt kann aber auch zuerst die Staatskasse in Anspruch nehmen, die ihm in diesem Falle nach § 1 Abs. 2 nur (3×50 =) 150 RM. zahlt. Würde damit in dieser vollen Höhe der Anspruch des A gegen den Beklagten (der ja im ganzen nur 135 RM. schuldet) auf die Staatskasse übergehen, so fiele A mit (225 — 150 =) 75 RM. aus, was dem Sinne des § 4 widerspricht. Vielmehr muß angenommen werden, daß die cessio legis nur mit der Einschränkung stattfindet, daß dem A die Möglichkeit ver-

bleibt, diese 75 RM. vom Gegner einzuziehen und sich damit voll zu befriedigen. Es gehen also auf die Staatskasse nach Zahlung der von ihr geschuldeten 150 RM. nur (135 — 75 =) 60 RM. über, nach deren Beitreibung vom Beklagten sie wieder wie bei der ersten Berechnungsweise mit (150 — 60 =) 90 RM. ungedeckt bleibt. Vgl. auch Anm. 3 § 3. — Der Übergang setzt stets voraus, daß der Gegner dem Armenanwalt für dessen Gebühren zahlungspflichtig ist. Sind durch Vergleich oder Urteil die Kosten aufgehoben oder vergleichsweise vom Gegner nur die Gerichtskosten übernommen, so fehlt diese Voraussetzung und die Staatskasse kann sich nicht wegen der von ihr erstatteten Armenanwaltsgebühren an den Gegner halten. JW. 21, 478[20]; 24, 994[2], 1267[30]; 25, 68[6], 2151[2]; 26, 268[2]; OLG. 40, 448; 42, 61 (a. M. JW. 21, 475). Dasselbe gilt, wenn der Gegner an die arme Partei oder ihren Anwalt den von ihm geschuldeten Kostenteil bereits gezahlt hat. JW. 23, 86[9]. Auch wenn nach einem dem Gericht nicht mitgeteilten außergerichtlichen Vergleich, nach dem jede Partei ihre Kosten trägt, die Klage zurückgenommen wird, fehlt ein Anspruch, der auf die Staatskasse übergehen könnte. JW. 25, 381[11]. Unterliegt im Ehescheidungsprozeß die arme Ehefrau, so haftet der Mann nicht für die Kosten und es kann auch hier kein Anspruch auf die Staatskasse übergehen. OLG. 44, 64; 46, 170. Hat der Armenanwalt zwei Streitgenossen vertreten, von denen einer obsiegt, der andere unterliegt, so braucht der Gegner nur die Hälfte der Gebühren des Armenanwalts zu ersetzen und nur mit dieser Beschränkung tritt nach Zahlung die Staatskasse in den Anspruch ein. JW. 28, 1158[25].

[4] Weitere Personen als die arme Partei und der Gegner kommen hier nicht in Betracht. Hat z. B. der Anwalt von zwei Streitgenossen den A als Wahlanwalt, den B als Armenanwalt vertreten, so geht nicht nach § 5 der Gebührenanspruch des Anwalts gegen A auf die Staatskasse, sobald und soweit sie mit Rücksicht auf B den Anwalt befriedigt hat, über. JW. 25, 2368[28]. Denn dieser Fall paßt hier weder dem Wortlaut noch dem Sinne nach. Vielmehr hat für diesen Fall folgende Betrachtung Platz zu greifen. Würde die Staatskasse von A, der nach § 3 DGO. dem Anwalt auf das Ganze haftete, den Gebührenbetrag einziehen, so könnte A sogleich nach § 426 BGB. im Innenverhältnis zu B Ausgleich for-

dern und damit B zu einer sofortigen Gebührenbezahlung zwingen, die gerade durch die Armenrechtsbewilligung ausgeschlossen werden sollte. Anderseits darf die Befriedigung des Armenanwalts aus der Staatskasse dem A nicht zugute kommen. A und die Staatskasse waren dem Anwalt gegenüber Gesamtschuldner (§ 421 BGB.). Mit der Befriedigung des Anwalts aus der Staatskasse geht deshalb im Umfang der Ausgleichspflicht zwischen A und B der Gebührenanspruch des Anwalts gegen A auf die Staatskasse über (§ 426 Abs. 1, 2 BGB.). Die Verwirklichung des Übergangs gegen A ist aber im Streitfall nur in einem besonderen Prozeß möglich, nicht nach § 5 Satz 2 AAG.

[5] **Geltendmachung.** Schon in der ersten Fassung (Anm. 1) sollte die Bestimmung des § 5 Satz 2 nicht bedeuten, daß die erstatteten Beträge in der Hand der Staatskasse etwa zu Gerichtskosten würden und demjenigen in Rechnung gestellt werden könnten, der nach § 77 Abs. 1 GKG. als „Antragsteller" Schuldner für die Gerichtskosten der Instanz ist. JW. 21, 478[20], 764[20]. Jetzt steht völlig klar, daß Satz 2 nur besagen will, der auf die Staatskasse übergegangene Anspruch (dessen Schuldner und Höhe sich also aus Anm. 2, 3 ergibt) solle in der Form einer Gerichtskostenrechnung geltend gemacht und nach den Regeln der Gerichtskostenbeitreibung verwirklicht werden. JW. 24, 551[2], 996[7]; 25, 1549[5], 2152[2], 2360[4]. Die § 72 Nr. 6, § 77 GKG. gelten hier also nicht.

§ 6. [Abänderung des § 11 GKG., erläutert bei § 10 DGO.]

Artikel II.

Die Vorschriften des Artikel I treten mit dem 1. April 1929 in Kraft; gleichzeitig tritt das Gesetz über die Erstattung von Rechtsanwaltsgebühren in Armensachen vom 6. Februar 1923 (Reichsgesetzbl. I S. 103)[1] außer Kraft.

Die Vorschriften des Artikel I finden auf die vor ihrem Inkrafttreten anhängig gewordenen Rechtssachen Anwendung, soweit nicht die Instanz vor diesem Zeitpunkt beendet war[2].

[1] Mit den Einschränkungen der VO. v. 13. 12. 23 und des Ges. v. 14. 7. 28; s. Anm. vor Art. I.

[2] **Übergangsrecht.** Mit Rücksicht auf den fristenlosen Instanzenzug kommen noch jetzt folgende drei Übergangstermine für Entscheidungen in Betracht:

a) **Der 1. Juli 1928.** Mit dem 30. 6. 28 lief das Ges. v. 14. 7. 25 ab, welches die Gebührenstaffel des § 9 DGO. stark gekürzt hatte (Bem. vor Art. I). Es blieb in Kraft das zeitlich unbefristete Ges. v. 6. 2. 23 mit der Einschränkung der VO. v. 13. 12. 23, wonach bis zu 2000 RM. Höchststreitwert die vollen Gebühren ersatzfähig waren. Übergangsbestimmungen fehlten; es war also nach sog. natürlichem Übergangsrecht die bis zum 30. 6. 28 entfaltete Tätigkeit nach den niedrigen, dagegen die vom 1.—20. 7. 28 (dann trat die Änderung b ein) entfaltete Tätigkeit nach den höheren Sätzen zu entlohnen. Fiel eine bestimmte Tätigkeitsart in beide Zeiträume, so erwuchs (nur: § 25 DGO.) der höhere Satz. Daß einer der Gründe, aus denen der Staatskasse gegenüber der Erstattungsanspruch fällig wurde (Anm. 13 § 1), vor dem 1. 7. 28 bereits eingetreten war (z. B. der Prozeß ruhte einmal drei Monate, ein [bedingtes] Urteil mit Kostenentscheidung erging vorher), ist unerheblich; Fälligkeit der Gebühren hindert fortdauernde Tätigkeit und darauf beruhende Erhöhung der fälligen Gebühr nicht (unrichtig daher JW. **28**, 2794[15]; **29**, 139[48]).

α) **Die Prozeßgebühr** als Dauergebühr fiel deshalb zum höheren Satze an, wenn auch nur „zum kleinsten Teile" noch eine auf sie bezügliche Tätigkeit vom 1.—20. 7. 28 entfaltet war, also wenn (selbst nach Urteilszustellung) bei sachgemäßer Auslegung des Anwaltsauftrags im Bereiche der Armenrechtsbewilligung noch für eine Tätigkeit Raum war, die nicht zu einer anderen Instanz gehört, und sie entfaltet ist. JW. **28**, 2789[7], 2790[8], [9], 2792[11], 2795[16]; **29**, 138[46]; HRR. **29**, 167. Beispiele: Benachrichtigung der Partei vom Ergebnis des in diese Tage gefallenen Verkündungstermins, JW. 28, 2793[13]; Empfangnahme der (sei es auch mit Rechtsmitteln nicht anfechtbaren) Entscheidung und Weiterleitung an die Partei, JW. 29, 140[51]; HRR. 29, 861; Erwirkung des Notfrist- und Rechtskraftzeugnisses, JW. 29, 131[26]; Verfügung der Zustellung des Urteils in diesen Tagen, selbst eines Urteils des Oberlandesgerichts, bei dem die Revisionssumme fehlt, weil nur durch Zustellung die erwünschte formelle Rechtskraft zu erlangen ist, JW. 28, 2795[17]; 29, 602[16] (HRR. 29, 860); nicht aber die überflüssige Zustellung rechtskräftiger landgerichtlicher Berufungsurteile, JW. 29, 138[43]. Die Prozeßgebühr ist nach § 13 Nr. 1 DGO. Entlohnung für „den Betrieb" des Geschäfts, also für eine Tätigkeit, nicht für bloße Arbeitsbereitschaft. JW. 29, 876[22] (a. M. JW. 29, 879[31]: es genüge das Vorhandensein in der Schreibstube des Anwalts und die Verantwortung für sie). Deshalb keine Erhöhung der Prozeßgebühr für den 1.—20. 7. 28, wenn: vor dem 1. 7. 28 Ehescheidungsurteil erging und die amtswegige Zustellung nach dem 20. 7. 28 erfolgte, JW. 29, 139[18]; das Verfahren in dieser Zeit ruhte, ausgesetzt oder unterbrochen war, JW. 29, 876[22] (a. M. JW. 29, 132[28], 879[31]), es sei denn, daß der Anwalt auch hier für diese Spanne irgendeine Tätigkeit nachweisen kann (Fristkontrolle, Erwägungen wegen der Aufnahme). Mit Rücksicht auf die kurze Zeit der Gebührenerhöhung wird man den Armenanwalt als verpflichtet ansehen, für die Zeit nach Urteilserlaß eine die Erhöhung rechtfertigende Tätigkeit darzutun. JW. 28, 2790[9] (a. M. JW. 28, 2795[17]).

β) **Die Verhandlungs- und die Beweisgebühr** sind sog. Aktgebühren, sie erhöhten sich also nur, wenn und soweit derartige Akte in die Zeit vom 1.—20. 7. 28 fielen. JW. 28, 2789[7], 2790[8], 2795[17]; 29, 601[13], 876[22]; HRR. 29, 167. Ist vor dem 1. 7. 28 schriftliche Entscheidung nach § 7 EntlVO. beantragt, so entsteht die Gebühr für die fingierte Verhandlung erst mit der Mitteilung der gerichtlichen Entscheidung (Anm. 4 § 13 DGO.); erfolgte die Zustellung in der Zeit vom 1.—20. 7. 28, so erwuchs die höhere Verhandlungsgebühr. JW. 28, 2802[3]. Schwierigkeiten macht die Behandlung der *weiteren Verhandlungsgebühr* des § 17 DGO., wenn die der Beweisaufnahme vorangegangene Verhandlung vor dem 1. 7. 28, die weitere Verhandlung in der Zeit vom 1.—20. 7. 28 lag. Wie der erst in der Beweisaufnahme beigeordnete Anwalt trotz § 17 DGO. für die „weitere Verhandlung" volle $^{10}/_{10}$ erhält (Anm. 6 § 1 AAG.), so muß auch hier die unter höherem Gebührenrecht stehende weitere Verhandlung voll entlohnt werden, so daß nicht niedrige $^{10}/_{10}$ und hohe $^{5}/_{10}$, sondern hohe $^{10}/_{10}$ und niedrige $^{5}/_{10}$ Verhandlungsgebühr entstanden sind. JW. 29, 879[29] (a. M. JW. 28, 2790[8]: hohe $^{15}/_{10}$; JW. 27, 1167[5]: niedrige $^{10}/_{10}$, hohe $^{5}/_{10}$).

b) **Der 21. Juli 1928.** Mit diesem Tage trat das RGes. v. 14. 7. 28 (Bem. vor Art. I) in Kraft, das die Armenanwaltsgebühren wieder auf die vor dem 1. 7. 28 geltenden Sätze ermäßigte. Es enthielt in seinem Art. II Abs. 1 Satz 2, 3 folgende Übergangsbestimmung: „Es findet auf anhängige Rechtssachen Anwendung. Soweit jedoch der Ersatzanspruch Gebühren betrifft, die vor diesem Zeitpunkt (d. h. dem 21. 7. 28) entstanden sind, bleiben die bisherigen Vorschriften maßgebend." Irgendeine Gebührenerhöhung wird damit nicht gewährt. JW. **29**, 131[27]. Nur schon „entstandene" Gebühren bleiben unberührt, unerheblich aber ist, ob sie bereits vor dem 21. 7. 28 „fällig" waren; es kommt allein auf die die Gebühren auslösende Tätigkeit des Anwalts vor dem 21. 7. 28 an. JW. **28**, 2789[7], 2790[8, 9], 2792[11], 2793[13], 2795[16, 17]; **29**, 138[46]; HRR. **29**, 167 (a. M. JW. **29**, 139[48]: erst Fälligkeit entscheidet). Entstanden muß die Gebühr sein im Verhältnis zur Staatskasse zufolge Beiordnung; es genügt also nicht eine vor dem 21. 7. 28 liegende Tätigkeit als Wahlanwalt ohne Beiordnung als Armenanwalt. HRR. **29**, 862 (a. M. JW. **28**, 124[8] für die ähnlich liegende Gebührenherabsetzung am 1. 8. 25). „Bisherige Vorschriften" sind das RGes. v. 14. 7. 25 und für den Zeitraum vom 1.—20. 7. 28 (oben zu a) das RGes. v. 6. 2. 23. JW. **28**, 2789[7], 2793[13]; **29**, 131[27], 138[46]. Hat also der Anwalt als Armenanwalt für eine in der Zeit vom 1.—20. 7. 28 liegende Tätigkeit erhöhte Gebühren verdient (s. im einzelnen oben zu a), so bleiben sie ihm erhalten. Ist ein Urteil vor dem 1. 7. 28 ergangen, aber erst nach dem 20. 7. 28 die Zustellung veranlaßt, so ist keine erhöhte Prozeßgebühr erwachsen. JW. **28**, 2790[9]. Ist zwischen dem 1. und 20. 7. 28 streitig verhandelt und liegt die weitere Verhandlung nach Beweisaufnahme (§ 17 DGO.) nach dem 20. 7. 28, so sind $^{10}/_{10}$ hohe und $^{5}/_{10}$ niedrige Verhandlungsgebühr entstanden. JW. **27**, 1167[5]; **29**, 138[46], 601[12], 880[32] (a. M. JW. **28**, 2795[17]: nur niedrige $^{15}/_{10}$).

c) **Der 1. April 1929.** Hier gilt das Übergangsrecht des Art. II Abs. 2, also für alle an diesem Tage schwebenden Instanzen nur das neue Recht. Es stellt den Anwalt nur in denjenigen Fällen schlechter, in denen die Instanz schon in der Zeit vom 1.—20. 7. 28 lief. Die damals verdienten höheren Gebühren (oben zu a) sind jetzt gestrichen, weil es insoweit an einer Aufrechterhaltung der alten Bestimmungen fehlt. Der

Begriff des Instanzendes ist im Gegensatz zu früheren Übergangsgesetzen leider nicht gesetzlich definiert. Vgl. Anm. 2 § 26, Anm. 4 § 85 DGO., Anm. 13c § 1 AAG. Wird nach dem 1. 4. 29 eine Sache in die untere Instanz zurückverwiesen, so gilt nach § 27 DGO. das weitere dortige Verfahren mit Ausnahme der Prozeßgebühr als neue Instanz; es kann aber auch für die Prozeßgebühr der neue höhere Betrag bei seiner Fälligkeit nachgefordert werden. Weiter kann der Anwalt, wenn unter dem früheren Recht die bis dahin entstandenen Gebühren, z. B. durch mehr als dreimonatiges Ruhen, fällig geworden waren (Anm. 13 § 1), ohne daß die Instanz selbst endete, jetzt für die ganze Instanz bei eintretender Fälligkeit nach neuem Recht liquidieren bzw. den Unterschied nachfordern. JW. 23, 860[1]; 25, 1145[20].

IV.

(Preußische) Landesgebührenordnung für Rechtsanwälte und Gerichtsvollzieher.

Vom 27. September 1899 (PrGS. 317).

In der Fassung der Bek. vom 28. Oktober 1922 (GS. 410) und der VO. vom 18. Dezember 1923 (GS. 556).
In der ursprünglichen Fassung in Kraft getreten am 1. Januar 1900. Art. 17, 26. Art. 1 EGBGB.

I. **Gesetzesentwicklung.** Das PrAG. zur DGO. v. 2. 2. 80 (GS. 43) enthielt nur eine Teilregelung des preußischen Landesgebührenrechts, im übrigen galt das Gebührenrecht aus der Zeit vor der Reichsgründung weiter. Erst mit Rücksicht auf das BGB. und seine Nebengesetze wurde auch das Landesgebührenrecht kodifiziert durch das pr. „Ges., enthaltend die landesgesetzlichen Vorschriften über die Gebühren der Rechtsanwälte und der Gerichtsvollzieher", vom 27. 9. 99 (GS. 317), allgemein mit **Preußische Gebührenordnung** bezeichnet. Da bei ihrer Veröffentlichung bereits die in ihr enthaltenen Verweisungen nicht mehr stimmten, so ermächtigte ihr Art. 29 den pr. Justizminister, sie unter Richtigstellung der Verweisungen neu bekanntzumachen. Dies geschah am 6. 10. 99 (GS. 381).

Abgeändert wurde die PrGebO. zuerst durch Ges. v. 21. 3. 10 (GS. 15) und der pr. Justizminister wieder ermächtigt, den Text neu bekanntzumachen. Er tat dies am 6. 9. 10 (GS. 261). Es handelte sich hier im wesentlichen um die Einführung von Pauschsätzen für Schreibwerk und Postsendungen.

Das Ges. v. 17. 2. 17 (GS. 17) [aufgehoben durch Ges. v. 29. 4. 20, GS. 152, Art. III Abs. 2] änderte den Art. 15 PrGebO., indem es Sondervorschriften über die Postgebühren brachte und die Pauschsätze erhöhte.

Als die auf Friedensmark zugeschnittenen Gebührensätze des Art. 3 PrGebO. nicht mehr ausreichten, gewährte § 2 des „Ges. über Kriegszuschläge zu den Gebühren der Notare, Rechtsanwälte usw.“ v. 6. 7. 18 (GS. 128) einen Zuschlag von 30% zu ihnen und bestimmte in § 3, daß, soweit auf die DGO. verwiesen sei, auch die reichsrechtlichen Kriegszuschläge des RGes. v. 1. 4. 18 (vor § 1 DGO.) Anwendung fänden. Als der Zuschlag nicht mehr genügte, erhöhte Art. I Nr. 2 des Ges. v. 29. 4. 20 (GS. 152) die Gebühren des Art. 3 PrGebO. auf das Dreifache und änderte zugleich den Art. 15 PrGebO. Darauf wurde das Ges. v. 6. 7. 18 als „Ges. über Teuerungszuschläge zu den Gebühren der Notare, Rechtsanwälte usw.“ v. 29. 4. 20 (GS. 155) neu bekanntgemacht. Das Ges. war bis 31. 12. 21 befristet. Es wurde verlängert durch Ges. v. 29. 12. 21 (GS. 571) bis 31. 3. 22, durch Ges. v. 28. 3. 22 (GS. 68) bis 31. 5. 22, durch Ges. v. 27. 5. 22 (GS. 115) bis 30. 9. 22 und durch Ges. v. 24. 7. 22 (GS. 191) bis auf weiteres.

Die lange beabsichtigte Umgestaltung der PrGebO. brachte sodann das Ges. v. 28. 10. 22 (GS. 359), das die Art. 2, 3, 4, 5, 7, 8, 9, 10, 11, 12, 15, 16, 18, 21, 22, 23, 27 änderte. Zugleich wurde der pr. Justizminister ermächtigt, die PrGebO. unter neuem Titel bekanntzumachen, was als **„Landesgebührenordnung für Rechtsanwälte und Gerichtsvollzieher“** am 31. 10. 22 (GS. 410) geschehen ist.

Der Währungsverfall war indessen so groß, daß schon bei Beratung des Ges. v. 28. 10. 22 die in ihm bestimmten Gebühren nicht genügten. Deshalb gewährte sein Art. III sofort 400% Zuschlag zu den Gebühren und 650% Zuschlag zur Mindestgebühr, erhöhte sie also auf das 5 bzw. 7½fache, und ermächtigte das Staatsministerium, diesen Teuerungszuschlag entsprechend den Veränderungen des Diensteinkommens der Beamten zu ändern. Daraufhin ergingen:

a) die VO. v. 15. 12. 22 (GS. 445), die den Teuerungszuschlag zu den Gebühren auf 600% und zu der Mindestgebühr auf 900% erhöhte, und

b) die VO. v. 16. 2. 23 (GS. S. 35), die den Teuerungszuschlag zu den Gebühren auf 1100% und zu der Mindestgebühr auf 9900% erhöhte.

Das Ges. v. 12. 4. 23 (GS. 107) änderte in Art. V den Art. 20 LGO. und faßte in Art. VI die dem Staatsministerium gewährte Ermächtigung ganz allgemein dahin, daß es im Falle einer wesentlichen Änderung der wirtschaftlichen Verhältnisse die Gebühren anderweit festsetzen könne. **Es brauchte** also auf das Einkommen der Beamten nicht mehr abgestellt zu werden und die Gebühren und Teuerungszuschläge konnten nunmehr zusammengefaßt werden. Auf dieser Grundlage ergingen folgende Verordnungen, die angeführt werden, um etwa aus jener Zeit noch nötige Feststellungen treffen zu können:

1. VO. v. 26. 4. 23 (GS. 142),
2. VO. v. 3. 7. 23 (GS. 296),
3. VO. v. 18. 7. 23 (GS. 337), ergänzt durch VO. v. 25. 7. 23 (GS. 351),
4. VO. v. 30. 8. 23 (GS. 409),
5. VO. v. 19. 9. 23 (GS. 437),
6. VO. v. 4. 10. 23 (GS. 459), welche als Grundlage der Gebührenberechnung „Grundzahlen" einführte, die mit der in der vorangegangenen Woche vom Statistischen Reichsamte veröffentlichten wöchentlichen Reichsindexzahl für die Lebenshaltungskosten zu vervielfältigen war.

Schließlich erging die VO. v. 18. 12. 23 (GS. 556), in Kraft seit 1. 1. 24, die die Umstellung auf Goldmark (jetzt Reichsmark: VO. v. 2. 7. 26 [GS. 192]) brachte. Sie schließt bis heute die Rechtsentwicklung ab. Leider gibt sie den vielfach geänderten Bestimmungen des PrGKG., der NotGebO. und der LGO. keinen bestimmten neuen Wortlaut, so daß bei der Erläuterung der LGO. für den Wortlaut der Bestimmungen eine gewisse Willkür herrschen muß. Zweifel entstehen aber dadurch nicht.

Eine neue LGO. ist seit langem in Vorbereitung, aber noch nicht im Landtag beraten.

II. **Übergangsrecht.** Da die der LGO. unterliegenden Geschäfte in verhältnismäßig kurzer Zeit abgewickelt sein werden, so werden bei der seit dem 1. 1. 24 konstanten Fassung der LGO. nur noch sehr selten Übergangsfragen vorkommen, die sich nur noch auf den Übergang zur Goldmarkrechnung beziehen können.

a) War das **Geschäft vor dem 1. 1. 24 bereits beendet**, der Auftrag also erledigt **und** damit **die Gebühren** fällig geworden (Art. 16 LGO., § 85 DGO.) und entweder **bereits erfordert** oder durch Vorschüsse gedeckt, so gilt nur altes Recht (Umkehrschluß aus Art. IX Abs. 2 VO. v. 18. 12. 23). Es ist also nach dem Papiermarkgegenstandswert auf reiner Papiermarkgrundlage abzurechnen. Der gefundene restliche Schuldbetrag ist nach allgemeinen Grundsätzen (Anm. 5 § 9 DGO.) aufzuwerten. JW. 25, 68[7], 1782[1], 1787[9], 1789[11].

b) Waren im Falle a (Geschäft vor dem 1. 1. 24 beendet) **die bereits fälligen Gebühren** und vor dem 1. 1. 24 entstandenen Auslagen **noch nicht erfordert** oder durch Vorschüsse gedeckt, so findet keine Aufwertung statt, sondern es werden die nach dem früheren Rechte berechneten Gebühren und die geleisteten Vorschüsse nach dem Goldumrechnungssatze des Reichsfinanzministers vom 1. 1. 24 (1 Billion Papiermark = 1 Goldmark) in Gold umgerechnet und die Schuld auf volle 50 Goldpfg. nach unten abgerundet, Beträge unter 50 Goldpfg. also weder gezahlt noch erstattet (Art. IX Abs. 2 VO. v. 18. 12. 23).

c) War das **Geschäft am 1. 1. 24 noch nicht beendet,** so gilt nach Art. IX Abs. 1 VO. v. 18. 12. 23 diese in vollem Umfang, auch insoweit, als Berufstätigkeiten bereits geleistet sind. Waren also mehrere Schreiben, mehrere Termine nötig, so ist auch für die vor dem 1. 1. 24 getätigten Handlungen nach neuem Recht abzurechnen. Der Wert des Gegenstandes ist in Gold nach dem Umrechnungssatz des Zeitpunktes der Gebührenfälligkeit umzurechnen (Art. II Abs. 2 VO. v. 18. 12. 23). Vor dem 1. 1. 24 entstandene bare Auslagen sind nach dem Zeitpunkt der Verauslagung umzurechnen (Art. III). Vorschüsse werden nach dem Zahlungstage (Art. I Abs. 2, Art. IX Abs. 1) oder, wenn zwar erfordert, aber noch nicht gezahlt, nach dem Umrechnungssatze des 1. 1. 24 (Art. IX Abs. 1) voll in Anrechnung gebracht. Aufrundung auf volle 10 Goldpfg. (Art. V).

d) Ist der **Auftrag** für das Geschäft **erst nach dem 31. 12. 23 gegeben,** so gilt in vollem Umfange die VO. v. 18. 12. 23. Der Wert des Gegenstandes ist von vornherein in Gold zu bestimmen (Art. II Abs. 1) und alle Gebühren, Auslagen und Vorschüsse sind in Gold zu berechnen (Art. I Abs. 1).

Erster Abschnitt.

Gebühren der Rechtsanwälte.

Artikel 1.

Die Vergütung[1] für die Berufstätigkeit der Rechtsanwälte[2] bestimmt sich, soweit sie nicht reichsgesetzlich

geregelt ist[3], ausschließlich[4] nach den nachstehenden Vorschriften[5].

[1] D. i. **Gebühren und Auslagen** (Art. 15, 16 LGO., §§ 76—83 DGO.). — Eine **Festsetzung der Vergütung,** wie hinsichtlich der Gebühren der Notare (§ 25 NotGO. in d. Fass. v. 28. 10. 22 [GS. **23**, 404]), findet nicht statt. Streitigkeiten über die Höhe sind im Prozeßwege zur Entscheidung zu bringen. — **Verjährung** des Vergütungsanspruchs: § 196 Nr. 15, §§ 198, 201 BGB. (in zwei Jahren vom Schlusse des Jahres ab, in welchem die Vergütung verlangt werden kann).

[2] **Berufstätigkeit des Rechtsanwalts** ist diejenige, die spezifisch mit dem Beruf des Anwalts verbunden ist. Nicht also die Tätigkeit in eigener Sache, als gesetzlicher Vertreter eines andern, als Konkursverwalter, Mitglied eines Gläubigerausschusses, als Testamentsvollstrecker. Vgl. aber Art. 16 LGO. wegen teilweiser entsprechender Anwendung des § 7 DGO.

[3] **Vergütung reichsgesetzlich geregelt** in **§§ 1, 91 DGO.** und den in Anm. 3 § 1 DGO. aufgezählten Fällen. — Die **Anwendung der DGO.** ist nach § 1 **ausgeschlossen** hinsichtlich der Tätigkeit des Anwalts

a) in einem **Verfahren,** auf das die Reichsprozeßordnungen keine Anwendung finden, weil es **in anderen Reichsgesetzen besonders geregelt** ist, z. B. in dem Verfahren nach dem ZVG. (vgl. Art. 4, 5 LGO.), der GBO. und dem RFGG.; vgl. Anm. 5 § 1 DGO.;

b) in einem **Verfahren,** das gemäß § 3 EGZPO. und § 3 EGStPO. an sich den Vorschriften der Reichsprozeßgesetze unterliegen würde, dessen **Regelung** aber durch die Einführungsgesetze **den Landesgesetzen überlassen** ist, sofern in diesen ein von den Reichsprozeßgesetzen **abweichendes Verfahren verordnet** worden ist; vgl. z. B. § 15 EGZPO. (Einstellung des Verfahrens bei Erhebung des Kompetenzkonflikts, Streitigkeiten bei der Zwangsenteignung, Zwangsvollstreckung gegen den Fiskus oder Körperschaften öffentlichen Rechtes, Zwangsvollstreckung in ein Lehen oder Familienfideikommiß), § 6 EGStPO. (Strafverfolgung gegen Mitglieder einer gesetzgebenden Versammlung, Zuwiderhandlungen gegen die Gesetze über das Vereins- und Versammlungsrecht), § 5 EGKO., § 52 KO. (Befriedigung der Lehen- und Familienfideikommißgläubiger). Vgl. auch § 11 EGZPO. und dazu § 10 PrAGZPO. in d. Fass. v. 6. 10. 99 (GS. 388), Art. 2 §§ 9—11, Art. 29 § 11, Art. 84 Nr. XI—XIV PrAGBGB. v. 20. 9. 99 (GS. 177) (Aufgebotssachen). Vgl. ferner Anm. 4, 5 § 1 DGO.;

c) in einem **nicht vor den ordentlichen Gerichten** (§§ 12, 13 GVG.) **stattfindenden Verfahren,** z. B. vor der Staatsanwaltschaft, den Verwaltungsbehörden oder Verwaltungsgerichten, ferner den gemäß § 3 EGGVG., §§ 13, 14, 16 GVG. reichsgesetzlich bestellten oder zugelassenen besonderen Gerichten (vgl. Anm. 3 III, IV § 1 DGO. und wegen Ausdehnung der Anwendung der DGO. auf das Verfahren vor den letzteren Art. 2 Nr. 1 LGO. und Anm. 1 dazu). — Vgl. auch § 145 RGes. über das Verfahren in **Versorgungssachen** in der Fass. v. 20. 3. 28 (RGBl. I 71) (vgl. dazu RVersG. v. 22. 12. 27 [RGBl. I 515] und AltrG. v. 22. 12. 27 [RGBl. I 531]), wonach die Vergütung für die Berufstätigkeit der Rechtsanwälte im Verfahren vor den Spruchbehörden für jede Instanz 1 bis 100 RM. beträgt und für Wahrnehmung eines Beweistermins außerhalb des Sitzes der Spruchbehörde ferner noch eine angemessene Entschädigung beansprucht werden kann. Auslagen (Schreib- und Postgebühren, Reisekosten) werden nicht besonders erstattet. Höhere Gebührenvereinbarungen sind nichtig.

Wegen der **beratenden Tätigkeit** des Anwalts vgl. Anm. 7 § 1 DGO. — Wegen Vergütung einer Tätigkeit, die **unter** die Vorschriften der **DGO. und zugleich** auch die der **LGO.** fällt, vgl. § 92 DGO. und Anm. 1 dazu.

[4] **Die Ausschließlichkeit** ist inzwischen durchbrochen durch:

a) die VO. über das Kostenwesen bei der **Auflösung der Familiengüter** und Hausvermögen v. 11. 1. 24 (GS. 29) in der Fass. v. 31. 5. 24 (GS. 545), die in den §§ 22—25 eine ins einzelne gehende Regelung der in diesen Verfahren erwachsenden Anwaltsgebühren gibt, die sich zum Teil an die DGO., zum Teil an die LGO. anlehnt.

b) die **Preuß. Pachtschutzordnung** in der Fass. v. 19. 9. 27 (GS. 177), die in §§ 52, 53 die Gebühren dahin regelt, daß der Anwalt für die Instanz vor dem Pachteinigungsamt eine einmalige volle Gebühr des § 9 DGO. und in der Berufungs- oder Rechtsbeschwerdeinstanz das 1½fache hiervon, bei Zurücknahme oder Verwerfung des Rechtsmittels als unzulässig die Hälfte der zweitinstanzlichen Gebühr erhält.

5 Es sind daher neben dem in Art. 26 Nr. 1 LGO. ausdrücklich aufgehobenen AGDGO. v. 2. 2. 80 (GS. 43) **außer Kraft gesetzt:**

a) für den größten Teil Preußens: das Ges. v. 12. 5. 51, betr. den Ansatz und die Erhebung der Gebühren der Rechtsanwälte (GS. 656), nebst dem Ges. v. 1. 5. 75 (GS. 209);
b) für den Geltungsbereich des Rheinischen Rechtes: das französische Dekret v. 16. 2. 1807 nebst dem Ges. v. 26. 6. 78 (GS. 385); die Art. 3—5 Ges. v. 21. 4. 52 (GS. 118); Art. 2, 11, 12 Ges. v. 3. 5. 58 (GS. 221); § 36 Ges. v. 18. 4. 87 (GS. 117);
c) für die Provinz Hannover: das Ges. v. 8. 11. 50 nebst dem Gebührentarif v. 1. 5. 60;
d) für die Hohenzollerischen Lande: die VO. v. 28. 1. 54 (GS. 64);
e) für Frankfurt am Main: das Ges. v. 3. 8. 52.

I. Ausdehnung der Deutschen Gebührenordnung.

Artikel 2.

(1) Die Deutsche Gebührenordnung für Rechtsanwälte[1] findet entsprechende Anwendung auf die Berufstätigkeit des Rechtsanwalts:

1. in den vor besondere Gerichte[2] gehörigen Rechtssachen, auf welche die Zivilprozeßordnung oder die Strafprozeßordnung Anwendung findet;

2. in den nach dem Gesetze, betreffend den Forstdiebstahl, vom 15. April 1878 (Gesetzsamml. S. 222) in der Fassung des Gesetzes vom 14. Dezember 1920 (Gesetzsamml. 1921 S. 103) zu behandelnden Strafsachen[3];

3. im Verwaltungsstreitverfahren[4];

4. im Verfahren vor dem Bundesamte für das Heimatwesen[5];

5. in dem Rechtsmittelverfahren, betreffend die Veranlagung von Staatssteuern[6];

6. im Verwaltungsstrafverfahren[7];

7. im Disziplinarverfahren[8].

(2) Im Sinne der Gebührenordnung steht das Verwaltungsstrafverfahren dem Vorverfahren[9], das Verfahren vor der entscheidenden Disziplinarbehörde dem Verfahren vor der Strafkammer[10] gleich[11].

[1] Art. 2 schreibt also für eine Reihe von landesrechtlich geregelten Verfahren die **entsprechende Anwendung der Reichsgebührenordnung,** und zwar in ihrer jeweils geltenden Fassung, vor. Letzteres war zur Behebung von Zweifeln während der Inflationszeit ausdrücklich durch Art. VII RGes. v. 8. 7. 21 (RGBl. 910) bestimmt worden.

[2] Das sind von den im § 14 GVG. **zugelassenen besonderen Gerichten** (vgl. Anm. 3 Art. 1 LGO., auch Anm. 3 § 1 DGO.) diejenigen, auf deren **Verfahren gemäß** den Vorschriften **preußischer Landesgesetze** die **ZPO. oder** die **StPO. anzuwenden** ist.

I. **Hierher gehören:**

a) die **Rheinschiffahrtsgerichte:** §§ 1, 7, 10 Ges., betr. die RheinschiffGerichte v. 8. 3. 79 (GS. 129); erste Instanz Amtsgerichte, zweite: Oberlandesgericht Köln, gegen dessen Entscheidung ein Rechtsmittel nicht stattfindet (vgl. § 3 EGGVG., § 3 Abs. 2 EGZPO., § 3 Abs. 2 EGStPO., wonach durch Landesgesetz einerseits die Gerichtsbarkeit der zugelassenen besonderen Gerichte den ordentlichen Gerichten übertragen, anderseits dann aber auch für diese Sachen ein von der ZPO. und StPO. abweichendes Verfahren vorgeschrieben werden kann). Sitz und Bezirke: VO. v. 1. 9. 79 (GS. 600), 20. 8. 00 (GS. 314), 28. 9. 05 (GS. 371), 8. 6. 08 (GS. 154), 23. 11. 22 (GS. 442). — Sachliche Zuständigkeit: Art. 33—40 Rev. Rheinschiffahrtsakte v. 17. 10. 68 (GS. **69**, 814), abgeändert durch Zusatz-Art. v. 18. 9. 95 (GS. **98**, 265, 266). Vgl. JW. 95, 162[1], wonach Klagen aus Schleppverträgen vor die ordentlichen Gerichte gehören.

b) die **Elbschiffahrtsgerichte:** Ges. über die Elbschiffahrtsgerichte v. 4. 6. 24 (GS. 543); erste Instanz: Amtsgerichte (in Strafsachen der Amtsrichter allein), zweite Instanz: Landgerichte (in Strafsachen die kleine Strafkammer) oder die Internationale Elbekommission in Dresden (§§ 1, 4). Ein weiteres Rechtsmittel findet nicht statt (§ 8 Abs. 2). — Örtliche Zuständigkeit: § 6 und Art. 2 des Zusatzübereinkommens v. 27. 1. 23 (RGBl. II 485) zur Elbschiffahrtsakte v. 22. 2. 22 (RGBl. 23 II 183). Sachliche Zuständigkeit: § 5 und Art. 1 des Zusatzübereinkommens.

c) der **Staatsgerichtshof für das Deutsche Reich,** vgl. Anm. 3 IIIg § 1 DGO.

d) früher die **Gerichte für Auseinandersetzungsangelegenheiten** (PrG. v. 18. 2. 80 i. d. Fass. v. 10. 10. 99 [GS. 403]). Sie gibt es im eigentlichen Sinne nicht mehr, da im jetzigen Instanzenzuge (Kulturamt, Spruchkammer beim Landeskulturamt, Oberlandeskulturamt) Streitigkeiten über solche Rechtsverhältnisse, die außerhalb eines Auseinandersetzungsverfahrens Gegenstand eines vor die ordentlichen Gerichte gehörigen Rechtsstreits hätten werden können, nicht mehr entschieden werden können, sondern durch begründeten Beschluß des Vorstehers des Kulturamts in den Rechtsweg zu verweisen sind. § 1 Abs. 5, § 22 PrG. über Landeskulturbehörden v. 3. 6. 19 [GS. 101]. RG. **123**, 27.

e) Ein besonderes Gericht war ferner **der Geheime Justizrat:** § 18 AGGVG. v. 24. 4. 78 (GS. 230), §§ 2, 4 AGZPO. v. 24. 3. 79 i. d. Fass. v. 6. 10. 99 (GS. 325, 388). Erste und zweite Instanz: Kammergericht in Berlin, dritte: Reichsgericht: VO. v. 26. 9. 79 (RGBl. 287). Jetzt ist seine Zuständigkeit beseitigt durch VO. der preuß. Regierung v. 30. 11. 18 (GS. 185).

II. Dagegen gehören nicht hierher:

a) die **reichsgesetzlich bestellten besonderen Gerichte** (wie Militärgerichte, Konsulargerichte, Arbeitsgerichte, Prisengerichte, Versicherungsbehörden usw.). Vgl. dazu Anm. 3 § 1 DGO.

b) die **Innungen,** für die die ZPO. nicht gilt.

c) die **Gerichte für linksrheinische Gemeinheitsteilungs- und Ablösungssachen,** weil nach § 12 AGZPO. v. 24. 3. 79 in d. Fass. v. 6. 10. 99 (GS. 325, 388) auf dieses Verfahren die Vorschriften der ZPO. nur in beschränktem Maße (z. B. die über Zustellung, Berechtigung zur Zeugnisverweigerung, Vernehmung und Beeidigung von Zeugen und Sachverständigen, Abnahme von Eiden) Anwendung finden, sonst aber die Vorschriften des Ges. v. 19. 5. 51 (GS. 383) gelten, so sind die Voraussetzungen des Art. 2 Nr. 1 LGO. nicht gegeben.

d) die **Aufwertungsstellen** und Spruchstellen nach dem AufwG. v. 16. 7. 25 (RGBl. I 117) und der DurchfVO. v. 29. 11. 25 (RGBl. I 392), weil es sich um freiwillige Gerichtsbarkeit handelt (§ 73 AufwG.).

e) die **Spruchstellen** nach der GoldbilanzVO. v. 28. 12. 23 (RGBl. I 1253) und der 4. DurchfVO. v. 28. 8. 24 (RGBl. I 697), wie zu d.

f) die anderweite Festsetzung von **Geldbezügen aus Altenteilsverträgen** laut VO. v. 8. 9. 23 (GS. 433), weil hier nach § 7 nicht die ZPO., sondern die PrPachtschutzO. gilt.

g) Wegen der **Mieteinigungsämter** und Rechtsbeschwerdestellen vgl. Anm. 3 IIIt § 1 DGO., wegen der **Pachteinigungsämter** und der Berufungs- oder Rechtsbeschwerdeinstanz vgl. Anm. 4 Art. 1 LGO.

[3] **Forstdiebstahlsgesetz** jetzt weiter geändert durch Ges. v. 1. 7. 23 (GS. 291) und VO. v. 12. 3. 24 (GS. 127). Vorverfahren: § 67 DGO.; Hauptverhandlung: §§ 63, 66 DGO.

[4] §§ 61 ff. **Ges. über die allgemeine Landesverwaltung** v. 30. 7. 83 (GS. 195); erste Instanz: Kreis- (Stadt-) Ausschuß bzw. Bezirksausschuß (vgl. Regulativ v. 28. 2. 84 [MBliV. 41]), zweite: Bezirksausschuß bzw. Oberverwaltungsgericht (Regulativ v. 28. 2. 84 [MBliV. 37]), dritte: Oberverwaltungsgericht (Regulativ v. 2. 4. 78 [MBliV. 69] u. v. 22. 9. 81 [MBliV. 82, 42]). — Zuständigkeit: ZustG. v. 1. 8. 83 (GS. 237), auch §§ 70 ff. KommAbgG. v. 14. 7. 93 (GS. 152); ferner: Ges. v. 27. 4. 85 (GS. 127), betr. Zulassung der Zuweisung von Streitigkeiten, die nach reichsgesetzlicher Vorschrift im Verwaltungsstreitverfahren zu entscheiden sind, an die Verwaltungsgerichte. — Die DGO. fand bereits nach § 103 Abs. 3 LVG. (jetzt in der Fass. des Ges. v. 25. 5. 20 [GS. 163] § 12) auf das **Verwaltungsstreitverfahren** für „die Gebühren der Rechtsanwälte" Anwendung. Art. 2 Nr. 3 LGO. wiederholt dies nur und stellt klar, daß auch die Auslagen gemeint sind. Nach § 103 Abs. 1 LVG. hat jedoch der unterliegende Teil die Gebühren eines Rechtsanwalts des obsiegenden Teiles nur insoweit zu erstatten, als sie für Wahr-

nehmung der mündlichen Verhandlung vor dem Bezirksausschuß oder dem Oberverwaltungsgericht zu zahlen sind, also nur die Gebühr aus § 43 DGO. (5/10 der Prozeßgebühr und die Verhandlungsgebühr, keine Reisekosten, OVG. 71, 444) und, wenn das Verfahren vor dem Kreis- (Stadt-) Ausschuß stattgefunden hat, überhaupt nichts. Auch keine Schreibgebühren. In JW. **12**, 765 ist deshalb ein Anspruch auf Erstattung des dem Anwalt damals noch zustehenden Schreibgebührenpauschsatzes gegen den Gegner vom OVG. nicht zugebilligt worden. Vgl. auch OVG. **59**, 471. Wegen der Kostenfestsetzung vgl. §§ 104, 108 LVG. Wegen der Berechnung des Streitwerts, der nach § 103 Abs. 2 LVG. im Endurteile festzusetzen ist, vgl. § 106 LVG. und die Erlasse v. 27. 2. 84 (MBliV. 30), 17. 9. 23 (MBliV. 962) und 7. 2. 24 (MBliV. 133) nebst Tarif Nr. VI—IX, und dazu JW. **15**, 744. Die dem Rechtsanwalt ein eigenes Recht zur Beschwerde über die Wertfestsetzung gebende Vorschrift des § 12 DGO. findet hier keine Anwendung. JW. **16**, 1032. Ebensowenig § 7 DGO., der dem in eigener Sache tätigen Anwalt einen Gebührenanspruch gibt. JW. **27**, 1334[1]. — Im **Verwaltungsbeschlußverfahren** (§ 54 Abs. 3, §§ 115—126 LVG.) bestimmt sich die Vergütung nicht nach der DGO., vielmehr nach Art. 8 bis 12 LGO. — Die Tätigkeit im **Verwaltungszwangsverfahren** (V., betr. das Verwaltungszwangsverfahren wegen Beitreibung von Geldbeträgen, v. 15. 11. 99 [GS. 545] nebst zahlreichen Ergänzungen) wird nach Art. 2 LGO. (also der DGO.) oder nach Art. 8—12 LGO. vergütet, je nachdem das Verfahren sich als Fortsetzung des Verwaltungsstreitverfahrens oder des Beschlußverfahrens darstellt. — Vgl. auch die PrVO. über das Kostenwesen bei der **Auflösung der Familiengüter** und Hausvermögen v. 11. 1. 24 (GS. 29) in der Fass. v. 31. 5. 24 (GS. 545), oben Anm. 4 Art. 1 LGO.

[5] §§ 37 ff. **Ges. über den Unterstützungswohnsitz** v. 6. 6. 70 i. d. Fass. v. 30. 5. 08 (RGBl. 381) nebst VO. (für Helgoland) v. 29. 3. 09 (RGBl. 335), vgl. Regulativ v. 6. 1. 73 (RZBl. 4) in der Fass. v. 14. 8. 14 (RZBl. 469): **Das Bundesamt für das Heimatwesen** ist zweite und letzte Instanz für Streitigkeiten zwischen Armenverbänden wegen öffentlicher Unterstützung Hilfsbedürftiger (nicht auch für Ansprüche Dritter auf Erstattung gewährter Armenunterstützung gegen einen Armenverband, RG. **41**, 270). Nach KVH. 2 soll Art. 2 und damit

die DGO. nur insoweit Anwendung finden, als es sich um Streitigkeiten preußischer Armenverbände handelt, für deren Entscheidung das Bundesamt durch § 57 PrAGUntWohnsG. v. 8. 3. 71 (GS. 130) i. d. Fass. v. 11. 7. 91 (GS. 300) und 23. 7. 12 (GS. 195) für zuständig erklärt ist, dagegen nicht, wenn Streitigkeiten zwischen Armenverbänden verschiedener Bundesstaaten (Länder) in Frage stehen, da das Verfahren hier auf reichsgesetzlicher Grundlage beruht. Art. 2 Nr. 4 LGO. macht aber solchen Unterschied nicht. In erster Instanz entscheidet in Preußen (§ 39 ZustG. v. 1. 8. 83 i. d. Fass. v. 17. 4. 24 [GS. 217], s. Anm. 4) der Bezirksausschuß im Verwaltungsstreitverfahren. — Wegen Erstattung der Gebühren des Anwalts vgl. § 58 PrAG. v. 8. 3. 71. — Durch § 29 VO. über die Fürsorgepflicht v. 13. 2. 24 (RGBl. I 100) ist zwar das UntWohnsG. und durch § 33 PrAusfVO. v. 17. 4. 24 (GS. 210) das PrAG. dazu aufgehoben. Doch sind „bis zur Neuordnung des Rechtsverfahrens" die erwähnten Verfahrensvorschriften aufrechterhalten und durch RGes. v. 7. 12. 28 (RGBl. I 401) teilweise abgeändert, jedoch nicht, soweit es Anwaltsgebühren berührt.

[6] **Rechtsmittelverfahren, betr. die Veranlagung von Staatssteuern.** Die Vorschrift gilt daher **nicht für Reichssteuern.** Hier gilt die RAbgO.; vgl. Anm. 3 IIIh § 1 DGO. Durch § 2 RLandessteuerG. v. 30. 3. 20 (RGBl. 492) und jetzt § 2 FinanzausglG. v. 27. 4. 26 (RGBl. I 203) schließt die Inanspruchnahme von Steuern für das Reich die Erhebung gleichartiger Steuern für Länder und Gemeinden oder die Erhebung von Zuschlägen zu Reichssteuern ohne reichsrechtliche Ermächtigung aus. Dadurch sind pr. Einkommen- und Ergänzungssteuern fortgefallen. Nach §§ 8, 11, 13, 18 FinanzausglG. können die Länder Gewerbesteuern, Grund- und Gebäudesteuern, Wegesteuern, Wertzuwachssteuern erheben, sie auch den Gemeinden überlassen (dazu § 1 KommAbgG. v. 14. 7. 93 [GS. 119]). In Betracht kommen: § 20 ff. **GewerbesteuerVO.** v. 15. 3. 27 (GS. 21), ergänzt durch Ges. v. 13. 3. 28 (GS. 10) und VO. v. 8. 5. 29 (GS. 47): Einspruch gegen den Veranlagungsbeschluß des Gewerbesteuerausschusses, Berufung gegen dessen Einspruchsentscheidung an den bei den Regierungen gebildeten Gewerbesteuerberufungsausschuß, Rechtsbeschwerde gegen dessen Entscheidung an das Oberverwaltungsgericht. Wegen der Kosten verweist § 35

VO. v. 15. 3. 27 auf § 288 Abs. 2 RAbgO.; vgl. Anm. 3 IIIh § 1 DGO. Vgl. ferner das **HausiersteuerG.** v. 3. 7. 76 (GS. 247) i. d. Fass. v. 4. 1. 22 (GS. 1) und das **WanderlagerG.** v. 27. 2. 80 (GS. 174) i. d. Fass. v. 14. 1. 21 (GS. 299) und 14. 4. 25 (GS. 49). § 11 GebäudesteuerG. v. 21. 5. 61 (GS. 317) und §§ 45—47 GrundsteuerG. v. 21. 5. 61 (GS. 253), jetzt Ges. über die Erhebung einer **vorläufigen Steuer vom Grundvermögen** v. 14. 2. 23 (GS. 29, eingeführt in Waldeck durch VO. v. 8. 5. 29 [GS. 47]) mit vielen Ergänzungen: Einspruch gegen den Veranlagungsbeschluß des unter dem Vorsitzenden des Katasteramts gebildeten Steuerausschusses, Berufung gegen dessen Einspruchsentscheidung an den bei den Regierungen gebildeten Berufungsausschuß, Rechtsbeschwerde gegen dessen Entscheidung an das Oberverwaltungsgericht. Wegen der Kosten verweist § 10 des Ges. auf § 288 Abs. 2 RAbgO.; vgl. Anm. 3 IIIh § 1 DGO. **Hauszinssteuer-VO.** v. 2. 7. 26 (GS. 214) mit vielen Ergänzungen. Für das Rechtsmittelverfahren gilt nach § 8 der VO. das eben für die Grundvermögensteuer Gesagte. — Soweit es sich um Vertretung nicht im Rechtsmittelverfahren, sondern im **Veranlagungsverfahren** handelt, kommt nicht Art. 2 LGO. (und damit die DGO.) zur Anwendung, sondern die Gebühren bestimmen sich nach Art. 8 ff. LGO. Das gleiche gilt hinsichtlich der Vertretung im Kommunalabgabenveranlagungsverfahren, soweit es sich nicht um im Verwaltungsstreitverfahren zu erledigende Streitigkeiten handelt; hinsichtlich der letzteren vgl. Anm. 4.

[7] Ges., betr. das **Verwaltungsstrafverfahren bei Zuwiderhandlungen gegen** die **Zollgesetze** und die sonstigen Vorschriften über **indirekte Reichs- und Landesabgaben** usw., v. 26. 7. 97 (GS. 237): Bei Zuwiderhandlungen gegen die Ein-, Aus- oder Durchfuhrverbote sowie die Vorschriften wegen Erhebung der Zölle und der indirekten Reichs- und Landesabgaben sind die Behörden und Beamten der Verwaltung der indirekten Steuern zur vorläufigen Feststellung des Sachverhalts und, wenn die Zuwiderhandlungen nur mit Geldstrafe oder mit Einziehung allein oder in Verbindung miteinander bedroht sind, die Hauptzoll- und Hauptsteuerämter auch zur Erlassung eines Strafbescheides im Verwaltungswege zuständig. §§ 1, 2, 24 ff. In diesem Verfahren können sich Beschuldigte, Einziehungsbeteiligte (d. h. diejenigen, die einen rechtlichen An-

spruch auf den der Einziehung unterliegenden Gegenstand besitzen) und Vertretungspflichtige (d. h. diejenigen, die nach Vorschrift der Zoll- und Steuergesetze für die dem Täter oder Teilnehmer auferlegten Geldstrafen und Untersuchungskosten haften) durch einen mit schriftlicher Vollmacht versehenen Beauftragten vertreten lassen. §§ 2, 28. Jetzt noch von Bedeutung mit veränderter Behördenzuständigkeit für das **Landesstempelwesen:** § 21 PrStempelSteuerG. v. 27. 10. 24 (GS. 627), für **Verkehrsabgaben:** § 9 Ges. v. 2. 5. 00 (GS. 223), für **Schiffahrtsabgaben:** Art. IV § 6 RGes. v. 24. 12. 11 (RGBl. 1137). — Hinsichtlich der Zuwiderhandlungen gegen **Reichszoll- und Steuergesetze** ist das Verwaltungsstrafverfahren durch die §§ 386—425 RAbgO. v. 13. 12. 19 (RGBl. 1993) geregelt. Nach § 409 können sich der Beschuldigte und die Nebenbeteiligten durch einen mit schriftlicher Vollmacht versehenen Beauftragten vertreten lassen. Mangels einer Bestimmung über die für den Fall der Vertretung durch einen Rechtsanwalt diesem zustehende Vergütung ist Art. 2 Nr. 6 LGO. auch auf dieses Verfahren zur Anwendung zu bringen. — Wegen der **Gebühren,** die sich nach den Vorschriften für Strafsachen richten, vgl. §§ 63—75 DGO. und unten Anm. 9, 10.

[8] Die DGO. regelt im § 91 Nr. 3 und 4 das anwaltliche Gebührenwesen für das **Disziplinarverfahren** nach dem **ReichsbeamtenG.** und das **ehrengerichtliche Verfahren** gegen **Rechtsanwälte.** Ehrengerichtliche Verfahren gegen Nichtbeamte, soweit sie gesetzlich geregelt sind, wird man den Disziplinarverfahren gegen Beamte als wesensähnlich an die Seite stellen müssen. Soweit § 91 DGO. nicht Platz greift, muß angenommen werden, daß die Gebührenregelung für beide Verfahrensarten, auch soweit sie reichsrechtlich geordnet sind, dem Landesrecht überlassen bleiben sollte. Diese Regelung ist in Art. 2 Nr. 7 LGO. zu sehen, der wieder auf die DGO. verweist, so daß für alle Verfahren im Gebührenwesen Rechtsgleichheit besteht. Es gehören demnach hierher:

I. **Reichsrechtlich geordnete Ehrengerichtsverfahren:**

a) für **Patentanwälte:** §§ 8 ff. RGes. v. 21. 5. 00 (RGBl. 233) (Ehrengericht beim Patentamt, Berufung an den ebenda gebildeten Ehrengerichtshof).

b) für **Börsenbesucher:** §§ 9 ff. BörsG. v. 27. 5. 08 (RGBl. 215) (Ehrengericht an der Börse, Berufung an die periodisch zusammentretende „Berufungskammer“).

II. **Landesrechtlich geordnete Disziplinarverfahren:**

1. für **richterliche Beamte.**

a) für **Richter:** Ges., betr. die Dienstvergehen **der Richter** und die unfreiwillige Versetzung derselben auf eine andere Stelle oder in den Ruhestand, v. 7. 5. 51 (GS. 218), abgeändert durch Ges. v. 26. 3. 56 (GS. 201), v. 9. 4. 79 (GS. 345), 31. 7. 22 (GS. 207), PersAbbauVO. v. 8. 2. 24 (GS. 73) § 82 und Ges. v. 25. 3. 26 (GS. 105) § 27, v. 23. 12. 27 (GS. 294) (Disziplinarsenate bei den Oberlandesgerichten, Berufung an den großen Disziplinarsenat beim Kammergericht).

b) für **Mitglieder der Oberrechnungskammer:** Ges. v. 27. 3. 72 (GS. 278) § 5: es gilt das Recht zu a (einzige Instanz der große Disziplinarsenat beim Kammergericht).

c) für **Mitglieder der Landeskulturbehörden** (Landeskulturämter und Oberlandeskulturamt): Ges. v. 3. 6. 19 (GS. 101) §§ 2, 6: es gilt das Recht zu a.

d) für **Mitglieder der Bezirksausschüsse:** § 32 LVG. v. 30. 7. 83 (GS. 195): es gilt das materielle Recht zu a (einzige Instanz der Disziplinarsenat beim Oberverwaltungsgericht).

e) für **Mitglieder der Bergausschüsse:** § 194a Abs. 7 AllgBergG. v. 24. 6. 65 i. d. Fass. v. 14. 7. 05 (GS. 307): es gelten die für Bezirksausschußmitglieder vorgesehenen Bestimmungen, oben zu d.

f) für **Mitglieder der Auflösungsbehörden** für Familiengüter und Hausvermögen (Auflösungsämter und Landesamt für Familiengüter): § 27 Abs. 1 ZwangsauflösVO. v. 19. 11. 20 (GS. 463) (einzige Instanz der große Disziplinarsenat beim Kammergericht).

2. für **nichtrichterliche Beamte.**

a) für **nichtrichterliche Beamte im allgemeinen:** Ges., betr. die Dienstvergehen der nichtrichterlichen Beamten, die Versetzung derselben auf eine andere Stelle oder in den Ruhestand, v. 21. 7. 52 (GS. 465), abgeändert durch Ges. v. 9. 4. 79 (GS. 345), PrFGG. v. 21. 9. 99 (GS. 249), Ges. v. 25. 3. 17 (GS. 49), 13. 5. 18 (GS. 53) (dazu Ges. v. 3. 1. 28 [GS. 1]), VO. v. 18. 2. 19 (GS. 29), VO. v. 26. 2. 19 (GS. 33), Ges. v. 4. 8. 22 (GS. 208), PersAbbauVO. v. 8. 2. 24 (GS. 73), Ges. v. 25. 3. 26 (GS. 105), 25. 5. 26 (GS. 163) (zwei Instanzenzüge: **Regierung mit Berufung an den Disziplinarhof und für die mindestens von den Ministern ernannten Be-**

amten Disziplinarhof mit Berufung an das Staatsministerium).

b) für **Mitglieder der Provinzialräte:** § 14 LVG. v. 30. 7. 83 (GS. 195): es gilt das Recht zu a (einzige Instanz der Disziplinarsenat des Oberverwaltungsgerichts).

c) für **Mitglieder der Kreis- (Stadt-) Ausschüsse:** § 39 LVG. v. 30. 7. 83 (GS. 195): es gilt das Recht zu a (Bezirksausschuß, Berufung an den Disziplinarsenat des Oberverwaltungsgerichts).

d) für **Beamte für den Stadtkreis Berlin:** §§ 45, 47 LVG. v. 30. 7. 83 (GS. 195): es gilt das Recht zu a.

e) für **Bürgermeister, Beigeordnete, Magistratsmitglieder und sonstige Gemeindebeamte:** § 20 ZustG. v. 1. 8. 83 (GS. 237): wie zu c.

f) für **Gemeindevorsteher, Schöffen, Mitglieder des Gemeindevorstandes und sonstige Gemeindebeamte:** § 36 ZustG. v. 1. 8. 83 (GS. 237): wie zu c.

g) für **Beamte** zu e und f **in Hessen-Nassau:** § 91 StädteO. v. 4. 8. 97 (GS. 254) und § 115 LandgemO. v. 4. 8. 97 (GS. 301).

h) für **Beamte der Landesversicherungsanstalten:** Ges. v. 17. 6. 00 (GS. 251): wie zu c.

i) für **Beamte der Orts-, Land- und Innungskrankenkassen:** Ges. v. 11. 5. 16 (GS. 96): wie zu c.

k) für **Beamte der öffentlichen Feuerversicherungsanstalten:** Ges. v. 25. 7. 10 (GS. 241): wie zu c.

l) für die nicht auf Kündigung angestellten **Beamten der Landwirtschaftskammern:** Anlage § 13 zu den Ges. v. 3. 8. 95 (GS. 363), 28. 4. 98 (GS. 69), 15. 3. 99 (GS. 31): wie zu c.

m) für **Beamte der Strafanstaltsverwaltung:** § 2 Ges. v. 14. 2. 23 (GS. 42): wie zu a.

n) für **Beamte der Zentralgenossenschaftskasse:** § 8 VO. v. 2. 8. 99 (GS. 397): wie zu a.

o) für **Beamte der Schutzpolizei und Landjägerei:** §§ 53 ff. PolizeibeamtenG. v. 31. 7. 27 (GS. 151): wie zu a.

p) für sonstige **Beamte** (nicht Mitglieder) **des Oberverwaltungsgerichts:** § 30a Ges. v. 2. 8. 80 (GS. 327): wie zu a (einzige Instanz der Disziplinarsenat des Oberverwaltungsgerichts. Für die Mitglieder dieses Gerichts gibt es nach § 20 kein Disziplinarverfahren; dafür §§ 21 ff.).

q) für **Lehrpersonen an den Berufsschulen** (Gewerbe- und Handelslehrer): § 18 Ges. v. 16. 4. 28 (GS. 89): wie zu a.

r) für **Privatdozenten** an Universitäten und technischen Hochschulen: Ges. v. (früher 17. 6. 98 [GS. 125], jetzt) 4. 8. 22 (GS. 209) und VO. v. 3. 12. 08 (GS. 218).

Vgl. auch das Ges. v. 8. 5. 89 (GS. 107) wegen der Einrichtung des Disziplinarsenats beim Oberverwaltungsgericht, die VO. v. 23. 9. 67 (GS. 1613) wegen Ausdehnung der Gesetze zu 1a und 2a auf die Beamten in den damals neu erworbenen Landesteilen, die VO. v. 15. 3. 29 (GS. 11) wegen der Ausdehnung der Gesetze zu 2a auf Waldeck.

III. **Landesrechtlich geordnete Ehrengerichtsverfahren:**

a) für **Ärzte:** Ges. v. 25. 11. 99 (GS. 565) mit Nov. v. 27. 7. 04 (GS. 182) und 5. 3. 28 (GS. 15) (Ehrengericht für jeden Ärztekammerbezirk, Berufung an den Ehrengerichtshof).

b) für **Tierärzte:** § 32 ff. Ges. v. 16. 4. 28 (GS. 57) (tierärztliches Standesgericht für jeden Tierärztekammerbezirk, Berufung an den tierärztlichen Standesgerichtshof).

[9] Weil im Verwaltungsstrafverfahren eine Hauptverhandlung nicht stattfindet. Begr. 11. — Die **Vertretungsgebühr beträgt** nach dem jetzigen Wortlaute des § 67 DGO. 20 RM.

[10] Jetzt **Schöffengericht,** da die Strafkammer kein erstinstanzliches Gericht mehr ist. Danach ergeben sich hier die **Gebühren** aus §§ 63, 67 DGO.

[11] **In den im Abs. 1 aufgeführten Verfahren** findet **die DGO. ausschließlich Anwendung,** auch hinsichtlich der beratenden (vorbereitenden) Tätigkeit des Anwalts. Soweit die dort bestimmten speziellen Gebühren nicht anwendbar sind, ist die Vergütung nach § 89 DGO. zu bemessen. Die Art. 8 ff. LGO. sind in diesen Verfahren nicht anwendbar. Vgl. auch Anm. 2 Art. 3 LGO.

II. Besondere Gebührenvorschriften.

1. Wertklassen und Gebührensatz.

Artikel 3.

[1] **Volle Gebühr im Sinne dieses Gesetzes[2] ist die im § 32 des Preußischen Gerichtskostengesetzes[3] bestimmte Gebühr. Der Mindestbetrag einer Gebühr[4] beträgt 2 Reichsmark. Pfennigbeträge, welche nicht ohne Bruch durch zehn teilbar sind, sind auf volle 10 Reichspfennige aufzurunden[5].**

[1] **Geschichtliches.** Art. 3 in seiner ersten Fassung ging von der Gebührenstaffel des § 9 DGO. aus, ermäßigte aber, beginnend bei einem 10 000 M. übersteigenden Gegenstandswerte, die Gebühren erheblich gegenüber der DGO. Das Ges. v. 6. 7. 18 (GS. 128) gewährte dazu 30% Zuschlag, das Ges. v. 29. 4. 20 (GS. 152) 200% Zuschlag. Nachdem das PrGKG. durch die Nov. v. 28. 10. 22 (GS. 363) dahin vereinfacht worden war, daß es in § 33 Abs. 1, 2 nur noch zwei Gebührenstaffeln enthielt, wurde Art. 3 LGO. dahin geändert, daß man die Aufstellung einer eigenen Gebührenstaffel für die LGO. aufgab und auf die (niedrigere) Staffel des § 32 Abs. 2 PrGKG. verwies, zugleich wegen der Mindestgebühr und der Aufrundung auf § 31 Abs. 1, 2 PrGKG. Bezug nahm. Als schließlich nach den vor Art. 1 LGO. aufgezählten Inflationsverordnungen die Goldmarkumstellung erfolgen konnte, geschah dies durch die VO. v. 18. 12. 23 (GS. 556), in Kraft seit 1. 1. 24, einheitlich für PrGKG., NotGO. und LGO., aber ohne die betreffenden Vorschriften der drei Gesetze im Wortlaut richtigzustellen. Hierbei wurden durch Art. VI Nr. 3 der VO. die bisherigen zwei Gebührenstaffeln des § 32 PrGKG. zu einer einzigen vereinigt, nach welcher sich nunmehr fast das gesamte Landesgebührenwesen für Gerichte, Notare und Rechtsanwälte richten sollte. Deshalb begnügt sich Art. VIII Nr. 1 der VO. mit dem Satz: „Volle Gebühr im Sinne des Art. 3 (LGO.) ist die im Art. VI unter Nr. 3 dieser VO. bestimmte Gebühr". Da sich diese Worte als eigentlicher Gesetzestext nicht eignen, so sind sie oben sinngemäß im Anklang an den seit der Nov. v. 28. 10. 22 (GS. 410) geltenden Wortlaut des Art. 3 geändert. Satz 2 und 3 entstammen wörtlich dem Art. VIII Nr. 1 der VO. v. 18. 12. 23.

[2] Die Worte „im Sinne dieses Gesetzes" sind falsch; denn für Art. 2 LGO. gilt Art. 3 nicht. In der ältesten Fassung des Art. 3 hieß es deshalb richtig: **„im Sinne der nachstehenden Vorschriften"**. Diese richtigen Worte sind in der Nov. v. 28. 10. 22 (GS. 410) durch die falschen ersetzt worden, allerdings offensichtlich ohne Abänderungswillen. Immerhin stehen sie seit der Nov. v. 28. 10. 22 in Art. 3 und können deshalb nicht einfach durch Textkritik geändert werden. Sachlich enthält aber auch jetzt Art. 3 nur den Tarif für die Bemessung der Rechtsanwaltsgebühren in denjenigen **Angelegenheiten, die weder nach Reichsgesetz noch nach preußischem Lan-**

desgesetz, also auch nicht nach Art. 2, unter die DGO. fallen, deren Vergütung sich vielmehr nach den Art. 4—12 LGO. (nicht auch Art. 13, der wiederum eine Sonderstellung einnimmt) bestimmt. Vgl. auch Anm. 11 Art. 2 LGO.

[3] Der § 32 PrGKG. lautet bei Ersetzung der Worte „Goldmark" gemäß der VO. v. 2. 7. 26 (GS. 192) durch „Reichsmark":

„Die volle Gebühr beträgt bei Gegenständen im Werte:

1.	bis 50 RM. einschließlich					2	RM.
2.	von mehr als	50	RM. bis	100	RM. einschl.	3	„
3.	„ „ „	100	„ „	200	„ „	4	„
4.	„ „ „	200	„ „	300	„ „	5	„
5.	„ „ „	300	„ „	500	„ „	6	„
6.	„ „ „	500	„ „	1000	„ „	8	„
7.	„ „ „	1000	„ „	1500	„ „	10	„
8.	„ „ „	1500	„ „	2000	„ „	12	„
9.	„ „ „	2000	„ „	2500	„ „	14	„
10.	„ „ „	2500	„ „	3000	„ „	16	„
11.	„ „ „	3000	„ „	3500	„ „	18	„
12.	„ „ „	3500	„ „	4000	„ „	20	„
13.	„ „ „	4000	„ „	5000	„ „	22	„
14.	„ „ „	5000	„ „	6000	„ „	24	„
15.	„ „ „	6000	„ „	7000	„ „	26	„
16.	„ „ „	7000	„ „	8000	„ „	28	„
17.	„ „ „	8000	„ „	9000	„ „	30	„
18.	„ „ „	9000	„ „	10000	„ „	32	„
19.	„ „ „	10000	„ „	12000	„ „	36	„
20.	„ „ „	12000	„ „	14000	„ „	40	„
21.	„ „ „	14000	„ „	16000	„ „	44	„
22.	„ „ „	16000	„ „	18000	„ „	48	„
23.	„ „ „	18000	„ „	20000	„ „	52	„
24.	„ „ „	20000	„ „	22000	„ „	56	„
25.	„ „ „	22000	„ „	24000	„ „	60	„
26.	„ „ „	24000	„ „	26000	„ „	64	„
27.	„ „ „	26000	„ „	28000	„ „	68	„
28.	„ „ „	28000	„ „	30000	„ „	72	„
29.	„ „ „	30000	„ „	35000	„ „	80	„
30.	„ „ „	35000	„ „	40000	„ „	88	„
31.	„ „ „	40000	„ „	50000	„ „	100	„
32.	„ „ „	50000	„ „	60000	„ „	112	„
33.	„ „ „	60000	„ „	70000	„ „	124	„
34.	„ „ „	70000	„ „	80000	„ „	136	„
35.	„ „ „	80000	„ „	90000	„ „	148	„
36.	„ „ „	90000	„ „	100000	„ „	160	„

Die ferneren Wertklassen steigen um je 10000 Reichsmark und die Gebühren um je zwölf Reichsmark."

Vgl. dazu die dem Buche beigefügte Tabelle D. Allgemein beträgt die volle Gebühr bei Gegenständen über 100 000 RM.: 0,12% des auf volle 10 000 RM. aufgerundeten Gegenstandswertes plus 40 RM.

[4] Jeder Gebühr, wenn mehrere fällig werden. Anders nur bei Anrechnung von Gebühren aufeinander.

[5] Für Auslagen ist eine Aufrundung nicht angeordnet. — Nach den Gesetzen v. 12. 5. 51 u. 1. 5. 75 war für die Tätigkeit des Rechtsanwalts bei gewissen Verfahren ein Höchstbetrag der Gebühren bestimmt. Dies ist nicht übernommen.

2. Zwangsversteigerungs- und Zwangsverwaltungsverfahren.

a) Zwangsversteigerung.

Artikel 4.

(1) [1]Für die Vertretung[2] eines Beteiligten[3] im Verfahren der Zwangsversteigerung[4] erhält der Rechtsanwalt die volle Gebühr[5]:

1. für die Vertretung bis zur Einleitung des Verteilungsverfahrens[6];

2. für die Vertretung im Verteilungsverfahren[7].

(2) Die gleiche Gebühr erhält er außerdem für die Wahrnehmung der Versteigerungstermine[8].

(3) Die Gebühr für die Vertretung im Verteilungsverfahren steht dem Rechtsanwalt auch dann zu, wenn unter seiner Mitwirkung eine außergerichtliche Verteilung[9] stattfindet.

(4) Die Gebühren für die Vertretung des Gläubigers oder eines anderen Berechtigten[10] (§ 9 Abs. 1, 2[11] des Gesetzes über die Zwangsversteigerung und die Zwangsverwaltung) bestimmen sich nach dem Werte des Rechtes[12], wenn jedoch der Wert des Gegenstandes der Zwangsversteigerung[13] oder des Verteilungsverfahrens[14] geringer ist, nach diesem. Im Falle der Vertretung eines anderen Beteiligten[15] bestimmen sich die Gebühren[16] nach dem Werte des Gegenstandes der

Zwangsversteigerung[13] oder des Verteilungsverfahrens[14] oder des Anteils[17] des Vertretenen an diesem Gegenstande. Auf die Berechnung des Wertes des Gegenstandes der Zwangsversteigerung[13] oder des Verteilungsverfahrens[14] finden die in Ansehung der Gerichtskosten geltenden Vorschriften Anwendung.

(5) Beschränkt sich die Tätigkeit des Rechtsanwalts auf die Vertretung des Gläubigers in dem Verfahren bis zum Versteigerungstermine[18], so ist für die Gebührenberechnung an Stelle des Wertes des Rechtes der Wert des Anspruchs, wegen dessen die Zwangsversteigerung beantragt ist[19], maßgebend, sofern nicht die Wahrnehmung eines anderen Termins[20] stattgefunden hat[21].

[1] **Geschichtliches.** Die obige Fassung ist diejenige der Nov. v. 28. 10. 22. Vorher gewährten Abs. 1 und 2 jeweils statt der vollen nur eine $^{3}/_{10}$-Gebühr, und die besondere Gebühr des Abs. 2 für die Wahrnehmung der Versteigerungstermine erhielt nur der Vertreter „des Antragstellers", nicht derjenige eines sonstigen Beteiligten. Schließlich enthielt Abs. 4 früher noch die Bestimmung, daß bei der Wertberechnung Kosten und Nebenleistungen neben einem Hauptanspruch unberücksichtigt zu bleiben hätten.

[2] **Vertretung** ist die **Wahrnehmung der Rechte** des Auftraggebers durch den Anwalt in der Eigenschaft eines **für das ganze Verfahren** Bevollmächtigten. Nur für diese Vollvertretung gilt Art. 4. Der **Auftrag** bloß **zu einzelnen Geschäften,** z. B. nur zur Wahrnehmung des Versteigerungstermins, wird nach Art. 8—10 LGO. entlohnt, wobei jedoch nach Art. 16 Abs. 2 in Verbindung mit § 48 DGO. die im Art. 4 bestimmten Sätze nicht überschritten werden dürfen. Begr. 13. — Die nach Ermessen des Gerichts zur zweckentsprechenden Rechtsverfolgung notwendigen Gebühren und Auslagen gelangen nach § 10 Abs. 2, § 12 ZVG. zusammen mit dem Hauptanspruche des Vertretenen zur Hebung.

[3] Art. 4 regelt nur die Vertretung eines **Beteiligten** im Zwangsversteigerungsverfahren, nicht aber diejenige anderer

Personen, z. B. der Bieter, des Erstehers, des Bürgen. Werden solche Personen von einem Anwalt im Versteigerungstermin vertreten, so kommt nicht Art. 4, sondern Art. 10 zur Anwendung. Vertretung des Erstehers im Beschwerdeverfahren gegen den Zuschlag (§ 97 ZVG.): Art. 8, Begr. 13. — **Im Zwangsversteigerungsverfahren Beteiligte** sind nach § 9 ZVG.: Gläubiger (antragstellender oder beitretender), Schuldner, im Grundbuch eingetragene Berechtigte, Widerspruchs- oder Befriedigungs- oder Miet- oder Pachtrechte Anmeldende; nach § 24 ErbbVO.: der Eigentümer des Grundstücks bei Zwangsvollstreckung in ein Erbbaurecht; bei Schiffen: Gläubiger, Schuldner, Schiffspfandgläubiger, Schiffsgläubiger, die die Forderung angemeldet und notfalls glaubhaft gemacht haben, Eigenbesitzer (Schiffer, Ausrüster, dritter Besitzer, § 164 ZVG.); ferner: Berufsgenossenschaft für Unfallversicherung und Invaliditätsversicherungsanstalt (§ 163 Abs. 3 ZVG.); nach § 172 ZVG. Konkursverwalter; §§ 175, 180 ZVG. (Nachlaß-, Gemeinschaftsgrundstück); nach Art. 16 PrAGZVG. v. 23. 9. 99 (GS. 291): Repräsentant oder Grubenvorstand eines Bergwerks.

[4] **Verfahren der Zwangsversteigerung:** ZVG. §§ 1—161 (Grundstücke), 162—171 (Schiffe), 172—184 (besondere Fälle: auf Antrag des Konkursverwalters, der beschränkt haftenden Erben und der zum Antrag auf Aufgebot der Nachlaßgläubiger berechtigten Personen, zum Zwecke der Aufhebung einer Gemeinschaft); KabelpfandGes. v. 31. 3. 25 (RGBl. I 37) § 24 (Hochseekabel). Nach § 870 ZPO. finden die Vorschriften über die Zwangsvollstreckung in Grundstücke auf die Zwangsvollstreckung in eine Berechtigung Anwendung, für welche die sich auf Grundstücke beziehenden Vorschriften gelten. Vgl. hierzu ErbbVO. §§ 11, 24, 25 (Erbbaurecht), Art. 63, 68 EGBGB. (Erbpacht mit Einschluß des Büdnerrechts und Häuslerrechts, Recht zur Gewinnung von Mineralien), Art. 67, 69, 196 EGBGB. (Bergwerkseigentum, altrechtliche Kuxe, Fischereiberechtigungen, vererbliche und übertragbare Nutzungsrechte, sofern die Landesgesetze bestimmen, daß sie den auf Grundstücke bezüglichen Vorschriften unterliegen sollen) und Art. 37 Ziff. I, XIII, Art. 38 § 5, Art. 40 PrAGBGB. v. 20. 9. 99 (GS. 177). Vgl. ferner Art. 15—21, 28—32 PrAGZVG. v. 23. 9. 99 (GS. 291) (Bergwerkseigentum, Bergwerksanteile, Kohlenabbaugerechtigkeit, baufälliges Grund-

stück), § 16 Ges. v. 8. 7. 02 (GS. 237) (Bahneinheiten). — Früher wurden die Gebühren für das reichsgesetzlich geregelte Verfahren der Anordnung der Zwangsvollstreckung durch die Gebührenordnung für Rechtsanwälte, die übrigen Gebühren durch das Landesrecht bestimmt. Nach dem jetzigen § 31 Abs. 2 DGO. ist das Landesrecht für die Gebühren im Verfahren der Zwangsversteigerung und der Zwangsverwaltung ausschließlich maßgebend, da dieses Verfahren nicht in der ZPO., sondern in einem besonderen Gesetze geregelt ist. Demzufolge ist hier die Gebührenvorschrift gegeben. — Dagegen unterliegt die **Eintragung einer Sicherungshypothek** im Wege der Zwangsvollstreckung (§§ 846, 867, 932 ZPO.) den Vorschriften der DGO., da diese Eintragung in der ZPO. als eine Maßnahme der Zwangsvollstreckung behandelt ist. Begr. 12.

[5] Die volle Gebühr des Art. 3. Früher (s. Anm. 1) nur je $^3/_{10}$.

[6] Die Gebühr ist eine Pauschgebühr; sie umfaßt die gesamte Tätigkeit des Anwalts **bis zur Einleitung des Verteilungsverfahrens**, z. B. die Anordnung, Aufhebung, einstweilige Einstellung und Fortsetzung des Verfahrens, Anträge aus § 22 Abs. 2, § 25 ZVG., Feststellung des geringsten Gebots, Abhaltung des Versteigerungstermins, Erteilung des Zuschlags. **Nicht** aber auch die Tätigkeit in der **Beschwerdeinstanz**, Art. 16 Abs. 2 LGO., § 25 DGO., die nach § 41 DGO. zu entlohnen ist; ferner nicht die **Versteigerung gegen den Ersteher**, der nicht zahlen kann, sie muß als neues Versteigerungsverfahren gelten. — Das Verteilungsverfahren wird „eingeleitet" durch die gerichtliche Bestimmung des Verteilungstermins. § 105 ZVG. — Wegen **Anrechnung** der Gebühr aus § 23 Nr. 18 DGO. für den Antrag auf **Eintragung einer Sicherungshypothek** vor Einleitung des Zwangsversteigerungsverfahrens auf die Pauschgebühr des Art. 4 Abs. 1 Nr. 1 vgl. Anm. 6 Art. 16 LGO.

[7] §§ 105 ff. ZVG. — Die Gebühr umfaßt die gesamte Tätigkeit **im Verteilungsverfahren**, z. B. Wahrnehmung der Verteilungstermine, Aufstellung und Ausführung des Teilungsplans. **Nicht** auch die Vertretung im **Aufgebotsverfahren** (§§ 136, 138, 140 ZVG., § 12 EGZVG.), wofür nach § 40 DGO. zu liquidieren ist; auch nicht die Vertretung in **besonderen Prozessen** zur Erledigung entstandener Streitigkeiten (§§ 115, 137, 139 ZVG.). **Nicht** mit abgegolten wird ferner

durch die Gebühr: eine Tätigkeit in der **Beschwerdeinstanz**, die nach § 41 DGO. zu entlohnen ist; auch nicht die **Erhebung von Geldern** im Verteilungstermin und ihre Ablieferung, wofür dem Anwalt eine besondere Gebühr nach Art. 14, 13 in Vbdg. mit § 14 NotGO. zusteht, OLG. 25, 304, vgl. Anm. 6 Art. 13 LGO.

[8] Im Gegensatz zur früheren Fassung (Anm. 1), wo der Anwalt eine **Sondergebühr für die Wahrnehmung der Versteigerungstermine** nur als Vertreter des Antragstellers (§§ 15, 27, 172, 175, 180 ZVG.) bekam, erhält er sie jetzt als Vertreter **jedes Beteiligten.** Der oder (bei mehreren Terminen) die sämtlichen Termine müssen wirklich „wahrgenommen" sein. Auch bei mehreren Terminen fällt die Gebühr nur einmal an; bei Wahrnehmung nur eines der stattgehabten mehreren Termine erhält der Anwalt nur einen angemessenen Teil der vollen Gebühr. Das Wort „außerdem" zeigt, daß dem Anwalt mehr als die bloße Terminswahrnehmung übertragen sein muß; vgl. Anm. 2.

[9] **Außergerichtliche Verteilung** des Versteigerungserlöses durch Einigung der Beteiligten nebst Beschaffung und Einreichung der erforderlichen Nachweise: §§ 143 ff. ZVG.

[10] Außer dem beantragenden Gläubiger sind **im Zwangsversteigerungsverfahren Berechtigte:**

a) diejenigen, für die ein Recht im Grundbuch eingetragen ist;

b) diejenigen, die ein der Zwangsvollstreckung entgegenstehendes Recht, ein Recht an dem Grundstück oder an einem dieses belastenden Rechte, einen Anspruch auf Befriedigung oder ein Miet- oder Pachtrecht anmelden.

[11] „Abs. 1, 2" ist ein offenbarer Fehler (gegenüber der älteren Fassung). § 9 ZVG. hat nur einen Absatz. Es muß heißen „Nr. 1, 2".

[12] Nach dem **vollen Betrag des Wertes des** dem Gläubiger oder dem sonstigen Berechtigten zustehenden **Rechtes** sind die Gebühren (Abs. 1, 2, 3) zu berechnen auch dann, wenn nur wegen eines Teiles das Verfahren betrieben wird, da dieses doch zur Befriedigung des ganzen Rechtes (der ganzen eingetragenen Forderung) führt. Begr. 13. Eine **Ausnahme** hiervon bestimmt Abs. 5 für den Fall, daß der Anwalt als Vertreter (nur) des beantragenden Gläubigers keinen gerichtlichen Termin wahrgenommen hat; dann soll nur der

Teil des Rechtes maßgebend sein, wegen dessen der Versteigerungsantrag gestellt war. — Für die **Ermittelung des Wertes** des Rechtes gilt nach Art. 16 Abs. 1 der § 10 DGO. Die frühere besondere Bestimmung, daß die neben einem Hauptanspruche bestehenden Ansprüche wegen der **Kosten und Nebenleistungen** (s. Anm. zu § 4 ZPO. bei § 10 DGO.) unberücksichtigt zu bleiben hätten, ist durch die Nov. v. 28. 10. 22 (s. Anm. 1) gestrichen worden, um ausdrücklich die Hinzurechnung dieser Nebenansprüche zu ermöglichen, da es sich um ein Zwangsvollstreckungsverfahren handelt (vgl. ebenso § 15 Abs. 2 GKG. [oben bei § 10 DGO.] wegen der Zinsen).

[13] Der **Wert des Gegenstandes der Zwangsversteigerung** soll maßgeblich sein, wenn er **geringer** ist als der Wert des Rechtes. — **Gegenstände der Zwangsversteigerung:** Grundstücke, Schiffe (§§ 1, 162 ZVG.), nach § 864 Abs. 1, 2 ZPO. mit Grundbuchblatt versehene Berechtigungen und Bruchteile (ideelle Anteile) von Grundstücken oder von solchen Berechtigungen, Hochseekabel (§ 24 RGes. v. 31. 3. 25). Vgl. Anm. 4. Und zwar einschließlich der zur Zeit der Verkündung des Zuschlags von der Beschlagnahme umfaßten beweglichen Sachen und Rechte, die mitversteigert werden. KGJ. 47, 311. — Der **Wert** soll nach Abs. 4 Satz 3 sich nach den für die Gerichtskosten geltenden Vorschriften richten. Das PrGKG. enthält aber für die Wertermittelung keine Vorschriften, sondern nur in § 123 PrGKG. Bestimmungen darüber, welcher der mehreren denkbaren Werte jeweils maßgeblich sein soll. § 123 PrGKG. lautet:

„(1) Die ... Gebühren werden nach dem Gebote berechnet, für welches der Zuschlag erteilt ist.

(2) Erreicht das Gebot nicht den Wert des Gegenstandes, so tritt bei Berechnung der ... [außer dem Verteilungsverfahren] zu erhebenden Gebühren dieser an die Stelle des Gebots; ein höherer Wert als der bei Berechnung des geringsten Gebots angenommene darf der Gebührenberechnung ... nur dann zugrunde gelegt werden, wenn er spätestens im Versteigerungstermine bekanntgemacht worden ist. Wenn der Ersteher zur Zeit der Einleitung der Zwangsversteigerung Hypotheken- oder Grundschuldgläubiger ist, so tritt an die Stelle des Meistgebots, falls dieses hinter dem Gesamtbetrage der Hypotheken- oder Grundschuldforderungen des Erstehers und der diesen vorangehenden Forderungen zurückbleibt, dieser Gesamtbetrag, sofern er nicht den Wert des Gegenstandes übersteigt.

(3) Ist der Zuschlag nicht erteilt, so werden die ... Gebühren nach dem Werte des Gegenstandes berechnet.

(4) Sind nach § 65 ZVG. Gegenstände besonders versteigert oder anderweitig verwertet worden, so tritt für die Berechnung der Gebühren für das Verteilungsverfahren ihr Erlös dem Gebote hinzu."

Danach gilt für die Wertberechnung im Versteigerungsverfahren folgendes: Kommt es nicht zum Zuschlag, so entscheidet der Wert des Versteigerungsgegenstandes. Kommt es zum Zuschlag, so entscheidet das Meistgebot (§ 44 ZVG.: Bargebot + die dem Anspruche des betreibenden Gläubigers vorgehenden Rechte) oder, falls der Wert des Versteigerungsgegenstandes höher ist, dieser (jedoch nicht über den im Versteigerungstermin deklarierten Betrag hinaus). Hat schließlich der Ersteher seine eigenen Hypotheken oder Grundschulden nicht voll ausgeboten, so soll nach der Auslegung in KGJ. **40**, 377 nicht der etwa höhere Wert des Versteigerungsgegenstandes, sondern ein mit seinen dinglichen Forderungen auslaufender, das Meistgebot übersteigender Betrag maßgeblich sein. Wegen Einzelheiten vgl. KGJ. **29**, B 49; **31**, B 31; **38**, B 44; **40**, 377, 383, 387; **42**, 338; **44**, 398; **47**, 305; **48**, 306; **50**, 267; **51**, 390. — Für die **Berechnung des Wertes des Versteigerungsgegenstandes**, soweit er hiernach in Betracht kommt, fehlen, wie gesagt, jetzt im PrGKG. Vorschriften. Maßgeblich ist der gemeine Wert. Der Urkundsbeamte hat ihn selbständig unter Benutzung aller sich bietenden Anhaltspunkte zu ermitteln.

[14] Der **Wert des Gegenstandes des Verteilungsverfahrens** soll maßgeblich sein, wenn er **geringer** ist als der Wert des Rechtes. Daraus folgt, daß, wenn Versteigerungs- und Verteilungsverfahren (Anm. 13 u. 14) verschiedene Werte haben, die Gebühren aus Art. 4 Abs. 1 Nr. 1 und 2 LGO. verschieden hoch sein können. — Der **Wert** des Verteilungsverfahrens soll nach Abs. 4 Satz 3 sich nach den für die Gerichtskosten geltenden Vorschriften richten. Nach § 123 Abs. 1, 4 PrGKG. (oben Anm. 13) ist maßgebend das Meistgebot (§ 44 ZVG.: Bargebot + die dem Anspruche des betreibenden Gläubigers vorgehenden Rechte), erhöht um den Erlös der besonders versteigerten oder anderweitig verwerteten Gegenstände.

[15] Also **aller außer den in Anm. 10 aufgeführten Beteiligten**, namentlich des Schuldners sowie: nach § 172 ZVG.

des Konkursverwalters, nach § 175 des Erben mit beschränkter Haftung und nach § 180 des Miteigentümers oder Miterben. Begr. 13.

[16] Bei diesen Beteiligten (Anm. 15) gilt also der nach § 123 PrGKG. (Anm. 13, 14) berechnete Wert unmittelbar und stets, nicht bloß, wenn er geringer ist als der Wert des Rechtes des Auftraggebers des Anwalts.

[17] Namentlich des **Anteils** des Miteigentümers oder Miterben. Vgl. Anm. 13. Der Wert des Anteilsrechtes ist auch dann maßgebend, wenn ein Gläubiger eines Miteigentümers oder Miterben, für den der Anspruch auf Auseinandersetzung gepfändet und zur Einziehung überwiesen ist, die Rechte des Miteigentümers oder Miterben wahrnimmt; auf den Betrag der Forderung, wegen deren gepfändet worden ist, kommt es nicht an. Vgl. KGJ. 46, 298. — Es ist in diesen Fällen also nur ein entsprechender Bruchteil des nach Anm. 13, 14, 16 nach dem PrGKG. zu berechnenden Wertes maßgebend.

[18] **Tätigkeit in dem Verfahren bis zum Versteigerungstermine:** namentlich im Falle der Aufhebung oder Einstellung des Verfahrens vor dem Versteigerungstermine (§§ 29 ff. ZVG.). „Bis zum Versteigerungstermine" soll hier heißen: mit Ausschluß dieses Termins, wie sich daraus ergibt, daß die ganze Ausnahmebestimmung in Abs. 5 nicht gelten soll, wenn der Anwalt nur irgendeinen Termin in dem ganzen Verfahren wahrgenommen hat.

[19] Ist also keinerlei Termin wahrgenommen, so ist nicht der volle Betrag des Wertes des dem Gläubiger zustehenden Rechtes maßgebend (Anm. 12), sondern nur der Wert des Teilanspruchs, wegen dessen das Verfahren betrieben wird, selbstverständlich unter der weiteren Voraussetzung, daß nicht der nach § 123 GKG. berechnete Wert des Gegenstandes der Zwangsversteigerung (Anm. 13) noch niedriger ist als der Teilanspruch, wegen dessen das Verfahren betrieben wird.

[20] **Wahrnehmung eines anderen Termins als des Versteigerungstermins** z. B.: § 62 ZVG. (Termin zu Erörterungen über das geringste Gebot und die Versteigerungsbedingungen vor dem Versteigerungstermine). In diesen Fällen ist die Gebühr (Abs. 1 Nr. 1) nach dem im Abs. 4 angegebenen Werte (vgl. Anm. 12, 13) zu berechnen.

[21] Die Vergütung des Anwalts, der als **Zustellungsvertreter** (§§ 6, 7 ZVG.) oder als **Vertreter unbekannter Be-**

rechtigter (§ 135 ZVG.) bestellt ist, bestimmt sich nicht nach Art. 4, sondern ist gemäß § 7 Abs. 2 ZVG. vom Gerichte nach freiem Ermessen festzusetzen.

b) **Zwangsverwaltung.**

Artikel 5.

(1) [1]Für die Vertretung[2] des Gläubigers, des Schuldners oder des Konkursverwalters[3] im Verfahren der Zwangsverwaltung[4], einschließlich des Verteilungsverfahrens, erhält der Rechtsanwalt jährlich acht Zehnteile der vollen Gebühr[5] nach dem Werte der jährlichen Einkünfte[6]. Auf die Berechnung dieser Gebühr finden die in Ansehung der Gerichtskosten geltenden Vorschriften entsprechende Anwendung[7].

(2) Der Vertreter des Antragstellers[8] erhält außerdem die volle Gebühr nach dem Werte der jährlichen Einkünfte[9]; ist ein Gläubiger der Antragsteller und ist der Betrag der beizutreibenden Forderung und der miteinzuziehenden Zinsen geringer als der Wert der jährlichen Einkünfte, so ist dieser Betrag für die Gebührenberechnung maßgebend[10].

(3) Beschränkt sich die Tätigkeit des Rechtsanwalts auf die Vertretung in dem Verfahren wegen Anordnung der Zwangsverwaltung[11], so erhält er nur die im Abs. 2 bestimmte Gebühr[12].

[1] **Geschichtliches.** Bis zur Nov. v. 28. 10. 28 gewährte Abs. 1 nur $^{2}/_{10}$ statt $^{8}/_{10}$ und Abs. 2 nur $^{3}/_{10}$ statt $^{10}/_{10}$ als Gebühr.

[2] **Begriff der Vertretung:** Anm. 2 Art. 4. Liegt danach keine „Vertretung" vor, sondern nur der Auftrag zu einzelnen Geschäften, z. B. nur zum Entwurf des Antrags auf Zwangsverwaltung oder zur Wahrnehmung eines Termins, so gelten Art. 8—10 LGO., höchstens aber die Sätze des Art. 5.

[3] **Vertretung eines anderen Beteiligten:** Art. 6 Satz 2.

[4] **Verfahren der Zwangsverwaltung:** ZVG. §§ 146—161

(Grundstücke), 172—174 (auf Antrag des **Konkursverwalters**), KabelpfandGes. v. 31.3.25 (RGBl. I 37) § 24 (Hochseekabel). Fernere Fälle der Zwangsverwaltung: Anm. 4 Art. 4. Vgl. auch Art. 167 EG.BGB., § 2 EG.ZVG. (Befugnis landschaftlicher Kreditanstalten zur selbständigen Anordnung und Ausführung der Zwangsverwaltung aufrechterhalten) und dazu Ges., betr. die Zwangsvollstreckung aus Forderungen landschaftlicher Kreditanstalten, v. 3. 8. 97 (GS. 388). — Schiffe unterliegen nach § 870 Abs. 2 ZPO. der Zwangsverwaltung nicht. — Nicht hierher gehört an sich eine Sequestration nach § 938 Abs. 2 ZPO.; betrifft sie jedoch ein Grundstück und hat das Prozeßgericht die entsprechende Anwendung der Vorschriften über die Zwangsverwaltung angeordnet (RG. 52, 139; **92**, 19), so sind auch die einschlägigen Gebührenbestimmungen entsprechend anzuwenden (vgl. OLG. **19**, 155; **33**, 136).

[5] Der Gebührenstaffel des Art. 3 LGO.

[6] Durch die **für jedes Jahr** besonders anwachsenden **acht Zehnteile der vollen Gebühr** wird die gesamte Tätigkeit des Anwalts, insbesondere seine Mitwirkung im Verteilungsverfahren und in den Terminen zur Leistung von Zahlungen (§§ 156, 158 ZVG.) abgegolten. Begr. 13. **Nicht** abgegolten sind damit aber eine Tätigkeit in der **Beschwerdeinstanz** und für die **Erhebung von Geldern** im Verteilungstermin und ihre Ablieferung. Vgl. Anm. 7 Art. 4 LGO.

[7] **Berechnung in Ansehung der Gerichtskosten:** § 126 PrGKG. v. 28. 10. 22: der Tag der Beschlagnahme (§§ 22, 148, 161 ZVG.) gilt als der erste Tag eines jeden Verwaltungsjahrs. Die Berechnung der Gebühr erfolgt nach demjenigen Betrage der Einkünfte, der nach Berichtigung aller Ausgaben der Verwaltung und der laufenden Beträge der öffentlichen Lasten zur Verteilung gelangt, mindestens jedoch nach dem (zusammengerechneten) Betrage des Grundsteuerreinertrags und des Gebäudesteuernutzungswertes. Der Wert kann also für jedes Jahr verschieden sein. Angefangene Jahre sind voll zu rechnen.

[8] **Vertreter des Antragstellers:** d. i. des betreibenden Gläubigers, des beitretenden Gläubigers, des Konkursverwalters: §§ 27, 146, 172 ZVG.; des Kabelpfandgläubigers; ferner des Antragstellers in den im 2. und 3. Abschn. des PrAGZVG. v. 23. 9. 99 (GS. 291) geregelten Fällen der Zwangsverwaltung (von Bergwerkseigentum, unbeweglichen Bergwerks-

anteilen, selbständigen Kohlenabbaugerechtigkeiten bzw. von Bergwerkseigentum aus Gründen des Bergrechts und von verfallenen Grundstücken).

[9] Diese **Gebühr** wird aber nicht jährlich (wie die in Abs. 1), sondern **nur einmal** gewährt, entsprechend der Gebühr aus § 23 Nr. 18 DGO. für den Antrag auf Zwangsvollstreckung. Begr. 13. Da Abs. 1 Satz 2 („dieser" Gebühr) nur für die Jahresgebühren des Abs. 1 Satz 1 gilt, so ist § 126 PrGKG. für die einmalige Gebühr des Abs. 2 nicht maßgeblich. Es entscheiden hier also die Einkünfte des ersten Jahres ohne jeden Abzug. — Wegen **Anrechnung** der Gebühr aus § 23 Nr. 18 DGO. für den Antrag auf **Eintragung einer Sicherungshypothek** vor Einleitung des Zwangsverwaltungsverfahrens auf die Pauschgebühr des Art. 5 Abs. 2 vgl. Anm. 6 Art. 16 LGO.

[10] Diese **Ermäßigung** der einmaligen Gebühr für den **beantragenden Gläubiger** gilt also nicht für den Anwalt des beantragenden Schuldners oder Konkursverwalters.

[11] **Verfahren wegen Anordnung der Zwangsverwaltung:** §§ 146—151 ZVG.

[12] Also, wenn er den **Schuldner** oder den **Konkursverwalter vertritt**, die stets nach dem Werte der erstjährigen Einkünfte zu berechnende volle Gebühr ($^{10}/_{10}$), während im Falle der **Vertretung des Gläubigers** die Gebühr nach dem Betrage der Forderung und Zinsen zu berechnen ist, falls dieser geringer als der Wert der erstjährigen Einkünfte ist.

c) **Besondere Arten des Verteilungsverfahrens.**

Artikel 6.

[1]Auf die Vergütung der Berufstätigkeit eines Rechtsanwalts in einem Verteilungsverfahren außerhalb[2] der Fälle der Zwangsversteigerung oder der Zwangsverwaltung finden die Vorschriften des Artikel 4 entsprechende Anwendung[3]. Das gleiche gilt für ein Verteilungsverfahren im Falle der Zwangsverwaltung[4], wenn der Rechtsanwalt einen anderen Beteiligten[5] als den Gläubiger, den Schuldner oder den Konkursverwalter vertritt; für die Berechnung

des Wertes wiederkehrender Leistungen[6] ist der Wert der Leistungen eines Jahres, für die Berechnung des Wertes des Gegenstandes des Verteilungsverfahrens ist der Wert der Einkünfte eines Jahres[7] maßgebend[8].

[1] **Geschichtliches.** Art. 6 besteht noch unverändert, nur daß wegen der Verweisung auf Art. 4 die Gebühr nicht mehr $^3/_{10}$, wie früher, sondern seit der Nov. v. 28. 10. 22 jetzt $^{10}/_{10}$ beträgt.

[2] Ein **Verteilungsverfahren** außerhalb der Zwangsversteigerung und der Zwangsverwaltung findet statt in den **reichsgesetzlich oder landesgesetzlich geregelten Enteignungssachen.** Reichsgesetzliches Enteignungsverteilungsverfahren: Widerspruch eines Berechtigten gegen die Auszahlung der Entschädigung, die auf Grund eines Reichsgesetzes (z. B. RayonG. v. 21. 12. 71 [RGBl. 459]; RGes. über die Kriegsleistungen v. 13. 6. 73 [RGBl. 129], aufgehoben durch RGes. v. 19. 3. 24 [RGBl. I 285], soweit es sich nicht um die Abwickelung früherer Leistungen handelt; Untersagung der Benutzung einer gewerblichen Anlage § 51 GewO.; RGes. über die Naturalleistungen für die bewaffnete Macht im Frieden v. 6. 4. 25 [RGBl. I 44]) dem Eigentümer eines Grundstücks wegen der im öffentlichen Interesse erfolgenden Entziehung, Beschädigung oder Benutzung des Grundstücks zugesprochen ist, Art. 52, 53 EG.BGB. — Nach Art. 67 Abs. 2, Art. 109 EG.BGB. finden diese Vorschriften auch auf die Entschädigung Anwendung, die nach landesgesetzlicher Vorschrift wegen Beschädigung eines Grundstücks durch Bergbau (§§ 6, 7, 137 ff., 148 ff. BergG. v. 24. 6. 65 [GS. 705] in der Fass. v. 18. 6. 07 [GS. 119], Art. 37 AG.BGB.), oder wegen Entziehung, Beschädigung oder Benutzung eines Grundstücks im öffentlichen Interesse (EnteigG. v. 11. 6. 74 [GS. 221], FluchtlG. v. 2. 7. 75 [GS. 561]) zu gewähren ist. Für den letzteren Fall ist das Verteilungsverfahren durch die Art. 35—41 AG.ZVG. v. 23. 9. 99 (GS. 291) für ganz Preußen besonders geregelt.

[3] Die **Gebühr ist** nach Art. 4 Abs. 1 Nr. 2, Abs. 3 eine volle Gebühr des Art. 3. Der **Wert des Gegenstandes,** nach welchem die Gebühr zu berechnen ist, bestimmt sich nach Art. 4 Abs. 4 Satz 2 u. 3. Wegen Beschwerden und Gelderhebung vgl. Anm. 7 Art. 4.

[4] Tätigkeit im **Zwangsverwaltungsverteilungsverfahren** ein-

schließlich Wahrnehmung der Termine zur Leistung von Zahlungen: §§ 156, 158 ZVG. Begr. 13.

[5] **„Andere Beteiligte"** als den Gläubiger, den Schuldner oder den Konkursverwalter: § 9 Nr. 1, 2, § 146 ZVG. Vgl. Anm. 10 Art. 4.

[6] Die der von dem Anwalt Vertretene zu fordern hat.

[7] Es gilt also hier nicht die **Wertermittelung** nach Art. 4 Abs. 4 und § 123 PrGKG. (Anm. 14 Art. 4 LGO.), sondern maßgeblich sind die Einkünfte des ersten Jahres ohne jeden Abzug, und zwar davon der Anteil des Vertretenen oder der geringere Betrag seines Anspruchs.

[8] **Die Gebühr** des Satzes 1 sowie die des Satzes 2 steht dem Anwalt **nur einmal** zu, auch wenn mehrere Termine (insbesondere Zahlungstermine) wahrzunehmen sind. Vgl. Anm. 6 Art. 5.

d) **Zwangsliquidation einer Bahneinheit.**

Artikel 7.

(1) [1]Für die Vertretung[2] eines Beteiligten[3] im Verfahren der Zwangsliquidation einer Bahneinheit[4] erhält der Rechtsanwalt die volle Gebühr[5]. Der Vertreter des Antragstellers[6] erhält außerdem die volle Gebühr[5] für die Vertretung in der Versammlung der Bahnpfandgläubiger[4].

(2) Auf die Wertberechnung finden die Vorschriften des Artikel 4 Abs. 4 entsprechende Anwendung[7].

[1] **Geschichtliches.** Bis zur Nov. v. 28. 10. 22 betrugen die Gebühren aus Abs. 1 Satz 1, 2 nur $^{3}/_{10}$ statt $^{10}/_{10}$.

[2] **Begriff der „Vertretung"**: Anm. 2 Art. 4.

[3] **Beteiligte** sind die Bahnpfandgläubiger, der Bahneigentümer, der Konkursverwalter.

[4] Die **Zwangsliquidation einer Bahneinheit** nach den §§ 10 ff. Ges., betr. das Pfandrecht an den Privateisenbahnen und Kleinbahnen und die Zwangsvollstreckung in dieselben, v. 19. 8. 95 in d. Fass. v. 8. 7. 02 (GS. 237) ist, wie die Zwangsversteigerung, eine Maßregel der Zwangsvollstreckung (s. § 871 ZPO.) Bei ihr findet aber ein gerichtliches Verteilungsverfahren nicht statt. Deshalb ist, wiewohl nach § 1

EG.ZVG. auf dieses Verfahren die Bestimmungen des ZVG. entsprechende Anwendung finden, abweichend von Art. 4 hier im Falle der **Vertretung des Antragstellers** nur eine zweifache Gebühr (statt einer dreifachen nach Art. 4 Abs. 1, 2) und im Falle der **Vertretung eines anderen Beteiligten** sogar nur eine einfache Gebühr (statt einer zweifachen) bestimmt, Begr. 14; man hat es unterlassen, Art. 7 Abs. 1 Satz 2 ebenso wie den Art. 4 Abs. 2 dahin abzuändern, die Terminsgebühr dem Anwalt eines jeden Beteiligten zuzubilligen.

[5] Die volle Gebühr des Art. 3. Sie ist eine Pauschgebühr und umfaßt die gesamte Tätigkeit in dem Verfahren. Vgl. aber Satz 2 und Anm. 6 Art. 5 LGO. — Wegen der **Anrechnung** der Gebühr aus § 23 Nr. 18 DGO. für den Antrag auf **Eintragung einer Sicherungshypothek** vor Einleitung des Zwangsliquidationsverfahrens auf die Pauschgebühr des Art. 7 Abs. 1 Satz 1 vgl. Anm. 6 Art. 16 LGO.

[6] Antragsteller kann nach § 48 des Ges. jeder Beteiligte (Anm. 3) sein.

[7] Für die Gerichtskosten ist als Wert des Gegenstandes der Zwangsliquidation nach § 130 Satz 2 PrGKG. der Gesamtwert der Bestandteile der Bahneinheit maßgebend.

3. Andere Angelegenheiten der streitigen und nichtstreitigen Rechtspflege[1, 2].

[1] In den **Artikeln** 8—11 sind **Einzelgebühren** für eine **nicht unter die in den Art. 2, 4—7, 13, 14 bezeichneten Geschäfte fallende Tätigkeit** des Anwalts bestimmt. Hierher gehört namentlich die Tätigkeit vor den **Verwaltungsbehörden außerhalb der Fälle des Verwaltungsstreitverfahrens und des Verwaltungsstrafverfahrens**, z. B.: im Verwaltungszwangsverfahren (VO. betr. das Verwaltungszwangsverfahren wegen Beitreibung von Geldbeträgen, v. 15. 11. 99 [GS. 545] in d. Fass. v. 29. 4. 21 [GS. 381]), s. jedoch Anm. 3 Art. 2; die Tätigkeit, einen zwischen dem Auftraggeber und einem Chinesen geschlossenen Vertrag über Ausbeutung einer Kohlengrube nach Verhandlung mit dem deutschen Konsulat in eine gesetzmäßige Gestalt zu bringen, JW. 14, 642[4]. Ferner die Tätigkeit: auf dem Gebiete der **nichtstreitigen Gerichtsbarkeit**, die **außerhalb der Fälle des Art. 13** liegt, z. B. in Vormundschaftssachen, Nachlaßsachen, Grundbuchsachen, Aufwertungssachen, Registersachen, Personenstandssachen, auch in den An-

gelegenheiten der §§ 155 (ausgenommen im Falle des § 168 Abs. 2), 163, 182, 184 RFGG. (Dispache, Offenbarungseid, Ausfertigung von Protokollen); der **Verkehr mit Privatpersonen**, namentlich behufs außergerichtlicher Rechtsverfolgung, Herbeiführung außergerichtlicher Vergleiche. Auch die Tätigkeit in dem Verfahren, betr. **Forst- und Feldfrevel** (Feld- und ForstpolizeiG. v. 21. 1. 26 [GS. 83]). — In diesen Angelegenheiten erschöpft sich die Berufstätigkeit des Anwalts in der Hauptsache in drei Gattungen von Geschäften: 1. Anfertigung von Schriftsätzen, 2. Wahrnehmung von Terminen, 3. Raterteilungen. Für die erstere Gattung geben die Art. 8, 9, für die zweite Art. 10 und für die dritte Art. 11 die Gebührenvorschriften. Hinsichtlich der ersteren ist zwischen Schreiben an Behörden (Art. 8) und solchen an Privatpersonen (Art. 9) unterschieden worden. — Die Gebühren sind Einzelgebühren. Sie können **für mehrere Einzelhandlungen**, auch derselben Art, **mehrmals** gefordert werden. OLG. 39, 119. **Jedoch** ist im Art. 12 ein **Höchstsatz** festgesetzt, den die Einzelgebühren in ein und derselben Angelegenheit nicht überschreiten dürfen. Auch werden durch jede der Einzelgebühren die mit der Erledigung des Geschäfts verbundenen **Nebengeschäfte** (z. B. die zur Vorbereitung eines Schreibens vorgenommene Akteneinsicht und die sonstige zur Information aufgewendete Tätigkeit) **mit umfaßt**, so daß für diese eine besondere Gebühr nicht in Ansatz gebracht werden kann. Begr. 14, OLG. 39, 119. Andere als die in Art. 8—12 genannten Gebühren können hier nicht entstehen, insbesondere **keine Vergleichsgebühr**. JW. 26, 1240[2]; 27, 2638[4]. — Besorgt der Anwalt die in den Art. 8—12 bezeichneten Geschäfte in **Angelegenheiten, für die er eine der Gebühren aus Art. 2, 4—7** erhält, so wird die Tätigkeit durch diese Gebühr mit abgegolten. Art. 16 Abs. 2 LGO., § 29 DGO.

Instanzbegriff. Da die Angelegenheiten, für die die Art. 8—12 gelten, wenigstens zum Teil sich nicht auf Verfahren beziehen, bei denen Behörden beteiligt sind, so paßt hier auch der Instanzbegriff der §§ 25, 26 DGO. nicht. Deshalb ist in Art. 16 Abs. 2 LGO. der Instanzbegriff der DGO. nur für die in Art. 4—7 LGO. genannten Verfahren (Zwangsversteigerung, Zwangsverwaltung usw.) für entsprechend anwendbar erklärt worden, nicht aber in Art. 16 Abs. 1 LGO. auch für die Angelegenheiten der Art. 8—12.

Trotzdem verwenden Art. 10 und 12 einen Instanzbegriff, ohne daß er gesetzlich erläutert würde. Negativ wird man sagen können, daß Beschwerden und andere Rechtsmittel nicht mehr zur „Instanz" gehören, vielmehr eine neue Instanz bilden, daß aber im übrigen die vielen Sonderinstanzen der DGO. hier nicht gelten. Positiv wird man daher die Instanz im Sinne der Art. 8—12 dauern lassen vom Auftrag, eine bestimmte Dienststelle anzurufen, bis zur abschließenden Entscheidung dieser (oder bei Verweisung [Abgabe] einer gleichartigen) Dienststelle einschl. aller sich daraus für den Verkehr des Anwalts mit der Dienststelle und dem Auftraggeber ergebenden Akte, soweit sie nicht etwas Vollstreckungsähnliches enthalten.

Wertberechnung. Die Tätigkeit des Anwalts wird vergütet in Zehnteilen der vollen Gebühr des Art. 3 LGO., so daß zunächst die Ermittelung des „Gegenstandswertes" nötig ist. Insofern verweist Art. 16 Abs. 1 LGO. auf entsprechende Anwendung der §§ 10—12 DGO. und damit im wesentlichen auf §§ 3—9 ZPO. (oben bei § 10 DGO.). Die Anwendung dieser Grundsätze zur Wertermittelung kann aber nur eine „entsprechende" sein, weil es vielfach an einem „Streit" ganz fehlt. Dann wird das Rechtsverhältnis selbst, mit dem sich das Verfahren befaßt, innerhalb der etwa gestellten Anträge und ohne Rücksicht darauf, ob sie begründet erscheinen, in Geld zu veranschlagen sein. Vielfach folgt hier die Berechnung der gerichtlichen Gebühren und die Wertfestsetzung dazu ganz anderen Grundsätzen, als § 10 DGO. sie enthält. Dann muß der Anwalt für seine Gebührenforderung den Gegenstandswert selbst schätzen (und notfalls im Prozeßwege durchsetzen), während die gerichtliche Wertfestsetzung für ihn einerseits bedeutungslos ist (§ 11 DGO. also nicht gilt) und ihm deshalb anderseits auch kein Recht zusteht, im eigenen Namen Beschwerde gegen die Wertfestsetzung einzulegen. **OLG. 19,** 264; **KGJ. 28,** B 43; **42,** 292; **JW. 26,** 1589[5].

[2] **Aufwertungsverfahren.** Dieses nimmt eine besondere Stellung ein, weil es sich, sobald gegen eine Aufwertungsanmeldung Widerspruch erhoben ist, um ein echtes, prozeßähnliches Streitverfahren handelt, das nur aus Zweckmäßigkeitsgründen in die Verfahrensvorschriften der freiwilligen Gerichtsbarkeit eingegliedert ist. **RG. 118,** 189; **JW. 26,** 1580[3], 1825[7]. Daß aus letzterem Grunde **nicht die DGO.** an-

zuwenden ist, ist nunmehr anerkannten Rechtens. RG. 118, 189; JW. 25, 1410[4]; 26, 1240[2], 1859[3]; 29, 116[4]; HRR. 29, 244. Dies gilt auch dann, wenn über den gesetzlichen Zuständigkeitsrahmen hinaus von den Beteiligten vereinbart ist, die eigentlich in den ordentlichen Prozeß gehörende Frage über den Grund des Aufwertungsanspruchs durch die Aufwertungsstelle entscheiden zu lassen. JW. 28, 1821[3]. Sowohl das AufwG. v. 16. 7. 25 (RGBl. I 117) § 76 wie die DurchfVO. v. 29. 11. 25 (RGBl. I 392) Art. 129 befassen sich nur mit den bei der Aufwertungsstelle erwachsenden Gebühren, nicht mit denen der beteiligten Anwälte. Wegen des Landesrechts bezüglich der Anwaltsgebühren vgl. die Zusammenstellung in JW. 26, 114; für Preußen fehlen Vorschriften, so daß Art. 8 bis 12 LGO. gelten. Was den **Streitwert** betrifft, so bestehen Zweifel, ob die gerichtliche Wertfestsetzung den Anwalt (für Preußen nach Art. 16 Abs. 1 LGO., § 11 DGO.) bindet. Art. 129 DurchfVO. bestimmt nämlich, daß die Aufwertungsstelle den Streitwert „unter Berücksichtigung der gestellten Anträge nach freiem Ermessen" festzusetzen habe. Es ist also zwar von den gestellten Anträgen auszugehen, wobei der Unterschied zwischen den Anträgen beider Teile den Streitgegenstand ergibt. JW. 27, 853[5]; HRR. 29, 654; OLG. 46, 104. Aber, anders als im Zivilprozeß, kann von diesem Ergebnis nach freiem Ermessen unter Würdigung aller Umstände des Einzelfalls (nicht nach Willkür) abgewichen werden, insbesondere also berücksichtigt werden (anders im Prozeß: Anm. 4 § 6 ZPO. bei § 10 DGO.), daß der Barwert (VO. v. 20. 1. 27 [RGBl. I 49]) des erst 1932 fälligen Aufwertungsanspruchs ein geringerer ist. JW. 27, 853[5], 1494[3]; OLG. 46, 104 (a. M. JW. 26, 1859[3]: Nennbetrag maßgebend). Auch § 3 ZPO. läßt zwar freies Ermessen gelten, aber zwingend eingeschränkt durch die Vorschriften in §§ 4—9 ZPO. Die Grundsätze für die Wertfestsetzung im AufwG. und in der ZPO. (GKG., DGO.) decken sich also nicht, so daß streitig ist, ob die gerichtliche Wertfestsetzung den Anwalt bindet oder ob er (wie sonst oft bei Angelegenheiten der freiwilligen Gerichtsbarkeit: oben Anm. 1 Abs. 3) nach Art. 16 Abs. 1 LGO., § 10 DGO. selbständig den Streitwert anders berechnen darf. Das Kammergericht (für Preußen) und das oberste Landesgericht (für Bayern) haben sich dahin entschieden, daß die gerichtliche Festsetzung den Anwalt binde, weil hier § 10 DGO. als durch

Art. 129 DurchfVO. ersetzt zu gelten habe. JW. 27, 1494[3]; DRZ. 27, 194. Andernfalls wäre auch eine Festsetzung der von dem unterlegenen Gegner zu erstattenden Kosten durch den Urkundsbeamten der Geschäftsstelle wegen Fehlens einer greifbaren Unterlage für die Wertberechnung kaum durchführbar. Die Folge der Bindung ist, daß der Anwalt auch in eigenem Namen nach Art. 16 Abs. 1 LGO., § 12 DGO. Streitwertbeschwerde erheben kann. JW. 27, 1331[1], 1494[3]; DRZ. 27, 194. Sie ist die einfache Beschwerde und auch dann zulässig, wenn die Wertfestsetzung mit der Sachentscheidung verbunden ist. KG., 9 AW 756/26. — Die Tätigkeit des Anwalts wird durch die **Einzelgebühren** der Art. 8—12 abgefunden, die auch alle **Nebengeschäfte** (vgl. Anm. 1 Abs. 1) umfassen. Aus dem prozeßähnlichen Charakter des Aufwertungsverfahrens folgt auch, daß, wenn dem Verfahren ein Schriftwechsel mit dem Gegner vorangegangen ist, der allein betrachtet Gebührenansprüche aus Art. 9, 11 (Schreiben, Raterteilungen) gewähren könnte, ebenso wie beim eigentlichen Prozeß (Anm. 3 § 13 DGO.) dieser Schriftwechsel durch die im Aufwertungsverfahren selbst erwachsenden Gebühren mit abgegolten ist. JW. 28, 1821[3]. Eine **Vergleichsgebühr** kommt nicht in Frage, mag der Vergleich in einem Termin geschlossen werden oder außergerichtlich. JW. 26, 1240[2]; 27, 2638[4]. — Wegen des **Instanzbegriffs** vgl. Anm. 1 Abs. 2. — Auch eine **Kostenfestsetzung** gegen den unterlegenen Gegner ist zulässig. JW. 28, 117[3]. Sie erfolgt einheitlich für alle Instanzen durch den Urkundsbeamten der Geschäftsstelle der Aufwertungsstelle (PrJustMinVfg. v. 8. 12. 25 [JMBl. 246] Nr. I 2). Rechtsmittel dagegen sind die sofortige Beschwerde an das Landgericht und bei Gesetzesverletzung die weitere sofortige Beschwerde an das Kammergericht (§ 74 AufwG.). JW. 25, 1410[4]; 29, 116[4]. Als gebührenfreies Nebengeschäft zu den sonstigen gebührenpflichtigen Akten ist der Kostenfestsetzungsantrag des Anwalts nicht anzusehen. Es entsteht daher für den Antrag (nicht die Gebühr aus § 23 Nr. 18 DGO., sondern) eine $^{3}/_{10}$ Gebühr aus Art. 8 LGO. nach dem Kostenobjekt. JW. 27, 536[6]; 28, 1419[1], 2882[1]; 29, 116[4]; HRR. 29, 244. Da der Instanzbegriff der DGO. hier nicht gilt (s. Anm. 1 Abs. 2), so zählt die Kostenfestsetzung nicht (wie nach § 30 Abs. 3 DGO.) als Sonderinstanz, sondern als Teil der Instanz vor der Aufwertungsstelle. Die Gebühr für den Festsetzungsantrag kann deshalb nicht anfallen, wenn der Anwalt bereits sonst in der Instanz die Höchstgesamtgebühr von $^{30}/_{10}$ für Schriftsätze, Raterteilungen und Besprechungen nach § 12 LGO. verdient hat. JW. 28, 1419[1] (a. M. JW. 28, 2882[1]). — Darüber, ob die **Anwaltsgebühren** der obsiegenden Partei **erstattungsfähig** sind, ist nicht in der Kostenentscheidung der Aufwertungsstelle oder der Beschwerdeinstanzen, sondern erst im Kostenfestsetzungsverfahren des Urkundsbeamten zu befinden. JW. 27, 1493[1]. Eine allgemeine Erstattungsfähigkeit der Anwaltsgebühren (wie nach § 91 Abs. 2 ZPO. für den Prozeß) besteht hier nicht; sie besteht nur dann, wenn die Zuziehung eines Anwalts zur zweckentsprechenden Rechtsverfolgung oder Rechtsverteidigung notwendig war (Art. 9 Abs. 2 PrFGG.). JW. 25, 1410[4], 1769[6]; 27, 2946[3]; 28, 117[3]; JR. 25, 1151 (a. M. anscheinend JW. 26, 2647[1]: stets erstattungsfähig). War zweckmäßigerweise ein nichtpreußischer Anwalt zugezogen, so sind die ihm zustehenden Gebühren erstattungsfähig, selbst wenn sie höher als die preußischen sind. JW. 27, 2946[3]. Für die Erstattung der Kostenfestsetzungsgebühr ist ebenfalls zu prüfen, ob die Stellung des Antrags durch einen Anwalt notwendig war. JW. 29, 116[4]; HRR. 29, 244. — Vgl. auch als Spezialvorschrift Art. 19 DurchfVO. zum AufwG. über **Guthaben bei Fabriksparkassen** usw. v. 8. 7. 26 (RGBl. I 403): besonderer Streitwert, keine Erstattung außergerichtlicher Kosten.

a) **Schriftsätze.**

Artikel 8.

(1) [1]Für Anträge, Erklärungen und Beschwerden bei Behörden[2] erhält der Rechtsanwalt[3] acht Zehnteile der vollen Gebühr[4]. Für bloße Benachrichtigungen, Beschleunigungsgesuche, kurze Anzeigen und Schreiben ähnlicher Art kann diese Gebühr nur gefordert werden, falls nicht dem Rechtsanwalt in der gleichen Angelegenheit eine andere Gebühr zusteht[5].

(2) Hat der Rechtsanwalt die einem Antrag oder einer Erklärung zugrundeliegende Urkunde entworfen[6], so steht ihm für den Antrag oder die Erklärung die

Gebühr des Abs. 1 nicht zu[7]; er erhält die im § 10 Abs. 2 der Gebührenordnung für Notare bestimmte Gebühr[8], wenn ein das Sach- und Rechtsverhältnis entwickelnder Vortrag[9] erforderlich ist und dessen Einreichung[10] von der Partei verlangt wird.

[1] **Geschichtliches.** Durch die Nov. v. 28. 10. 22 ist in Abs. 1 die Gebühr von $^2/_{10}$ auf $^8/_{10}$ erhöht. Abs. 2 wurde zugleich redaktionell geändert, um zweifelsfrei klarzustellen, daß nur bei einem entwickelnden Vortrag eine Gebühr erwächst.

[2] **Anträge, Erklärungen und Beschwerden bei Behörden** z. B.: für Anträge eines Erben an das Nachlaßgericht, betreffend Bestimmung einer Frist für Miterben zur Erklärung über Annahme der Erbschaft der Eltern aus einem Testament (z. B. nach märkischem Provinzialrecht), **KGJ. 28,** B 44; für eine Eingabe an die Staatsregierung zwecks Anstellung von Ermittelungen über die Vermögensverhältnisse einer Hypothekenbank, **OLG. 17,** 226; für eine Eingabe an den Reichsrat zwecks Verhinderung der Genehmigung von Beschlüssen der Generalversammlung einer Hypothekenbank (§ 1 HypBG. v. 13. 7. 99), **OLG. 17,** 226; für Anträge oder Erklärungen in dem Verfahren vor der Reichsentschädigungskommission nach der VO. v. 17. 1. 17, **OLG. 39,** 119. Hierher sind auch zu rechnen Eingaben, die der Anwalt als Berater und Rechtsbeistand einer Gemeinde bei den Verhandlungen über die Eingemeindung in eine andere Gemeinde an Behörden gerichtet hat. Vgl. **RG. 75,** 98. Die Anträge usw. müssen **schriftliche** sein (a. M. **OLG. 39,** 119) und vom Anwalt entweder entworfen und unterzeichnet oder nur für den Auftraggeber entworfen oder (Art. 16 Abs. 1 LGO., § 5 DGO.) nur vom Anwalt unterzeichnet sein.

[3] Als Beauftragter eines Dritten, nicht der Behörde selbst.

[4] Gebühr des Art. 3. Damit ist die gesamte Tätigkeit abgefunden. Hierüber und wegen des Gegenstandswertes s. Vorbem. 1, 2 vor Art. 8 LGO. Jeder Antrag usw. wird einzeln entlohnt, Höchstbetrag mehrerer Anträge usw. in derselben Angelegenheit $^{30}/_{10}$: Art. 12 LGO.

[5] Hinsichtlich der **bloßen Benachrichtigungen, kurzen Anzeigen usw.** vgl. die ähnliche Bestimmung in Art. 9 Abs. 1 Satz 2. — Wenn der Anwalt nachträglich noch einen weiter-

gehenden Auftrag in derselben Angelegenheit erhält, muß er sich die bereits empfangenen Gebühren anrechnen. KVH. 4.

[6] Der **Entwurf** muß eine **herzustellende Urkunde** zum Inhalte haben. Es genügen nicht z. B. schriftliche Vorschläge zur Sanierung einer Hypothekenbank. OLG. **17**, 225.

[7] Die mit der Einreichung der entworfenen Urkunde in dem Begleitschreiben enthaltenen zugehörigen Anträge und Erklärungen sind also gebührenfreies Nebengeschäft.

[8] Ebenso wie für den Anwalt (Anm. 7) ist auch für den Notar nach § 10 Abs. 1 NotGO. v. 28. 10. 22 (GS. 404) der mit der Einreichung der von ihm aufgenommenen oder entworfenen Urkunden verbundene Schreibverkehr gebührenfreies Nebengeschäft. Als Ausnahme von dieser Regel gewährt § 10 Abs. 2 dem Notar für den die Urkunde übersendenden Antrag eine $^5/_{10}$-Gebühr des § 4 NotGO. u. a. dann, wenn es notwendig ist, mit dem Antrag einen das Sach- und Rechtsverhältnis entwickelnden Vortrag zu verbinden, und dessen Einreichung von der Partei verlangt wird. Ebendies soll nach Art. 8 Abs. 2 Halbsatz 2 LGO. auch für den Anwalt gelten. Da § 4 NotGO. wegen der Gebührenstaffel genau so wie Art. 3 LGO. auf § 32 PrGKG. verweist, so erhält im Ergebnis der Anwalt für solchen verlangten Vortrag $^5/_{10}$ der Gebühr des Art. 3 LGO.

[9] Über den **Begriff des Vortrags** vgl. § 8 JustMinInstruktion v. 11. 9. 51 zu dem Tarife v. 11. 5. 51, aus dessen § 8 Abs. 2 die Vorschrift des Abs. 2 entnommen ist (bloße Herzählung und Erläuterung der instrumentierten Tatsachen und Geschäfte kein notwendiger Vortrag).

[10] Unter „Einreichung" der Urkunde ist nur eine Einsendung an die Behörde zu verstehen, nicht die Rück- oder Zusendung an den Auftraggeber. KGJ. **46**, 306.

Artikel 9.

(1) [1]Für Schreiben an Privatpersonen[2] erhält der Rechtsanwalt fünf Zehntelle der vollen Gebühr[3]. Für Schreiben, die rechtliche Ausführungen oder sachliche Auseinandersetzungen nicht enthalten[4], kann diese Gebühr nur gefordert werden, falls nicht dem Rechtsanwalt in der gleichen Angelegenheit eine andere

Gebühr zusteht. Für die der Einleitung eines Prozesses vorausgehenden Mahnungen, Kündigungen oder Schreiben ähnlicher Art kann eine Gebühr nicht gefordert werden, wenn dem Rechtsanwalte die Prozeßgebühr zusteht[5]. Stellt sich indessen die Prozeßgebühr niedriger als die vorstehend bestimmte Gebühr, so erhält der Rechtsanwalt außerdem den Betrag, um welchen diese Gebühr die Prozeßgebühr übersteigt[6].

(2) Auf Schreiben an den Auftraggeber, die eine Raterteilung oder ein Gutachten enthalten, finden die für diese Geschäfte in den Artikeln 11, 16 gegebenen Gebührenvorschriften Anwendung[7]. Für andere Schreiben an den Auftraggeber kann eine Gebühr auch dann nicht gefordert werden, wenn sie rechtliche Ausführungen oder sachliche Auseinandersetzungen enthalten; steht jedoch dem Rechtsanwalt in der gleichen Angelegenheit eine andere Gebühr nicht zu, so ist die im Abs. 1 Satz 1 bestimmte Gebühr zu erheben[8].

[1] **Geschichtliches.** Bis zur Nov. v. 28. 10. 22 betrug die Gebühr des Abs. 1 nur $^1/_{10}$ statt $^5/_{10}$. — Abs. 1 Satz 4 ist Zusatz derselben Nov. — In Abs. 2 Satz 1 war zunächst statt Art. 16 der Art. 15 genannt. Dies änderte sich durch die Nov. v. 21. 3. 10 infolge Neuzählung, wobei Art. 15 zum Art. 16 wurde.

[2] **Schreiben an** (natürliche oder juristische) **Privatpersonen** oder Personenvereinigungen (z. B. Handelsgesellschaften) im Gegensatze zu Schreiben an Behörden, für die Art. 8 maßgebend ist. — Zu den Privatpersonen gehört hier nicht der Auftraggeber. Schreiben an diesen: Abs. 2.

[3] Fünf Zehnteile der **vollen Gebühr** des Art. 3, für **mehrere Schreiben** mehrmals. Hierüber und wegen des Gegenstandswertes s. Vorbem. 1, 2 vor Art. 8, OLG. 39, 119. Jedoch Art. 12 (Beschränkung des Gesamtbetrags auf **drei** volle Gebühren).

[4] **Ausführungen oder Auseinandersetzungen nicht enthaltende Schreiben,** z. B.: bloße Mitteilung eines Schrift-

stücks und die Aufforderung, zur Rücksprache zu erscheinen, EGH. 8, 149; Entwürfe zu Artikeln für die Presse, betreffend Sanierung einer Hypothekenbank, OLG. 17, 226. Auch bloße Benachrichtigungen, Erinnerungsschreiben, Zahlungsaufforderungen, kurze Anzeigen. EGH. 10, 54. Vgl. ähnlich Art. 8 Satz 2. Ferner Mahnungen, Kündigungen und Schreiben ähnlicher Art, wenn nicht zugleich Prozeßauftrag gegeben war und die Prozeßgebühr entsteht. Vgl. Satz 3 sowie Anm. 7 § 1 DGO., JW. 02, 285; OLG. 3, 167. Desgl. eine Aufforderung an eine Hypothekenbank, von der seitens des Auftraggebers, eines Bankiers, Aktien bezogen worden sind, bei Regulierung der Verhältnisse der Bank die von dem Auftraggeber an seine Kunden abgesetzten Aktien zurückzunehmen. OLG. 17, 223. Daß bei dem Auftrag zu einem Mahnschreiben spätere Klage nur in Aussicht genommen wurde, genügt noch nicht, um sofort die Prozeßgebühr zu begründen (a. M. JW. 24, 216[17]). Vgl. § 14 Abs. 1 DGO.

[5] Durch die Prozeßgebühr (§ 13 Nr. 1 DGO.) werden also die **vorausgehenden Mahnungen** usw. abgegolten. Dasselbe gilt, wenn nur Bruchteile der Prozeßgebühr erwachsen, z. B. das Schreiben des Art. 9 die Erhebung einer Beschwerde unnötig machen soll, für die nach § 41 DGO. nur $^{3}/_{10}$ Prozeßgebühr erwachsen. Ist gleichzeitig Klage- und Mahnauftrag gegeben, so genügt die Absendung des Mahnschreibens nicht, um entgegen § 14 DGO. sofort die volle Prozeßgebühr zu begründen (a. M. JW. 24, 216[17]). — Vgl. auch Anm. 5 Art. 8 (Gebührenanrechnung bei späterer Erweiterung des Auftrags). Das gilt auch, wenn derjenige Auftrag, der die Prozeßgebühr entstehen läßt, erst später erteilt wird (vgl. § 49 GDO.). — Als der Prozeßgebühr wesensgleich haben im Sinne des Art. 9 LGO. zu gelten die ihr im Prozeß oder den ihm vorangehenden gerichtlichen Verfahren entstehenden ähnlichen Gebühren, wie die Mahngebühr, die Gütegebühr, die Gebühr für die Vollstreckbarerklärung eines Schiedsspruchs oder schiedsgerichtlichen Vergleichs, die Verkehrsgebühr (§ 38, 38a, 40a, 44 DGO.). Unmittelbar gilt Art. 9 da, wo die DGO. direkt von der Prozeßgebühr spricht (z. B. in §§ 41, 43, 45, 47 DGO.), wo also der Anwalt, von dem vorher Schreiben des Art. 9 LGO. ausgingen, später gewisse Zehnteile der Prozeßgebühr erhält, auch wenn er nicht Prozeßbevollmächtigter als solcher wird.

[6] Der Anwalt soll also mindestens die Gebühren der LGO. erhalten, die in den niedrigen Wertstufen insbesondere dann höher als die Prozeßgebühr der DGO. sein können, wenn mehrere Schreiben gefertigt sind. Der Anwalt erhält aber hier immer die Gebühr der DGO. und den Mehrbetrag der LGO. nur als einen Zuschlag, für den die Mindestgebühr des Art. 3 nicht gilt, so daß er geringer als 2 RM. sein kann.

[7] Der Anwalt erhält also, wenn das **Schreiben an den Auftraggeber** (der auch eine Behörde sein kann) **eine Raterteilung** enthält, gemäß Art. 11 LGO. $^{5}/_{10}$ der vollen Gebühr, und wenn es ein **Gutachten** enthält, gemäß Art. 16 LGO., § 88 DGO. eine angemessene Vergütung, über deren Höhe erforderlichenfalls im Prozeßwege, nach eingeholtem Gutachten des Vorstandes der Anwaltskammer, zu entscheiden ist. Jedoch liegt eine Raterteilung im Sinne des Abs. 2 nicht schon dann vor, wenn der Anwalt an eine Mitteilung einen Rat anschließt, sondern erst dann, wenn dieser Rat von dem Auftraggeber erbeten ist. KBH. 5.

[8] Während also nach Abs. 1 Schreiben an andere Privatpersonen nur dann gebührenfrei sind, wenn sie rechtliche Ausführungen oder sachliche Auseinandersetzungen nicht enthalten, und zugleich dem Anwalt in derselben Angelegenheit eine andere Gebühr zusteht, sind **Schreiben an den Auftraggeber, die sich nicht als Gutachten oder Raterteilungen darstellen,** überhaupt gebührenfrei, es sei denn, daß dem Anwalt eine andere Gebühr in derselben Angelegenheit nicht zusteht. Eine solche andere Gebühr ist auch die nach Art. 8 für Schreiben an Behörden. KBA. 3450.

b) Termine.

Artikel 10.

[1]Für die Wahrnehmung[2] eines Termins[3] erhält der Rechtsanwalt die volle Gebühr[4]. Werden in derselben Angelegenheit mehrere Termine wahrgenommen, so beträgt die Gebühr für den zweiten und für jeden weiteren Termin acht Zehnteile der vollen Gebühr. Der Gesamtbetrag der Gebühren in derselben Angelegenheit[5] darf in einer Instanz[6] das Dreifache der vollen Gebühr nicht übersteigen[7].

[1] **Geschichtliches.** Bis zur Nov. v. 28. 10. 22 betrug die Gebühr für den ersten Termin nur $^{3}/_{10}$ statt $^{10}/_{10}$, für jeden weiteren Termin nur $^{2}/_{10}$ statt $^{5}/_{10}$, der Gesamtbetrag nur $^{10}/_{10}$ statt $^{30}/_{10}$. — Satz 3 war früher ein besonderer Abs. 2.

[2] **Wahrgenommen** ist der Termin auch dann, wenn sogleich vertagt wird. KBH. 5. Anders EGH. 9, 149 (Voraussetzung für die Gebühr sei eine sachliche Tätigkeit des Anwalts in dem Termine; für sein bloßes Erscheinen in dem vereitelten Termine könne der Anwalt die Gebühr aus Art. 10 nicht beanspruchen).

[3] **Ein Termin im Sinne des Art. 10** ist ein solcher, der vor einem Gericht oder vor einer anderen Behörde oder vor einem Beamten ansteht und für eine bestimmte, einen Bestandteil des Verfahrens bildende Tätigkeit vorher festgesetzt ist. OLG. 15, 183; 39, 119 (a. M. OLG. 17, 224, wonach als Wahrnehmung eines Termins jede Vertretungs- oder Beistandstätigkeit außerhalb der Geschäftsräume des Anwalts an einem Orte gelten soll, der behufs Erörterung einer Rechtsangelegenheit oder Vornahme eines Geschäftes bestimmt ist, z. B. die Wahrnehmung von Generalversammlungen einer Aktiengesellschaft). — Besteht die Tätigkeit des Anwalts nur darin, daß er in den Geschäftsräumen seines Auftraggebers unter Einsicht der Geschäftsbücher eine Erfindung prüft, so nimmt er, auch wenn eine Besprechung mit einem zu dem bestimmten Zeitpunkte dorthin bestellten Sachverständigen erfolgt, nicht einen „Termin" im Sinne des Art. 10 wahr; vielmehr kann er nur die Gebühr für Rat und Besprechung aus Art. 11 LGO. beanspruchen. OLG. 15, 183.

[4] **Die volle Gebühr** (des Art. 3 LGO.) umfaßt die gesamte Vorbereitungstätigkeit einschließlich der Besprechungen (Art. 11), OLG. 17, 223, 224; 39, 120, sowie die gesamte Tätigkeit in dem Termin, ganz gleich, wie er ausläuft (Vertagung, Entscheidung, Vergleich; insbesondere kann hier keine Vergleichsgebühr entstehen, JW. 26, 1240[2]). Außerdem **Reisekosten bei auswärtigen Terminen.** Art. 16 LGO., §§ 78—83 DGO. Wird der Termin vor seiner Wahrnehmung aufgehoben: Art. 14. — Wegen des Gegenstandswertes s. Vorbem. 1, 2 vor Art. 8.

[5] **Z. B. Ehegüterrechtssache, Vormundschaftssache, Aufwertungssache, Nachlaßregulierung, Testamentsvollstreckung,**

Verwaltungsangelegenheit, handelsrechtliche oder genossenschaftliche Angelegenheiten.

[6] Der **Instanzbegriff** ist in Vorbem. 1 Abs. 2 vor Art. 8 besprochen.

[7] Vgl. auch Art. 12 (die gleiche Vorschrift für die Gebühren nach Art. 8, 9, 11) und Anm. 3 dort. — Ist **der Wert** des Gegenstandes für die mehreren Termine **ein verschiedener** (der Anspruch wird z. B. erhöht oder ermäßigt), so ist der höchste Wert entscheidend, wie aus der in Art. 16 Abs. 1 enthaltenen Verweisung auf § 10 DGO. und damit auf § 14 Abs. 2 GKG. entnommen werden kann, der allerdings nicht unmittelbar paßt. KBA. 3451.

c) **Rat und Besprechung.**

Artikel 11.

[1]Fünf Zehnteile der vollen Gebühr[1a] erhält der Rechtsanwalt, falls[2] nicht eine der in den Artikeln 8 bis 10 bestimmten Gebühren anzusetzen ist[3], für die Erteilung eines Rates[4] sowie für eine Besprechung[5].

[1] **Geschichtliches.** Bis zur Nov. v. 28. 10. 22 betrug die Gebühr nur $^1/_{10}$ statt $^5/_{10}$.

[1a] Gebühr des Art. 3. Wegen des Gegenstandswertes s. Vorbem. 1, 2 vor Art. 8.

[2] Der Zwischensatz bezieht sich sowohl auf Raterteilungen als auch auf Besprechungen. KBA. 3450.

[3] Die **Raterteilung oder Besprechung innerhalb der Tätigkeit,** für die eine der Gebühren **der Art. 8—10** zusteht, wird als vorbereitende Tätigkeit durch diese Gebühr mitabgegolten. OLG. 17, 223; **39,** 120, vgl. auch KGJ. **46,** 310. Wenn z. B. eine Besprechung zu dem Ergebnisse führt, daß der Anwalt auf Grund ihrer ein Schreiben der im Art. 8 oder im Art. 9 bezeichneten Art anfertigt, kommt nur die Gebühr für das Schreiben zum Ansatze. KBH. 5, OLG. **17,** 223; **39,** 120. Ebenso erhält der Anwalt für Besprechungen, die lediglich zur Vorbereitung von Terminen gehören, nicht noch die Gebühr aus Art. 11 neben der aus Art. 10. EGH. **9,** 147. — Auch wenn eine der in den Art. 4—7 bestimmten Gebühren anzusetzen ist, erhält der Anwalt für Raterteilungen oder Besprechungen nicht noch eine besondere Gebühr aus Art. 11, da

jene Gebühren Pauschgebühren für ein ganzes Verfahren sind: Art. 16 Abs. 2 LGO., § 29 DGO. Vgl. auch Anm. 4.

[4] **Begriff der Erteilung eines Rates:** Anm. 1 § 47 DGO. Der Rat kann dem Auftraggeber mündlich oder schriftlich (vgl. Art. 9 Abs. 2, OLG. 17, 225) erteilt werden. Erfordert „der" Rat mehrere Schreiben oder Besuche, z. B. weil der Auftraggeber den Anwalt nicht gleich versteht, so entsteht die Raterteilungsgebühr nur einmal. Doch sind auch in einer Angelegenheit mehrere Raterteilungen möglich; dann Art. 12 (Gesamthöchstgebühr). — Die Gebühr für Raterteilung entsteht nicht (oder fällt wieder fort), wenn der Rat den Beginn oder die Fortsetzung eines nach der ZPO., StPO. oder KO. sich regelnden Verfahrens betrifft. Anm. 7, 8 § 1 DGO., OLG. 15, 180, 183, oder eines der im Art. 2 LGO. aufgeführten Verfahren, hinsichtlich deren die Vorschriften der DGO. (§ 47) zur Anwendung kommen.

[5] Für **die Besprechung** nur dann, wenn mit ihr weder eine Raterteilung noch eine andere gebührenpflichtige Tätigkeit verbunden ist. Vgl. EGH. 9, 147. Über den Gegensatz zwischen einer nach Art. 11 zu vergütenden Besprechung mit einem Sachverständigen zu einem bestimmt festgesetzten Zeitpunkt und der unter Art. 10 fallenden Wahrnehmung eines Termins vgl. Anm. 3 Art. 10.

d) **Gesamtbetrag.**

Artikel 12.

[1]Der Gesamtbetrag der in einer Angelegenheit[2] nach den Artikeln 8, 9, 11[3] anzusetzenden Gebühren darf in einer Instanz[4] das Dreifache der vollen Gebühr nicht übersteigen[5].

[1] **Geschichtliches.** Bis zur Nov. v. 28. 10. 22 betrug der Gesamtbetrag nur $^{10}/_{10}$ statt $^{30}/_{10}$.

[2] **„Eine" Angelegenheit** = „dieselbe" Angelegenheit; vgl. Anm. 5 Art. 10.

[3] Also **Gesamtbetrag** für **mehrere Schreiben** oder für mehrere **Raterteilungen** oder **Besprechungen,** sowie für **Schreiben und Raterteilungen oder Besprechungen zusammen. Dagegen** sind die für Wahrnehmung von **Terminen** in derselben Angelegenheit anzusetzenden Gebühren bei der Berechnung des zulässigen Höchstbetrags nicht miteinzurechnen. Diese Ge-

bühren können vielmehr nach Art. 10 Satz 2 gegebenenfalls bis zu dem Höchstbetrag von drei weiteren vollen Gebühren (Art. 3) besonders gefordert werden. KGA. 3451. Sechs volle Gebühren (drei für alle etwaigen Schreiben, Raterteilungen, Besprechungen und drei weitere für alle Termine) aber kann die Gesamtvergütung für eine Instanz nicht übersteigen.

[4] **Begriff der Instanz:** Vorbem. 1, 2 vor Art. 8.

[5] Wenn in einer Angelegenheit die nach Art. 8, 9, 11 anzusetzenden **Gebühren nach verschiedenen Werten** zu berechnen sind, ist für die nach Art. 12 zu entscheidende Frage des **Gebührenhöchstbetrags** der höchste der verschiedenen Werte maßgebend. Anm. 7 Art. 10. Möglich ist aber, daß für die Gesamtheit der Termine und anderseits die Gesamtheit der Schreiben, Raterteilungen und Besprechungen der Höchstwert ein verschiedener ist, weil beide Höchstbeträge von der LGO. gesondert festgesetzt sind.

4. Notargeschäfte.

Artikel 13.

(1) [1, 2, 3] Auf die Anfertigung des Entwurfs eines Rechtsgeschäfts[1] und die Vermittlung einer Auseinandersetzung[5] sowie auf den Empfang, die Verwahrung und die Auszahlung von Geldern und Wertpapieren[6] in Angelegenheiten, die nicht zur streitigen Rechtspflege gehören, finden die für die Gebühren der Notare geltenden Vorschriften entsprechende Anwendung. Die Herstellung des Schreibwerkes und die Auslagen an Postgebühren werden nach den für die Notare geltenden Vorschriften vergütet[7].

(2) Der Betrag der Vergütung für die Anfertigung eines Entwurfs kann nur insoweit abweichend durch Vertrag bestimmt werden, als dies nach § 26 der Gebührenordnung für Notare zulässig ist[8].

(3) Die §§ 21 bis 25 der Gebührenordnung für Notare[9] finden auf Rechtsanwälte keine Anwendung.

[1] **Geschichtliches.** Nach § 29 NotGO. in d. alten Fass. v. 25. 6. 95 fanden auf Rechtsanwälte, welche Geschäfte der

nichtstreitigen Gerichtsbarkeit besorgten, für die die NotGO. Bestimmungen enthielt, diese Bestimmungen Anwendung. Der an die Stelle dieser Vorschrift getretene Art. 13 LGO. bezeichnet nunmehr zur Beseitigung von Zweifeln einzeln die in Betracht kommenden Geschäfte. Begr. 7. — Abs. 1 Satz 2 in der jetzigen Fassung beruht auf der Nov. v. 21. 3. 10; sie ersetzte auch in Abs. 3 die früheren Zahlen „19—25" durch „21—25". — Weitere Änderungen hat der Wortlaut des Art. 13 nicht erfahren, sachlich aber sind erhebliche Änderungen dadurch eingetreten, daß die NotGO., auf die verwiesen ist, und das PrGKG., auf das wieder die NotGBO. verweist, vielfach im Laufe der Zeit geändert worden sind, insbesondere durch die Nov. v. 28. 10. 22 (GS. 363, 404) und 18. 12. 23 (GS. 556). Diese Neufassungen sind den folgenden Erläuterungen zugrundegelegt.

[2] Neben den Gebühren des Art. 13 steht dem Anwalt, der die **einem Antrag oder einer Erklärung** an eine Behörde **zugrundeliegende Urkunde entworfen** hat, nach Art. 8 Abs. 2 LGO. für den Antrag oder die Erklärung die im § 10 Abs. 2 NotGBO. bestimmte Gebühr zu, wenn ein das Sach- und Rechtsverhältnis entwickelnder Vortrag erforderlich ist und dessen Einreichung von der Partei verlangt wird. Anm. 6 bis 10 Art. 8 LGO.

[3] Die **für alle im Art. 13 Abs. 1 Satz 1 LGO. genannten Geschäfte in Betracht kommenden Bestimmungen der Gebührenordnung für Notare** in der in Anm. 1 genannten letzten Fassung sind **die §§ 2, 3, 4, 12,** welche lauten:

§ 2 NotGO. (1) Die Gebühren werden nach dem Werte des Gegenstandes erhoben.

(2) Auf die Berechnung des Wertes des Gegenstandes finden die Vorschriften des Preußischen Gerichtskostengesetzes entsprechende Anwendung[a)].

§ 3 NotGO. (1) Der Mindestbetrag einer Gebühr beträgt 2 Reichsmark[b)], soweit nicht in dieser Gebührenordnung ein anderes bestimmt ist[c)].

(2) Pfennigbeträge, welche ohne Bruch nicht durch zehn teilbar sind, sind auf volle zehn Reichspfennige aufzurunden[d)].

§ 4 NotGO. Volle Gebühr im Sinne dieser Gebührenordnung ist die im § 32 des Preußischen Gerichtskostengesetzes bestimmte Gebühr[e)].

§ 12 (früher 11) NotGO. (1) Soweit nicht besondere Bestimmungen getroffen sind, erhält der Notar in allen

Fällen, in welchen seine Tätigkeit in Anspruch genommen ist und stattgefunden hat, ohne daß das bezweckte Geschäft durch ihn vollzogen ist, fünf Zehnteile der vollen Gebühr; jedoch darf die Gebühr, die für das bezweckte Geschäft zu erheben gewesen wäre, nicht überschritten werden f) . . .

(2) Wird ein in der Wohnung oder Amtsstube des Notars anberaumter Termin durch Nichterscheinen, Nichtverhandeln oder Handlungsunfähigkeit eines Beteiligten vereitelt, so werden zwei Zehnteile der vollen Gebühr bis zum Höchstbetrage von 20 Reichsmark erhoben g).

a) **Zu § 2 NotGO. Schuldner der Gebühren:** Der Auftraggeber, wobei abweichende Abreden zulässig sind. JW. 27, 1252[9]. — Papiermarkgebühren sind **aufzuwerten.** W. 25, 192. — Nicht anwendbar sind die §§ 10—12 DGO., die nach Art. 16 LGO. sonst Anwendung finden würden. — Der **Wert des Gegenstandes** des betreffenden Geschäfts, **nicht das Interesse der Beteiligten** ist maßgebend. W. 25, 192; OLG. 23, 288, 297, auch KGJ. 42, 299; 43, 319; OLG. 33, 183; 37, 227. — Die für die Wertberechnung in Betracht kommenden **Vorschriften des PrGKG.** v. 28. 10. 22 (GS. 363) sind **die §§ 18, 19, 20, 22:**

§ 18 (früher 19) PrGKG. (1) Für die Gebührenberechnung ist der Wert des Gegenstandes maßgebend, auf den sich das Geschäft bezieht. Betrifft das Geschäft ein Recht an einer Sache, so ist der Wert dieses Rechtes maßgebend aa.

(2) Der Wert des Gegenstandes des Geschäfts wird nach freiem Ermessen unter Berücksichtigung der nachfolgenden Vorschriften festgesetzt.

§ 19 (früher 20) PrGKG. (1) Für die Wertberechnung ist der Zeitpunkt der Fälligkeit der Gebühren entscheidend bb.

(2) Maßgebend für den in Ansatz zu bringenden Wert ist nur der Hauptgegenstand des Geschäfts. Früchte, Nutzungen, Zinsen, Schäden, Vertragsstrafen und Kosten werden nur berücksichtigt, wenn sie für sich den Gegenstand eines besonderen Geschäfts bilden cc.

§ 20 (früher 21) PrGKG. (1) Bei der Berechnung des Wertes einer Sache ist nur der gemeine Wert dd *derselben in Betracht zu ziehen; handelt es sich um einen Verkauf derselben* ee*, so ist als Wert der Betrag des vereinbarten Kaufpreises mit Hinzufügung des Wertes der vorbehaltenen Nutzungen und ausbedungenen Leistungen* ff *in Ansatz zu bringen, sofern er höher ist als der gemeine Wert.*

(2) Der Wert des Besitzes einer Sache ist in der Regel dem Werte der Sache gleichzuachten gg.

(3) Der Wert eines Pfandrechts oder der Sicherstellung einer Forderung[hh] *richtet sich nach dem Betrage der Forderung; hat der Gegenstand des Pfandrechts einen geringeren Wert, so ist dieser maßgebend, soweit nicht die besonderen Vorschriften für Eintragungen im Grundbuche (§ 63) entgegenstehen. Bei Vorrangseinräumungen, einschließlich der Einräumung gleichen Ranges, richtet sich der Wert nach dem Betrage der vortretenden Post und, wenn der Betrag der zurücktretenden Post der geringere ist, nach diesem. Als Vorrangseinräumung gilt im Sinne dieses Gesetzes auch die im § 1179 des Bürgerlichen Gesetzbuchs bezeichnete Vormerkung zugunsten eines nachstehenden Gläubigers*[ii]*. Der Wert bestimmt sich nach dem höheren der beiden nach den Vorschriften dieses Absatzes in Betracht kommenden Beträge, sofern dies für den Kostenschuldner nach den Vorschriften des § 39 günstiger ist*[kk].

(4) Der Wert einer Grunddienstbarkeit[ll] *wird durch den Wert, welchen dieselbe für das herrschende Grundstück hat, und wenn der Betrag, um welchen sich der Wert des dienenden Grundstücks durch die Dienstbarkeit mindert, größer ist, durch diesen Betrag bestimmt.*

(5) Der Wert des Rechtes auf wiederkehrende Nutzungen oder Leistungen[mm] *wird nach den Vorschriften des § 6 Abs. 8 bis 12 des Stempelsteuergesetzes berechnet, jedoch ist der Wert des Rechtes auf Nutzungen oder Leistungen auf Lebenszeit oder bis zum Eintritt eines bestimmten Alters oder Umstandes auf höchstens das Fünffache des einjährigen Bezugs anzunehmen, wenn das Recht dem jetzigen oder früheren Ehegatten des Verpflichteten oder Personen zusteht, die mit dem Verpflichteten in gerader Linie verwandt, verschwägert oder durch Annahme an Kindes Statt verbunden oder in der Seitenlinie bis zum dritten Grade verwandt oder bis zum zweiten Grade verschwägert sind, auch wenn die Ehe, durch welche die Schwägerschaft begründet ist, nicht mehr besteht. Steht der Zeitpunkt des Anfalls nicht fest, so tritt an dessen Stelle der Zeitpunkt der Begründung des Bezugsrechts. Der Wert des dem unehelichen Kinde gegen seinen Vater zustehenden Rechtes auf Unterhalt wird nach dem Betrage des einjährigen Bezugs berechnet; ist der Betrag der Bezüge der einzelnen Jahre verschieden, so kommt der höchste Betrag zum Ansatze.*

(6) Der Wert eines Miet- oder Pachtrechts bestimmt sich nach dem zusammenzurechnenden Werte aller Leistungen des Mieters oder Pächters während der ganzen Vertragszeit. Bei länger als 25 Jahre dauernden Miet- oder Pachtverhältnissen ist der fünfundzwanzigfache Betrag der einjährigen Leistung maßgebend. Bei unbestimmter Dauer des Vertrags erfolgt die Berechnung bei ländlichen Grundstücken unter Zugrunde-

legung dreier Jahre, in allen anderen Fällen unter Zugrundelegung eines Jahres; kann jedoch bei Verträgen, deren Dauer von einer Kündigung abhängt, die Auflösung des Vertragsverhältnisses erst zu einem späteren Zeitpunkte geschehen, so ist dieser Zeitpunkt maßgebend.

(7) Der Wert der einem Fideikommiß- oder Lehnsfolger anfallenden Rechte ist nach den Bestimmungen im Abs. 5 Satz 1 und 2 zu berechnen.

(8) Bei Kurs habenden Wertpapieren ist der Tageskurs als Wert anzusehen. Die Umrechnung der in anderer als Reichswährung angegebenen Summen erfolgt nach den für die Erhebung des Wechselstempels festgesetzten Mittelwerten und, insoweit solche nicht bestimmt worden sind, nach dem laufenden Kurse [nn].

(9) Soweit für die Berechnung einer Gebühr der Betrag der Vermögens- oder Nachlaßmasse maßgebend ist, bleiben Hausrat und andere bewegliche körperliche Gegenstände außer Betracht, soweit sie nicht nach den Vorschriften des Vermögensteuergesetzes vom 8. April 1922 (Reichsgesetzbl. I S. 335) der Vermögensteuer unterliegen [oo].

§ 22 (früher 23) PrGKG. (1) Bei nichtvermögensrechtlichen Angelegenheiten wird der Wert des Gegenstandes zu 3000 Reichsmark, ausnahmsweise höher oder niedriger, jedoch nicht über 100000 Reichsmark und nicht unter 200 Reichsmark angenommen [pp].

(2) In Ermangelung genügender tatsächlicher Anhaltspunkte für eine anderweite Wertschätzung sind die Vorschriften des Abs. 1 auch in anderen Fällen entsprechend anzuwenden [qq].

(3) Ist mit einer nichtvermögensrechtlichen Angelegenheit eine mir ihr zusammenhängende vermögensrechtliche verbunden, so ist nur ein Wert, und zwar der höhere, maßgebend [rr].

aa) **Zu § 18 PrGKG.** Nach § 18 Abs. 1 Satz 1 ist für die **Wertbemessung** nicht das Interesse der Beteiligten maßgebend, sondern der Wert des Gegenstandes, auf den sich das Geschäft bezieht. W. 25, 192; OLG. **33**, 183; **35**, 238. — Über Gegenstandswert für die Beschaffung einer Grunderwerbssteuerbescheinigung s. KGJ. **53**, 323. — **Recht an einer Sache** im Sinne des § 18 Abs. 1 Satz 2 ist auch: das Nacherbenrecht, die Fideikommißeigenschaft, KGJ. **46**, 279; **51**, 388; ein Vorkaufsrecht, KGJ. **51**, 388; jedoch das Nacherbenrecht nur dann, wenn es sich um das Recht des Nacherben an den einzelnen zum Nachlasse gehörenden Gegenständen handelt, KGJ. **51**, 388. — Ist Gegenstand des Geschäfts die Übernahme der

Garantie für die Ausbietung einer Hypothek in der Zwangsversteigerung, so ist für die Gebührenberechnung als Gegenstandswert der Betrag der Hypothekenforderung (§ 20 Nr. 3) maßgebend. KGJ. 47, 283.

bb) **Zu § 19 Abs. 1 PrGKG. Fälligkeit:** Art. 16 LGO., § 85 DGO. (bei Erledigung des Auftrags).

cc) **Zu § 19 Abs. 2 PrGKG.** Entscheidend ist allein das **Hauptgeschäft.** Darüber vgl. KGJ. 52, 249. Durch § 19 Abs. 2 Satz 1 wird nicht nur die Berücksichtigung der **Nebenforderungen** ausgeschlossen, die Satz 2 aufzählt, sondern auch die besondere Berechnung des Wertes von Verabredungen nebensächlicher Bedeutung, die bei der Beurkundung von Verträgen neben dem Hauptinhalte der Vertragsabrede mit beurkundet werden, verhindert (z. B. ist eine solche nebensächliche Verabredung: die in einem Grundstückskaufvertrage getroffene Vereinbarung, daß ein Teil des Preises durch Hingabe einer Hypothek getilgt sein soll; die Beurkundung der Sicherstellung neben der Beurkundung der Forderung selbst; ein Rangvorbehalt aus § 881 BGB. neben der Hypothekenbestellung; der in einem Ehevertrag gestellte Antrag auf Eintragung der Vereinbarung ins Güterrechtsregister). OLG. 21, 151; KGJ. 51, 358; JFG.Erg. 6, 158. Keine nebensächliche Nebenabrede neben einem Mietvertrage ist die Vereinbarung eines Vorkaufsrechts, OLG. 11, 351. Desgl. die Unterwerfungsklausel des j e w e i l i g e n Eigentümers nach § 800 ZPO. neben der Schuldbeurkundung, KGJ. 41, 285. Die Unterwerfungsklausel des Schuldners selbst nach § 794 Nr. 5 ZPO., wenn sie neben der Schuld selbst beurkundet ist, ist nur Nebengeschäft, KGJ. 35, B 5; 41, 289; neben der bloßen grundbuchlichen Eintragungsbewilligung der Schuld nach § 37 Abs. 4 PrGKG. ist sie dagegen kein gebührenfreies Nebengeschäft, JFG. Erg. 8, 206. Bei Verträgen über Errichtung einer Gesellschaft m. b. H. bilden den Gegenstandswert nicht nur die Verpflichtungen der Gesellschafter zur Leistung der Stammeinlagen, sondern auch die den Gesellschaftern etwa noch sonst auferlegten besonderen Verpflichtungen (die nicht als bloße Nebenleistungen anzusehen sind). KGJ. 52, 249. — Wegen der einzelnen Nebenforderungen des Abs. 2 Satz 2 vgl. auch Anm. 2 § 4 ZPO. bei § 10 DGO. „Kosten" sind hier nicht nur diejenigen der Errichtung, sondern auch die der Durchführung des Geschäfts.

dd) **Zu § 20 Abs. 1 PrGKG.** Unter Sache müssen hier im Gegensatze zu § 90 BGB. auch unkörperliche Gegenstände verstanden werden. Für Kurs habende Wertpapiere s. § 20 Abs. 8. — Der gemeine Wert ist der im gewöhnlichen Geschäftsverkehr ohne Rücksicht auf ungewöhnliche oder lediglich persönliche Verhältnisse zu erzielende Preis, nicht der Ertragswert. KGJ. **25**, B 16 (bei Veräußerung eines öffentlichen Weges: zu erzielender Verkaufspreis); **52**, 276. — Dem gemeinen Wert eines Grundstücks ist der Wert eines auf dem Grundstücke betriebenen Geschäfts nur dann hinzuzurechnen, wenn die wirtschaftliche Verbindung des Geschäfts mit dem Grundstück eine derart enge ist, daß durch die Ausnutzung des einen der Wert des anderen erhöht wird. OLG. **35**, 240. Wegen des Wertes einer eidesstattlichen Versicherung über das Eigentum an Wertpapieren s. KGJ. **53**, 286.

ee) Ferner **zu § 20 Abs. 1 PrGKG.** Bei Verkäufen soll der Kaufpreis maßgeblich sein, wenn er den gemeinen Wert übersteigt. Bei zinsloser oder gering verzinslicher langer Stundung des Kaufpreises ist der gegenwärtige Kaufpreiswert zu schätzen. KGJ. **53**, 284. Preis auf wertbeständiger Basis bedingt Umrechnung für den Zahlungstag. KGJ. **53**, 284. — Die Vorschrift gilt nicht für Tauschgeschäfte, bei denen ja kein Kaufpreis vorhanden ist. Auch ein Gutsüberlassungsvertrag (Art. 15 Abs. 1 AGBGB.) ist kein Verkauf. Daher ist hier der gemeine Wert der Grundstücke, nicht der Erwerbspreis maßgebend. KGJ. **19**, 138; **39**, B 40. Gleiches gilt im Falle des Erwerbs eines Anteils an einem Nachlasse, zu dem ein Grundstück gehört. KGJ. **52**, 272. — Bei Abtretung einer Geldforderung hat deren Betrag in der Regel auch als ihr Wert zu gelten. Jedoch ist ein anderer Wert dann anzusetzen, wenn nach der allgemeinen Verkehrsanschauung oder nach der erkennbaren Auffassung der Beteiligten der wirtschaftliche Wert der Forderung anders zu veranschlagen ist. KGJ. **50**, 257. Bei der Abtretung schwer beitreibbarer und unsicherer Forderungen ist das von dem Nominalbetrag abweichende Abtretungsentgelt oder die im Prozeß über die Forderung vergleichsweise festgesetzte Abfindungssumme oder der sich bei der Zwangsvollstreckung ergebende Ausfall in Betracht zu ziehen. KGJ. 18, 169; **27**, B 14; **39**, B 48; **50**, 257. Über Berechnung des Wertes bei Abtretung von: Forderungen aus einem Lebensversicherungsvertrage vor Eintritt des Versicherungsfalls vgl. KGJ. **50**, 255; Rechten aus einem Meistgebot vgl. KGJ. **30**, B 20.

ff) Weiter **zu § 20 Abs. 1 PrGKG. Vorbehaltene Nutzungen** sind nur solche, die nach dem Gesetze (§ 446 BGB.) dem Käufer zustehen, die aber durch besondere Abrede dem Verkäufer vorbehalten werden. OLG. 21, 150. — **Ausbedungene Leistungen,** deren Wert dem Kaufpreise zuzurechnen ist, sind z. B. die Übernahme der Wertzuwachssteuer, der ganzen Grunderwerbssteuer, die übernommenen Kosten einer vom Käufer zu löschenden Hypothek. KGJ. **30**, B 8. Nicht dagegen: Altenteile, KGJ. **28**, B 26; ein Erbpachtskanon, KGJ. **28**, B 80; OLG. **9**, 196; eine Rentengutsrente, OLG. **17**, 258. Ist aber ein Altenteil größer vereinbart als im Grundbuch eingetragen, so ist die Übernahme eine ausbedungene Leistung. JFG.Erg. **1**, 67. Wird dagegen einem Bergbaugeschädigten das Grundstück abgekauft, so fällt der Bergschadenersatz nicht unter den Begriff der ausbedungenen Leistung. JFG.Erg. **1**, 70. Vgl. auch KGJ. **19**, 186; **27**, B 6.

gg) **Zu § 20 Abs. 2 PrGKG. Besitz** in weitem Sinne. § 20 Abs. 2 gilt nur „in der Regel", so daß nach § 19 Abs. 2 PrGKG. Ausnahmen nach freiem Ermessen zulässig sind.

hh) **Zu § 20 Abs. 3 PrGKG.** Begründung wie Aufhebung des **Pfandrechts** oder der **Sicherstellung** einer Forderung. — Wert einer Hypothekenaufwertungsvereinbarung JFG.Erg. **5**, 98; der Löschung einer abgetretenen Vorkriegshypothek JFG. Erg. **4**, 252. — Sicherstellung einer Forderung ist z. B. **Bürgschaftsleistung.** KGJ. 28, B 49; **47**, 288. **Aber auch nicht bloß** begrifflich akzessorische Sicherungsrechte, sondern auch selbständige Sicherungsrechte, wie das selbständige Garantieversprechen, die kumulative Schuldübernahme, KGJ. **47**, 289, die Ausbietungsgarantie, KGJ. **47**, 289, die Vormerkung, KGJ. 28, B 54. Dagegen nicht die Bestellung eines Nießbrauchs, auch wenn sie zum Zwecke der Sicherstellung einer Forderung vorgenommen wird. KGJ. **34**, B 18; **47**, 289. Auch nicht die sog. fiduziarische Sicherungsübereignung (Sicherungsabtretung), d. h. die zwecks Sicherung einer Forderung erfolgende Eigentumsübertragung (Forderungsabtretung) mit dem Bedinge der Rückübertragung nach Tilgung der Forderung. KGJ. **47**, 287. — Wird neben der Sicherstellung auch die Forderung selbst beurkundet, so ist die Sicherstellung nach § 19 Abs. 2 Satz 1 gebührenfreies Nebengeschäft. KGJ. **41**, 285.

ii) Ferner **zu § 20 Abs. 3 PrGKG. Vormerkungen** haben an sich den Wert des Rechtes, das sie selbst betreffen. Das gilt auch für Löschungsvormerkungen des § 1179 BGB. (Verpflichtung des Eigentümers einem andern gegenüber, eine Hypothek löschen zu lassen, wenn sie sich mit dem Eigentum in einer Person vereinigt). Nur wenn erkennbar ausschließlich zur Verstärkung bestimmt bezeichneter Grundpfandrechte eines nachstehenden Gläubigers die Löschungsvormerkung bewilligt wird, gilt hier die Vorzugsbestimmung des Abs. 3 Satz 2. KGJ. **43**, 350; 52, 277. — Wert der **Vorrangseinräumung** für mehrere nachfolgende Hypotheken: JFG.Erg. **4**, 250.

kk) **Weiter zu § 20 Abs. 3 PrGKG.** Den hier genannten § 39 **PrGKG.** s. unten Anm. 4rr. **Der höhere Wert,** richtiger der höherwertige Gegenstand der Beurkundung soll maßgeblich sein, wenn dadurch für mehrere in einer Urkunde enthaltene Beurkundungen Identität des Gegenstandes und damit eine geringere Gesamtgebühr erreicht wird.

ll) **Zu § 20 Abs. 4 PrGKG.** Wert einer **Grunddienstbarkeit.** Vgl. dazu Anm. 1 § 7 ZPO. (oben bei § 10 DGO.).

mm) **Zu § 20 Abs. 5 PrGKG.** Alle Rechte auf **wiederkehrende Nutzungen und Leistungen** im weiteren Sinne, auch Nießbrauch, Altenteil, Leibrente. KGJ. **19**, 153; **41**, 292; JFG.Erg. **6**, 156. Auch wenn die Jahresleistungen verschieden hoch sind, wie Satz 3 Halbs. 2 ergibt. Zweifelhaft, ob Reallasten hierher gehören. KGJ. **36**, B 23. Ein Agenturvertrag gehört nicht hierher, JFG.Erg. **3**, 226, ebensowenig eine Roggenrentenreallast, JFG.Erg. **5**, 100, oder ein Dienstvertrag, JFG.Erg. **7**, 132 (HRR. 28, 284). — Wert der einjährigen Nutzung (§ 6 Abs. 8 PrStStG. v. 27. 10. 24 [GS. 627]): aus der Urkunde zu entnehmen, notfalls sonst festzustellen (nach freiem Ermessen), KGJ. **17**, 136; **19**, 163, beim Nießbrauch unter Abzug der Wirtschaftsunkosten und öffentlichen Lasten, nicht aber der Hypothekenzinsen, KGJ. **17**, 132; **34**, B 18; **41**, 292, äußerstenfalls 4% des Wertes des zu nutzenden Gegenstandes. — Gesamtwert des Nutzungsrechts: a) bei bestimmter Dauer (§ 6 Abs. 12 PrStStG.): Zusammenrechnung der Jahresbeträge nach einer beigefügten Tabelle; b) auf Lebenszeit einer oder mehrerer natürlicher Personen (§ 6 Abs. 10, 11 PrSt.-StG.): ein dort angegebenes Vielfaches des Jahresbetrags mit Bevorzugung gewisser Verwandter, je nach dem Alter der Person: zur Zeit des Anfanges (Anfalls) der Nutzungen; bei nicht feststehendem Anfallzeitpunkt: zur Zeit der Begründung des Bezugsrechtes (§ 20 Abs. 5 Satz 2 PrGKG.); bei späteren Änderungen des Bezugsrechtes, auch Vorrangseinräumungen: zur Zeit der Änderung, JFG.Erg. **6**, 156; c) sonst bei unbestimmter Dauer, sofern die längste Dauer nicht kürzer ist (§ 6 Abs. 9 PrGKG.): der 12½fache Jahresbetrag; d) bei immerwährenden Nutzungen und Leistungen, auch wenn sie ablösbar sind, KGJ. **28**, B 80 (PrStStG. § 6 Abs. 9): der 25fache Jahresbetrag.

nn) **Zu § 20 Abs. 8 PrGKG.** Maßgebend bei **Kurs habenden Wertpapieren** kann auch der Kurs einer ausländischen Börse sein. Dann hat die Umrechnung in deutsche Währung nach dem Tageskurse zu erfolgen. KGJ. **53**, 286. Bei nicht Kurs habenden Wertpapieren ist der Wert nach freiem Ermessen festzusetzen. KGJ. **53**, 286. — Wegen der Mittelwerte vgl. JMBl. **23**, 660.

oo) **Zu § 20 Abs. 9 PrGKG.** Die Vorschrift gilt insbesondere für Ehe- und Erbverträge, Testamente, Erbteilungen. — Das RVermStG. v. 8. 4. 22 gilt nicht mehr. Jetzt gilt das RVerm.- u. ErbschStG. v. 10. 8. 25 (RGBl. I 233), das für den Begriff des Vermögens wieder in § 5 Abs. 1 auf das RBewertG. v. 10. 8. 25 (RGBl. I 214) verweist. Vgl. dort § 39 Nr. 5 (**Hausrat und andere bewegliche körperliche Gegenstände** gehören nicht zum „sonstigen Vermögen", können aber [mit Ausnahme des Hausrats] als Teil einer anderen Vermögensart [landwirtschaftliches, forstwirtschaftliches, gärtnerisches, Betriebs-, Grundvermögen] steuerbar sein).

pp) **Zu § 22 Abs. 1 PrGKG.** Über **nichtvermögensrechtliche Angelegenheiten** vgl. Anm. 1 § 11 GKG. oben bei § 10 DGO. Angelegenheiten z. B. betreffend: vormundschaftsgerichtliche Maßnahmen, Eheversprechen, OLG. **9**, 213, Heiratserlaubnisscheine, KGJ. **21**, B 24, Annahme oder Ablehnung des Testamentsvollstreckeramtes, KGJ. **33**, B 12; **52**, 282. Auch auf die zur Erlangung des Testamentsvollstreckerzeugnisses erforderlichen Nebengeschäfte, wie Abgabe der eidesstattlichen Versicherung, findet § 22 Abs. 1 Anwendung. KGJ. **45**, 369; **52**, 284; JW. **16**, 920². — Wegen des Umfanges der Prüfung, inwieweit eine Abweichung vom Normalsatze von 3000 RM. stattzufinden hat, vgl. KGJ. **52**, 282.

qq) **Zu § 22 Abs. 2 PrGKG.** Abweichend von der DGO. und dem GKG., wo nie vermögensrechtliche Ansprüche nach

§ 11 GKG. zu bewerten sind, läßt § 22 Abs. 2 PrGKG. beim **Mangel von Anhaltspunkten für andere Wertschätzung** eine solche nach Abs. 1 zu. Beispiele: Unterwerfungsklausel des jeweiligen Eigentümers unter die Zwangsvollstreckung nach § 800 ZPO., KGJ. **41**, 285; Ernennung eines Liquidators, KGJ. **42**, 295; Verlegung des Heimatsortes eines Binnenschiffs, KGJ. **51**, 373; Eigentumsverzicht, KGJ. **53**, 303; Kommissionsvertrag, JFG.Erg. **3**, 223; Agenturvertrag, JFG.Erg. **3**, 226; Dienstvertrag, JFG.Erg. **7**, 132 (HRR. 28, 284); eine Vorkriegshypothek, JFG.Erg. **3**, 246, aber auch **4**, 252; **8**, 214; die Unterwerfung unter die sofortige Zwangsvollstreckung, JFG.Erg. **8**, 206; Antrag auf Testamentseröffnung, JFG.Erg. **5**, 108. Dagegen hat ein Generalversammlungsbeschluß, Dividende zu verteilen oder nicht zu verteilen, einen bestimmten Wert, KGJ. **49**, 287; JFG.Erg. **3**, 239.

rr) **Zu § 22 Abs. 3 PrGKG. Vermögensrechtliche und nichtvermögensrechtliche Angelegenheiten** sind miteinander **verbunden,** z. B. wenn ein uneheliches Kind anerkannt und zugleich ihm Unterhalt versprochen wird. OLG. **4**, 395. — Abs. 3 setzt aber voraus, daß wirklich eine nichtvermögensrechtliche Angelegenheit mit einer vermögensrechtlichen zusammentrifft. Die Bestimmung gilt deshalb nicht, wenn nur eine von zwei vermögensrechtlichen Angelegenheiten in Ermangelung genügender Anhaltspunkte nach Abs. 2 (Anm. qq) so bewertet wird, als sei sie eine nichtvermögensrechtliche. Beispiel: Beurkundung eines Darlehns mit gleichzeitiger Unterwerfung des jeweiligen Eigentümers nach § 800 ZPO. unter die sofortige Zwangsvollstreckung. KGJ. **41**, 285.

b) **Zu § 3 Abs. 1 NotGO.** Die Goldmark**mindestgebühr** ist durch Art. VII Nr. 1 VO. v. 18. 12. 23 (GS. 556) festgesetzt.

c) Ferner **zu § 3 Abs. 1 NotGO. Ausnahme** z. B. § 14 Abs. 5 NotGO. für Empfang, Verwahrung und Auszahlung von Geldern und Wertpapieren.

d) **Zu § 3 Abs. 2 NotGO.** Neufassung durch Art. VII Nr. 1 VO. v. 18. 12. 23 (GS. 556). Auch die **Aufrundung** gilt in dem in Anm. c genannten Falle nicht.

e) **Zu § 4 NotGO.** Der § 4 NotGO. lautet eigentlich:

„Volle Gebühr im Sinne dieser Gebührenordnung ist die im § 32 **Abs. 2** des Preußischen Gerichtskostengesetzes bestimmte Gebühr."

Der § 32 unterschied in Abs. 1 eine höhere, in Abs. 2 eine niedrigere Gebührenstaffel. Beide Staffeln sind alsdann durch Art. VI VO. v. 18. 12. 23 zu einer vereinigt worden. Deshalb hat, ohne den § 4 NotGO. formell aufzuheben, der Art. VII Nr. 2 direkt auf die neue Einheitsstaffel verwiesen. Sie ist oben Anm. 3 Art. 3 LGO. abgedruckt.

f) **Zu § 12 Abs. 1 NotGO.** § 12 NotGO. ersetzt für Notar und Anwalt den sonst maßgeblichen § 52 PrGKG. — Die früher in § 12 enthaltene Höchstgebühr ist durch Art. VII Nr. 3 VO. v. 18. 12. 23 gestrichen worden.

g) **Zu § 12 Abs. 2 NotGO.** Die Goldmarkhöchstgebühr ist festgesetzt worden durch Art. VII Nr. 3 der in Anm. f genannten VO.

[4] Hinsichtlich der **Anfertigung des Entwurfs eines Rechtsgeschäfts** kommen als anzuwendende Vorschriften die **§§ 5, 6 und 9 NotGO.** in Betracht, welche lauten:

§ 5 NotGO. Soweit die Notare für die Geschäfte zuständig sind, über welche der zweite Abschnitt des ersten Teiles des Preußischen Gerichtskostengesetzes Bestimmung trifft, erhalten sie die daselbst für die Tätigkeit des Richters[a] festgesetzten Gebühren[b].

§ 6 NotGO. Für Beurkundungen am Krankenlager, an Sonntagen und den staatlich anerkannten Festtagen sowie in der Zeit von 7 Uhr abends bis 8 Uhr morgens erhält der Notar außer den ihm sonst zustehenden Gebühren zusätzlich noch fünf Zehnteile der vollen Gebühr. Die Zusatzgebühr darf die für das Geschäft selbst zu erhebende Gebühr nicht übersteigen. Treffen mehrere dieser Voraussetzungen zusammen, so wird diese Zusatzgebühr nur einmal erhoben[c].

§ 9 (früher 8) NotGO. Die für die Beurkundung bestimmte Gebühr wird auch dann erhoben, wenn der Notar auf Erfordern nur den Entwurf einer Urkunde fertigt . . .[d].

a) **Zu § 5 NotGO.** Die Worte **„für die Tätigkeit des Richters"** sind Zusatz des Ges. v. 12. 4. 23. Der Zusatz war erforderlich geworden, weil die Urkundstätigkeit des Richters und des Urkundsbeamten der Geschäftsstelle teilweise verschieden bewertet wurde.

b) **Ferner zu § 5 NotGO.** Es handelt sich um den Abschnitt **„Gerichtliche Urkunden"** des PrGKG., zu deren Aufnahme die Notare neben den Gerichten zuständig sind, Art. 31 PrFGG. v. 21. 9. 99 (GS. 249). Auch die Aufnahme eidesstattlicher Versicherungen durch den Notar im Erbscheinverfahren gehört hierher, und es ist dafür der Wert des reinen Nachlasses maßgebend. KGJ. 45, 369; 47, 294. — Die Fälligkeit der Gebühr tritt nach § 11 PrGKG. ein bei Beendigung des Geschäfts. Damit ist gemeint das Ende der gebührenpflichtigen Akte; auf noch folgende gebührenfreie Nebengeschäfte kommt es nicht an. KGJ. 52, 291; OLG. 40, 451. In Betracht kommen die **§§ 33—39, 40, 42, 43, 46, 51, 53, 54 PrGKG.**, welche lauten:

*§ 33 (früher 34) PrGKG. Die volle Gebühr wird erhoben für die Beurkundung einseitiger Erklärungen*aa *oder einseitiger Verträge*bb, *namentlich solcher, durch welche nur von seiten einer Partei Verbindlichkeiten übernommen oder bestehende Rechte anerkannt, abgetreten oder aufgehoben werden, ohne Unterschied, ob die Erklärungen nur von einzelnen Personen oder von mehreren Personen als Teilnehmern abgegeben werden und ob die der anderen Partei gemachten Zugeständnisse in derselben Verhandlung angenommen sind oder nicht.*

*§ 34 (früher 35) PrGKG. (1) Das Zweifache der vollen Gebühr wird erhoben für die Beurkundung zweiseitiger Verträge*cc.

(2) Eheverträge und Abtretungen von Geschäftsanteilen einer Gesellschaft mit beschränkter Haftung gelten stets als zweiseitige Verträge.

*§ 35 (früher 36) PrGKG. (1) Wird zum Zwecke der Schließung eines zweiseitigen Vertrags zunächst der Antrag beurkundet*dd, *so werden hierfür fünfzehn Zehnteile der vollen Gebühr erhoben.*

(2) Auf die Beurkundung der Annahme eines Vertragsantrags findet die Vorschrift des § 37 Nr. 1 bei einseitigen und bei zweiseitigen Verträgen Anwendung.

*§ 36 (früher 37) PrGKG. Für die Beurkundung von Ergänzungen und Abänderungen einer beurkundeten Erklärung wird die volle Gebühr erhoben. Sie darf jedoch den für die ursprüngliche Beurkundung geltenden Gebührensatz nicht übersteigen*ee.

§ 37 (früher 38) PrGKG. Fünf Zehnteile der vollen Gebühr werden erhoben:

1. *für jede besondere Urkunde, in welcher die Zustimmung einzelner Teilnehmer zu einer bereits beurkundeten Erklärung beurkundet wird*ff, *ohne Unterschied, ob die letztere von derselben Behörde beurkundet ist oder nicht;*
2. *für die Beurkundung von Vollmachten und des Widerrufs von Vollmachten*gg;
3. *für die Beurkundung der Wiederaufhebung eines noch von keiner Seite erfüllten Vertrags*hh;

4. *für die Beurkundung von Anträgen auf Eintragungen oder Löschungen im Grundbuch oder im Schiffsregister sowie von Eintragungs- oder Löschungsbewilligungen oder Zustimmungen nach § 27 der Grundbuchordnung oder nach § 105 des Gesetzes über die Angelegenheiten der freiwilligen Gerichtsbarkeit, sofern nicht gleichzeitig das zugrundeliegende Rechtsgeschäft beurkundet wird* ii;
5. *für die Beurkundung einer Auflassung, sofern nicht gleichzeitig das zugrundeliegende Rechtsgeschäft beurkundet wird* kk.

§ 38 (früher 40) PrGKG. (1) Bei der Berechnung der Gebühren ist der Wert des Rechtsverhältnisses maßgebend, dessen Begründung, Übertragung, Feststellung oder Aufhebung den Gegenstand des Rechtsgeschäfts bildet. Bei Verträgen, welche den Austausch von Leistungen zum Gegenstande haben, kommt nur der Wert der Leistungen des einen Teiles und, wenn der Wert der beiderseitigen Leistungen ein verschiedener ist, der höhere in Betracht ll.

(2) Handelt es sich um Aenderungen eines Rechtsverhältnisses, so ist die Bestimmung des § 22 mit der Einschränkung anwendbar, daß der Wert des von der Aenderung betroffenen Rechtsverhältnisses nicht überschritten werden darf. Hat die Aenderung einen bestimmten Geldwert, so ist dieser maßgebend mm.

(3) Bei zustimmenden Erklärungen einzelner Teilnehmer (§ 37 Nr. 1) kommt nur der Anteil derselben in Betracht nn.

(4) Der Wert einer Generalvollmacht ist unter entsprechender Anwendung des § 22 mit der Maßgabe zu bestimmen, daß der Höchstwert 200000 Reichsmark nicht übersteigen darf. Bei Vollmachten zum Abschluß eines bestimmten Rechtsgeschäfts ist der für dieses maßgebende Wert in Ansatz zu bringen, jedoch ist der Wert höchstens auf 200 000 Reichsmark anzunehmen und bei der von einem Teilnehmer ausgestellten Vollmacht nur dessen Anteil maßgebend oo.

(5) Auf Anmeldungen zum Handelsregister oder zu ähnlichen Registern findet, sofern ein bestimmter Geldwert nicht erhellt, die Vorschrift des § 22 entsprechende Anwendung. Der höchste der Gebührenberechnung zugrundezulegende Wert ist 200000 Reichsmark, gleichviel ob ein bestimmter Geldwert erhellt oder nicht pp.

(6) Der Wert eines Ehevertrags bemißt sich nach dem Werte des gegenwärtigen Vermögens der Ehegatten unter Abzug der Schulden. Betrifft der Ehevertrag nur bestimmte Gegenstände, so ist deren Wert maßgebend qq.

§ 39 (früher 41) PrGKG. (1) Werden in einer Verhandlung mehrere Erklärungen beurkundet, die denselben Gegenstand haben, so wird die Gebühr nur einmal von dem

Werte dieses Gegenstandes nach dem höchsten in Betracht kommenden Gebührensatze berechnet.

(2) Haben die in einer Verhandlung beurkundeten Erklärungen einen verschiedenen Gegenstand, so wird, wenn für alle Erklärungen derselbe Gebührensatz zur Anwendung kommt, dieser Gebührensatz nur einmal nach dem zusammengerechneten Werte berechnet. Kommen verschiedene Gebührensätze zur Anwendung, so wird jede Gebühr besonders berechnet; es wird jedoch, soweit ein und derselbe Gebührensatz für mehrere Gegenstände zur Anwendung kommt, der Wert dieser Gegenstände zusammengerechnet. Der Gesamtbetrag der Gebühren darf die unter Zugrundelegung des höchsten Gebührensatzes vom Gesamtwerte berechnete Gebühr nicht übersteigen. Die Vorschrift des § 31 Abs. 1 findet hinsichtlich der Einzelgebühren keine Anwendung; der Mindestsatz wird nur dann angesetzt, wenn der Gesamtbetrag der für die Verhandlung zu erhebenden Gebühren hinter ihm zurückbleibt[rr].

§ 40 (früher 42) PrGKG. Für die Anerkennung des Inhalts einer schriftlich abgefaßten Erklärung (§ 176 Abs. 2 des Gesetzes über die Angelegenheiten der freiwilligen Gerichtsbarkeit), einschließlich der Beurkundung ergänzender oder abändernder Erklärungen, werden dieselben Gebühren wie für die Beurkundung der Erklärung erhoben[ss].

§ 42 (früher 44) PrGKG. (1) Für die Beurkundung von Verfügungen von Todes wegen wird das Zweifache der vollen Gebühr erhoben, wenn sie mündlich erklärt werden oder der Entwurf vom Richter angefertigt wird. In allen anderen Fällen wird für die Errichtung einer Verfügung von Todes wegen vor einem Richter die volle Gebühr erhoben.

(2) Für die Beurkundung des Widerrufs einer letztwilligen Verfügung und für die Beurkundung der Aufhebung eines Erbvertrags werden fünf Zehnteile der vollen Gebühr erhoben. Die Gebühr fällt fort, wenn zum Ersatze der widerrufenen Verfügung oder des aufgehobenen Erbvertrags eine neue Verfügung von Todes wegen oder ein neuer Erbvertrag bereits beurkundet worden ist oder gleichzeitig beurkundet wird.

(3) Wird ein Erbvertrag gleichzeitig mit einem Ehevertrage beurkundet, so finden die Vorschriften des § 39 Anwendung.

(4) Soweit die Gebühren für eine Verfügung über den gesamten Nachlaß oder einen Bruchteil desselben bei Lebzeiten des Verfügenden fällig werden, sind sie nach dem Werte des Vermögens zur Zeit der Fälligkeit zu berechnen.

(5) Der Berechnung der Gebühren sind in der Regel die Angaben des Verfügenden über den Wert des Gegenstandes zugrundezulegen. Eine Nachforderung der infolgedessen zu wenig angesetzten Gebühren wird durch die Vorschrift des § 12 nicht ausgeschlossen. Bezüglich dieser Nachforderung

beginnt die Verjährung erst mit dem Schlusse des Jahres, in welchem die Eröffnung oder Rückgabe der Verfügung erfolgt ist tt.

§ 43 (früher 45) PrGKG. Für die Errichtung von Familienstiftungen und Familienschlüssen wird das Zweifache der vollen Gebühr erhoben uu.

§ 46 (früher 48) PrGKG. (1) Das Zweifache der vollen Gebühr wird erhoben für die Beurkundung ... der Beschlüsse der Generalversammlungen, Aufsichtsräte oder sonstigen Organe von Aktiengesellschaften oder anderen Vereinigungen.

(2) Der Wert des Gegenstandes ist, soweit ein bestimmter Geldwert nicht erhellt, auf 20000 Reichsmark, ausnahmsweise niedriger oder höher, jedoch nicht unter 500 Reichsmark anzunehmen.

(3) Werden gleichzeitig mehrere Beschlüsse beurkundet, für deren Gegenstände ein bestimmter Geldwert nicht erhellt, so ist für alle Beschlüsse zusammen nur ein Wertbetrag nach Maßgabe der vorstehenden Bestimmungen in Ansatz zu bringen. Werden in Verbindung damit Beschlüsse beurkundet, für deren Gegenstände ein bestimmter Geldwert erhellt, so ist der zusammenzurechnende Geldwert dieser Beschlüsse zu dem für die anderen Beschlüsse ermittelten Werte hinzuzurechnen. ... vv.

§ 51 (früher 53) PrGKG. (1) Wird auf Verlangen der Partei oder mit Rücksicht auf die Art der Rechtshandlung die letztere außerhalb der Gerichtsstelle vorgenommen, so werden neben den in diesem Abschnitte bestimmten Gebühren ... fünf Zehnteile der vollen Gebühr, jedoch höchstens 50 Reichsmark, erhoben ww. *Die Zusatzgebühr darf die für das Geschäft selbst zu erhebende Gebühr nicht übersteigen. Kann das Geschäft nicht an einem Kalendertage beendigt werden, so wird die Zusatzgebühr für jeden Tag, an welchem das Gericht außerhalb der Gerichtsstelle tätig war, besonders erhoben; die Gebührenstufe für die Zusatzgebühr wird in diesem Falle durch eine Teilung des Wertes des Gegenstandes nach der Zahl der Tage ermittelt. Beziehen die Gerichtspersonen Tagegelder und Reisekosten ..., so wird der Betrag derselben auf die Zusatzgebühr angerechnet.*

(2) Die Zusatzgebühr wird, sofern die Gerichtspersonen den Weg zur Vornahme des Geschäfts angetreten haben, auch dann in Ansatz gebracht, wenn das Geschäft aus einem in der Person des Beteiligten liegenden Grunde nicht zur Ausführung gelangt ist.

(3) Die Vorschriften über die Erhebung von Vorschüssen für bare Auslagen finden auf die Zusatzgebühr entsprechende Anwendung.

§ 53 (früher 55) PrGKG. (1) Neben den in diesem Ab-

schnitt bestimmten Gebühren werden für die Beurkundung eines Rechtsgeschäfts fünf Zehnteile der vollen Gebühr erhoben, wenn sich ein Beteiligter in einer fremden, im Gerichtsbezirke nicht gebräuchlichen Sprache erklärt xx.

(2) Die Zusatzgebühr sowie die durch die Zuziehung eines Dolmetschers entstandenen Auslagen fallen dem Beteiligten zur Last, der die Zuziehung des Dolmetschers oder die Verhandlung in der fremden Sprache veranlaßt hat.

§ 54 (früher 56) PrGKG. (1) Die in diesem Abschnitte bestimmten Gebühren umfassen die gesamte Tätigkeit des Gerichts einschließlich aller Nebengeschäfte . . . yy.

aa) **Zu § 33 PrGKG. Einseitige Erklärungen** sind z. B.: ein Angebot, eine Vollmacht, ein Schenkungsversprechen; die Erklärung der Ausübung des Vorkaufsrechtes, OLG. 10, 263; die Ausstellung einer Quittung, OLG. 9, 209; die Anmeldung zum Handelsregister, KGJ. 29, B 18, oder zu andern Registern; der Verzicht auf das Eigentum am Grundstück, KGJ. 53, 303; die Erbschaftsannahme, OLG. 11, 346; Einkommensnachweis eines Offiziers behufs Eheschließung, KGJ. 19, 162.

bb) Ferner **zu § 33 PrGKG. Einseitige Verträge** im Gegensatze zu den zweiseitigen des § 34 PrGKG. sind solche, in denen lediglich die Verpflichtung eines Teiles beurkundet wird (z. B. auch, wenn bei gegenseitigem Vertrage nur der eine Teil seine Vertragserklärung abgibt). KGJ. 22, B 22. Ein solcher einseitiger Vertrag ist z. B.: ein Bürgschaftsvertrag; ein Schenkungsvertrag; ein Abtretungsvertrag, wenn außer der Abtretungserklärung nur die Annahme des neuen Gläubigers (nicht etwa auch die Übernahme einer Verpflichtung gegenüber dem bisherigen Gläubiger) beurkundet wird, KGJ. 36, B 17; 50, 259, auch Anm. cc; die Abänderung (vgl. § 36 PrGKG.) einer Offerte, KGJ. 38, B 15; eine Hypothekenaufwertungsvereinbarung, JFG.Erg. 5, 98. Auch wenn sich Mehrere in einer Urkunde zu Leistungen verpflichten, ohne daß die Erklärungen wechselseitig bedingt sind, liegt nur ein einseitiger Vertrag vor. JFG. 3, 229.

cc) **Zu § 34 PrGKG. Ein zweiseitiger Vertrag** im Sinne des § 34 PrGKG. liegt außer den Sonderfällen des Abs. 2 nur dann vor, wenn Leistungen und Verpflichtungen beider Vertragsteile beurkundet sind. KGJ. 25, B 25; 36, B 17; 50, 259; OLG. 9, 202. Solche Verträge sind z. B.: Vereinbarung zwischen Hypothekengläubiger und Ersteher gemäß § 91 Abs. 2 ZVG. über Stehenbleiben der Hypothek, KGJ.

34, B 27; Vertrag zwischen dem Vormund und dem Vater eines unehelichen Kindes über die Höhe der Alimente, OLG. **11**, 212; ein Abänderungsvertrag (vgl. § 37 PrKGG.) mit Beurkundung gegenseitiger neuer Verpflichtungen, KGJ. **16**, 247; ein Erbauseinandersetzungsvertrag, KGJ. **42**, 328 (auf die Vermittelung der Auseinandersetzung findet jedoch § 11 NotGO. Anwendung, s. Anm. 5a). Im Falle einer Abtretung von Rechten liegt ein zweiseitiger Vertrag nur vor, wenn der Zessionar nicht nur die Abtretung annimmt, sondern auch eine Verpflichtung gegenüber dem Zedenten übernimmt. KGJ. **17**, 204; **29**, B 59; **36**, B 17; **50**, 259, auch Anm. bb. Dadurch allein, daß der Zessionar die Kosten der Abtretung übernimmt, wird der Abtretungsvertrag nicht zu einem zweiseitigen Vertrag im Sinne des § 34 PrGKG. KGJ. **50**, 259.

dd) **Zu § 35 PrGKG.** Ein **Antrag**, der **„zum Zwecke der Schließung eines zweiseitigen Vertrags"** beurkundet ist, ist z. B. auch ein nur die Verpflichtung eines Teiles zum Abschluß eines bestimmten Vertrags enthaltender sog. Offertvertrag. KGJ. **22**, B 22 (a. M. OLG. **10**, 267; **11**, 352).

ee) **Zu § 36 PrGKG.** Vgl. über **einseitige und zweiseitige Abänderungsverträge** die in Anm. bb, cc zit. KGJ. **16**, 247; **38**, B 15. — § 36 setzt ein durch die frühere Erklärung (Haupterklärung) begründetes, noch bestehendes Rechtsverhältnis (ohne Rücksicht darauf, wer es beurkundet hat) voraus, das durch die Nachtragserklärung beeinflußt werden kann. Daher ist, wenn nach Ablauf der in einem Verkaufsangebot gesetzten Annahmefrist ihre Verlängerung beurkundet wird, § 36 nicht anwendbar, sondern § 35 (also Gebühr nicht bloß $^{10}/_{10}$, sondern $^{15}/_{10}$). KGJ. **45**, 347 (früher anders: OLG. **19**, 273). — Ist für die Beurkundung einer Erklärung eine geringere als die volle Gebühr zu erheben (z. B. nach § 37 Nr. 2 für Vollmachten), so ist auch für die Beurkundung von Ergänzungen und Abänderungen dieser Erklärung jene geringere Gebühr in Ansatz zu bringen, wie jetzt der durch die Nov. v. 28. 10. 22 zugefügte Satz 2 klarstellt. Vgl. KGJ. **52**, 247.

ff) **Zu § 37 Nr. 1 PrGKG.** Insbesondere die **Annahme eines Vertragsantrags.** — Es muß sich aber um die Erklärung eines Teilnehmers an dem Rechtsgeschäft handeln, der also einen „Anteil" an ihm hat (§ 38 Abs. 3 PrGKG.), nicht um die etwa gesetzlich erforderliche Zustimmung eines Dritten,

z. B. des Gläubigers zu dem vom Schuldner mit einem Dritten geschlossenen Schuldübernahmevertrage (§ 415 BGB.).

gg) **Zu § 37 Nr. 2 PrGKG.** Widerruf von zwei **Generalvollmachten** in einer Urkunde: KGJ. **52**, 255.

hh) **Zu § 37 Nr. 3 PrGKG.** Ist der Vertrag auch nur von einer Seite erfüllt, so kommt § 37 Nr. 3 PrGKG. über **Wiederaufhebung eines nichterfüllten Vertrags** nicht zur Anwendung, sondern § 33 oder § 34. KGJ. **18**, 172. — Wegen der Wiederaufhebung letztwilliger Verfügungen s. § 42 Abs. 2 PrGKG.

ii) **Zu § 37 Nr. 4 PrGKG.** Es muß sich um die reine Beurkundung der **grundbuch- oder schiffsregisterlichen Anträge,** Bewilligungen und Zustimmungen (oder die Beurkundung der Rücknahme solcher, JFG.Erg. 8, 209) handeln. Z. B. ein Eigentumsverzicht. KGJ. **53**, 303. Das zugrundeliegende Rechtsgeschäft darf nicht mitbeurkundet sein. KGJ. **31**, B 12; OLG. **17**, 253 und für eine Eigentümergrundschuld KGJ. 53, 293. Dagegen schadet die bloße Erwähnung des Grundgeschäfts zur Erläuterung oder Begründung der Bewilligung nichts, KGJ. 38, B 21, z. B. die Erwähnung der Geschäftsverbindung neben der Bewilligung einer Höchstbetragshypothek, KGJ. **43**, 327, die Entlassung aus der Mithaft neben der Abschreibungsbewilligung für ein Trennstück, KGJ. **37**, B 21; **38**, B 20. Nicht aber die Unterwerfungsklausel neben der Hypothekeneintragungsbewilligung. JFG.Erg. 8, 206.

kk) **Zu § 37 Nr. 5 PrGKG.** Wird die **Auflassung** gleichzeitig mit der Annahme eines vom gleichen Notar beurkundeten Angebots beurkundet, so ist die Beurkundung der Auflassung gebührenfrei. KGJ. **53**, 298. — Eine durch Art. V Ges. v. 28. 10. 22 (GS. 335) eingeführte Bevorzugung der rheinischen Notare (zwei volle Gebühren für Beurkundung der Auflassung) ist durch Art. II Ges. v. 13. 12. 26 (GS. 319) wieder beseitigt.

ll) **Zu § 38 Abs. 1 PrGKG.** Zustimmung des Hypothekengläubigers zur Aufhebung der Feuerversicherung des Grundstücks s. KGJ. **39**, B 27. Vertrag über Errichtung einer GmbH. s. KGJ. **52**, 249; JFG.Erg. 3, 229. — **Austausch von Leistungen** z. B. bei: Vergleichen, KGJ. **27**, B 11 (Wert der übernommenen Leistung); Eingehung einer stillen Gesellschaft, KGJ. **37**, B 11 (Wert der vom stillen Gesellschafter übernommenen Einlageverpflichtung); einem Agenturvertrag,

JFG.Erg. 3, 226; einem Dienstvertrag, JFG.Erg. 7, 132. Nicht (weil im Gegenteile Vereinigung von Leistungen) Gesellschaftsverträge; daher Werte zusammenzurechnen, KGJ. 7, 182. Wegen der Eheverträge s. § 38 Abs. 5 PrGKG.

mm) **Zu § 38 Abs. 2 PrGKG.** Über den **Wert von Änderungen eines Rechtsverhältnisses** vgl. KGJ. 31, B 8; **32**, B 11; 38, B 15; **39**, B 24, 27; **41**, B 289; JFG.Erg. 8, 206; OLG. 15, 197. Voraussetzung für die Anwendung des § 38 Abs. 2 PrGKG. ist, daß das durch die frühere Erklärung (Haupterklärung) begründete Rechtsverhältnis noch nicht erloschen und folglich noch fähig ist, durch die Nachtragserklärung beeinflußt zu werden. Daher ist, wenn nach Ablauf einer in einem Verkaufsangebote gesetzten Annahmefrist eine Verlängerung dieser beurkundet wird, nicht der Abs. 2, sondern der Abs. 1 des § 38 anzuwenden. KGJ. **45**, 347. — Maßgebend ist also der erkennbare Geldwert der Änderung, sonst § 22 PrGKG. (oben Anm. 3a) mit seiner allgemeinen Schätzung.

nn) **Zu § 38 Abs. 3 PrGKG.** Wegen des Begriffs der **Zustimmung eines Teilnehmers** s. oben zu ff. — **Gegenstandswert** der Zustimmung eines Miterben zur Verfügung über einen Nachlaßgegenstand ist der Wert seines Erbschaftsbruchteils daran. KGJ. **53**, 291.

oo) **Zu § 38 Abs. 4 PrGKG.** Gilt sowohl für Erteilung wie für Widerruf von Vollmachten (oben § 37 Nr. 2 PrGKG.). — Widerruf von zwei **Generalvollmachten** in einer Urkunde: nur einmaliger **Wert.** KGJ. 52, 255. Bevollmächtigung durch einen Mittestamentsvollstrecker: voller Wert der Nachlaßgegenstände. GKJ. 37, B 14. — § 22 PrGKG. s. oben Anm. 3a.

pp) **Zu § 38 Abs. 5 PrGKG.** Gemeint sind nicht das Grundbuch und das Schiffsregister, weil für sie § 37 Nr. 4 (s. oben) gilt. — **Wert der Anmeldung** von Aktiengesellschaften **zum Handelsregister:** KGJ. **22**, B 26; **28**, B 49; **29**, B 18; **37**, B 16; **47**, 291. Die Höchstgrenze von 200 000 RM. kommt einmal in Betracht, wenn der bestimmte Geldwert der Anmeldung (oder [nach § 39 Abs. 2 PrGKG.] der zusammengerechneten Werte) diesen Betrag übersteigen würde. Bei nicht bestimmtem Werte beträgt nach § 22 Abs. 1 PrGKG. (oben Anm. 3a) der Höchstwert 100 000 RM., so daß die Höchstgrenze des § 38 Nr. 5 Satz 2 PrGKG. nur in Frage kommt, wenn die Zusammenrechnung mehrerer Werte nach § 39 Abs. 2 den Betrag von 200 000 RM. übersteigen würde. JFG.Erg. 3, 229. Eine besondere Höchstgrenze von 1 000 000 RM. für Anmeldungen zum Handelsregister enthält § 1 der 3. DurchfVO. zur GoldbilanzVO. v. 27. 8. 24 (RGBl. I 693).

qq) **Zu § 38 Abs. 6 PrGKG.** Gilt auch für Anmeldungen zum Güterrechtsregister, selbst wenn sie einen Ehevertrag nicht zur Grundlage haben, z. B. Ausschließung der Schlüsselgewalt der Ehefrau (§ 1357 Abs. 2 BGB.). JFG.Erg. 1, 83.

rr) **Zu § 39 PrGKG.** § 39 in der Fass. der Nov. v. 28. 10. 22 bricht mit dem früheren Grundsatz: „eine Urkunde, eine Gebühr". Jetzt gilt folgendes: a) betreffen die **mehreren Erklärungen** denselben Gegenstand und erfordert jede Erklärung denselben Gebührensatz ($^5/_{10}$, $^{10}/_{10}$, $^{15}/_{10}$, $^{20}/_{10}$), so wird dieser Gebührensatz nach dem Gegenstandswert einmal berechnet (z. B. Widerruf zweier Generalvollmachten über das ganze Vermögen, KGJ. 52, 255); b) betreffen die mehreren Erklärungen denselben Gegenstand und erfordern die Erklärungen verschiedene Gebührensätze, so wird der höchste anzuwendende Gebührensatz nach dem Gegenstandswert einmal erhoben (z. B. Schuldübernahmevertrag des Schuldners mit einem Dritten [$^{10}/_{10}$] und Zustimmung des Gläubigers nach § 415 BGB. [$^5/_{10}$], zusammen nur einmal $^{10}/_{10}$ von der Schuldsumme); c) betreffen die mehreren Erklärungen verschiedene Gegenstände und erfordert jede Erklärung denselben Gebührensatz, so wird der Gebührensatz nach den zusammengerechneten Gegenstandswerten einmal berechnet (z. B. Verkauf zweier Grundstücke, eines an A für x RM., eines an B für y RM.: $^{20}/_{10}$ von x + y); d) betreffen die mehreren Erklärungen verschiedene Gegenstände und erfordern die Erklärungen verschiedene Gebührensätze, so wird für jede Erklärung die Gebühr besonders berechnet (z. B. Verkauf eines Grundstückes an A für x RM. und Erteilung einer Vollmacht für B zum Verkauf eines andern Grundstücks im Werte von y RM.: $^{20}/_{10}$ von x + $^5/_{10}$ von y); erfordern in diesem Falle aber mehrere Erklärungen denselben Gebührensatz, so ist für diese im voraus Fall c anzuwenden (Beispiel d, nur daß die Urkunde noch die Vollmacht für C zum Verkauf eines dritten Grundstücks im Werte von z RM. enthält: $^{20}/_{10}$ von x + $^5/_{10}$ von y + z); höchstens aber der höchste anzuwendende Gebührensatz von der Summe der Gegenstandswerte ($^{20}/_{10}$ von x + y + z). Die Mindestgebühr von 2 RM. (§ 31 Abs. 1 PrGKG. = § 3 Abs. 1 NotGO.) ist nur auf das Gesamtergebnis anzuwenden. — Aus der Fülle der Entscheidungen zu der Frage, ob die in einer Urkunde enthaltenen mehreren Erklärungen denselben Gegenstand oder verschiedene Gegenstände betreffen und daher nach § 39 Abs. 1 PrGKG. der Wert nur einmal in Ansatz zu bringen oder die Werte zusammenzurechnen sind, vgl. KGJ. **25**, B 11; **27**, B 11; **28**, B 3; **35**, B 5; **38**, B 16, 20; **41**, 285; **42**, 299; **43**, 333; **44**, 390; **47**, 291; **51**, 358; **52**, 255; OLG. **13**, 277; **21**, 150.

ss) **Zu § 40 PrGKG.** Er findet Anwendung, wenn ein Anwalt die (später von einem Notar zu beurkundende) **Anerkennungsverhandlung** zu einer nicht von ihm herrührenden Privaturkunde entwirft und sie dabei gegebenenfalls ergänzt. — Vgl. KGJ. **29**, B 69 (Erklärung in einer öffentlichen Urkunde enthalten), KGJ. **44**, 384 (Anerkennung eines privatschriftlichen Ehevertrags), KGJ. **52**, 258 (Anerkennung eines der Form des § 313 BGB. bedürfenden privatschriftlichen Vertrags über ein Grundstück).

tt) **Zu § 42 PrGKG.** Der Gebührenfortfall in Abs. 2 Satz 2 setzt voraus, daß derselbe Anwalt die neue **Verfügung von Todes wegen** entworfen hat. — Die Gebühr wird fällig mit der Erledigung des Auftrags, also der Ablieferung des Entwurfs. Maßgebend für den Wert ist also nach Abs. 4 das Vermögen des von Todes wegen Verfügenden in diesem Augenblick unter Abzug der Schulden, nicht aber der sonstigen letztwilligen Verfügungen, anderseits ohne Rücksicht auf dessen Verfügungsbefugnis über das Vermögen. KGJ. **46**, 277. Verfügen mehrere gleichzeitig von Todes wegen, so sind die Vermögen zusammenzurechnen. Anders natürlich bei Verfügung nur über einen Bruchteil des Vermögens oder über bestimmte Vermögensstücke (z. B. Vermächtnisse, dann deren Wert, KGJ. **46**, 279) oder bei andersartigen unschätzbaren letztwilligen Anordnungen (z. B. Benennung eines Vormundes nach § 1777 Abs. 3 BGB. für ein minderjähriges Kind, dann § 22 Abs. 1, 2 PrGKG. [oben Anm. 3a]). Der Anwalt ist nur „in der Regel" an die Wertangabe gebunden (Abs. 5 Satz 1), Ausnahmen muß er beweisen. § 12 PrGKG. gilt für ihn nicht, wohl aber die Verjährungsverlängerung gegenüber § 196 Abs. 1 Nr. 15 BGB. — Vgl. auch KGJ. **39**, B 59 (Testamentsentwurf und Übersendung zur amtlichen Verwahrung) und wegen der Gerichtskosten KGJ. **48**, 277; **50**, 263.

uu) **Zu § 43 PrGKG. Familienstiftungen.** Wegen der Anwaltstätigkeit bei der Auflösung von Familiengütern und Hausvermögen vgl. Anm. 4 Art. 1 LGO., insbesondere § 22 Abs. 4 Satz 2 VO. v. 11. 1. 24 (GS. 29) (neben den allgemeinen Gebühren keine besondere Gebühr für die Anfertigung des Entwurfs eines Rechtsgeschäfts).

vv) **Zu § 46 PrGKG. Generalversammlungsbeschlüsse.** In Betracht kommt für einen Anwalt, da es sich ja nach Art. 13 immer um die Anfertigung des Entwurfs eines Rechtsgeschäfts handeln muß, der Entwurf von Beschlüssen und auf solche gerichteten Anträgen, z. B. von Satzungsänderungen. Vgl. KGJ. **43**, 364; JFG.Erg. **3**, 237; **6**, 160.

ww) **Zu § 51 PrGKG.** Über die Voraussetzungen dieser Zusatzgebühr (**Tätigkeit außerhalb der anwaltlichen Geschäftsräume**) vgl. KGJ. **37**, B 28 (OLG. **19**, 265); OLG. **19**, 276. Sie ist eine selbständige Gebühr, so daß auch die Mindestgebühr von 2 RM. (§ 31 Abs. 1 PrGKG.) für sie gilt. „Volle Gebühr" ist die Gebührenstaffel des § 32 PrGKG. (oben Anm. 3 Art. 3 LGO.) unter Berücksichtigung der für einzelne Beurkundungshandlungen vorgeschriebenen Höchstwerte. KGJ. **53**, 320. Die Zusatzgebühr darf nicht höher sein als die eigentliche Beurkundungsgebühr und 50 RM. nicht übersteigen. Sie wird für jeden Kalendertag erhoben, doch wird für ihre Berechnung der Gegenstandswert durch die Zahl der Tage geteilt. — Die Zusatzgebühr des § 51 PrGKG. kann selbständig neben denjenigen des § 53 PrGKG. (unten Anm. xx) und des § 6 NotGO. (unten Anm. 4c) anfallen. KGJ. **17**, 248; **53**, 320.

xx) **Zu § 53 PrGKG.** Diese Zusatzgebühr (**Erklärung in fremder Sprache**) ist eine selbständige Gebühr (keine Erhöhung einer andern), so daß auch die Mindestgebühr von 2 RM. (§ 31 Abs. 1 PrGKG.) für sie gilt. „Volle Gebühr" ist die Gebührenstaffel des § 32 PrGKG. (oben Anm. 3 Art. 3 LGO.) unter Berücksichtigung der für einzelne Beurkundungshandlungen vorgeschriebenen Höchstwerte. Vgl. KGJ. **53**, 320. Ein Höchstsatz ist nicht vorgeschrieben. — Die Zusatzgebühr des § 53 PrGKG. kann selbständig neben denjenigen des § 51 PrGKG. (oben Anm. ww) und des § 16 NotGO. (unten Anm. 4c) anfallen.

yy) **Zu § 54 PrGKG.** Dazu auch § 10 NotGO. und KGJ. **42**, 344. Die **Entwurfsgebühr** des Anwalts **umfaßt** alles, was zur Fertigstellung des Entwurfs in der endgültigen Fassung notwendig war, insbesondere auch das Entwerfen, Umändern und Verbessern früherer, dem wesentlichen Inhalte nach übereinstimmender Entwürfe über dasselbe Rechtsgeschäft. OLG. **15**, 183. **Nebengeschäfte** sind diejenigen Geschäfte, die im Verhältnis zur Hauptsache als die minder wichtigen, weniger bedeutsamen erscheinen, falls sie mit dem Hauptgeschäfte derart im Zusammenhange stehen, daß sie nicht als selbständige in die Erscheinung treten, sondern nur vorgenommen sind, um das Hauptgeschäft vorzubereiten oder das bereits vorgenommene Hauptgeschäft zu fördern. KGJ. **53**, 324; JFG.Erg. **1**, 98; **3**, 266; **5**, 106; HRR. **28**, 286. Nebengeschäft ist z. B.: der für den Urkundenentwurf nötige Schriftwechsel, KGJ. **46**, 310; die Grundbucheinsicht, auch wenn sie auf Grund eines ausdrücklichen Auftrags erfolgt und das spätere Geschäft vom Ergebnis der Einsicht abhängig gemacht ist, OLG. **7**, 258; **19**, 276; JFG.Erg. **3**, 262; **5**, 105; der Antrag auf Legalisation einer Urkunde, KGJ. **42**, 341; die „Treuhändertätigkeit" und die Prüfung von Hypothekenbriefen, HRR. **28**, 286; Übersendung der Urkunde an den Auftraggeber, KGJ. **46**, 305; der Antrag auf Genehmigung eines Grundstückkaufs nach dem GrundstücksverkehrsG., JFG.Erg. **1**, 95. Nicht aber die Beschaffung der Grunderwerbsteuerbescheinigung, KGJ. **53**, 323; der Entwurf von Generalversammlungsbeschlüssen, KGJ. **43**, 364.

c) **Zu § 6 NotGO.** Der Anwalt erhält eine Zusatzgebühr für die Fertigung von Entwürfen am **Krankenlager** (vgl. KGJ. **17**, 248) oder **Feiertages** oder zur **Nachtzeit.** Letztere braucht nur teilweise in die Zeit der Tätigkeit zu fallen. KGJ. **40**, B 365. Unerheblich ist, ob die Tätigkeit in den Geschäftsräumen oder außerhalb derselben stattfindet. KGJ. **40**, B 359. Die Gebühr entsteht nur einmal, auch wenn zwei oder drei Voraussetzungen des § 6 NotGO. gegeben sind. Die Gebühr ist eine selbständige Gebühr, so daß auch die Mindestgebühr von 2 RM. (§ 3 Abs. 1 NotGO.) für sie gilt. „Volle Gebühr" ist die Gebührenstaffel des § 4 NotGO. (= § 32 PrGKG.) unter Berücksichtigung der für einzelne Beurkundungshandlungen vorgeschriebenen Höchstwerte. KGJ. **53**, 320. Die Zusatzgebühr darf nicht höher sein als die eigentliche Beurkundungsgebühr; im übrigen ist kein Höchstsatz vorgeschrieben. — Die Zusatzgebühr des § 6 NotGO. kann selbständig neben denjenigen des § 51 und des § 53 PrGKG. (oben Anm. ww und xx) anfallen; z. B. drei Zusatzgebühren von je $^{5}/_{10}$ für einen Vertragsentwurf am Krankenlager des polnisch sprechenden Auftraggebers. KGJ. 17, 248; 53, 320.

d) **Zu § 9 NotGO.** § 9 ist diejenige Bestimmung, die erst die Anwendung der NotGO. für Anwälte ermöglicht, weil der Anwalt immer nur **Entwürfe** fertigen kann. Er erhält für sie genau dasselbe wie der Richter oder der Notar für die Beurkundung. Zum Begriff des Entwurfes vgl. JW. 27, 1252[9].

[5] Hinsichtlich der **Vermittelung einer Auseinandersetzung** sind **die Vorschriften des § 11 NotGO.** anzuwenden, welche lauten:

§ 11 (früher 10) NotGO. (1) Für die Vermittlung[a] einer Auseinandersetzung[b], die dem Notar von dem Gericht[c] oder von den Beteiligten übertragen ist, erhält er das Dreifache der vollen Gebühr[d]. Wird das Verfahren nicht durchgeführt oder beschränkt es sich auf die Ermittlung oder Feststellung einer Masse, so erhält der Notar das Zweifache der vollen Gebühr[d].

(2) Die Gebühren für die Beurkundung oder den Entwurf eines das Verfahren abschließenden Vertrags oder eines mit einem Dritten geschlossenen Vertrags sowie die Gebühren für Vermögensverzeichnisse, Schätzungen und Versteigerungen werden neben den im Abs. 1 bestimmten Gebühren besonders erhoben . . .

(3) Neben den im Abs. 1 bestimmten Gebühren werden fünf Zehnteile der vollen Gebühr erhoben, wenn sich ein Beteiligter in einer fremden, im Gerichtsbezirke nicht gebräuchlichen Sprache erklärt[e]. Die Zusatzgebühr sowie die durch die Zuziehung eines Dolmetschers entstandenen Auslagen fallen dem Beteiligten zur Last, der die Zuziehung des Dolmetschers oder die Verhandlung in der fremden Sprache veranlaßt hat.

a) **Zu § 11 Abs. 1 S. 1 NotGO.** Dem Anwalt muß die **Vermittelung** der Auseinandersetzung übertragen sein; er muß also der unparteiische Leiter des Verfahrens sein. Es genügt nicht, daß er in einem Auseinandersetzungsverfahren einen oder mehrere Beteiligte vertritt; solche Tätigkeit wird nach Art. 8—10 LGO. entlohnt. Auch Einzelaufträge, sei es selbst aller Beteiligten, genügen nicht, da § 11 NotGO. die Tätigkeit für ein ganzes Verfahren betrifft. — Der Auftrag muß auf Vermittelung der Auseinandersetzung gehen, also auf eine Herbeiführung der Einigkeit aller Beteiligten, wie man sich auseinandersetzen soll. Ein Auftrag, bloß den Umfang der Masse zu ermitteln (z. B. um über die Ausschlagung der Erbschaft Entschluß zu fassen), gehört nicht hierher, kann allerdings nach Art. 14 LGO. ebenfalls die Gebühr des § 11 Abs. 1 Satz 2 NotGO. auslösen. OLG. **17**, 228. Ebensowenig der Auftrag, die schon vorhandene Einigung der Beteiligten nur im Entwurf eines Auseinandersetzungsvertrags niederzulegen; dafür erwächst allein die Beurkundungsgebühr des § 34 PrGKG. (oben Anm. 4b). KGJ. **42**, 328; OLG. **7**, 250; **15**, 205. — Was für die Vermittelungsgebühr zu leisten ist, ergibt Abs. 1 Satz 1, 2 in Verbindung mit Abs. 2: es ist a) die Masse zu ermitteln oder festzustellen und b) sind die Beteiligten über die Auseinandersetzung zu einigen, dagegen gehört c) nicht mehr der Entwurf des Teilungsplans oder von Verträgen mit Dritten (z. B. über den Verkauf des zur Masse gehörigen Grundstücks) zum Verfahren. Das Verfahren beginnt mit der Aufnahme der Tätigkeit (z. B. Zusammenberufung der Beteiligten) und endet, sobald der Auseinandersetzungsvertrag entworfen werden kann. KGJ. **37**, B 64.

b) Ferner **zu § 11 Abs. 1 S. 1 NotGO. Auseinandersetzung** z. B.: Erbteilung unter mehreren Miterben, Auseinandersetzung von Güter- oder sonstigen Gemeinschaften, Auseinandersetzung geschiedener Ehegatten. Vgl. BGB. §§ 752 ff. (Gemeinschaften), 1471 ff. (Auflösung der allgemeinen Gütergemeinschaft), 1497 ff. (fortgesetzte Gütergemeinschaft), 1546 (Errungenschaftsgemeinschaft), 1580 (geschiedene Eheleute), 2042 ff. (Miterben), §§ 84—86 PrGKG., §§ 86—99 FGG. v. 20. 5. 98 (RGBl. 771). Um eine Auseinandersetzung, auf die gerade die vermittelnde Tätigkeit sich bezogen haben muß, handelt es sich dann nicht, wenn zwischen den Beteiligten keine Rechtsgemeinschaft besteht, deren Lösung den Gegenstand des Vertrags bilden möchte. OLG. **23**, 373; **33**, 342. Das ist z. B. bei dem Verhältnis zwischen Vorerben und Nacherben der Fall, so daß für die Tätigkeit bei Regelung dieses Verhältnisses die Vermittelungsgebühr nicht beansprucht werden kann. OLG. **23**, 373; KGJ. **49**, 303.

c) Weiter **zu § 11 Abs. 1 S. 1 NotGO. Vom Gericht übertragen:** Art. 21—28 PrFGG. v. 21. 9. 99 (GS. 249), die aber die Verweisung einer Auseinandersetzung an einen Nichtnotar nicht kennen. Der Anwalt kann also nur von den Beteiligten selbst beauftragt sein.

d) **Zu § 11 Abs. 1 S. 2 NotGO. Nichtdurchführung des Verfahrens. Volle Gebühr** ist die Gebührenstaffel des § 4 NotGO. (oben Anm. 3), die auf § 32 PrGKG. verweist, ebenso wie Art. 3 LGO. (s. dort Anm. 3). — Der Anwalt erhält also für die Durchführung der Vermittelung (oben Anm. b) $^{30}/_{10}$, sonst $^{20}/_{10}$. Verständigen sich die Beteiligten nach Einleitung des Verfahrens dahin, daß gewisse Massegegenstände nicht geteilt werden sollen, so werden von der ganzen Masse $^{20}/_{10}$ und von dem verteilten Masseteil zusätzliche $^{10}/_{10}$ fällig. KGJ. 37, B 65. — Der **Wert des Gegenstandes,** nach dem die Gebühren zu bemessen sind, bestimmt sich bei allen Auseinandersetzungen gemäß § 2 NotGO., §§ 86, 88 PrGKG. nach dem Werte der den Gegenstand des Verfahrens bildenden Vermögensmasse ohne Abzug der Schulden. Dabei sind Nachlaßforderungen gegen einzelne Miterben als Aktivbestandteile anzusehen. Dagegen nicht Beträge, die gemäß §§ 2050 ff. BGB. von den Miterben zur Ausgleichung zu bringen sind. KGJ. 39, B 55.

e) **Zu § 11 Abs. 3 NotGO.** Die Vermittelungsgebühr hat (vgl. Anm. b) mit einer Beurkundung oder dem Entwurf zu einer solchen nichts zu tun. Deshalb gelten hier die **Zusatzgebühren** nach § 6 NotGO. (Tätigkeit am Krankenlager, an Feiertagen, zur Nachtzeit), § 51 PrGKG. (Tätigkeit außerhalb der anwaltlichen Geschäftsräume) und § 53 PrGKG. (Erklärung in fremder Sprache) (sämtlich oben Anm. 4) nicht, weil sie nur für Beurkundungen gewährt sind. Nur die Bestimmung des § 53 PrGKG. ist in § 11 Abs. 3 NotGO. ausdrücklich wiederholt und deshalb diese Zusatzgebühr auch im Vermittelungsverfahren zu zahlen. Sie ist eine selbständige Gebühr (keine Erhöhung einer andern), so daß auch die Mindestgebühr von 2 RM. (§ 3 Abs. 1 NotGO.) für sie gilt. Volle Gebühr s. oben Anm. d.

6 Hinsichtlich der **Verwahrung und Auszahlung von Geldern und Wertpapieren** finden die **Vorschriften des § 14 NotGO.** Anwendung, welche lauten:

§ 14 (früher 13) NotGO. (1) Für Empfang, Verwahrung und Auszahlung von Geldern erhält der Notar a:

1. im Falle des Empfangs zum Zwecke der Auszahlung

an dritte Personen für Rechnung des Auftraggebers von der auf volle 10 Reichsmark aufgerundeten Summe bis zu 1000 Reichsmark einschließlich 1 vom Hundert, von dem Mehrbetrage bis zu 10000 Reichsmark einschließlich ½ vom Hundert, von dem Mehrbetrage ¼ vom Hundert;

2. im Falle der Erhebung von dritten Personen für Rechnung des Auftraggebers das Zweifache der vorstehenden Gebührensätze.

(2) Die Gebühr des Abs. 1 wird auch dann erhoben, wenn der Empfang oder die Auszahlung im Banküberweisungs-, Giro- oder Postscheckverkehr erfolgt[b].

(3) Sind die Gelder im ersten Falle in mehreren Beträgen gesondert auszuzahlen oder im zweiten Falle in mehreren Beträgen gesondert zu erheben, so werden die Gebühren von jedem Betrage besonders berechnet, jedoch mit der Maßgabe, daß in einer und derselben Angelegenheit die Gebühren zusammen das Fünffache der Gebühr des Gesamtbetrags nicht übersteigen dürfen[c].

(4) Für Empfang, Verwahrung und Ablieferung von Wertpapieren sind die Gebühren des Abs. 1 nach Maßgabe des Wertes zu erheben[d].

(5) In den Fällen des § 14 findet die Bestimmung des § 3 keine Anwendung[e].

(6) Die Gebühren dieses Paragraphen werden auf die Gebühr des § 49 Abs. 2 des Preußischen Gerichtskostengesetzes angerechnet[f].

a) **Zu § 14 Abs. 1 NotGO.** Vgl. die beigefügte Tabelle E. — Die Gebühr für **Empfang usw. von Geldern und Wertpapieren** setzt nicht voraus, daß die empfangenen Gelder und Wertpapiere für Rechnung des Auftraggebers an eine dritte Person weitergeleitet werden sollen. Es genügt auch, daß der Anwalt sie (z. B. während einer Reise des Auftraggebers oder als Treuhandverwahrer) für ihn verwahren oder daß er Wertpapiere (z. B. die zur Ausübung des Stimmrechts eines Aktionärs in der Generalversammlung erforderlichen Aktien) zeitweilig im Interesse des Auftraggebers aufbewahren und später an ihn zurückgeben soll. RG. **114**, 295; KGJ. **33**, B 23. Wegen der Frage, ob und inwieweit die Echtheit der übergebenen Wertpapiere geprüft werden muß, vgl. RG. **114**, 295. — Der Unterschied zwischen Nr. 1 und 2 liegt darin, ob der Auftraggeber (darüber JFG.Erg. 5, 107) selbst an den Anwalt zahlt (Nr. 1) oder ob er Empfangsberechtigter ist, der natürlich auch die Auszahlung an einen Dritten anordnen kann (Nr. 2). KGJ. 42, 346. Auch die **Erhebung von Geldern im Verteilungstermin** gehört (mindestens nach Art. 14 LGO.) hierher. OLG. 25, 304. — Für die Erhebung und Ablieferung von Geldern innerhalb eines Verfahrens der ZPO., StPO. oder KO. gilt dagegen § 87 DGO. Dessen Tabelle ist die gleiche wie die von Nr. 1 hier. Die Folge ist, daß, wenn der Anwalt an dritter Stelle Gelder für den Auftraggeber erhebt, er nach Landesrecht genau das Doppelte (Nr. 2) erhält wie nach Reichsrecht. — In den **Fällen des Art. 2 LGO.** ist ebenfalls § 87 DGO. und nicht Art. 14 NotGO. anzuwenden.

b) **Zu § 14 Abs. 2 NotGO.** Diese **Erweiterung** ist durch die Nov. v. 18. 12. 22 eingefügt. Damit ist KGJ. **44**, 404 überholt.

c) **Zu § 14 Abs. 3 NotGO. Mehrere Beträge.** Trotz gleicher Sachlage (erhöhte Mühewaltung des Anwalts) gilt also die Gebührenerhöhung nicht, wenn bei einheitlichem Auftrag der Auftraggeber den Betrag in Teilbeträgen einzahlt oder den von dritter Seite eingezahlten Betrag in Teilbeträgen bei dem Anwalt abhebt.

d) **Zu § 14 Abs. 4 NotGO.** Begriff des **Wertpapiers:** Anm. 8 § 87 DGO. — Wegen des Wertes vgl. § 20 Abs. 8 PrGKG. und dazu Anm. 3a nn. Nach § 2 Abs. 2 NotGO. in Verb. mit § 19 Abs. 1 PrGKG. ist für die Wertberechnung der Zeitpunkt der Fälligkeit der Gebühr maßgeblich, also derjenige der Erledigung des Auftrags.

e) **Zu § 14 Abs. 5 NotGO.** Es gibt hier also **keine Mindestgebühr** und keine **Aufrundung.**

f) **Zu § 14 Abs. 6 NotGO.** Betrifft den hier nicht interessierenden Fall der Annahme der Wechselsumme durch den Notar gelegentlich eines beabsichtigten Protestes.

[7] Vergütung für die **Herstellung des Schreibwerks** und die **Auslagen an Postgebühren.** Diese Nebenkosten (und zwar nur diese) sollen sich in denjenigen Fällen, in denen der Anwalt Notargeschäfte erledigt, nicht nach Art. 15 LGO., sondern nach der NotGO. richten. Die Erstattung sonstiger Aufwendungen regelt sich nach § 670 BGB.; sie sind zu ersetzen, wenn der Anwalt sie den Umständen nach für erforderlich halten durfte. Vgl. Anm. 1 vor § 76 DGO. und wegen der Reisekosten unten Anm. 9. — Wegen Schreibwerk und Postgebühren bestimmt **§ 20 Abs. 2, 3 NotGO.:**

§ 20 (früher 19) NotGO. (2) Die Kosten des Schreibwerks werden in der Regel nicht durch Schreibgebühren ersetzt[a]. Nur für solche Ausfertigungen und Abschriften, die auf besonderen Antrag[b] erteilt werden oder für Finanzbehörden bestimmt sind[c], erhält der Notar Schreibgebühren, jedoch hat bei Beurkundungen und Entwürfen von zweiseitigen Rechtsgeschäften die Erteilung von je zwei Ausfertigungen oder Abschriften und bei sonstigen Beurkundungen die Erteilung je einer Ausfertigung oder Abschrift schreibgebührenfrei zu erfolgen[b]. Die Schreibgebühr beträgt für die Seite, die mindestens zweiunddreißig Zeilen von durchschnittlich fünfzehn Silben enthält[d], 0,30 Reichsmark[e], auch wenn die Herstellung auf mechanischem Wege stattgefunden hat. Jede angefangene Seite wird als voll berechnet. Für Schriftstücke, die in fremder Sprache abgefaßt sind, für Schriftstücke in tabellarischer Form sowie für Verzeichnisse, Listen, Rechnungen, Handzeichnungen und dergleichen kann die Höhe der Schreibgebühr durch den Justizminister anderweit bestimmt werden[f]. Die auf die besondere Ausstattung einer Urkunde verwendeten Auslagen, insbesondere diejenigen, welche durch Verwendung von Pergamentpapier entstehen, sind besonders zu erstatten. Der Justizminister wird ermächtigt, bei einer erheblichen Veränderung der wirtschaftlichen Verhältnisse die Schreibgebühr zu erhöhen oder zu ermäßigen[e].

(3) Von den Postgebühren des Notars[a] sind nur Telegraphengebühren, die im Fernverkehre zu entrichtenden Fernsprechgebühren, die im Verkehre mit dem Ausland entstehenden Gebühren und die Übersendungsgebühren für Ausfertigungen, Abschriften und vorgeschriebene Mitteilungen, die für Finanzbehörden bestimmt sind[c], zu berechnen.

Anm. a—g zu § 20 Abs. 2, 3 NotGO.

a) Im Gegensatze zu früher sind die Gebühren so bemessen, daß sie sämtliche normalen Auslagen mitenthalten, also die üblichen Schreibereien, Portoauslagen (Briefe, Karten, Postanweisungen, Pakete usw.) des Inlandverkehrs und die Fernsprechgebühren im Nahverkehr (Orts-, Vororts-, Nachbarorts-, Bezirksverkehr). Mit den Postgebühren sind aber nur gemeint diejenigen bei vom Anwalt ausgehenden Sendungen, nicht also Strafporto und Nachnahmen der bei ihm eingehenden Sendungen.

b) Vgl. Anm. 4 § 76 DGO. — Auch der Anwalt, der Urkunden entwirft, hat zwei bzw. eine Abschrift des Entwurfes kostenfrei zu liefern. Wegen des Begriffs der zwei-

und einseitigen Rechtsgeschäfte s. oben Anm. 4a (§§ 33, 34 PrGKG.).

c) Kommt nur für den Notar, nicht für den Anwalt in Betracht.

d) Auch nur, wenn mehr auf der Seite steht. RG. 21, 419.

e) Zunächst laut JustMinVO. v. 18. 12. 23 (GS. 560) 0,10 GM., dann laut JustMinVO. v. 28. 6. 24 (GS. 573) 0,20 GM., jetziger Satz laut JustMinVO. v. 7. 3. 27 (GS. 20). Die Ermächtigung hierzu ist im letzten Satze des § 20 Abs. 2 NotGO. enthalten.

f) Zunächst laut JustMinVfg. v. 19. 12. 23 (JMBl. 759) 0,50 GM. für die Stunde und 0,10 GM. für jede angefangene Fünftelstunde. Die Sätze wurden verdoppelt durch JustMinVfg. v. 12. 9. 24 (JMBl. 35). Jetzt laut JustMinVfg. v. 17. 3. 27 (JMBl. 124) 1,50 bzw. 0,30 RM.

g) Nur die wahren baren Auslagen für die besondere Ausstattung können erstattet verlangt werden.

[8] Von der NotGO. **abweichende Gebührenregelung.** Maßgebend ist hier der **§ 26 NotGO.**, welcher lautet:

§ 26 NotGO. (1) Der Betrag der Vergütung des Notars [a] kann abweichend von den Vorschriften dieser Gebührenordnung durch Vertrag festgesetzt werden, wenn es sich handelt:

1. um die Beurkundung von letztwilligen Verfügungen, Erbverträgen, Eheverträgen, Familienstiftungen, Familienschlüssen, Satzungen oder Beschlüssen von Korporationen, Vereinen, Gewerkschaften, Gesellschaften oder Genossenschaften oder der Organe derselben (Aufsichtsräte usw.);
2. um die Entwürfe zu den unter 1 bezeichneten Beurkundungen [b];
3. um eine von den Beteiligten dem Notar übertragene Vermittlung einer Auseinandersetzung;
4. um die Beurkundung des Herganges bei Verlosungen, bei Auslosung oder Vernichtung von Wertpapieren und bei Wahlversammlungen;
5. um ein unter §§ 14 [c] oder 16 [d] dieser Gebührenordnung fallendes Geschäft.

(2) Durch die zugesicherte Vergütung sind die baren Auslagen mit abgegolten, falls nicht eine entgegenstehende Vereinbarung getroffen ist.

(3) Der Auftraggeber ist an die Vereinbarung nur gebunden, soweit er dieselbe schriftlich geschlossen hat [e].

Hat der Notar durch den Vertragsschluß die Grenze der Mäßigung überschritten, so kann die durch Vertrag festgesetzte Vergütung im Prozeßwege bis auf den in diesem Gesetze bestimmten Betrag herabgesetzt werden f.

Anm. a—f zu § 26 NotGO.

a) Zweifelhaft könnte sein die Zulässigkeit der Übertragung der Bindung des Notars auf die Tätigkeit des Anwalts, da dieser ein Privatgewerbe ausübt und nach dem BGB. für Dienstverträge der Grundsatz der Vertragsfreiheit gilt. Doch ist die Übertragung gültig, weil auch der Anwalt zugleich eine den Beamten ähnliche Stellung öffentlich-rechtlicher Natur einnimmt. OLG. 15, 181, auch RG. 75, 98.

b) Nur die Entwürfe zu 1 kommen in Betracht, vor allem also nicht die Entwürfe zu allen übrigen Beurkundungen. OLG. 15, 181.

c) Empfang, Verwahrung und Auszahlung von Geldern und Wertpapieren.

d) In der NotGO. nicht ausdrücklich erwähnte Geschäfte. Kommt für den Anwalt nicht in Frage.

e) Schriftliche Erklärung des Auftraggebers allein (z. B. eine briefliche, wodurch er das vom Anwalt Geforderte zusagt) reicht aus. OLG. 37, 231. Einer schriftlichen Annahme des Anwalts bedarf es nicht. Vgl. OLG. 19, 262. Der Anwalt seinerseits ist auch an den bloß mündlichen Vertrag gebunden, selbst wenn die vereinbarte Vergütung geringer ist als die gesetzliche. OLG. 19, 262. Vgl. RG. 75, 107.

f) Für die Frage, ob die Grenze der Mäßigung überschritten ist, kommt es (anders als bei § 93 DGO.) nur auf die Sachlage zur Zeit der Vereinbarung an; später eingetretene oder bekanntgewordene Umstände, die das Geschäft vereinfachten oder erschwerten, bleiben außer Betracht. JW. 20, 500[8]; EGH. 15, 210. Auch wenn das Honorar bereits gezahlt ist, kann die Herabsetzung und Rückzahlung verlangt werden, da § 26 NotGO. insoweit keinen Unterschied macht. OLG. 27, 280 (a. M. JW. 87, 34). Ist die Honorarvereinbarung gar wegen Verstoßes gegen § 138 BGB. nichtig (vgl. dazu Anm. 7 § 93 DGO.), so ergibt sich der Rückforderungsanspruch ohne weiteres aus § 812 BGB. Ein Gutachten des Vorstandes der Anwaltskammer braucht das Prozeßgericht nicht einzuholen (anders bei § 93 DGO.).

[6] Die für den Notariatsgeschäfte besorgenden Anwalt nicht geltenden **Bestimmungen der §§ 21—25 NotGO.** betreffen: § 21: Geschäftsreisen; § 22: Gebühren für zugezogene Zeugen; § 23: Vorschuß; § 24: Einforderung der Gebühren; § 25: Festsetzung der Gebühren und Auslagen durch den Landgerichtspräsidenten in erster und das Kammergericht in zweiter Instanz. — Nach diesen Richtungen sind gemäß Art. 16 Abs. 1 LGO. die entsprechenden Vorschriften der DGO. maßgebend, also: für § 21 NotGO. die §§ 78 ff. DGO.; § 22 NotGO. kann nicht vorkommen; für § 23 NotGO. der § 84 DGO.; für § 24 NotGO. der § 86 DGO.; für § 25 NotGO. fehlt eine entsprechende Bestimmung, der Anwalt hat seine Gebühren selbst zu berechnen, die Nachprüfung kann nur im Prozeßwege erfolgen. — Der gemäß § 25 NotGO. beschließende Landgerichtspräsident darf, wenn ein Notar zugleich Rechtsanwaltsgebühren berechnet hat, die letzteren weder festsetzen noch absetzen. KGJ. 42, 352. Er darf auch dann nicht entscheiden, wenn er der Ansicht ist, daß dem Notar für die fragliche Tätigkeit Notariats- und nicht Rechtsanwaltsgebühren zustehen. KGJ. 42, 354. Umgekehrt ist das Festsetzungsverfahren zulässig, wenn ein Anwalt-Notar ein Geschäft vorgenommen hat, das sowohl zu der Berufstätigkeit des Anwalts als des Notars gehört und er eine dem § 24 NotGO. entsprechende Notariatsgebührenrechnung erteilt hat. KGJ. 43, 363.

5. Geschäfte, für die keine Gebühr bestimmt ist.

Artikel 14.

Ist für das dem Rechtsanwalt übertragene Geschäft[1] eine Gebühr nicht bestimmt, so erhält er eine unter entsprechender Anwendung der Vorschriften der Deutschen Gebührenordnung[2] und dieses Gesetzes[3] zu bemessende Gebühr. Das gleiche gilt[4], soweit für die begonnene oder vorbereitete Ausführung eines vor der vollständigen Ausführung erledigten Auftrags eine Gebühr nicht vorgesehen ist[5].

[1] Für das die LGO. gilt; denn für Geschäfte, für welche die DGO. unmittelbar oder kraft Verweisung in Art. 2 LGO.

gilt, stehen die entsprechenden Bestimmungen bereits in §§ 89, 90 DGO.

[2] Vgl. § 89 DGO. Z. B. für: außergerichtliche Regelung der Schuldverhältnisse eines Auftraggebers, EGH. 10, 58; Vermittelung eines Darlehns für eine Industriegesellschaft, RG. 121, 200; Vertretung vor einem nichtdeutschen Gericht, z. B. einem Kriegsgericht der Besatzungsbehörden.

[3] Z. B. auch Art. 13 LGO., nebst dem danach entsprechend anzuwendenden § 11 NotGO., wenn der Anwalt dem Auftraggeber über Ausschlagung einer Erbschaft Rat erteilt und zuvor über die Nachlaßmasse Ermittlungen angestellt hat. OLG. 17, 228.

[4] Vgl. § 90 DGO.

[5] Nicht vorgesehen z. B. in den Fällen der Art. 8—12 (z. B. ein Termin ist anberaumt, den der Anwalt wahrnehmen sollte, und wird aufgehoben, nachdem sich der Anwalt darauf vorbereitet hatte; dann etwa die Hälfte der Gebühr des Art. 10); s. auch § 14 NotGO. oben bei Art. 13 LGO.

6. Gemeinsame Bestimmungen.

a) Schreibgebühren und Postgebühren.

Artikel 15.

(1) [1, 2] Dem Rechtsanwalt stehen Schreibgebühren zu[3]:

1. für die auf besonderes Verlangen gefertigten Abschriften[4];

2. für Schreibwerk, das außerhalb des Rahmens einer gebührenpflichtigen Tätigkeit entsteht[5].

(2) Für die Höhe der Schreibgebühren sowie für die Erstattung der Postgebühren ist § 20 der Gebührenordnung für Notare[6] maßgebend. Soweit die Vorschriften der Deutschen Gebührenordnung maßgebend sind, erhält der Rechtsanwalt neben den Gebühren die dort vorgesehenen Pauschsätze[7, 8].

[1] **Geschichtliches.** Den jetzigen Art. 15 gab es zunächst überhaupt nicht. Vielmehr verwies der jetzige Art. 16 (damals 15) in seinem Abs. 1 auch auf § 76 DGO., so daß sich Schreibwerk-

und Postgebührenersatz auch in Landesgebührensachen nach den Vorschriften der DGO. regelte. Die Nov. zur LGO. v. 21. 3. 10 strich die Bezugnahme auf § 76 DGO. und regelte die Fragen des Schreibwerks und der Postgebühren selbständig und zwar im wesentlichen dahin, daß sie neben den Gebühren noch **Auslagenpauschsätze** gewährte, die in Bruchteilen der Gebühr bestanden. Die jetzige Fassung beruht auf der Nov. v. 28. 10. 22. Sie bemaß die Gebühren so, daß die Pauschsätze fortfallen konnten.

[2] **Art. 15 gilt nicht für die in Art. 2 geregelten Angelegenheiten**, für die die DGO. und mithin deren § 76 gilt, **und** nicht für die anwaltlichen Notargeschäfte des **Art. 13**, für die § 20 NotGO. gilt (vgl. Anm. 7 Art. 13 LGO.).

[3] Nicht mehr allgemein, sondern nur noch in den beiden in Abs. 1 genannten Fällen.

[4] Vgl. dazu Anm. 4 § 76 DGO.

[5] Vgl. dazu Anm. 6 § 76 DGO.

[6] Nur wegen „der Höhe" (nicht wegen der in Art. 15 selbst geregelten Ansatzfähigkeit selbst) der Schreibgebühren und wegen der Erstattungsfähigkeit der Postgebühren wird auf § 20 NotGO. verwiesen. Vgl. dazu oben Anm. 7 Art. 13 LGO.

[7] Pauschsätze kennt jetzt auch die DGO. nicht mehr.

[8] **Über die Erstattungsfähigkeit von anderen Auslagen**, die nicht unter Schreibwerk und Postgebühren fallen, trifft Art. 16 LGO. durch Verweisung auf §§ 77 ff. DGO. Bestimmung; vgl. auch Anm. 1 vor § 76 DGO.

b) **Andere Bestimmungen.**

Artikel 16 (früher 15).

(1) [1]Die Vorschriften der §§ 2 bis 6, 10 bis 12, 77 bis 86, 88, 93, 94 der Deutschen Gebührenordnung[2] finden, soweit nicht ein anderes bestimmt ist[3], in den Fällen der Artikel 4 bis 14 entsprechende Anwendung.

(2) In den Fällen der Artikel 4 bis 7[4] finden auch die Vorschriften der §§ 7, 25, 26, 29 bis 32, 35, 36, 48 bis 51 der Deutschen Gebührenordnung[5] entsprechende Anwendung. Steht dem Rechtsanwalt in derselben Instanz eine Gebühr für den Antrag auf Eintragung

einer Sicherungshypothek zu, so wird diese auf die im Artikel 4 Abs. 1 Nr. 1, im Artikel 5 Abs. 2 und im Artikel 7 Abs. 1 Satz 1 bestimmten Gebühren angerechnet[3].

[1] **Geschichtliches.** Art. 16 war bis zur Nov. v. 21. 3. 10 Art. 15 und nannte in Abs. 1 auch den § 76 DGO. Dieser wurde damals hier gestrichen und durch den neuen (jetzigen) Art. 15 ersetzt. Die Nov. v. 28. 10. 22 strich ferner in Abs. 1 den § 8 DGO., weil jetzt Art. 3 LGO. eine eigene Vorschrift über eine Mindestgebühr eingeführt hat.

[2] Abs. 1 gilt für **die Fälle der Art. 4—14 LGO.,** jedoch mit den aus Anm. 3 ersichtlichen Einschränkungen. Die in Abs. 1 genannten **Vorschriften der DGO. betreffen: § 2:** den Auftrag an mehrere Anwälte; **§ 3:** mehrere Auftraggeber; **§ 4:** den Anwalt als Beistand; **§ 5:** die Unterzeichnung eines Schriftsatzes; **§ 6:** die Gebührenliquidation; **§§ 10—12:** die Wertberechnung, die Wertfestsetzung und die Beschwerde dagegen; **§§ 77—83:** die Auslagen für Verpackung, die Reisekosten und die sonstigen Auslagen; **§§ 84—86:** die Einforderung der Gebühren und Auslagen; **§ 88:** die Ausarbeitung eines Gutachtens; **§§ 93, 94:** die Festsetzung der Vergütung durch Vertrag (vgl. RG. 75, 107; 121, 200). — **Die §§ 11, 12 DGO. insbesondere** kommen hauptsächlich für die Fälle der Art. 4—7 (Vertretung eines Beteiligten im Verfahren der Zwangsversteigerung, Zwangsverwaltung usw.), nicht dagegen in gleichem Umfange für die Fälle der Art. 8—12 in Betracht s. dazu Vorbem. 1, 2 vor Art. 8) und sind in den Fällen des Art. 13 (Entwurf einer Rechtsgeschäftsurkunde, Vermittelung einer Auseinandersetzung usw.) regelmäßig unanwendbar. Hat in den Fällen der Art. 8—12 die Festsetzung des Gegenstandswertes für die Berechnung der Gerichtsgebühr (§ 16 DGKG. oder § 23 PrGKG.) unter Anwendung anderer Gesetzesvorschriften zu erfolgen als die Wertbemessung behufs Bestimmung der Anwaltsgebühr und ist daher die erstere Festsetzung für die letztere Gebühr nicht maßgebend, so steht dem Anwalt gegen die Festsetzung die Beschwerde aus § 12 DGO. wegen zu niedriger Bemessung des Gegenstandswertes nicht zu, da § 12 DGO. zur Voraussetzung hat, daß nach der Streitwertfestsetzung sowohl die Gerichtsgebühren als auch die Anwaltsgebühren zu berechnen sind. **KGJ. 28, B 43; 42, 294.** In

solchen Fällen muß der Anwalt die seiner Gebührenberechnung zugrunde zu legende Wertbemessung selbständig vornehmen und, wenn sie der Auftraggeber bemängelt, den Prozeßweg beschreiten, da eine dem § 25 NotGO. entsprechende, die Festsetzung durch den Landgerichtspräsidenten bestimmende Vorschrift in das Gesetz nicht aufgenommen worden ist. KGJ. 28, B 47; **42**, 295. Dies gilt auch, wenn eine Wertfestsetzung unzulässig ist, weil eine gerichtliche Gebühr überhaupt nicht zu erheben ist (z. B. bei begründet befundenen Beschwerden) und also die Voraussetzung jeder Wertfestsetzung, daß eine gerichtliche Gebühr entsteht, deren Höhe vom Werte des Gegenstandes abhängt, nicht vorliegt. OLG. 19, 264.

[3] **Ein anderes ist im Art. 13 für die dort bezeichneten Geschäfte** in Ansehung der Wertberechnung, des Mindestbetrags der Gebühr und der Zulässigkeit einer Vereinbarung über die Höhe der Gebühr bestimmt. Auch finden die im Art. 15 über die Pauschsätze für Schreibwerk und Postgebühren gegebenen Vorschriften auf diese Angelegenheiten keine Anwendung. Vgl. Anm. 2 Art. 15.

[4] Abs. 2 betrifft nur **die in den Art. 4—7 LGO. geregelten Angelegenheiten.** Nicht auch die Fälle der Art. 8—14. Insbesondere ist also der Instanzbegriff für die Fälle der Art. 8—12 nicht geregelt, obwohl ihn Art. 10 Abs. 2 und Art. 12 verwenden. Vgl. Anm. 1 vor Art. 8, Anm. 6 Art. 10 LGO.

[5] **Diese Vorschriften der DGO. betreffen: § 7:** den Betrieb eigener Angelegenheiten; **§§ 25, 26:** die Bestimmung, daß jede Hauptgebühr in jeder Instanz nur einmal beansprucht werden kann, und den Umfang der Instanz; **§§ 29—32, 35, 36:** die Bestimmungen, inwieweit die Hauptgebühren die gesamte Tätigkeit des Anwalts von dem Auftrage bis zur Beendigung der Instanz umfassen; **§ 48:** die Gebühr des nicht zum Prozeßbevollmächtigten bestellten Anwalts; **§ 49:** die Bestellung des Anwalts zum Prozeßbevollmächtigten, nachdem er bereits in der Sache tätig gewesen ist; **§ 50:** die Aufhebung des Auftrags; **§ 51:** die Vertretung mehrerer Streitgenossen. — Es sind hier auch die Vorschriften der §§ 25, 26, 29—32, 35, 36 DGO., die sich aus dem System der Pauschalsätze ergeben, für anwendbar erklärt worden, weil es sich bei den Gebühren der Art. 4—7 ebenfalls um Pauschalgebühren handelt.

[6] Voraussetzung der Anrechnung ist, daß das Verfahren

auf **Eintragung der Sicherungshypothek** (§§ 866, 867, 932 ZPO.) mit dem Zwangsversteigerungs-, Zwangsverwaltungs- oder Zwangsliquidationsverfahren eine Instanz bildet. Dies ist gemäß § 31 Abs. 1 DGO. der Fall, wenn die Zwangseintragung sich als Vorbereitung weiterer Zwangsvollstreckungsmaßregeln darstellt. Es ist nicht der Fall, wenn die Zwangsversteigerung oder Zwangsverwaltung sich nicht unmittelbar an die Zwangseintragung anschließt, sondern erst nach längerer Zeit auf Grund eines neuen Auftrags beantragt wird. KBA. 3452. Im letzteren Falle braucht sich der Anwalt die Gebühr aus § 23 Nr. 18 DGO. für den Eintragungsantrag ($^3/_{10}$) nicht auf die im Art. 16 Abs. 2 Satz 2 LGO. genannten Gebühren anzurechnen.

III. Anderweite Gebührenvorschriften.

Artikel 17 (früher 16).

[1]Allgemeine Vorschriften über die Vergütung für eine Tätigkeit, welche die Zulassung zur Rechtsanwaltschaft nicht voraussetzt[2], sind auch für die Rechtsanwälte maßgebend[3].

[1] **Geschichtliches.** Art. 17 war bis zur Nov. v. 21. 3. 10 Art. 16.

[2] **Tätigkeit, welche die Zulassung zur Rechtsanwaltschaft nicht voraussetzt,** z. B. als: Zustellungsvertreter, Vertreter eines im Verteilungsverfahren nicht ermittelten Berechtigten, Zwangsverwalter (§ 7 Abs. 2, §§ 135, 153 ZVG., § 14 EG.ZVG.); Konkursverwalter, Mitglied des Gläubigerausschusses (§§ 85, 91 KO.); Vertrauensperson (§ 46 VerglO.); Vormund, Pfleger, Nachlaßverwalter (§§ 1836, 1915, 1987 BGB.). Vgl. Anm. 1, 2 § 7 DGO. (Gebühren des Rechtsanwalts in Angelegenheiten einer Partei, deren gesetzlicher Vertreter er ist).

[3] Die **Vorschriften der LGO.** finden also auf eine solche Tätigkeit des Anwalts **keine Anwendung.** Dies gilt auch, wenn für die Tätigkeit nach reichsgesetzlicher oder landesgesetzlicher Vorschrift, in Ermangelung allgemeiner Anordnungen der Landesjustizverwaltung, die Vergütung vom Gericht nach freiem Ermessen festzusetzen ist (s. die in Anm. 1 erwähnten Fälle). KBA. 3446. — Hinsichtlich der **Zwangsverwalter** ist

eine allgemeine Anordnung getroffen durch § 16 JustMinVfg., betr. die Geschäftsführung der Zwangsverwalter und die ihnen zu gewährende Vergütung, v. 8. 12. 99 (JMBl. 791) in d. Fass. v. 27. 5. 25 (JMBl. 198).

Zweiter Abschnitt.

(Enthält in den Art. 18—25 Vorschriften über die Gebühren der Gerichtsvollzieher.)

Dritter Abschnitt.

Schlußbestimmungen.

Artikel 26 (früher 27).

Aufgehoben[1] werden vom Zeitpunkte des Inkrafttretens des Bürgerlichen Gesetzbuchs an:

1. das Ausführungsgesetz zur Deutschen Gebührenordnung für Rechtsanwälte vom 2. Februar 1880 (Gesetzsamml. S. 43);

(Nr. 2 und 3 betreffen Gesetze, welche sich auf die Gebühren der Gerichtsvollzieher beziehen.)

[1] Art. 26 enthält keine vollständige Aufzählung der aufgehobenen Gesetze. Vgl. Anm. 5 Art. 1 LGO.

Artikel 27.

(Betrifft Gebühren der Gerichtsvollzieher im früheren Geltungsbereiche des Rheinischen Rechtes.)

I.

Tabellen
zur
Deutschen Gebührenordnung.

A.

Bürgerliche Rechtsstreitigkeiten, Konkurs- und Vergleichsverfahren.

Streitwert	Volle Gebühr		Bruchteile der Gebühr 1. Instanz				
	1. Instanz	2. u. 3. Instanz	$^2/_{10}$	$^3/_{10}$	$^4/_{10}$	$^5/_{10}$	$^6/_{10}$
bis *RM*	*RM*	*RM*	*RM*	*RM*	*RM*	*RM*	*RM*
20	2	2.60	1.00	1.00	1.00	1.00	1.20
60	4	5.20	1.00	1.20	1.60	2.00	2.40
100	6	7.80	1.20	1.80	2.40	3.00	3.60
150	8	10.40	1.60	2.40	3.20	4.00	4.80
200	10	13.00	2.00	3.00	4.00	5.00	6.00
300	15	19.50	3.00	4.50	6.00	7.50	9.00
400	20	26.00	4.00	6.00	8.00	10.00	12.00
500	25	32.50	5.00	7.50	10.00	12.50	15.00
600	29	37.70	5.80	8.70	11.60	14.50	17.40
700	33	42.90	6.60	9.90	13.20	16.50	19.80
800	37	48.10	7.40	11.10	14.80	18.50	22.20
900	41	53.30	8.20	12.30	16.40	20.50	24.60
1000	45	58.50	9.00	13.50	18.00	22.50	27.00
1100	48	62.40	9.60	14.40	19.20	24.00	28.80
1200	51	66.30	10.20	15.30	20.40	25.50	30.60
1300	54	70.20	10.80	16.20	21.60	27.00	32.40
1400	57	74.10	11.40	17.10	22.80	28.50	34.20
1500	60	78.00	12.00	18.00	24.00	30.00	36.00
1600	63	81.90	12.60	18.90	25.20	31.50	37.80
1700	66	85.80	13.20	19.80	26.40	33.00	39.60
1800	69	89.70	13.80	20.70	27.60	34.50	41.40
1900	72	93.60	14.40	21.60	28.80	36.00	43.20
2000	75	97.50	15.00	22.50	30.00	37.50	45.00
2100	78	101.40	15.60	23.40	31.20	39.00	46.80
2200	81	105.30	16.20	24.30	32.40	40.50	48.60
2300	84	109.20	16.80	25.20	33.60	42.00	50.40
2400	87	113.10	17.40	26.10	34.80	43.50	52.20
2500	90	117.00	18.00	27.00	36.00	45.00	54.00
2600	93	120.90	18.60	27.90	37.20	46.50	55.80
2700	96	124.80	19.20	28.80	38.40	48.00	57.60

Streitwert	Volle Gebühr 1. Instanz	Volle Gebühr 2. u. 3. Instanz	Bruchteile der Gebühr 1. Instanz 2/10	3/10	4/10	5/10	6/10
bis *RM*	*RM*	*RM*	*RM*	*RM*	*RM*	*RM*	*RM*
2800	99	128.70	19.80	29.70	39.60	49.50	59.40
2900	102	132.60	20.40	30.60	40.80	51.00	61.20
3000	105	136.50	21.00	31.50	42.00	52.50	63.00
3100	107	139.10	21.40	32.10	42.80	53.50	64.20
3200	109	141.70	21.80	32.70	43.60	54.50	65.40
3300	111	144.30	22.20	33.30	44.40	55.50	66.60
3400	113	146.90	22.60	33.90	45.20	56.50	67.80
3500	115	149.50	23.00	34.50	46.00	57.50	69.00
3600	117	152.10	23.40	35.10	46.80	58.50	70.20
3700	119	154.70	23.80	35.70	47.60	59.50	71.40
3800	121	157.30	24.20	36.30	48.40	60.50	72.60
3900	123	159.90	24.60	36.90	49.20	61.50	73.80
4000	125	162.50	25.00	37.50	50.00	62.50	75.00
4100	127	165.10	25.40	38.10	50.80	63.50	76.20
4200	129	167.70	25.80	38.70	51.60	64.50	77.40
4300	131	170.30	26.20	39.30	52.40	65.50	78.60
4400	133	172.90	26.60	39.90	53.20	66.50	79.80
4500	135	175.50	27.00	40.50	54.00	67.50	81.00
4600	137	178.10	27.40	41.10	54.80	68.50	82.20
4700	139	180.70	27.80	41.70	55.60	69.50	83.40
4800	141	183.30	28.20	42.30	56.40	70.50	84.60
4900	143	185.90	28.60	42.90	57.20	71.50	85.80
5000	145	188.50	29.00	43.50	58.00	72.50	87.00
5100	147	191.10	29.40	44.10	58.80	73.50	88.20
5200	149	193.70	29.80	44.70	59.60	74.50	89.40
5300	151	196.30	30.20	45.30	60.40	75.50	90.60
5400	153	198.90	30.60	45.90	61.20	76.50	91.80
5500	155	201.50	31.00	46.50	62.00	77.50	93.00
5600	157	204.10	31.40	47.10	62.80	78.50	94.20
5700	159	206.70	31.80	47.70	63.60	79.50	95.40
5800	161	209.30	32.20	48.30	64.40	80.50	96.60
5900	163	211.90	32.60	48.90	65.20	81.50	97.80
6000	165	214.50	33.00	49.50	66.00	82.50	99.00
6100	166	215.80	33.20	49.80	66.40	83.00	99.60
6200	167	217.10	33.40	50.10	66.80	83.50	100.20

Streitwert	Volle Gebühr 1. Instanz	Volle Gebühr 2. u. 3. Instanz	Bruchteile der Gebühr 1. Instanz 2/10	3/10	4/10	5/10	6/10
bis *RM*	*RM*	*RM*	*RM*	*RM*	*RM*	*RM*	*RM*
6300	168	218.40	33.60	50.40	67.20	84.00	100.80
6400	169	219.70	33.80	50.70	67.60	84.50	101.40
6500	170	221.00	34.00	51.00	68.00	85.00	102.00
6600	171	222.30	34.20	51.30	68.40	85.50	102.60
6700	172	223.60	34.40	51.60	68.80	86.00	103.20
6800	173	224.90	34.60	51.90	69.20	86.50	103.80
6900	174	226.20	34.80	52.20	69.60	87.00	104.40
7000	175	227.50	35.00	52.50	70.00	87.50	105.00
7100	176	228.80	35.20	52.80	70.40	88.00	105.60
7200	177	230.10	35.40	53.10	70.80	88.50	106.20
7300	178	231.40	35.60	53.40	71.20	89.00	106.80
7400	179	232.70	35.80	53.70	71.60	89.50	107.40
7500	180	234.00	36.00	54.00	72.00	90.00	108.00
7600	181	235.30	36.20	54.30	72.40	90.50	108.60
7700	182	236.60	36.40	54.60	72.80	91.00	109.20
7800	183	237.90	36.60	54.90	73.20	91.50	109.80
7900	184	239.20	36.80	55.20	73.60	92.00	110.40
8000	185	240.50	37.00	55.50	74.00	92.50	111.00
8100	186	241.80	37.20	55.80	74.40	93.00	111.60
8200	187	243.10	37.40	56.10	74.80	93.50	112.20
8300	188	244.40	37.60	56.40	75.20	94.00	112.80
8400	189	245.70	37.80	56.70	75.60	94.50	113.40
8500	190	247.00	38.00	57.00	76.00	95.00	114.00
8600	191	248.30	38.20	57.30	76.40	95.50	114.60
8700	192	249.60	38.40	57.60	76.80	96.00	115.20
8800	193	250.90	38.60	57.90	77.20	96.50	115.80
8900	194	252.20	38.80	58.20	77.60	97.00	116.40
9000	195	253.50	39.00	58.50	78.00	97.50	117.00
9100	196	254.80	39.20	58.80	78.40	98.00	117.60
9200	197	256.10	39.40	59.10	78.80	98.50	118.20
9300	198	257.40	39.60	59.40	79.20	99.00	118.80
9400	199	258.70	39.80	59.70	79.60	99.50	119.40
9500	200	260.00	40.00	60.00	80.00	100.00	120.00
9600	201	261.30	40.20	60.30	80.40	100.50	120.60
9700	202	262.60	40.40	60.60	80.80	101.00	121.20

Streit-wert	Volle Gebühr 1. Instanz	Volle Gebühr 2. u. 3. Instanz	Bruchteile der Gebühr 1. Instanz 2/10	3/10	4/10	5/10	6/10
bis *RM*	*RM*	*RM*	*RM*	*RM*	*RM*	*RM*	*RM*
9800	203	263.90	40.60	60.90	81.20	101.50	121.80
9900	204	265.20	40.80	61.20	81.60	102.00	122.40
10 000	205	266.50	41.00	61.50	82.00	102.50	123.00
10 100	205.50	267.15	41.10	61.65	82.20	102.75	123.30
10 200	206	267.80	41.20	61.80	82.40	103.00	123.60
10 300	206.50	268.45	41.30	61.95	82.60	103.25	123.90
10 400	207	269.10	41.40	62.10	82.80	103.50	124.20
10 500	207.50	269.75	41.50	62.25	83.00	103.75	124.50
10 600	208	270.40	41.60	62.40	83.20	104.00	124.80
10 700	208.50	271.05	41.70	62.55	83.40	104.25	125.10
10 800	209	271.70	41.80	62.70	83.60	104.50	125.40
10 900	209.50	272.35	41.90	62.85	83.80	104.75	125.70
11 000	210	273.00	42.00	63.00	84.00	105.00	126.00
11 100	210.50	273.65	42.10	63.15	84.20	105.25	126.30
11 200	211	274.30	42.20	63.30	84.40	105.50	126.60
11 300	211.50	274.95	42.30	63.45	84.60	105.75	126.90
11 400	212	275.60	42.40	63.60	84.80	106.00	127.20
11 500	212.50	276.25	42.50	63.75	85.00	106.25	127.50
11 600	213	276.90	42.60	63.90	85.20	106.50	127.80
11 700	213.50	277.55	42.70	64.05	85.40	106.75	128.10
11 800	214	278.20	42.80	64.20	85.60	107.00	128.40
11 900	214.50	278.85	42.90	64.35	85.80	107.25	128.70
12 000	215	279.50	43.00	64.50	86.00	107.50	129.00
12 100	215.50	280.15	43.10	64.65	86.20	107.75	129.30
12 200	216	280.80	43.20	64.80	86.40	108.00	129.60
12 300	216.50	281.45	43.30	64.95	86.60	108.25	129.90
12 400	217	282.10	43.40	65.10	86.80	108.50	130.20
12 500	217.50	282.75	43.50	65.25	87.00	108.75	130.50
12 600	218	283.40	43.60	65.40	87.20	109.00	130.80
12 700	218.50	284.05	43.70	65.55	87.40	109.25	131.10
12 800	219	284.70	43.80	65.70	87.60	109.50	131.40
12 900	219.50	285.35	43.90	65.85	87.80	109.75	131.70
13 000	220	286.00	44.00	66.00	88.00	110.00	132.00
13 100	220.50	286.65	44.10	66.15	88.20	110.25	132.30
13 200	221	287.30	44.20	66.30	88.40	110.50	132.60

Streitwert	Volle Gebühr 1. Instanz	2. u. 3. Instanz	Bruchteile der Gebühr 1. Instanz $^2/_{10}$	$^3/_{10}$	$^4/_{10}$	$^5/_{10}$	$^6/_{10}$
bis *RM*	*RM*	*RM*	*RM*	*RM*	*RM*	*RM*	*RM*
13 300	221.50	287.95	44.30	66.45	88.60	110.75	132.90
13 400	222	288.60	44.40	66.60	88.80	111.00	133.20
13 500	222.50	289.25	44.50	66.75	89.00	111.25	133.50
13 600	223	289.90	44.60	66.90	89.20	111.50	133.80
13 700	223.50	290.55	44.70	67.05	89.40	111.75	134.10
13 800	224	291.20	44.80	67.20	89.60	112.00	134.40
13 900	224.50	291.85	44.90	67.35	89.80	112.25	134.70
14 000	225	292.50	45.00	67.50	90.00	112.50	135.00
14 100	225.50	293.15	45.10	67.65	90.20	112.75	135.30
14 200	226	293.80	45.20	67.80	90.40	113.00	135.60
14 300	226.50	294.45	45.30	67.95	90.60	113.25	135.90
14 400	227	295.10	45.40	68.10	90.80	113.50	136.20
14 500	227.50	295.75	45.50	68.25	91.00	113.75	136.50
14 600	228	296.40	45.60	68.40	91.20	114.00	136.80
14 700	228.50	297.05	45.70	68.55	91.40	114.25	137.10
14 800	229	297.70	45.80	68.70	91.60	114.50	137.40
14 900	229.50	298.35	45.90	68.85	91.80	114.75	137.70
15 000	230	299.00	46.00	69.00	92.00	115.00	138.00
15 100	230.50	299.65	46.10	69.15	92.20	115.25	138.30
15 200	231	300.30	46.20	69.30	92.40	115.50	138.60
15 300	231.50	300.95	46.30	69.45	92.60	115.75	138.90
15 400	232	301.60	46.40	69.60	92.80	116.00	139.20
15 500	232.50	302.25	46.50	69.75	93.00	116.25	139.50
15 600	233	302.90	46.60	69.90	93.20	116.50	139.80
15 700	233.50	303.55	46.70	70.05	93.40	116.75	140.10
15 800	234	304.20	46.80	70.20	93.60	117.00	140.40
15 900	234.50	304.85	46.90	70.35	93.80	117.25	140.70
16 000	235	305.50	47.00	70.50	94.00	117.50	141.00
16 100	235.50	306.15	47.10	70.65	94.20	117.75	141.30
16 200	236	306.80	47.20	70.80	94.40	118.00	141.60
16 300	236.50	307.45	47.30	70.95	94.60	118.25	141.90
16 400	237	308.10	47.40	71.10	94.80	118.50	142.20
16 500	237.50	308.75	47.50	71.25	95.00	118.75	142.50
16 600	238	309.40	47.60	71.40	95.20	119.00	142.80
16 700	238.50	310.05	47.70	71.55	95.40	119.25	143.10

Streitwert	Volle Gebühr 1. Instanz	Volle Gebühr 2. u. 3. Instanz	Bruchteile der Gebühr 1. Instanz 2/10	3/10	4/10	5/10	6/10
bis *RM*	*RM*	*RM*	*RM*	*RM*	*RM*	*RM*	*RM*
16 800	239	310.70	47.80	71.70	95.60	119.50	143.40
16 900	239.50	311.35	47.90	71.85	95.80	119.75	143.70
17 000	240	312.00	48.00	72.00	96.00	120.00	144.00
17 100	240.50	312.65	48.10	72.15	96.20	120.25	144.30
17 200	241	313.30	48.20	72.30	96.40	120.50	144.60
17 300	241.50	313.95	48.30	72.45	96.60	120.75	144.90
17 400	242	314.60	48.40	72.60	96.80	121.00	145.20
17 500	242.50	315.25	48.50	72.75	97.00	121.25	145.50
17 600	243	315.90	48.60	72.90	97.20	121.50	145.80
17 700	243.50	316.55	48.70	73.05	97.40	121.75	146.10
17 800	244	317.20	48.80	73.20	97.60	122.00	146.40
17 900	244.50	317.85	48.90	73.35	97.80	122.25	146.70
18 000	245	318.50	49.00	73.50	98.00	122.50	147.00
18 100	245.50	319.15	49.10	73.65	98.20	122.75	147.30
18 200	246	319.80	49.20	73.80	98.40	123.00	147.60
18 300	246.50	320.45	49.30	73.95	98.60	123.25	147.90
18 400	247	321.10	49.40	74.10	98.80	123.50	148.20
18 500	247.50	321.75	49.50	74.25	99.00	123.75	148.50
18 600	248	322.40	49.60	74.40	99.20	124.00	148.80
18 700	248.50	323.05	49.70	74.55	99.40	124.25	149.10
18 800	249	323.70	49.80	74.70	99.60	124.50	149.40
18 900	249.50	324.35	49.90	74.85	99.80	124.75	149.70
19 000	250	325.00	50.00	75.00	100.00	125.00	150.00
19 100	250.50	325.65	50.10	75.15	100.20	125.25	150.30
19 200	251	326.30	50.20	75.30	100.40	125.50	150.60
19 300	251.50	326.95	50.30	75.45	100.60	125.75	150.90
19 400	252	327.60	50.40	75.60	100.80	126.00	151.20
19 500	252.50	328.25	50.50	75.75	101.00	126.25	151.50
19 600	253	328.90	50.60	75.90	101.20	126.50	151.80
19 700	253.50	329.55	50.70	76.05	101.40	126.75	152.10
19 800	254	330.20	50.80	76.20	101.60	127.00	152.40
19 900	254.50	330.85	50.90	76.35	101.80	127.25	152.70
20 000	255	331.50	51.00	76.50	102.00	127.50	153.00
21 000	260	338.00	52.00	78.00	104.00	130.00	156.00
22 000	265	344.50	53.00	79.50	106.00	132.50	159.00

Streitwert	Volle Gebühr 1. Instanz	Volle Gebühr 2. u. 3. Instanz	Bruchteile der Gebühr 1. Instanz $^{2}/_{10}$	$^{3}/_{10}$	$^{4}/_{10}$	$^{5}/_{10}$	$^{6}/_{10}$
bis *RM*	*RM*	*RM*	*RM*	*RM*	*RM*	*RM*	*RM*
23 000	270	351	54	81	108	135	162
24 000	275	357.50	55	82.50	110	137.50	165
25 000	280	364	56	84	112	140	168
26 000	285	370.50	57	85.50	114	142.50	171
27 000	290	377	58	87	116	145	174
28 000	295	383.50	59	88.50	118	147.50	177
29 000	300	390	60	90	120	150	180
30 000	305	396.50	61	91.50	122	152.50	183
31 000	310	403	62	93	124	155	186
32 000	315	409.50	63	94.50	126	157.50	189
33 000	320	416	64	96	128	160	192
34 000	325	422.50	65	97.50	130	162.50	195
35 000	330	429	66	99	132	165	198
36 000	335	435.50	67	100.50	134	167.50	201
37 000	340	442	68	102	136	170	204
38 000	345	448.50	69	103.50	138	172.50	207
39 000	350	455	70	105	140	175	210
40 000	355	461.50	71	106.50	142	177.50	213
41 000	360	468	72	108	144	180	216
42 000	365	474.50	73	109.50	146	182.50	219
43 000	370	481	74	111	148	185	222
44 000	375	487.50	75	112.50	150	187.50	225
45 000	380	494	76	114	152	190	228
46 000	385	500.50	77	115.50	154	192.50	231
47 000	390	507	78	117	156	195	234
48 000	395	513.50	79	118.50	158	197.50	237
49 000	400	520	80	120	160	200	240
50 000	405	526.50	81	121.50	162	202.50	243
51 000	410	533	82	123	164	205	246
52 000	415	539.50	83	104.50	100	207.50	249
53 000	420	546	84	126	168	210	252
54 000	425	552.50	85	127.50	170	212.50	255
55 000	430	559	86	129	172	215	258
56 000	435	565.50	87	130.50	174	217.50	261
57 000	440	572	88	132	176	220	264

Streitwert	Volle Gebühr 1. Instanz	Volle Gebühr 2. u. 3. Instanz	Bruchteile der Gebühr 1. Instanz $^2/_{10}$	$^3/_{10}$	$^4/_{10}$	$^5/_{10}$	$^6/_{10}$
bis *RM*	*RM*	*RM*	*RM*	*RM*	*RM*	*RM*	*RM*
58 000	445	578.50	89	133.50	178	222.50	267
59 000	450	585	90	135	180	225	270
60 000	455	591.50	91	136.50	182	227.50	273
61 000	460	598	92	138	184	230	276
62 000	465	604.50	93	139.50	186	232.50	279
63 000	470	611	94	141	188	235	282
64 000	475	617.50	95	142.50	190	237.50	285
65 000	480	624	96	144	192	240	288
66 000	485	630.50	97	145.50	194	242.50	291
67 000	490	637	98	147	196	245	294
68 000	495	643.50	99	148.50	198	247.50	297
69 000	500	650	100	150	200	250	300
70 000	505	656.50	101	151.50	202	252.50	303
71 000	510	663	102	153	204	255	306
72 000	515	669.50	103	154.50	206	257.50	309
73 000	520	676	104	156	208	260	312
74 000	525	682.50	105	157.50	210	262.50	315
75 000	530	689	106	159	212	265	318
76 000	535	695.50	107	160.50	214	267.50	321
77 000	540	702	108	162	216	270	324
78 000	545	708.50	109	163.50	218	272.50	327
79 000	550	715	110	165	220	275	330
80 000	555	721.50	111	166.50	222	277.50	333
81 000	560	728	112	168	224	280	336
82 000	565	734.50	113	169.50	226	282.50	339
83 000	570	741	114	171	228	285	342
84 000	575	747.50	115	172.50	230	287.50	345
85 000	580	754	116	174	232	290	348
86 000	585	760.50	117	175.50	234	292.50	351
87 000	590	767	118	177	236	295	354
88 000	595	773.50	119	178.50	238	297.50	357
89 000	600	780	120	180	240	300	360
90 000	605	786.50	121	181.50	242	302.50	363
91 000	610	793	122	183	244	305	366
92 000	615	799.50	123	184.50	246	307.50	369

Streitwert	Volle Gebühr 1. Instanz	Volle Gebühr 2. u. 3. Instanz	Bruchteile der Gebühr 1. Instanz ²/₁₀	³/₁₀	⁴/₁₀	⁵/₁₀	⁶/₁₀
bis *RM*	*RM*	*RM*	*RM*	*RM*	*RM*	*RM*	*RM*
93 000	620	806	124	186	248	310	372
94 000	625	812.50	125	187.50	250	312.50	375
95 000	630	819	126	189	252	315	378
96 000	635	825.50	127	190.50	254	317.50	381
97 000	640	832	128	192	256	320	384
98 000	645	838.50	129	193.50	258	322.50	387
99 000	650	845	130	195	260	325	390
100 000	655	851.50	131	196.50	262	327.50	393

von da ab allgemein auf 1000 *RM* aufgerundet:

101 000 bis 1 000 000	¼ % plus 405 RM.						
1 001 000 bis 5 000 000	⅕ % plus 905 RM.						
5 001 000 u. darüber	$^1/_{10}$ % plus 5905 RM.						
z. B.							
200 000	905	1176.50	181	271.50	362	452.50	543
300 000	1155	1501.50	231	346.50	462	577.50	693
400 000	1405	1826.50	281	421.50	562	702.50	843
500 000	1655	2151.50	331	496.50	662	827.50	993
600 000	1905	2476.50	381	571.50	762	952.50	1143
700 000	2155	2801.50	431	646.50	862	1077.50	1293
800 000	2405	3126.50	481	721.50	962	1202.50	1443
900 000	2655	3451.50	531	796.50	1062	1327.50	1593
1 000 000	2905	3776.50	581	871.50	1162	1452.50	1743

B.

Erstattungsfähige Gebühren des Armenanwalts.

Streitwert	Volle Gebühr 1. Instanz	Volle Gebühr 2. u. 3. Instanz	Bruchteile der Gebühr 1. Instanz $^2/_{10}$	$^3/_{10}$	$^4/_{10}$	$^5/_{10}$	$^6/_{10}$
bis *RM*	*RM*	*RM*	*RM*	*RM*	*RM*	*RM*	*RM*
20	2	2.60	1.00	1.00	1.00	1.00	1.20
60	4	5.20	1.00	1.20	1.60	2.00	2.40
100	6	7.80	1.20	1.80	2.40	3.00	3.60
150	8	10.40	1.60	2.40	3.20	4.00	4.80
200	10	13.00	2.00	3.00	4.00	5.00	6.00
300	15	19.50	3.00	4.50	6.00	7.50	9.00
600	20	26.00	4.00	6.00	8.00	10.00	12.00
800	25	32.50	5.00	7.50	10.00	12.50	15.00
1000	30	39.00	6.00	9.00	12.00	15.00	18.00
1500	40	52.00	8.00	12.00	16.00	20.00	24.00
2000	50	65.00	10.00	15.00	20.00	25.00	30.00
darüber	60	78.00	12.00	18.00	24.00	30.00	36.00

C.

Erhebung und Ablieferung von Geldern und Wertpapieren nach § 87 DGebO.

	Betrag des Geldes oder Wert des Wertpapiers (auf 10 *RM* aufgerundet)				Gebühr für die Erhebung und Ablieferung
		RM		*RM*	
1.			bis einschl.	1 000	1 %
2.	mehr als	1 000	„ „	10 000	$^{1}/_{2}$ % plus 5 *RM*
3.	„ „	10 000			$^{1}/_{4}$ % plus 30 *RM*

II.

Tabellen

zum

Preußischen Landesgebührenrecht.

D.

Preußische Anwalts-, Gerichts- und Notargebühren.

Wertstufe		$^{10}/_{10}$	$^{2}/_{10}$	$^{5}/_{10}$	$^{8}/_{10}$	$^{15}/_{10}$	$^{20}/_{10}$	$^{30}/_{10}$
Nr.	bis *RM*	*RM*	*RM*	*RM*	*RM*	*MR*	*RM*	*RM*
1	50	2	2.00	2	2.00	3	4	6
2	100	3	2.00	2	2.40	$4^{1}/_{2}$	6	9
3	200	4	2.00	2	3.20	6	8	12
4	300	5	2.00	$2^{1}/_{2}$	4.00	$7^{1}/_{2}$	10	15
5	500	6	2.00	3	4.80	9	12	18
6	1 000	8	2.00	4	6.40	12	16	24
7	1 500	10	2.00	5	8.00	15	20	30
8	2 000	12	2.40	6	9.60	18	24	36
9	2 500	14	2.80	7	11.20	21	28	42
10	3 000	16	3.20	8	12.80	24	32	48
11	3 500	18	3.60	9	14.40	27	36	54
12	4 000	20	4.00	10	16.00	30	40	60
13	5 000	22	4.40	11	17.60	33	44	66
14	6 000	24	4.80	12	19.20	36	48	72
15	7 000	26	5.20	13	20.80	39	52	78
16	8 000	28	5.60	14	22.40	42	56	84
17	9 000	30	6.00	15	24.00	45	60	90
18	10 000	32	6.40	16	25.60	48	64	96
19	12 000	36	7.20	18	28.80	54	72	108
20	14 000	40	8.00	20	32.00	60	80	120
21	16 000	44	8.80	22	35.20	66	88	132
22	18 000	48	9.60	24	38.40	72	96	144
23	20 000	52	10.40	26	41.60	78	104	156
24	22 000	56	11.20	28	44.80	84	112	168
25	24 000	60	12.00	30	48.00	90	120	180
26	26 000	64	12.80	32	51.20	96	128	192
27	28 000	68	13.60	34	54.40	102	136	204
28	30 000	72	14.40	36	57.60	108	144	216
29	35 000	80	16.00	40	64.00	120	160	240
30	40 000	88	17.60	44	70.40	132	176	264
31	50 000	100	20.00	50	80.00	150	200	300
32	60 000	112	22.40	56	89.60	168	224	336

ertstufe	10/10	2/10	5/10	8/10	15/10	20/10	30/10
bis *RM*	*RM*	*RM*	*RM*	*RM*	*RM*	*RM*	*RM*
70 000	124	24.80	62	99.20	186	248	372
80 000	136	27.20	68	108.80	204	272	408
90 000	148	29.60	74	118.40	222	296	444
100 000	160	32.00	80	128.00	240	320	480
110 000	172	34.40	86	137.60	258	344	516
120 000	184	36.80	92	147.20	276	368	552
130 000	196	39.20	98	156.80	294	392	588
140 000	208	41.60	104	166.40	312	416	624
150 000	220	44.00	110	176.00	330	440	660
160 000	232	46.40	116	185.60	348	464	696
170 000	244	48.80	122	195.20	366	488	732
180 000	256	51.20	128	204.80	384	512	768
190 000	268	53.60	134	214.40	402	536	804
200 000	280	56.00	140	224.00	420	560	840
210 000	292	58.40	146	233.60	438	584	876
220 000	304	60.80	152	243.20	456	608	912
230 000	316	63.20	158	252.80	474	632	948
240 000	328	65.60	164	262.40	492	656	984
250 000	340	68.00	170	272.00	510	680	1020
260 000	352	70.40	176	281.60	528	704	1056
270 000	364	72.80	182	291.20	546	728	1092
280 000	376	75.20	188	300.80	564	752	1128
290 000	388	77.60	194	310.40	582	776	1164
300 000	400	80.00	200	320.00	600	800	1200
310 000	412	82.40	206	329.60	618	824	1236
320 000	424	84.80	212	339.20	636	848	1272
330 000	436	87.20	218	348.80	654	872	1308
340 000	448	89.60	224	358.40	672	896	1344
350 000	460	92.00	230	368.00	690	920	1380
360 000	472	94.40	236	377.60	708	944	1416
370 000	484	96.80	242	387.20	726	968	1452
380 000	496	99.20	248	396.80	744	992	1488
390 000	508	101.60	254	406.40	762	1016	1524
400 000	520	104.00	260	416.00	780	1040	1560
410 000	532	106.40	266	425.60	798	1064	1596
420 000	544	108.80	272	435.20	816	1088	1632
430 000	556	111.20	278	444.80	834	1112	1668

Wertstufe		$^{10}/_{10}$	$^{2}/_{10}$	$^{5}/_{10}$	$^{8}/_{10}$	$^{15}/_{10}$	$^{20}/_{10}$	$^{30}/_{10}$
Nr.	bis *RM*	*RM*	*RM*	*RM*	*RM*	*RM*	*RM*	*RM*
70	440 000	568	113.60	284	454.40	852	1136	1704
71	450 000	580	116.00	290	464.00	870	1160	1740
72	460 000	592	118.40	296	473.60	888	1184	1776
73	470 000	604	120.80	302	483.20	906	1208	1812
74	480 000	616	123.20	308	492.80	924	1232	1848
75	490 000	628	125.60	314	502.40	942	1256	1884
76	500 000	640	128.00	320	512.00	960	1280	1920
77	510 000	652	130.40	326	521.60	978	1304	1956
78	520 000	664	132.80	332	531.20	996	1328	1992
79	530 000	676	135.20	338	540.80	1014	1352	2028
80	540 000	688	137.60	344	550.40	1032	1376	2064
81	550 000	700	140.00	350	560.00	1050	1400	2100
82	560 000	712	142.40	356	569.60	1068	1424	2136
83	570 000	724	144.80	362	579.20	1086	1448	2172
84	580 000	736	147.20	368	588.80	1104	1472	2208
85	590 000	748	149.60	374	598.40	1122	1496	2244
86	600 000	760	152.00	380	608.00	1140	1520	2280
87	610 000	772	154.40	386	617.60	1158	1544	2316
88	620 000	784	156.80	392	627.20	1176	1568	2352
89	630 000	796	159.20	398	636.80	1194	1592	2388
90	640 000	808	161.60	404	646.40	1212	1616	2424
91	650 000	820	164.00	410	656.00	1230	1640	2460
92	660 000	832	166.40	416	665.60	1248	1664	2496
93	670 000	844	168.80	422	675.20	1266	1688	2532
94	680 000	856	171.20	428	684.80	1284	1712	2568
95	690 000	868	173.60	434	694.40	1302	1736	2604
96	700 000	880	176.00	440	704.00	1320	1760	2640
97	710 000	892	178.40	446	713.60	1338	1784	2676
98	720 000	904	180.80	452	723.20	1356	1808	2712
99	730 000	916	183.20	458	732.80	1374	1832	2748
100	740 000	928	185.60	464	742.40	1392	1856	2784
101	750 000	940	188.00	470	752.00	1410	1880	2820
102	760 000	952	190.40	476	761.60	1428	1904	2856
103	770 000	964	192.80	482	771.20	1446	1928	2892
104	780 000	976	195.20	488	780.80	1464	1952	2928
105	790 000	988	197.60	494	790.40	1482	1976	2964

Wertstufe		$^{10}/_{10}$	$^{2}/_{10}$	$^{5}/_{10}$	$^{8}/_{10}$	$^{15}/_{10}$	$^{20}/_{10}$	$^{30}/_{10}$
Nr.	bis *RM*	*RM*	*RM*	*RM*	*RM*	*RM*	*RM*	*RM*
106	800 000	1000	200.00	500	800.00	1500	2000	3000
107	810 000	1012	202.40	506	809.60	1518	2024	3036
108	820 000	1024	204.80	512	819.20	1536	2048	3072
109	830 000	1036	207.20	518	828.80	1554	2072	3108
110	840 000	1048	209.60	524	838.40	1572	2096	3144
111	850 000	1060	212.00	530	848.00	1590	2120	3180
112	860 000	1072	214.40	536	857.60	1608	2144	3216
113	870 000	1084	216.80	542	867.20	1626	2168	3252
114	880 000	1096	219.20	548	876.80	1644	2192	3288
115	890 000	1108	221.60	554	886.40	1662	2216	3324
116	900 000	1120	224.00	560	896.00	1680	2240	3360
117	910 000	1132	226.40	566	905.60	1698	2264	3396
118	920 000	1144	228.80	572	915.20	1716	2288	3432
119	930 000	1156	231.20	578	924.80	1734	2312	3468
120	940 000	1168	233.60	584	934.40	1752	2336	3504
121	950 000	1180	236.00	590	944.00	1770	2360	3540
122	960 000	1192	238.40	596	953.60	1788	2384	3576
123	970 000	1204	240.80	602	963.20	1806	2408	3612
124	980 000	1216	243.20	608	972.80	1824	2432	3648
125	990 000	1228	245.60	614	982.40	1842	2456	3684
126	1 000 000	1240	248.00	620	992.00	1860	2480	3720
darüber (aufgerundet auf 10000 *RM*)		40 *RM* plus 12 *RM* von je 10000 *RM* Wert	8 *RM* plus 2,40 *RM* von je 10000 *RM* Wert	20 *RM* plus 6 *RM* von je 10000 *RM* Wert	32 *RM* plus 9,60 *RM* von je 10000 *RM* Wert	60 *RM* plus 18 *RM* von je 10000 *RM* Wert	80 *RM* plus 24 *RM* von je 10000 *RM* Wert	120 *RM* plus 36 *RM* von je 10000 *RM* Wert

E.

Empfang, Verwahrung und Auszahlung von Geldern und Wertpapieren nach § 14 NotGebO.

Betrag des Geldes oder Wert des Wertpapiers (auf 10 *RM* aufgerundet)	Empfang vom Auftraggeber zur Ablieferung an einen Dritten	Erhebung von einem Dritten zur Ablieferung an den Auftraggeber
RM *RM*		
1. b. einschl. 1 000	1 %	2 %
2. über 1000 „ „ 10 000	$^1/_2$ % plus 5 *RM*	1 % plus 10 *RM*
3. „ 10 000	$^1/_4$ % plus 30 *RM*	$^1/_2$ % plus 60 *RM*

III.

Tabelle

zum

Deutschen Gerichtskostengesetz.

F.

Deutsches Gerichtskostengesetz.

Streitwert	Volle Gebühr	1/4 Gebühr	1/2 Gebühr	1 1/2 Gebühr	Doppelte Gebühr	Dreifache Gebühr
bis *RM*	*RM*	*RM*	*RM*	*RM*	*RM*	*RM*
20	1	0.50	0.50	1.50	2	3
60	2	0.50	1	3	4	6
100	3	0.80	1.50	4.50	6	9
200	6	1.50	3	9	12	18
300	9	2.30	4.50	13.50	18	27
400	12	3	6	18	24	36
500	15	3.80	7.50	22.50	30	45
600	18	4.50	9	27	36	54
700	21	5.30	10.50	31.50	42	63
800	24	6	12	36	48	72
900	27	6.80	13.50	40.50	54	81
1 000	30	7.50	15	45	60	90
1 100	32	8	16	48	64	96
1 200	34	8.50	17	51	68	102
1 300	36	9	18	54	72	108
1 400	38	9.50	19	57	76	114
1 500	40	10	20	60	80	120
1 600	42	10.50	21	63	84	126
1 700	44	11	22	66	88	132
1 800	46	11.50	23	69	92	138
1 900	48	12	24	72	96	144
2 000	50	12.50	25	75	100	150
2 100	51	12.80	25.50	76.50	102	153
2 200	52	13	26	78	104	156
2 300	53	13.30	26.50	79.50	106	159
2 400	54	13.50	27	81	108	162
2 500	55	13.80	27.50	82.50	110	165
2 600	56	14	28	84	112	168
2 700	57	14.30	28.50	85.50	114	171
2 800	58	14.50	29	87	116	174
2 900	59	14.80	29.50	88.50	118	177
3 000	60	15	30	90	120	180

Streitwert	Volle Gebühr	1/4 Gebühr	1/2 Gebühr	1 1/2 Gebühr	Doppelte Gebühr	Dreifache Gebühr
RM	*RM*	*RM*	*RM*	*RM*	*RM*	*RM*
3 100	61	15.30	30.50	91.50	122	183
3 200	62	15.50	31	93	124	186
3 300	63	15.80	31.50	94.50	126	189
3 400	64	16	32	96	128	192
3 500	65	16.30	32.50	97.50	130	195
3 600	66	16.50	33	99	132	198
3 700	67	16.80	33.50	100.50	134	201
3 800	68	17	34	102	136	204
3 900	69	17.30	34.50	103.50	138	207
4 000	70	17.50	35	105	140	210
4 100	71	17.80	35.50	106.50	142	213
4 200	72	18	36	108	144	216
4 300	73	18.30	36.50	109.50	146	219
4 400	74	18.50	37	111	148	222
4 500	75	18.80	37.50	112.50	150	225
4 600	76	19	38	114	152	228
4 700	77	19.30	38.50	115.50	154	231
4 800	78	19.50	39	117	156	234
4 900	79	19.80	39.50	118.50	158	237
5 000	80	20	40	120	160	240
5 100	81	20.30	40.50	121.50	162	243
5 200	82	20.50	41	123	164	246
5 300	83	20.80	41.50	124.50	166	249
5 400	84	21	42	126	168	252
5 500	85	21.30	42.50	127.50	170	255
5 600	86	21.50	43	129	172	258
5 700	87	21.80	43.50	130.50	174	261
5 800	88	22	44	132	176	264
5 900	89	22.30	44.50	133.50	178	267
6 000	90	22.50	45	135	180	270
6 100	91	22.80	45.50	136.50	182	273
6 200	92	23	46	138	184	276
6 300	93	23.30	46.50	139.50	186	279
6 400	94	23.50	47	141	188	282
6 500	95	23.80	47.50	142.50	190	285
6 600	96	24	48	144	192	288

Streitwert	Volle Gebühr	¼ Gebühr	½ Gebühr	1½ Gebühr	Doppelte Gebühr	Dreifache Gebühr
bis *RM*	*RM*	*RM*	*RM*	*RM*	*RM*	*RM*
6 700	97	24.30	48.50	145.50	194	291
6 800	98	24.50	49	147	196	294
6 900	99	24.80	49.50	148.50	198	297
7 000	100	25	50	150	200	300
7 100	101	25.30	50.50	151.50	202	303
7 200	102	25.50	51	153	204	306
7 300	103	25.80	51.50	154.50	206	309
7 400	104	26	52	156	208	312
7 500	105	26.30	52.50	157.50	210	315
7 600	106	26.50	53	159	212	318
7 700	107	26.80	53.50	160.50	214	321
7 800	108	27	54	162	216	324
7 900	109	27.30	54.50	163.50	218	327
8 000	110	27.50	55	165	220	330
8 100	111	27.80	55.50	166.50	222	333
8 200	112	28	56	168	224	336
8 300	113	28.30	56.50	169.50	226	339
8 400	114	28.50	57	171	228	342
8 500	115	28.80	57.50	172.50	230	345
8 600	116	29	58	174	232	348
8 700	117	29.30	58.50	175.50	234	351
8 800	118	29.50	59	177	236	354
8 900	119	29.80	59.50	178.50	238	357
9 000	120	30	60	180	240	360
9 100	121	30.30	60.50	181.50	242	363
9 200	122	30.50	61	183	244	366
9 300	123	30.80	61.50	184.50	246	369
9 400	124	31	62	186	248	372
9 500	125	31.30	62.50	187.50	250	375
9 600	126	31.50	63	189	252	378
9 700	127	31.80	63.50	190.50	254	381
9 800	128	32	64	192	256	384
9 900	129	32.30	64.50	193.50	258	387
10 000	130	32.50	65	195	260	390
10 100	130.50	32.70	65.30	195.80	261	391.50
10 200	131	32.80	65.50	196.50	262	393

Streitwert	Volle Gebühr	1/4 Gebühr	1/2 Gebühr	1 1/2 Gebühr	Doppelte Gebühr	Dreifache Gebühr
bis *RM*	*RM*	*RM*	*RM*	*RM*	*RM*	*RM*
10 300	131.50	32.90	65.80	197.30	263	394.50
10 400	132	33	66	198	264	396
10 500	132.50	33.20	66.30	198.80	265	397.50
10 600	133	33.30	66.50	199.50	266	399
10 700	133.50	33.40	66.80	200.30	267	400.50
10 800	134	33.50	67	201	268	402
10 900	134.50	33.70	67.30	201.80	269	403.50
11 000	135	33.80	67.50	202.50	270	405
11 100	135.50	33.90	67.80	203.30	271	406.50
11 200	136	34	68	204	272	408
11 300	136.50	34.20	68.30	204.80	273	409.50
11 400	137	34.30	68.50	205.50	274	411
11 500	137.50	34.40	68.80	206.30	275	412.50
11 600	138	34.50	69	207	276	414
11 700	138.50	34.70	69.30	207.80	277	415.50
11 800	139	34.80	69.50	208.50	278	417
11 900	139.50	34.90	69.80	209.30	279	418.50
12 000	140	35	70	210	280	420
12 100	140.50	35.20	70.30	210.80	281	421.50
12 200	141	35.30	70.50	211.50	282	423
12 300	141.50	35.40	70.80	212.30	283	424.50
12 400	142	35.50	71	213	284	426
12 500	142.50	35.70	71.30	213.80	285	427.50
12 600	143	35.80	71.50	214.50	286	429
12 700	143.50	35.90	71.80	215.30	287	430.50
12 800	144	36	72	216	288	432
12 900	144.50	36.20	72.30	216.80	289	433.50
13 000	145	36.30	72.50	217.50	290	435
13 100	145.50	36.40	72.80	218.30	291	436.50
13 200	146	36.50	73	219	292	438
13 300	146.50	36.70	73.30	219.80	293	439.50
13 400	147	36.80	73.50	220.50	294	441
13 500	147.50	36.90	73.80	221.30	295	442.50
13 600	148	37	74	222	296	444
13 700	148.50	37.20	74.30	222.80	297	445.50
13 800	149	37.30	74.50	223.50	298	447

Streitwert	Volle Gebühr	¼ Gebühr	½ Gebühr	1½ Gebühr	Doppelte Gebühr	Dreifache Gebühr
bis *RM*	*RM*	*RM*	*RM*	*RM*	*RM*	*RM*
13 900	149.50	37.40	74.80	224.30	299	448.50
14 000	150	37.50	75	225	300	450
14 100	150.50	37.70	75.30	225.80	301	451.50
14 200	151	37.80	75.50	226.50	302	453
14 300	151.50	37.90	75.80	227.30	303	454.50
14 400	152	38	76	228	304	456
14 500	152.50	38.20	76.30	228.80	305	457.50
14 600	153	38.30	76.50	229.50	306	459
14 700	153.50	38.40	76.80	230.30	307	460.50
14 800	154	38.50	77	231	308	462
14 900	154.50	38.70	77.30	231.80	309	463.50
15 000	155	38.80	77.50	232.50	310	465
15 100	155.50	38.90	77.80	233.30	311	466.50
15 200	156	39	78	234	312	468
15 300	156.50	39.20	78.30	234.80	313	469.50
15 400	157	39.30	78.50	235.50	314	471
15 500	157.50	39.40	78.80	236.30	315	472.50
15 600	158	39.50	79	237	316	474
15 700	158.50	39.70	79.30	237.80	317	475.50
15 800	159	39.80	79.50	238.50	318	477
15 900	159.50	39.90	79.80	239.30	319	478.50
16 000	160	40	80	240	320	480
16 100	160.50	40.20	80.30	240.80	321	481.50
16 200	161	40.30	80.50	241.50	322	483
16 300	161.50	40.40	80.80	242.30	323	484.50
16 400	162	40.50	81	243	324	486
16 500	162.50	40.70	81.30	243.80	325	487.50
16 600	163	40.80	81.50	244.50	326	489
16 700	163.50	40.90	81.80	245.30	327	490.50
16 800	164	41	82	246	328	[illegible]
10 900	164.50	41.20	82.30	246.80	329	493.50
17 000	165	41.30	82.50	247.50	330	495
17 100	165.50	41.40	82.80	248.30	331	496.50
17 200	166	41.50	83	249	332	498
17 300	166.50	41.70	83.30	249.80	333	499.50
17 400	167	41.80	83.50	250.50	334	501

Streitwert	Volle Gebühr	1/4 Gebühr	1/2 Gebühr	1 1/2 Gebühr	Doppelte Gebühr	Dreifache Gebühr
bis *RM*	*RM*	*RM*	*RM*	*RM*	*RM*	*RM*
17 500	167.50	41.90	83.80	251.30	335	502.50
17 600	168	42	84	252	336	504
17 700	168.50	42.20	84.30	252.80	337	505.50
17 800	169	42.30	84.50	253.50	338	507
17 900	169.50	42.40	84.80	254.30	339	508.50
18 000	170	42.50	85	255	340	510
18 100	170.50	42.70	85.30	255.80	341	511.50
18 200	171	42.80	85.50	256.50	342	513
18 300	171.50	42.90	85.80	257.30	343	514.50
18 400	172	43	86	258	344	516
18 500	172.50	43.20	86.30	258.80	345	517.50
18 600	173	43.30	86.50	259.50	346	519
18 700	173.50	43.40	86.80	260.30	347	520.50
18 800	174	43.50	87	261	348	522
18 900	174.50	43.70	87.30	261.80	349	523.50
19 000	175	43.80	87.50	262.50	350	525
19 100	175.50	43.90	87.80	263.30	351	526.50
19 200	176	44	88	264	352	528
19 300	176.50	44.20	88.30	264.80	353	529.50
19 400	177	44.30	88.50	265.50	354	531
19 500	177.50	44.40	88.80	266.30	355	532.50
19 600	178	44.50	89	267	356	534
19 700	178.50	44.70	89.30	267.80	357	535.50
19 800	179	44.80	89.50	268.50	358	537
19 900	179.50	44.90	89.80	269.30	359	538.50
20 000	180	45	90	270	360	540
21 000	185	46.30	92.50	277.50	370	555
22 000	190	47.50	95	285	380	570
23 000	195	48.80	97.50	292.50	390	585
24 000	200	50	100	300	400	600
25 000	205	51.30	102.50	307.50	410	615
26 000	210	52.50	105	315	420	630
27 000	215	53.80	107.50	322.50	430	645
28 000	220	55	110	330	440	660
29 000	225	56.30	112.50	337.50	450	675
30 000	230	57.50	115	345	460	690

Streitwert	Volle Gebühr	¼ Gebühr	½ Gebühr	1½ Gebühr	Doppelte Gebühr	Dreifache Gebühr
bis *RM*	*RM*	*RM*	*RM*	*RM*	*RM*	*RM*
31 000	235	58.80	117.50	352.50	470	705
32 000	240	60	120	360	480	720
33 000	245	61.30	122.50	367.50	490	735
34 000	250	62.50	125	375	500	750
35 000	255	63.80	127.50	382.50	510	765
36 000	260	65	130	390	520	780
37 000	265	66.30	132.50	397.50	530	795
38 000	270	67.50	135	405	540	810
39 000	275	68.80	137.50	412.50	550	825
40 000	280	70	140	420	560	840
41 000	285	71.30	142.50	427.50	570	855
42 000	290	72.50	145	435	580	870
43 000	295	73.80	147.50	442.50	590	885
44 000	300	75	150	450	600	900
45 000	305	76.30	152.50	457.50	610	915
46 000	310	77.50	155	465	620	930
47 000	315	78.80	157.50	472.50	630	945
48 000	320	80	160	480	640	960
49 000	325	81.30	162.50	487.50	650	975
50 000	330	82.50	165	495	660	990
51 000	335	83.80	167.50	502.50	670	1005
52 000	340	85	170	510	680	1020
53 000	345	86.30	172.50	517.50	690	1035
54 000	350	87.50	175	525	700	1050
55 000	355	88.80	177.50	532.50	710	1065
56 000	360	90	180	540	720	1080
57 000	365	91.30	182.50	547.50	730	1095
58 000	370	92.50	185	555	740	1110
59 000	375	93.80	187.50	562.50	750	1125
60 000	380	95	190	570	760	1140
61 000	385	96.30	192.50	577.50	770	1155
62 000	390	97.50	195	585	780	1170
63 000	395	98.80	197.50	592.50	790	1185
64 000	400	100	200	600	800	1200
65 000	405	101.30	202.50	607.50	810	1215
66 000	410	102.50	205	615	820	1230

Streitwert	Volle Gebühr	1/4 Gebühr	1/2 Gebühr	1 1/2 Gebühr	Doppelte Gebühr	Dreifache Gebühr
bis *RM*	*RM*	*RM*	*RM*	*RM*	*RM*	*RM*
67 000	415	103.80	207.50	622.50	830	1245
68 000	420	105	210	630	840	1260
69 000	425	106.30	212.50	637.50	850	1275
70 000	430	107.50	215	645	860	1290
71 000	435	108.80	217.50	652.50	870	1305
72 000	440	110	220	660	880	1320
73 000	445	111.30	222.50	667.50	890	1335
74 000	450	112.50	225	675	900	1350
75 000	455	113.80	227.50	682.50	910	1365
76 000	460	115	230	690	920	1380
77 000	465	116.30	232.50	697.50	930	1395
78 000	470	117.50	235	705	940	1410
79 000	475	118.80	237.50	712.50	950	1425
80 000	480	120	240	720	960	1440
81 000	485	121.30	242.50	727.50	970	1455
82 000	490	122.50	245	735	980	1470
83 000	495	123.80	247.50	742.50	990	1485
84 000	500	125	250	750	1000	1500
85 000	505	126.30	252.50	757.50	1010	1515
86 000	510	127.50	255	765	1020	1530
87 000	515	128.80	257.50	772.50	1030	1545
88 000	520	130	260	780	1040	1560
89 000	525	131.30	262.50	787.50	1050	1575
90 000	530	132.50	265	795	1060	1590
91 000	535	133.80	267.50	802.50	1070	1605
92 000	540	135	270	810	1080	1620
93 000	545	136.30	272.50	817.50	1090	1635
94 000	550	137.50	275	825	1100	1650
95 000	555	138.80	277.50	832.50	1110	1665
96 000	560	140	280	840	1120	1680
97 000	565	141.30	282.50	847.50	1130	1695
98 000	570	142.50	285	855	1140	1710
99 000	575	143.80	287.50	862.50	1150	1725
100 000	580	145	290	870	1160	1740
101 000	585	146.30	292.50	877.50	1170	1755
102 000	590	147.50	295	885	1180	1770

Streitwert	Volle Gebühr	1/4 Gebühr	½ Gebühr	1½ Gebühr	Doppelte Gebühr	Dreifache Gebühr
bis *RM*	*RM*	*RM*	*RM*	*RM*	*RM*	*RM*
von da ab: auf 1000 *RM* aufgerundet	½% + 80 *RM*	1/8% + 20 *RM*	¼% + 40 *RM*	¾% + 120 *RM*	1% + 160 *RM*	1½% + 240 *RM*
z. B.:						
110 000	630	157.50	315	945	1260	1890
120 000	680	170	340	1020	1360	2040
130 000	730	182.50	365	1095	1460	2190
140 000	780	195	390	1170	1560	2340
150 000	830	207.50	415	1245	1660	2490
160 000	880	220	440	1320	1760	2640
170 000	930	232.50	465	1395	1860	2790
180 000	980	245	490	1470	1960	2940
190 000	1030	257.50	515	1545	2060	3090
200 000	1080	270	540	1620	2160	3240
210 000	1130	282.50	565	1695	2260	3390
220 000	1180	295	590	1770	2360	3540
230 000	1230	307.50	615	1845	2460	3690
240 000	1280	320	640	1920	2560	3840
250 000	1330	332.50	665	1995	2660	3990
300 000	1580	395	790	2370	3160	4740
350 000	1830	457.50	915	2745	3660	5490
400 000	2080	520	1040	3120	4160	6240
450 000	2330	582.50	1165	3495	4660	6990
500 000	2580	645	1290	3870	5160	7740
550 000	2830	707.50	1415	4245	5660	8490
600 000	3080	770	1540	4620	6160	9240
650 000	3330	832.50	1665	4995	6660	9990
700 000	3580	895	1790	5370	7160	10740
750 000	3830	957.50	1915	5745	7660	11490
800 000	4080	1020	2040	6120	8160	12240
850 000	4330	1082.50	2165	6495	8660	12990
900 000	4580	1145	2290	6870	9160	13740
950 000	4830	1207.50	2415	7245	9660	14490
1 000 000	5080	1270	2540	7620	10160	15240

Sachregister.

Es bedeuten:

Zahlen ohne Zusatz	=	Deutsche Gebührenordnung.
A	=	Armenanwaltsgesetz.
E	=	Entlastungsverordnung.
L	=	Preuß. Landesgebührenordnung
Die dahinterstehende Zahl	=	den Paragraphen oder Artikel.
Die römische Zahl	=	dessen Absatz.
Der Exponent	=	die Anmerkung.
L 13[4] (PrGKG 33aa)	=	Anm. aa zu § 33 PrGKG., abgedruckt bei Art. 13 Anm. 4 der PrLGO.

A.

B.

F.

H.

J.

K.

L.

M.

S.

V.

Z.

Gedruckt bei A. W. Hayn's Erben, Potsdam.

Preußisches Gerichtskostengesetz (neueste Fassung). Nach dem Tode des früheren Herausgebers Kammergerichtsrat Dr. P. SIMÉON erläutert von Geh. Oberjustizrat OTTO LINDEMANN, Ministerialdirektor im Preußischen Justizministerium. Achte, völlig umgearbeitete Auflage. Taschenformat. 439 Seiten. 1928. Geb. 8.—

(Guttentagsche Sammlung Preußischer Gesetze Bd. 17.)

„Die bedeutenden Änderungen der letzten Jahre sind völlig berücksichtigt, ebenso die gesamte Rechtsprechung. Das Buch gehört in die Hand der Gerichte, wie der Rechtsanwälte und Notare Preußens. Für den Nichtpreußen ist es ein interessantes Lehrbuch. An Zuverlässigkeit und Vollständigkeit läßt das Buch nichts zu wünschen übrig."

Mitt. d. Sächs. Notarvereins.

Preußisches Stempelsteuergesetz mit den gesamten Ausführungsbestimmungen. Unter besonderer Berücksichtigung der Entscheidungen der Verwaltungsbehörden und der Gerichte herausgegeben von P. LOECK, Geh. Regierungsrat. Zehnte, neubearbeitete Auflage von Dr. K. EIFFLER, Ministerialrat im Preußischen Finanzministerium. Taschenformat. 476 Seiten. 1928. Geb. 13.—

(Guttentagsche Sammlung Preußischer Gesetze Bd. 18.)

„Das Werk erscheint bereits in der zehnten Auflage, ein Beweis für seine Güte und praktische Brauchbarkeit."

Die Wirtschaftsgenossenschaft.

Die Gesetze des Reiches und Preußens über die freiwillige Gerichtsbarkeit. Von Amtsgerichtsrat H. JASTROW. Siebente, vermehrte Auflage von Landgerichtsrat Dr. HERMANN GÜNTHER. Taschenformat. 548 Seiten. 1928. Geb. 9.—

(Guttentagsche Sammlung Deutscher Reichsgesetze Bd. 46.)

„Die Anmerkungen unterrichten in zuverlässiger Weise über die wichtigste Rechtsprechung des Reichsgerichts und der deutschen Oberlandesgerichte auf dem Gebiete der freiwilligen Gerichtsbarkeit. Ein ausführliches Sachregister erhöht die Brauchbarkeit des bewährten Buches, das auch in der neuen Auflage seinen Zweck auf das beste erfüllen wird." *Juristische Wochenschrift.*

Das Notariatrecht, unter besonderer Berücksichtigung des materiellen Rechts und des Steuer- und Stempelrechts erläutert von Dr. FELIX SZKOLNY, Justizrat, Rechtsanwalt und Notar in Berlin, und LEOPOLD KOBER, Rechtsanwalt und Notar in Berlin. Oktav. 236 Seiten. 1926. Geb. 8.50

(Guttentagsche Sammlung Deutscher Reichsgesetze Bd. 163.)

„Die Verfasser wollen dem Notar ein Hilfsmittel in der Weise in die Hand geben, daß sie die für die Praxis wichtigsten gesetzlichen Bestimmungen zunächst des formellen Rechts zusammenstellen und kurz kommentieren. In einem besonderen Teil wird dann die Beurkundung einzelner Rechtsgeschäfte in Auswahl behandelt. Auf diese Weise ist ein umfangreicher Stoff auf verhältnismäßig engem Raum vereinigt." *Vossische Zeitung.*

Das Bürgerliche Gesetzbuch mit besonderer Berücksichtigung der Rechtsprechung des Reichsgerichts. Erläutert von Dr. BUSCH, ERLER, Dr. LOBE, MICHAELIS, OEGG, SCHLIEWEN und SEYFFARTH, Reichsgerichtsräten und Senatspräsidenten am Reichsgericht. Sechste, neubearbeitete Auflage. 5 Bände. §§ 1—2385. Lexikon-Oktav. 3182 Seiten. 1928. 125.—, in Halbleder geb. 150.—

I. Band: Allgemeiner Teil. Recht der Schuldverhältnisse I. (Allgemeiner Teil.)
II. Band: Recht der Schuldverhältnisse II. (Einzelne Schuldverhältnisse.)
III. Band: Sachenrecht.
IV. Band: Familienrecht.
V. Band: Erbrecht. Alphabetisches Sachverzeichnis.

Das Werk wird nur komplett abgegeben.

Bürgerliches Gesetzbuch nebst Einführungsgesetz. Mit Einleitung, Anmerkungen und Sachregister. Nach dem Tode des ersten Herausgebers A. ACHILLES in Verbindung mit F. ANDRÉ — für die vorliegende Auflage vertreten durch KIECKEBUSCH —, O. MEYER, O. STRECKER, K. v. UNZNER, herausgegeben von M. GREIFF, Wirkl. Geh. Oberjustizrat, Oberlandesgerichtspräsident. 12. Auflage, mit Erläuterungen der Verordnung über das Erbbau-

recht, des Gesetzes über die religiöse Kindererziehung und des Gesetzes für Jugendwohlfahrt. Oktav. XVI, 1246 Seiten. 1927. Geb. 24.—
(Guttentagsche Sammlung Deutscher Reichsgesetze Bd. 38/39.)

„Diese Handausgabe darf unter ihresgleichen einen hervorragenden Rang beanspruchen."

Leipziger Zeitschrift für deutsches Recht.

Staubs Kommentar zum Handelsgesetzbuch. Zwölfte und dreizehnte Auflage. Bearbeitet von HEINRICH KOENIGE, Senatspräsident am Reichsgericht in Leipzig, Dr. h. c. ALBERT PINNER, Justizrat in Berlin, Dr. FELIX BONDI, Geh. Justizrat in Dresden. Vier Bände und Registerband. Groß-Oktav. Zusammen 3970 Seiten. 1926/27. 157.—, in Halbleder 183.60

„Der Staubsche Kommentar ist das klassische Hilfswerk zum Deutschen Handelsgesetzbuch und für die Beurteilung der zahlreichen schwierigen Fragen dieses Gesetzes maßgebend geworden; er stellt ein unentbehrliches Mittel zur Erfassung und zur Anwendung des Gesetzes dar."

Frankfurter Zeitung.

Handelsgesetzbuch (ohne Seerecht). Mit den ergänzenden Vorschriften des Bürgerlichen Gesetzbuchs und einem Anhang, enthaltend das Einführungsgesetz, das Depotgesetz, die Bestimmungen über Börsentermin- und Differenzgeschäfte u. a. Nebst Erläuterungen. Im Anschluß an die Textausgabe von F. Litthauer. Von Dr. ALBERT MOSSE, weil. Geh. Justizrat, Oberlandesgerichtsrat a. D. und ord. Honorarprofessor. Neubearbeitet von Dr. ERNST HEYMANN, Geh. Justizrat, ord. Professor an der Universität Berlin. Siebzehnte Auflage. Unter Mitwirkung von Dr. KARL AUGUST CRISOLLI in Berlin. Oktav. VIII, 693 Seiten. 1926. Geb. 14.—
(Guttentagsche Sammlung Deutscher Reichsgesetze Bd. 4.)

„Der Mosse-Heymann gehört zur deutschen Handelspflege. Das abgegriffene und oft mißbrauchte Wort: ‚Es gibt kaum einen deutschen Juristen, auf dessen Schreibtisch er fehlt', wird an ihm zur Wahrheit."

Juristische Wochenschrift.

„Die Erläuterungsbücher von Sydow-Busch sind als Kommentare mittleren Umfanges seit vielen Jahren in der Juristenwelt rühmlichst bekannt." Juristische Rundschau.

Reichs-Strafgesetzbuch, mit besonderer Berücksichtigung der Rechtsprechung des Reichsgerichts erläutert von Dr. LUDWIG EBERMAYER, Oberreichsanwalt, Dr. ADOLF LOBE, Senatspräsident am Reichsgericht, Dr. WERBER ROSENBERG, Reichsgerichtsrat. Vierte, vermehrte und verbesserte Auflage. Lexikon-Oktav. X, 1282 Seiten. 1929.

56.—, in Halbleder 63.—

„Der Kommentar ist in der Praxis unentbehrlich durch seine große Prägnanz und Zuverlässigkeit und bringt auch dem Theoretiker eine ungewöhnliche Fülle von Belehrung und Anregung."

Zeitschrift für die gesamte Strafrechtswissenschaft.

Die Strafprozeßordnung für das Deutsche Reich vom 22. März 1924 nebst Gerichtsverfassungsgesetz. Kommentar von Dr. E. LÖWE, weil. Senatspräsident des Reichsgerichts. Achtzehnte, neubearbeitete Auflage von Dr. WERNER ROSENBERG, Reichsgerichtsrat. Lexikon - Oktav. 1332 Seiten. 1929.

44.—, in Halbleder 50.—

„Der Löwesche Kommentar hat sich in Wissenschaft und Rechtsprechung eine so hervorragende Stellung erworben, daß er zum unentbehrlichen Ratgeber für Theoretiker und Praktiker geworden ist. Der Kommentar steht auf strafprozessualem Gebiet nach wie vor an erster Stelle und ist ein Meisterwerk in der Kunst einer klaren, übersichtlichen und erschöpfenden Darstellung dieses außerordentlich spröden Stoffes." Zeitschrift des Deutschen Notarvereins.

Das Patentgesetz. Kommentar unter Berücksichtigung der vorgeschlagenen und weiter beantragten Abänderungen des Gesetzes. Von EDUARD PIETZCKER, Reichsgerichtsrat i. R. Erster Halbband: §§ 1—12. Groß-Oktav. 432 Seiten. 1929. 26.—, geb. 28.—

(Gewerbe- und Industrie-Kommentar Bd. V.)

Kolibri 360 GmbH
Ferdinand-Jühlke-Straße 7
99095 Erfurt, Deutschland
produktsicherheit@kolibri360.de